Die Zukunft der Menschheit ohne Geld

von
Schorat

ISBN- 978 -3-932209- 52- 9

Inhaltsverzeichnisssssss

Menschheit ohne Geld

Heute brachte die Süddeutsche Zeitung diesen Monsterbericht über die Steueroasen derjenigen die so viel haben und doch nichts abgeben wollen. Die sogenannten Reichen, aber armen im Geiste.

In den letzten Jahren und den Jahrzehnten und Jahrhunderten davor sogar Jahrtausenden, sind die Menschen die Toten wohlbemerkt, die Körper, die Denkfunktionen, nun wieder mal zu einem Geldwahnsinn verkommen, der noch kein Ende zu erreichen scheint.

Ob es die sogenannten Wirtschaftkrisen sind oder die Bankkrisen nichts kann darüber hinwegsehen das der Mensch diejenigen die sich diese Systeme aufgebaut haben von unsagbarer Ignoranz geführt wird, den Toten eben.
Egal ob in USA China Russland, England Deutschland Frankreich Brasilien Südafrika oder der Mongolei und sogar bei den Eskimos den Inuit, der Geldwahnsinn hat sie alle vergiftet.

Die sogenannte Elite wie sie sich selbst bezeichnet und die sogenannten Königshäuser verblöden die Menschheit global dermaßen das deren Gifte die gesamte Erde zu ruinieren scheinen. Ohne das sie dafür zur Verantwortung gezogen werden, weil sie ja selber diese Systeme aufgebaut haben und deren Besitzer sind.
Es ging nicht gut in den Klans damals als sie noch Neandertaler waren oder Cromagnumfrauen oder der Afrikanus Corruptusanalus waren, und es ging auch nicht gut als sie später sesshaft wurden und dann feste Strukturen der Kontrolle aufbauten. Bis hin zur heutigen Zeit. Es waren immer kämpfe gegen andere und für die Interessengemeinschaft der Familie des Klans der Gruppe der Glaubensgemeinschaft der Partei des Staates der Firma des Konglomerats oder der Krone und deren Familieninteressen.

Heute 2013 werden sogar die Königsfamilien in diversen TV Sender hochgejodelt fast schon pornografisch unterbelichtet wo dann das Volk sehnsüchtig auf die Geburt von irgendeiner Königsfamilie deren Besitz durch Mord Ausbeutungen Betrug und Versklavung und Verblödung der Menschheit erschaffen wurde und vielen anderen Verträgen mit politischen also ignoranten Menschen das einem schlecht werden kann von so viel Ignoranz. Die TV Irren die predigen das Volk und die Untertanen in eine Art von Selbstverblödung das es schon fast antidemokratisch wirkt. Was wollen diese TV Sender diese Halbaffen das Familienklans sich weiterhin an Steuergelder bereichern und ein Leben in ignoranter Selbstverblödung leben. Dargestellt als etwas Lohnenswertes als etwas was gottgegeben sein soll so unterbelichtet sind diese TV Sender.

Wie ungemein unterbelichtet müssen diese Bevölkerungen noch sein in sogenannten Demokratien das sie der englischen Krone aus Blut Mord Abzocke Betrug Enthauptung Vergewaltigung und Kriegsführung huldigen sollen, oder der schwedischen dänischen holländischen spanischen Irreanstalt der Königsfamilien und deren Irrenanstalten ihren mentalen Abläufen. Das sind primitive das sind die Ignoranz und somit das Üble.

Seit Jahren werden Betrügereien Lügen Täuschungen Abzockereien Ausbeutungen veröffentlicht und aufgezeigt in den Wirrnisanstalten der Politik der Wirtschaft der Banken oder der Kirchenirrenanstalten.

Wer will da noch für arbeiten wer will da noch mitmachen wer will das noch mit aufbauen das System der Betrüger Lügner und Täuscher das System der Ausbeuter und hochkriminellen Eliten die sich diese Bezeichnungen selber geben durch das Geld und das Land und den Wohlstand den sie haben.

Aber alles jeder Pfennig ist jeder Zent ist Blutsgeld derjenigen Menschen die für sie arbeiten mussten, bis hin zu Hartz4 von der politischen Mafia der SPD durchgeknallten. Aber auch die CDU durchgeknallten sind am Rande des offenkundigen Wahnsinns angekommen anhand ihrer immer ignoranteren Entscheidungen ohne jegliches Rückgrat ohne Wissen ohne Weisheit und ohne innere Autorität.

Die FDP ist sowieso eine Ausgeburt des faschistischen Wirtschaftsdogmas. Deswegen ist die FDP bloß da um ein durchgeknalltes Sprachrohr im Mantel der Freiheit, Freiheit so was primitives, zu jodeln und zu lügen und zu täuschen. Die FDP ist Wirtschaftsfaschismus pur.

Die SPD ist Sozialer Faschismus und die CDU christlicher Faschismus. Also alle Parteien sind durchdrungen von Täuscher Lügner Trickser Betrüger willige für die Machenschaften der seit Generationen gewachsenen Wirtschaftsstrukturen familiärer Beziehungen.

Und Faschismus ist das regieren durch das Raubtier den Raubmensch also des Ausbeuters des Betrügers an der Wahrheit und der Liebe.

Ihr werdet vollgejodelt von Demokratiefaschisten also Ignorante also Üble denn erst
wenn die Ignoranz aufhört hört auch das Böse auf der Faschismus Muus. Und das
was heute global passiert in der Politik egal welches Landes egal welcher Nationalitäten egal welcher Königsfamilien egal welcher Bankdynastien ist Faschismus und zwar
in seiner Schafspelzform. Aber wehe wenn sie könnten. Wehe wenn sie dürften die
Eliten des Geldes, wehe, wehe. Wenn das Raubtier Totalkontrolle bekommen würde.
Ihr würdet alle Hartz 300 Empfänger werden und geblieben sein. Wenn nicht wenige
das Unrecht die Bösartigkeit der Ungerechtigkeit des Betrüger und Ausbeuter ange-
fochten hätten. Ihr wärt sonst weiterhin Leibeigene und der englische Graf würde
weiterhin deine Tochter abficken und die holländische durchgeknallte Königin Bea-
trix das Pferdemaul der Holländer würde weiterhin jeden Hering für sich beanspruchen oder der spanische König würde weiterhin nachdem er Elefanten abgeknallt
hat die Senhoritas vor der Ehe abvögeln.

Und das was heute passiert global der zypriotische Wirtschafsminister tritt zurück
weil es selbst Steuerhinterziehung predigt und Steuer von der Bevölkerung verlangt
der zypriotische Ministerpräsident hat eine Kanzlei die wohlhabende Steuerparadie-
se anpredigt und so weiter oder der französische der gestern 900 Millionen Schwarz-
geld zugab aber jahrelang log betrog heuchelte, all das ist bloß ein Tröpfchen auf den
heißen Stein des Erdballs Erde.

Ihr Menschen global ihr habt nun dieses unbeschreibliche System also Menschen
unterstützt das ausschließlich dazu aufgebaut wurde um auszubeuten betrügen
und zu lügen. Selbst die Institutionen die Beamten die Finanzämter sind Strukturen
der Ausbeutung und der Lügen und Betrügens. Weil das alles von der sogenannten
Elite nämlich ausschließlich für sich selber aufgebaut wurde nicht für die Menschheit nein, sondern für die Systembesitzer. Denn das ist Demokratie. Demokratie ist
ein System von Adligen also Besitzenden die versucht haben wie in Indien ein System aufzubauen das Kastensystem wo sie für Ewig die Besitzenden, Ausbeutenden,
Wohlhabenden, bleiben können, ohne das die Bevölkerungen rebellieren oder ganz
ohne Rebellion etwas viel schöneres und besseres für sich aufbauen, weil die Bevölkerungen wie in den durchgeknallten Wirtschaftssystemen genannt Religionen Vatikan evangelische moslemische und so weiter, an ein Glaubenssystem herangeführt
wurden eingeführt wurden durch die Besitzer.

Die Besitzer waren damals die reichen griechischen Adligen und heute ist das Resultat der Demokratie in Griechenland mit seiner Zielrichtung wunderbar sichtbar
geworden. Die Lüge der Betrug die Ausbeutung. Das ist Demokratie. Und hinter der
Demokratie sind die Faschisten die Adligen die Reichen die Betrüger und Ausbeuter
die primitiven Raubtiere die primitiven Raubmenschen. Mehr ist das noch nicht ge-

worden. Äußerst, äußerst armselig.
Egel für wen du arbeitest egal wo du einkauft du wirst ausgebeutet und betrogen
weil das System selber Betrug und Lüge ist. Weil es eine Demokratie ist. Ein Königreich heuchelt zumindest keine Freiheit vor. Eine Demokratie heuchelt Freiheit und
Gleichheit vor ist aber ein Königreich einiger Reicher und Superreicher die alles besitzen.

Wenn ihr politische oder wirtschaftliche Systeme blindlings verfolgt und anbetet
durch euren Glauben, denn mehr ist das ja in wirklich nicht, das ist alles totale Leer
da es keine Inhalte hat es ist alles Fiktion des Glaubens genau so ist das mit dem Geld
Fiktion alles Fiktion und fickt euch ihr blöden Arbeiter und ängstliche Mitläufer es ist
alles fiktives Glaubensbekenntnis so wie die Religionen.

Denkt ihr etwa angenommen es gäbe Gott, Gott würde euch sagen glaubt und dann
werdet ihr selig sein oder Freiheit erlangen oder das wars dann schon meint ihr das
Gott, das Göttliche, wäre so unermesslich blöde. Nein. Das wäre keine Gottheit das
wäre ein Faschist ein Raubtier ein Raubmensch. Und Raubtiere Raubmenschen haben sich über viele Generationen dieses Betrugssystem aufgebaut weil es gar nicht
anders ging denn das waren ja Raubtiere Mörder Schlächter und so weiter.
Aber heute ist das Potenzial ein Raubtier zu bleiben noch viel größer weil die Reiz-
schwellen viel umfangreicher vorhanden sind und Ruhepoools nicht mehr vorhanden sind da die Ausbeutung ihren 50-50 Punkt erreicht haben wo alles in einer unermesslichen Wutexplosion zerstört werden kann weil sinnlose Verbrecherbanden die
Menschheit kontrollieren und ausbeuten und das führt mit 100% Gewissheit in die
Totalzerstörung. Mit 100% Gewissheit schreibe ich hier.

Was wollen wir mit diesem System diesen System Besitzern machen.

Wollen wir sie töten.

Wollen wir sie auslachen. Ja. Sie sind die Vertreter der Ignoranz des dummen.
Was können wir machen. Ich schreibe bewusst hier in der Wir-Form. Denn alleine
hier hinter dem Computer kann ich bloß dieses kleine Büchlein schreiben und sehen
was sich weiter entwickelt und entwickeln soll. Wenn die Zeit dafür reif ist wird sich
eine Tzunamisituation entwickeln. Untendrunter ist das sowieso schon am brodeln.
Auf dem ganzen Globus.

Was können wir machen damit Verbrecher Betrüger Lügner und das falsche diese
Menschheit diese Erde nicht weiterhin versklaven.
Früher wurde das mit ermorden beantwortet. Das wird heute auch noch gemacht.

Geheimdienste , religiöse Fanatiker also ohne Liebe, Auftragsmorde in der Industrie, und so weiter. Und die ganzen Morde die tagtäglich in Familien passieren Scheidungen Eifersucht Neid Habgier Durchgeknalltheiten der Irrenanstalt genannt Mensch. Aber ich bin für Frieden für Liebe. Für Schönheit.

Ich lasse die Reichen leben und sein. Sollen sie ihre Habgier selbst erdulden müssen. Und zwar ohne Geld.

Wie kann also die Menschheit friedlich ihre Lebensqualität steigern und ein Leben in göttlichem Glanz und Freude leben.

Ganz einfach. Ihr müsst euch in Gruppen zusammentun und in euren Regionen die Besitzenden und deren Besitz und Fabriken erörtern. Ihr könnt sie sogar mit einbeziehen und die Vorschläge machen die ihr machen wollt und könntet um euer Leben global von heute auf morgen in ein segensreicheres zu verändern.

Es gibt schon einige Firmen Unternehmen wo es keinen Chef mehr gibt alle sind gleichermaßen am Unternehmen beteiligt alle verdienen das gleiche. In Michael Moores Film Kapitalismus wurden einige Firmen gezeigt in den USA die schon nach dieser Methode lebten und konstruierten und erfolgreich produzierten. Wenn ich mich richtig erinnere verdiente jeder Mitarbeiter damals um die 68 Tausend Dollar im Jahr. Das sind also so um die 5,5 Tausend im Monat. Mehr oder weniger.
Ihr müsst also planen alle Firmen auf dem ganzen Erdball einfach zu übernehmen. Die Bosse können sogar in den Positionen bleiben aber falls sie zu viele Betrügereien Abzocke Ausbeutung gemacht haben wäre ein gesunder Tritt sehr gesundend für euch.

Schön wäre es wenn gemeinsame Aktionen zuerst in den Großkonzernen passieren würden. General Motors. Mercedes. Renault. Englische Börsen. Das Rothschildimperium. So was. Oder die Banken. Und die Energiekonzerne Vattenfall, RWE, oder die Ölkonzerne in Russland, Saudi-Arabien, USA, BP oder Shell oder das ExxonEmpire von den Rockefellers. Nestle oder Unilever. Ganz einfach. Die Manager werden alle erst mal beurlaubt für einen Monat.

Alles wird ohne Blutvergießen ganz einfach übernommen. Das ist heutzutage ein Kinderspiel.

Das gleiche wird mit den großen Firmen der Staaten gemacht. Da der Staat, der eine Fiktion ist wie die Demokratie also ein Glaubensgespinnst. Denn es gibt nur Menschen, Vasallen, Lobbyisten, Heuchler, Machtgierige, oder einige wenige angehauchte Gutmenschen, aber ein Staat ist eine Totalfiktion, es gibt nur Menschen die handeln und euch Segen oder Ausbeutung bringen. Also das falsche. Die Irrationalität das unwissenschaftliche. Das ist ein Staat egal ob nun Demokratie oder Kaiser oder Könige das ist alles immer Fiktion und Glaubenssalate die alle immer wieder verfaulen werden weil sie alle ausnahmslos zur Ausbeutung dienen.

Denn es sind keine Liebestaaten keine Liebessysteme.

Es sind alles Fabriken und Firmen alle Staaten auf der Erde. Egal ob sie sich demokratisch jodeln oder Kommunisten oder sonst welcher Raubtierbezeichnungen Raubmenschbezeichnungen. Und all das ist verabscheuenswürdig genug und Wert nicht unterstützt zu werden weil es im Endresultat immer Zerstörungen bringt und Ausbeutungen und Betrug. So wie es jetzt tagtäglich zum Vorschein kommt denn das ist das Resultat der Eliten der Besitzenden Besitzende können gar nicht anders als alles zu zerstören und zu ruinieren. Weil das genau durch diese Methoden zu ihren Reichtum führte. Und eine Demokratie ist der Höhepunkt einer zerfallenden Gesellschaft die im Gletschertempo ausgebeutet wird und subtilste Methoden des heucheln ausbeuten und versklaven benutzt die alle in Glaubenssysteme münden an die das Volk unter dem König und seiner Familienangehörigen oder der Politik dem Vasallen der Wirtschaftsfamilien Vasallen glauben sollen. Und bis jetzt 2013 auch weiterhin noch in brünstig glauben. So immens blöde sind Menschen heutzutage noch. Das kann nicht gut gehen alleine schon wegen der massenhaftigen Totalverblödung der Bevölkerungen. Egal wie reich die Reichen auch werden die Totalverblödung der Globalbevölkerungen wird sie unweigerlich töten und zerstören.

Wenn nicht eine friedliche Übergangzeit geschaffen wird die den Rausch des Ermordens in Wohlstand und Zufriedenheit anbietet.

Wenn nicht, garantiere ich global das alle Eliten diesmal global ermordet werden effizienter als zu der französischen Revolution. Viel effizienter.

Aber das Morden weiterhin zu weiterem Morden führen wird weil die Kreisläufe wieder erscheinen werden. Ist ermorden keine Wahl mehr.

Frieden und Freude und Eierkuchen ist die Wahl. Übernahmen der Firmen ohne Gewalt aber durch gutorganisierte Handlungen müssen erfolgen.

Ich springe mal etwas voraus.

Also wenn Großkonzerne übernommen wurden sozusagen die Hauptindustrie jeglicher Länder oder Nationen, dann wird einfach weiter gemacht. Das einfach weitermachen ist ein ganz wichtiger Faktor um Ruhe in die Erdschwingung in die erhitzte Schwingung des menschlichen Systems zu bringen. Damit keine Funken explodieren.

Ihr müsst euch total bewusst werden das euch in Wahrheit jetzt nun schon alles auf der Erde gehört. Ihr seid seit Bestehen der Ewigkeit schon immer die besitzlosen Besitzenden gewesen. Ihr habt das bloß vergessen und wusstet nicht wer und was ihr in Wahrheit seid. Oder wo ihr hergekommen seid. Aber dazu später mehr, falls überhaupt. Wichtig ist das gehört euch in Wahrheit schon immer ihr habt euch von der Illusion der wenigen blenden lassen und seit durch Massenhypnosen und kollektiven Wahnbefall in Glaubenssysteme und Erniedrigungen und Ausbeutungen gar nicht mehr in der Lage zu erkennen was ihr in Wahrheit seid und woher ihr kommt.

Ihr glaubt den ganzen Schund der Verführer der Eliten der Mörderbande aus denen das ja alles seit Jahrtausenden aufgebaut ist .Die Kausalitätslinien sind ja anfangslos und endlos. Ihr seid nicht hier auf der Erde um als Sklaven für Eliten wie sie genannte werden oder Königsfamilien wie sie sich nennen zu leben und denen ein Leben in unbelastbarer materialistischer Leichtigkeit zu erschaffen. Dieser Wahn dieser Glaubenswahn verschleiert eure Wahrnehmungen und Einsichten weil ihr rund um die Uhr um euer Leben ums Überleben bis hin zum Ruin kämpft. Damit wenige sich über eure Unwissenheit amüsieren können.

Die Eliten das sind die Toten und Jesus hatte mal gesagt lass die Toten die Toten begraben. Und ihr gehört auch zu den Toten deswegen ist ja nun die Menschheit in solch einem System gefangen durch den Glauben an das Tote. Die Unwahrheit. Ihr denkt und glaubt ja dass ihr die zukünftige Leiche seid.

Das ist total Schwachsinn.

Und wo totaler Schwachsinn herrscht da herrschen auch Königsfamilien oder industrielle oder BankerFamilien. Denn vergesst nicht es wir alles ausnahmslos von Familien beherrscht. Von sehr wenigen Familien auf dem Globus Erde.

Redet mit den Besitzenden der Firmen und sagt ihnen was ihr vorhabt und wann und lasst sie dann alle noch schnell ihr Geld in Sicherheit bringen nach Luxemburg oder auf abgelegene Inseln wie der Blääähboy Günterchen Sachs und andere Schein-scheinheilige Global. Lasst sie alles mitnehmen. Sollen sie doch sogar für sich alleine auf ihren geheimen Inseln leben. Lasst sie gehen winkt ihnen zu wünscht ihnen alles Gute und dann führt ihr diese Unternehmen selbst so weiter bloß ohne die wenigen

Besitzenden. Das ist kein Verlust das ist Bereicherung im geistigen denn die Ausbeuter fehlen nun.

Ich gehe einfach mal davon aus das ihr das macht und General Motors und die Lokhead und VW und Peugeot und alle anderen großen Unternehmen Adidas Nike Bogner und alle Symbolluxusbeulen alle werden übernommen. Wenn ihr das geschafft habt. Dann : Dann sorgt dafür das Geld vernichtetet wird. Das ihr alle so weiter macht ohne Geld. Da wo was gebraucht wird, wird es gemacht. Denn man hat euch ja totalverblödet die Eliten die BankerFamilien die Doktoren die Professoren die Diplom Volkswirte das ohne Geld kein Leben wäre das ohne Geld keine Wirtschaft geht das ohne Geld alles zerstört wird. Das Geld sogar Suppe kocht oder das Geld Autos baut und das Geld Raketen konstruiert das Geld Straßen baut das Geld Anzüge schneidert das Geld Blumen züchtet das Geld Babys wickelt das Geld erst überhaut Leben auf der Erde ermöglichte. Ja das Geld sogar das Universum erschaffen hat und die Sonnen erst erschaffen wurde als das Geld dafür bezahlt wurde. Und selbst das göttliche gab es erst als ganz, ganz viel Geld bezahlt wurde. Deswegen ist Geld die Totalverblödung der globalen Menschheit die eine Elite für sich nutzte um euch neben der Demokratie auch mit Geldglauben zu Totalverblöden.

Das sind die Resultate eures Glaubens eurer Glaubensvertreter in Staat Politik Wirtschaft Religion. Geld regiert die Welt und Zeit ist Geld. Diesen totalen Ignoranzglauben habt ihr so verinnerlicht das von euch aus der Perspektive der Eliten nicht mehr als bloßes Arbeitsvieh und Glaubensvieh geredet werden kann. Aber da ihr ja in einer Demokratie lebt nennt man euch Bürger. Was für ein armseliges Häufchen der Bürger bürgt für kriminelle Politik kriminelle Wirtschaft kriminelle Banken kriminelle Familien .Aber so ist es wenn man glaubt ein Bürger zu sein. Das Endresultat wird die Verarmung und Verarschung durch die Abzockeliten die Erschaffer der Demokratie und des Geldes sein.

Wenn ihr also dies Unternehmen ohne Geld führt glaubt aber bloß nicht das euer inneres Raubtier damit beseitigt wäre. Nein. So einfach geht das nicht. Das muss erst durch Wiederholungen der Friedfertigkeit und Umstellung der industriellen Nichtausbeutung und lebensfördernden Technologien und Systemen in den Zellstrukturen der Membrane des Gehirns neue Synapsen der Gewohnheiten erschaffen haben. Damit die neue friedliche liebende Gewohnheit das Raubtier Mensch den Träger der Unwissenheit und Zerstörung durch wachsen gehirnzellularer Strukturen beseitigt hat mit all den friedfertigen Lebensgewohnheiten eines Nichtraubtieres auf der Erde.

Diese wenigen Worte müssten eigentlich genügen um den Samen der friedlichen

Übernahme der industriellen Ausbeutungen zu beenden. Denn wenn nachher alles ohne Geld funktioniert dann wird ganz von alleine auch kein Überfluss mit Murksindustrien oder Luxusgütern für wenige erschaffen werden aber es wird ein stetiges verbessern der Gesamtqualität zum Vorschein kommen weil Geld kein Thema mehr ist und Uhrzeit auch nicht die angeblich dran hängen soll was ja Irrationalität der Eliten ist denn die sind die Träger der Ignoranz der Unwissenheit. Die haben bloß viel gelogen manipuliert gezockt ergiert in ihrem Habgierdelierium der die ganze Erde verwüsten wird ohne Rücksicht auf die Konsequenzen weil die Ignoranz also die Unwissenheit der Träger der Dunkelheit ist. Und Hochkulturen sind immer das Ende einer totalen Ausbeutung und Ausblutung von Natur und Mensch.

Dienstag, 9. April 2013

666 das Tier

Es ist unsagbare Armseligkeit innere Armut Primitivität und abgrundtiefe Bösartigkeit also das Tier was sich heutzutage global in allen Nationen zeigt durch das System der Banker und deren Wahn des Glaube an das Geld. Ja es ist ein Wahn und jeder Wahn führt unweigerlich in die Irre also Zerstörung. Und der Glaube an das Geld ist von primitiven ignoranten Raubmenschen also Tieren also denen die gar kein Recht kennen aufgebaut worden. Es ist von denen aufgebaut worden die Macht also eigene Stärke also Kampf also alles was zum Kampf gehört tricksen täuschen gewinnen müssen und alles andere an tierischen raubtierischen Eigenschaften die diese Geldraubtiere in sich tragen.

Nicht umsonst wird ja schon im Johannesevangelium vor dieser Entwicklung gewarnt, dass sie alles zerstört, und dass sie abgrundtief bösartig ist. Eure Reichen, Milliardäre, BankerFamilien, diese Männer diese Lobbysenilen diese rückgratlosen Politiker diese Wirtschaftsstrategen sind innerlich noch abgrundtief bösartig und damit bedingungslos primitiv geblieben. Sie sind die Vertreter des 666 des Tieres das sein Geldausbeutsystem global auf der Erde aufgebaut hat.

Diese abgrundtiefe Bösartigkeit war und ist auch in den Erschaffern der Demokratie. Da eine Demokratie ja Arbeitssklaven braucht um den Erschaffern der Demokratie auf ewig Reichtum und herrschen zu garantieren. Nochmal eine Demokratie ist keine Lokratie keine Liebesgesellschaft. Eine Demokratie ist eine verfeinerte Form der Ausbeutung unter dem Deckmantel der Gleichheit und Freiheit und Chancengleichheit. Das ist alles abgrundtiefe Täuschung und diese Täuschung die liegt schon im System der Demokratie und zwar deren Erbauer. Da sie selbst in ihrer inneren Evolution also Entwicklung von Raubtier zum Tier zum Raubmenschen zum Menschen noch sehr ausbeuterisch und besitzend also Konkurrenzsenile waren.

Wettbewerb oder Konkurrenz oder die sogenannte freie Marktwirtschaft oder der Markt oder das er sich selbst reguliert das sind alles abgrundtiefe Täuschungsbegriffe die alle verschleiern sollen das so was genau die Primitivität des Faschismus also des Raubtieres des Raubmenschens verschleiert. Das sind alles Kampfbegriffe weil das alles weiterhin den Kampf aufrechterhält und Kampf ist ausschließlich das Tier die 666 Eigenschaften. Aber Menschen sind nicht 666.

Kooperation Zusammenarbeit verteilen Unterstützung liebevoller Umgang miteinander egal welcher Nationalität Kooperation Ausgleich weniger ist mehr und zwar alles ohne Geld das ist noch Lichtjahre und weitere Lichtjahre entfernt. Und deswegen wird die Lüge die Ausbeutung das Böse das Dunkle sich noch weiter ausbreiten auf der Erde. Wenn die Menschen sich nicht selbst aufraffen und ihre eigene Liebe leben ja Liebe .Denn die ficktief die ficktive Irrenanstalt eines Staates oder Systems auf das und den dann alles abgewälzt werden kann im Namen des Staates oder für den Staat und dieser ganze BetrugsDenkApparatschick das ist keine Liebe sondern das ist Ausbeutung und Re-Gieren, also die Lebenskraft anderer Menschen umzuleiten und zwar zu den damals Adligen in Griechenland die sich die Demokratie ausdachten und mit dem Griechenland von heute 2013 das wunderbarste Beispiel haben was das Endresultat einer Demokratie ist, denn eine Demokratie ist ja kein Lebewesen kein Mensch sondern eine Idee mit der gezockt und betrogen wird. Und heute ist das Re-Gieren also das umleiten zu einer perfiden Perfektion geworden wo diese Verbrecherfamilien der Banker und Industriellen und Politikkkker und Kaiser und Könige oder Despoten alles an Arbeitskraft und deren erwirtschaften so dermaßen umgeleitet um-gegiert also Re-Giert haben, das es überhaupt garkeinen Sinn mehr macht diesen staatlichen Systemen noch den geringsten Wert oder Aufmerksamkeit hinzubringen. Ihr müsst eure eigen Liebe leben ohne Geld.

Und da aber die gesamte Erde im Besitz der Reichen der Banker und Industriellen ist, empfehle ich weiterhin die globale Zusammenarbeit auch politisch falls sie ein wenig Rückgrat haben und nicht solche geheuchelten Jetztzeitidioten sind wie die Hartz4 Erschaffer oder der Gesetze die sie im Laufe der Jahrhunderte verfeinert haben damit ihr ganz sachte zu total Sklaven der 666 Gruppen werdet der Raubmenschen des Tieres. Und diese Tiere kämpfen nun mit aller Bösartigkeit auf der Erde ihre primitiven tierischen Instinkte und Sinne und Wahrnehmungen aus. Das leben sie nun voll aus. Weil sie so geblieben sind.666 das Tier.

Jeder wachsame Mensch, liebende Mensch weiß was hier politisch wirtschaftlich gespielt wird das Spiel der Ausbeutung und Verachtung der Entwicklung des Menschen und der Natur auf der Erde. Denn die Besitzenden die Geld Anbeter die Geld Götzen die sooo abgrundtief innerlich primitiv geblieben sind haben in allen Systemen ihre

Vasallen in allen Ämtern weltweit, nein, Erdweit denn die Welt ist eine Nummer zu groß für diese dunklen dumpfen primitiven 666 Kreaturen. Und sie werden die Menschheit global und die Erde total ruinieren wenn ihnen kein Spielzeug weggenommen wird.

Das erste Spielzeug das ihr ihnen wegnehmen müsst ist: für sie zu arbeiten. Arbeit nur für euch selber

Das zweite Spielzeug das ihr ihnen wegnehmen müsst ist: Ihre Manager aus allen Positionen zu entfernen, Aber alles was bis jetzt aufgebaut ist weiter zu führen. Ohne zu zerstören damit das System der Ernährung und Wohnung und der lebenswichtigen Einrichtungen bestehen bleibt. Diese wenigen Manager in Religion und Wirtschaft und den Banken zu entfernen ist unbeschreibliche Leichtigkeit. Und wenn sie nicht kooperieren wenn sie nun das System die ignoranten Gläubigen der Polizei die dummen wenn die nun dafür benutzt werden um euch platt zu machen dann weigert euch einfach überhaupt etwas zu machen.

Lasst sie doch selbst machen sollen die wenigen Superreichen die Betrüger die Lügner die BankerFamilien die Rothschilds die Kartelle die Systemanbeter des Geldes doch selber ihren Reichtum erwirtschaften. Aber wenn keiner ihren Ausbeutstrategien mehr zuhört dann sind sie von heute aus morgen ausgetrocknet ohne einen Blutstropfen für die 666 das Tier zu vergießen. Das ist sehr wichtig denn so wird der Kreislauf von Mord mit Mord bezahlen zerbrochen, und der Kreislauf Liebe mit Liebe aufgebaut.

Das Leid das diese Geldeliten diese Wahnsinnigen diese Psychopathen des Geldes auf der Erde geschaffen hat und schafft ist gigantisch. Ganze Völker-Nationen werden ruiniert und die abgrundtief rückgratlosen primitiven Fratzen und laber Politiker schauen rhetorisch verzweifelnd in die Röhre nichts erreichen könnend .Also was bleibt einem übrig man muss die Sozialverträge die man sich als Staat erfunden an die man geglaubt hat innerlich kündigen und die dazugehörigen Gesetze. Gesetze sind Fiktionen die ausschließlich auch in einem Rechtstaat der ja von so was dumpfes wie Rechtsanwälte also den Jonglierer von raffinierten schlauen also tierischem Gedankengut aufgebaut wurde also Tieren also der 666 , man muss das innerlich kündigen denn kein Gesetz das von Tieren also Raubmenschen gemacht wurde und das die Menschheit und die Erde ausbeutet ist es wert geachtet zu werden. Weil ein Rechtsstaat automatisch ein Unrechtstaat ist denn er gehört zu der Erwirtschaftung der Reichen die sich dieses System ja ausdenken weil es ja auf die Reichen der Griechendemokratie aufbaut und sagen wir mal ganz lapidar nicht auf Jesus und seiner Bergpredigt da würde ein ganz anders Resultat zum Vorschein gekommen sein wenn das bis heute gelebt würde und nicht das Adligendemokratenprogramm ihrer Demokratie.

Und alle Gesetze die diese Demokratie nun hatte mit deren Rechtsanwälte die dafür sogar Doktortitel und Professuren haben und diese Gesetze dienen ausschließlich dem Erhalt der Reichen und deren Besitzt weil sie in ihrem primitiven tierischen denken ausschließlich Besitz und Haben und Habgier kennen. Es sind also die primitiven die auch weiterhin primitive Resultate auf der Erde zum Vorschein bringen.
In Spanien wird nun die Bevölkerung wacher weil sie erkannt haben in dem Land in dem sie leben ist das staatlich also klarer formuliert die Menschen die sich Politiker Richter Anwälte nennen die BankerFamilien und die Industriellen so brachial in Wahrheit gegen die Bevölkerung das sie sie massenhaft ja total alle auf die Straße setzen und verhungern lassen. Das ist Spanien und deren so geachtetes Zysten viva la Spania das ist eine Demokratie Farce ein Gigabetrug und nicht wert auch nur im geringsten geachtet, beachtet zu werden. Und das gleiche gilt für alle Demokratie oder anders Menschen die dann glauben das sie nun das sagen über andere Menschen hätten indem sie dann die Apparate benutzen mit der Drohung das sonst Chaos passiert aber das Chaos erschaffen sie immer selber und nutzen dann die Polizeisysteme und das zu verschleiern. Und sagen, wir müssen den Staat retten und Ordnung schaffen. Das ist alles im System der Demokratie erhalten dieser inhärente Betrug diese Gigalüge der Ausbeutung bis zum Tode und der Vollstreckung durch das System und eins System ist ja kein Mensch und ein Staat ist ja auch kein Mensch genauso wie die Wissenschaft ja kein Mensch ist oder die Medizin weder noch die Politik. Worauf ich hinaus will ist zu zeigen wie die Betrüger die Verbrecher das Tier die 666 sich hinter Floskeln versteckt um in Gigaform das Üble zu leben. Denn der Staat ist ja gar nicht vorhanden und weil er nicht vorhanden ist, ist da auch kein Verantwortlicher der dann gefunden werden kann. Und so kann bis in die Ewigkeit das Üble gelebt werden die Ausbeutung der wenigen gegen die Massen der Erdbevölkerungen.

In Spanien haben die Spanier die Sozialbeiträge mit der ficktiefen Fiktion Staat gekündigt und das ist ein Schritt zur Bewusstwerdung um zu erkennen das Demokratie ein Verbrechersystem ist. Also die Besitzenden die sich dann Gesetze ausgedacht haben durch ihre Politik und Richter und Rechtsanwaltsvasallen damit ihre Geldprimitivität auf ewig aufrechterhalten werden kann das wird nicht mehr akzeptiert. Denn BankerFamilien haben die spanische Bevölkerung brutal auf die Straße gesetzt werdet euch dessen bewusst was das für abgrundtief bösartige Menschen das Tier 666 geblieben sind, und was das für eine primitive spanische Politik ist, das ist subtiler Mord durch staatliche Mithilfe und da ein Staat nicht existiert kann niemand zur Rechenschaft gezogen werden.

So die Spanier haben ihren Anwälten Richtern Polizisten und Politiker schlichtweg gekündigt und werden anfange sich selbst zu helfen und zuerst müssen sie alle leeren Wohnungen wieder übernehmen. Und ich habe erfahren und gesehen das nun in manchen Ortschaften und Städten die Bürgermeister keine Zwangsvollstreckungen mehr erlauben und das sowohl die Polizei als auch die Feuerwehr keine richterlichen Beschlüsse dieser Verbrecherbanden mehr durchführen. Hier kann gut gesehen werden was du als wahrer Mensch alles machen musst und wofür du stehen musst, Betonung liegt auf musst, um von deinem Demokratie Wahn geheilt zu werden von der Jahrhunderte alten Massenhypnose. Kein Staat ist es wert kein Politiker und schon gar nicht kein Banker und Industrieller oder Fondsmanager überhaupt geachtet zu werden wenn nicht alles geteilt und alles in Zusammenarbeit gemacht wird.

Die offshore Veröffentlichungen zeigen das es unbeschreiblich primitive armselige Tiere geblieben sind die Reichen die Wohlhabenden die Besitzenden und das die politischen Systeme die Politiker abgrundtief Ignoranzvertreter sind. Dumpf blöde rückgratlose Raubmenschen. Das ist der Preis des Geldes das ist der Preis des Materialismus Muus.

Also Demokratie oder Monarchien oder Diktaturen brauchen alle Arbeitssklaven damit wenige alles besitzen und ein Leben in Wohlstand und Luxus leben können egal wie auch wenn alles letztendlich zerstört wird.

Hier ist nochmal ein Wachmacher:

Ich gebe euch alles Gold der Erde alles Geld der Erde alle Diamanten und dann sage ich zum Geld zum Gold: Reinige den Fußboden in den 20 Villen der Superreichen. Koche die Suppe. Erfinde wohltaten für die Menschheit. Baue Hochhäuser. Putze die Schuhe. Baue die Straße. Fahre das Auto. Erdenke neue Technologien. Repariere die Straßen. Erneuere Kleidung. Und so weiter bis zum Ende aller Wörter und Gedanken und Fantasien. Da wirst du sehen das Geld aber überhaupt für Garnichts benötigt wird. Das Gold Garnichts kann. Dass Diamanten überhaupt bloß da liegen. Und das alles gemacht wird ausschließlich vom Menschen und zwar ohne Geld. Das war schon immer so und wird auch für immer so bleiben. Denn für Innovation und Kultur und Wirtschaft und Bildung ist aber überhaupt niemals Geld benötigt worden. Es ist eine Fiktion erdacht von den 666 dem Tiermensch in seiner abgrundtiefen Ignoranz und Unwissenheit denn das Tier weiß ja überhaupt gar nicht was und wer es ist. Es ist unwissend und aus dieser Unwissenheit hat Es das Geldsystem aufgebaut. Das die übergierigen ja erkannt haben das man Geld kontrollieren kann und ansammeln kann da ja alle daran glauben und sich aber auch total unbewusst sind das alles immer bloß der Mensch macht und zwar ohne Geld auf ewig immer ohne Geld. Und das alles bloß rudimentäre Gesellschaftsstrukturen der noch abgrundtief primitiven Menschen sind.

Also alles wird und wurde schon immer ohne Geld gemacht. Es ist Lüge Glaube Religion das Geld für irgendetwas gebraucht wird weil Geld gar nichts kann. Das müsst ihr bis heute doch wohl durchschaut haben. Und eure eigene Selbstversklavung ablegen. Wie lange wollt ihr noch Sklaven eurer eigen Ängste Ignoranz und Dunkelheit sein. Denn das System Geld ist die Angst weil es ja von ängstlichen aufgebaut wurde. So kommen diese Ängste nun zum Vorschein und zeigen wie falsch das alles ist. Dass System Geld ist pure Existenzangst also Totalverblödung und daran glauben die 666 die Tiermenschen noch. So primitiv sind die Systeme an die ihr glauben sollt.

Es ist eure Entscheidung. Nach wie vor sage ich übernehmt das System selber und entfernt die Lügen aus dem System .Entlasst die Bankermanager die Religionsmanager im Vatikan oder Protestanten entlasst die Politiker die rückgratlosen ignoranten entlasst die Firmenbesitzer denn ihr alleine habt das aufgebaut es ist mittlerweile mehr als euer Eigentum aber lasst die Finger von Eigentum und Besitz denn etwas zu besitzen ist abgrundtief Dunkelheit und Bindung an diese Erde und das ist Schwere und Tod. Übernehmt die globale Struktur und dann entfernt das Geld. Und dann wird automatisch ein Gleichgewicht entstehen weil auch jeder sofort Arbeit hat da die Nachfrage groß sein wird aber alles schädliche sofort nicht mehr unterstützt werden braucht und das saubere nicht das falsche arbeitsmäßig oder schöner kreativmäßig unterstützt werden wird. Macht das alles ohne Blutvergießen. Macht das alles ohne Blutvergießen. Macht das alles ohne Blutvergießen.

Montag, 16. Februar 2015

BRD eine Firma…Europa eine Firma…USA eine Firma…

Wenn ich so die Nachrichten betrachte die Zeitungen lese mit Menschen rede oder recherchiere, dann fällt mir auf, das die Staatstreuen Medien wie ARD ZDF und so weiter, mit ihren den Amerikaners nachgeäfften Systemen im Börsenbericht, sehr oft davon Reden das diese Investitionen und dessen Investitionen und so weiter nicht gemacht werden können, wenn nicht mehr Kredite genommen werden. Aber insbesondere wird oft immer das gleiche Mantra wiederholt: Wenn es nicht genug Geld gibt, dann kann auch die Wirtschaft nicht funktionieren und es wird Stillstand herrschen und vieles mehr. Also in den Schreibmedien insbesondere den Schweitzer NZZ Berichten oder den politisch korrekten Zeitungen wie Welt und andere, da wird das gleiche Mantra immer wieder gejodelt.

Und die Politiker Jodeln das immer mit. Ja die politischen Systeme mit ihren Ämtern und Angestellten haben das gleiche „Ohne Geld kein Leben-Syndrom“.

Ich stehe unter dem Eindruck das die deutsche Bevölkerung nicht total bewusst ist was hier wirklich passiert ist nach dem zweiten Weltkrieg bis jetzt 2015. Und wie sich diese politische Entwicklung des gewählten Parteimenschen dann verändert sobald er gewählt ist und dann einen Staatsposten bekommt. Denn wenn jemand in einer politischen Partei ist, dann versucht er ja Aufmerksamkeit zu bekommen durch sein Denken, Reden, Handeln, rhetorischem können und allerlei anderer Gruppenorgien HoHoHo.

Wenn er aber nun derjenige ist, der für seine Partei die Spitze erreicht hat und in die Wahlschlacht geht und gewählt wird, dann wechselt er nämlich von einer Partei in eine Wirtschaftsorganisation (Aber auch die Parteien sind WirtschaftsOrganisationen) und wird nämlich Wirtschaftsmanager. Denn der sogenannte Staat ist in Wahrheit eine kapitalistische Wirtschaftsorganisation die laut Statuten Profitorientiert ist. Das bedeutet also der Politiker ist gar nicht mehr der Repräsentant für die Bevölkerung, sonder er ist nun ein Repräsentant für die „FIRMA“. Der immer noch so beschriebene Staat. Was gar nicht mehr zutreffend ist und falsche Assoziationen hervorbringt. Denn die Parteien sind bloß das Sprungbrett für Karrieremenschen die Gewinne machen wollen und sich mit allerlei Tricksen und Lügen und Täuschungen am gigantischen Steuerpott selbst die Renten und Gehälter absahnen und zwar enorm. Es ist also alles eine Gigatäuschung.

Aber was bedeutet das letztendlich weiter. Es bedeutet das Politiker überflüssig geworden sind, denn sie wechseln sowieso in eine Firma die bloß der Täuschung willen noch Staat genannt wird, aber ein Unternehmen ist, das nach betriebswirtschaftlichen ökonomischen Richtlinien geführt wird und überhaupt keinen Bezug mehr zu dem Rest der Menschheit hat bloß wenn es „NOTWENDIG „ wird, dann ja, wo die sogenannten Bürger etwas mehr verlangen, aber wenig bekommen und durch ihren Glauben an diese Geldsystem in die Totalverblödung politisiert werden.

Also der Politiker ist bloß ein Zwischenhändler der die Preise unnötig teuer werden lässt, weil er seine Gewinne abschöpfen will und deswegen gehen auch fast alle Politiker über in die sogenannte Wirtschaft die der Staat aber schon selber ist. Und der Politiker ist ja ein rückgratloses Geschöpf das in diese Welt geboren wurde von der er fast nichts weiß und kennt und ist aber auch total in die Gewohnheiten seiner Vorgänger eingebettet mit all den Schlingen, Fallen und Falsettos der falschen Arien und Melodien die da gespielt werden.

Und da der Politiker ein psychologisch und geistig unterernährtes Wesen ist, auch diejenigen die ein Uniabschluss haben und mit Worten jonglieren können und eine Benebelungsschow abziehen können, auch sie sind innerlich armselige Menschen, und Menschen damit bezeichne ich schon jemand der eigentlich auch Mensch sein sollte also sehr großzügig ist das von mir. Denn der Mensch bis heute ist ja noch in der Entwicklung von Raubtier zum Raubmensch zum Mensch und mehr als Mensch sein. Und jeder der noch vom töten anderer Lebewesen lebt und meint das auch noch zu müssen, der ist laut wissenschaftlicher Einsichten ein Raubtier und mehr noch, um die Angelegenheit mal etwas klarer darzustellen.

Also der Politiker der hat es nie geschafft etwas mehr zu sein als bloß der Ramschdurchschnitt im Winterschlussverkauf der Selbstdarstellung.

Und die Wirtschaft macht in Wahrheit die Politik die ausschließlich Wirtschaft also profitorientiert ist also geldabhängig ist und diese Predigt kommt aus dem Mutterland der Raubmenschen zur Zeit aus den USA. Und die blöden Politiker durchschauen nicht weil sie keinen Horizont haben der darüber hinausschauen kann, denn sie sind tief verwickelt in Unfreiheiten die zur Geldgebundenheit gehören, weil das Kamel zu groß ist.

Also der Staat ist schon die Industrie und die Industrie will den Staat immer zum Totalen treiben weil dann die totale Kontrolle für die Industrie also die Besitzer der Industrien der Banker Gangster erreichbar ist. Deswegen unterstützend die Amerikaner doch auch die Despoten und andere Üble, Irre und Verrückte. Denn das wollen sie ja auch sein. Totalmacht und Totalkontrolle . Und das hat die Bankersekte mehr oder weniger heute 2015 schon erreicht. Die politische Schwachgeilelite ist ein Totalwerkzeug der Banken der Menschen die die Banken besitzen und aus Nichts Geld drucken um die Menschheit total zu verblöden.

Hier ist nochmal ein Wachmacher:

Ich gebe euch alles Gold der Erde alles Geld der Erde alle Diamanten und dann sage ich zum Geld zum Gold: Reinige den Fußboden in den 20 Villen der Superreichen. Koche die Suppe. Erfinde wohltaten für die Menschheit. Baue Hochhäuser. Putze die Schuhe. Baue die Straße. Fahre das Auto. Erdenke neue Technologien. Repariere die Straßen. Erneuere Kleidung. Und so weiter bis zum Ende aller Wörter und Gedanken und Fantasien. Da wirst du sehen das Geld aber überhaupt für Garnichts benötigt wird. Das Gold Garnichts kann. Dass Diamanten überhaupt bloß da liegen. Und das alles gemacht wird ausschließlich vom Menschen und zwar ohne Geld. Das war schon immer so und wird auch für immer so bleiben. Denn für Innovation und Kultur und Wirtschaft und Bildung ist aber überhaupt niemals Geld benötigt worden. Es ist eine Fiktion erdacht von den 666 dem Tiermensch in seiner abgrundtiefen Ignoranz und Unwissenheit denn das Tier weiß ja überhaupt gar nicht was und wer es ist. Es ist unwissend und aus dieser Unwissenheit hat sie das Geldsystem aufgebaut. Das die übergierigen ja erkannt haben das man Geld kontrollieren kann und ansammeln kann da ja alle daran glauben und sich aber auch total unbewusst sind das alles immer bloß der Mensch macht und zwar ohne Geld auf ewig immer ohne Geld. Und das alles bloß rudimentäre Gesellschaftsstrukturen der noch abgrundtief primitiven Menschen sind.

Also alles wird und wurde schon immer ohne Geld gemacht. Es ist Lüge Glaube Religion das Geld für irgendetwas gebraucht wird weil Geld gar nichts kann. Das müsst ihr bis heute doch wohl durchschaut haben. Und eure eigene Selbstversklavung ablegen. Wie lange wollt ihr noch Sklaven eurer eigen Ängste Ignoranz und Dunkelheit sein. Denn das System Geld ist die Angst weil es ja von ängstlichen aufgebaut wurde. So kommen diese Ängste nun zum Vorschein und zeigen wie falsch das alles ist. Dass System Geld ist pure Existenzangst also Totalverblödung und daran glauben die 666 die Tiermenschen noch. So primitiv sind die Systeme an die ihr glauben sollt.

Aber mittlerweile wehre ich mich schon gar nicht dagegen sondern akzeptiere diese Tatsachen so wie sie sind, weise aber nochmal darauf hin was hier los ist und weswegen das so geworden ist. Denn die TotalverblödungsIllusionen mit dem Glaube an das Geld sind gigantisch und ebenso gigantisch ist das Leiden das dadurch produziert wird für die 99% derjenigen die nicht die Besitzenden sind die alles abschöpfen und die Gesetze für sich machen lassen damit sie verbrecherisch, nenne ich das mal, alles rauben können und für sich in Anspruch nehmen können, das auf der Erde vorhanden ist.

Aber, hört zu oder lest dieses: Wenn also ein Staat eine Firma ist, ist kein Mensch mehr moralisch und freiheitlich an die sogenannten Gesetze gebunden, seien es Steuern und andere Gesetze, weil es eben eine Firma ist und die haben keinen Anspruch am mich oder jemand anderes. Und ich brauche mich auch nicht für irgendetwas rechtfertigen sei es nun Betrügereien bis hin zum Mord und so weiter, weil Firmen keine psychologische moralischen Vorbilder sind und Banken schon gar nicht und deren Besitzer. Das ist sozusagen Freiwild, weil Banken Geld aus Nichts drucken, um Menschen die Menschheit auszubeuten und zu versklaven. Aber was hat Bob Dylan mal geschnoddert gesungen: Wenn du außerhalb des Gesetzes lebst musst du ehrlich sein: Also so viel zu Verwahrlosung aus meiner Sicht. Aber im Modus der innerlichen Freiheit kannst du als Mensch alles hier auf der Erde machen. Du musst aber die Konsequenzen selber tragen.

In Wahrheit brauche ich als Göttliches Wesen mich an Garnichts zu halten was die sogenannte korrupte an geldglaubende Bürgersimsalabimm Norm einem da präsentiert. Und da der Staat eben eine Firma ist, ist auch deren Gelaber und Gesetztes Ausbeutung eine pure Täuschung und Verarschung der Menschheit. Und die Politiker spielen da mit. Die machen da mit.

So wozu so ein dummes System ergo dumme Menschen die das ja aufgebaut haben unterstützen. Und deswegen rufe ich den Menschen die Menschheit auf. Befreit euch von dem Geld und lasst die Banken Gangster Freiwild werden wenn die nicht öffentlich die Illusionen die sie vermarkten preisgeben und darauf hinweisen das es alles bloß ein Täuschung und ein Ablasshandel ist, ein übles, übles, ausbeuten, damit wenige in Reichtum und Selbstverblödung leben können.

So hier sind die Informationen als Zitat BRD eine Firma.

Beispiel **Bundesrepublik Deutschland**

STAAT? REGIERUNG? UNTERNEHMEN ?

Seit vielen Jahren kursieren Gerüchte in der Welt, Gerüchte über die Geheimpläne der «offiziell gewählten» Regierungsmitglieder, Bankinhaber, wie auch der Mächte die dahinter stehen und anscheinend das ganze Weltgeschehen lenken und steuern. Die Auswirkungen ihrer Machenschaften sind für jeden Menschen sichtbar, es wird uns jeden Tag vor Augen geführt: innerhalb weniger Jahrzehnte wurde die Erde verschmutzt, mit all ihren Elementen – ERDE selbst, Luft, Wasser – welche das Leben in dieser Form auf unserem wunderschönen blauen Planeten, überhaupt ermöglichen. Kriege werden überall auf der Welt geführt; unsere Kinder missbraucht und getötet; auf der einen Seite herrscht Überfluss – auf der anderen das nackte Überleben; die Tiere werden als Ware behandelt, gequält; die Wälder abgeholzt –um nur einige wenige zu erwähnen oder immer mehr, bisher geheim gehaltene Dokumente, über die Absicht die Menschheit zu reduzieren und zu versklaven, werden aus den gut gehüteten Verstecken hervorgeholt, ans LICHT gebracht – für alle SICHTBAR gemacht. Aus vielen dieser Dokumente ist ersichtlich, dass der GÖTTLICHE PLAN für die ERDE, wie auch die Entwicklung auf ihr lebender MENSCHEN – von diesen Wesen missachtet wird.

Ist da etwas Wahres dran? Ich wollte es genau WISSEN, deshalb entschloss ich mich diesen Hinweisen nachzugehen – denn WIR ALLE spüren dass VIELES auf dieser Erde nicht mehr stimmt.

Was ich dabei herausgefunden und entdeckt habe, können Sie auf den folgenden Seiten sehen und lesen und vor allem, alles selbst überprüfen

Lassen Sie uns einige Grundbegriffe die von Bedeutung sind, näher erläutern

Was ist ein Unternehmen?

Ein Unternehmen ist ein spezieller Betriebstyp in marktwirtschaftlichen Systemen. Konstitutive Merkmale des Unternehmens sind nach Erich Gutenberg das erwerbswirtschaftliche Prinzip (Streben nach Gewinn), das Prinzip des Privateigentums und das Autonomieprinzip (Selbstbestimmung des Wirtschaftsplans). Öffentliche Betriebe und Verwaltung sind innerhalb einer Marktwirtschaft das Pendant zu Unternehmen, die in Summe daher auch als Privatwirtschaft bezeichnet werden.

http://de.wikipedia.org/wiki/Unternehmen

Was sind öffentliche Betriebe und Verwaltungen?

Öffentliche Betriebe und Verwaltungen sind eigenständige, entweder privatrechtlich oder öffentlich-rechtlich organisierte Gebilde, die sich mehrheitlich oder ganz im öffentlichen Besitz befinden und am Wirtschaftsleben teilnehmen.

Was ist Gewerbe?

Ein Gewerbe (siehe D-U-N-S®Nummer S. 2–3) ist grundsätzlich jede wirtschaftliche Tätigkeit mit Ausnahme freiberuflicher oder landwirtschaftlicher Tätigkeit, die auf eigene Rechnung, eigene Verantwortung und auf Dauer mit der Absicht zur Gewinnerzielung betrieben wird. Im engeren Sinne versteht man unter Gewerbe die produzierenden und verarbeitenden Gewerbe: Industrie und Handwerk. Ein Gewerbe wird durch einen Gewerbetreibenden in einem Gewerbebetrieb ausgeführt.
http://de.wikipedia.org/wiki/Gewerbe

Was bedeutet Branche?

Als Wirtschaftszweig oder Branche (siehe SIC S. 2, 17–19) bezeichnet man in der Wirtschaft eine Gruppe von Unternehmen, die nah verwandte Substitute herstellen.
http://de.wikipedia.org/wiki/Wirtschaftszweig
http://de.wikipedia.org/wiki/Öffentliche-Betriebe-und-Verwaltungen

I «Nur wer nicht sucht ist vor Irrtum sicher.» Albert Einstein, Einstein sagt, Alice Calaprice

Anmeldung bei D&B (Dun & Bradstreet)
Warum muss ich mich anmelden?
Jedes Unternehmen kann nur für sich selbst eine D&B D-U-N-S® Nummer anfordern (siehe S. 3) oder ein eUpdate vornehmen. Um Missbrauch vorzubeugen und um gleichzeitig die Legitimation überprüfen zu können, werden Ihre persönlichen Angaben zu jeder UPIK® Anfrage benötigt.
Ihre Daten werden mit den Daten Ihrer Anfrage in UPIK® gespeichert und darüber hinaus genutzt, um die Legitimation zu prüfen und die Bestätigung oder Ablehnung Ihrer UPIK® Anfrage zuzusenden. Zudem werden sie für zukünftige Recherchezwecke bei Anfragen oder Reklamationen genutzt. www.upik.de/de/faq.html

die d&b- Broschüre (PDF)
www.dnbgermany.de/wpcontent/uploads/2011/07/DnB-DUNSBrosch2010-screen3.pd

Was ist D&B D-U-N-S® Nummer?

Die D&B D-U-N-S® Nummer (Data Universal Numbering System) ist ein neunstelliger Zahlenschlüssel. Mit diesem können Unternehmen weltweit eindeutig identifiziert werden. Für wen kann eine D&B D-U-N-S® Nummer beantragt werden?
Die D&B D-U-N-S® Nummer dient ausschließlich dazu, Unternehmen zu identifizieren. Dies umfasst auch Unternehmensbereiche, Gewerbetreibende und andere Selbstständige. Sie wird nicht für Privatpersonen vergeben. Detaillierte Informationen zur Vergabe der D&B D-U-N-S® Nummer finden Sie in der Global Policy von D&B, die Sie unter UPIK® Wissen abrufen können. Was ist bei der Verwendung der D&B D-U-N-S® Nummer zu beachten? Die D&B D-U-N-S® Nummer ist ein eingetragenes, weltweit geschütztes Warenzeichen der D&B Corporation, USA. Seine Verwendung in Schriftform ist auf die Schreibweise «D&B D-U-N-S® Nummer» festgelegt.
Wer nutzt und empfiehlt die D&B D-U-N-S® Nummer? Die D&B D-U-N-S® Nummer wird unter anderem vom Verband der Automobilindustrie (VDA), dem Verband der Chemischen Industrie (VCI), der Europäischen Kommission und der Internationalen Organisation für Normung (ISO) empfohlen und eingesetzt.
www.upik.de/de/faq.html

Was ist SIC Nummer?

Standard Industrial Classifiation (SIC) ist ein Klassificationsschema für unterschiedliche Industriezweige bzw. Branchen in den USA. Dieses Klassificationsschema, welches seit den 1930er Jahren existiert, fand in der nordamerikanischen Forschung häufige Verwendung, um branchenspezifische Untersuchungen durchzuführen.
Der SIC wurde 1997 durch das von den USA, Kanada und Mexiko gemeinsam entwickelte, sechsstellige North American Industrie Classifiation System (NAICS) ersetzt. Von einigen Behörden, wie der United States Securitas and Exchange Commission (SEC), wird es weiter verwendet.
http://de.wikipedia.org/wiki/Standard-Industrial-Classifiation
Abb S. 4 beachten Sie den SIC-Code bei Firmen auf D&B
Website. Heutzutage wird SIC weltweit benutzt. S.17–19

Abkürzungen
UPIK® = Unique (Geschäfts)-Partner Identifikation Key
D-U-N-S®Nummer = Data Universal Numbering System (für Unternehmen)

SIC = Standard Industrial Classifiation (für Branchen)
SEC = Securitas and Exchange Commission –
(für Branchen in den USA)

Kurze Zusammenfassung

Eine d-U-n-s-®nummer wird nur an eine Firma, bzw. ein Unternehmen vergeben
– eine sic-Nummer an eine Branche. die d-U-n-s-®Nr. wird nur einmal vergeben und
ermöglicht somit eine eindeutige Identifizierung des Unternehmens.

DUNSRight TM Prozess

Um Ihnen zuverlässige Informationen zu liefern, werden alle gesammelten Daten in
einem mehrstufigen Verfahren zusammengeführt und geprüft, damit die Informationen zu Qualitätsinformationen verdichtet werden können. Dabei stellen wir sicher
dass die Daten richtig, vollständig, aktuell und weltweit konsistent sind.
Globale Datensammlung: Aus vielen verschiedenen Quellen aus der ganzen Welt
werden die Daten gesammelt und bei D&B zusammengeführt. Damit ist eine umfassende Information gesichert.
Datenabgleich: Die gesammelten Daten werden nun abgeglichen, den richtigen
Unternehmen zugeordnet und in die D&B Datenbank integriert. Ein klares Bild der
einzelnen Unternehmen entsteht.
D&B D-U-N-S® Nummer: Um Unternehmen eindeutig zu identifizieren und Verän-
derungen nachzuverfolgen, wird die D&B D-U-N-S® Nummer zugeordnet.
Mit diesem Schlüssel lassen sich die Daten bereinigen und Dubletten erkennen.
Außerdem werden Unternehmensverflechtungen dargestellt.
Konzernverbindungen: Verbundene Unternehmen, wie einzelne Firmen innerhalb
von Konzernfamilien, werden abgebildet. Dies ermöglicht einen Überblick über das
Gesamtrisiko. Zugleich werden neue Möglichkeiten aufgezeigt, zum Beispiel für
Cross-Selling-Aktivitäten.
www.dnb.ch/htm/678/de/Qualitaetssicherung.htm

Anmeldung   *www.upik.de/upik-anfrage.cgi*

Die D B U N S Nummer Firma BRD
D&B D-U-N-S® Nummer beantragen
*Hier können Sie Ihre D&B D-U-N-S® Nummer kostenfrei beantragen. Der Bearbei-
tungszeitraum zur D-U-N-S® Nummern Anlage beträgt innerhalb Deutschlands 5
Arbeitstage und außerhalb Deutschlands 30 Arbeitstage.*
*Bitte unterstützen Sie uns, indem Sie die Felder möglichst vollständig ausfüllen. Die
Bearbeitung wird hierdurch beschleunigt und die eindeutige Identifizierung Ihres
Unternehmens erleichtert.*

Der D&B UPIK® Service steht Ihnen bei Fragen gern zur Verfügung.

*Pflichtfelder sind gekennzeichnet durch: **

Ihre persönlichen Angaben

Anrede Herr Frau

Titel

*Vorname **

*Nachname **

*Funktion **

*E-Mail-Adresse **

*E-Mail-Adresse (Wiederholung) **

*Telefonnummer *   Angabe bitte ohne Leerraum und Bindestriche*

Identifikation des Unternehmens

Eingetragener Firmenname/Name Niederlassung

*siehe Einschränkung für Niederlassungen **

*Straße, Hausnummer**

*Stadt **

*Bundesland **

*Land **

PLZ

Korrespondenzdaten (falls unterschiedlich zu Geschäftssitz)

Straße, Hausnummer

Stadt

Bundesland

Land

PLZ

*Telefon (Zentrale) *   Angabe bitte ohne Leerraum und Bindestriche*

Faxnummer

Ihre Webadresse

Ihre Registernummer

Typ der nationalen Registernummer

Datum der registerlichen Eintragung

Rechtsform

Angaben zur Geschäftstätigkeit

*Welche Tätigkeit übt Ihr Unternehmen aus? **

*Wieviele Mitarbeiter beschäftigen Sie insgesamt? **

Jahresumsatz/-einnahme

Eigentumsverhältnisse und Historie Ihres Unternehmens

Geschäftsführer/Vorstand

*Vorsitzender (CEO) Name **

*Geschäftsführer/Vorstand vorsitzender (CEO) Titel ***
*Wann wurden die Geschäftsaktivitäten aufgenommen? *   Monat*
Jahr (JJJJ)
Falls es sich bei Ihrer Gesellschaft um eine Körperschaft (Kapitalgesellschaft) han-
delt, füllen Sie bitte folgende Felder aus
Tag der Eintragung als Körperschaft
Namen der Mitglieder
der Geschäftsleitung   Titel des Mitglieds
der Geschäftsleitung   Höhe des Anteils
(der Aktie) %
1.
2.
3.
Weitere Bemerkungen
Ich habe die Nutzungsbestimmungen und den Datenschutzhinweis von D&B zur
Kenntnis genommen.
Bei Fragen zur Anmeldung steht Ihnen gern der UPIK® Service zur Verfügung:
upik@dnbgermany.de.

(Wer die genauen grafischen Eigenschaften sehen will kann sich entweder ins
Internet begeben-oder aber die sehr gute Datei von Peter Fitzek unter dem Titel :
Zusammenfassung BRD eine Firma (PDF) unter:http://www.neudeutschland.org/in-
dex.php/news/items/staat-regierung-oder-unternehmen.html
http://www.neudeutschland.org/index.php/Währungsrechtliches-Grundlagenwis-
sen.html finden.W.Schorat)

Die Abkürzungen über die Firmendaten-Herkunft
I: Ergebnisse wurden aus lokalen D&B Datenbanken generiert.
W: Ergebnisse wurden aus der weltweiten D&B Worldbase generiert.
U: Ergebnisse wurden aus von D&B akzeptierten, neu angeforderten
D-U-N-S® Nummern oder eUpdates aus UPIK® generiert, die noch nicht
Bestandteil der aktuellen D&B Worldbase geworden sind.
http://www.upik.de/de/faq.html#dunsnumber1

«Irrtum des einen, Erfolg des anderen – beunruhige dich nicht über solche
Einteilungen. Nur die große Zusammenarbeit ist fruchtbar, an der der eine durch
den anderen teilhat.»
Antoine de Saint-Exupéry,
Die Stadt in der Wüste, Citadelle"

Wie kann ich bei «D&B» einen Geschäftspartner – ein Unternehmen finden?

BEISPIEL
1. Auf den Link www.upik.de/de/upik-suche.cgi?new=1 klicken ins Feld: Firma*
– den Namen der gesuchten Firma eingeben-das gewünschte Land* wählen - auf
Finden klicken 2. Falls die d&b d-U-n-s®nr bekannt ist, diese eingeben. Für Bundesrepublik Deutschland: 341611478. Übereinstimmende Daten sind mit dem Pfeil
derselben Farbe gekennzeichnet.

«Die BUNDESREPUBLIK DEUTSCHLAND»

Trefferliste zur UPIK® Suche
Um zur Detailansicht der Geschäftspartnerinformationen zu gelangen, müssen Sie
auf einen Unternehmensnamen klicken.
Bundesrepublik Deutschland
Invalidenstr. 44   Hauptsitz   Berlin

UPIK®-Suche
Greifen Sie kostenlos und in Sekundenschnelle auf Informationen zu 244.146.202
Unternehmen weltweit zu. Anhand der D&B D-U-N-S® Nummer werden alle Firmen
eindeutig identifiziert und die Daten korrekt zugeordnet.

 Sie möchten UPIK® Geschäftspartner-Informationen einsehen?
Wenn Sie die D&B D-U-N-S® Nummer Ihres Geschäftspartners kennen, geben Sie
diese bitte ein. Bitte wählen Sie auch das Land aus, in dem sich der Geschäftssitz
befindet.
D&B D-U-N-S® Nummer *

Land auswählen   Deutschland
Sie kennen die D&B D-U-N-S® Nummer des gesuchten Unternehmens nicht?
Dann geben Sie bitte Namen und Anschrift in die Felder ein.
Firma *
Anschrift
PLZ
Ort
Land *   Deutschland

Je mehr Details Sie angeben, desto genauer wird das Suchergebnis. Es werden
Ihnen maximal 100 Treffer pro Suchanfrage angezeigt.
* Diese Felder müssen für die Abfrage ausgefüllt werden

UPIK® Datensatz - L
L   Eingetragener Firmenname   Bundesrepublik Deutschland
W   Nicht eingetragene Bezeichnung oder Unternehmensteil   BRD
L   D-U-N-S® Nummer   341611478
L   Geschäftssitz   Invalidenstr. 44
L   Postleitzahl   10115
L   Postalische Stadt   Berlin
         Land   Germany
W   Länder-Code   276
         Postfachnummer
         Postfach Stadt
L   Telefon Nummer   0302270
W   Fax Nummer   03022736740
W   Name Hauptverantwortlicher Joachim Gauck
W   Tätigkeit (SIC) 9199

Weitere Optionen:
Möchten Sie zurück zur UPIK® Suche?
Bitte auf UPIK® Suche klicken.
Sie möchten kostenlos Ihre Stammdaten ändern?
Sie müssen sich zuvor identifizieren.
Dann bitte hier klicken:
Sie finden keine entsprechende D-U-N-S® Nummer im aktuellen UPIK® Bestand
oder möchten kostenlos eine neue D-U-N-S® Nummer beantragen?
Bitte auf Neu anlegen klicken.

Ausführliche Infos unter :
http://www.neudeutschland.org/index.php/news/items/staat-regierung-oder-un-
ternehmen.html
http://www.neudeutschland.org/index.php/Währungsrechtliches-Grundlagenwis-
sen.html
www.manta.com dorotheenstrasse 184 existiert nicht, nur 84. gehen sie auf
 Google.
S9199 Sonstige Regierungsstellen (S.18)
 BEISPIEL «Das BUNDESKANZLERAMT»
«Der DEUTSCHE BUNDESTAG»
 BEISPIEL WAS HABEN «BRD FINANZAGENTUR GMBH» und
«Das BUNDESMINISTERIUM für FINANZEN» GEMEINSAM?
Konzernverbindungen: Verbundene Unternehmen, wie einzelne Firmen innerhalb

von Konzernfamilien, werden abgebildet. Dies ermöglicht einen Überblick über das Gesamtrisiko. *http://www.dnb.ch/htm/678/de/Qualitaetssicherung.htm*

«Das BUNDES- UND STAATSMINISTERIUM für FINANZEN»
BEISPIEL «Das BUNDESZENTRALAMT für STEUERN» zahlt Steuern
BEISPIEL «Das BUNDESGERICHTSHOF» und die beiden «Präsidenten»
BEISPIEL «BUNDESGERICHTSHOF» , «GENERALSTAATS- und BUNDES-
ANWALT»

Ende der Informationen aus der UPIK-Webseite unter der die BRD als Firma registriert ist.

So ich höre mit dem Kopieren der Dateien in diesem Buch auf obwohl in der Datei
noch sehr viel vorhanden ist. Wer genauer zuschauen möchte gehe bitte auf diese
Seite; *http://www.neudeutschland.org/index.php/news/items/staat-regierung-oder-
unternehmen.html*

Aber es geht weiter mit PARTEIEN: «CDU», «SPD», «FDP», «BÜNDNIS 90/DIE
GRÜNEN» oder Kriminalämter und so weiter.

Nun mache ich weiter aus diesem PDF Text mit: Was sagen die Deutschen Politiker
über die Souveränität Deutschlands?

Carlo Schmid Viele kennen einen Teil der Rede des Abgeordneten Carlo Schmid im
Parlamentarischen Rat vom 8. September 1948: «Wir haben nicht die Verfassung
Deutschlands oder Westdeutschlands zu machen. Wir haben keinen Staat zu errichten. Wir haben etwas zu schaffen, das uns die Möglichkeit gibt, gewisser Verhältnisse Herr zu werden, besser Herr zu werden, als wir das bisher konnten.» Seine ganze
Rede – Hyperlink unten.
http://www.youtube.com/watch?v=-1Ibmr8WwF4
http://revealthetruth.net/2013/03/05/was-heisst-eigentlich-grundgesetz/

Sigmar Gabriel (1:58) «Ich sage Euch, wir haben gar keine Bundesregierung, wir
haben – Frau Merkel ist Geschäftsführerin einer neuen – Nichtregierungsorganisation in Deutschland.» – tosender Beifall. *http://www.youtube.com/watch?v=-
1Ibmr8WwF4*

Horst Lorenz Seehofer (CSU) (0:21) … sagte bei Pelzig: «Es ist so wie Sie
sagen, diejenigen die das Entscheiden haben, sind nicht gewählt, und diejenigen die gewählt werden, haben nichts zu entscheiden.» *www.youtube.com/*

watch?v=d5dC7hI0t8E
Das volle Interview: Ein Mensch mit Herz u. Gewissen www.youtube.com/
watch?v=MDWqSWKCAs8

Angela Merkel Der Bundeskanzler leistet bei seinem Amtsantritt Eid, Art. 56 GG:
«Ich schwöre, dass ich meine Kraft dem Wohle des deutschen Volkes widmen,
seinen Nutzen mehren, Schaden von ihm wenden, das Grundgesetz und die Gesetze
des Bundes (welcher Bund?) wahren und verteidigen, meine Pflichten gewissenhaft
erfüllen und Gerechtigkeit gegen jedermann üben werde. So wahr mir Gott helfe.»
Angela Merkel: das Volk wird nicht gefragt (1:01)
http://www.youtube.com/watch?v=h5qOYDCkiIQ
vor den Wahlen Trug – nach den Wahlen Betrug (0:11)
http://www.youtube.com/watch?v=vGuXVzgZ1uA

Italiener wachen auf
Beppe Grillo (15:35) «Und wenn Bürger informiert sind, bilden sie sich ihren kritischen Sinn. Das ist meine Aufgabe! Ich will Neugierde wecken. Ich bin ein "Neu-
giermacher". Ich will dich etwas neugierig machen, dann gehe es suchen. So bildet
sich das Wissen.»

Wolfgang Schäuble: Durch größere Krise – Veränderungen durchsetzen (0:52)
«Und in der Globalisierung brauchen wir andere Formen von internationalen
Governments als der Nationalstaat, der vor hundert Jahren in seinem Regelungsmonopol an seine Grenzen gestoßen und heute schaffen wir was Neues ziemlich
mühsam, aber nicht so hoffnungslos. Jammern können wir aus unseren Fehlern und
Irrtümern, und deswegen Ich bin bei allen krisenhaften Zuspitzungen im Grunde
entspannt.» Boah! «Weil wenn die Krise größer wird, wir die Fähigkeiten Veränderungen durchzusetzen größer.»
http://www.youtube.com/watch?v=Anc98UzrOH8 &feature=endscreen&NR=1
« … in Deutschland müssen glauben dass wir es ernst meinen.» (1:10)

SCHÄUBLE: «Wir brauchen eine Anpassung des Programms. Aber erst nach
wesentlichen Entscheidungen zu Griechenland. Das ist der Schlüssel. Wenn danach
Anpassungen am portugiesischen Programm nötig werden, sind wir dazu bereit.»
GASPAR: «Das schätzen wir sehr.» SCHÄUBLE: «Keine Ursache. Aber meine Ab-
geordnetenkollegen im Parlament und die öffentliche Meinung in Deutschland müssen glauben, dass wir es ernst meinen. Denn sie vertrauen schon unseren Entscheidungen zu Griechenland nicht.» GASPAR: «Wir haben in Europa große Fortschritte
gemacht.» SCHÄUBLE: «Das stimmt.» GASPAR: «Wir müssen jetzt zusammen
arbeiten.» SCHÄUBLE: «Ja.» *www.youtube.com/watch?v=yDBzJRQLZN8*

«Deutschland ist seit dem 8. Mai 1945 nicht mehr souverän gewesen» (2:14)
«… die gehen ja in Wahrheit von dem Regelungsmonopol des Nationalstaates aus. Das war die alte Rechtsordnung die dem Völkerrecht noch zu Grunde liegt mit dem Begriff der Souveränität, die in Europa längst ad absurdum geführt worden ist, spätestens in den zwei Weltkriegen der ersten Hälfte des vergangenen Jahrhunderts und wir in Deutschland sind seit dem 8. Mai 1945 zu keinem Zeitpunkt mehr voll souverän gewesen. …»*www.youtube.com/watch?NR=1&v=2IRnDOtu1z8&feature= endscreen*

«Alles was wir brauchen, ist eine richtig große Krise und die Nationen werden die neue Weltordnung akzeptieren.» David Rockefeller

Einige Daten zum Nachforschen

So ich überspringe wieder mehrere Seiten und mache mit folgendem weiter:
WIE sind Staaten überhaupt zu FIRMEN geworden?
Die Entstehungsgeschichte unter dem Link:
www.natuerlicheperson.de/sklaven

Schlusswort
Liebe Mitmenschen, forschen Sie weiter, überzeugen Sie sich selbst, und schauen ob Sie zu den gleichen Ergebnissen kommen wie ich. Lassen Sie uns gemeinsam unsere Brüder und Schwestern, die immer noch i(h)rre Wege gehen einladen, die Rolle des Darstellers zu verlassen und zurückzukehren zu dem WAS SIE WIRK-LICH SIND – GÖTTLICHE MENSCHEN.
Und hier noch eine kleine Erinnerung … behandeln sie andere so, wie sie behandelt werden möchten – mit Respekt und liebe.
Es werde Licht auf Erden, Liebe, Frieden, Freiheit, Einheit, für alle … so sei.
ICH BIN die/der ICH BIN, die/der ICH immer war und immer sein werde – ICH BIN

WIR WAREN (SIND) SKLAVEN – VON GEBURT AN VERKAUFT!

Mit dem sog. **«Act of 1871»** wandelte der 41. US-Kongress, Washington D.C., die Regierung der Vereinigten Staaten, in ein gewerbliches Unternehmen um. Mit der vertraglichen Einbindung aller amerikanischen Einzelstaaten in diese Corporation wurde jeder amerikanische Bürger unbewusst zum Quasi-Ange-stellten dieser Firma: UNITED STATES CODE, Title 28, § 3002 (15) (A) (B) (C): (15) «United States» means – (A) a Federal corporation; (B) an agency, department, commission, board, or other entity of the United States; or (C) an instrumentality of the United States.

Mit dem **«Federal Reserve Act» von 1913** wurde ein privates Banker-Konsortium zur Zentralbank der USA, mit dem Recht, Geldnoten zu drucken und den Geldfluss zu kontrollieren. Dieser «Act» ermöglicht es der **FED** bis heute, Geld ohne Gegenwert «zu schaffen», das sich der «Staat» (die US-Corporation!) dann für seine (ihre) «Staats»ausgaben gegen Zinsen(!!!) ausleihen muss. Zur Bezahlung der Zinsen muss der «Staat» von «seinen Bürge(r)n» «Einkommenssteuern» eintreiben, die es laut Verfassung gar nicht geben dürfte.

Durch den ersten Weltkrieg und die nachfolgende Wirtschaftskrise ging die UNITED STATES (CORPORATION) im Jahr 1933 in Insolvenz:

Der Kongressabgeordnete James Trafiant, Jr: «Es ist eine anerkannte Tatsache, dass die **Bundesregierung der United States** durch den von President Roosevelt verkündeten Emergency Banking Act vom 9. März 1933 48 Stat. 1, Public Law 89-719 als **bankrott und insolvent aufgelöst wurde.**»

Um weiterhin geschäftsfähig bleiben zu können, bot die UNITED STATES (Corporation) der Federal Reserve ihre Bürger/Angestellten als Sicherheit an. 1933 wurden zum ersten Mal **obligatorische Geburtsurkunden** für die Einwohner eingeführt, die gleichzeitig als **Bankenbürgschaft und Wertpapier fungierten.** Deren Wert entspricht einem durchschnittlich erwarteten Profit pro Bürger, der sich aus seiner Arbeitsleistung, kreativen Ideen, Konsum und damit verbundenen Steuerzahlungen in seiner durchschnittlichen Lebenszeit errechnet. Die rote Nummer auf der **Rückseite der US-Geburtsurkunde ist der Registrierungscode eines an der Börse gehandelten Wertpapiers.** Durch die Insolvenz der UNITED STATES (Corporation), die Loslösung des Dollars von der Goldpreisbindung und die hemmungslose «Erzeugung von Geld» durch die **FED** (Fiat Money), werden die Banknoten zu reinen Schuldverschreibungen – nur gedeckt durch den unbewussten Kredit, den der einzelne Bürger (unwissentlich) «seinem Staat» mit seiner Geburt gegeben hat. Um diese Aktion mit dem Handelsrecht in Übereinstimmung zu bringen, erschafft die Regierung (Geschäftsführung) mit Ausstellung der Geburtsurkunde unter dem Namen des einzelnen Bürgers eine Juristische Person, eine Firma («Pflicht» zur «Einkommenssteuer»!), eine (Regierungs-) «Agentur für Arbeit». **Der Mensch aus Geist, Fleisch und Blut bekommt nun also eine zweite Identität als entseeltes Objekt, als Unternehmen, die er nur daran erkennen kann, dass sein NAME von nun an in GROSSBUCHSTABEN geschrieben wird, wenn es um seine Rolle als «JURISTISCHE FIKTION» geht.** Mit der eigenhändigen Unterschrift unter jeglichen Vertrag (inklusive Ausweise, Führerschein etc.), der an seinen NAMEN in GROSSBUCHSTABEN gerichtet ist, bekundet der Unterzeichnende seine Zustimmung zur Verschmelzung seiner «Natürlichen Person», seiner Geist-, Fleisch- und Blut-

Identität, mit seiner «JURISTISCHEN PERSON», seiner unter Handelsrecht verhandelbaren; künstlichen Existenz. Deshalb hat der «Bundesbürger» «seinen» «Personal»ausweis «freiwillig» selbst zu beantragen (BRD = Firma!).
Dadurch bekommt «der Staat», der nach seiner Umwandlung zur CORPORATION, zur FIRMA faktisch nur noch unter Handelsrecht (UCC – Uniform Commercial Code) agiert, «Anspruch» und Zugriff auf Eigentum und Körper des Bürgers, falls dieser gegen irgendwelche Bestimmungen und Verordnungen verstößt, die eigentlich nur seine leblose JURISTISCHE FIKTION als Angestellter, als Personal (und Besitz) «des Staates» betreffen.
Die Commonwealth-Staaten (England, Kanada, Australien, etc.) haben diese Vorgehensweise übernommen und sind ebenfalls eingetragene Firmen.
Nach der bedingungslosen Kapitulation der Deutschen Wehrmacht und der Verhaftung der Regierung des Deutschen Reiches am 23. Mai 1945, wodurch der Signatarstaat der Haager Landkriegsordnung handlungsunfähig wurde, verordneten die West-Alliierten nach ihren Spielregeln (s.o.) ihrer «Kriegsbeute Mensch» in ihrer Besatzungszone ein «Vereinigtes Wirtschaftsgebiet» mit einer deutschen Besatzungsverwaltung, die die Verwalteten infolge c.d.m. (capitis deminutio maxima), großer Statusänderung, Subjugation, Versklavung, bürgerlicher Tod nicht mehr als Natürliche Personen mit Rechtsfähigkeit (BGB § 1) ausweisen durfte. Dieses Besatzungskonstrukt wurde auf Geheiss der Alliierten am 23. Mai 1949 in «Bundesrepublik Deutschland» umbenannt (GG Art. 133) und simuliert seither (mit deutscher Perfektion und Gründlichkeit) einen Staat. Da das Deutsche Reich trotz Handlungsunfähigkeit subjektsidentisch nach Völkerrecht fortbesteht, ist die BRD nur ein weiteres, von den anglo-amerikanischen Firmenstaaten gegründetes Sub-Unternehmen, dessen Bürger die Rolle des Personals dieser Firma einnehmen («Personal»ausweis!). Der «Bewohner des Bundesgebietes» (GG Art. 25 – nicht der Bürger!) wird also mit Geburt ebenfalls in die Rolle der juristischen, entseelten und enteignungsfähigen Person hineingeboren. Unter der Handelsreg.-Nr. HRB 51411 des Amtsgerichts Frankfurt/Main wird die BRD als GmbH geführt (*Bundesrepublik Deutschland Finanzagentur GmbH). (*Anm.: siehe dazu S. 4 und 6)
Sigmar Gabriel, SPD-Vorsitzender auf dem Sonderparteitag in Dortmund, 27. Februar 2010: «Wir haben gar keine Bundesregierung – Frau Merkel ist Geschäftsführerin einer neuen Nichtregierungsorganisation in Deutschland.» Steht übrigens auch im Grundgesetz für die BRD, Art. 65.
Es geht also darum, die Verfügungsgewalt über fremde Arbeit (unsere) zu kippen, indem wir unsere bisherige Einwilligung zu selbsthaftender Verantwortlichkeit zurückziehen, wegen allesamt unerlaubter Handlungen im Rechtsschein, durch «Erklärung zum veränderten Personenstand und zu

den rechtlichen Konsequenzen». Damit können wir uns von unserer künstlichen Existenz als (ver)handelbare Ware/Firma entkoppeln und können in allen Belangen des täglichen Lebens wieder in unseren rechtlichen Zustand als Natürliche Person* (BGB § 1) zurückkehren.
www.NatuerlichePerson.de www.BGB-Paragraph-1.de, 2010.06.21- 04 Sklaven 190710
(*Anmerkung des Autors, der Autorin)
ENDE der ZITATE

DIE ARMSELIGKEIT DES POLITIKERS UND BANKSTERS
Der folgende Artikel ist ein gutes Beispiel wie Politiker durch ihren menschlichen Minderwertigkeitskomplex vor den Bankern wegen des Geldes zu Geschäftsführer verarmen aber auch wie unbeschreiblich senil das ist was Macht sein soll-Jemanden warten zu lassen. Wie unermesslich blöde sind diese Infantilen Geschöpfe diese dumpfen dummen Raubtiere noch geblieben. Aber Putin wendet das Warten ja auch systematisch an. Und Putin ist psychologisch ein Wrack der Eigenschaften von denen Jesus sagte „Lass die Toten die Toten begraben" Also kosmisch tot sein. Das ist ein Mensch der Macht leben will. Er identifiziert sich immer noch mit seiner zukünftigen Leiche seinem Körper. Unermessliche Ignoranz ist das auch heute 2015 und noch für viele Generationen zu kommen und zu erleben, leider.
Hier ist nochmal ein Wachmacher:
Ich gebe euch alles Gold der Erde alles Geld der Erde alle Diamanten und dann sage ich zum Geld zum Gold: Reinige den Fußboden in den 20 Villen der Superreichen. Koche die Suppe. Erfinde wohltaten für die Menschheit. Baue Hochhäuser. Putze die Schuhe. Baue die Straße. Fahre das Auto. Erdenke neue Technologien. Repariere die Straßen. Erneuere Kleidung. Und so weiter bis zum Ende aller Wörter und Gedanken und Fantasien. Da wirst du sehen das Geld aber überhaupt für Garnichts benötigt wird. Das Gold Garnichts kann. Das, Diamanten überhaupt bloß da liegen. Und das alles gemacht wird ausschließlich vom Menschen und zwar ohne Geld. Das war schon immer so und wird auch für immer so bleiben. Denn für Innovation und Kultur und Wirtschaft und Bildung ist aber überhaupt niemals Geld benötigt worden. Es ist eine Fiktion erdacht von den 666 dem Tiermensch in seiner abgrundtiefen Ignoranz und Unwissenheit denn das Tier weiß ja überhaupt gar nicht was und wer es ist. Es ist unwissend und aus dieser Unwissenheit hat sie das Geldsystem aufgebaut. Das die übergierigen ja erkannt haben das man Geld kontrollieren kann und ansammeln kann da ja alle daran glauben und sich aber auch total unbewusst sind das alles immer bloß der Mensch macht und zwar ohne Geld auf ewig immer ohne Geld. Und das alles, bloß rudimentäre Gesellschaftsstrukturen der noch abgrundtief primitiven Menschen sind.

Also alles wird und wurde schon immer ohne Geld gemacht. Es ist Lüge Glaube Religion das Geld für irgendetwas gebraucht wird weil Geld gar nichts kann. Das müsst ihr bis heute doch wohl durchschaut haben. Und eure eigene Selbstversklavung ablegen. Wie lange wollt ihr noch Sklaven eurer eigen Ängste Ignoranz und Dunkelheit sein. Denn das System Geld ist die Angst weil es ja von ängstlichen aufgebaut wurde. So kommen diese Ängste nun zum Vorschein und zeigen wie falsch das alles ist. Dass System Geld ist pure Existenzangst also Totalverblödung und daran glauben die 666 die Tiermenschen noch. So primitiv sind die Systeme an die ihr glauben sollt.

Es ist eure Entscheidung. Nach wie vor sage ich übernehmt das System selber und entfernt die Lügen aus dem System .Entlasst die Bankermanager die Religionsmanager im Vatikan oder Protestanten entlasst die Politiker die rückgratlosen ignoranten entlasst die Firmenbesitzer denn ihr alleine habt das aufgebaut es ist mittlerweile mehr als euer Eigentum aber lasst die Finger von Eigentum und Besitz denn etwas zu besitzen ist abgrundtief Dunkelheit und Bindung an diese Erde und das ist schwere und Tod. Übernehmt die globale Struktur und dann entfernt das Geld. Und dann wird automatisch ein Gleichgewicht entstehen weil auch jeder sofort Arbeit hat da die Nachfrage groß sein wird aber alles schädliche sofort nicht mehr unterstützt werden braucht und das saubere nicht das falsche arbeitsmäßig oder schöner kreativmäßig unterstützt werden wird. Macht das alles ohne Blutvergießen. Macht das alles ohne Blutvergießen. Macht das alles ohne Blutvergießen.

Aber in dem folgenden Bericht lese ICH:„**wir müssten Politik als Management betreiben. Wir haben vergessen, dass Management ursprünglich ein Begriff aus der italienischen Pferdezucht ist. Es heißt übersetzt: mehr aus einem Pferd herausholen, als in ihm steckt**" Es also töten, Ausbeuten, verachten, ausnutzen, also das Üble, die Unwissenheit, Die Ignoranz. Aber erst wenn die Unwissenheit die Ignoranz aufhört, hört auch das Böse das Üble auf, das die Bankster und Politiker noch sind. Wolfgang Schorat18.02.2015 12:25:28

ZITAT ANFANG 16. Februar 2015
Politik als Firma und Bank
Es gibt keine Freunde
Banken haben große Macht. Größere Macht als die Politik? Ein Gespräch mit Wolfgang Nowak, dem früheren Planungschef im Kanzleramt, der die Seiten gewechselt hat. Ein Interview von Marc Brost und Tina Hildebrandt
Vor zehn Jahren erfand Franz Müntefering den politischen Begriff Heuschrecke. Er meinte Unternehmen und Anleger, die einen skrupellosen Finanzkapitalismus verfolgen

und durch ihre Renditeerwartungen ganze Firmen in den Ruin treiben. Damals war die Aufregung enorm, Müntefering galt als unverbesserlicher Steinzeit-Sozi. Gegen das, was ein paar Jahre später kam, wirkten Münteferings Heuschrecken allerdings wie niedliche Tiere. Die Bankenkrise bedrohte Europa, der Kampf war entbrannt um die Frage: Regiert Geld die Welt oder doch die Politik? Wir haben einen gefragt, der es wissen muss: Wolfgang Nowak, unter Gerhard Schröder zuständig für Planung im Kanzleramt, danach Geschäftsführer der Alfred Herrhausen Gesellschaft, des internationalen Forums der Deutschen Bank. Wie blicken Banker auf die Politik – und wie schaut die Politik auf Banker?

ZEITMagazin: Herr Nowak, woran erkennt man einen Mächtigen in einer Bank?

Wolfgang Nowak: Macht hat, wer andere Leute warten lassen kann. Wenn man zu den Mächtigen der Bank vorgelassen wird, muss man warten. Eine Viertelstunde, zwanzig, dreißig Minuten, weil der Mächtige so viel Wichtiges zu tun hat, dass es eine Gnade ist, von ihm empfangen zu werden. Der Betreffende weiß, dass die Leute nicht durch die Tür hereinkommen, sondern hereinkriechen. Also geht er auf sie zu, er überbrückt die Distanz und definiert sie dadurch. **Das ist Macht.**

ZEITMagazin: Wenn Sie einen Fremden im Anzug sehen, woran erkennen Sie, ob es ein Banker oder ein Politiker ist?

Nowak: An der Kleidung. Ein Investmentbanker achtet darauf, dass ein Ärmelknopf seiner Jacke offen ist. Daran erkennt man, dass es ein durchgeknöpfter, teurer Anzug ist. Ein Politiker im Anzug sieht oft neureich aus, meist aber zu dick.

ZEITMagazin: Woher weiß ein Banker, welche Kleidung sitzt?

Nowak: In der Deutschen Bank in Frankfurt gibt es einen Stand, da werden bügelfreie Hemden verkauft. Die Marke heißt Chef. Besser aber sind teure, maßgeschneiderte Hemden. Als Banker haben Sie einen Schneider, der Ihnen das Hemd und damit die Lässigkeit auf den Leib schneidert. Und Sie haben adrette Mitarbeiter, auch das gehört zur Uniform. Als Mitarbeiter stellen Sie sich jeden Morgen vor den Spiegel und schauen sich mit den Augen Ihres Chefs an, und wenn Sie sich dann gefallen, sind Sie perfekt.

ZEITMagazin: Was haben Sie mit Ihren alten Anzügen gemacht, als Sie in die Finanzwelt wechselten?

Nowak: Ich musste schon bei Schröder dunkle Anzüge tragen. Bei der Alfred Herrhausen Gesellschaft hatte ich mit Kultur, mit Geist und mit Intellektuellen zu tun. Da darf man etwas legerer angezogen sein.

ZEITMagazin: Wie zeigt die Deutsche Bank den Mitarbeitern ihre Macht?

Nowak: Es gibt in den Türmen in Frankfurt einen gesonderten Eingang für den Vorstand und andere Mächtige, mit einem gesonderten Fahrstuhl. Die Etagennummer können Sie nicht drücken, die wird für Sie gedrückt. Dann kommen Sie nach oben, in eine sehr schöne Etage mit wertvollster Kunst. Sie werden in einen Raum geleitet, wo Sie warten, wie der Privatpatient eines teuren Psychiaters. Dann kommt jemand und bringt Ihnen einen Kaffee, und dann werden Sie hineingeleitet, oder Sie dürfen hineinkriechen.

ZEITMagazin: Wie haben Sie damals, als Sie noch zur Politikwelt gehörten, auf die Finanzwelt geblickt? Was hat sich als Klischee herausgestellt, was war wahr?

Nowak: Wenn wir wussten, dass keiner mithört, haben wir gesagt: Gott sei Dank wählt die Wirtschaft ihre Führer anders aus als die Politik. Denn wenn das bei denen so zugehen würde wie bei uns, würde das Land untergehen. **Wir hatten hohen Respekt vor der Wirtschaft. Deshalb waren wir auch so anfällig, als uns die Unternehmensberater sagten, wir müssten Politik als Management betreiben. Wir haben vergessen, dass Management ursprünglich ein Begriff aus der italienischen Pferdezucht ist. Es heißt übersetzt: mehr aus einem Pferd herausholen, als in ihm steckt. Und wir haben geglaubt, wenn wir Managementmethoden einsetzen bei der Bundeswehr, in den Kultusministerien, wenn wir Unternehmensberater holen, dann werden wir so erfolgreich wie die Wirtschaft. In der Wirtschaft, die sich gerne als Meritokratie bezeichnet, kommt der nach oben, der wirtschaftlichen Erfolg hat.**

ZEITMagazin: Das klingt halb bewundernd, halb verächtlich.

Nowak: Es ist auch ein wenig Neid auf die hohen Gehälter dabei. Aber bei Schröder und auch bei mir als Staatssekretär gab es Stolz und Selbstbewusstsein wegen der von uns eingeleiteten Reformen. Schröder war der Kanzler der Bosse. Schröder war jemand, der zum Hörer griff, wenn in China eine Bank schlecht behandelt wurde. Er bot den Bossen etwas, was so ohne Weiteres nicht zu haben ist: Nähe zu anderen Politikern. Er nahm die Bosse auf Reisen mit. Als Merkel kam, war das Erste, was die deutsche Wirtschaft kritisierte, dass sie jetzt nicht mehr eine Genossin der Bosse hatten.

ZEITMagazin: Merkel reist auch durch die Welt, sie kennt auch Staatschefs, sie ist die am längsten amtierende europäische Regierungschefin.

Nowak: Inzwischen können Sie mit dem Namen Merkel in der Wirtschaft international hausieren gehen. Das tue ich auch; als ich kürzlich in Korea und China war, wurde ich wegen Merkel und der Fußballweltmeisterschaft von allen beglückwünscht. Merkel, Deutschland und die Weltmeisterschaft sind praktisch eins. Das ist aber ein anderes Prestige. Merkel versteht sich nicht als die beste Verkäuferin Deutschlands für Unternehmer, sondern sie hat Autorität, die sie sich vorher politisch erworben hat.

ZEITMagazin: Wie war es, als Sie in die Welt der durchgeknöpften Anzüge wechselten?

Nowak: Natürlich verstand ich von dem Ganzen nichts, schon allein dieses englische Kauderwelsch! Das ist so eine Art Fliegenpapier, auf dem die Kunden hängen bleiben sollen. Ausdrücke wie private wealth und equities sollen der Fliege, also der Kundenfliege, das Gefühl vermitteln, dass sich hier, weil es auf Englisch ist, etwas ganz Bedeutsames und Gewinnbringendes verbirgt. Die Welt der Banken ist keine deutsche mehr, es ist eine angelsächsische Welt. Man ist, wenn man eine Bank betritt, in einem fremden Land.

ZEITMagazin: Wie haben denn die Leute dort auf Sie, den Mann aus der Politik, reagiert?

Nowak: Neugierig. Man wollte gerne wissen, ob die Politik wirklich so ist, wie der kleine Moritz sie sich vorstellt. In New York habe ich mit einem Investmentbanker gesprochen. Er wollte gar nicht glauben, dass in der Politik auch oft die falsche Entscheidung die richtige ist. Er sagte, er sei ergebnisorientiert: „I'm issue-oriented."

ZEITMagazin: Wie politisch sind Banker?

Nowak: Sie sind politisch, weil sie Lobbyarbeit leisten. Die Schwierigkeit eines heutigen Bankers besteht darin, dass er in verschiedenen Ländern mit unterschiedlichen Kulturen tätig ist. Was er sagt, muss auch in China noch gehört werden können. Man darf die Leute da nicht auf die Bäume treiben. Insofern ist die Sprache eines guten Unternehmensführers immer wie eine Art Rorschach-Test: Jeder kann sie auf seine Weise interpretieren, und im Ernstfall kann der Banker immer sagen, er sei missverstanden worden.

ZEITMagazin: Stimmt es, dass Banker alle ein Faible haben für die klassischen Autoren der Kriegführung?

Nowak: Im Film Wall Street aus den achtziger Jahren entdeckte der Finanzhai Gordon Gekko **den Philosophen Sun Tsu.** Plötzlich fingen alle Banker an, Sun Tsu zu lesen. Tony Soprano …

ZEITMagazin: ... der Protagonist einer der erfolgreichsten amerikanischen TV-Serien, der einen depressiven Mafiaboss spielt ...

Nowak: ... unterhielt sich dann Jahre später in einer Folge mit seinen Leuten und sagte ebenfalls, er sei für Sun Tsu, Machiavelli sei out. Das steigerte die Nachfrage bei den Bankern. **Sun Tsu sagt, Täuschung ist die Grundlage aller erfolgreichen Kriegführung.**

ZEITMagazin: Welchen Lehrmeister bevorzugt Anshu Jain?

Nowak: **Sicher Sun Tsu, aber er setzt auch auf Blitzkrieg.** Er gilt als Kontroll-freak, der seine Entscheidungen gut vorbereitet und dann mit großer Geschwindigkeit handelt. Und erfolgreich ist. Deshalb hat man ihn an die Spitze der Deutschen Bank gewählt. Er gilt ja als Regenmacher, einer, der schnelle Erträge verspricht.

ZEITMagazin: **Die Finanzkrise ist interpretiert worden als Machtkampf zwischen Geldwelt und Politik.**

Nowak: Sie hat eher die Ohnmacht der Politik entlarvt. Der ist es bis heute nicht gelun-gen, das Investmentbanking ungefährlich zu machen, um einen erneuten Finanzcrash zu verhindern.

ZEITMagazin: Könnte sie das denn?

Nowak: Natürlich, wenn sich die großen Wirtschaftsnationen auf eine einheitliche Linie verständigen könnten.
ZEITMagazin: Ist das nicht eine so unrealistische Vorstellung, dass die Politik eben dazu nicht in der Lage ist?

Nowak: In der Finanzkrise hat sich das Unrealistische als das Realistische erwiesen. Aber da sind dann die Interessen. Singapur hat natürlich, was Banken angeht, andere Interes-sen als die USA, England oder das übrige Europa. Jeder schützt die eigene Finanzwirt-schaft.

ZEITMagazin: Die Politik hatte zwischenzeitlich das Gefühl, sie habe in dem Macht-kampf etwas zurückerobert.

Nowak: Das hat sie nicht. Die Banken benutzen jetzt das Wort Demut und machen weiter – in Demut.
Als Chef der Alfred Herrhausen Gesellschaft war Nowak nicht Teil der Deutschen Bank,

durch seine engen Kontakte zu Josef Ackermann und anderen damaligen Führungskräften der Bank konnte er sich aber ein Bild von den Vorgängen jenseits der glänzenden Fassade machen – an der Fassade hat Nowak schließlich auch immer gern mitpoliert, als Spindoktor, wie es in der Politiksprache heißt, einer, der im Hintergrund die Fäden zieht.

ZEITMagazin: Warum sind Sie sich so sicher, dass die Banken einfach weitermachen?

Nowak: Die Banken machen langfristige strategische Analysen, sie lernen aus ihren Fehlern, aber sie verfolgen weiter ihr Ziel: größtmöglicher Gewinn für sich und die Aktionäre.

ZEITMagazin: Eigentlich heißt es immer, es sei umgekehrt: Die Geldwelt sei auf den schnellen Erfolg, den schnellen Euro abonniert, die Politik verfolge lange Linien.

Nowak: Die Politik hat eigentlich nur zwei Jahre zur Verfügung. Das Jahr nach der Wahl ist verloren, zwei Jahre wird gehandelt, und das Jahr vor der Wahl ist auch verloren. Da sind Wirtschaftsunternehmen viel beweglicher.

ZEITMagazin: In der Politik heißt Verantwortung übernehmen oft: zurücktreten. Wie übernimmt man in der Bank Verantwortung?

Nowak: Anshu Jain hat nichts gewusst von all dem, was in der Investmentbank vorgegangen ist. Damit war er seine Verantwortung los und konnte also nach seiner Logik nicht verantwortungslos handeln.

ZEITMagazin: Der versprochene Kulturwandel in der Bankenwelt findet nicht statt, es wird nur die Methode angepasst?

Nowak: Die ethische Überwachungsinstanz einer Bank ist der Aufsichtsrat. Er setzt nicht auf eine Verantwortungsethik, sondern eher auf Utilitarismus. Einen öffentlichen Druck, die Verantwortlichen zu entlassen, gibt es nicht. In jedem Land, in dem eine Bank arbeitet, ist die Öffentlichkeit eine andere.

ZEITMagazin: **Das klingt nach einem Kartell der organisierten Verantwortungslosigkeit.**

Nowak: Das sagen Sie. Die Bank sagt, die Verantwortung wird permanent durch den Aufsichtsrat überprüft, einmal im Monat.

ZEITMagazin: Der Lohn der Politik sind Wählerstimmen. Was ist der Lohn der Banker?

Nowak: Gewinn und Boni.

ZEITMagazin: Was korrumpiert mehr: Wählerstimmen oder Boni?

Nowak: Von korrumpieren würde ich nicht sprechen, ein Bonus ist schon ein großer Stachel. **Geld ist gemünzte Freiheit**. Hat schon Dostojewski gesagt. Und ein hoher Bonus gibt eine große Unabhängigkeit. Wählerstimmen korrumpieren auch, wie man an der jüngsten Rentenreform und an der Hoteliersteuer sehen kann.

ZEITMagazin: Auf dem Höhepunkt der Finanzkrise hat Merkel gefordert, dass kein Produkt, kein Markt, kein Akteur unreguliert bleiben dürfe. War Ihnen sofort klar, dass das Quatsch ist?

Nowak: Es war eine gut gemeinte Illusion. *Wir brauchen für die Finanzpolitik weltweite Abrüstungsvereinbarungen. Angesichts der verheerenden Wirkungen des Fehlverhaltens der Banken sollte man von den Militärs lernen. Aber Merkel würde mit einer solchen Politik spätestens in Washington oder London oder Singapur scheitern. Banken kennen keine Grenzen, Politiker ja.*

ZEITMagazin: Wer ist mächtiger: Anshu Jain oder Angela Merkel?

Nowak: Angela Merkel ist mächtiger, weil ihre Macht legitimiert ist durch Zustimmung, durch eine Wahl. Aber Jain wirkt gelegentlich mächtiger. Er kann Merkels Macht empfindlich stören oder sogar gefährden, wenn er wieder nicht weiß, was seine Investmentbanker in der Arena des cut-throat banking tun. Als Halsabschneider-Branche hat die New York Times das Investmentbanking bezeichnet. **Nach wie vor sind wirtschaftliches Handeln und das Einstehen für die Folgen dieses Handelns getrennt. Scheitert Jain, dann sind Merkel und unsere Demokratie sehr gefährdet.**

ZEITMagazin: Und was hat die Welt mehr verändert in den letzten Jahren: die Banken oder die Politik?

Nowak: Die Bankenkrise hat die Welt und damit die Glaubwürdigkeit der Politik stark verändert. *Bankiers und Politiker haben überall an Ansehen verloren. Man traut ihnen nicht mehr zu, die Gesellschaft vor der Gier Einzelner schützen zu können. Diese Ohnmachtserfahrung ist gefährlich. Dem sollte die Politik entgegentreten.*

ZEITMagazin: Sie haben vorhin die Härte beschrieben, mit der in der Bankenwelt ausgesiebt wird. **In der Politik gibt es die Steigerung: Freund, Feind, Todfeind, Parteifreund. Gibt es Freundschaft in der Bank?**

Nowak: Alle sprechen Englisch, alle duzen sich. Aber es gibt keine Freunde, sondern nur Seilschaften. **Es gibt in der Politik auch keine Freunde**. Ich habe darüber mit Putin gesprochen. Wir waren uns einig. Die Kanzlerin bezeichnete er nicht als Freundin, aber als eine Person, der er vertraue, selbst dann, wenn er ihr nicht zustimme. Dann hat er aber gezögert und hat gesagt: Doch, Gerhard Schröder, das sei sein Freund.

ZEITMagazin: Was heißt das denn für ihn?

Nowak: Das heißt, er ist für ihn jemand, den er um Rat fragen, gegenüber dem er Schwäche zeigen kann. Freund sein heißt, dass man sich jemandem anvertrauen kann, ohne Schaden fürchten zu müssen.

ZEITMagazin: Hat Anshu Jain Freunde in der Bank?

Nowak: Das weiß ich nicht.

ZEITMagazin: Es gibt den Begriff Anshu's Army. Woher kommt der?

Nowak: Wer in der Bank etwas werden will, braucht eine Gruppe von Gefolgsleuten, die das, was er tut, für richtig halten und sich für seinen Aufstieg einsetzen.

ZEITMagazin: Auf welcher Basis folgen seine Gefolgsleute Jain?

Nowak: Die einen, weil sie durch ihn Geld verdienen. Andere teilen seine Zuneigung zum Investmentbanking und das Interesse, die Bank damit voranzubringen. **Die Army wird von gemeinsamen Interessen zusammengehalten, nicht von Freundschaft.**

ZEITMagazin: Der Begriff Anshu's Army wurde zu einer interessanten Zeit öffentlich: als es darum ging, wer Ackermanns Nachfolger wird, und Jains Imageberater anfingen, die Geschichte des guten Anshu zu erzählen, des Tigerbändigers, der mit dem Rucksack um die Welt reist.
Nowak: Sicher. Zu jeder Strategie gehört eine gute Erzählung. Sie muss so einfach gestrickt sein, dass alle sie glauben. Anshu's Army war die Geschichte von Leuten, die gemeinsam enorme Gewinne erzielen. Das war vor der Finanzkrise. Man staunte, was die alles leisten können, und heute ist man erstaunt, was sie sich alles leisten konnten. Seine Gegner sprechen heute auch von Anshu's Yes-Men.

Wolfgang Nowak, 71, ist Jurist und war bis 2005 Mitglied der SPD. Er machte Bildungs-
politik in Nordrhein-Westfalen und Sachsen, 1999 holte ihn Gerhard Schröder als Abtei-
lungsleiter ins Bundeskanzleramt. Bis 2012 war er Geschäftsführer der Alfred Herrhausen Gesellschaft, des internationalen Forums der Deutschen Bank
ZITAT ENDE

In einer menschlichen Gesellschaft ohne Geld, ist der Mensch wieder zu seiner natürlichen Ordnung gekommen, und zwar nachdem er durch die Evolution Entwicklung vom Raubtier zum Raubmensch und dann zum Mensch gekommen ist. Bis
jetzt ist der Mensch noch das Alte Testament, Auge um Auge Zahn um Zahn, denn
er mordet noch und denkt das muss sein um zu leben und überleben. Was totaler
Quatsch und Schwachsinn ist.

Denn diese Form der Gesellschaft sei es ist sogenannte westliche mit sogenann-
ten demokratischen Strukturen bis hin zu anderen diktatorischen Strukturen oder
Königreichen im Islam und anderswo, da herrscht noch das primitive Raubtier der
Raubmensch. Und das sind nun mal die Bankster heutzutage. Unwissende dumme
dumpfe Gehirnjongleure deren Phantasien ausschließlich um wie kann ich mehr
Geld machen gehen. Also eine Totalverblödung.

Und alle diese zurzeit auf der Erde vorhandenen Gesellschaftsstrukturen unterschiedlicher politischer Willkür oder Wählkür oder Erkämpfungen wie zbs . heute
die ISI und deren Volltrotteldumpfheit des Mordens. All das ist eine Gesellschaft
die auf Gewalt aufgebaut ist ,zwar historisch gewachsen, aber dennoch irreal und
unwahr, da diese historischen Menschen die ihren Besitz bis zum Blut und Morden
verteidigt hatten, bis hin zu den heutigen Strukturen über die Könige und Kaiser
eine Mordsbande war und immer noch ist.

Und diese Mordsbandenkulturen oder Demokratien oder Gesellschaften und
Königarmseligkeiten, alleine der belgische Monarch **Leopold II,** Heute schreckt
man nicht mehr vor den Wörtern Massenmord und Holocaust zurück, was der damals in Afrika für Ziegmillionen Afrikaner hatte ermorden, verstümmeln, erhängen,
verbrennen lassen. Das war einer der größten Massenmörder mit auf der Erde, über
zwanzig millionen Afrikaner wurden durch seine Befehle ermordet. Leopold II.
wurde in der Folge dieser Ereignisse zu einer der meistgehassten Personen Europas.
Im Dezember 1909 wurden beim Trauerzug seine sterblichen Überreste von der belgischen Bevölkerung ausgebuht. Also, diese historisch gewachsenen Mordsstruktu-
ren erleben wir heute 2015 auch in der Eurokrise auch in der Putinkrise auch in der
Ukrainekrise oder der Machtseuche dieser von damals sehr primitiven Menschen.
Denn die gesamte menschliche politische Struktur des Westens, Ostens, Südens,

Nordens, ist eine Gesellschaftsstruktur des Üblen des Bösen der ignoranten.

Und weil diese Strukturen der Finanz und Land und Industriemacht geschichtlich
so einheitlich gewachsen sind so selbstverständlich zur Gewohnheit geworden sind,
fällt es kaum auf das sie weiterhin Banditenstrukturen, Verbrecherstrukturen, Mör-
derstrukturen und Unwissenheitsstrukturen sind. Aber mit einem zaghaften Versuch
sich davon zu lösen und dafür waren die Heiligen die Weisen und Erleuchteten und
Meister auf der Erde und sind auf der Erde. Aber sie werden weiterhin platt gemacht
wenn ihr medialer Einfluss zu groß wird und sie zu viele Gräueltaten und Zerstörta-
ten diese primitiven Gesellschaften aufzeigen.

Der natürliche Seinszustand ist folgender gewesen: die Menschen als Raubtiere
waren frei und wurden von anderen Raubtieren gejagt und anderen Raubmenschen
verfolgt und anderen gefahren erledigt. Aber das Leben war Kostenlos. Das ist der
natürliche Seinszustand des Menschen und allen Lebens in aller Schöpfung in allen
Universen.

Als dann aber die Zusammenschlüsse der Menschen zu Klans zu Dörfern zu Städten
zu Königreichen passierte da waren schon die Menschen verfolgt und von ihrem
Land vertrieben oder ermordet worden. Von Raubmenschen die sich Könige oder
Kaiser oder Kanzler oder sonst was nannten, und Söldner dafür benutzten, Zaren
oder welch immer eigenen Bezeichnungen in den jeweiligen anderen Ländern
und Kulturen. Aber es war auf der Erde überall das gleiche. Letztendlich hatte sich
eine Gruppe von Menschen alles Land an sich gezogen und auf alles Land einfach
Anspruch gehoben. Und das ist bis heute so. Auf der ganze Erde. Aber das ist ein
unnatürlicher Seinszustand.

Und daraus resultierte dann auch noch das Geld. Das Geld ist ausschließlich zur
Weiterversklavung erschaffen worden indem die Besitzenden es zur Kontrolle,
der Abschöpfung, einführten. Denn Geld ist ausschließlich ein KontrollVirus ein
TroyanerVirus um die Menschheit darüber hinaus total abhängig und versklavt
halten zu können, durch den sich aufbauenden Glauben daran. Der von den besitzenden gepredigt wurde bis heute 2015. Und das ist Totalverblödung und wird mit
100%tiger Gewissheit in die Totalzerstörung führen, wenn das nicht abgeschafft
wird.
Denn das Göttliche ist nicht hier auf der Erde um sich von Illusionen oder Täuschungen und Betrügereien und Lügen lahm legen zu lassen. Und deswegen ist
dieser Text aus der Datei BRD eine Firma, sehr bedeutsam. Weil es um „in unseren rechtlichen Zustand als Natürliche Person" geht. Denn GELD ist zu 100%
Unnatürlich.

„Es geht also darum, die Verfügungsgewalt über fremde Arbeit (unsere) zu kippen,
indem wir unsere bisherige Einwilligung zu selbsthaftender Verantwortlichkeit zurückziehen, wegen allesamt unerlaubter Handlungen im Rechtsschein, durch «Erklärung zum veränderten Personenstand und zu den rechtlichen Konsequenzen». Damit
können wir uns von unserer künstlichen Existenz als (ver)handelbare Ware/Firma
entkoppeln und können in allen Belangen des täglichen Lebens wieder in unseren
rechtlichen Zustand als Natürliche Person* (BGB § 1) zurückkehren.
*www.NatuerlichePerson.de www.BGB-Paragraph-1.de, 2010.06.21- 04 Sklaven
190710.*" Man kann hier zwar noch sehen wie dieser Mensch der sich diese Arbeit
gemacht hat, das alles herauszufinden und zu dokumentieren, sogar versucht das
noch „Juristisch" ins eine zu bringen. Aber davon rate ich ab das zu tun, denn die
Juristerei ist sowieso im Sinne der Kaiser Mordenden und Königsmörderbanden im
Sinne der Besitzenden aufgebaut, und die Rhetorik ist die Rhetorik von Täuschern.
Die Juristerei und die Gerichtsbarkeit ist ausschließlich im Sinne der Besitzer
aufgebaut worden und alle dafür entwickelten Gesetze schützen den Besitz und das
sogenannte Eigentum.

Und da die Richter ja von der Kanzlerin oder dem Präsidenten oder König benannte
werden, in deren Sinne, sind die Richter und Juristen mehr oder weniger verpflichtet
im Sinne des Geldes zu urteilen, und in Amerika und England ist das eine Totalver-
sion dieser alleine auf den Reichtum verteidigenden Richter und Juristen.
In der englischen Sprache in deren Wörterbuch der Juristen, die Juristerei ist ja im
Vatikan, der Staat und Religion ist, entwickelt worden, also mit päpstlichem Segen,
dieser Mordsschrott, also in dem Wörterbuch der Juristen da gibt es nicht mal ein
Wort für Mensch-sonder es gibt einen Hinweis der darauf hinweist unter „Monster"
nachzuschauen.

So abgefuckt ist das als „unserer künstlichen Existenz als (ver)handelbare
Ware/Firma, abgehobene virtuelle denk und Wortbild der Juristen und Richter." Das
sind allesamt minderbemittelte Kreaturen geblieben, die Vasallen des Bösen des
Üblen der grauen Eminenzen.
Geld ist also zu 100% Unnatürlich und damit Gift, genauso wie die synthetischen
Chemikalien ohne Ausnahme Gifte sind. Ja alles Synthetische ist ohne Ausnahme
Gift.
Die grauen Eminenzen der WeltPolitik deren Anzüge die Wirtschaftsminister und
BankerGangster. Grau ist aus Schwarz und Weiß gemacht. Diese Herren in der EU
mit der EU-Kommission, oder dem IWF, und anderer Organisationen, das sind alle
ohne Ausnahme Vertreter des Üblen, des Dumpfen der Unwissenheit und Ignoranz.
Alleine schon weil sie immer Grau tragen, bloß rein äußerlich ist erkennbar das sie

Licht und Dunkel mischen, und ihnen als sie zu diesen Organisationen kamen nämlich das Graue Licht übertragen wurde. Was ich aus eigener Erfahrung erlebt und sichtbar gesehen habe wie das funktioniert, wenn man sich egal ob bewusst oder unbewusst, diesem Spiel der Heuchler und Bösen und Ignoranten anschließt.

Aber damit mit dem Geld alleine schon, wird diese Grauheit diese Unklare auf die Menschheit tagtäglich geströmt und sickert immer tiefer in die energetischen Bereiche des Körpers inklusive des Weltkörpers Erde und Atmosphäre ein, und vergiftet das alles. Und mit 100% tiger Sicherheit wird die Menschheit daran zu Grunde gehen, wenn dem nicht Aufklärung und Abgabe des Giftes des Geldes folgt und das Geld aus der Menschheit eliminiert wird.

Johann Kössners In seinem Buch „Der letzte Akt der Dunkelmächte" schreibt auf der Rückseite seines Buches:

Zitat Anfang

Dieses Buch ist Brücke! In ungeschönter Darstellung wird unsere Zeit als Sackgasse einer Evolutionsnische gespiegelt. Es ist aber kein Buch, das anklagt! Es ist ein Werk, das aus Höherer Perspektive die kausalen Zusammenhänge vermittelt. Es ist ein Schritt hinein in die Neue Erde - in den Neuen Himmel! Aus Höherer Geistiger Perspektive wird unsere "Zeit" als DIE Umwandlungsphase erkannt, die Uns zusammen mit unserem Planeten in eine neue Qualität des Seins führt. In befreiender Einfachheit wird die Alte Welt der Angst gelöscht und das Einfließen des Kosmisch - Göttlichen Lichtes auf Unseren Planeten sichtbar gemacht. Dieses Werk ist frei von jeder Dogmatik, schreibt nichts vor und diktiert nichts. Es befreit von den Alten Zwängen pragmatischer Ideologien; es ist ein höchst geistiges Werk, das dem Leser zur Selbstfindung verhilft. Es ist ein Liebesgeschenk - bedingungslos - und stellt keine Forderungen. Es ist Brücke für den Leser, sich selbst aus seinen belastenden Zwängen und eingefahrenen Versackungen zu befreien, um nicht mit der schon in Auflösung befindlichen Alten Welt angstbezogen unnötig leiden und "sterben" zu müssen!

Dieses Werk ist nicht begrenzt auf einen spirituellen Oberton, es gehört zu jenen geistigen Perspektiven, die die reale physische, dreidimensionale Wirklichkeit, in die Wir alle mit verwoben sind, bedingungslos akzeptiert und mit einbezieht. Es wird keiner Weltflucht das Wort geredet, es führt Uns zurück zum Bewusstsein, wer Wir im Kern Unseres Seins wirklich sind, es ist eine Brücke zur Erkenntnis - zur SELBSTERKENNTNIS! Es ist ein Buch, das Dir hilft, alle Deine Ängste zurückzulassen! Dieses Buch hat absolut nichts mit irgendeiner institutionalisierten Religion und schon gar nichts mit einer Sekte zu tun, selbstverständlich absolut nichts mit irgendeinem politischen Programm! Es bedient sich des, jedem Menschen zutiefst eigenen, Geistigen Potentials, daher ist es eine befreiende Liebesbotschaft, getragen und begleitet von der Kraft und der Heilungsenergie des LICHTES

.Eigenverlag: "Die NEUE ERDE" Johann Kössner ISBN 3-901376-01-1

Er schreibt dann am Anfang des Buches folgendes: Lieber Leser!

Da Dir dieses Buch begegnet ist, möchte ich, um Missverständnisse vorweg auszuräumen, auf einiges hinweisen. Zunächst zur Form selbst: da diese Aussagen und Informationen von einem Bewusstsein - nicht nur meinem - projiziert sind, basieren sie auch auf der Erkenntnis, dass es niemanden Fremden gibt. Daher ist der immer wieder verwendete Begriff "WIR" ganz bewusst gewählt und soll dem Leser auch seine Zugehörigkeit vermitteln. Dieses Wir ist nicht im alten pluralis majestaticus verwendet, sondern bindet immer "alle" ein. Dieses Wir ist immer im Kollektiv verstanden, auch dann, wenn es jene meint, die bereits einen Schritt auf der Leiter des Bewusstseins weiter aufgestiegen sind. Dieses WIR soll auch mithelfen, den uralten Defekt eines Selbstverständnisses, das als Getrennt-Sein voneinander erlebt wird, überwinden zu helfen. Wir kennen kein entfremdendes Sie! Wir sind alle EINS! Dieses Bewusstsein ging Uns bedauerlicherweise verloren. Auch das immer wieder ausgesprochene Du – als liebevolle Kommunio von Uns empfunden - sollte Dich nicht stören. Wenn es Dich stört, dann spiegelt es Dir noch Probleme mit Deinem EGO.

Dieses Buch ist vom Schreiber und seinen "Mitschreibern" als Brücke verstanden: in dieser faszinierenden Epoche des Aufbruchs zu Uns zurück, gibt es viele wunderbare Schriften und Informationen, viel bessere als diese hier ist. Auf der anderen Seite sind aber noch die meisten von UNS versackt in den engen Kerkern eines manipulierten rationalen Verstandesbewusstseins mit den verschiedensten ideologischen, oder aus institutionalisierten Religionen stammenden, Ketten. Diese Informationen sind eine Botschaft aus dem Höheren kollektiven Bewusstsein = WISSEN der Menschheit, das bei immer mehr einzelnen Lebensströmen erwacht! Es will wachgrüßen und wachküssen!

Wir wollen dabei auch viele Informationen über die großen kausalen Seinszusammenhänge mit-vermitteln; solche, die Wir selbst schon erfassen können. Die Fülle ist unendlich viel größer, und unser Bewusstsein wächst in diese Fülle hinein. Das Durchbrechen der dreidimensionalen Gefängnisblase beinhaltet die Auferstehungserfahrung, wie sie von unserem größten Liebesfreund historisch dokumentiert wurde. Es ist gedacht als Befreiungshilfe von allen alten - selbst-gezimmerten - Gefängnissen.

Wir wollen auch in diesen Darstellungen die Deformationen dieser Unserer Erde ungeschönt spiegeln. Nicht aber, um irgendwelche Schuldreflexe auszulösen, dass tun schon die Alten Muster genug! In diesem Spiegel sollen Wir Uns erkennen. Und wenn auch verschiedenste institutionalisierte "Mächte dieser Welt" als solche ungeschönt genannt werden, dann soll es nicht zu einem revolutiven Widerstandsgeist führen - der Schreiber selbst hat mit diesem Trauma viele Jahre gekämpft, den größten Teil davon aber überwunden. Reste und Schatten blenden sich immer wieder ein. An dieser Stelle möchte ich mich für eine liebevolle LICHT-Zelle bedanken, die mir knapp vor dem Druck noch begegnet ist und mich auf versteckte Reste dieser Alten Verhaltensmuster aufmerksam gemacht hat, die sich durch mich in dieses Buch eingeschmuggelt hatten, sodass sie noch rechtzeitig gelöscht werden konnten. Wir müssen diese von Uns stammenden Energieresonanzen, die Wir über Äonen von Zeiträumen geschaffen haben, zu Uns zurücknehmen und freilieben. Darum sind sie in unserer Zeit losgebunden und spielen verrückt, solange bis sie von Uns in Liebe zurückgenommen und umgeformt werden, auf ihren "geplanten" Platz in der Evolution - geheilt und zurechtgerückt - wieder eingepasst werden.

Wenn Du Dich Selbst als Mittäter in einem dieser alten Destruktionsmuster erkennst, erschrick nicht, Du bist deswegen nicht schlechter, als die, die Du beherrscht und unterdrückst - auch wenn Dir Deine Mittäterschaft bei den "Mächten dieser Welt" bisher nicht bewusst war. Es ist Deine Karmische Verflechtung, die Dich heute zu dieser Chance der Heilung geführt hat. Erschrick aber auch nicht, wenn Du beim Lesen dieses Buches erkennst, dass diese Alte Welt- sie ist mehr oder weniger auch noch Deine - in Kürze nicht mehr existieren wird!

Wenn Du den Boden unter den Füßen zu verlieren glaubst, weil Du erkennst, dass alles, an dem Du bisher gehangen bist, was Dir dieses Leben hat wertvoll erscheinen lassen, sich in Auflösung befindet! Verlier nicht den Mut. Durch dieses Schockerlebnis gehen Viele von Uns durch; und Du bist nicht der / die erste!!

Diese Informationen haben vor allem aber mit einer Religion nichts zu tun! Diese Energien gehören zu keiner Sekte und zu keiner Ideologie. Es ist zweifelsohne eine zutiefst spirituelle Botschaft, die aus der absoluten Freiheit der geistigen Ebene bei unserem dreidimensionalen Bewusstseinsmuster anklopft.

Wenn Du am Ende dieses Buches erkennst, dass Du RE-LIGIO bist, dass Du eine Darstellung von GOTT in der Materie bist - durch Deine physische Form artikuliert sich Dein Höheres Selbst, eine Facette der Quelle - dann hast Du begonnen, zu wissen - zu fühlen, Wer Du bist. Alles andere geht fast von alleine! Wir alle, die dieser Bewusstseinsgeist sind, begleiten Dich in Deiner Begegnung mit diesen Informationen. Unsere Begegnung, durch dieses Buch zu Dir kommen zu dürfen, beglückt Uns sehr.

Ich, als Schreiber und Verfasser dieser Zeilen, fühle und weiß mich als einer der vielen Kanäle, durch den Wir Uns - das sind alle, die auf diesem Bewusstsein existieren - artikulieren. Wir wollen zu Deinem Wissen werden!

Meine zu begrenzten literarischen Qualitäten hinderten mich oft, viele Erkenntnisse und Bewusstseinsinhalte klarer an Dich heranzubringen. Mein substantieller Lebensstrom aber freut sich, mit vielen anderen von Uns an diesem Liebesspiel teilnehmen zu können.

Heidenreichstein, am 26. Juli 1993

Er schreibt weiter unter dem Kapitel Wirtschaft:

Die Wirtschaft

Im Schweife Deines Angesichtes sollst Du Dir Dein Brot verdienen....! Dieser bedrohliche Satz - ausgedrückt in der Genesis, in Verbindung - in direkter Verbindung mit dem „(Sünden)fall" gebracht, hat die Menschheit nachhaltigst begleitet! Wir haben schon sehr ausführlich den evolutiven Prozess des Kippens nach außen zu den Äußeren EGO-Gottheiten dargestellt. Dieser „Abfall", begleitet von Bewusstseinsverdunkelung und Erzeugung einer „schweren" Schwingungsqualität auf der Erde und für diese, hat die ursprüngliche harmonische Qualität des Physischen Daseins auf der Erde aus dem Lot gebracht. Die Folge davon war eine Veränderung der klimatischen und vegetativen Harmonie. Mutter Erde reagierte auf die schwere Last - die sie mitleiden und mittragen musste – durch kausalen Entzug ihrer Fülle von Gaben.

Der biblische Mythos vom Garten Eden ist keine Illusion sondern reine Realität. Die ursprüngliche Projektion dieses Experimentes Erde kannte keinen Mangel oder Notfaktor. Alle diese Uns so bekannten Erscheinungsphänomene sind ein Reflexionsprodukt unseres menschlichen „(Ab)falles"! Durch das Nicht Hereinnehmen der Göttlichen Liebesqualität als leitende Essenz für unser Sein in der physischen Form - anstelle dessen besetzten diese Throne die Primären Machte der Materialisation (Triebe....) - mussten Wir auch mit den daraus resultierenden kausalen Gesetzen leben! Der aus diesen Disharmonien entstandene Defekt führte zur Umwegschleife der Karmischen Zeit: ein Hilfsprogramm, das durch äußere Erfahrung eine Bewusstseinskorrektur ermöglichte. Das Leid und die Not waren also primäre Hilfsprogramme zum Wiederaufstieg, zur Korrektur des verlassenen Evolutionsweges.

Da als Folge dieser Reflexion der Erde das kreatürliche Dasein zum Überlebenskampf für die Form (Äußerer Körper, der bestimmt war, Thron Gottes zu sein!) werden musste, bestimmte dies die weitere Karmische Zeit, die Wir auch Geschichte nennen. In unserer Urerinnerung kennen und kannten Wir aber immer noch die ursprüngliche Qualität des Gartens Eden. Die sich zu den „Mächten dieser Welt" manifestierenden Negativemanationen versuchten nun ihrerseits auf der Ebene der dreidimensionalen Seinsstufe diesen Garten Eden zu erzeugen: sie erkannten aber alsbald, dass der einzelne Mensch für sich alleine auferstanden ist, zu diesem Niveau zu gelangen, es war einfach unmöglich, mit Hilfe seiner reduzierten Kräfte und Möglichkeiten einen „Gar-

ten Eden" in der dreidimensionalen Qualität zu errichten. In dieser Auflehnungsphase kommt es zu folgenschweren Konsequenzen:
Zunächst beginnen die Menschen in dieser beschwerlichen kreatürlichen Befindlichkeit, sich des Tierreiches als „Sklaven" zu bedienen. Spezifisch ausgeformte Qualitäten in den Tierreichgattungen waren vorhanden, sie wurden „vereinnahmt" und als nutzbringende Unterstützung eingesetzt, das kreatürliche Leben erträglicher zu gestalten. Wie Wir aber schon vermerkt haben, gibt es innerhalb der Äußeren Befriedigungserfahrung über die Sinnesempfindungen niemals eine Sättigungsmöglichkeit. Diese kann es auch niemals geben, weil innerhalb dieser dreidimensionalen Begrenztheit der Sinneserfahrungen das immer noch „bekannte" Glücksziel des Menschen unerreichbar ist! Diese Erfahrung mussten Wir machen, und Wir haben lange gebraucht. HEUTE erst steigt diese Erkenntnis in einer zunehmenden Anzahl von Individuationen „hoch"!
Da der Einsatz der Tiere und ihrer spezifischen Qualitäten eben zum befriedigten Glücklichsein nicht ausreichte, versuchte das Äußere EGO neue Wege: zunächst erkannten Wir die Möglichkeit durch Zusammenschlüsse zu einer effizienteren Lebenserfüllung zu kommen. Es kam zur Spezialisierung der Talente!
Der Destruktionsgeist musste zwangsweise zu Spannungen innerhalb der Gruppen und beginnenden Gemeinwesen führen. Sofort stellte sich die wichtige Frage: wer von Uns mehr wert sei innerhalb der Gruppe und wem mehr zustehe! Der Machtkampf mit all seinen Unterdrückungen innerhalb der sozialen Gefüge war manifestiert! Als Wir nun begonnen hatten, in diesen Abkürzer des „Maya Zyklus" vor rund 5000 Jahren einzutreten, musste, wie schon erwähnt, gerade diese Destruktion als Karma eingebracht werden.
Die „Geburt" der Staatswesen in unserem Verständnis - um dieses Karma zu heilen - musste also diese Spiegelungen des geistigen Bewusstseinsdefektes solange einbringen, bis die Erkenntnis da war! Es ist Uns schon bekannt, dass diese losgelassenen Emanationen eine Eigendynamik entfesselten, die nur durch das direkte Eingreifen der Göttlichen Liebe in der Inkarnation des Christus stabilisiert werden konnte, um die letztlich doch noch erreichbare Zerstörung des Experimentes Erde zu verhindern.
Da Wir nun JETZT beim Übergang der Erde in die Neue Qualität angekommen sind, und durch die neuerliche Auflehnung gegenüber dem Hilfsprogramm der bedingungslosen Liebe sehr viel Restkarma übrigblieb, musste das innere Programm zu einem Register greifen, das in seiner Kausalität einmalig ist! Es ist das Programm, bei dem die in den Lebensströmen verkörperten Emanationen eingesetzt werden, diese Löschungsaufgabe zu erfüllen! Schon die letzten Generationen bereiteten dieses Finale vor. Ohne dass die „Grauen

Wölfe" und ihre Millionen an direkten Helfershelfern und die Graue Masse, die bewusstseinsmäßig - energiemäßig – diese Apparate und Institutionen am Leben erhielt, es merkten - sie hatten schon die ganze Erde in Geißelhaft genommen - haben sie seit dem Kulminationspunkt 1992 diesen Plan ohne Umkehrmöglichkeit durchzuführen begonnen Und in keiner anderen Ebene hatte sich diese Destruktion des Musters Herr /Sklave deutlicher und spürbarer vollzogen, als im Komplex der Wirtschaft und in vollendeter Form in der exzessiven weltwirtschaftlichen Verflechtung der letzten Epoche! Es war die weltweite Spielwiese der .Mächte dieser Welt.! Und da als Begleitfaktor des Beschleunigungsprozesses der Frequenzen der Erde in den Massen der menschlichen Inkarnationen die restlichen Karmischen Lasten als Gierform an die Oberfläche brachte, uferte dieser Wahnsinn so gewaltig aus, dass diese unsere Erde knapp vor dem Finale noch einmal gewaltigst ins Trudeln kam! Nur der Liebe vieler Höheren Kosmischer Wesen können Wir es verdanken, dass Wir mit unserer Erde dieses Finale erreichen konnten.

.Im Schweiße Deines Angesichtes....

Als Wir begonnen hatten, .im Schweiße Unseres Angesichtes..... auf einer Mangelerde unser kreatürliches Leben aufrecht zu erhalten, erlebten Wir schockartig unseren Fall! Unsere Fähigkeiten der äußeren Form - auch sie hatten natürlich Göttlichen Ursprung, ermöglichten es Uns Prothesen = Werkzeuge zu erfinden, mit deren Hilfe Wir das Leben erträglicher zu gestalten begannen. Allmählich begannen Wir fasziniert zu werden, was Wir nicht durch den Äußeren Verstand und unsere Geschicklichkeit alles zu erreichen imstande wären. Die letzten vierhundert Jahre brachten eine wahrliche Explosion dieser Fähigkeiten, die Uns diese Äußeren EGO-Götter, getragen vom Verstand und Äußeren Kenntnissen, brachte. Wir vergafften Uns komplett und verloren endgültig die Erinnerung der Göttliche Quelle! Der Rausch der Sinne spiegelte Uns: Wir schaffen Uns den Himmel auf Erden innerhalb der dreidimensionalen Seinsqualität, Wir lösten Uns .komplett. (in Wahrheit ist das natürlich nie möglich, nur im Äußeren Bewusstsein!) von der Quelle!

In diesem Rausch übersahen Wir völlig das Primärgesetz: der Einheit und der Harmonie. Ohne Rücksicht auf Verluste versuchte jeder einzelne auf das Podest der Herren aufzuspringen, und Wir taten alles - wirklich alles, was die manifestierten Mächte dieser Welt von Uns verlangten. Wenn Wir vor langer Zeit begonnen hatten, die Tiere zu versklaven, so hatten Wir in der realen Geschichte alsbald gelernt, Uns menschliche Sklaven anzueignen: sie - die Anderen, die Minderen, die Besiegten sollten die Mühe und die Lasten tragen, den einem Selbst zustehenden Schweiß erleben! Unsere Qualität zur beharrlichen Perfektion hat Uns dabei sehr genützt! In späterer Zeit schufen Wir Uns in unseren neuen Strukturen Untergebene und Abhängige. Wenn Wir nicht jemanden unter Uns wussten, fühlten Wir keinen Selbstwert, Wir waren niemand, Wir fühlten, Wir seien nichts wert. Und so kämpften Wir dauernd darum, jemanden, andere - .weniger wertvolle. - unter Uns zu haben; dann glaubten Wir, Wir wären Wer!

Als Wir im aufsteigenden Bewusstsein - denn dieser Prozess lief langsam, aber unaufhaltbar, - die Legalität der Sklavenherrschaft als unerträglich zu erkennen begannen, griffen die Mächte dieser Welt zu subtileren Methoden. Die immer noch volle Liaison der religiösen und weltlichen Machtkomplexe schuf ein Neues Modell: die Absolutismen! Als der aufsteigende Strom des Befreiungsprozesses auch diese Gefängnisse sprengte und in der Letztphase in die Äußere Demokratie mündete, begannen diese Destruktionsenergien immer weiter in die Masse vorzudringen. Sie spiegelten der Menschenmasse die Möglichkeit reich und wohlhabend, also glücklich auf Erden werden zu können! Sie brauchten immer mehr artikulierte Mitarbeiter!
Zunächst aber noch blühte im Hochkapitalismus eine spezielle Facette der Grausamkeit gegenüber der menschlichen Rasse. Wir institutionalisierten die Arbeit zur Doktrin! Die entfremdete Arbeit - die Lohndiener - die zur abermaligen Maximierung der Kapitalinhaber führte, spielte eine neue Facette des Musters HERR /SKLAVE. Wenn in der vorherigen Epoche der größte Teil der Menschen unmittelbar von der Erde lebte, erlebte sie auch die direkte Abhängigkeit von den .Launen der Natur; dass hier Karmische Reflexe und Lasten abgetragen wurden, war nicht im Verstand erkennbar. Wir nahmen aber unbewusst diese Mühen auf Uns. Die Verweigerung der Liebesgabe des Christus führe Uns auch in die Verelendungen in der Hochkapitalistischen Epoche; Wir wurden bezahlte Arbeitssklaven.

Der Kampf der .Mächte dieser Welt um die Erde hatte in der Zwischenzeit - seit der Napoleonischen Zeit - eine neue Feinheit im Kriegshandwerk erfunden: die Kriege der früheren Zeit wurden mit dem Ziel geführt, das Beutegut des besiegten Königs und seiner Beherrschten zu bekommen. Auf Kosten Anderer reicher zu werden! Seit dieser Zeit, seit der Napoleonischen Zeit, bekam der Krieg, das Kriegshandwerk eine neue Qualität: die manifestierte Macht in einer Person (Napoleon war eine solche Manifestation) brauchte Mittel, um Kriege führen zu können. Und man borgte dem .Neuen König diese Mittel, aber nicht nur das, man borgte auch den Gegnern die Mittel, Kriege führen zu können! Und damit setzten Wir eine Spezifikation von Produktion in Gang: Das Rüstungshandwerk, die spätere Rüstungsindustrie!

Es gelang sogar, ein Bewusstseinsmuster zu schaffen, das bis heute noch in sehr vielen Gehirnen herumspukt: Kriege schaffen Wohlstand, die Rüstungsindustrie schafft Arbeitsplätze, schafft Reichtum für den Staat und für die Menschen, die darin leben. Dieses

Gedankenmuster war die absolute Korruption des Bewusstseins, es war der tiefste Fall! Da die Macht - die Staatsmacht - die Verlockung schlechthin für alle machtgeilen, defekt gewordenen Lebensströme waren, hatte das Böse in der Welt in den letzten zweihundert Jahren eine Spielwiese gefunden, die in ihrem inneren, kausalen Zusammenhang die ganze Menschheit in Abhängigkeit bringen konnte. Das Kriegshandwerk wurde immer mehr zum .Blutopfer für die Menschen! Jedes Volk - jede Nation - verblutete doppelt am Krieg: zunächst verschlingt die Rüstungsindustrie Volksgut und im jeweiligen Ernstfall werden dann die konkreten Menschenopfer gebracht!

Das missbrauchte Geld

Die Erfindung des Geldes war ein effektvolles Mittel, Waren und Güter optimalst zu tauschen! Das Geld erleichterte die Güterkommunikation um einen entscheidenden Grad! Im zunehmenden Gebrauch wurde Geld zum interessantesten Mittel des dreidimensionalen Lebensvollzuges. Es ist bis heute bei fast allen noch das Lebensziel. Die .Mächte dieser Welt erkannten alsbald in diesem Mittel IHRE CHANCE! Sie anonymisierten Geld immer wieder zu einem Abstraktum, in der Letztform wurden es Papierscheine! Da „Die Mächte dieser Welt" die Welt ganz besitzen und damit ganz beherrschen wollten, kam es zum großen Weltbetrug: die in den napoleonischen Kriegen begonnene Facette der Kriegswesens schuf ein übernationales Machtimperium, das begonnen hatte, die Staaten dieser Welt, immer mehr bei sich zu verschulden. Die Staatsmächte mussten aus diesen Zwängen ihren Beherrschten Lasten = Steuern und Abgaben auflasten. Die letzte Sklavenepoche dieser Welt!
Damit das aber nicht so direkt offenkundig wurde, begannen diese Staatsmächte ihren letzten Betrug: sie okkupierten die Souveränität der Individuen und spiegelten ihnen vor, sich um ihr Lebensheil zu kümmern. Mit diesem Trick fanden sie ein Mittel, wo sie, getragen von ihren Gefütterten, scheinbar unbegrenzt nicht nur an der Macht bleiben, sondern sogar noch von diesen verkerkerten Wesen .geliebt werden könnten. Nun passierte aber Folgenschweres: Wir hatten schon hingewiesen, dass die Niederen Sinnesqualitäten unbefriedigbar sind. Und dieses Fütterungsmuster explodierte! Ganze Heerscharen waren über Jahrzehnte an der .Arbeit., immer neue versteckte Absch(r)öp fungsinstrumente zu erfinden, um diese unersättliche Gier entfesselten konsumgierigen Masse zu stillen. Es gelang den losgelassenen Manifestationen der Destruktionsenergien den „Krieg" direkt in die wirtschaftliche Verflechtung zu tragen. Und mit diesem Wahnsinn konnte man an die Naturreiche unmittelbar herankommen. In diesem Kollektiven Wahnanfall der totalen Gier stürzten Wir Uns auf die Schätze von Mutter Erde. Ohne Rücksicht auf Verluste beraubten Wir sie ihrer Schätze und setzten an, sie Selber, die physische Erde als Ganzes mit allen Lebensreichen, der Pflanzenwelt, dem Tierreich und dem Menschenreich, zu vernichten. Das Wirtschaften erreichte unerträgliche, letztlich unfinanzierbare Wirklichkeiten:

Einsatzkommando Geld

Die Mächte dieser Welt missbrauchen das Mittel Geld für ihre Destruktionszwecke, ja, sie machten Geld sogar zu einem inneren Wert, für nicht wenige zum Lebenswert schlechthin. Es entwickelte sich eine eigene Geldwirtschaft, mit der weltweit vernetzt bis in die kleinste Zelle diese Macht ausgeübt werden konnte. Es ist das Netz - gleich einem Vampier - das den Zellen das „Blut" abzusaugen hatte. Über dieses Netz bekam man scheinbar, alles Materielle in Besitz! Selbstverständlich ist dieses Netz weltweit verbunden und hat nicht nur die Weltwirtschaft total unter Kontrolle (gehabt). Selbstverständlich hat man ihre Mitträger - ihre Exekutoren - besser „belohnt" als die anderen. Man fand damit ausreichend Mittäter! Aber nicht nur die Wirtschaft, alle Gemeinwesen brachte man damit unter seine Kontrolle. GELD REGIERT DIE WELT! - Aber nur die ALTE WELT! Die Geldmittel waren es auch, die man jenen zur Verfügung gestellt hatte, die immer mehr Firlefanz und unnützen Plunder erzeugten, um die unbefriedigbaren Massen zufriedenstellen zu können. Der Hintergrund dabei ist anders orientiert:

Der Äußere Firlefanz und die Konsumhysterie sollten nur den Aufstieg des Menschen, die Befreiung des Bewusstseins verhindern! Sie sollten verhindern, auf dass die einzelnen Lebensströme erkennen, wer sie sind, dass sie weiter in ihren Alten Destruktionsmustern gefangen blieben und weiter den Alten Götzen dienen sollten! Der Prozess, der beschleunigte Prozess hin zum Aufstieg, der immer mehr wach werden ließ, ließ erkennen, dass die alte Götzenherrlichkeit auf dieser Welt zu Ende geht. In einem letzten Aufbäumen richtete sie ein weltweites Blutbad und Harmaggedon an!

Wie Wir aber schon erwähnt haben, bedienen sich die Heerscharen der .Krieger von Schambhala der Alten Mittel, sie „zwingen" zunächst diese Alten Weltherrscher, ihren äußerlich geschaffenen Output, die errichteten Goldenen Kälber, an die Wir Uns alle so vergafft hatten, selbst zu vernichten! Das missbrauchte Geld, das Mittel der Macht der letzten Geschichtsepoche, wird in sich selbst zerstört, es wird wertlos. Es wird dadurch wertlos, weil sie die „Blutspender" in ihrer Gier so aussaugen, dass ihnen die Spender .sterben. Der Große Betrug an den „Lebensströmen" an den Kindern Gottes, richtet sie selbst! Und gleichzeitig befreien sie damit die Erde vor weiterer Zerstörung. Und es gibt kein Zurück mehr! In vielen Ländern hat bereits dieser Prozess gallopierenderweise eingesetzt, die restlichen Länder folgen in Kürze! Geld wird wertlos! Es wird so wertlos, dass das Papier, auf dem sein Wert gedruckt ist, „wertvoller" ist, als was man dafür bekommen kann. Und alle, die bisher für diese spezifischen Alten weltverzweigten Machtstrukturen am Werk waren, ganz legal die Menschen zu bestehlen, müssen aus Karmischen Gründen dieses Werk auf ihrer Ebene vollenden. Sie dienten selbstverständlich im besten Glauben und in bester Absicht in dieser Rolle! Aber für die Evolution ist es komplett irrelevant, ob jemand bösartig oder im guten Glauben die Evolution behindert und stört! JETZT werden diese Einrichtungen direkt zur Befreiung der Erde und ihrer versklavten Wesen eingesetzt. Das ist jetzt ihr notwendiger Beitrag zum Aufstieg der Erde! Und niemand kann sie daran hindern! Die Träger und besonders die Verantwortlichen bekommen dadurch auch ihre Chance, Sich zu Erkennen! In dieser „Irrationalität" liegt für viele von Uns ein großes Problem: im „Widersinnigen" lässt Schambhala grüßen!

Einsatzkommando Wirtschaft

Aus den notwendigen Zwängen, für sein physisches Leben selbst durch Lebenskampf sorgen zu müssen, entwickelten Wir Stufe um Stufe bessere Möglichkeiten, so viele Lebensgrundlagen Mutter Erde abzuringen, Uns eben unseren Physischen Körper zu erhalten. Wir vergriffen Uns immer mehr auch am Tierreich, wo Wir zum größten Raubtier wurden. Längst ist es Uns aus dem Bewusstsein entfallen, dass Wir in dieser Rolle immer mehr SSchlachtfelder" erzeugten. Erst jetzt erleben Wir einen sich raschest vermehrenden Prozess der Abkehr vom Fleischkonsum! Ein gewaltiges Heil-Zeichen der Zeit!

Angetrieben vom Ziel des Gartens Eden - das unbewusst permanent unser Streben begleitete reagierten Wir oftmals in eine falsche Richtung! Aber manches glückte auch! Wir erinnerten Uns, dass die Fruchtbarkeit stark von planetarischen Gesetzen abhängig ist, Wir erinnerten Uns an die liebevolle Harmonie des fruchtbaren Bodens und des Segens der Elemente, der Sonne, der Erde, des Wassers und der Luft. Unser kreatürliches Dasein sicherte sich zusehends. Wo immer dies geschah, entwickelte sich auch Kunst und wissenschaftliche ENTWICKLUNG. Wenn nur nicht unsere Macht Uns immer im Wege gestanden wäre. Nach relativ kurzer Zeit schafften Wir es immer wieder Uns durch kollektive Entladungen zurückzuwerfen: in Not, in Hunger und Leid und frühen Tod!

Alsbald erkannten Wir, dass durch Austausch von Gütern dieses Leben angenehmer, schöner und freudvoller werden könnte. Und Wir betrieben Handel; es machte Spaß, wenn Wir auch oft beschwerlich lange Wege und Mühen auf Uns nehmen mussten. Wir erkannten, dass Wir verschiedene Fähigkeiten und Qualitäten besaßen, Wir nützten diese Talente. Wir wurden immer geschickter und effizienter. Unsere Hilfsmittel, die Werkzeuge, machten Uns das Leben immer lastenfreier! Leider wurden unsere Talente und Fähigkeiten zu oft für das Kriegshandwerk missbraucht. Viele Entwicklungsenergien gingen verloren durch die grausamen Kriegsspiele und Entwürdigungen im Menschenreich, aber auch in den anderen Reichen!

Als Wir vor rund vierhundert Jahren in das letzte Segment, das mit dem Anschluss an die

Kosmischen Höheren Qualitäten enden sollte, eingestiegen waren, explodierte förmlich unsere ENT-WICKLUNG. Ein Teil unseres Mentalen Segmentes, der Äußere Verstand, begann tief in die Gesetze der primären physischen Materie einzudringen. Nicht lange danach folgten die technologischen Ausformungen. Es ist müßig darauf hinzuweisen, wofür Wir grundsätzlich alle „Erfindungen" zunächst einmal anzuwenden versuchten und es auch taten: für Macht und ihre Ausgeburten: Krieg, Beherrschung und Unterdrückung, für unser scheinbar so bewährtes Prinzip: HERR/ SKLAVE!

Im Zuge dieser letzten Geschichte kam es nicht nur zu einer unüberschaubaren Differenzierung des Produktionsprozesses, auch der Austausch von Gütern nahm komplexeste Formen an. Mit Beginn der Industrialisation - bedingt durch die neuen Technologien - begann schlagartig die Erde in eine neue Phase zu treten. Wenn bisher die Mittel durch die handwerklichen und bäuerlichen Produktionsmöglichkeiten begrenzt waren, so eröffnete sich in dieser Phase eine Chance, von der Wir JETZT erst mit Sicherheit wissen, dass Wir sie missbraucht haben. Dass Wir das Kriegshandwerk primärst damit zu Perfektion führten, wird wohl von kaum jemand bestritten werden.

Aber abgesehen von diesem grundsätzlichen Tick der Menschheit - unsere Kriege waren immer gerecht und heilig - sie dienten immer einer guten Sache! - brachten Wir unser .liebgewordenes. Grundprinzip HERR / SKLAVE auch in den wirtschaftlichen Komplex ein: Unser Trauma, das Glück verloren zu haben, motivierte Uns, in jeder Nische des Primären Physischen Daseins das „Glück" zu suchen. Über unsere Sinneserlebnisse, durch Konsum und Reichtum, versuchten Wir eine Ersatzbefriedigung zu erreichen. Wir führten das MEHRWERTPRINZIP ein: Wir handelten unsere Produkte für Werte, die sie nicht wert waren. Zu viele, faktisch alle wollten Wir über diesen Weg „reich" werden. Die Folge daraus ist zwingend, dass eben die Mächtigeren die Schwächeren betrogen. Daher ist das Kriegshandwerk so wichtig gewesen!

Seit der Zeit großer industrieller Möglichkeiten erreichten Wir ein Potential, das Gleichgewicht der Erde vollkommen aus dem Lot zu bringen. Die Kolonialzeit ist nur die historische Dokumentation für diesen Ungeist. Lange Zeit funktionierte dieses Spiel; ein Neues Spiel: HERR / SKLAVE hatte die Erde auf ein Neues Niveau gebracht. Niemand der Herren der Welt und natürlich auch niemand von den Millionen Nachplapperern fand daran etwas Verwerfliches! Brachte es doch den .reichen. Industriestaaten so .herrliche. Lebensqualitäten! Erst das letzte Jahrhundert brachte ein allmähliches Umdenken; für die meisten brachten aber erst die letzten zwanzig Jahre ein spürbares Unbehagen!

Mehr als deutlich zeigt Mutter Erde an, ihre Haut kann Uns nicht mehr ertragen! Unsere Egomuster begannen unruhig zu werden: was wird sein, wenn unsere Lebensräume unlebbar werden, was wird sein, wenn unsere Bäume sich zurückziehen, was wird sein, wenn Wir kein sauberes Wasser mehr zum Trinken haben werden, was wird sein, wenn unser vergifteter Boden Uns keine gesunde Nahrung mehr spendet, was wird sein, wenn Wir unseren Wohlstand nicht mehr genießen können, was wird sein, wenn Wir mit unserem Geld nichts mehr anfangen können.... Für die meisten Zeitgenossen tritt das EGO Prinzip: .Hinter mir die Sintflut.! in Aktion, sie rechnen sich nur noch ihre zu erwartende Lebenszeit aus mit der Hoffnung, dass es für diese Zeit noch reichen werde; und das genügt ihnen schon - zumindest den meisten!

Schambhala lässt grüßen: es reicht! In diesem Muster und in den Trägern dessen, was wir Wirtschaft und Weltwirtschaft nennen, haben sie Position bezogen, diese Heilungs-Krieger! Und genau mit der generationenlangen Gier, mit eben denselben Verantwortlichen. wird dieses düstere Kapitel abgeschlossen und beseitigt, die Erde von diesem weltweiten Wahnanfall einer entfesselten materialistischen Gier befreit! Durch eine sehr simple Methode! Die Technologien, die meist nur Scheinwertigkeiten für den Menschen erzeugen, lassen diese Krieger durch Überproduktion in ein Kostendesaster schlittern, sodass im Zusammenhang mit anderen Faktoren eine Branche nach der anderen implodiert und zwar weltweit! Und das geht unglaublich rasch! Wie beim Dominospiel reißt ein Stein den anderen mit!

Als Besonderheit dabei war eine Vorbereitung notwendig, sonst könnte es JETZT nicht so schnell gehen: unmittelbar vor dieser raschen Selbstzerstörung kam es zu den Konzern-Konzentrationen: ihr ursprüngliches Ziel - von den Grauen Männern, den Herren dieser Welt beabsichtigt - die ganze Welt, alle Menschen damit in Abhängigkeit zu halten, wird JETZT verwendet, eine gigantische Kettenreaktion auszulösen, die eine weltweite Selbstvernichtung dieser, Plunder produzierenden, Konsumgüterindustrie zur Folge hat. Eine ausgeuferte Schwerindustrie, die ohne Rücksicht auf die anderen Erdenreiche die Welt ein Danaergeschenk gebracht hatte, wird auf diesem Weg bedingungslos beseitigt. Die Erde wird wieder von dieser Geißel frei! Wir werden frei!

Der Mittelstand

Kein anderes Segment des großen Wirtschaftskörpers erlebt schon seit Jahren eine so bittere Erfahrung wie der Mittelstand! Unter einem gigantischen Druck wird er systematisch zermalmt und ausgequetscht, insbesondere die kleinen Wirtschaftskörper im Gewerbe, im Handel und in den Dienstleistungssektoren. Und mit ihnen alle Betroffenen. Und nirgendwo sonst wird die Ungerechtigkeit stärker erfahren als in diesen Bereichen. Da ich selbst in meiner unmittelbaren Tätigkeit in diesem historischen Leben in diesen Irrsinn involviert bin, sind mir diese Anomalien gut bekannt.

Dass diese als „Ungerechtigkeiten" empfundenen Muster nur innerhalb der dreidimensionalen Bewusstseinslogik so erscheinen, weiß ich auch erst seit ich die Welt aus einer Höheren Perspektive sehen kann, wo die Zusammenhänge, die kausalen, karmischen Verflechtungen sichtbar sind. Diese Perspektive zeigt erschreckend auf, wie grundfalsch Wir Menschen unsere Situationen fast immer beurteilen! Die Höhere Einsicht erleuchtet die Zusammenhänge eben mehrdimensional und steht in fast allen Punkten genau im Gegensatz zur dreidimensionalen Vordergründigkeit. Dort, vom Blick der Höheren Warte aus, wird die Ganzheit in ihrem kausalen Fluss gesehen, deren Ziel der Aufstieg für die Lebensströme in die Höheren „Reiche" ist, die dreidimensionale Vordergründigkeit ist fast nur der Ichsucht des Äußeren Egos ausgeliefert!

Es ist im Plan seit langem bekannt, dass gerade dieser mittelständische Bereich der Wirtschaft den kommenden notwendigen Veränderungen Widerstand leisten würde. Dieser Komplex wird von im wesentlichen hervorragenden Individuationen getragen, die es in der Vergangenheit geschafft haben, durch Einsatz von mächtiger Energie - das gilt auch dann, wenn diese Energie vom Alten Muster missbräuchlich angewendet wurde, was ja sehr oft der Fall war! - für sich selbst und für ihre Familien die höchsten „Freiräume" zu erreichen. Nicht nur Freiräume werden geschaffen, sondern in der Vergangenheit auch meist materielle Begüterung und dadurch eine größere Unabhängigkeit. Sie waren immer schon bereit für diese Werte mehr zu arbeiten, mehr zu leisten und für ihre geschaffenen Werte mehr zu kämpfen. Darum sind gerade diese Menschen dem Besitz und der kleinen Macht - die sie heute meist nicht einmal missbrauchen! - besonders verhaftet. Dieser Mittelstand war es auch, der den Staatsmächten am stärksten bereit war zu dienen! Sie haben alle nur denkbaren Lasten und Steuern akzeptiert, nur damit sie diesen kleinen Vorteil aufrechterhalten konnten. Nur durch sie konnten sich die staatlichen „Machthaberer" so unendlich lange auf ihren Podesten halten! Nur durch dieses Geld, durch diese Mittel blieben sie solange an der Macht! Das Kuriose dabei ist noch die Tatsache, freiwillig übernahmen sie die Rolle des Inkassanten (Kassierer) für ihre .Peiniger. Und punktgenau - und wenn sie die Sparschweine ihrer Kinder plündern müssten - liefern sie die .gerechten. Steuern und Abgaben ab, bis sie wirklich nicht mehr können!

Diese Geldaufbringer gaben den Mächten auch die Mittel, die Ärmeren im Sinne eines Sozialstaates „füttern" zu können, damit keine sozialen Unruhen entstehen; denn gerade diese könnten den so mühsam erreichten Vorteil zunichtemachen. Und so zahlen sie und zahlen sie, solange bis sie endlich kaputt sind! Bis sie wirklich nicht mehr können! Es hat ihnen auch nichts ausgemacht, dass die Mächtigen in längst schon sichtbaren Formen dieses ihr Geld vergeuden, in Größenordnungen verwirtschaften und es natürlich in erster Linie dazu verwenden, an der Macht zu bleiben. Dass einige von diesen sich persönlich noch gigantisch bereicherten, vervollkommnet nur das Bild um eine Facette.

Wenn auch der Frust in diesen Kreisen heute gewaltig ist, können sie natürlich nicht erkennen, dass sie selbst es waren, die das Geld aufgebracht haben für diese Zwecke.! Und sie haben auch kaum reagiert (aus karmischen Gründen konnten sie auch nicht!), als man ihnen ihr mühsam erarbeitetes Geld abgenommen hat, und mit eben diesem Geld haben die „Mächtigen" ihre Planspiele betrieben! Sie haben damit ihre Konzerne gefüttert, man brauchte diese Konzerne als Hilfsmittel, auch wirtschaftlich die Kleinen Widerstandsnester zu besiegen. Die vielen kleinen Unternehmer sind wirklich die zähesten Unserer Rasse! Mit diesem „Diebesgut" hat die Macht ihre „Wohltaten" verteilt; das tut sie - das muss sie tun - bis wirklich alles erschüttert ist. In der dreidimensionalen logischen Sprache würden Wir sagen, sie bringen alles um! Und das stimmt! Aus der Höheren Sicht wissen Wir, dass das ihre Rolle ist, und jeder Versuch das zu verhindern, verlängert nur das Leiden! Je weniger Widerstand geleistet wird, um so schneller sind Wir diesen notwendigen Spuk der manifestierten Mächte dieser Welt los (Unsere eigene Projektion)! Um so schneller werden Wir frei!

Eine besonders amüsante Facette dabei ist in diesem Spiel zur Zeit, dass immer mehr Machtverantwortliche diesen nicht aufhaltbaren Zusammenbruch erkennen. Und Du kannst Dir vielleicht vorstellen, was sie leiden (müssen!) und welche Ängste sie begleiten! Äußerlich müssen Sie als „Retter" als souveräner „Volksbeschützer" auftreten. Sie können sich nicht vorstellen, den Menschen die Wahrheit zu sagen, war doch ihre Essenz auf Lüge aufgebaut! Das ist daher auch ihr Karma, das sie abtragen müssen. Eine Zeitlang konnten sie sich natürlich sogar selbst belügen; selbstverständlich wissen sie, dass ihre Kunstgebäude nicht zu halten sind. Es steht außer Diskussion, dass fast alle diese Rollen in bester Absicht und im Guten Glauben, dem Volke „aufrichtig" zu dienen, übernommen haben und eingegangen sind! Diese Zeilen sollen von niemandem missverstanden werden, niemandem wird Böses unterstellt, aus den Höheren Reichen wissen Wir, dass das, was Wir als Böse qualifizieren nur eine Ursachenspiegelung ist. Was Wir hier bewegen wollen, ist, durch das .Röntgenbild. Uns besser erkennen zu können!

Diese kleinen Widerstandsnester konnten wirklich nur durch Ziehen vieler Register .zerstört. = geheilt werden. Sie waren der härteste Stein auf dem Weg zum Ziel! Vielleicht schockiert Dich diese offene Sprache; auch mich hat diese Erkenntnis schockiert. Und es hat mich sehr viel Mühe gekostet, trotz dieser Einsicht, meinen Weg weiterzugehen. Und das sollst auch Du, wenn Du zu diesem Kreis gehörst! Nur tragen Wir ein kollektives Karma ab und Wir können am schnellsten diese Lasten - insbesondere im emotionalen Bereich, dort äußert sich der Widerstand als Auflehnung, Ärger, Frust, Aggression (ich persönlich kenne alle diese .Kinder.!) - durch diese bewusste Annahme freilieben! Für Uns und für andere von Uns, die noch nicht den Durchblick haben! In diesen Rollen, die Wir also hier einnehmen, machen Wir vieles - alles - wieder gut!
Zitat Ende aus „Der letzte Akt der Dunkelmächte" von Johann Kössner ISBN 3-901376-01-1

So Heute ist der 19. Februar 2015 Und auf der Erde wird der GlaubensWahn-
sinn weiter gelebt. Der Glaube an das Geld ist eine Form von TotalVerblö-
dungsWahnsinn, indem uns aber die Politik die Landser der Wirtschaft festhalten. Denn sie haben keine Visoooohnen und keine Ideen und können nicht
mal über ihren kleinen Tellerrand einen neuen Horizont sehen, den sie möglicherweise verkünden könnten. Nein, stattdessen leben sie im Dunstnebel des
sogenannten politisch korrekten. **Was also • Gemäß Art.133 „Grundgesetz
für die Bundesrepublik Deutschland" ist die Bundesrepublik ein Verwaltungsorgan einer Firma.** „Der Bund tritt in die Rechte und Pflichten der
Verwaltung des Vereinigten Wirtschaftsgebietes ein." kann man dort lesen.

Die BRD ist kein souveräner Staat und war als solcher auch nie geplant, sondern sie erscheint als ein Besatzungskonstrukt der alliierten Siegermächte,
geschaffen um entsprechend den Schöpfungsgesetzen ein veränderungsfähiges Entwicklungsspielfeld mit dem Potential, die Welt zu verändern, zu
ermöglichen. Hinter diesem stecken private Familienclans, die von eingeweihten Adepten gelenkt werden, hinter denen feinstoffliche Wesenheiten
beider Polaritäten entsprechend der eigenen Ausrichtung stehen, die von den
höchsten Wesenheiten des Kosmos durch göttliches Denken gelenkt werden.
Sie setzen als Beauftragte des Schöpfers einen höheren Plan in diesem Zyklus um, um für jedes Individuum in dieser Zeit ein bestimmtes spannendes
Lernereignis stattfinden zu lassen. Aus diesem Grunde haben Sie einen Personalausweis. Personal bezeichnet Firmenangestellte.

Aber es kann ja jeder alle eingegangenen Verträge auch wieder „kündigen".
**• Das Grundgesetz ist keine Verfassung (über die muss per Definition
vom „Volk" abgestimmt werden), sondern als Besatzungsrecht der Siegermächte gem. Art. 43 der Haager Landkriegsordnung (höherrangiges
Völkerrecht) eine gute Grundlagenidee für eine echte Verfassung.**

*„Jemand, der das Recht nicht kennt, kennt den Handlungsrahmen
nicht genau. Wie wollte er/sie ihn dann ändern?" Schreibt Peter Fitzek
in seinem Essay „Jeder hat die Wahl!*
Ich frage mich aber selber: Bin ich wegen dieser Juristen Papiere als Mensch
unfreier. Bin ich heute 2015 in irgendeine Weise bedrängt oder eingeengt.
Habe ich irgendwelche menschlichen Schwierigkeiten, in Bezug zu dieser
Situation dass die Bundesrepublik ein Verwaltungsorgan einer Firma ist. Die
nun damals in den USA von den GangsterBankster entwickelt wurde. In einer
Art von zukünftigen Neuen Atlantis streben dieser Besitzenden Gruppen aus
den USA.

Auf den ersten Blick ein klares NEIN.

Aber durch meine Lebenserfahrung ein klares JA

Ich habe selber wegen blöder politischer Entscheidungen die sie für die Industriellen gemacht hatten, nämlich, dass Menschen über 35 zu alt sind, praktisch 15 Jahre keine vernünftige Position mehr bekommen. Und bin deswegen heute mit einer kleinen Rente auf Grundsicherung angewiesen. Also ein Klares Ja. Ja. Ja. Ja.

Da das Hauptaugenmerk, das Hauptziel diese Konstrukt „GeldGewinne „machen ist. Profite machen ist, also eine TotalIllusion, da Geld ja keine Wahrheit ist sondern genau das Gegenteil von Wahrheit ist, werde ich als Mensch in einem Glaubenssystem der Unwahrheit gehalten, identisch zu dem Glaubenssystem des Vatikans und deren Wirtschaftsmanager, die die Aussagen von Jesus als Grundlage genommen haben um Menschen auszubeuten und zu versklaven. Also Illusionen predigen. Aber unter dem Vorwand Jesus sei ihr Führer und Gott hätte den Papst als Stellvertreter Gottes mit Urkunde ausgewählt. Was einfach eine Lüge ist. Das würde ja dann bedeuten Gott hätte Massenmörder, Betrüger oder Foltermeister und GeldMacht und LandMacht besessene ausgewählt. Nein auf den Gott würde ich nicht mal Pissen aber Kotzen weil man dann gar nicht so viel fressen könnte um so viel zu Kotzen wie Umfangreich die Kriminalgeschichte von Deschner der Katholischen Kirche ist. Bis heute.

Die Deutschen sind einfach noch zu biedere Gläubige und zu minderbemittelte Selbstdenker. Was aber auch gar nicht so einfach ist aus dem Dunstnebel der Gewohnheiten herauszuschauen und den Mut haben selber zu denken und zu entscheiden. Aber von den Medien lange Zeit übersehen entstehen doch immer mehr Demonstrationen, und Wahlverweigerungen, die darauf hinweisen, das doch sehr viele Menschen in Deutschland ,Europa, und auch in den Moslemischen Ländern, das da etwas verändert werden soll, und zwar auf friedlichem Wege.

• *Gemäß Art.133 „Grundgesetz für die Bundesrepublik Deutschland" ist die Bundesrepublik ein Verwaltungsorgan einer Firma.*

Und das wurde ja anhand der Recherchen von Peter Fitzek und vielen anderen Menschen Deutschland und Europa und Erdweit sowohl im Internet als auch per Buch veröffentlicht. Und selbst ich wurde damals in Februar 1993 auf Kreta in meinem VW Bus lebend innerlich dazu aufgefordert sofort ein Buch zu schreiben mit dem Thema: Meditative Transformation der Industrie. Und es sind zwei Bücher darüber erschienen.

Und in diesen Büchern wird die Industrie dazu aufgerufen Gigantische Transformationszentren zu Bauen im Sinne der Pyramidenkulturen, in denen die Menschen, die für die Industrie arbeiten hingehen können und dort unterschiedliche transformative bewusstseinsmäßige und evolutionsmäßige Übungen und Arbeiten machen, in einem Umfeld von 7 Sterne Hotels Qualität, wo dann diese spirituelle Erneuerungskraft wieder in die Industrie abgegeben wird.

In diesem Buch geht es darum zu zeigen das die Menschen global schon vereint sind und zwar durch ihre schöpferische Kraft Arbeit Tätigkeit. Und das sie das bloß realisieren zu brauchen. Und über diese Transformation des spirituellen Weges wird dann auch die Industrie spiritualisiert, das führt letztendlich oder schon davor zum entfernen des Geldes aus dem System. Das wäre eine friedliche Methode der Veränderung global.

In diesem System sind Politiker nicht mehr gebraucht. Politiker Raus Staat ist schon Wirtschaft. Zwischenhändler sind nicht gebraucht. Alles was Zwischenhandel ist, ist Betrug, kann zwar manchmal eine Hilfe sein, aber bloß wenn sie dazu führt das der Zwischenhändler die Abhängigen in die Freiheit die Wahrheit die innere führt. Was bei den Politikern nicht der Fall ist zumindest heute 2015 nicht, und auch nicht bei den Zwischenhändlern wie etwa die Kardinäle oder Priester oder Beichtväter.

Also ich schätze diejenigen die sich aufmachen das Thema: • Gemäß Art. 133 „Grundgesetz für die Bundesrepublik Deutschland" ist die Bundesrepublik ein Verwaltungsorgan einer Firma. Zu bearbeiten und dort nötige Aufklärung schaffen. Prima das macht ihr sehr gut und Peter Fitzek hat da schon viel geleistet obwohl ich selber kein Königreich haben will, aber ich kann seine Situation sehr gut verstehen, denn das SYSTEM der BESITZENDEN der BANKSTER GANGSTER ist gigantisch, es umspannt praktisch die ganze Erde.

Im Alten Testament kann gelesen werden das den Israeliten das MANAS also die geistige Nahrung und die damit Göttliche Führung angeboten wurde oder aber sie können auch einen König haben ,der aber sehr viel Leid über die Bevölkerungen bringen wird ,was ja eine GIGA TATSACHE geworden ist. Dummerweise hatten die Israeliten sich für das Goldene Kalb entschieden für den Totalmaterialismus. Deswegen, Das Alte Testament wird hauptsächlich gelebt und das Neu Testament fast gar nicht. Siehe *Deutronium*-Thora-Alle umbringen. Buch Mose Das Buch heißt auch Deuteronomium. In dem Buch überhaupt in dem Alten Testament, stehen so viele

Greultaten, wo Gott angeblich die Menschen dazu auffordert aber auch alles zu ermorden bis hin zu Babys und Tiere und Pflanzen. Und das wurde ja als Vorlage der Rechtfertigung in den Raubtierreligionen bis heute benutzt. Um sich gegenseitig umzubringen. Das ist auch Bestandteil der Jüdischen Thora.

Das zeigt aber bloß dass der Mensch einfach ein TotalRaubtier damals war und heute noch sehr Umfangreich ist. Aber Hurrah die Veganer sind da und die Vegetarier und die Rohkostesser.

Hier ist nochmal einiges aus dem Alten Testament.

•Der Mensch lebt nicht vom Brot allein, sondern von allem, was aus dem Munde des Herrn geht.

•Die Rache ist mein, ich will vergelten zurzeit, da ihr Fuß gleitet . . .

•Du sollst das Recht nicht beugen, die Person nicht ansehen und nicht Bestechung annehmen.

• Du sollst den Herrn, deinen Gott, anbeten und fröhlich sein ob all dem Guten, das er dir gegeben hat.

• Du sollst fröhlich sein ob all dem Guten, das der Herr, dein Gott, dir und deinem Hause gegeben hat.

•Du sollst nicht begehren deines Nächsten Haus.

•Du sollst nicht begehren deines Nächsten Weib.

•Halte die Gebote des Herrn, deines Gottes, indem du in seinen Wegen wandelst und ihn fürchtest.

•Höre, Israel: Der Herr, unser Gott ist ein Herr. Und du sollst den Herrn, deinen Gott, lieben von ganzem Herzen, von ganzer Seele und mit aller deiner Kraft.

•Ihr sollt den Herrn, euren Gott, nicht auf die Probe stellen.

•Ihr sollt nichts hinzutun zu dem, was ich euch gebiete, und sollt auch nichts davon tun, sondern die Gebote des Herrn, eures Gottes, halten, die ich euch gebe.

•So haltet nun die Worte dieses Bundes (mit Gott) und tut darnach, auf dass ihr Glück habet in allem, was ihr tut.

•Und alles Volk soll sagen: Amen. Verflucht ist, wer das Recht des Fremdlings, der Waise und der Witwe beugt.

•Verflucht ist, wer die Grenze seines Nächsten verrückt.

•Verflucht ist, wer einen Blinden auf den falschen Weg führt.

•Verflucht ist, wer seinen Nächsten heimlich erschlägt.

•Verflucht ist, wer seinen Vater oder seine Mutter verunehrt.

•Verflucht ist, wer sich bestechen lässt, einen unschuldigen Menschen zu töten.

•Wenn bei dir ein Armer ist, so sollst du nicht hartherzig sein und deine Hand vor deinem armen Bruder nicht verschließen, sondern willig sollst du deine Hand für ihn auftun und ihm gerne leihen, so viel er nur bedarf.

•Wenn Du in Deines Nächsten Weinberg gehest, so magst Du der Trauben essen nach Deinem Willen, bis du satt habest, aber Du sollst nichts in Dein Gefäß tun.

Der HERR ist ein eifriger Gott und ein Rächer, ja, ein Rächer ist der HERR und zornig; der HERR ist ein Rächer wider seine Widersacher und der es seinen Feinden nicht vergessen wird. (Eine typisch menschliche Aussage und das heutige Rechtssystem)

Auge für Auge
Strafe und Schadensersatz im Altertum
Die Talionsformel ist nicht spezifisch biblisch, sondern stammt aus einer älteren altorientalischen Rechtstradition. Einer der frühesten bekannten Gesetzestexte aus Mesopotamien, der Codex Eschnunna aus dem Stadtstaat Eschnunna (um 1920 v. Chr.), regelte Körperverletzungen schon mit genau abgestuften Geldbußen:

„Wenn ein Mann die Nase eines Mannes abbeißt und abtrennt, zahlt er eine Mine Silber. Für ein Auge zahlt er eine Mine, für einen Zahn eine halbe Mine, für ein Ohr eine halbe Mine, für einen Schlag auf die Wange 10 Schekel Silber …"

Der babylonische König Hammurapi (1792–1750 v. Chr.) sammelte Vergehen und dazugehörige Urteile als Fallbeispiele (Kasuistik). Sein 1902 entdeckter Codex Hammurapi fasste sie in 282 Paragrafen und machte sie auf einer Stelle öffentlich zugänglich. Dort findet sich auch eine Reihe genauer Strafzumessungen für Körperverletzungen:[1]

„Gesetzt, ein Mann hat das Auge eines Freigeborenen zerstört, so wird man sein Auge zerstören …
Gesetzt, ein Mann hat einem anderen ihm gleichstellenden Manne einen Zahn ausgeschlagen, so wird man ihm einen Zahn ausschlagen …
Gesetzt, er hat ein Auge eines Hörigen zerstört oder den Knochen eines Hörigen gebrochen, so zahlt er eine Mine Silber."
Damit kann Hammurapi das Talionsprinzip (lateinisch ius/lex talionis) für diese Fälle eingeführt oder bestehendes Gewohnheitsrecht rechtsverbindlich gemacht haben. *Dabei legte das babylonische Klassenrecht bei Sklaven andere Maßstäbe als bei Besitzenden an: Wer Abhängige verletzte, konnte sich freikaufen, (Diese Aussage ist insofern Heute richtig Akut, denn das wird bei den Giga Verbrechertaten der Bankster Gangster angewendet. Sie können sich freikaufen, denn die Menschen sind ja die Abhängigen von dem Geld derjenigen die das Geld aus Nix drucken. W.Schorat)* wer aber einen freien Vollbürger verletzte, sollte eine gleichartige Körperstrafe erleiden. Dies sollte älteres, mündlich tradiertes Recht fixieren, zentralisieren und verschärfen. Ob diese Neuerung aus nomadischem Sippenrecht stammt, ist umstritten; wieweit sie tatsächliche Rechtsprechung spiegelte, ebenso.

Auch andere Gesetzesreformer der Antike versuchten seit dem 7. Jahrhundert v. Chr., Gewalt und Rechtswillkür zu begrenzen und das Strafrecht zu vereinheitlichen: So unterschied Drakon in Athen 621 v. Chr. wie die Tora vorsätzliche und unbeabsichtigte Tötung und verwies die Prüfung an besondere Gerichtshöfe. Demosthenes (384–322 v. Chr.) überliefert ein um 650 v. Chr. von Zaleukos erlassenes Gesetz aus der süditalienischen Kolonie Lokroi:[2]

„Wenn jemand ein Auge ausschlägt, soll er erleiden, dass sein eigenes Auge ausgeschlagen wird, und es soll keinerlei Möglichkeit zu materieller Ersatzleistung geben.“

Zaleukos galt als der erste Grieche, der Gesetze schriftlich fixierte. Er wollte mit der Festsetzung des Strafmaßes und dem Ausschluss von Freikauf offenbar Rechtsbeugung, Korruption und sozialen Gegensätzen entgegenwirken.[3]

Im Römischen Recht konnte ein Täter einer Bestrafung auf Anklage der Opferangehörigen (Actio arbitraria) dagegen durch Wiedergutmachung des Schadens zuvorkommen, etwa durch die Naturalrestitution. So verlangte das Zwölftafelgesetz um 450 v. Chr. in Tafel VIII, Satz 2:[4]

„Wer jemandem ein Körperglied bricht, dem geschehe dasselbe [lateinisch talio esto], wenn er sich nicht [mit dem Opfer] einigt.“

Tanach

Nach längerer mündlicher Überlieferung fand die Talionsformel spätestens Eingang in die Tora, als um 700 v. Chr. deren Verschriftung begann. Um 250 v. Chr. wurde dieser Teil der hebräischen Bibel (Tanach) endgültig kanonisiert. Die Formel erscheint je einmal in ihren drei wichtigsten Gebotssammlungen: dem Bundesbuch (2. Buch Mose 22–24), dem Heiligkeitsgesetz (3. Buch Mose 17–26) und dem deuteronomischen Gesetz (5. Buch Mose 12–26).

Bundesbuch

Ex 21,22–27 EU 22 „Wenn Männer miteinander raufen und dabei eine schwangere Frau treffen, sodass sie eine Fehlgeburt hat, ohne dass ein weiterer Schaden entsteht, dann soll der Täter eine Buße zahlen, die ihm der Ehemann der Frau auferlegt; er kann die Zahlung nach dem Urteil von Schiedsrichtern leisten.

23 Ist weiterer Schaden entstanden, dann musst du geben: Leben für Leben,

24 Auge für Auge, Zahn für Zahn, Hand für Hand, Fuß für Fuß,

25 Brandmal für Brandmal, Wunde für Wunde, Strieme für Strieme.

26 Wenn einer seinem Sklaven oder seiner Sklavin ein Auge ausschlägt, soll er ihn für das ausgeschlagene Auge freilassen.

27 Wenn er seinem Sklaven oder seiner Sklavin einen Zahn ausschlägt, soll er ihn für den ausgeschlagenen Zahn freilassen.“

Die Formel steht im Kontext der Körperverletzung mit Todesfolge (v. 22): Eine Frau verliert infolge einer Prügelei unter Männern ihr ungeborenes Kind, erleidet aber selbst keine bleibende Verletzung. Der Verlust soll mit einer angemessenen Geldbuße ersetzt werden: tachat (hebr. תחת) bedeutet in der Bibel anstatt, anstelle von, stellvertretend (etwa in Gen 4,25 EU und 1 Kön 20,39 EU

Die Höhe der Ersatzleistung darf der geschädigte Ehemann bestimmen, aber ein Richter soll die Zahlung vermitteln. Verlangt wird also ein geordnetes Rechtsverfahren. Ob der Schaden absichtlich, fahrlässig oder versehentlich zugefügt wurde, wird nicht ausdrücklich festgestellt und ist hier, da der unbeteiligt Geschädigte in jedem Fall Anspruch auf Schadensersatz hat, offenbar nicht relevant.

Eine dauernde körperliche Beeinträchtigung, einschließlich des Todes von Unbeteiligten, soll ebenfalls angemessen ersetzt werden (V. 23): „… so sollst du geben …" Dieser Rechtssatz spricht den Schadensverursacher und nicht den Geschädigten an. Er bestätigt ihm gegenüber die rechtmäßige Forderung des Geschädigten auf eine dem Schaden angemessene Ersatzleistung. Die Aufzählung jeder Einzelwunde (V. 24f) will auf ein Abmessen der Entschädigung hinweisen: Gefordert werden Augenmaß und genaue Entsprechung von Strafe und Schaden.

Das folgende Beispiel (V. 26f) bestätigt, dass hier nicht der Geschädigte zur Verstümmelung des Täters aufgefordert wird. Vielmehr soll der Verursacher die Schadensfolgen vergelten, indem er den dauerhaft verletzten Sklaven, der seinen Dienst nur noch eingeschränkt ausüben könnte, freilässt. Auch Ex 21,18f EU redet von Schadensersatz für Körperverletzung:
„Wenn Männer in Streit geraten und einer den anderen mit einem Stein oder einer Hacke schlägt, so dass er zwar nicht stirbt, aber bettlägerig wird, wieder aufstehen und ausgehen kann an seinem Stock, so soll der, der ihn schlug, nicht bestraft werden, ihm aber bezahlen, was er versäumt hat, und das Arztgeld geben."
Wie eine Körperverletzung mit Todesfolge ersetzt werden kann, bleibt hier offen. Dazu unterscheidet Ex 21,28–32 EU einen Unfall von fahrlässiger Tötung: Ein Mann, der wusste, dass sein stößiges Rind Menschen gefährdet, soll sterben, wenn das Rind jemand zu Tode tritt (V. 29). Hätte er den Unfall vermeiden können, muss der Täter also mit seinem Leben haften; nur beim Todesfall eines Sklaven kann er dessen Besitzer mit Geld entschädigen (V. 32).

Heiligkeitsgesetz

Lev 24,17–22 EU

17 „Wer irgendeinen Menschen erschlägt, der soll des Todes sterben.
18 Wer aber ein Stück Vieh erschlägt, der soll es ersetzen: Leben für Leben.
19 Und wer seinen Nächsten verletzt, dem soll man tun, wie er getan hat:
20 Schaden für Schaden, Auge für Auge, Zahn für Zahn; wie er einen Menschen
verletzt hat, so soll man ihm auch tun.“

Die Talionsformel ist auch hier auf den Schadensersatz bezogen: Man soll ein
getötetes durch ein lebendes Stück Vieh ersetzen, also Leben geben, nicht nehmen.
Bei Körperverletzung aber soll der Täter einen Schaden erleiden, der seiner Tat
entspricht. Die aktive Übersetzung legt eine Körperstrafe nahe; doch im Urtext steht
ein Passiv:[5]
„Und so jemand seinem Nächsten eine Verletzung beibringt – so wie er getan, so
geschehe es ihm.“
Als Passivum divinum (Gott nicht nennendes, aber meinendes Passiv) fordert es,
die Ausführung des Gebots Gottes Fügung (Tun-Ergehen-Zusammenhang) zu überlassen.
Menschenleben ist auf jeden Fall unersetzbar. Mord und Totschlag können daher
nicht mit einer Bußleistung ausgeglichen werden. Dafür sieht die Tora die Todesstrafe vor:
21 „Wer ein Stück Vieh erschlägt, der soll es erstatten; wer aber einen Menschen
erschlägt, der soll sterben.“
Vers 22 macht dieses Gebot ausdrücklich für alle, auch die Fremden geltend. Demgemäß heißt es in Gen 9,6 EU allgemein:„Wer Menschenblut vergießt, dessen Blut
soll (wird) durch Menschen vergossen werden.“

Deuteronomium

Dtn 19,16–21 EU
16 „Tritt ein frevelhafter Zeuge gegen jemand auf, um ihn eines Vergehens zu be-
schuldigen,
17 so sollen beide Männer in dieser Streitsache vor JHWH treten, vor die Priester
und Richter zu jener Zeit,
18 und die Richter sollen gründlich nachforschen. Und wenn der falsche Zeuge ein
falsches Zeugnis gegen seinen Bruder gegeben hat,
19 so sollt ihr mit ihm tun, wie er gedachte, seinem Bruder zu tun, damit du das
Böse aus deiner Mitte wegtust,
20 auf dass die anderen aufhorchen, sich fürchten und hinfort nicht mehr solche
bösen Dinge tun in deiner Mitte.
21 Dein Auge soll ihn nicht schonen: Leben für Leben, Auge für Auge, Zahn für
Zahn, Hand für Hand, Fuß für Fuß.“

Eine falsche Anklage sowie Meineid sollen also nach dem Talionsprinzip behandelt werden: Was der Kläger dem Angeklagten zufügen wollte, soll ihm abverlangt werden. Angesprochen ist hier das Gericht, das Recht wahren und Zeugen von vorsätzlicher Verleumdung abschrecken soll. Kontext ist der Rechtsschutz für zu Unrecht als Mörder verfolgte Totschläger durch Asylorte (Dtn 19,4–7 EU) und die Regel, dass Todesurteile nur bei mindestens zwei unabhängigen Augenzeugen der Tat rechtsgültig sind (Dtn 19,15 EU). Um so schwerer wiegt für die Tora der Versuch, diesen Schutz mit falschen Beschuldigungen zu zerstören.

Der Tanach überliefert keine Körperstrafen, die mit dem Talionsgebot begründet wurden, und keine Gerichtsurteile, die solche Strafen erlaubten. Züchtigung wird allgemein auf höchstens 40 Schläge bei gerichtlich festgestellter Schuld begrenzt, um die Ehre des Verurteilten zu schützen (Dtn 25,1–3 EU). Dies schloss eine wörtliche Anwendung des Talionsgebots aus. Das Gebot der Nächstenliebe schließt Hass und Rache als Motiv für Strafe ausdrücklich aus und gebietet stattdessen die Versöhnung mit dem Streitgegner (Lev 19,17f EU). Demgemäß verlangt Spr 24,29 EU, auf Vergeltung zu verzichten:„Sprich nicht: ‚Wie einer mir tut, so will ich ihm auch tun und einem jeglichen sein Tun vergelten. ‘“
Der vorangehende Vers stellt diesen Vergeltungsvorsatz der Lüge und dem Betrug am Nächsten gleich.

Jüdische Auslegungen
Die Talionsformel wurde im Judentum schon vor der Zeitenwende intensiv diskutiert. Bei den Pharisäern wurde im 1. Jahrhundert eine Rechtspraxis üblich, die für alle Fälle der Körperverletzung, auch jene mit Todesfolge – außer Mord –, genau abgestufte Geldbußen (hebr. taschlumim: „dem Frieden dienend“) vorsah. Leitidee war die Wiederherstellung des Rechtsfriedens zwischen Schädiger und Geschädigtem, die Konfliktbewältigung und Verhütung weiterer Gewaltfolgen.

Den Antiquitates Judaicae des Flavius Josephus zufolge wurde körperliche Vergeltung im Judentum nur vollzogen, wenn der Geschädigte sich mit einer Geldbuße des Täters nicht zufriedengab.[6] Dies entsprach römischer Rechtstradition. Dann wären finanzielle Entschädigungen damals bereits die Regel, Körperstrafen die Ausnahme gewesen. Daher nahm der britische Judaist Bernhard S. Jackson an, dass der Schadensersatz Körperstrafen schon vor Abschluss des Tanach (um 100) abgelöst hatte.[7]

Nach der Chronik Megillat Ta'anit fassten die Sadduzäer und Rabbi Elieser (um 90) die Talionsformel zumindest theoretisch teilweise wörtlich auf. Rabbi Hillel lehrte dagegen, die Wiedergutmachung müsse den Ausgangszustand wiederherstellen (Restitution); seine Haltung setzte sich im 1. Jahrhundert gegen die strengere Schule Schammais durch. Die Mischna (um 200) behandelt daher im Traktat Bawa Qama (BQ 8,1) keine Körperstrafen, sondern nennt fünf Gebiete, auf denen Ersatz zu leisten ist: Schadenersatz (neseq), Schmerzensgeld (zaar), Heilungskosten (rifui), Arbeitsausfallersatz (schewet) und Beschämungsgeld (boschet).

In den Kommentaren verschiedener Rabbiner dazu (BQ 83b–84a) wird die wörtliche Anwendung des Talionsgebots erörtert, aber ausdrücklich zurückgewiesen. Im Ergebnis folgt der Traktat der Meinung von Rabbi Hyya:[8]
„‚Hand für Hand‘, das bedeutet etwas, dass aus einer Hand in die andere gegeben wird, nämlich eine Geldzahlung.“

Gleichwohl blieb umstritten, ob „Leben für Leben“ in Ex 21,23 ebenso wie in Lev 24,17 die Todesstrafe fordere, weil menschliches Leben unersetzbar sei. Der Traktat Ketubboth (35a) im babylonischen Talmud erörtert den grundsätzlichen Unterschied zwischen den Straffolgen für die Tötung eines Tieres oder eines Menschen. Während Erstere in jedem Fall zur Geldbuße verpflichte, setze Letztere diese Pflicht immer außer Kraft.

Samson Raphael Hirsch (1808–1888), einer der führenden Rabbiner des neoorthodoxen Judentums im deutschen Kaiserreich, verstand Ex 21,23 daher im Gegensatz zu v. 22 („erfolgt aber kein Todesfall“) als Unfall mit Todesfolge:
„Wenn aber ein Todesfall eintritt, so hast du zu geben Leben für Leben.“

Dann sei keine Ersatzleistung möglich; Leben sei in jedem Fall unersetzbar. Der deutsche Rabbiner und Bibelwissenschaftler Benno Jacob (1862–1945) dagegen argumentierte, dass überall, wo der Begriff tachat erscheine, eine Geldersatzpflicht in Kraft trete. Er übersetzte denselben Vers:
„Wenn aber ein Unfall geschieht, so sollst du geben Lebensersatz für Leben.“

Dabei berücksichtigte auch er, dass ein Menschenleben für die Tora das höchste aller schützenswerten Güter und nie mit Geld aufzuwiegen sei. Aber er interpretierte den Kindsverlust der schwangeren Frau als Beispiel eines tragischen Unfalls (asson V. 22), nicht als fahrlässige Tötung, Totschlag oder Mord. Daher komme auch hier das Recht der Geschädigten auf eine Geldzahlung zum Zuge. Dieses müssten sie zwar nicht in Anspruch nehmen, aber die Richter müssten dem Mann der Geschädigten auf jeden Fall eine Entschädigung zusprechen: „So sollst Du geben“ beziehe sich auf den Richter im vorangehenden Vers.[9]

Die Schrift (1926–1938) der jüdischen Theologen Martin Buber und Franz Rosenzweig übersetzte das Talionsgebot demzufolge so:
„Geschieht das Ärgste aber, dann gib Lebensersatz für Leben, Augersatz für Auge,
… Striemenersatz für Strieme."

Historisch-kritische Auslegungen

Die alttestamentliche Wissenschaft ordnet die Talionsformel zum einen in die innerisraelitische, zum anderen in die altorientalische Rechts- und Sozialgeschichte ein. Hauptfragen sind ihre Herkunft, der Zeitraum ihrer Aufnahme in die Tora, das Verhältnis zwischen Rechtsnorm und praktischer Anwendung und ihre theologische Bedeutung. Die Einzelexegese kreist wie im Judentum zum einen um das vorausgesetzte Fallbeispiel in Ex 21,22: Was haben die beiden streitenden Männer mit der Schwangeren zu tun; ist der geschädigte Ehemann einer von ihnen; ist der Tod des ungeborenen Kindes als Unfall oder fahrlässige Tötung zu verstehen? Zum anderen wird die Spannung der Talionsformel V. 23f dazu verschieden erklärt: Wer wird hier mit „Du" angeredet, wie verhält sich die persönliche Anrede zur anonymen wenndann-Formulierung in den Rahmenversen, welcher Fall ist mit dem „dauernden Schaden" gemeint?

Meist wird die isolierte Formel als Begrenzung der Blutrache verstanden: Dieses archaische Sippenrecht billigte den Angehörigen eines Getöteten oder Verletzten eigenmächtige Vergeltung zu. Wo ein Mitglied der Gruppe geschädigt wurde, erforderte dies eine Schädigung der Tätergruppe, um die Kräfteverhältnisse zwischen beiden auszugleichen. Dies konnte in eine generationenlange Gewaltspirale und gegenseitige Ausrottungsversuche ausarten, wie es Gen 4,23f EU erahnen lässt:
„Und Lamech sprach zu seinen Frauen: … Einen Mann erschlug ich für meine Wunde und einen Knaben für meine Beule. Kain soll siebenmal gerächt werden, aber Lamech siebenundsiebzigmal."

Die Talionsformel, so wird vielfach vermutet, sollte dieses verbreitete Ungleichgewicht von Vergehen und Strafe eindämmen: Statt für erlittenes Unrecht selbst willkürlich und unbegrenzt Rache zu nehmen, durfte der Geschädigte oder seine Angehörigen vor Gericht nur noch ein Leben für ein Leben, ein Auge für ein Auge, einen Zahn für einen Zahn verlangen. Um die ausufernde Blutrache zu vermeiden und das Überleben der Sippe zu schützen, kam es darauf an, dass vom Täter für jeden Schadensgrad eine entsprechende Gegenleistung verlangt werden konnte.

Die Herkunft der Formel ist umstritten, da sowohl die älteren babylonischen als auch die jüngeren griechisch-römischen Rechtstexte sie anders als die Bibel verwenden. Albrecht Alt nahm 1934 an, dass „Leben für Leben" sich ursprünglich auf die Ablösung des Menschenopfers durch ein Tieropfer bezog.[10] Dem widersprach Hans Jochen Boecker 1976: Die Formel habe nichts mit israelitischem Opferkult und Gottesverhältnis zu tun, sondern stamme aus nomadischem Sippenrecht, das im ganzen Alten Orient verbreitet war. Sie sei in der Tora kein allgemeiner Vergeltungsgrundsatz, sondern beziehe sich hier ausschließlich auf konkrete Fälle von Körperverletzung und Sachbeschädigung. Entschädigungen dafür seien hier nicht zwischen Opfer- und Täterangehörigen, sondern in öffentlichen Gerichtsverfahren ausgehandelt worden. Boecker verstand „Leben für Leben" als Überschrift für die folgenden Tatbestände, die der Anatomie des Körpers von oben nach unten folgten: Auge – Zahn – Hand – Fuß. Nur die letzten Listenglieder Brandmale – Wunde – Strieme seien ohne altorientalisches Vorbild. Die Bibelautoren hätten sie hinzugefügt, um die Formel auch auf leichtere Körperverletzungen zu beziehen.[11]

Frank Crüsemann bestritt 1987 die Annahme eines allgemeinen orientalischen Rechtsfortschritts von Blutrache über Körperstrafen zu Schadensersatz mit Natural- und/oder Geldbußen. Er verstand die in Ex 21,24 verlängerte Talionsformel umgekehrt als späten Einschub in älteres Schadensersatzrecht. Bei Körperverletzung mit Todesfolge werde die Ersatzleistung ausgeschlossen: Dies ziele auf einen Rechtsschutz der Schwachen, um die es in Kapitel 21 gehe. Die Talionsformel mache anders als in den Beispielen ihres Kontextes gerade keinen Unterschied zwischen Sklaven und Freien, sie gelte in der Bibel für alle Menschen. Sie verwehre dem Sklavenhalter, sich freizukaufen, und fordere stattdessen die Freilassung eines durch ihn verletzten Sklaven, bei dessen Tod sogar die Haftung des Verursachers mit seinem Leben.[12]

Einige Alttestamentler wie Hans-Winfried Jüngling[13] und Ludger Schwienhorst-Schönberger[14] stimmten der rabbinischen Auslegungstradition zu, wonach die Formel bereits im Tanach selbst ausschließlich auf Schadensersatz für Körperverletzungen bezogen war. Sie fassten die Reihung der Formel wie im Codex Eschnunna als „Tariftabelle" auf, die nur die dem Schaden angemessene finanzielle Abstufung der Sanktion fordere „(du sollst geben …)."[15]

Eckart Otto dagegen verstand die Formel 1991 wiederum als Gebot für reale Körperstrafen, die die Blutrache ablösen sollte. Sie sei aber schon seit 1000 v. Chr. ihrerseits allmählich von einer Konfliktregelung abgelöst und zum Zeitpunkt ihrer Aufnahme in den Pentateuch schon nicht mehr praktiziert worden. Sie werde nur noch als Relikt dafür zitiert, was der Täter eigentlich verdiene. Dies widerriefen aber die konkreten Beispiele für Ersatzleistungen in ihrem Kontext.[16]

Neues Testament

Jesus von Nazaret nimmt in den so genannten Antithesen der Bergpredigt (Mt 5,1–7.28f.) – ursprünglich verstreuten, situationsbezogenen mündlichen Auslegungen der Zehn Gebote und anderer wichtiger Toragebote – auch auf die Talionsformel Bezug (Mt 5,38f EU

„Ihr habt gehört, dass gesagt worden ist: Auge für Auge und Zahn für Zahn. Ich aber sage euch: Leistet dem, der euch etwas Böses antut, keinen Widerstand, sondern wenn dich einer auf die rechte Wange schlägt, dann halt ihm auch die andere hin."

Das hebräische tachat wird hier nach der Septuaginta mit dem griechischen anti übersetzt, das eine ähnliche Bedeutungsbreite besitzt. Jedoch spricht Jesus hier nicht den Täter auf seine Schadensersatzpflicht, sondern die Gewaltopfer an. Er bezieht die Formel nicht nur auf individuelle Körperverletzung, sondern auf die damalige Lage des ganzen jüdischen, von Gewalt und Ausbeutung betroffenen Volkes (Mt 5,1–11). Diese charakterisiert er als das „Böse", dem nicht mit Gegengewalt zu widerstehen, sondern mit Feindesliebe zu begegnen sei (Mt 5,44ff).[18]

Die rechtlosen Armen konnten ihre Ansprüche damals nicht vor Gerichten geltend machen, da Israel unter römischem Besatzungsrecht stand. Not und Fremdherrschaft wurden in prophetischer Tradition immer als Folge von kollektiver Missachtung des Willens Gottes verstanden. Demgemäß löst Jesus den Rechtsgrundsatz „Auge für Auge" von der Schadensregelung und bezieht ihn auf Israels Gesamtschaden, die Herrschaft des Bösen: Da das Reich Gottes nahe sei, sollen Juden auf Ersatzforderungen verzichten und feindlichen Gewalttätern mit Wohltaten begegnen, um sie zu „entfeinden"[19] und mit ihnen „Gottes Kinder" zu werden. Darin sollen sie Gottes Vollkommenheit abbilden.[20]

Wie andere Torapredigten Jesu stellt auch diese nicht die Geltung des Gebots in Frage, sondern versucht, seinen ursprünglichen Richtungssinn in konkreter Situation zu bewahren: Unbegrenzte Gegengewalt, die die Talionsformel abwehren will, kann jetzt nur durch Verzicht auf Schadensersatz vermieden werden. Das naheliegende, aber tödliche Reaktionsmuster, das Wiedergutmachung nach den eigenen Maßstäben fordert und eigenmächtig durchsetzt, soll durch ein auf Konfliktlösung und Rechtsfrieden mit dem Streitgegner ausgerichtetes Verhalten abgelöst werden.

Dies entsprach biblischer Tradition. Spr 15,18 EU lobt die Tugend des Gläubigen, einen Rechtsstreit durch gütliche Einigung zu vermeiden und im Vorfeld Versöhnung zu erreichen (Spr 17,14 EU sagt der Prophet, dass er dieses Gebot erfüllt und sich nicht gegen die Schmach von Ohrfeigen gewehrt, sondern seine Backe hingehalten habe.

Paulus von Tarsus bestätigt im Römerbrief die Übereinstimmung der Lehre Jesu mit der Tora, indem er auf dessen Gebot der Feindesliebe anspielt und es mit dem biblischen Racheverbot (Dtn 32,35 EU

„Vergeltet niemand Böses mit Bösem … sondern überwinde das Böse mit Gutem." Christliche Auslegungen

Die Bergpredigt betont den Kontrast des Rechtsverzichts zur Vergeltung, der Feindesliebe zum Feindeshass (Mt 5,43). Ein solches Kontrastgebot ist im Tanach und im damaligen Judentum unbekannt; der Evangelist stellte das jesuanische Gebot hier damaligen zelotischen Auslegungen des Vergeltungsgebots bei Mord (Gen 9,6) gegenüber. Davon ausgehend verstanden christliche Ausleger das biblische Talionsgebot oft als zentralen Differenzpunkt zwischen Jesus und den Pharisäern, Neuem und Altem Testament, Christentum und Judentum.

Martin Luther übersetzte den Satz mit „Auge um Auge", wobei „um" auch das Ersetzen bedeuten konnte. Jedoch bezog er den Rechtssatz auf das richtende, den Sünder strafende „Gesetz" Gottes und stellte diesem das „Evangelium" der unbedingten Gnade Gottes gegenüber. Im öffentlichen Bereich sollte die von Gott verordnete Obrigkeit strenge Vergeltung an Straftätern und Rebellen üben, nur im kirchlichen und privaten Bereich hätten Vergebung, Gnade und Feindesliebe Raum (siehe Zwei-Reiche-Lehre). Diese Trennung begünstigte das Missverständnis, es handele sich bei dem Talionsgebot um eine Logik der Vergeltung, die Jesus durch eine nur für die Gläubigen und im jenseitigen Gottesreich gültige Logik der Vergebung habe ablösen wollen.

Johannes Calvin kommentierte Mt 5,43 entgegen den aus dem Talmud bekannten Tatsachen in seiner Institutio Christianae Religionis IV/20,20: „So unterwiesen die Pharisäer ihre Jünger zum Begehren nach Rache." Aber er betonte stärker als Luther die gewaltbegrenzende Rolle des Talionsgebots als Grundprinzip allen öffentlichen Rechts:[21]

„Eine gerechte Proportion muss beachtet werden, und … das Ausmaß der Bestrafung muss gleich reguliert werden, ob es nun um einen Zahn oder ein Auge oder das Leben selbst geht, so dass die Kompensation der getanen Verletzung entspricht … so als ob der, der seines Bruders Auge ausgeschlagen hat, oder seine Hand abgeschnitten hat, oder sein Bein gebrochen hat, dafür sein eigenes Auge oder Hand oder Bein verlieren soll. Kurz, als Ziel zur Verhütung aller Gewalt muss eine Kompensation in Proportion zur Verletzung gezahlt werden. Eine gerechte Proportion statt eskalierender Gewalttaten: So ist das Gesetz, und der Keim dieses Gedankens steht seither immer im Zentrum des Rechts."

In der christlichen Theologie des 19. Jahrhunderts galt das Talionsgebot meist als Ausdruck eines primitiven, auf die nationale Selbstbehauptung Israels begrenzten Rachegeistes und Rachegottes, dem Jesus das Bild des liebenden Gottes und eine ganz neue Ethik der allgemeinen Menschenliebe gegenübergestellt habe. Damit wurde es zum Inbegriff des Unterschieds zwischen Judentum und Christentum stilisiert:[22]

„Andere Gesetze hingegen brandmarkt man als »grausam alttestamentarisch« oder gar als »jüdisch«. So etwa das berühmte Talionsgesetz (§ 124): Auge um Auge, Zahn um Zahn. Diesem Gesetz wurde und wird das neutestamentliche Evangelium gegenübergestellt, ja entgegengehalten. Die Christinnen und Christen hätten mit dem Geist des Evangeliums das erstarrte jüdische Gesetz überwunden. Gesetz wird mit Tod, Evangelium mit Leben gleichgesetzt. Die ganze Konstruktion geht einher mit einem latenten, besonders in unserem Jahrhundert aber auch virulenten Antijudaismus, der bis heute nachwirkt."

Heutige Exegeten wie Thomas Schirrmacher heben hervor, dass Jesus das Recht des Geschädigten nicht habe aufheben wollen. Das Talionsgebot sei zurzeit Jesu im Regelfall durch eine auf den Schaden begrenzte Geldbuße erfüllt worden. Dieses Zivilrecht sei schon lange nur vor staatlichen Gerichten einzuklagen gewesen, wie es die Tora festschrieb. Die Obrigkeit bleibe daher auch im NT trotz des Liebesgebots nach Röm 13,4 „Gottes Dienerin, eine Rächerin zur Strafe für den, der Böses tut". Diese Pflicht des Staates zum Rechtsschutz setze Jesus in Mt 5,38–48 nicht außer Kraft, sondern setze sie vielmehr voraus, da Mt 5,40 ein Gericht, Mt 5,25 „Richter", „Gerichtsdiener", „Gefängnis" erwähnen.
Darum fasst Schirrmacher Mt. 5,39 „Widersteht nicht dem Bösen …" nicht als prinzipielles Verbot von Selbstverteidigung und Rechtsanspruch auf, sondern als situationsbedingten Verzicht darauf: aus der Einsicht heraus, dass das Bestehen auf dem eigenen, an sich gegebenen Recht in der konkreten Verfolgungssituation der Angeredeten die Gewalt verschärfen und den Schaden vergrößern kann. Es setze ein klares Unterscheiden von Gut und Böse voraus, mache Recht und Unrecht also nicht gleichgültig. Mit dem Bösen (personal oder sächlich) sei hier die Gewalt, das Schlagen, Beleidigen und Entrechten gemeint, das Mt 5,39–41 veranschaulicht:
„Die Aussage Jesu wäre dann, dass ein Christ sich nicht mittels des Gerichtsgrund-

satzes, des ‚lex talionis‘, Recht verschafft, sondern Unrecht über sich ergehen lässt. Ein Christ ist um des Friedens willen nicht nur in der Lage, auf eine Gerichtsverhandlung zu verzichten, sondern sogar das unrechtmäßig von ihm Geforderte in noch größerem Umfang als gefordert zuzulassen.“

Der Versuch der Schlichtung, Mediation, ja Versöhnung, sei biblisch und sollte für Christen immer vor dem Vorgehen mit rechtsstaatlichen Mitteln stehen, da diese nicht immer zur gewünschten Klärung führen. Dabei solle die persönliche Bereitschaft, den Kürzeren zu ziehen, immer vorhanden sein. Dies sei keine Alternative, sondern eine notwendige Ergänzung zum rechtmäßigen Vorgehen.[23]

Koran
Sure 5,45
Der Koran zitiert die biblische Talionsformel in Sure 5,45. Diese wendet sich an die Leute des Buches (Juden und Christen), um sie an die wahre, durch sie verfälschte Offenbarung Gottes zu erinnern:

„Und wir haben ihnen darin vorgeschrieben: Leben um Leben, Auge um Auge, Nase um Nase, Ohr um Ohr, Zahn um Zahn;
und auch für die Verwundungen gilt die Wiedervergeltung.
Wer aber dies als Almosen erlässt, dem ist es eine Sühne.
Diejenigen, die nicht nach dem urteilen, was Gott herab gesandt hat, das sind die, die Unrecht tun.“

Das Zitat betont das grundsätzliche Vergeltungsrecht bei schwerer und leichter Körperverletzung, die gesondert erwähnt ist. Opferangehörige können aber auf die ihnen zustehende Vergeltung verzichten und damit Sühne für eigene Sünden erwirken. Unklar ist, ob dieses „Almosen“ einen Schadensersatz des Täters meint. Wer Vergeltung verbietet oder das festgesetzte Gleichmaß dabei überschreitet, aber auch wer die Möglichkeit der Vergebung ausschließt, der bricht für den Koran ein von Gott offenbartes Gesetz und wird damit selbst zum Verbrecher.
Sure 2,178f macht das Vergeltungsgebot für alle Muslime verbindlich:
„Oh ihr, die ihr glaubt! Vorgeschrieben ist euch bei Totschlag die Wiedervergeltung: ein Freier für einen Freien, ein Sklave für einen Sklaven und ein Weib für ein Weib.“

Der Folgevers erlaubt dem zur Tötung des Täters berechtigten Opferverwandten, stattdessen eine Ersatzleistung zu verlangen:

„Wird einem von seinem Bruder etwas nachgelassen, dann soll die Beitreibung [des

Blutgelds] auf rechte Weise und die Leistung an ihn auf gute Weise erfolgen. Dies sei eine Erleichterung von eurem Herrn und eine Barmherzigkeit."

Allgemein gilt jedoch:
„In der Wiedervergeltung liegt für euch das Leben, oh ihr Einsichtigen, damit ihr gottesfürchtig werdet."

Dies betont die Bedeutung dieses Gebots für das Leben und den Glauben aller Muslime. Wiedervergeltung erhält damit theologischen Rang: Sie entspricht der Gehorsam belohnenden, Unrecht strafenden Gerechtigkeit Gottes.
Sure 17,33 bezieht dies auf den Bruch des Tötungsverbotes:

„Tötet nicht den Menschen, den Gott für unantastbar erklärt hat, es sei denn bei vorliegender Berechtigung.

Wird jemand ungerechterweise getötet, so geben wir seinem nächsten Verwandten Vollmacht (ihn zu rächen).

Nur soll er nicht maßlos im Töten sein; er wird Beistand finden."

Dies gibt den Angehörigen eines Mordopfers das Recht zur Wiedervergeltung. Ob der zugesagte Beistand sich auf Gott oder einen Richter bezieht, bleibt offen.

Der Koran setzt damit deutlich andere Akzente als die Tora: Er bezieht „ein Leben für ein Leben" auch auf Mord, wobei er nicht die Gleichartigkeit von Strafe und Schaden betont, sondern die Gleichrangigkeit von Opfer und Täter. Er leitet daraus das direkte Recht der Opfer zur Sühne ab. Verzicht darauf, mögliche Vergebung und das nach Sure 2,179 zulässige Sühngeld als Ersatz erwähnt diese Stelle nicht. Anstelle des Auflistens und Abgeltens jedes Einzelschadens tritt eine Ermahnung zum Maßhalten.

Islamische Rechtstradition
Siehe auch: Qisas
Die Schari'a regelt die Anwendung der Koransuren zum Talionsgebot für alle Vergehen gegen Leib und Leben anderer Menschen (qisas). Das Recht der Opferangehörigen zur Wiedervergeltung wird an Bedingungen geknüpft:

•Ein islamisches Gericht muss die Schuld des Täters feststellen. Zur Verurteilung reicht die Aussage des Opfers und eines anderen Zeugen, aber auch ein Indizienbeweis aus.

•Liegt ein Urteil vor, dürfen das Opfer oder seine Familie dem Täter unter Aufsicht des Richters die exakt gleiche Verletzung zufügen, die er dem Opfer zugefügt hatte.
•Bei Tötungsdelikten kommt es nur zum Prozess, wenn der nächste männliche Verwandte des Opfers dies vor Gericht verlangt.
•Täter und Opfer müssen zudem „gleich" sein: Für einen Mann darf nur ein anderer Mann, für eine Frau eine andere Frau, für einen Sklaven ein Sklave getötet werden. Die Hinrichtung von Muslimen wegen des Todes von Nicht-Muslimen (Dhimmis und Harbīs) ist ausgeschlossen, weil der Talion nur zwischen als „gleichgestellt" angesehenen Muslimen gilt.
•Schließen Ungleichheit von Täter und Opfer ein Todesurteil aus, können die Opferangehörigen einen Blutpreis (diya) beanspruchen. Diesen setzt ein Richter je nach Schwere des Vergehens fest.
•Das Strafmaß für den Täter liegt dann in seinem Ermessen und kann von Freispruch bis zur Todesstrafe reichen.
•Der Täter muss zusätzlich auf jeden Fall eine gute Tat für Gott begehen, etwa fasten oder eine Geldspende entrichten, früher einen Sklaven freilassen.
•Ein Verfahren wird sofort eingestellt, wenn das Opfer oder seine Angehörigen dem Täter vergeben oder dieser glaubhaft und nachhaltig Reue bekundet.[24]

In islamischen Staaten kann die Scharia wegen verschiedener Rechtsschulen sehr verschieden ausgelegt werden; die Rechtsprechung hängt vom jeweiligen Meinungs- und Handlungskonsens der Theologen ab (Idschma). Jedoch sind Körperstrafen wie die Handamputation für Diebstahl u. a. in Saudi-Arabien, dem Iran, dem Jemen bis heute üblich. Die Paragrafen 121, 297, 300, 881 des iranischen Bürgerlichen Gesetzbuches und § 163 der Verfassung unterscheiden das Recht für Muslime und Nicht-Muslime in Mordfällen.[25]

Europäische Rechtstradition

Während die jüdische Rechtstradition seit der Konstantinischen Wende in Europa kaum Einfluss gewann und nur in abgeschotteten Judengemeinden autonom gepflegt wurde, beeinflusste die Romanisierung jahrhundertelang ganz Europa. Römische Rechtssystematik verschmolz im Mittelalter mit Rechtsauffassungen aus germanischem Stammesrecht. Im Norden wurden Fehdebräuche zunehmend durch Strafkataloge abgelöst, die die Obrigkeit festlegte. Diese stellten jedoch eher situative Einzelfallregelungen als allgemeine Kodifikationen dar.[26]

Bis in das Hochmittelalter hinein war das Strafrecht bei Körperverletzung überwiegend auf private Bußleistungen ausgerichtet: Ein Verletzter oder seine Angehörigen konnten ein gesetzliches Sühnegeld vom Täter verlangen. Im 13. Jahrhundert wirkten jedoch zwei miteinander verbundene Tendenzen dagegen:

•Straf- und Zivilrecht trennten sich: Das private Bußenstrafrecht wurde mehr und mehr von der behördlichen „peinlichen Strafe" an Leib und Leben abgelöst.
•Diese Blutgerichtsbarkeit wurde Sache der jeweiligen Landesherren und verlor dadurch ihre Einheitlichkeit.

Der Sachsenspiegel von 1221 ließ die Ablösung der Körperverstümmelung durch eine Bußleistung noch zu, obwohl er Erstere bereits zur Regel machte. In der Folgezeit nahmen Körper- und Todesstrafen immer mehr zu. Sie wurden auch mit dem biblischen Talionsgebot gerechtfertigt. Gründe dafür lagen in Kleinstaaterei und Feudalismus: Die Landesherren reagierten auf ökonomisches Elend, Geldentwertung und Zunahme des Räuberwesens mit immer mehr und härteren Strafkatalogen.[27]

In der Neuzeit begründeten Kant und Hegel mit dem als Vergeltungsprinzip aufgefassten Talionsgebot absolute Straftheorien, die wesentliche Aspekte der heutigen normativen Strafzumessung begründen:

•Strafbar ist nur der erwiesene Täter, soweit er die Tat schuldhaft begangen hat.
•Eine Strafe muss sich an der Schwere der strafwürdigen Tat bemessen: Eine leichte Körperverletzung ist geringer zu strafen als eine schwere, beide geringer als ein Totschlag, dieser geringer als ein Mord.
•Gleiche Taten sind ohne Ansehen der Person mit dem gleichen Strafmaß zu bestrafen.

Anders als das Recht deutschsprachiger Staaten kennt das angelsächsische Recht über den zivilrechtlichen Schadensersatz hinaus einen „Strafschadensersatzanspruch", der vom Gedanken der Sühne und Abschreckung anderer Täter geprägt ist und neben dem materiellen Schaden geltend gemacht werden kann (Punitive damages).

Umgangssprache und Klischee
Korpuslinguistische Analyse
Entgegen seiner ursprünglichen Absicht, Rache abzuwehren und Gewalt zu begrenzen, wird das Bibelzitat in der Umgangssprache oft unreflektiert als Ausdruck für gnadenlose Vergeltung verwendet. In dieser Bedeutung erscheint es heute etwa in Medienberichten über Kriegsaktionen, als Roman- oder Filmtitel. Die Korpuslinguistik zeigt, welche Begriffe am häufigsten mit der Wendung assoziiert werden (siehe Grafik).[28]

Der „rachsüchtige Jude", der unversöhnlich dem angeblich alttestamentarischen Vergeltungsgrundsatz „Auge für Auge" folgt, ist ein klassisches Stereotyp der extremen Rechten, das diese insbesondere zur Erinnerungs- und Schuldabwehr hinsichtlich des Holocaust bemüht, da für sie die Juden bzw. Israel einer positiven Identifizierung mit der deutschen Nation im Wege stehen.[29]

Rezeption in Literatur und Film

Der 1879 verfasste Roman Eye for an Eye von Anthony Trollope schildert einen Beziehungskonflikt im Viktorianischen Zeitalter: Ein junger Adeliger verführt ein bürgerliches Mädchen und lässt dieses sitzen, als es schwanger wird.

Der 1995 gezeigte Spielfilm Auge um Auge (Eye For An Eye) von John Schlesinger behandelt das Thema Selbstjustiz: Er stellt die Reaktion eines Elternpaares auf die Vergewaltigung und Ermordung ihrer Tochter und den Freispruch des mutmaßlichen Täters aus Mangel an Beweisen dar.

Das 1993 erschienene Buch An Eye for an Eye von John Sack (Journalist) beschreibt in Form eines romanhaften Dokudramas Racheakte einzelner Juden, die den Holocaust überlebt hatten, an Deutschen in stalinistischen Arbeitslagern in Oberschlesien nach 1945. Einige deutsche Rezensenten kritisierten das Buch 1995 als Täter-Opfer-Umkehr; in der Kontroverse wies der Autor diesen Eindruck erfolgreich zurück. Das Buch gilt nicht als historische Untersuchung des Themas.[30][31]

Das im Februar 2006 erschienene Sachbuch Auge um Auge – Todesstrafe heute von Silke Porath und Matthias Wippich dokumentiert eindringliche Erlebnisberichte von Todeskandidaten in US-Gefängnissen, die bis zu ihrer Hinrichtung Kontakte und Brieffreundschaften mit Gegnern der Todesstrafe pflegen (siehe Todesstrafe in den Vereinigten Staaten).

Politische Herrschaftsgewalt Gottes

Gott als Richter:
Der Jüngste Tag

Zum einen wird Gott als „Herr aller Herren und König aller Könige" bezeichnet, der alle Gewalt innehat. Dies kommt auch im Schlusssatz des Vater Unser zum Ausdruck: „Denn Dein ist das Reich und die Macht und die Herrlichkeit, in Ewigkeit, Amen"

Zum Anderen wird ausgesagt, dass die Regierungsgewalt den Menschen übertragen wurde: „Macht Euch die Erde untertan" (1. Mose)

Paulus schrieb an die römischen Christen (Rö 13): Jedermann sei untertan der Obrigkeit, die Gewalt über ihn hat. Denn es ist keine Obrigkeit ohne von Gott; wo aber Obrigkeit ist, die ist von Gott verordnet. Wer sich nun der Obrigkeit widersetzt, der widerstrebt Gottes Ordnung; die aber widerstreben, werden über sich ein Urteil empfangen.

Zu verschiedensten Zeiten haben Herrscher dies als ein von Gott verliehenes Gewaltmonopol interpretiert.

Diesem Konzept gegenüber steht das vor allem in westlichen Verfassungen verankerte Prinzip der Trennung von Staat und Kirche.
Zum einen wird Gott als Richter beschrieben, der am jüngsten Tag Gericht über die ganze Menschheit und jeden einzelnen Menschen halten wird.

Zum anderen spricht die Bibel davon, dass die Obrigkeit auch Recht spricht und Recht sprechen soll. Erneut wird das von den Herrschern oft zitierte Monopol auf Herrschafts- und Gerichtsgewalt „durch Gottes Willen" bestätigt.

Neues Testament
Das Verhältnis Jesu zur Gewalt
Darstellung
Jesus von Nazaret hat in der Bergpredigt Gegengewalt zur Selbstverteidigung abgelehnt und stattdessen Feindesliebe geboten (Mt 5,38–48 EU

„Ihr habt gehört, dass gesagt worden ist: Auge um Auge, Zahn um Zahn! Ich aber sage euch: Leistet dem, der euch etwas Böses antut, keinen Widerstand, sondern wenn dich jemand auf die rechte Wange schlägt, dann halte ihm auch die andere hin. Will jemand mit dir rechten und dir deinen Rock nehmen, dann lass ihm auch den Mantel. Nötigt dich jemand, eine Meile weit mitzugehen, dann geh zwei mit ihm. Wer dich bittet, dem gib; wer von dir borgen will, den weise nicht ab."
„Ihr habt gehört, dass gesagt worden ist: Du sollst deinen Nächsten lieben und deinen Feind hassen. Ich aber sage euch: Liebt eure Feinde und betet für die, die euch verfolgen, damit ihr Kinder eures Vaters im Himmel werdet, der seine Sonne aufgehen lässt über Böse und Gute, und es regnen lässt über Gerechte und Ungerechte. Denn wenn ihr nur jene liebt, die euch lieben, welchen Lohn könnt ihr dafür erwarten? Tun das gleiche nicht auch die Zöllner? Und wenn ihr nur eure Freunde grüßt, was tut ihr da Besonderes? Tun das gleiche nicht auch die Heiden? Seid also vollkommen, wie euer himmlischer Vater vollkommen ist."

Zugleich hat Jesus aber die biblische Vorstellung vom Endgericht Gottes geteilt und in seiner Verkündigung zur Begründung des geforderten neuen gewaltfreien Verhaltens herangezogen. In vielen Stellen der Evangelien droht Jesus wie biblische Propheten mit Gottes Gerichtshandeln, mit der Gehenna und ewigen Strafen. Diese Predigt steht im Kontext seiner Verkündigung des Reiches Gottes. Sie drückt für den Gottgläubigen wie im Alten Testament die unweigerlichen Folgen aus, die unter anderem das menschliche Ausüben der Gewalt über die Menschen nach sich ziehen werde (z. B. Mt 5,22.29.30 EU , Mk 9,43.45.47 EU u. a.). Gott ist hier als der gedacht, der dafür sorgt, dass sein Recht sich auf Erden im Geschick der Menschen durchsetzt. Ähnliche Drohungen werden der Verweigerung der Verkündigung und des Beharrens auf die Sünde ausgesprochen (Mt 10,14 EU u. a.) und in den „Weherufen gegen die Pharisäer und die Schriftgelehrten" (Mt 23,15.33 EU und Parallelstellen). Dabei ist umstritten, welche dieser Texte auf Jesus selbst zurückgehen und welche aus urchristlicher Gemeindetheologie stammen.

Im Gleichnis von den anvertrauten Talenten in Lukas 19 fordert ein König zum Töten seiner Feinde auf.
Zitat (Lutherbibel 1912):
„Doch jene meine Feinde, die nicht wollten, dass ich über sie herrschen sollte, bringet her und erwürget sie vor mir."

Unterschiedliche Übersetzungen wählen für den Akt der Hinrichtung unterschiedliche Begriffe. Neuere Übertragungen nutzen z.T. weniger drastische Bezeichnungen. Die Einheitsübersetzung Lok 19,27 EU spricht beispielsweise von „macht sie vor meinen Augen nieder". Weitere Varianten sind „tötet sie vor meinen Augen" (Neues Leben); „Sie sollen vor meinen Augen hingerichtet werden!" (Hoffnung für alle) oder „erschlagt sie vor mir" (Revidierte Elberfelder).

Nach Ansicht des Bibelwissenschaftlers Joachim Jeremias, meinte Jesus mit dem mordlüsternen König sich selbst
„Der Kaufmann wird bei Matthäus allegorisch auf Christus, seine Reise auf die Himmelfahrt, seine erfolgende Rückkehr auf die Parusie gedeutet, die den Einen den Zugang zum messianischen Freudenmahl, den Anderen die Verstoßung in die äußerste Finsternis bringt. Noch weiter auf dem Wege der Allegorisierung geht die Lukasfassung: der Kaufmann wird zum König, das ganze Gleichnis zur Ankündigung und Begründung des Aufschubs der Parusie."
Der Bibelwissenschaftler Joachim Gnilka deutet diese Stelle dagegen nicht als Selbstaussage Jesu:
„In der lukanischen Version des Gleichnisses von den anvertrauten Geldern dürfte eine Anspielung auf Archelaos vorliegen. Man vermutet, dass in der hier eingefloch-

tenen Episode vom Thronanwärter [...] und von der grausamen Rache des neuer-
kannten Königs bei seiner Rückkehr (Lk 19,12–27 EU) eine Reminiszenz auf die
Vorgänge der Bestellung des Archelaos zum Ethnarchen im Jahr 4 v. Chr. vorliegt."

Die Tora hat Jesus ausdrücklich als gültigen Willen Gottes anerkannt, für Israel
ausgelegt und seine Nachfolger beauftragt, sie in seiner Auslegung alle Völker zu
lehren (Mt 28,20 EU). Anders als der Evangelist Matthäus hat er wohl keine wörtliche Befolgung aller Gebote gefordert (Mt 5,17ff EU), sondern überlieferte Gebote
von Fall zu Fall verschieden gedeutet: Manche hat er verschärft, andere relativiert
und tendenziell ganz aufgehoben. Dies gilt besonders für dem Wortlaut nach mit der
Todesstrafe zu bestrafende Vergehen. In Mk 10,4 EU wird das Verstoßen der Frau
durch ihren Ehemann angeprangert; das gesetzmäßige Darbringen des Opfers wird
relativiert (Mt 5,23f EU). Auch die gesetzmäßige Steinigung einer Ehebrecherin soll
Jesus nach Joh 8,1-11 EU verhindert haben. Dieser Text fehlt in einigen der ältesten Evangelienhandschriften, wird aufgrund einiger Details jedoch dennoch oft für
original gehalten, da er Jesuszitaten wie Mt 7,1 EU (Richtet nicht, damit ihr nicht
gerichtet werdet!) sachlich entspricht.

Jesus hat offenbar einmal auch selbst Gewalt geübt: Alle Evangelien berichten von
der Tempelreinigung, bei der Jesus Händler und Geldwechsler aus dem Vorhof des
Tempels in Jerusalem hinausgetrieben habe (Mk 11,15-19 EUpar.). Nach Joh 2,13-
22 EU benutzte Jesus dabei eine „Geißel aus Stricken". Dass er Menschen damit
schlug, wird jedoch nicht gesagt. Gemäß seinem Gebot, nicht zurückzuschlagen,
hat er im Prozess vor dem Sanhedrin einen der Knechte des Hohenpriesters, der ihn
schlug, zur Rede gestellt (Joh 18,23 EU

 Das Ziel der Verkündigung Jesu ist jedoch eine Überwindung der üblichen Fi-
xierung auf gewaltsame Lösungen und ein neuer gewaltfreier Umgang der Menschen untereinander in der Hoffnung Daniels auf Gottes gerechtes Gericht, das alle
menschlichen Gewaltsysteme beenden werde (Mk 10,42-45 EU

„Ihr wisst, dass die Herrscher dieser Erde ihre Völker unterdrücken und ihre Mächtigen ihnen Gewalt antun. Aber so soll es unter euch nicht sein, sondern wer unter
euch groß sein will, der sei euer Diener, und wer unter euch der Erste sein will, der
sei der Sklave für alle. Denn auch der Menschensohn ist nicht gekommen, um sich
dienen zu lassen, sondern um zu dienen und sein Leben zu geben als Lösegeld für
die Vielzahl."

Die Gewalt in der Bibel wird in der christlichen Theologie oft als Folge des menschlichen Sündenfalls gedeutet, der die Strukturen der Schöpfung geprägt habe, so dass

nur Jesus Christus, der an dieser mörderischen Gewalt für die Menschen starb, die Menschheit daraus erlösen könne.

Kritik

Vor allem in den Gleichnissen werden oft Bilder der Gewalt, Motive der Unterdrückung, der Ungerechtigkeit, der Ausstoßung, des Mordes verwendet. Vielen erscheint es paradox und inkonsequent, Gewaltfreiheit mit Hilfe von gewaltdurchsetzten Bildern zu predigen, oder dabei gar extreme und ewige Strafen anzudrohen. Dies kann der Ausdruck einer Entwicklung der Denkweise sein, vom geschichtlichen Jesus zu seiner nachösterlichen Rezeption. Georg Baudler schreibt dazu (Gewalt in den Weltreligionen, S. 147):

„Mag der geschichtliche Jesus, zumindest im Anfang seines Wirkens, angesprochen von der spätjüdischen Apokalyptik, noch von Gericht, Hölle, und endzeitlichen Schreckensereignissen gesprochen haben, so ist der Jesus, der von Ostern, von Kreuz und Auferstehung her erzählt wird, eindeutig charakterisiert durch rückhaltlose Feindesliebe, durch Verzicht auf Vergeltung und durch seine Bereitschaft, auf Böses mit Gutem zu antworten.“

Aus dieser Sichtweise erscheint es so, als ob die Haltung der konsequenten Gewaltfreiheit erst aus den Ereignissen um Jesu Kreuzigung entstand, mithin aus dem Eindruck, den Jesu Verhalten dabei hinterlassen hat, und nicht schon aus seiner früheren Lehre. Außer der Episode der Tempelreinigung könnte für eine solche Sichtweise auch die Bereitschaft von einigen Jüngern Jesu zur Gewaltanwendung noch kurz vor der Kreuzigung (Lk 22,49 EU) sprechen - allerdings schreitet Jesus gegen diese Bereitschaft seiner Jünger zur Gewaltanwendung sofort ein: „Da sprach Jesus: Lasst ab! Nicht weiter!“ (Lk 22,51).

Für den Anthropologen Rene Girard (Der Sündenbock, Kap. 14) begründen allerdings die Evangelien die Verwendung dieser „Sprache der Gewalt“ in den Gleichnissen: In Mk 4,33 EU wird diese als die einzige den Zuhörern Jesu verständliche Sprache angegeben. Eben die von der Gewalt verursachte Blindheit hindere den Menschen daran, die Wahrheit über die Gewalt zu erfahren, so Girard in Anlehnung auf Mt 13,13 EU

„Deshalb rede ich zu ihnen in Gleichnissen, weil sie sehen und doch nicht sehen, weil sie hören und doch nicht hören und nichts verstehen.“

Aus psychologischer und philosophischer Sicht wird die Forderung nach völliger Gewaltlosigkeit immer wieder kritisiert. Friedrich Nietzsche ging beispielsweise

davon aus, dass Aggression unvermeidlich zu den menschlichen Emotionen gehört,
so dass das Ideal der Gewaltlosigkeit schon im Gedanken in dieser Welt unerfüllbar
sei. Man argumentiert, der Versuch der Tabuisierung und Unterdrückung solcher
Emotionen hätte negative psychologische Konsequenzen und könne kontrapro-
duktiv wirken, indem sie einen vernünftigen Umgang mit der eigenen Aggression
verhindere. Daneben wird darauf hingewiesen, dass Jesus auch in seinem eigenen
Handeln von aggressiven Zügen nicht ganz frei ist.

Ein Vertreter solcher Theorien, Gerhard Vinnai, schreibt in Jesus und Ödipus
(S. 154f):

„Eine Verbotslogik kann Wunschphantasien nicht abschaffen, sondern allenfalls so
massive Ängste schüren, dass diese Phantasien Verdrängungsprozessen anheimfallen. Diese können sie nicht zerstören, sondern nur ins Unbewusste abschieben
helfen, wo sie, vom Bewusstsein unbearbeitet, eine prekäre Dynamik zu entfalten
vermögen. [...] Die Verdrängung unterbindet die Möglichkeit der Sublimierung, die
es erlaubt, Triebbefriedigungen ohne das unmittelbare körperliche Ausagieren zu
erlangen. [...] Aggressionsverbote können notwendig sein, aber mehr Friedfertigkeit erreicht man kaum allein durch sie, sondern viel eher durch einen bewussteren
Umgang mit Aggressivität. Er ermöglicht es, die Aggressivität so zu bearbeiten und
zu entschärfen, dass sie in sinnvolle Aktivitäten, etwa in das Ringen um notwendige
Veränderungen, eingebaut werden kann. Es spricht einiges dafür, dass die christliche
Lehre, die im Neuen Testament einen scheinbar liebenden und friedfertigen Gott
vorführt, dem Kampf gegen zerstörerische Mächte eher geschadet als genützt hat.
Wo die göttliche Macht, wie im Alten Testament, auch grausame Züge zeigt, braucht
die Aggressivität weniger tabuisiert zu werden und ist dadurch leichter der Bearbeitung zugänglich.“

„Wer Menschen lieben will, muss das Schlimme hassen können, das ihnen angetan
wird. Eine gestörte Liebesfähigkeit hat, wie die therapeutische Erfahrung zeigt,
immer mit einem misslingenden Umgang mit der eigenen Aggressivität zu tun.
Mehr Liebesfähigkeit kann durchaus auch an deren Freisetzung gebunden sein,
wenn sie es erleichtert, Grenzen zu ziehen, wo das notwendig ist. [...] Auch Jesus ist
im Kampf gegen das Böse fast nie frei von Aggressivität. Bei der Vertreibung der
Händler aus dem Tempel demonstriert er ihre, für seinen Glauben befreiende Wirkung.“

Gewalt, die Jesus und seine Anhänger erlitten

Im Neuen Testament wird vor allem das Leben Jesu als Sohn Gottes beschrieben, in dem er verschiedene Formen von Gewalt erleidet:

• Verfolgung durch König Herodes, dessen Kindermord (2,16 EU), Flucht und Asyl in Ägypten.
• Versuche der Steinigung, Gefangennahme, Verhöre, Folter, Verspottung, Kreuzigung

Sein Tod am Kreuz wird als ein unschuldig erlittener, gewaltsamer Tod dargestellt, den er freiwillig zur Sühne der Sünden der Menschheit auf sich genommen hat. Die Apostelgeschichte beschreibt erste gewalttätige Christenverfolgungen, bis hin zu Folter und Mord.

Diese Darstellungen sind vermutlich zum Teil Legenden, oder erzählerisch überhöht. An der geschichtlichen Realität von Christenverfolgungen im frühen Christentum besteht allerdings kaum ein Zweifel.
Ende Zitat aus Wikipedia (*Es ist interessant zu lesen,wie in all diesen berichten und beschreibungen niemal die selbsteinsicht erwähnt wird, dass der mensch deswgen so brutal und aggressiv und mörderisch und so weiter ignorant unwissend und so weiter ist-weil er einfach noch ein raubtier ist, denn er lebt ja noch vom töten anderer lebewesen-das wird nie erwähnt-es werden immer gedankewichsereien vorgeschoben.w.schorat)*

Schon Voltaire fand die Christen am wenigsten tolerant aber heute sind es auch die Mörderbanden der Moslemsfanatiker die ja sowieso erst im Mittelalter leben

Wozu lebst Du, wenn Du nicht lieben kannst?
Lasst Uns die Erde durch Liebe erlösen!
(Laotse)

Dienstag, 24. Februar 2015
Habe gestern Abend **Mit Kindern Kasse machen** im Ersten TV gesehen. Grauenhaft, Grauenhaft, was diese Entwicklung die eine Verwicklung ist, mit Menschen macht.
Alle Ämter die sich Sozial nennen, sind in Wirklichkeit Firmen. Mit Bankangestellten und keinen Sozialarbeitern. Ob das nun ein Jugendamt oder Sozialamt oder sonstiges Amt ist. Das sind ja in Wahrheit Firmen. Weil doch die BRD von den Amerikanern zu einer Firma gemacht in ihrem Sinne .Das wurde ja schon oben beschrieben. In dem Bericht WIR WAREN (SIND) SKLAVEN – VON GEBURT AN VERKAUFT!

• **Gemäß Art.133 „Grundgesetz für die Bundesrepublik Deutschland" ist die Bundesrepublik ein Verwaltungsorgan einer Firma. „Der Bund tritt in die Rechte und Pflichten der Verwaltung des Vereinigten Wirtschaftsgebietes ein." kann man dort lesen.**

Und das sind dann die Resultate. Es wird eine tototalverwahrlosung werden, wenn es weiterhin so ausgeprägt in den Wahnsinn des Geldes geht. Und der Mensch überhaupt nicht mehr gesehen wird. Und die Mitarbeiter in diesen bis jetzt noch sogenannten Ämtern sind ja in Wahrheit ignorante dumme unterbelichtete Bankangestellte, was ein Bankangestellter ja auch in Wirklichkeit ist. Unterbelichtet und geblendet von den Blendern den Geldbesitzern. Das wird eine totale Verwahrlosung so wie es in Amerika schon ist und da wird es noch schlimmer werden. Diese Halbaffen sind sogar noch vollbewaffnet. So dumpf und so primitiv ist der amerikanische Mensch noch, größtenteils. Wo bleibt da die US Zivilgesellschaft, wie schwach sind die dort überhaupt. Dort im Zentrum der Bankensatanisten, im Zentrum des Teufelsbewusstseins.

Die reden da vom Markt, das ist Menschenhandel, Sklavenhandel, von sogenannten Jugendämtern, mit Kindern. So primitiv und dumpf und dumm sind die Mitarbeiter DORT; GEMACHT WORDEN. Denn das hat ja Strategie. Das ist ja seit Jahrhunderten so geplant worden von den Besitzenden über den Weg des Landbesitzes und dem Weg des Geldbesitzes. Das ist das Teufelsbewusstsein, die Lüge die Unwahrheit das ist betrug elend verbreiten.

Private Träger werden dort erwähnt die alle ja profitorientierte Unternehmen sind. So wie die Kirchen weltweit. Oder die Parteien das sind alle Firmen die profitorientiert sind. Selbst das Finanzamt ist eine Firma die profitorientiert ist und Gewinne machen muss. Und deswegen wollen die doch verhindern das man sozusagen etwas verschenkt kostenlos macht egal welche Arbeit. Die sind die Vasallen des Üblen der Lüge der Ausbeutung des Betruges der Verwahrlosung die zu 100% kommen wird wenn dem nicht entgegengetreten wird und das Geldsystem abgeschaffen wird. Das wird zu Armageddon führen um mal diesen Blickwinken einzunehmen. Das wird zum Johannes Evangelium führen. Wir sehen hier jetzt die Präsentation dieser Giftbomben Privatwirtschaft. Privatwirtschaft ist ein Greul für die 99% der Menschheit auf der Erde. Und da ist die BRD keine Ausnahme von die sich gut vermarktet mit all ihren Strategen. Und der fette Gabriel diese Soziseuche der vor dem Weltwirtschaftsgipfel einknickt und auf dem Podium sagt die deutsche Bevölkerung wäre hysterisch. Der braucht einen mentalen psychologischen denkerischen und physischen Einlauf. Der ist deswegen so fett weil er den Stress unter diesen Bankster nicht aushalten kann und das überfressen ins Gleichgewicht bringen muss. Der hat kein Rückgrat. Politiker überhaupt haben kein Rückgrat aber Bankster auch nicht die verstecken sich hinter dem Geld das überhaupt nie etwas gemacht hat oder kann außer Zerstörung in die Psyche der Menschen bringen weil sie daran glauben sollen immer größere blöderen dümmere Gläubige zu bleiben genauso wie vom Vatikan dem Sitz des goldenen Satans mit seiner Lügendiktatur denn das ist ja eine Männerdiktatur dort ein Schwuleninternat wo deren Kinder weltweit abgefickt werden natürlich mit Gottes Segen und Jesus Erlaubnis.

Dies wenigen Träger die im Ersten gezeigt wurden wie Stiftung Leuchtfeuer, Theravia, HATKJ, HKJ, und so weiter, das sind ja wohl bloß sehr wenige es wird davon bloß so wimmeln denn das sind ja alle ohne Ausnahme profitorientierte Firmen, im Sinne der BanksterGangster oder des Finanzamts das gar kein Finanzamt ist sonder eine BanksterGangster Verwaltungstelle.

Firmen, **Gemäß Art.133 „Grundgesetz für die Bundesrepublik Deutschland" ist die Bundesrepublik ein Verwaltungsorgan einer Firma, und wie Oben im Peter Fitzek Bericht gezeigt, Die Bundesrepublik Deutschland – Finanzagentur GmbH ist ein Ende 2000 gegründetes Unternehmen des Bundes mit Sitz in Frankfurt/Main. Alleiniger Gesellschafter ist die Bundesrepublik Deutschland, vertreten durch das Bundesministerium der Finanzen.**

Die Bundesrepublik Deutschland-Finanzagentur GmbH ist bei ihren Geld- und Kapitalmarktgeschäften nur und ausschließlich im Namen und für Rechnung der Bundesrepublik Deutschland oder ihrer Sondervermögen tätig.

Bundesrepublik Deutschland – Finanzagentur
GmbH, Lurgiallee 5, D-60439 Frankfurt/Main
Telefon: +49 69 – 256160
Telefax: +49 69 – 256161476
www.deutsche-finanzagentur.de

«Dem Staat ist es nie an der Wahrheit gelegen, sondern immer nur an der ihm nützlichen Wahrheit, noch genauer gesagt, überhaupt an allem ihm Nützlichen, sei dies nun Wahrheit, Halbwahrheit oder Irrtum.»
Friedrich Nietzsche: Werke I –Unzeitgemäße Betrachtungen

Hier wäre es präziser wenn Nietzsche damals geschrieben hätte, dem Politiker, und Nicht Dem Staat, hat es nie an Wahrheit gelegen. Denn die deutschen Politiker haben die Menschen ja in diese Totalverwahrlosung Richtung geführt weil sie Angst haben, und wer Angst hat gehört zu denjenigen die Jesus so beschrieben hat: Lass die Toten die Toten begraben. Denn dieser Metapher steht dafür, dass die Toten jene sind die noch denken und glauben sie wären die zukünftige Leiche, der Körper, so benebelt und ignorant dumpf und dumm sind deutsche Politiker. Politiker global sind so

Und weil nun die BRD mit all seinen sogenannte Unterämtern, egal welches Amt es auch ist, ein Hirngespinst der Anwälte der damaligen Gründung mit dem verrückten

US Raubsäugetieren gewesen ist, und ist, also zu einem Firmenkonstrukt gemacht wurde, brauche ich mich als Mensch aber zu 100% nicht daran halten.das hat für mich als Mensch überhaupt keine Bedeutung inklusive deren fickteuchtief Rechtsstaat das sind alles zu 100% Fickzionen und zwar FickTief Fickzionen, um euch die Bevölkerung die Bevölkerung der gesamten Erde ganz, ganz tief AbzuFicken.

Alle Firmen, Jugendämter, haben somit ZERO Recht über Menschen, was ja sowieso kein anderer Mensch hat ob in einer Demokratie oder in dieser primitivform dieser Firmendemokratieen von den USA Bankster Gangster entwickelt oder ob in einer Diktatur egal welcher Völker kein Mensch global hat das Recht über einen anderen Menschen zu Richten und zu bestimmen. Weil eine Firma nun ein primitives Profitunternehmen ist, «Das Bundeszentralamt für Steuern» zahlt Steuern. Umsatzsteueridentifikationsnummer : DE 259882878. USt-IdNr. in Deutschland ist eine eindeutige EU-weite Kennzeichnung eines Unternehmens im umsatzsteuerlichen Sinne. http://de.wikipedia.org/wiki/ Umsatzsteuer-Identifikationsnummer. Und es steht ja weiter dort: ist eine private Firma, kategorisiert unter (…) und befindet sich in (…) Deutschland. Unsere Aufzeichnungen zeigen, es wurde gegründet und amtlich eingetragen…………..

Ich will damit nur sagen, das Resultat dieser ganzen menschlichen Misere, global, aber hauptsächlich in den BanksterGangsterLändern der sogenannten Demokratien, ist auch diese Verwahrlosung die damit einhergeht wie in dem Ersten der Bericht **Mit Kindern Kasse machen.**
Und wie oben beschrieben, das sind sogar PrivatFirmen diese Ämter diese Regierung. Die müssen also Profite machen und laugen euch Menschen bis zum ÜberBürnaut aus und bis zu Überhektik, obwohl diejenigen die alles verursachen ganz fett in ihren großen Ländereien und Villen sitzen und sich amüsieren wie sie euch gut abficken und wie sie sogar sogenannte Staaten sehr gut abficken indem sie als Firmen und Banken getarnt selbst die Gesetze für ihre Firmen schreiben und somit den besten Zugang zum BruttosozialPottttt haben und den ausschöpfen können . Und da ja schon der sogenannte Staat der ja keiner ist sondern eine Firma, da der ja schon eine Firma ist, werden also alle Mitarbeiter in diesem Geist mitgenommen, die können nachher Garnichts anderes mehr als nur noch die Umwelt den Menschen die Natur zum ausbeuten für die Profite der Besitzenden zu folgen.

Also eine Firma ist ein primitiv Profitunternehmen wie der deutsche sogenannte Staat der keiner ist sondern ein Rechtsanwaltskonstrukt also totalprimitiv denn das sind Rechtsanwälte ja, unterbelichtete Rhetoriker und Sophisten denen es ausschließlich um das jonglieren von Worten geht. Und das dann alles in Verträgen für die Besitzenden so zu verschachteln das keiner mehr so leicht da den Einblick und durchblick hat.
Deswegen gleich eine Warnung an Rechtsanwälte wir wollen euch nicht mehr ich will

euch nicht mehr in der Politik sehen. Denn das Recht einer Firma ist zu 100% Unrecht also Betrug weil es da ausschließlich um Ausbeutung Betrug Versklavung oder Verachtung geht wegen des Profits. Und alles aber auch alles auf der Erde was wegen des Geldes Profit machen will und macht ist Ausbeutung und Schaffung von Ungleichgewicht also Zerstörung.

Also ein Arbeitsamt ist also die Verlängerung der BanksterGangster das sind also alles unbewusste Bankangestellter und die denken zuerst immer an den Gewinn der Bank und sind somit Vertreter des dunklen des üblen des giftigen.

Also das Jugendamt gehört dann auch dazu denn es ist ja zu 100% eine Firma wie schon oben beschrieben und gezeigt. Das sind alles bloß Mitarbeiter für eine Geld Götzen Kotze die sich BRD nennt die ein Gehirnkonstrukt ist und keine Wahrheit das ist zu 100% unnatürlich und deswegen Synthetik und deswegen zu 100% giftig für die Menschen. Inklusive der getäuschten Mitarbeiter die sich dessen bestimmt noch nicht bewusst sind. Aber wen sie es wären, dann sind sie aufgefordert sich davon zu lösen und nicht mehr daran Teil zu nehmen.

Also ein Amt ist damit auch kein Amt sonder eine Firma.

Das ist wunderbar zu erkennen denn das würdigt diese sogenannten Institutionen noch mehr herab bis sie zu bloßen dumpfen Arschlöchern geworden sind was ja Menschen heutzutage in der EU Politik mit der Mafiagruppe Troika und deren Vasallen der US BankerGangster, auch sind. Das sind zu 100% Sklaven des Geldes. Also das sind zu 100% Blinde. Die haben keinen Verstand keine Weisheit keine Vernunft die haben aber sehr viele dunkle Fantasien und Hoffnungen und Wünsche und Ziele. Dass sie die Vertreter der Habgier der Gier sind. Und die Gier ist eine mächtige zerstörerische kosmische Urkraft. Denn sie ist der zerstörerische energetische Wirkungsanteil der kosmischen Energien in dieser dreidimensionalen Schöpfung. Aber, es ist das dunkle. Und wir wollen uns von den Dunkelmännern befreien sie erlösen und das Menschen keine Mischung aus schwarz und weiß werden sondern das sie ihr goldene Licht leben nicht weiß oder schwarz das sind alles noch Primitivbereiche des Lichtes.

Die Firma Firmen BRD oder USA oder England oder Südafrika und so weiter die haben überhaupt keine Legitimität mit all ihren Nebenfirmen Sozialamt, Finanzamt, usw. das ist alles „Verkaufen" und „Einkaufen" alles Geschäft. Also zu 100% illegal. Denn eine Firma mit deren Gerichtsbarkeit hat mir als Mensch überhaupt nichts zu sagen und da würde ich mich als freier Mensch überhaupt nicht mit sage ich mal „sozialisieren" oder akzeptieren. Nochmal, da die BRD eine Firma ist, und eine Firma zu 100% keine Rechtsgültigkeit über eine Bevölkerung hat über Menschen hat. Ist somit auch deren Gesetzgebung eine Farce und nicht zu beachten oder wert zu schätzen , da es ausschließlich um Profite geht, selbst in der Gerichtsbarkeit denn die Richter sind ja Firmenangestellte der Firma BRD, und müssen somit profitorientiert denken, und deswegen sind sie alle der verlängerte Arm der BanksterGangster aus USA aus Deutschland aus China aus Russland aus England und so weiter. Das ist alles vorgaukeln falscher Tatsachen das ist bewusste Täuschung der gesamten Menschheit global.

Und FirmenManager wie zbs. Schäuble als Vorgetäuschter Finanzminister oder die Troika Vasallen oder die Europäische Kommission, das sind alles zu 100% Landser oder ArmySeals oder SPEZNAS des LondonCityGomorrahs oder des WallStreetSyphilis-Zentrums des BanksterGangsterSystems. Und dahinter stecken ja Familien, ja Familien, die unsagbares Leid über die Erde die Menschheit aufgebaut haben. Die eine Totalverblödung über Universitäten und Diplome und Doktortitel aufgebaut haben. Das ist eine Verbrecherstruktur diese demokratischen Schein-Schein-Konstrukte. Die Zivilgesellschaft der Mensch also der kommt darin überhaupt nur als Ware als Nummer als Profitrobotnik vor.

Ja dieser Bericht über die Versklavung von Kindern in Deutschland wegen des Geldes das sind unter anderem auch die Symptome der Vergewaltigung dieser Vergewaltiger BanksterGangster. Und ich habe im Internet gelesen das der American Sniper sich diese Ziele als warmschießen schon vorbereitet wenn das so weiter geht. Ja ich habe gelesen dass es einen Tschihadschi auch gegen diese Familien geben wird wenn das so weiter geht diese Verwahrlosung und Ausbeutung wegen des Geldes.

Und FirmenManager wie zbs. Schäuble als Vorgetäuschter Finanzminister aber Bankmanager simuliert. Dieser Schäuble der mit Koffern voller Bargeld erwischt wurde, das sind Wölfe im Schafspelz für die BanksterGangster die sich Eliten denken, was ja auch stimmt, Eliten in Rauben Betrügen Lügen, Ausbeuten, das stimmt also schon mit Elite aber Elite in der Habgier der Gier .Denn selbst seine Firma das Finanzministerium ist ja eine profitorganisierte Firma mit eingetragenem Firmenzeichen. Und wenn ich mich richtig erinnere hat das Finanzamt eine ganz üble Satzung wo drin steht das sie sich sogar über die Gesetzgebung hinwegsetzen und Taten machen können die illegal und verbrecherisch sind. Das habe ich mal vor einiger Zeit gelesen und gefunden kann es aber momentan nicht finden. Vieleicht später Also dieser Schäuble, die CDU da ist noch was im Internet bei Wikipedia unter CDU Spendenaffäre zu finden folgendes unter: http://de.wikipedia.org/wiki/CDU-Spendenaff%C3%A4re
Wolfgang Schäuble Am 16. Februar 2000 erklärte Schäuble, als Partei- und Fraktionsvorsitzender nicht mehr zu kandidieren. Friedrich Merz wurde daraufhin zum neuen Fraktionsvorsitzenden, Angela Merkel zur neuen Parteivorsitzenden gewählt. Schäuble blieb jedoch Mitglied des CDU-Präsidiums.

Zuvor hatte Schäuble am 10. Januar 2000 eingeräumt, vom Waffenhändler Karlheinz Schreiber im Jahre 1994 eine Bar-Spende über 100.000 DM für die CDU entgegengenommen zu haben. Am 31. Januar 2000 gab Schäuble ein weiteres Treffen mit Schreiber im Jahr 1995 zu. Die Schatzmeisterei der CDU habe den Betrag als „sonstige Einnahme" verbucht.

Schäuble behauptete, dass er das Geld in einem Briefumschlag von Schreiber in seinem Bonner Büro persönlich empfangen habe. Diesen Umschlag habe er „ungeöffnet und unverändert" an Brigitte Baumeister weitergeleitet; später habe er erfahren, dass die Spende nicht „ordnungsgemäß behandelt worden" sei. Nachdem ihm die Ermittlungen gegen Schreiber bekannt geworden seien, habe er die Schatzmeisterin Baumeister um eine Quittung für die Spende gebeten, damit nicht irgendwer später „auf dumme Gedanken" kommen könne.

Die damalige CDU-Schatzmeisterin Brigitte Baumeister widersprach während der Untersuchungen zur CDU-Spendenaffäre der Version Schäubles bezüglich des Verbleibs der getätigten 100.000 DM-Spende des Waffenlobbyisten. Baumeister sagte, sie habe einen Umschlag bei Schreiber abgeholt und diesen bei Schäuble abgeliefert; später habe sie das fragliche Geld (die 100.000 DM) von Schäuble erhalten.

Dieses Geld tauchte in keinem Rechenschaftsbericht der CDU auf. Auch erhielt Schreiber für die Geldzahlung keine Spendenquittung. Am 13. April 2000 erklärte Schäuble vor dem Bundestagsuntersuchungsausschuss zur CDU-Parteispendenaffäre, die CDU-Führung und die Bundesregierung unter Helmut Kohl seien nicht bestechlich gewesen.

Im Juni 2000 erstattete Schreiber im Zusammenhang mit der Spende Strafanzeige gegen Schäuble wegen Meineids. Das Ermittlungsverfahren gegen Schäuble wegen uneidlicher Falschaussage wurde eingestellt, ebenso wie die Ermittlungen gegen Brigitte Baumeister. Die Berliner Staatsanwaltschaft konnte keinen hinreichenden Tatverdacht für eine Anklage feststellen.

Nach den damaligen Angaben der Staatsanwaltschaft sei davon auszugehen, dass die 100.000 DM nur einmal gespendet wurden. Spekuliert worden war über die Frage, ob es womöglich zwei Mal 100.000 DM von Schreiber gegeben hatte: einmal als „unverfängliche" Wahlkampf-Spende für die CDU, ein anderes Mal möglicherweise „unter der Hand" als Bestechungsgeld für ein Rüstungsprojekt.

Unklar ist ferner, wo die 100.000 DM verblieben sind. Nach Aussagen des damaligen CDU-Wirtschaftsprüfers Horst Weyrauch habe dieser die 100.000 DM von Baumeisters Büroleiter Jürgen Schornack erhalten. Dieses Geld habe er – Weyrauch – dann dem ehemaligen Schatzmeister Walther Leisler Kiep übergeben, der das Geld in seine Jackentasche gesteckt haben soll. Das Geld sei schließlich über ein Konto von Kiep auf Konten der Bundesgeschäftsstelle der CDU geflossen, was Kiep bestritt.

Also diese Menschen damals auch Kohl und Koch und Wallmann, oder Leisler-Kiep oder Kanther und so weiter, das war also eine wunderbare Farce um zu zeigen das sie vor dem Geld einknicken und die Zivilgesellschaft verkaufen und es bloß um ihre eigene

Interessen geht. Und deswegen eine Gesellschaft ohne Geld. Man muss den dummen ignoranten gewisse Spielzeuge wegnehmen damit sie besser wachsen können und besseren Umgang lernen anstatt sich mit BanksterGangster zu identifizieren.

Und so sind Politiker in Wahrheit bloß nach dem FirmenhokusPokus bloß Werkswachmänner das wachpersonal für die BanksterGangster. Dementsprechend sind deren Gesetze um die Firma BRD oder sonst einem Land wie USA oder England, bloß dazu da- Profite zu schützen, für die Banken. Sie sind zu Handlanger der BankerFamilien geworden. Auf die sich aber die American Sniper und die moslemischen IS und andere Kämpfer einschießen werden mit 100%tiger Gewissheit, denn diese Inhumane Ausbeutung des öffentlichen Gemeinwohls bis hin zum Verkauf von allem gemeinnützigen Wohlstand wird ja zur Totalversklavung führen und wird ohne mit der Wimper zu zucken zur Revolte führen zum morden ermordend er besitzenden und der damit als handlanger agierenden Politiker die eine Firma verwalten keine Menschheit keine Menschen sonder Firmenangestellte mit Personal-Ausweis. Das sind die Tatsachen und deswegen wird es in den Ländern immer prekärer und ungemütlicher und bedrohlicher. Deutschland ist da keine Ausnahme auch wenn es zurzeit wirtschaftlich für die Menschen angeblich gut geht das ist eine Simulation von gutgehen keine Wahrheit denn die ist frei und macht frei aber eine Geldgesellschaft ist genau das entgegengesetzte von Freiheit.

Und somit sind deren Gesetze nämlich gesetzlos. Das sind keine Gesetze das sind BankAbzockgesetze mit vorsimulierter Legalität und Legalität ist ein synthetische Konstrukt der verrückten Anwälte eine Gruppe von Raubsäugetieren die sich Selbstbedienung vom staatliche menschlichen erarbeitetem Reichtum erarbeitet hat. Selbstbedienungsverbände die gibt's in Deutschland ja zu genüge. Und diese Gesetze diese Legalität das sind bloß die vorgetäuschten Sprüche einer Firma die aber auch nie die Zustimmung der Bevölkerung bekommen hat in keinem der Länder die Firmen sind von den USA bis England Aussieland oder Frankreich und alle anderen Länder das ist alles Illegal nicht von den Menschen gewollt und gewählt. Die Zivilgesellschaft wird verarscht und getäuscht.

Wollt ihr so eine Entwicklung die euch ausbeutet und an das falsche bindet an Geld das aus nichts gedruckt wird und keine Wert hat

Und weil alles eine Firma ist und nach Profitorientierung regeln arbeitet als Privatunternehmen mit dem Deckmantel der Öffentlich-Rechtlichen-Scheinbezeichnung-passiert auch die sukzessive Vernichtung von Gemeinwohl-Elektrizität-wasser-Transport- Sozialbau und so weiter.

Firmen sind es nicht wert geachtet zu werden. Insbesondere nicht solche die vorgeben etwas zu sein was sie nicht sind. Und ich habe mal gelesen: Glücklich kannst du erst dann werden wenn du aufhörst die Fehler der anderen beheben zu wollen und stattdessen beginnst an die selber zu arbeiten.

Aber darüber kann ich nur lachen das kann bloß von jemand kommen der ausschließlich sich als Individuum betrachtet und anders zum anderen also eine Abkapselung sieht und aber auch erkennt mein Gott das ist zu viel ,viel zu viel was es da an Fehlern gibt die die Menschen machen auf ihrem Weg durch die Evolution und Wiedergeburten. Das ist zu unglücklich für mich.

Aber da sage ich, ich bin glücklich aber ich bin belastet von diesen totalbekloppten besitzenden Familien den Bankster Gangsterfamilien in den USA England Deutschland China Russland Südafrika Frankreich oder Holland und so weiter. Nur die Wahrheit macht frei kein Geld kein Besitz kein Gold kein Auto keine Frau kein Mann oder Haus und keine Erdherrschaft globale Erdherrschaft wie sie in den düsteren Köpfen der lichtlosen Banksenilen Manager global zu sehen ist. Die vergiften das Leben auf der Erde und die vergiften die Menschheit global. Synthetik muss weg aus dem Leben der Menschen aus der Nahrung der Menschen und Geld ist Synthetik. Und selbst der Staat ist kein Staat sondern eine Firma also Synthetik.

Aber wo kann man diese armseligen Besitzenden, mordenden Horden, global denn ihnen gehört ja das Militär die Polizei die Richter die Rechtsprechung dieses ganze Illusionssalat, wo kann man sie abholen, in diesem Wettlauf der Gier Globalen Gier die schon so weit ist das alles verkauft werden soll damit sie alles besitzen, so übel sind die ja das Pflänzchen demokratisches verständnis total vergiftet von den Bankster Gangstern und ihren Waffen SS Vasallen oder US GuantanamoFolterMonster oder der russischen SpeznasAktivitäten, man kann sie nur als Minderbemittelte Üble die sie sind abholen und sie ihres Spielzeugs entledigen Ihnen das Geld wegnehmen. Auch deswegen eine Gesellschaft ohne Geld.

Man muss Banken total als das Üble betrachten man muss Aktienmärkte total als das Üble betrachten denn schon bald werden die Sniper auch dort Bomben legen wenn das so weitergeht.

Hier ist nochmal eine Kurzfassung aus dem Internet zum Thema Mit Kindern Kasse machen.

Zitat Anfang
Mit Kindern Kasse machen
Die Story im Ersten: Mit Kindern Kasse machen | Video verfügbar bis 23.02.2016

Jeden Tag werden im Durchschnitt 100 Kinder und Jugendliche aus ihren Familien genommen und in Einrichtungen untergebracht. Die Jugendämter wollen sie vor ihren Eltern schützen und verhindern, dass sie vernachlässigt oder gar misshandelt werden. Diese „Inobhutnahmen" sind seit 2005 um 64 Prozent gestiegen. Sie sind traumatisierend für die Seelen der Kinder. Aber nötig und sinnvoll, wenn sie zuhause wirklich in Not sind und in Heimen besser betreut werden und sich entfalten können.

Die Jugendämter, die diese „Inobhutnahmen" beschließen, sind unter Druck: Fehlentscheidungen können das Leben der Kinder und ihrer Familien zerstören. Doch sie sind allerorts überlastet. Nicht selten betreuen Mitarbeiter bis zu 90 Familien. Sie beauftragen freie Träger, sich um die Unterbringung der Kinder zu kümmern. Eine der sensibelsten Aufgaben des Staates, die Betreuung von Kindern und Jugendlichen in Not, ist nahezu komplett privatisiert.

Jeden Tag werden im Durchschnitt 100 Kinder und Jugendliche aus ihren Familien genommen und in meist privaten Einrichtungen untergebracht.

Der Markt der stationären Einrichtungen wächst und ist lukrativ. Ein einziger Platz in einem Heim kostet die Kommunen im Jahr rund 50.000 Euro. Doch ob dieses Geld wirklich zum Wohl der Kinder und Jugendlichen verwendet wird, wird kaum überprüft: Den Jugendämtern fehlt die Zeit und ihre Eltern sind dazu nicht in der Lage.

Wenn junge Menschen über Missstände in ihren Einrichtungen klagen, dann wird ihnen wenig Gehör geschenkt. So gerät das Heer der freien Jugendhilfeträger – darunter Privatunternehmer, Verbände, gemeinnützige Vereine – selten ins Blickfeld der Öffentlichkeit. Doch nicht allen geht es allein um das Wohl der ihnen anvertrauten 140.000 Kinder und Jugendlichen. Längst ist die Jugendhilfe auch ein großes Geschäft geworden.

Ein Film von Nicole Rosenbach und Anna Osius

Das Manuskript ist als PDF-Datei per E-Mail erhältlich über: inland@wdr.de

oder per Post anzufordern über: WDR Fernsehen, PG Inland, 50600 Köln.

Das Geschäft mit der Jugendhilfe blüht. Aus Angst vor neuen Todesfällen und Vernachlässigungen holen die Jugendämter immer schneller Kinder aus ihren Familien – im Schnitt 100 Kinder pro Tag. Doch der Staat hat kaum noch eigene Jugendhilfe-Einrichtungen. Freie Träger springen ein. Sie sind teuer und werden kaum kontrolliert.

Die Zahl der Inobhutnahmen sind seit 2005 um 64 Prozent gestiegen. Diese Kinder müssen untergebracht werden, und die Jugendämter sind personell und finanziell schlecht ausgestattet. Die Folge: Freie Träger übernehmen die Versorgung der Kinder und bekommen dafür monatlich viel Geld von den Jugendämtern.

Kontrollen finden nicht oder nur unzureichend statt. Ob das Geld den Kindern zugutekommt, ist ungewiss. Zugleich sind die Kosten der Jugendhilfe stark gestiegen – auf nunmehr 4,4 Milliarden Euro im Jahr.

Hören Sie dazu den Beitrag von Anna Osius:
 Der Staat ist verpflichtet, den Schutz von Kindern und Jugendlichen zu gewährleisten, habe diese Aufgabe aber fast vollständig outgesourct, beklagt Falko Liecke, stellvertretender Bezirksbürgermeister und Stadtrat für Jugend und Gesundheit in Berlin-Neukölln.
Im Interview mit Deutschlandradio Kultur sagte er:
„Wir sind nicht mehr in der Lage, diese Infrastruktur aufzubauen und zur Verfügung zu stellen. Wir sind gezwungen, über externe Träger fast zu jedem Preis, der aufgerufen wird, entsprechende Unterbringungen zu machen."
Und weiter:
„Ich habe momentan keine Möglichkeit, beispielsweise eine eigene Heimeinrichtung zu betreiben. (...) Es wurden eigene Heimeinrichtungen abgeschafft, es wurde eigenes Personal abgeschafft, in dem irrigen Glauben, dass das alles viel, viel preiswerter durch Dritte – durch Träger – zu erbringen ist. Und jetzt kriegen wir die Quittung, indem wir Tagessätze von teilweise bis zu 370 Euro am Tag haben."
Hören Sie hier das Interview mit Falco Liecke:
Stadt Stuttgart profitiert Kommunen bezahlen für jugendliche Flüchtlinge
Leon Scherfig, 18.02.2015 09:00 Uhr
Genau 287,63 Euro kassiert die Stadt von anderen Kommunen für einen minderjährigen Flüchtling – pro Tag. Die Einnahmen dürften künftig höher als die Ausgaben für die Betreuung sein.

Drei Stockwerke hat das Gebäude des ehemaligen Hotel Gambrinus, mitten im Zentrum von Stuttgart-Vaihingen. Die Stadt wandelt das Haus um in eine Unterkunft für junge Flüchtlinge. Seit Anfang Februar ziehen hier 28 Kinder und Jugendliche aus Krisenregionen ein. Sie werden einige Wochen oder Monate hier bleiben, bis sie aus diesen sogenannten Inobhutnahmen, in eine andere Unterkunft des Jugendamts im Stadtzentrum kommen.
Für die Stadt Stuttgart ist die Unterbringung von den 14- bis 18-jährigen Flüchtlingen allerdings nicht nur ein sozialer Dienst, zu dem sie das deutsche Jugendhilferecht gesetzlich verpflichtet. Sie ist offenbar auch kein schlechtes Geschäft. Denn die Unterbringung spült mehrere Hunderttausend Euro im Jahr in die städtische Kasse. Im Jahr 2012 blieb unterm Strich eine Summe von mehr als 803 400 Euro übrig.
Zu den finanziellen Auswirkungen heißt es in einer Gemeinderatsdrucksache schon im Jahr 2009: „Eine Haushaltsverbesserung kann über Kostenerstattungen anderer Kostenträger, mehrheitlich andere Gemeinden als örtlich zuständige öffentliche Träger der Jugendhilfe" erzielt werden.
Kosten werden auf Kommunen umgelegt
Diese Haushaltseinnahmen dürften in Zeiten anziehender Flüchtlingszahlen künftig deutlich steigen. Der Hintergrund: Die Stadt kann alle Kosten für die Unterbringung

von jungen Flüchtlingen auf andere Kommunen umlegen. „Dahinter steht die Idee, dass Städte die junge Flüchtlinge aufnehmen, nicht auch bezahlen müssen", erklärt ein Mitarbeiter aus dem Jugendamt.

Die Rechnung ist relativ einfach. Um so höher der Pflegesatz für jugendliche Flüchtlinge ist, desto größer sind die Einnahmen der Stadt. Der Pflegesatz für deutsche und ausländische Jugendliche, die in einer Inobhutnahme unterkommen, liegt in Stuttgart derweil fast so hoch wie für straffällig gewordene Jugendliche, die unter hohen Sicherheitsvorkehrungen in geschlossenen Einrichtungen wohnen: 287,63 Euro rechnet die Stadt für einen Betreuungstag eines jungen Flüchtlings ab. Das summiert sich im Monat auf einen Betrag von rund 8743 Euro. Anderswo kalkulieren die Jugendämter hingegen sehr viel weniger pro Flüchtling. In Mannheim liegt der Satz bei rund 164 Euro am Tag, sagt ein Sprecher der Stadt. Das hängt freilich auch an höheren Mietkosten.

„Mit den zusätzlichen Einnahmen konnte das Jugendamt erreichen, dass bereits in den letzten Haushalts-Planberatungen 13 weitere Plätze für unbegleitete minderjährige Flüchtlinge geschaffen wurden", heißt es vom zuständigen Stuttgarter Jugendamtschef Bruno Pfeifle.

80 Prozent des Betrags gehen für Personal ab

Eine genaue Aufschlüsselung des Pflegesatzes, wie sie etwa für die vollstationäre Betreuung Pflegebedürftiger erfolgt, liefert die Stadt nicht im Detail. Darüber, wie sich der Betrag zusammensetzt, gibt das Amt die Auskunft, dass Miete, Essen, Strom, Instandsetzung der Gebäude und das Personal Posten darstellen. Rund 80 Prozent des Betrags würden für Personal- und 20 Prozent für Sachkosten aufgewendet.

Die Begründung für die hohen Personalkosten: Aufgrund der 24-Stunden-Öffnungszeit von Notaufnahmeeinrichtungen und einer enorm hohen Personalschlüssel (0,8 Mitarbeiter auf einen Flüchtling) sei der Betrag rund doppelt so hoch, wie in regulären stationären Einrichtungen. Zuletzt angehoben hat der Gemeinderat die Tagespauschale zum 1. November 2009: Von vormals 250,02 Euro auf nun 287,63 Euro.

Schwarze Zahlen schreibt das Jugendamt, sobald die Unterkünfte eine bestimmte Belegung erreichen. Schon ab einem Auslastungsgrad von 80 Prozent, heißt es in einer Beschlussvorlage des Gemeinderats aus dem Jahr 2014, „hat der Träger Jugendamt in diesem Bereich mehr Einnahmen als Ausgaben". Die Unterkünfte sind bis auf den letzten Platz belegt. Mehr noch: „Die Unterkunft in der Kernerstraße ist völlig überbelegt. Dort wohnen zurzeit sehr viel mehr Jugendliche als eigentlich vorgesehen", kritisiert der Mitarbeiter eines Beratungszentrums vom Jugendamt.

Für die beiden Unterkünfte für unbegleitete minderjährige Flüchtlinge rechnet die Stadt nun mit Kosten von 2 724 234 Euro im Jahr. Knapp zwei Millionen Euro fallen davon allein für das neue Haus in Vaihingen an. Sie setzen sich laut einer Gemeindedrucksache (GRDrs 925/2014) zusammen aus den folgenden Posten: 23 Stellen für Pädagogen (rund 1,5 Millionen Euro), ein Leiter (75 829 Euro), eine Sekretärin (40

360 Euro), sowie drei hauswirtschaftliche Mitarbeiter (131 717 Euro). Zudem fallen Sachkosten von 39 900 Euro sowie für Miete, Möbel und Nebenkosten noch 172 440 Euro an. Und für externe Dienstleistungen für Wach- und Schließdienste berechnet das Amt einen Betrag von 180 000, der aber beide Häuser abdeckt.

Für die dann insgesamt 46 Jugendlichen in Stuttgart summiert sich die Pauschale im Jahr auf einen Betrag von 4 829 307 Euro. Die Kosten betragen aber nur 2,7 Millionen Euro. Somit bleibt nach dieser Rechnung ein Überschuss von 2 105 073 Euro, mehr als zwei Millionen Euro im Jahr.

„Ob die tatsächlichen Kosten, die tatsächliche Auslastung und die tatsächlichen Einnahmen einen Überschuss erzielen, lässt sich erst nachträglich feststellen", so Jugendamtsleiter Pfeifle. Klar ist allerdings bereits jetzt: Wenn ein Überschuss erzielt wird, wie bereits im Jahr 2012, dann fließt dieser direkt in die Kasse des Jugendamts der Stadt Stuttgart. Bezahlt von anderen Kommunen des Landes.

Zitat Ende

Bringe hier mal eine Statistik rein, die aufzeigen könnte weswegen Menschen auch noch so sind wie sie sind. Denn jeder Mensch, jede Gruppe hat eine eigene Evolution und damit auch Verständnis oder Weltsicht oder Arbeitshandlung und der Staat als Firma ist zwar schon ein Weg, weg von der PrimitivSituation aber führt trotzdem die Menschheit in die unweigerliche Zerstörung und Totalverblödung.

ZITAT ANFANG aus Tattva Viveka Ausgabe 61
Bewusstseinsstufen – kurzgefasst   Montag, 2. März 2015

BEIGE - Archaisches Bewusstsein/Dominanter Wert: Überleben , ICH-Stufe/Beginn vor 100.000 Jahren/5 % der Weltbevölkerung.
Weitsichten und Motto: Hier ist man auf die Befriedigung menschlicher biologischer Bedürfnisse ausgerichtet./»irgendwie den Tag überstehen. <<
Gottesbild: Ein Gottesbild ist hier noch nicht vorhanden

PURPUR - Magisches Bewusstsein/Dominanter Wert: Sicherheit WiR-Stufe/ Beginn vor 50.000 Jahren/5 % der Weltbevölkerung. Weitsicht und Motto: Die Geister des Stammes werden bei Laune gehalten./»Ehre die Ahnen und die Geister. <</»Es gibt keine Zufälle. << Gottesbild: Es gibt die Vorstellung einer Naturmystik und von Göttern, die über bestimmte Lebensbereiche wachen, beispielsweise Götter, die für eine gute Ernte angerufen werden usw.

ROT - Egozentrisches Bewusstsein/Dominanter Wert: Macht
ICH-Stufe/Beginn vor 10.000 Jahren/20 % der Weltbevölkerung
Weitsicht und Motto: Gefühlen und Impulsen wird unmittelbar gefolgt./»Vertraue

dir selbst und niemandem sonst.<</»ich will alles und zwar jetzt«
Gottesbild: Man glaubt an einen strafenden und unbarmherzigen Gott (z. B. Machtgott, Kriegsgott). Gleichzeitig hat man Angst vor diesem Gott und will mit ihm
nichts zu tun haben.

BLAU -Traditionelles Bewusstsein/Dominanter Wert: Wahrheit
WIR-Stufe/Beginn vor 5.000 Jahren/55 % der Weltbevölkerung
Weitsicht und Motto: Das Leben hat einen Sinn, eine Richtung und einen Zweck mit
vorherbestimmtem Ausgang./»ich gehorche dem Gesetz und der Tradition. <<
Gottesbild: Einziger Gott und Schöpfer von Himmel und Erde. Dieser Gott ist Ge-
ber des Gesetzes. Die Bibel wird als ››absolut<< gesehen und wörtlich genommen.

ORANGE - Rationales Bewusstsein/Dominanter Wert: Erfolgsstreben
ICH-Stufe/Beginn vor 300 Jahren/15 % der Weltbevölkerung
Weitsicht und Motto: Es wird im eigenen Interesse gehandelt und man spielt, um
zu gewinnen./››ich strebe nach Autonomie und Unabhängigkeit. <</»Lerne durch
Versuch und Irrtum. <<
Gottesbild: Nietzsche formuliert es so: »Gott ist tot. << Er meint damit den magi-
schen/ mythischen Gott. Auf dieser Stufe verliert man Gott (z. B. Atheismus).

GRÜN - Pluralistisches Bewusstsein/Dominanter Wert: Verbundenheit
WiR-Stufe/ Beginn vor 150 Jahren/ 5 % der Weltbevölkerung
Weitsicht und Motto: Gemeinsam mit anderen wird die mitfühlende Dimension der
Gemeinschaft erforscht. Entscheidungen werden durch Konsens getroffen./»ich
fühle mich ein. <<
Gottesbild: Gott als Freund des Menschen und barmherziger Gott. Gott ist hier ein
väterlicher und auch ein mütterlicher Gott. Man möchte Gott

GELB - Integrales Bewusstsein/Dominanter Wert: Zusammenschau
ICH-Stufe/Beginn vor 50 Jahren/1 % der Weltbevölkerung
Weitsicht und Motto: Man lebt ein erfülltes und verantwortungsvolles Leben zum
Wohle des Ganzen. Anerkennung und Wertschätzung der bisherigen Stufen./ ››ich
erkenne die Struktur des Chaos. «
Gottesbild: paradoxes trinitarisches Gottesbild. Die Einheit von Gott und Mensch.

TÜRKIS - Post-integrales Bewusstsein/ Dominanter Wert: Universalität
WIR-Stufe/Beginn vor 20 Jahren/0,1 % der Weltbevölkerung
Weitsicht und Motto: Alles ist mit allem innerhalb von lebendigen Systemen im
Fluss./››Allverbundenheit, Harmonie und Weitethos. <</»ich wirke für die Mensch-
heit und darüber hinaus. «

Gottesbild: Gott als GEIST und pulsierender Prozess, kosmische Allverbundenheit.
ZITAT ENDE

Diesen Brief bekam ich vor einigen Tagen
CHRIST IN DER GEGENWART Katholische Wochenzeitschrift www.christ-in
- der-gegenwart de
Redaktionsanschrift: Hermann-Herder-Str. 4, 79104 Freiburg i. Br. - Postanschrift:
Verlag Herder, 79080 Freiburg i. Br.
Herrn Wolfgang Schorat Heinrich-Heine-Str. I7 34596 Bad Zwesten
I9. Februar 2015
Je suis Charlie?
Sehr geehrter Herr Schorat,
Der Dschihad ist mit den Anschlägen von Paris und Kopenhagen endgültig in
Europa angekommen. Der Schrecken trifft mitten in die Illusionen laizistischer
Gemütlichkeit. Im Entsetzen über den Terror radikalislamischer Kämpfer schwingt
vermutlich auch mancher Selbstzweifel über den geistigen und kulturellen Zustand
der westlichen Zivilisationen mit.
Nun wird neu der Zusammenhalt der Gesellschaft beschworen.
Was aber hält Gesellschaften wirklich zusammen, wenn es nicht mehr der Glaube ist, der zusammenhält? Wie frei ist das sogenannte christliche Abendland ohne
ernsthafte Religion Christentum? Und wie ist den Herausforderungen eines radikali-
sierten Islam in einer multireligiösen Welt zu begegnen, gemeinsam mit den Vielen
friedliebenden muslimischen Mitbürgern?
Sehr geehrter Herr Schorat, die Redaktion der Wochenzeitschrift CHRIST IN DER
GEGENWART ist sehr interessiert an Ihrer Meinung und Einschätzung der aktuel-
len Entwicklungen. Wir bitten Sie daher herzlich, den beiliegenden Fragebogen zu
beantworten.
Wir freuen uns auf Ihre Rückmeldung.
Als Dankeschön senden wir Ihnen einen Sonderdruck mit Beiträgen aus CHRIST
IN DER GEGENWART. Wir laden Sie ebenfalls herzlich ein, CHRIST IN DER
GEGENWART in den nächsten Wochen kostenlos zu lesen.
Mit freundlichen Grüßen
Johännes Röser (Chefredakteur)
PS: Die Umfrageergebnisse veröffentlichen wir Ende März auf www.christ-in-der-
gegenwartde.

Und dann lese ich solche Sätze: **„Was aber hält Gesellschaften wirklich zusammen, wenn es nicht mehr der Glaube ist, der zusammenhält?** Wie frei ist das
sogenannte christliche Abendland ohne ernsthafte Religion Christentum?"
Also die Katholische Kirche also der Vatikan, nennt sich Christentum, Christlich,

das ist doch mehr als Absurd. Was hatte dazu doch der Deschner zu sagen in seinen Büchern:"Kriminalgeschichte des Christentums" was übrigens auch eine Falschbezeichnung ist, denn Römisch-Katholisch oder Katholik sein bedeutet ja genau das Gegenteil von Christus, Christ sein, und so müsste Deschner seine Bücher eigentlich „Kriminalgeschichte der Katholiken" bezeichnen.

Katholiken sind keine Christen, so wie Jesus kein Katholik ist und war, oder hatte Jesus wie in den Römisch-Katholischen Grundsätzen, alle nicht Katholiken auf ewig verdammt, wie es in der römisch-katholischen Lügenorgie steht. Und das gehört auch zum Glauben des jetzigen Papstes Jorge Mario Bergoglio, Franziskus.

Also in diesem Brief wird immer noch, heute in 2015 also 2015 Jahre nachdem Jesus auf der Erde war die Menschheit bei den Katholiken und Protestanten und Muslime, durch das Dogma-Glauben-verblödet. Denn die Gläubigen Katholiken müssen das ja glauben sonst sind sie keine Katholiken und wären somit laut Papstmafia, auf ewig verdammt, was ja alle Nichtkatholiken sind. Da ist Nix und Doppelnixxxx mit Glaubensfreiheit. Noch nicht mal das Hokuspokusgemüt oder Mentalzustand des kopflastigen Glaubens erlauben diese Papstseuchen den Menschen. Noch nicht mal der Blödsinn, und bloß weil Jesus mal gesagt haben soll: Dein Glaube hat dir geholfen. Was ja bloß eine Aussage war für einen Menschen der zur damaligen Zeit noch viel zu simpel war zu dumm, um eine Erklärung Jesu zu dem Verlauf des sogenannten Wunders der Heilung zu verstehen.

Katholiken können gar keine Christen sein, weil alleine schon die Aussage Jesus das der menschliche Körper der Tempel Gottes ist und das Gott darin wohnt oder die Aussage das der Mensch selber das göttliche ist, im Katholizismus total verschwiegen wird und genau so die Wiedergeburt. Und deswegen hatte Jesus ja in all seinen Reden am häufigsten davon geredet zuerst das Himmelreich Gottes zu erkennen und an zweiter Stelle kam Liebe deinen Nächsten. Und für die Erkenntnis des Himmelreich Gottes gab es in den anderen Schriften die das Banditenpapsttum das Verbrecherpapsttum der Vatikanstaat ausgeklammert hatte zu gefährlich, die Meditationspraktiken, die es in einigen Klöstern gibt. Aber Jesus hatte nicht gelehrt zuerst einen Verbrecherstaat den Vatikan aufzubauen und dann eine Lügenhierarchie zu entwickeln ein Synthetikkonstrukt, der Anfang der Juristerei.

Und bei diesem Anfang der Juristerei, also dem Kunstkonstrukt, das wunderbar in der Lüge von weltlich und geistlich entwickelt wurde, zu sehen ist, genau dort ist auch das Konstrukt der Juristerei nach dem zweiten Weltkrieg wo die deutsche Militärstruktur von den Amerikanern in eine amerikanische Bankstruktur der BRD juristisch also synthetisch also künstlich ,geschaffen, also die BRD als Unternehmen, als Gewinnbringendes Unternehmen.

Also Menschheit oder Gesellschaft ohne Geld ist dann ein Konstrukt das nicht von der VatikanSeuche dem Zentrum der Lüge der Ausbeutung und des Betrugs auch der Juristerei, entsteht, sondern ist in dem natürlichen Ablauf der Wahrheiten der natürlichen Situation des Menschen auf der Erde aufgebaut. Denn nochmal:" *Hier ist nochmal ein Wachmacher*

Ich gebe euch alles Gold der Erde alles Geld der Erde alle Diamanten und dann sage ich zum Geld zum Gold: Reinige den Fußboden in den 20 Villen der Superreichen. Koche die Suppe. Erfinde wohltaten für die Menschheit. Baue Hochhäuser. Putze die Schuhe. Baue die Straße. Fahre das Auto. Erdenke neue Technologien. Repariere die Straßen. Erneuere Kleidung. Und so weiter bis zum Ende aller Wörter und Gedanken und Fantasien. Da wirst du sehen das Geld aber überhaupt für Garnichts benötigt wird. Das Gold Garnichts kann. Dass Diamanten überhaupt bloß da liegen. Und das alles gemacht wird ausschließlich vom Menschen und zwar ohne Geld. Das war schon immer so und wird auch für immer so bleiben. Denn für Innovation und Kultur und Wirtschaft und Bildung ist aber überhaupt niemals Geld benötigt worden. Es ist eine Fiktion erdacht von den 666 dem Tiermensch in seiner abgrundtiefen Ignoranz und Unwissenheit denn das Tier weiß ja überhaupt gar nicht was und wer es ist. Es ist unwissend und aus dieser Unwissenheit hat sie das Geldsystem aufgebaut. Das die übergierigen ja erkannt haben das man Geld kontrollieren kann und ansammeln kann da ja alle daran glauben und sich aber auch total unbewusst sind das alles immer bloß der Mensch macht und zwar ohne Geld auf ewig immer ohne Geld. Und das alles bloß rudimentäre Gesellschaftsstrukturen der noch abgrundtief primitiven Menschen sind.

Also alles wird und wurde schon immer ohne Geld gemacht. Es ist Lüge Glaube Religion das Geld für irgendetwas gebraucht wird weil Geld gar nichts kann. Das müsst ihr bis heute doch wohl durchschaut haben. Und eure eigene Selbstversklavung ablegen. Wie lange wollt ihr noch Sklaven eurer eigen Ängste Ignoranz und Dunkelheit sein. Denn das System Geld ist die Angst weil es ja von ängstlichen aufgebaut wurde. So kommen diese Ängste nun zum Vorschein und zeigen wie falsch das alles ist. Dass System Geld ist pure Existenzangst also Totalverblödung und daran glauben die 666 die Tiermenschen noch. So primitiv sind die Systeme an die ihr glauben sollt.

Es ist eure Entscheidung. Nach wie vor sage ich übernehmt das System selber und entfernt die Lügen aus dem System .Entlasst die Bankermanager die Religionsmanager im Vatikan oder Protestanten entlasst die Politiker die rückgratlosen ignoranten entlasst die Firmenbesitzer denn ihr alleine habt das aufgebaut es ist mittlerweile mehr als euer Eigentum aber lasst die Finger von Eigentum und Besitz denn etwas zu besitzen ist abgrundtief Dunkelheit und Bindung an diese Erde und das ist schwere und Tod. Übernehmt die globale Struktur und dann entfernt das Geld. Und dann wird automatisch ein Gleichgewicht entstehen weil auch jeder sofort Arbeit hat da die Nachfrage groß sein wird aber alles schädliche sofort nicht mehr unterstützt werden braucht und das saubere nicht das falsche arbeitsmäßig oder schöner kreativmäßig unterstützt werden wird. Macht das alles ohne Blutvergießen. Macht das alles ohne Blutvergießen. Macht das alles ohne Blutvergießen".

Und nun ein Zitat aus Wikipedia

Das Erste Vatikanische Konzil (1869 bis 1870) definiert den Jurisdiktionsprimat folgendermaßen:

„Wer also sagt, der römische Bischof habe nur das Amt einer Aufsicht oder Leitung und nicht die volle und oberste Gewalt der Rechtsbefugnis über die ganze Kirche – und zwar nicht nur in Sachen des Glaubens und der Sitten, sondern auch in dem, was zur Ordnung und Regierung der über den ganzen Erdkreis verbreiteten Kirche gehört –; oder wer sagt, er habe nur einen größeren Anteil, nicht aber die ganze Fülle dieser höchsten Gewalt, oder diese seine Gewalt sei nicht ordentlich und unmittelbar, ebenso über die gesamten und die einzelnen Kirchen wie über die gesamten und einzelnen Hirten und Gläubigen, **der sei ausgeschlossen.**"

Im Kodex des Kanonischen Rechts, Kanon 331 von 1983, lautet die Definition:

„Der Bischof der Kirche von Rom, in dem das vom Herrn einzig dem Petrus, dem Ersten der Apostel, übertragene und seinen Nachfolgern zu vermittelnde Amt fortdauert, ist Haupt des Bischofskollegiums, Stellvertreter Christi und Hirte der Gesamtkirche hier auf Erden, deshalb verfügt er kraft seines Amtes in der Kirche über höchste, volle, unmittelbare und universale ordentliche Gewalt, die er immer frei ausüben kann."

Im Kanon 1399 ist umfassende Art der Ausübung dargestellt.

Nach Lehre der römisch-katholischen Kirche, wie sie in der Dogmatischen Konstitution Lumen Gentium des Zweiten Vatikanischen Konzils zum Ausdruck kommt, ist der päpstliche Primat ein theologisches Erfordernis, um dem Christentum in der öffentlichen Sphäre den Vorrang vor den Ansprüchen der Staaten und der gesellschaftlichen Ordnung einzuräumen.

Die genaue historische Entwicklung ist demgegenüber zweitrangig. Da die römisch-katholische Kirche von einer Realpräsenz Gottes in der Geschichte der Kirche ausgeht, die sich in den Sakramenten, aber auch in definitiven Entscheidungen der Kirche zeigt, argumentiert die katholische Kirche nicht allein aus der Heiligen Schrift, sondern auch von der Tradition her. Im ökumenischen Dialog wird das stark rechtlich gefasste, somit typisch römische Verständnis des Primats seitens der anderen Konfessionen jedoch weiterhin abgelehnt. Die sichtbare Präsenz des Christentums gegenüber Staat und Politik durch das heutige, auf seinen geistlichen Auftrag konzentrierte Papsttum wird aber inzwischen auch von manchen nicht-römisch-katholischen Theologen positiver gewürdigt als in der Vergangenheit.

Neutestamentliche Begründung

Die Päpste begründen ihren Primatsanspruch vor allem mit Mt 16,18f EU: „Du bist Petrus, und auf diesen Felsen werde ich meine Kirche bauen, und die Mächte der Unterwelt werden sie nicht überwältigen. Ich werde dir die Schlüssel des Himmelreichs geben; was du auf Erden binden wirst, das wird auch im Himmel gebunden

sein, und was du auf Erden lösen wirst, das wird auch im Himmel gelöst sein."
Ob es sich um ein „echtes" Jesuswort handelt, ist ebenso umstritten wie der Bezug
und die Bedeutung des Wortspiels Petrus und Petra (Fels, Stein). Angenommen wird
oft, dass dieses Wort eine Leitungsfunktion des Apostels Petrus in der Jerusalemer
Urgemeinde spiegelt. Es ist neben Mt 18,17 EU die einzige Stelle in den Evangeli-
en, wo das Wort „ekklesia" (Gemeinde, Kirche) vorkommt. Hier werden also Struk-
tur- und Autoritätsfragen der frühen Christenheit reflektiert.

Einige protestantische Autoren meinen, dass Jesus Petra nicht auf ein Leitungsamt
des Petrus, sondern auf sein zuvor geäußertes Messiasbekenntnis beziehe, also den
Glauben an Jesus Christus zum Fundament der Gemeinde erkläre. Er selbst sei also
der Felsen, auf den diese gebaut sei. Dazu wird oft auf 1 Kor 3,11 EU verwiesen:
„einen anderen Grund kann niemand legen als den, der gelegt ist: Jesus Christus."
Einige Autoren meinen, dass Jesus hier nicht von Petrus spreche, sondern von „Offenbarung". **Diese sei der Fels der Kirche, nicht der Apostel Petrus**. Dazu verweisen sie auf Mt 16,17 EU: „Selig bist du, Simon Barjona; denn nicht Fleisch und Blut
haben dir das offenbart, sondern mein Vater im Himmel." Jesus mache im folgenden
Vers 18 von einem Wortspiel Gebrauch, indem er Petrus Kephas nenne, was übersetzt Fels bedeutet. So führe Jesus hier den Namen Petrus als Gleichnis an, um sich
dann auf den Vers zuvor zu beziehen.

Zur Begründung des seelsorgerlichen Petrusprimats wird oft auch Joh 21,15ff EU
herangezogen, wo Jesus Petrus auffordert: „Weide meine Lämmer [...] weide meine
Schafe".

Außerhalb der römisch-katholischen Kirche wird Matthäus 16,18 nur auf den
Apostel Petrus oder, im Zusammenhang mit der Parallelstelle Mt 18,18 EU, auf alle
Apostel, alle Geistlichen oder alle Christen bezogen. *Die Lehre, dass der Bischof
von Rom einziger Rechtsnachfolger Petri sei und daher diese Leitungsfunktion
über die ganze Kirche „erbe", ist nur in der römisch-katholischen Kirche anerkannt.*

Glaubensinhalte

Das Zweite Vatikanische Konzil hat betont, dass die kirchlichen Glaubensinhalte von
unterschiedlichem Gewicht sind: „Beim Vergleich der Lehren miteinander soll man
nicht vergessen, **dass es eine Rangordnung oder Hierarchie der Wahrheiten
innerhalb der katholischen Lehre gibt,** je nach der verschiedenen Art ihres Zusam-
menhangs mit dem Fundament des christlichen Glaubens."

•Dreifaltigkeit: Gott ist in drei Personen einer: Jesus Christus ist als Sohn Gottes eines Wesens mit Gott, dem Vater und Schöpfer der Welt, und wird mit ihm zusammen und dem Heiligen Geist als ein Gott angebetet und verherrlicht (siehe Menschwerdung Gottes). Durch den Tod am Kreuz und seine Auferstehung hat die zweite göttliche Person, der Sohn Gottes, die Sünden der Welt auf sich genommen und den Weg der Erlösung aus Sünde und Tod für alle Menschen geöffnet.

•Gottes Wirken in der Welt: Gott ist nicht nur der Schöpfer, sondern greift aus Liebe zu jedem einzelnen Menschen aktiv in die Welt ein (Erlösungshandeln); sein Wirken ist gemäß der Theodizee-Frage jedoch nach menschlichen Maßstäben nicht komplett begreifbar.

•Die katholische Kirche sieht sich in der Nachfolge der Apostel, deren Glaubensbekenntnis sie in der Kraft des Heiligen Geistes durch die Zeiten bewahrt, vertieft und angesichts neuer Fragestellungen klärt. Diese Tradition der Kirche, deren wichtigster und deshalb eigenständig genannter („die Heilige Überlieferung und die Heilige Schrift"), aber nicht einziger Teil die Bibel ist, bildet ihre Lehrgrundlage. Die apostolische Sukzession ist der Garant für die Apostolizität der Kirche sowie für die Bewahrung der Tradition. Sie besagt, dass die Bischöfe durch eine ununterbrochene Kette von Handauflegungen in der Nachfolge der Apostel stehen.

•Sakramente: Gott schenkt nach katholischer Lehre den Menschen das Heil durch die Sakramente. **Die katholische Kirche kennt sieben Sakramente: Taufe, Firmung, Eucharistie, Beichte, Krankensalbung, Weihesakrament und Ehe. Mit Ausnahme der Taufe, die in Todesgefahr von jedem Menschen, der beabsichtigt, das zu tun, was die Kirche tut, gespendet werden kann, können die Sakramente nur in der und durch die Kirche vermittelt werden.**

•Endgericht und Leben nach dem Tod (Eschatologie): Die katholische Kirche erwartet das Wiederkommen Christi in Herrlichkeit und das Gericht über alle Menschen. Maßstab des Gerichts wird der Glaube und die nach dem Maß der Gaben verwirklichten guten Werke sein. Die Erlösten empfangen ewiges Leben in Gottesnähe („Schau" Gottes von Angesicht zu Angesicht, himmlisches Hochzeitsmahl). **Jedem Menschen droht bei der Abkehr von Gott die ewige Verdammnis in der Hölle.**

•Marien- und Heiligenverehrung: Menschen, die ihr Leben auf Christus hin geführt haben, können anderen Glaubenden als Vorbilder dienen. Unter den Heiligen dient besonders die Gottesmutter Maria als Vorbild, sie wird unter anderem als „Urbild der Kirche" verehrt. Die Heiligen gelten als Fürsprecher bei Gott, da man davon ausgeht, dass sie sich bereits in der Gemeinschaft mit Gott befinden. Die universale Heilsmittlerschaft Christi, auf den alle Heiligen verweisen, wird dadurch nicht in Frage gestellt, sondern unterstrichen. Die Prozesse der Selig- und Heiligsprechung der katholischen Kirche sind sehr umfangreich und können mehrere Jahrzehnte dauern. Dies gilt auch für die Anerkennung von Christus-, Marien- und Heiligenerscheinungen, auf die sich die Wallfahrtsorte gründen.

•In der katholischen Kirche sind Bitten für die Verstorbenen üblich. Verstorbenen, die sich noch im Läuterungszustand des Fegefeuers (Purgatorium) befinden, soll hiermit geholfen werden. Auch Ablassgewinnung, nicht nur für die Verstorbenen, gehört deshalb zur religiösen Praxis.

Morallehre

Die Morallehre der katholischen Kirche ist seit den Anfängen dadurch geprägt, **an den Idealen der Bergpredigt festzuhalten und zugleich den Bedingungen der irdischen Realität Rechnung zu tragen.** In früheren Jahrhunderten war regelmäßig der Vorwurf zu großer Laxheit Grund für Kritik und manchmal Begründung für Abspaltungen der Montanisten, Novatianisten, Donatisten, Katharer und Waldenser. **Heute entzündet sich die Kirchenkritik meist an zu hohen und schwierigen Idealen, gepaart mit dem Vorwurf der Heuchelei und Doppelmoral, so zum Beispiel in Bezug auf Sexualität, aber auch auf eklektische und inkonsistente Auslegung der Bibel in Bezug auf Moral sowie inkohärente Anwendung dessen, was als Morallehre der katholischen Kirche bezeichnet wird. Im Rahmen des Bekanntwerdens von Missbrauchsfällen in römisch-katholischen Einrichtungen nahm diese Kritik zu.**

Der Bergpredigt folgend sind die zentralen katholischen Wertsetzungen Liebe, Wahrheit, Gewaltlosigkeit, Besitzverzicht, Gerechtigkeit, Treue, Keuschheit.
(*Also diese Totalverblödung und Heuchelei des Papst und Kardinal und Priesterwahnsinns, gegenüber den Auszubeutenden Gläubigen, das ist ja nun so eklatant sichtbar das die Römisch-Katholische Kirche ein Verbrecherunternehmen ist. Der Sitz des Satans, wie in Dostojewskis Großinquisitor sehr gut beschrieben. W.Schorat 3.3.15)* Die Umsetzung in kirchliches und, wo möglich, staatliches Recht geschieht in immer neuen Anläufen und unter innerkirchlichen und gesellschaftlichen Konflikten. Lange waren Themen wie Eid, Wehrpflicht oder Kapitalismus umstritten. Hier ist die katholische Morallehre traditionell eher kompromissbereit.

Seit etwa 1968 steht mit der Enzyklika Humanae vitae zeitgleich mit den soziokulturellen Umwälzungen fast ausschließlich die Ehe- und Sexualmoral im Mittelpunkt der Beachtung und Auseinandersetzung. Das kirchliche Lehramt hat sich immer wieder eindeutig im Sinn der Zusammengehörigkeit von Sexualität, Fortpflanzung und lebenslanger Treue und damit gegen Ehescheidung, künstliche Empfängnisverhütung ausgesprochen.
Noch größere Bedeutung kommt dem Lebensschutz zu, weshalb Abtreibung, Sterbehilfe, Klonen, Todesstrafe, Eugenik und Angriffskrieg abgelehnt werden.
Einige Dogmen und Doktrinen der Kirche sind aber auch innerkirchlich seit dem Zweiten Vatikanischen Konzil umstritten. Die katholische Moraltheologie vertritt die

Ansicht, dass die Werte des Evangeliums dem Naturrecht nicht widersprächen, sondern dessen letzter und höchster Ausdruck seien.

Anfang Oktober 2014 fand die außerordentliche Bischofssynode zu den pastoralen Herausforderungen der Familie im Kontext der Evangelisierung in Rom statt.

Kirchengebote
→ Hauptartikel: Kirchengebote
Die Kirche lehrt die Weisungen der Kirche (Kirchengebote), um das Verhältnis des Gläubigen zur Gemeinschaft der Kirche zu regeln. Die fünf Kirchengebote umfassen den Besuch der Heiligen Messe an Sonntagen und den gebotenen Feiertagen, den regelmäßigen Empfang der Sakramente der Buße und der Eucharistie, das Fasten am Freitag und die Unterstützung der Kirchengemeinde.
Zitate Ende

Also mit der Bergpredigt hat die Römisch-Katholische Kirche zu 100% Nichts zu tun. Diese Firma dieses Unternehmen, ist total ein Gewinnbringendes Unternehmen und beutet zu 100% die dummen Gläubigen aus. Die Arroganz des Geldes ist hier noch vermischt mit der Arroganz der Lüge und der Arroganz der Macht über diese 1,3 Milliarden dummen zu blöden Ausgebeuteten. Und genau so ist es mit den Firmen die Augenwischerisch als Staaten auftreten, was überhaupt nicht mehr stimmig ist. So es kann gesehen werden, ob es Religion oder Politik ist, wenn die Lüge der Betrug zu weit gegangen ist so das eine Totalverblödung durch Totalausbeutung passiert, wird eine Gruppe Menschen die die gleichen Interessen haben, zu Kriminellen. Weil sie innerlich noch dumpfe Raubtiere geblieben sind die immer noch vom töten anderer Lebewesen leben und daran glauben das so was notwendig sei.

In der Juristerei die ja vom Vatikan entwickelt wurde in ihrem Sinne, wird ja das Konstrukt Weltlich-Nichtweltlich erfunden und als Tatsache als Wahrheit proklamiert und soll dann von den Auszubeutenden geglaubt werden und nicht hinterfragt werden. Aber das muss gemacht werden, denn sonst sind diese Gläubigen wie alle Gläubigen ihre eigenen Selbstverblöder und bleiben in ihrer eigenen Evolution am Arsch der Welt hängen. Und da kann man sehr lange seinen eigenen Gestank riechen am Arsch der Welt.
Die Banken und der Vatikan, das ist eine Glaubensgemeinschaft genauso wie die Banken, Juristen und der Vatikan. An das Geld der Banken das bloß buntes Papier ist ohne jeglichen Wert, soll auch geglaubt werden, genau so soll an das Dogmakonstrukt der Römisch-katholischen Kirche geglaubt werden, und beide verkaufen etwas das ein synthetisches Konstrukt ist etwas falsches und alles synthetische egal was es auf der Erde oder in der Welt oder im Universum gibt, ist ohne Ausnahme, schädlich

und giftig und zerstörerisch.

Und diese Zerstörung der Natur durch Zerteilung ist genau so ein Konstrukt durch die Zerteilung der Einheit der Menschen global durch Worte und Begriffe. Was auch zum Glauben führt, der Glaube an Begriffe an dem die Intellektuellen hängen und die Gelehrten. Aber solange man sich noch als Islamist, Christ, Demokrat, Lehrer, Papst, Maler, Kanzler, Arzt, usw. bezeichnet, wird das falsche die Lüge also existieren und dadurch wird Krieg-Zerkleinerung-Zerstörung-erlebt.

Die Zerteilung von Gott und Welt von weltlich und nichtweltlich war der Anfang der Zerstörung also der Lüge des Verstandes. Als Chinese als Amerikaner als Franzose als Deutscher als Ägypter als Saudi als Linker als CDU'ler, als Grüner, als Republikaner alles das ist der Anfang der Juristerei der Falschheit in Gott und Welt.
Und das war der Vatikan, dort liegt der Anfang der Spaltung die denkerisch vollzogen wurde. Die FickTief Ficktion um Menschen zu versklaven auszubeuten zu töten zu verblöden. Und das ganze System heute ist deswegen ein Sklavensystem der Lüge Täuschung Betruges Ausbeutung im Sinne von: Herrschen durch teilen. Reich Arm-Geld kein Geld, Besitzer besitzlos.

Solange jemand von sich behauptet er sei Salafist, Moslem, Richter, Kanzler, Arzt, Maler, Künstler, Anwalt, und so weiter- solange ist er noch ein Primitives dumpfes Raubtier, abgrundtief im Dumpfen Dunklen seiner benebelten Gehirngänge. Wenn jemand kein Mensch sein will, zuerst Mensch ist, dann ist er noch zutiefst in dem Glaube der Worte von Sophisten und Täuschern verwoben. Aber der Papst ist nicht nur geistliches Oberhaupt, er ist auch der weltliche Herrscher des Vatikans. Der Papst als Monarch. Als Bankmanager. Als Richter.

Der Vatikanstaat ist eine absolute (Wahl)Monarchie. Regiert wird der Vatikan durch einen vom Kardinalskollegium gewählten „Priesterkönig", den Papst. Der Papst vereint die drei Staatsgewalten in einer Hand: Er ist Herrscher über die Legislative (Gesetzgebung), die Exekutive (ausführende Gewalt) und die Judikative (Gerichtsbarkeit). Der Papst ist heute der letzte absolute Regent Europas, souveräner Herrscher eines souveränen Staates. Einmal gewählt ist er solange Oberhaupt des Vatikans und der katholischen Kirche, wie er selbst es befürwortet. Niemand kann den Papst zur Abdankung zwingen.
Also solange jemand von sich behauptet er sei der Herrscher der Welt er sei der Papst solange ist er noch kein Mensch und will auch kein Mensch sein. Er will Kardinal sein, Priester, Arzt, Wissenschaftler und so weiter. Das sind alles Fiktionen der Falschheit und der irren wirren Konstrukte des Gemüts.

Das hier habe ich unter www.allein-christus.de/app/.../Wird+der+Papst+Weltherrsch
er.pdf? Gefunden.

Wird der Papst Weltherrscher?!

Wird der Papst Weltherrscher?!

Der Vatikan strebt seit langem die Weltherrschaft des Papstes an. Langsam und gründlich wurde darauf hingearbeitet. So steht unmissverständlich in Dogma 430 (1): *„Dem römischen Papst sich zu unterwerfen ist für alle Menschen unbedingt zum Heile notwendig: Das erklären, behaupten, bestimmen und verkündigen Wir."*
Wenn sich jeder Mensch in der Welt dem Papst unterwerfen muss, so sind das fromme Worte zum Heil, um die Weltherrschaft zu erreichen. Wenn sie ihm alle unterworfen sind, ist er der alleinige Weltenherrscher. Der Titel ist dann nicht „Imperator Romanum", sondern „Imperator urbi et orbi" = Herrscher oder Kaiser der Stadt Rom und des Erdkreises" (Imperator = lat. Gebieter, Feldherr, Kaiser, Herrscher / „urbi" = lat. Stadt (Rom) / „orbi" = lat. Erdkreis, Weltkreis, weltumspannend).

Bereits im 11. Jahrhundert kam es zu einem bedeutenden Ereignis, das den Machteinfluss des Papstes und der Römischen Kirche entscheidend vergrößerte. Unter Papst Gregor VII., der von 1073 bis 1085 regierte, kam es zu dem sogenannten „Investiturstreit" zwischen Kaiser/König und Papst um das vorherrschende Reichskirchensystem. Man stritt darüber, wer Bischöfe und Äbte in ihre Kirchenämter einsetzen darf. Somit ging es um das Verhältnis von weltlicher und geistlicher Macht.

Nach einem scharfen Briefwechsel verhängte Papst Gregor VII. als „geistlicher Weltregent" den Bann über den König und späteren Kaiser Heinrich IV. Das war für die damalige Zeit ein sehr einschneidendes Ereignis und hatte eine ungeheuerliche Wirkung auf die Menschen. So sagte der Gregorianer Bonizo von Sutri: „Als die Nachricht von der Bannung des Königs an die Ohren des Volkes drang, erzitterte unser ganzer Erdkreis." (2)
Von seinen Fürsten wurde König Heinrich IV. nun aufgefordert, sich innerhalb eines Jahres von diesem Bann zu lösen, andernfalls würde er seine Krone verlieren. So zwang der geistliche Oberhirte Papst Gregor VII. im Jahr 1076 „sein Schäflein" König Heinrich IV. zum „Bußgang nach Canossa". Ein zeitgenössisches Gemälde zeigt den Papst sehr erhaben in prunkvollen Königskleidern mit der Papstkrone auf seinem siegreichen Haupt. Heinrich IV. dagegen

kniet im Büßerhemd, barhäuptig, ergeben vor dem Papst. Aber das Bild zeigt nicht die Marter, die Heinrich IV. auf dem Gang bis zum Papst erlitt.

Der Papst war auf dem Weg nach Augsburg, wohin ihn die Fürstenopposition von König Heinrich IV. eingeladen hatte, um über den Konflikt zu entscheiden. König Heinrich IV. zog ihm entgegen, so dass der Papst zunächst Zuflucht auf der italienischen Burg Canossa der papsttreuen Markgräfin Mathilde von Tuszien suchte. Dort auf der Burg Canossa südlich der Alpen trafen Papst Gregor VII. und König Heinrich IV. aufeinander. Die Reise dorthin war im Winter und für den König äußerst beschwerlich, da ihm seine Feinde nur den Weg über Burgund und den Mont Cenis in den Alpen übrig ließen. Der Geschichtsschreiber Lampert von Hersfeld beschreibt diese Reise in seinen Annalen (zum Jahr 1077) (3) wie folgt:

„Sie krochen bald auf Händen und Füßen vorwärts, bald stützten sie sich auf die Schultern ihrer Führer; manchmal auch, wenn ihr Fuß auf dem glatten Boden ausglitt, fielen sie hin und rutschten ein ganzes Stück hinunter, schließlich gelangten sie doch unter großer Lebensgefahr in der Ebene an."

Vor der Burg Canossa musste Heinrich IV. dann drei Tage lang draußen barfuß, nüchtern und im Büßerhemd bei Eis und Schnee frierend warten. Erst am 4. Tag ließ ihn der Papst zu sich kommen. Lassen wir noch einmal den Chronisten Lampert von Hersfeld zu Wort kommen. Er schreibt über den Bußgang:

„Hier stand er nach Ablegung der königlichen Gewänder ohne alle Abzeichen der königlichen Würde, ohne die geringste Pracht zur Schau zu stellen, barfuß und nüchtern, vom Morgen bis zum Abend … so verhielt er sich am zweiten, so am dritten Tage. Endlich am vierten Tag wurde er zu ihm (Gregor) vorgelassen, und nach vielen Reden und Gegenreden wurde er schließlich … vom Bann losgesprochen."

Was das für eine Tortur für den König war, können Sie sich nicht vorstellen. Eine Kostprobe können Sie ja machen, wenn Sie im Winter barfuß vor ihrem Haus im kalten Schnee und Frost spazieren. Aber bitte nicht zu vergessen auch im Nachthemd.

Stellen Sie sich vor, dabei nur eine Nacht draußen zu schlafen! Es war auf alle Fälle ein bis dahin noch nicht dagewesener Demütigungsakt eines weltlichen Herrschers vor dem Papst und der Kirche. Auch heute noch wird ein erniedrigend empfundener Bittgang als „Gang nach Canossa" bezeichnet.

Doch diese Unterordnung des König/Kaisertums unter das Papsttum war nicht der einzige Schachzug von Papst Gregor VII. der mit unerbittlicher Strenge seine Kirchenreform vorantrieb. Ein Jahr vor dem Königsbann, im Jahr 1075, hat Papst Gregor VII. das „Dictatus Papae" verfasst, ein Schriftstück, in dem 27 kurze prägnante von ihm diktierte Sätze enthalten sind. Vor allem die Leitsätze 8, 9 und 12 stellen ihn über den Kaiser und machen seinen Herrschaftsanspruch auch über den weltlichen Staat geltend:

8: Dass er allein die kaiserlichen Herrschaftszeichen verwenden kann.

9: Dass alle Fürsten nur des Papstes Füße küssen.

12: Dass es ihm erlaubt ist, Kaiser abzusetzen.

Das Original befindet sich im vatikanischen Archiv.

Papst Gregor VII. und seine Nachfolger konnten sich schließlich mit ihren kirchlichen Forderungen durchsetzen. 1870 wurde auf dem ersten Vatikanischen Konzil das Lehr- und Jurisdiktions Primat (= volle, höchste und universale Gewalt des Papstes) zum Dogma erhoben. Zwei weitere Sätze aus dem „Dictatus Papae" sind auch sehr vielsagend:

19: **Dass er von niemandem gerichtet werden darf.**

22: **Dass die römische Kirche niemals in Irrtum verfallen ist und nach dem Zeugnis der Schrift niemals irren wird.**

Aus den Lateranverträgen, einem Abkommen aus dem Jahr 1929 zwischen dem Vatikan und dem damaligen Königreich Italien zwischen Papst Pius XI. und Benito Mussolini resultierte die Gründung des Vatikanstaates, der ab diesem Zeitpunkt eine souveräne internationale Körperschaft ist. Der kleinste Staat der Welt, nur 0,5 km2 groß, unterstreicht die völkerrechtliche Unabhängigkeit des Papstes von jedem anderen souverän. Der Papst wird somit von niemandem gerichtet, er ist keiner anderen Staatsgewalt untergeben. Vielmehr übt der Papst im Vatikanstaat absolute Staatsgewalt aus und ist damit (neben dem Fürsten von Monaco) der letzte absolute Herrscher in Europa, der selbst an keine Verfassung gebunden ist, sondern selbst Verfassungsgesetzgeber ist. Sie sehen also: die Weltherrschaft des Papstes ist vorprogrammiert. Denken Sie ja nicht, dass die jetzigen Päpste barmherziger wären. Sie können aber nicht so, wie sie wollen. Die Zeiten haben sich geändert und damit auch die Methoden und Mittel, die Weltherrschaft zu erlangen. Heute zählt mehr denn je nur eins: das Geld. „Geld regiert die Welt". Um die Welt regieren zu können, braucht der Papst „Weltkapital".

Bruder Friedemann Maché macht uns dazu auf folgendes aufmerksam:

„Der ehemalige britische Premierminister Benjamin Disreali (33. Grad Freimaurer), der Zugang zu allen Logen und Clubs hatte und besonders die Rotschilds sehr gut kannte, schreibt: »Das Netz der internationalen Hochfinanz ist eine Geheimgesellschaft (secret society), die die Weltherrschaft anstrebt. «" (4)

Zur Vorbereitung von alldem wurde zunächst 1605 von Papst Paul V. in Rom

die „Bank des Heiligen Geistes" gegründet, die die erste öffentliche Depot-
bank in Rom und die erste Bank des Kirchenstaates war. Sie fusionierte 1992
mit der „Banca di Roma", diese wiederum 2002 in den italienischen Bankkon-
zern „Capitalia S.p.A." und dieser schließlich im Jahr 2007 in die nunmehr
***zweitgrößte Bankengruppe Europas „UniCredit". (Die bayrische Hypo-
Vereinsbank gehört nun auch dazu)***

Als Vorläufer der Vatikanbank entstand 1908 unter Papst Pius X. eine Art
„Geldverwaltung", die AOR (Amministrazione delle Opere di Religione, also
die Verwaltung der Religiösen Werke), die 1944 unter Papst Pius XII. schließlich in die „Vatikanbank" übergegangen ist. Immer wieder und besonders in
letzter Zeit steht die Vatikanbank mit negativen Schlagzeilen wie Verdacht
auf Geldwäsche, Korruption und Verschwendung von Geldern in der Presse.
Auch hierzu hat ein Bote Jesu etwas offenbar werden lassen. Bruder Johannes Ramel wird in der IABC-Schrift „Zeit-Ruf" Nr. 2/13 unter „Zeit-Lupe" zitiert
mit der Überschrift: „Kursschwankungen der Kirche Roms". In diesem Artikel
werden böse Machenschaften der Papstbank offenbar(5).

Sie können sicher sein, dass der Papst als Multimilliardär seinen Geheimse-
kretär im Symposium internationaler Hochfinanz hat, die die Weltherrschaft
anstrebt. Es wird verhandelt, natürlich geheim. Auch das gehört zum „Geheimnis der Großen Babylon"
(Offb. 17,5). Das unverschämt große Kapital braucht der Papst auch für sein
größtes Spionagenetz der Welt, der „Opus Dei", und die Jesuiten. „Opus Dei"
ist die einflussreichste Organisation im Vatikan. Da werden Schmiergelder
für Kammerdiener der Präsidenten, Freunde der Minister und Mitglieder der
kommunistisch und atheistisch regierten Staaten gegeben. Der „große Mann
im Vatikan" weiß z. B., was das Ministerkabinett in Rot-China und Nord-Korea
hinter verschlossenen Türen berät.
Zu dieser Kapitalkirche steht in der Bibel:
Offb. 17,4:
Und das Weib (= die entartete Kirche) **war bekleidet mit Purpur und Schar-
lach** (Farben der Päpste und Könige) **und übergoldet mit Gold und edlen
Steinen und Perlen** (= Schmuck einer Königin) **und hatte einen goldenen
Becher in der Hand, voll Gräuel und Unsauberkeit ihrer Hurerei,**

Die Bezeichnung „Hurerei" ist ein Bild für Untreue. Wie eine untreue Frau
die Männer wechselt, so wechselt die Katholische Kirche mit ihrem „Glauben" an Gott zu den heidnischen Völkern und vereint ihren Glauben mit dem
heidnischen Glauben. Dadurch verbindet sie sich durch Untreue zu Gott und

Seinem Wort mit ihnen, um für sich immer mehr Vorteile und größere Anerkennung in der ganzen Welt zu erreichen. So ist es auch bezeichnend, dass Papst Franziskus I. öffentlich die Muslime als „unsere Brüder"begrüßt. Das bedeutet nichts anderes als Glaubensvermischung, eine klare und deutliche Wegbereitung zur Welteinheitsreligion mit dem Papst als Oberhaupt der Weltkirche.

Zum Schluss: Kapital alleine macht es nicht. Das Geheimwissen macht es auch nicht. Aber man braucht es, um das Ziel zu erreichen. Zurzeit macht sich der werbende, lachende Papst alles zunutze. Der Aufruf zum Frieden an jeden macht ihn zum „Weltfriedensbringer", die Spendung der „allgemeinen Gnade für jeden (ohne) Jesus macht ihn zum „Weltgnadenbringer". Die Aussage von Papst Franziskus I. „Die Homosexuellen sind unsere Brüder" macht den in Röm. 1,27 genannten widernatürlichen Umgang „Mann mit Mann" weltweit gesellschaftsfähig.

Jeder Satz, den der Papst allgemein an alle oder nur an eine bestimmte Zielgruppe richtet, ist nur Werbung für seine angestrebte Weltherrschaft. Sollte er sie kurzzeitig, aber nur durch Einfluss, erreichen, wird der Sturz von der größten Höhe in die tiefste Tiefe sein: Offb. 17,15-18:

Und er sprach zu mir: Die Wasser, die du gesehen hast, da die Hure sitzt, sind Völker und Scharen und Heiden und Sprachen. Und die zehn Hörner, die du gesehen hast, und das Tier, die werden die Hure hassen und werden sie einsam machen und bloß und werden ihr Fleisch essen und werden sie mit Feuer verbrennen. Denn Gott hat's ihnen gegeben in ihr Herz, zu tun Seine Meinung und zu tun einerlei Meinung und zu geben ihr Reich dem Tier, bis dass vollendet werden die Worte Gottes. Und das Weib, das du gesehen hast, ist die große Stadt, die das Reich hat über die Könige auf Erden. Offb. 6,15-17:
Und die Könige auf Erden und die Großen und die Reichen und die Hauptleute und die Gewaltigen und alle Knechte und alle Freien verbargen sich in den Klüften und Felsen an den Bergen und sprachen zu den Bergen und Felsen: Fallt über uns und verbergt uns vor dem Angesichte des, der auf dem Stuhl sitzt, und vor dem Zorn des Lammes! Denn es ist gekommen der große Tag Seines Zorns, und wer kann bestehen?

GOTT BLEIBT HEILIG!

Dokumentationen (1) Neuner-Roos, „Der Glaube der Kirche in den Urkunden der Lehrverkündigung", Verlag Friedrich Pustet (2) Bonizo, Liber ad amicum,

Buch 8, 609; Johannes Laudage. Am Vorabend von Canossa – die Eskalation eines Konflikts. In: Christoph Stiegemann/Matthias Wemhoff (Hrsg.), Canossa 1077. Erschütterung der Welt, München 2006, S. 71–78, hier: S. 74. (3) Lampert von Hersfeld: Annalen, Wissenschaftliche Buchgesellschaft, Darmstadt 2000 4) Friedemann Maché „Warum toben die Heiden (Nationen)!", Bibelkontakt F. Maché, Sonnenhang 42, 51570 Windeck (5) „Zeit-Ruf", Herausgeber Internationale Arbeitsgemeinschaft Bekennender Christen (IABC), Postfach 110105, D-42301 Wuppertal.

Soooooo, warum schreibe ich so viel über den Vatikan in Bezug zum Thema" Menschheit, Gesellschaft ohne Geld". Ich schreibe deswegen so viel vom Vatikan, weil diese GängsterOrganisation, diese KapitalistenSekte, diese Hexenverbrenner, diese Senilen **Franz-Peter Tebartz-van Elst** Seuchen der satanistischen also der Lügenden Bordelle des Geldes, mit der **zweitgrößte Bankengruppe Europas „UniCredit".**, und monströsem Goldschatz oder wie in Köln mit monströsem Milliardenvermögen, bloß im Bistum Köln, ich schreibe deswegen momentan noch so viel davon, um zu zeigen, dass diese Organisation, die Menschheit mit geformt hat durch ihren verlogenen Papst und deren Kardinäle, die ohne Ausnahme Heucheln und wohl auch immer noch Meucheln, um zu zeigen, dass die römisch-katholische Kirche, der Papst, ausschließlich ein Kapitalistisches Unternehmen war und ist. Mit dem Gewand , der Täuschung, eine Religion zu sein, die sogar in der Nachfolge Jesus ist, was aber zu 100% Betrug an Jesus ist, und zu 100% Betrug an die Menschheit ist, weil die Menschen die sich einem Glauben zu unterwerfen haben, einfach immer noch sehr, sehr, sehr, blöde sind. Und deswegen ist die Gesellschaft wie sie heute geworden ist, so abhängig gemacht worden von einem Glaube, also einer Fiktion, einem Hirngespinst, das besagt, ohne Geld gibt es kein Leben, keine Innovation, keine Freiheit oder überhaupt irgendetwas.

Dabei ist es doch ursprünglich alles ohne Geld gemacht worden. Und es wird auch weiterhin alles ohne Geld gemacht. Geld hat noch nie irgendetwas gemacht und wird auch nie irgendetwas machen. Es ist bloß der Wahnsinn der primitiven gläubigen Menschen global, der diese Falschheit der Erkenntnis aufrechterhält. Und dafür das diese Falschheit dieser Glaube aufrecht gehalten wird, sorgt der Vatikan schon von Anfang an seiner Gründung, das war schon immer eine Bank ein Unternehmen. Und ihr müsst diese Unternehmen verlassen, austreten und sogar eure Kirchensteuern wieder zurückverlangen, das macht ein schönes Sümmchen, oder habt ihr etwa einen rechtskräftigen Vertrag mit einer Firma Religion gemacht. Nein.

Also aus dem Vatikan, ist zumindest für Europa und den USA und auch Südamerika und Afrika, das Bankensystem aufgebaut worden, und auch das jetzige Rechtssystem, mit seiner juristischen Verlogenheit, das ausschließlich den Besitzenden den Geldbesitzern dient, und dazu gehören auch die Gerichte, die ja auch kapitalistische Unternehmen sind, da sie ja auch als Firma registriert sind und profitorientiert sind. Das muss man wissen, um sich innerlich davon zu lösen, denn was hat Jesus damals gejodelt: **Die Wahrheit wird euch frei machen.**

Aber der Vatikan ist die Lüge. Die Unwahrheit. Und genau so ist , sind, die modernen jetzigen Staaten die oben schon erwähnt wurden und die zu Firmen gemacht wurden zu Unternehmen, genau so sind die in keinster Weise mehr für das Allgemeinwohl verantwortlich, weil sie Geldorientiert, Gewinnorientiert sind und nicht Menschen orientiert, außer denjenigen die Geld haben, die beten sie an, die Banker, wie ja in dem Bericht oben schon beschrieben ist. Wie armselig diese Menschen geblieben sind die sich Politiker nennen, genauso wie diejenigen die sich Kardinäle oder Päpste oder Mullahs denken und fantasieren. Das ist alles ein Ausbeutungsgeschäft mit der Masse der Menschen global. Und ich sage es nochmal: **Hier ist nochmal ein Wachmacher**
Ich gebe euch alles Gold der Erde alles Geld der Erde alle Diamanten und dann sage ich zum Geld zum Gold: Reinige den Fußboden in den 20 Villen der Superreichen. Koche die Suppe. Erfinde Wohltaten für die Menschheit. Baue Hochhäuser. Putze die Schuhe. Baue die Straße. Fahre das Auto. Erdenke neue Technologien. Repariere die Straßen. Erneuere Kleidung. Und so weiter bis zum Ende aller Wörter und Gedanken und Fantasien. Da wirst du sehen das Geld aber überhaupt für Garnichts benötigt wird. Das Gold Garnichts kann. Dass Diamanten überhaupt bloß da liegen. Und das alles gemacht wird ausschließlich vom Menschen und zwar ohne Geld. Das war schon immer so und wird auch für immer so bleiben. Denn für Innovation und Kultur und Wirtschaft und Bildung ist aber überhaupt niemals Geld benötigt worden. Es ist eine Fiktion erdacht von den 666 dem Tiermensch in seiner abgrundtiefen Ignoranz und Unwissenheit denn das Tier weiß ja überhaupt gar nicht was und wer es ist. Es ist unwissend und aus dieser Unwissenheit hat sie das Geldsystem aufgebaut. Das die übergierigen ja erkannt haben das man Geld kontrollieren kann und ansammeln kann da ja alle daran glauben und sich aber auch total unbewusst sind das alles immer bloß der Mensch macht und zwar ohne Geld auf ewig immer ohne Geld. Und das alles bloß rudimentäre Gesellschaftsstrukturen der noch abgrundtief primitiven Menschen sind.

Also alles wird und wurde schon immer ohne Geld gemacht. Es ist Lüge Glaube Religion das Geld für irgendetwas gebraucht wird weil Geld gar nichts kann. Das müsst ihr bis heute doch wohl durchschaut haben. Und eure eigene Selbstversklavung ablegen. Wie lange wollt ihr noch Sklaven eurer eigen Ängste Ignoranz und Dunkelheit sein. Denn das System Geld ist die Angst weil es ja von ängstlichen aufgebaut wurde. So kommen diese Ängste nun zum Vorschein und zeigen wie falsch das alles ist. Dass System Geld ist pure Existenzangst also Totalverblödung und daran glauben die 666 die Tiermenschen noch. So primitiv sind die Systeme an die ihr glauben sollt.

Es ist eure Entscheidung. Nach wie vor sage ich übernehmt das System selber und entfernt die Lügen aus dem System .Entlasst die Bankermanager die Religionsmanager im Vatikan oder Protestanten entlasst die Politiker die rückgratlosen Ignoranten, entlasst die Firmenbesitzer denn ihr alleine habt das aufgebaut, es ist mittlerweile mehr als euer Eigentum, aber lasst die Finger von Eigentum und Besitz, denn etwas zu besitzen ist abgrundtief Dunkelheit und Bindung an diese Erde und das ist schwere und Tod. Übernehmt die globale Struktur und dann entfernt das Geld. Und dann wird automatisch ein Gleichgewicht entstehen weil auch jeder sofort Arbeit hat da die Nachfrage groß sein wird aber alles schädliche sofort nicht mehr unterstützt werden braucht und das saubere nicht das falsche arbeitsmäßig oder schöner kreativmäßig unterstützt werden wird. Macht das alles ohne Blutvergießen. Macht das alles ohne Blutvergießen. Macht das alles ohne Blutvergießen.

Mittwoch, 4. März 2015
Kapitalismus gibt es nicht. Es gibt kein Begriff als Lebewesen. Es gibt nur Ignorante Üble Menschen Raubmenschen Primitiv gebliebene. Denn erst wenn die Unwissenheit die Ignoranz aufhört-hört auch das Böse auf.
Weltwirtschaftskrise 1929. In diesem Schicksalsjahr, hatte sich die Vorhersage des Propheten Karl Marx erfüllt. Schockartig begriff die Welt, dass der kapitalistische Gott ganze Gesellschaften ins Elend zu stürzen vermag. Nein so was gibt es nicht. Es gibt nur GierMenschen Üble Menschen. Ganz üble Menschen. Der Kapitalismus hat nie existiert weder noch der Kommunismus und es existiert auch keine Demokratie. Das muss klar erkannt werden- es gibt nur Menschen und keine Wörter oder Begriffe. Begriffe Wörter, das sind die Nahrung für die Gläubigen die noch Unterentwickelten. Wie schon oben in Bewusstseinsstufen – kurzgefasst   gezeigt:

ROT - Egozentrisches Bewusstsein/Dominanter Wert: Macht
ICH-Stufe/Beginn vor 10.000 Jahren/20 % der Weltbevölkerung

Weitsicht und Motto: Gefühlen und Impulsen wird unmittelbar gefolgt./
»Vertraue dir selbst und niemandem sonst.<</»ich will alles und zwar jetzt«
Gottesbild: **Man glaubt an einen strafenden und unbarmherzigen Gott (z.
B. Machtgott, Kriegsgott). Gleichzeitig hat man Angst vor diesem Gott
und will mit ihm nichts zu tun haben.**

 BLAU -Traditionelles Bewusstsein/Dominanter Wert: Wahrheit
WIR-Stufe/Beginn vor 5.000 Jahren/55 % der Weltbevölkerung
Weitsicht und Motto: Das Leben hat einen Sinn, eine Richtung und einen
Zweck mit vorherbestimmtem Ausgang./»ich gehorche dem Gesetz und der
Tradition. <<
*Gottesbild: Einziger Gott und Schöpfer von Himmel und Erde. Dieser
Gott ist Geber des Gesetzes. Die Bibel wird als »absolut<< gesehen und
wörtlich genommen.*

Diese beiden Hauptanteile der jetzigen Bevölkerung wirbeln diesen ganzen
Murks herum und werden von denen der Gier und Macht also den Raub-Men-
schen ausgeplündert und verarscht und verblödet weil sie Gläubige geblieben sind, so wie es ihnen befohlen wurde.

Amerika ließ sich von der Welt füttern. Es saugte das Kapital aus den westlichen Ländern ab und leitete es auf die Mühlen der Wall Street. Der Vatikan tut
das gleiche. Genauso macht es die Mitfahrzentrale Uber. Sie bringen eine App
auf den Markt und verlangen pro Fahrt von den Fahrern 20% des Umsatzes.
Wohlgemerkt pro Fahrt und das nicht nur in Deutschland!!!Dieses Geld fließt
dann in die USA in diese ominöse Firma mit gerade mal 100 Mitarbeitern.
Das Taxifahrergewerbe geht den Bach runter und eine nicht kleine Anzahl
von Taxifahrern ist gezwungen ihr Einkommen über die ARGE aufzustocken
oder wird arbeitslos, was bedeutet, dass das Kapital welches in die USA fliest
jeder der in die Arbeitslosenversicherung einzahlt mitfinanziert. So wird unser
Sozialsystem ausgehöhlt. Aber das sogenannte Sozialsystem ist in Wahrheit
eine Firma, ein Unternehmen. Hier sind nochmal einige Daten und Infos dazu
um das mehr ins Bewusstsein zu bringen:

«Alles was wir brauchen, ist eine richtig große Krise und die Nationen werden
die neue Weltordnung akzeptieren.» David Rockefeller

Einige Daten zum Nachforschen www.upik.de/de/upik-suche
cgi?new=1Unternehmen I /Firmenname Data Universal Einmalige Branche
Nr. System Nummer Tätigkeit

....

1 Bundesrepublik Deutschland D-U-N-S®Nr 341611478 SIC 9199
1 Bundespräsidialamt Bonn D-U-N-S®Nr 507446891 SIC 9199
1 Bundeskanzleramt D-U-N-S®Nr 342914780
1 Amtsgericht Celle D-U-N-S®Nr 506861348 SIC 9211
1 Amtsgericht Hagen D-U-N-S®Nr 340757066 SIC 9211
1 Amtsgericht-Berlin Wedding D-U-N-S®Nr 498718956 SIC 9211
1 Bundesgerichthof D-U-N-S®Nr 507171135 SIC 9211
1 Bundesgerichtshof/Der Präsident des Bundesgerichtshofs D-U-N-S®Nr
551502420 SIC 9211
Hessisches Landesarbeitsgericht D-U-N-S®Nr 331573308 SIC 9211
Landesarbeitsgericht Berlin D-U-N-S®Nr 331573266 SIC 9211
Landesarbeitsgericht Baden-Württemb. D-U-N-S®Nr 331573043 SIC 9211
Landesarbeitsgericht Hamburg D-U-N-S®Nr 331573290 SIC 9211
Landesarbeitsgericht Köln D-U-N-S®Nr 331573373 SIC 9211
Landesarbeitsgericht München D-U-N-S®Nr 331573241 SIC 9211
Landesarbeitsgericht Nürnberg D-U-N-S®Nr 331573258 SIC 9211
Landesarbeitsgericht Sachsen-Anhalt D-U-N-S®Nr 331573407 SIC 9211
Landesgericht Mecklenburg-Vorpom. D-U-N-S®Nr 331573332 SIC 9211
Sächsisches Landesarbeitsgericht D-U-N-S®Nr 331573399 SIC 9211
1 Staatsgerichtshof D-U-N-S®Nr 342191277 SIC 9211
1 Bundeskriminalamt Berlin D-U-N-S®Nr 341609935 SIC 9221
1 Bundeskriminalamt Meckenheim D-U-N-S®Nr 314091992 SIC 9221
1 Bundesministerium der Verteidigung
Bundeswehr Panzerbataillon 701 D-U-N-S®Nr 341394678 SIC 9711
Bundesministerium der Verteidigung
1 Bundeswehr D-U-N-S®Nr 344535299 SIC 9711
1 Bundesministerium.d.Innern D-U-N-S®Nr 507111040 SIC 8741
1 Bundesministerium für Gesundheit und soziale Sicherung-Bonn D-U-N-S®Nr
333333289 SIC 9121
1 Bundesministerium für Gesundheit und soziale Sicherung-Berlin D-U-N-S®Nr
506761811 SIC 9121
1 Bundesministerium für Ernährung,Landwirtschaft und Forsten-Bonn D-U-N-
S®Nr 333333362 SIC 9121
1 Deutscher-Bundestag D-U-N-S®Nr 332620814 SIC 9199
(USt-IdNr DE122119035)
1 Das Heeresamt (HA) D-U-N-S®Nr 340733356 SIC 9111
1 Bundesministerium-der-Finanzen D-U-N-S®Nr 333333669 SIC 9311
1 Finanzamt Celle D-U-N-S®Nr 341363408 SIC 9311
1 Freistaat Bayern D-U-N-S®Nr 325467376 SIC 9999

* **exterritoriale Organisationen** und Körperschaften ist eine im EU-Recht verankerte Klasse der Organisationen und Körperschaften **mit rechtlichem Sonderstatus, die
aber als Wirtschaftszweig innerhalb der Nationalökonomie stehen**. Exterritoriale
Organisationen und Körperschaften sind in der **«statistischen Systematik der Wirt-
schaftszweige»** in der Europa. Gemeinschaft (NACE) in der aktuellen **Revision 2**
unter dem Abschnitt «U» (Rev. 1.1: «Q») und der Abteilung **«99»** geführt.
http://de.wikipedia.org/wiki/Exterritoriale-Organisationen-und-Körperschaften

Während Wirtschaftswissenschaftler „mit untadeligen neoliberalen Überzeugungen“
das Evangelium der Deregulierung predigten, stieg der kapitalistische Ikarus mit seinen toxischen Papieren hoch auf und stürzte abgrundtief. Die Finanzkrise 2008 zerstörte Billionenwerte, und bald saß in jeder amerikanischen Schulklasse mindestens
ein Kind, dessen Eltern ihr Haus verkaufen mussten. Damit verlor Amerika, seine
stabilisierende Rolle in der Welt. Seitdem sei der globale Markt in ständigem Aufruhr. „Radikale Ungewissheit“ kennzeichne die dritte Epoche des Weltkapitalismus.
Und in der leben wir nun. Ja genau so, denn erst wenn die „Radikale Ungewissheit“
aufhört, hört auch die Existenz des Bösen auf. Und dann wüsste sie, du, er, sie, es,
dass sich Philosophenkönige rasch zum Narren machen – sie beginnen als Erlöser und
enden im Exil.

Es reicht, lautet die Losung, wir dürfen vom Leben mehr erwarten als Arbeitslosigkeit
oder Prekariat, mehr als Bankenrettung, Steuerarmut für Konzerne und Umverteilung
von unten nach oben. Wir sind jung, wir leben jetzt und haben den undankbaren Göttern des Kapitals genug geopfert. Schluss mit einer Fantasy-Ökonomie, die behauptet, man müsse erst den langen Weg durch die Wüste antreten, damit „auf lange Sicht“
alles besser werde. „Auf lange Sicht“, sind wir alle tot.“

Und das schrieb ich gestern Abend, nachdem ich den Film beim rbb Berlin gesehen
hatte. Wem gehört die Stadt? Wenn das Geld die Menschen verdrängt.
Wer Glauben muss, dem werden die Energien gestutzt, weggenommen, damit diejenigen, die den Glauben predigen, damit ihre Energien erhöhen. Und das kann ja in
der Entwicklung der Menschheit nun gesehen werden. Die Kirchen der Vatikan, die
Banker, die Geldbesitzer die Geld aus Luft drucken, das keinen Wert hat, haben es
geschafft die Masse der Menschheit zuerst über die Morde als sie noch Vollblut Raubtiere waren zu versklaven und dann über die Verknechtung der Könige und deren
Landbesitzer die Prinzen und Grafen und dann wurde diese durch die Glaubensma-
fia Vatikan versklavt die das Bankensystem aufgebaut haben und das dazugehörige
Rechtssystem und heute sind die Politiker die ihr wählt Totalvasallen dieser altge-
wachsenen Raubsysteme um die Menschheit auszubeuten über Glaube, Politik, Religion und Geld.

Und der Wohnungsbau- Privat- staatlich-ist gar kein öffentlicher Wohnungsbau der hat bloß noch die Fassade davon um weiterhin die Masse Mensch ausbeuten zu können. Durch den Glaube das der Staat die Allgemeinheit die öffentlichen Einrichtungen etwas für das Allgemeinwohl der mit Prof Titeln und Doktortitel und Diplomtitel und anderen Titeln und gut ausgebildeten Arbeiterschaft, das der Staat etwas für tue. Diese Menschen die in diesen sogenannten Ämtern sitzen was aber gar keine mehr sind und das ist auch gut so, diese Menschen sind bloß dumme Vasallen der Banker geworden, denn das ist alles von Krediten der Banksysteme abhängig gemacht worden durch den Totalverblödungsglaube an das Geld.

Städtische Wohnungsbaugesellschaften, Landes oder Staatliche Wohnbaugesellschaften, das ist alles Täuschung, die haben doch alles an Privatinvestoren verkauft, denn diese Begriffe täuschen nur noch. Da es einen Staat im traditionellen Sinne nicht gibt und auch noch nie gegeben hat. Das ist alles Täuschung die vorgibt Allgemeingut zu sein. Der Staat die BRD ist eine Juristische fickteuchtief, Konstruktion, im Sinne des Vatikan, der Kirchen und der Banker. Um euch besser zu versklaven. Und sie besitzen ja auch die Polizei das Militär das nun sogar eine Privatarmee ist.

So diese Gesellschaften die in dem Film wem gehört die Stadt gezeigt werden, erwähnt wurden, sind alle kapitalistisch, Profitorientierte Firmen, als Firma registriert wie schon oben gezeigt, und müssen Profite machen mit den Steuergeldern mit denen ihr gesteuert werdet, aber nicht für die Steuerzahler, nein, sondern das Unternehmen, Staat die Fiktion, Staat BRD, die juristische FicktifFicktion, oder Land Berlin oder Stadt Köln usw. das sind alles registrierte Firmen. Und deswegen wird immer gegen die dummen Bürger gearbeitet, da das Kapital die Firma Vorrang hat.

Die Firma BRD die sich als Staat simuliert ist in Wahrheit nicht mehr für die Menschen verantwortlich, sondern nur noch für sich selber im Selbstbedienung Prozess, und deren Nutznießer die BankerFamilien, die Industriellen Familien, die besitzenden Familien, die Kirchen oder den anderen Geldbesitzern.

Berufe Ausbildung, ist bloß noch ein Scheinwert , Scheinbedeutung, zumal ja alle im Sinne der existierenden Familienfirmen kontrolliert ist, sei es Ingenieure oder Ärzte, das ist alles am Ende von BankerFamilien gesteuert. Also Berufe, Titel usw.das wird immer unbedeutender, die Maschine wird das alles verdrängen. Und die USA Philosophie Boten eines neuen Zeitalters: Maschinenmenschen auf dem Vormarsch

Was wie Utopie klingt, ist bereits Realität. Nur schleicht sie sich eher langsam in unser Zeitalter ein, fällt in der technologischen Vielfalt und mitten in der Reizüberflutung kaum als revolutionär auf: Biologische und kybernetische Systeme werden an der vordersten Front der Forschung mehr und mehr miteinander verschmolzen. Zunächst scheint das Gute dieser Entwicklung zu überwiegen. Doch könnte sie auch bemerkenswerte, sogar bedrohliche Konsequenzen haben. Zum beginnenden Zeitalter der »Cyborgs« haben sich jetzt auch deutsche Wissenschaftler geäußert. Jedenfalls geht es darum, den Menschen zu ersetzen , und das sind alles die Spielzeuge der Reichen die enorme Profite in dieser Richtung sehen und enorme Mengen an Gelder da rein pumpen, am besten noch Steuergelder, damit nämlich der Mensch in Zukunft total ersetzt werden kann, wenn der Glaube und die Dummheit weiterhin Siegt, der ja 100% gesteuert ist von den BankerFamilien und alles was da dran hängt.

Also die Benebelung der Vernunft und des kritischen Betrachtens und des Verstandes, durch die Gewohnheit, denn die Gewohnheit ist der Nebel der keine Erwachung zulässt, also diese Benebelung, wird dazu führen, das eine potenzielle Versklavung des Gehirns wahrlich nicht zu weit hergeholt ist, also dann auch auf mechanischen Weg.. Jahrzehnte alte und ebenso lange weitgehend als streng geheim eingestufte Mind-Control-Programme haben bereits deutlich vorgeführt, was schon seit Langem machbar ist. Die Frage, wozu Menschen fähig sind, wenn sie nur die entsprechenden Möglichkeiten dafür erhalten, muss gar nicht erst gestellt werden. Durch neue Technologien werden auch die Karten in diesem Spiel neu gemischt. Neues Spiel, neues »Glück«. Und die Erweiterung der heute bereits angedachten und teils auch realisierten Konzepte treibt manchen Zeitgenossen den kalten Schweiß auf die Stirne.

Nicht mehr mitmachen und das Römisch-Katholische oder Protestantische glauben. Deswegen eine Gesellschaft ohne Geld. Aber auch weil die Wahrheit frei macht und nicht das Geld oder die Banker oder die Firmen die einen Staat simulieren. Hier ist nochmal etwas von den Schweitzer Wissenschaftler die die Zusammenhänge der Wirtschaft und deren Besitzern aufgedeckt haben, um zu sehen weswegen die Gesellschaften so sind wie sie sind. Und wie gesagt der Vatikan ist von Anfang ein Bigplayer in diesem Betrug und der Ausbeutung und Versklavung.

Wem gehört die Stadt?
Wenn das Geld die Menschen verdrängt

In ihrem neuen Dokumentarfilm beobachtet die Kölner Filmemacherin Anna Ditges, was passiert, wenn Anwohner, Investoren, Politiker und Stadtplaner ihre ganz unterschiedlichen Vorstellungen von der Zukunft ihres Viertels unter einen Hut bringen müssen.
WEM GEHÖRT DIE STADT – und wer entscheidet über ihre Zukunft? Als ein Großinvestor ankündigt, auf einem ehemaligen Industrieareal mitten in Köln-Ehrenfeld eine Shopping Mall zu bauen, werden Proteste laut. Der Bürgermeister des Stadtteils

versucht zu vermitteln: Er möchte die Anwohner an der Gestaltung ihres Viertels beteiligen. Doch während in der Bürgerinitiative noch über visionäre Alternativen diskutiert wird, hat die Stadtverwaltung schon ganz andere Pläne auf dem Tisch.

In ihrer Langzeit Dokumentation WEM GEHÖRT DIE STADT – BÜRGER IN BE-WEGUNG gelingt es Anna Ditges alle Gruppen vor die Kamera zu holen, die heute stadtverändernde Prozesse erleben, die Stadtverwaltung, den Investor und die Bürger die sich artikulieren und politisch aktiv werden können. Dabei gelingen ihr vor allem auf Seiten des Investor und der Stadtverwaltung tiefe Einblicke in deren langfristiges Kalkül. Ihr besonderer Verdienst besteht aber auch darin, dass sie die Bürger nicht aus den Augen verliert, die sich nicht öffentlich wirksam ‚artikulieren‘ können und Gentrifizierung und Stadt verändernde Entwicklungen still erleiden.

WEM GEHÖRT DIE STADT – BÜRGER IN BEWEGUNG – ist eine Dokumen-tation über Prozesse die heute in jeder Stadt anzutreffen sind, vom Gängeviertel in Hamburg bis zu Stuttgart 21, oder den zahlreichen Initiativen gegen Immobilien Spe-kulation in Berlin. 4 Jahre hat Anna Ditges an ihrem Film gearbeitet.

Hier wiederhole ich nochmal diesen zu vorigen Text. Nicht mehr mitmachen und das Römisch-Katholische oder Protestantische glauben. Deswegen eine Gesellschaft ohne Geld. Aber auch weil die Wahrheit frei macht und nicht das Geld oder die Banker oder die Firmen die einen Staat simulieren. Hier ist nochmal etwas von den Schweitzer Wissenschaftler die die Zusammenhänge der Wirtschaft und deren Be-sitzern aufgedeckt haben, um zu sehen weswegen die Gesellschaften so sind wie sie sind. Und wie gesagt der Vatikan ist von Anfang ein Bigplayer in diesem betrug und der Ausbeutung und Versklavung.
ZITAT ANFANG
Wem gehört die Welt
Zürcher Forscher haben untersucht, wer global die Fäden in der Hand hält: Zu den wahren Mächten der Wirtschaft zählen gerade einmal 147 Unternehmen. Von Ilka Kopplin und Von B und C, Hahn und Zimmermann

Wie 43.060 transnationale Unternehmen miteinander vernetzt sind, untersuchten 2007 die Forscher James Glattfelder, Stefania Vitali und Stefano Battiston vom Institut für Systemgestaltung der Eidgenössischen Technischen Hochschule Zürich. Bildet man die Fremdbeteiligungen dieser globalen Player an anderen Firmen ab, entsteht ein Netzwerk mit mehr als 600.000 wirtschaftlichen Akteuren. Indem sie ihre Auswahl weiter einschränkten, stießen sie letztlich auf eine »Superzelle« von 147 Firmen (133 davon aus dem Finanz- und Immobiliensektor). Diese sind untereinander so verwo-ben und verflochten, dass sie knapp 40 Prozent des gesamten Vermögens der transnationalen Unternehmen kontrollieren.

Diese Firmen bestimmen Schicksal der Weltwirtschaft

1300 Unternehmen kontrollieren vier Fünftel der Weltwirtschaft. Noch dominieren privatwirtschaftliche Konzerne, doch staatlich gelenkte Firmen gewinnen an Einfluss

Es war keine triviale Aufgabe, die sich James Glattfelder, Stefano Battiston und Stefania Vitali von der Eidgenössischen Technischen Hochschule (ETH) in Zürich stellten. Die Forscher wollten konkrete Zahlen für eine weit verbreitete Annahme liefern: Dass transnationale, also nationale Grenzen überschreitende Konzerne eng miteinander verflochten sind und die Weltwirtschaft dominieren.

Zu diesem Zweck nutzten der gelernte Physiker Glattfelder und seine Kollegen die Datenbank Orbis: In der sammeln Statistiker der Organisation für wirtschaftliche Zusammenarbeit und Entwicklung (OECD) Daten von 44 Mio. Firmen und Unternehmern weltweit. Die Schweizer Forscher nutzten die Datenbank vom Stand 2007, mit Daten zu damals 37 Mio. Akteuren.

Anders als etwa die am Umsatz orientierte Global-500-Rangliste des US-Wirtschaftsmagazins Fortune untersuchten die Züricher Forscher, welchen Großunternehmen wie viele Anteile an anderen Firmen gehören. Dabei gingen sie von der Definition des Soziologen Max Weber aus, was Macht bedeutet: die Wahrscheinlichkeit, dass ein Individuum – in der Wirtschaft ein Unternehmen – seinen Willen auch gegen den Widerstand anderer Beteiligter durchsetzen kann.

Das in einem ersten Aufsatz („The Network of Global Corporate Control") präsentierte Ergebnis der Zürcher Forscher: Von 43.060 Konzernen dominieren 1318 Firmen vier Fünftel der am Umsatz gemessenen Weltwirtschaft: mit ihrem eigenem Umsatz und über von ihnen gehaltene Aktienpakete an durchschnittlich 20 anderen Großkonzernen. Die Elite der Elite besteht aus 147 Firmen, die nicht nur über ihr eigenes Schicksal entscheiden, sondern über rund 40 Prozent der Weltwirtschaft.

Die mächtigsten Unternehmen der Welt..

1. Barclays Firmensitz: Großbritannien
2. Capital Group Firmensitz: USA
3. FMR Firmensitz: USA
4. Axa Firmensitz: Frankreich
5. State Street Corporation Firmensitz: USA
6. JPMorgan Chase Firmensitz: USA

7. Legal & General Firmensitz: Großbritannien
8. Vanguard Firmensitz: USA
9. UBS Firmensitz: Schweiz
10. Merrill Lynch Firmensitz: USA
11. Wellington Management Firmensitz: USA
12. Deutsche Bank Firmensitz: Deutschland
13. Franklin Resources Firmensitz: USA
14. Credit Suisse Firmensitz: Schweiz
15. Walton Enterprises Firmensitz: USA
16. Bank of New York, Mellon Firmensitz: USA
17. Nataxis Firmensitz: Frankreich
18. Goldman Sachs Firmensitz: USA
19. T. Rowe Price Firmensitz: USA
20. Legg Masan Firmensitz: USA
21. Morgan Stanley Firmensitz: USA
22. Mitsubishi UFJ Firmensitz: Japan
23. Northern Trust Firmensitz: USA
24. Société Générale Firmensitz: Frankreich
25. Bank OF America Firmensitz: USA
Quelle: ETH Zürich, Stand 2007

Die Top 50 werden vom britischen Finanzkonzern Barclays angeführt. Auch sonst finden sich hier viele Finanzfirmen: der französische Axa-Konzern, die Schweizer Großbank UBS, die Wall Street-Giganten Merrill Lynch und Goldman Sachs oder die Deutsche Bank (Platz 12) und der Allianz-Konzern (Platz 28), aber auch öffentlich weithin Unbekannte wie die US-Beteiligungsgesellschaft Capital Group (Platz 2). Die Konzerne sind nicht nur durch Beteiligungen verbunden, sondern oft auch durch Kredite, Kreditausfallversicherungen (CDS) und andere, oft hoch spekulative Finanzinstrumente. Enge Verbindungen und Absprachen und Kartelle behindern nicht nur Konkurrenz und Innovation. Die engen Maschen des Konzern-Netzwerkes steigern auch weltweit das Ansteckungsrisiko im wirtschaftlichen Krisenfall, weil Firmen „in schlechten Zeiten gleichzeitig Probleme bekommen“, so die ETH-Forscher.

Schon hat die Realität die Forscher bestätigt. Unter den von ihnen für 2007 festgestellten Top 50 der vernetzten Konzerne taucht auch die Investmentbank Lehmann Brothers (auf Platz 34) auf, deren Zusammenbruch im Herbst 2008 zum offiziellen Startschuss der weltweiten Wirtschaftskrise wurde. Von der Schweizer UBS über Société Générale aus Frankreich und die Lloyds-Gruppe oder Ranglistenführer Barclays aus England wimmelt es vor Firmen, die von ihrer Regierungen übernommen oder garantiert wurden, dank Kapitalspritzen ausländischer Investoren überlebten (Barclays durch Geld der Herrscherfamilien des Golfemirats Abu Dhabi) oder immer noch wegen ihrer Milliardenengagements in verschuldeten Ländern zittern – etwa Societé Générale wegen milliardenschweren Griechenland-Engagements.

Die Macht der Finanzkonzerne ist ungebrochen

Die weitergehende Frage, wie verbundene Großkonzerne sich durch Abstimmungen, Personalentscheidungen und Geschäfte konkret kontrollieren, könnte ein ganzes Heer von Forschern beschäftigen. Fest steht, dass die Macht der Finanzkonzerne – im Kontrollranking weit über ihren Umsatz und volkswirtschaftliche Leistung hinaus vertreten – ungebrochen ist. Dies liegt vor allem auch an ihrer in der Rangliste nicht erfassten Verflechtung mit der Politik.

In den USA schafften es vor allem ehemalige Mitarbeiter von Goldman Sachs in der US-Regierung und Parlament und Wall Street-Lobbyisten, eine echte Kontrolle des Finanzsektors zu verhindern: etwa eine von Reformern wie Ex-Notenbankchef Paul Volcker geforderte Zwangstrennung von normalem Bankgeschäft und hoch spekulativem und risikoreichem Investmentbanking oder ein Verbot unregulierten Derivate-Handels. Auch in England, der Schweiz oder Deutschland ist hier bisher wenig geschehen.

Konzerne entziehen sich durch Verlagerung der Steuerpflicht

Ungebrochen ist auch die Macht der Konzerne, sich der Steuerpflicht in ihrer Heimat durch trickreiche Verlagerung oder Verrechnung von Gewinnen im Ausland zu entziehen. Trauriger Spitzenreiter sind die USA: Dort sorgten Unternehmen in den 50er Jahren noch für 30 Prozent der Staatseinnahmen – 2009 waren es nur noch 6,6 Prozent. *2010 schaffte es der New York Times zufolge das größte Unternehmen des Landes, der Konzern General Electric, auf einen US-Gewinn von gut fünf Milliarden Dollar keinerlei Steuern zu zahlen, sondern durch Vergünstigungen noch gut drei Milliarden Dollar gutgeschrieben zu bekommen – das Ergebnis umfangreicher Lobbyarbeit der firmeneigenen Steuerabteilung:* In der sitzen Ex-Beamte des Finanzministeriums ebenso wie der Steuerbehörde und aller wichtigen Parlamentsausschüsse.

In der Schweizer-Macht-Rangliste kommen mit einer Ausnahme (der China Petrochemical Group auf Platz 50) alle Top 50-Konzerne aus den USA, Europa und Japan. Sollte das Zürcher Autorentrio ihre Rangliste aktualisieren, dürfte das Ergebnis deutlich anders ausfallen. Schon haben sich auf der aktuellen Global 500-Liste die chinesischen Staatskonzerne Sinopec und China National Petroleum auf Platz 5 und 6 der weltweit umsatzstärksten Firmen vorgeschoben.

Chinas Firmen kaufen weltweit ebenso Beteiligungen wie aufstrebende Unternehmen aus Brasilien oder Indien, Russland oder Saudi-Arabien. Das Kriterium staatlicher Kontrolle über eine Firma spielt in der Schweizer Rangliste keine Rolle. Schon in einigen Jahren dürften die Top 50, die heute aus privatwirtschaftlichen Großkonzernen und Finanzfirmen bestehen, von Staatsfirmen Konkurrenz bekommen.
Zitat Ende

Ich mache mal weiter mit „Die mächtigsten Unternehmen der Welt.
1. Barclays Firmensitz: Großbritannien Hier ist ein Bericht der hier einiges erleuchten könnte weswegen das so ist.

ZITAT ANFANG
Vereinigte Staaten Co.

1. Die Vereinigte Staaten Co.
Ein Unternehmen in Columbia, welches das Papiergeld für Amerika druckt und unter der Leitung eines Privatbank-Kartells, der FED, steht, eine mit Gold gerahmte amerikanische Flagge führt, ob rechtmäßig oder nicht, müsste geprüft werden, und sich als das eigentliche Amerika sieht, und
2. Die Vereinigten Staaten von Amerika.
Die Republik mit ihren 50 Staaten, mit ihren Gold- und Silber-Rechten und einer Flagge ohne goldenen Rahmen (diese mit Sicherheit rechtmäßig), der Kooperationspartner.
Die Kooperation zwischen beiden wurde ohne das Wissen der amerikanischen Bevölkerung im Jahr 1871 geschlossen. Seit 70 Jahren wird der Bevölkerung nun auch das Geld von einem privaten Unternehmen zur Verfügung gestellt, ohne dass man sie je davon in Kenntnis gesetzt hätte, dass sie einen Vertrag eingegangen sind. Nie gefragt wurde, ob sie das eigentlich für sich und seine Nachkommen möchten.
(Vergleichen Sie dieses mit der Entwicklung bei uns)

Der allgemein als souverän betrachtete amerikanische Bürger ist bei einem Vertragsabschluss entmündigt worden, und es geht bei diesem Vertrag um nicht weniger als das Geld.

Das System, welches das Geld verwaltet, ist auch das System, das an einer Weltregierung arbeitet. Es sucht die Kontrolle über die Bevölkerung, wo immer dieses möglich ist. Sie nennen dieses: **Verwaltung von Human Ressourcen.**

Die amerikanischen Gerichte z.B. sind alle im Besitz der Vereinigten Staaten Co., einer privaten Firma, und auch die öffentlichen Medien, Fernsehen, Radio, Zeitungen, usw., befinden sich in deren Hand.

Die amerikanische Gesellschaft wird also nicht vom Staat, sondern vom Geld regiert.
Ohne das Geld funktioniert kein Staat
Der Beginn der NEUEN WELTORDNUNG.
Daher wäre zu bemerken:

1. Die amerikanische Flagge mit Goldrahmen ist nicht das Original. Der Goldrahmen zeigt, dass eine Organisation nicht mehr dem Staat gehört, sondern von einem Privatunternehmen, der FED-Gruppe, übernommen wurde, welche sich selbst als Regierung bezeichnet.
Die Flagge ist eine Admiralsflagge des britischen Königshauses.
2. Die amerikanische Flagge ohne den Goldrahmen (die Republik) ist die tatsächliche Amerikaflagge (horizontale Streifen, weiße Sterne und blauer Hintergrund, keine Rahmen (auch keine goldumrahmten Sterne), Adler, Bälle, Speere, usw.).
3. Die USA-Flagge ohne Goldumrahmung war die Flagge der Republik. Wie wichtig dies ist, wird in der Folge gezeigt. Denn so wie dies derzeit ist, bedeutet es:
AMERIKA IST BESETZT.
Heute gibt es folglich zwei voneinander unabhängige Nationalflaggen. Wie ist so etwas überhaupt möglich?
Patrioten glauben, dass die Herstellung von Geld bei Privatbanken verboten ist, weil die Verfassung besagt, dass der Kongress zur Geldherstellung zustimmen müsse. Das ist aber nicht gesagt.
Artikel l, Absatz 8 besagt:
Der Kongress hat die Macht, um Geld zu machen und deren Menge zu kontrollieren.
Dies besagt nicht, dass nur der Kongress die Macht besitzt, Geld herzustellen, noch dass er von diesem Recht Gebrauch machen muss.

Absatz 10 besagt, dass kein (amerikanischer) Staat Geldmünzen herstellen solle, welche nicht durch ausreichend Gold- und Silberreserven abgesichert sind, um den Geldwert sicherzustellen. Gilt dies für Geldscheine auch? Wohl nicht.

Ein Gebiet in Maryland, genannt Washington D.C., wurde im Jahr 1871 an einen neuen Kongress als Distrikt von Columbia übergeben und eine neue Regierung gebildet, die kein Teil der Republik ist, um dort letztendlich Geld herzustellen. In diesem Distrikt befindet sich die im Privatbesitz befindliche Zentralbank Amerikas, die FED, welche das Papiergeld verwaltet.

Der Distrikt ist durch eine Reihe von effektiven Gesetzen geschützt, die mit dem Restamerika abgesprochen sind. Die Gründungsväter wussten dies, kannten nur die

Auswirkung der Verträge nicht. Dass Washington D.C. eine Sonderstellung in Amerika besitzt, merkt man auch daran, dass die Wählerschaft von Washington D.C. seit über 200 Jahren keinen Vertreter im Parlament besitzt.

Die Unabhängigkeitserklärung, ein englischer Schwindel?

Die Vereinigten Staaten waren niemals frei von der Kontrolle durch London. Im Gegensatz. Es war eine Planung Londons. Großbritannien und die Britische Krone besaßen immer, ja besitzen heute noch, die Vereinigten Staaten. Wenn Sie Amerikaner sind und Sie haben diese Information nie zuvor gehört, sollten Sie sich in Ruhe hinsetzen und eine Tasse Tee trinken, weil Sie sonst vielleicht einen großen Schock bekommen.

Im Jahr 1604 traf sich eine Gruppe von führenden Politikern, Geschäftsmännern, Wirtschaftsmännern, Wirtschaftstreibenden und Bankern in Greenwich, im englischen Bezirk Kent, und bildeten eine Kooperation unter der Bezeichnung **Virginia Company** betreffs der weißen Bevölkerung des nördlichen Amerikas.

Firmeninhaber war König James I. und die Originalfassung der Ordnung für das Unternehmen wurde mit dem 10. April 1606 fertiggestellt. Diese und späteren Änderungen haben alle folgenden Inhalt:

Die **Virginia Company** besteht aus zwei unabhängigen Unternehmen, der London Company und der Plymouth oder New England Company. Die Unterzeichneten kamen am 14. Mai 1607 in Jamestown überein, Amerika als permanente Kolonie zu gewinnen, was in der Folge durch die Pilgrim Fathers (heute Pilgrim Society) vorangetrieben wurde, die im November 1620 Cape Cod mit der Mayflower erreichten und am 21. Dezember 1620 im Hafen von Plymouth an Land gingen. Die Pilgrims der amerikanischen mystischen Geschichte waren in Wahrheit Mitglieder der zweiten **Virginia Company,** oder auch New England Company genannt.

Das rote Malteserkreuz fällt immer wieder auf.

Die **Virginia Company** kaufte das Land, welches wir heute die USA nennen, und das ganze Land 900 Meilen außerhalb. Das schließt auch die Bermudas ein und all das was wir heute als Karibische Inseln kennen. Die Virginia Company (die britische Krone und blutsverwandte Familien) hatten 50 % der Rechte an Mineralien und Rohmaterialien, und 5 % aller Profite der Unternehmen. Diese Rechte wurden für alle Zeiten festgeschrieben.

Die Kontrollmitglieder der **Virginia Company** wurden als Treasurer (Schatzsamm-ler) und Firma der Abenteurer und Pflanzer der Stadt London (City of London – CoL) bezeichnet.

In den ersten 21 Jahren des Aufbaus der Virginia Company, wurden alle Einnah-men aus dem Handel, den Steuern usw. direkt an die Britische Krone gezahlt. Kein Händler konnte Waren aus den Kolonien exportieren ohne Abgaben an die britische Krone zu leisten und so wurde Großbritannien in alle Bereiche des täglichen Lebens involviert.

Das Land der Virgina Company in den Kolonien wurde unter einen Trust gestellt, und so konnte niemand Goldschürfrechte erwerben. Man konnte dieses Recht käuflich erwerben, aber die Goldmine gehörte niemals den Käufern. Das Land blieb im Besitz der britischen Krone.

Das Kolonialgebiet wurde von zwei kolonialen Konzilen regiert, jedes mit 13 Mit-gliedern, wobei das königliche Konzil in London das Entscheidungsrecht hatte. Die Spitzen der britischen Monarchie waren folglich auch die Gouverneure der amerika-nischen Kolonien, welche heute Präsident genannt werden.

Der Monarch bestimmte, durch das Konzil der Kolonien, dass alle Bewohner Chris-ten werden müssten, alle, die Einwandernden sowie die Ureinwohner Amerikas. Die-se hätten gefälligst die britische Sprache zu lernen.

Mit allem Respekt vor Gott, verordne ich, dass das Wort Gottes und Christi nicht nur in den Kolonien, sondern allen Menschen, unter Strafandrohung gepredigt werden soll, so dass die Doktrin, die Rechte und die Religion wie in England entstehen.
König James I.

Wenn die Ureinwohner Amerikas die christliche Religion nicht annahmen, wurden sie von der britischen Krone verfolgt und verhaftet. Eine Anweisung, um die Kultur und das Wissen der nordamerikanischen Ureinwohner zu zerstören und die weiße Be-völkerung unter die Kontrolle der christlichen Terroristen – und der calvinistischen Puritaner zu bringen. Es stand jedem frei, einen Ureinwohner zu töten, zu foltern oder zu kidnappen.

Die Gerichtshöfe des Landes der Virginia Company standen unter Admiralsrecht, das Gesetz zur See, und die Zivilgerichte unter dem Gesetz des Landes. Und was wichtig ist: Alle diese Systeme bestehen bis zum heutigen Tag!

Nachdem die original 13 amerikanischen Kolonien 1783 die Unabhängigkeit des Landes erklärt hatten, änderte die Virginia Company ihren Namen in die Vereinigten Staaten von Amerika. So gibt es heute zwei Amerikas, eine USA und eine usA. Die Vereinigten Staaten von Amerika mit einem kleinen u und einem kleinen s ist die Vertretung der verschiedenen Länder, die sich nach wie vor im Besitz der britischen Krone befinden.

Und da sind die Vereinigten Staaten von Amerika, mit einem großen U und einem großen S, welche die 68 Meilen des Landes westlich des Potomac River umfassen; das Gebiet der Hauptstadt Washington D.C. und der Distrikt von Columbia. Auch die US-Protektorate von Guam und Puerto Rico gehören dazu. Die Vereinigten Staaten von Amerika sind kein Land, sondern eine Firma im Besitz einer Bruderschaft von blutsverwandten Reptilien (siehe dazu auch die nächsten Bilder), welche die Virginia Company besaßen. Die USA ist die **Virginia Company!**

Damit Amerika eine soziale Absicherung bekam, mussten die Bürger der Vereinigten Staaten ihre Souveränität an die Vereinigten Staaten (die **Virginia Company** der britischen Krone) verkaufen.

Und sie taten dies, weil sie es nicht wussten. Sie sind es gewohnt, an ihren eigenen Staat zu glauben und daran, dass die Regierung eine wirkliche Regierung für das Volk ist. Es gibt zum Beispiel kein Einkommenssteuergesetz, aber sie zahlen sie, weil sie glauben, dass sie das müssen. Die Bruderschaft kontrolliert Terroristenbekämpfung und die Amerikaner zahlen, weil sie glauben, dass sie terrorisiert werden.
Dies besagt nämlich auch, dass alle Rechte von der Virginia Company gemacht werden, national und international und von britischen Familien kontrolliert werden. Eine ausgezeichnete Voraussetzung für das Anstreben einer neuen Weltordnung.

Wer regiert Amerika?

Am 3. Oktober 1213 bestimmte König John als König von England, dass die Autonomie Englands beendet sei und übergab die Macht dem Papst in Rom, der als Vikar und Christ über alle Menschen der Welt herrschen solle.
Im Gegenzug garantierte der Papst der englischen Krone die Dominanz. Mit anderen Worten, die Britische Krone ist die ausführende Gewalt und der Vatikan ist der Eigentümer, bzw. der wahre Eigentümer ist, wer den Vatikan kontrolliert.
Und ihr Menschen Amerikas, ihr Präsidenten und führende Politiker, lasst es euch sagen: Auch Großbritannien ist nicht unabhängig. Denn wer kontrollierte König John? Die Templer. Das springt einem beim genauen Hinsehen direkt ins Gesicht.
Die Virginia Company und König James I. gestatteten Rechtsprechung nach dem

Seerecht der Admiralität.

Über welche Admiralität sprachen sie? Natürlich die Britische. Wenn ein Gericht unter See- und Marinerecht arbeitet, so hat die Flagge einen goldenen Rahmen. Alle Gerichte der Vereinigten Staaten haben diese Rahmen. Ebenso die Flaggen in öffentlichen Gebäuden.

Die amerikanischen Gerichte werden unter dem britischen Admiralsrecht betrieben. Die Krone und die Bruderschaftsfamilien der Briten kontrollieren die amerikanischen Gerichtshöfe und der Sitz der Bruderschaft ist der Stadtteil Templer Bar in London, also ein Templerstaat mit Zentrum in Großbritannien.

Dieser Drache markiert den Eingang zur „City of London"(*Foto habe ich nicht übernommen aus dem internetbericht.W.Schorat*) an der Südseite der London Bridge.
Hier fällt auf, dass jeder Haupteingang zur Stadt von einem Paar Drachen geschützt wird (manchmal auch von einem einzelnen großen Drachen), hauptsächlich kompakte silberne Tiere, welche in den Greifen ein Schild mit einem roten Kreuz tragen.

Aber zurück zum Monument von Temple Bar. Ein großer, schwarzer und ernst blickendes Biest markiert den Eingang zur Stadt, es ist so groß und furchterregend, dass es schon alleine genug Eindruck macht. Vergleichen Sie seine Größe mit dem Mini auf der Straße, er ist wirklich riesig. *(Ich habe einige Fotos rausgenommen, sie können aber unter der Web-Adresse unten gesehen werden. W.Schorat)*
Die britischen Adeligen kontrollieren die amerikanischen Richter, Rechtsanwälte, die Polizei und so weiter, und durch andere Organisationen, wie das Konzil für Internationalen Handel oder die Trilateral Commission, manipulieren sie das amerikanische politische System. Die amerikanischen Richter werden durch das britische Seerecht kontrolliert und verdienen dafür Geld
Auch an vielen anderen Stellen findet man in der City Drachen.
Eine der Blutlinien ist die Rockefeller-Familie. Sie managt Amerika im Auftrag des Londoner Hauptquartiers, und es sind die Rockefellers, welche bestimmen, wer Präsident wird. Mit anderen Worten, die London-Elite regiert. Die Queen von England. Prinz Philip und die Mitglieder des britischen Hochadels.

Das amerikanische Rechtssystem
(Amerikas Flagge ist eine Militärflagge)
Die Flaggen die in den Gerichten der amerikanischen Gerichtshöfe gezeigt werden, haben goldene Rahmen. Das ist ein Warnsignal, das Sie einen anderen Staat betreten haben, dasselbe, als würden Sie in eine andere Botschaft gehen. Sie stehen unter dem Einfluss dieser Flagge. Die Flagge mit dem goldenen Rahmen zeigt uns, dass dort kein U.S.-Recht mehr besteht. Es zeigt: Wir befinden uns in den Vereinigten Staaten von Amerika.
Martial Law Flag Pursuant to 4 U.S.C. Kapitel, 1,2, &3; Ausführungsregel 10834

vom 21. August 1959; 24 F.R. 6885.

Eine Militärflagge ist eine Flagge, die man setzt, wenn man einen Staat erobert. Der Präsident der Vereinigten Staaten hat die Order, diese Flagge der offiziellen Flagge zu bevorzugen und in seiner Funktion als Militärkommandant zu akzeptieren. Selbst das Ersetzen eines Sternes auf einer Flagge hat die Dimension, eine neue Flagge zu schaffen. Die amerikanischen Gerichte gehören folglich einer fremden Militärmacht an. Amerika ist besetzt.

Wenn Sie in einen Gerichtssaal mit einer goldgerahmten Flagge eintreten, so haben Sie einen anderen Staat betreten, und es ist besser, Sie haben Ihren Reisepass dabei, weil es sonst sein kann, dass Sie diesen Staat lange nicht verlassen. Der Richter, der unter einer goldgerahmten Flagge sitzt, hat die Funktion eines Captain oder Masters eines Schiffes, d.h., er hat die absolute Macht, Regeln zu beschließen.

Die Fahne mit den goldenen Rahmen ist eine Warnung, dass Sie das Gebiet der amerikanischen Verfassung verlassen haben und im Gerichtssaal ein anderes Gesetz gilt. Das ist der Grund, warum so mancher Richter nicht auf die Leute hört.

Der oberste Richter wird vom Präsidenten, als nationaler Militärkommandant, berufen. Die Staatsrichter werden von den Gouverneuren, als die staatlichen Militärkommandanten, berufen. Die Richter werden berufen, weil die Gerichtshöfe Militärgerichtshöfe sind und Zivilisten nicht auf Militäroffiziere hören müssen.

Regierungen sind Privatunternehmen Typisches Beispiel: die Vereinigten Staaten, Großbritannien aber auch anderswo. Die Vereinigten Staaten Co. wurde unter den Blicken der offiziellen Regierung gebildet, schon nachdem der Unabhängigkeitskrieg gewonnen worden war. Amerika war frei.

In Wahrheit hat die Virginia Company, das von der Britischen Krone geleitete Unternehmen, die Kolonien immer kontrolliert. Es war nur eine Namensänderung notwendig, unter anderem in US, USA, Vereinigte Staaten von Amerika, Washington D.C., Distrikt of Columbia, Federal Government u. die FED.

Der Distrikt von Columbia (Columbia = Königin Semiramis, die Hure von Babylon), oder die Vereinigten Staaten Co., plant die Weltregierung und ihr letzter Präsident des Unternehmens hieß George W. Bush und seit Januar 2009 Barack Obama. Er ist nicht Präsident für die Menschen des Landes, wie alle glauben, sondern agiert für ein Privatunternehmen.

Als Chef dieses Unternehmens begann Bush den Krieg gegen den Terrorismus, um Profit zu erzielen. In Wahrheit hat dies nichts mit Amerika oder den Amerikanern zu tun. Das ist etwas anderes. Es ist die Vereinigte Staaten Co., welche die U.S.-Armee besitzt und auch alles Andere, das unter der Bezeichnung „federal" zusammengefasst wird.

Ihr Gerichtssystem ist der Uniform Commercial Code (UCC), das britische Admiralsrecht, ihre Flagge die Flagge mit den goldenen Rahmen, auch Ihre Flagge, wenn

Sie ein Gerichtsgebäude, Regierungsgebäude oder eine öffentliche Schule in Amerika betreten. Unter dieser Admiralsflagge funktioniert der gesamte amerikanische Staat. Jeder, der ein Schiff betritt, weiß, hier regiert der Kapitän. Die goldenen Rahmen sind das legale Zeichen dafür, dass man britisches Marinegebiet betritt. So ist die Befreiung Amerikas im Unabhängigkeitskrieg eine einzige Lüge.

Richter, die die Flagge durch eine andere ersetzten, wurden gefragt, ob sie das amerikanische Recht denn nicht kennen.

Der Uniform Commercial Code

Amerikanische Gerichte sitzen unter der goldenen Rahmenflagge der britischen Admiralität (unter dem UCC Uniform Commercial Code).

Er wurde das erste Mal bei der American Bar Association erprobt, welche ein Tochterunternehmen des britischen Rechtssystems ist und aus dem Londoner Tempeldistrikt stammt (benannt nach der Geheimgesellschaft der illuminierten Tempelritter).

George W. Bush rief einen Krieg gegen den Terrorismus im Namen und zum Nutzen dieser Bewegung aus.

Auch die US-Truppen, die im Irak agieren, tragen die Flagge mit den Goldrahmen auf ihrem Gewand, was zeigt, dass auch sie unter britischem Seerecht agieren. Sie sind dort, um die Interessen der privaten Vereinigten Staaten Co. zu vertreten und nicht als Repräsentanten des Volkes. Daran zu merken, dass sie nicht die amerikanische Flagge repräsentieren sondern das Symbol der illuminierten Satanisten, mit dem klassischen Pentagramm.

Übrigens, wenn Sie es nicht glauben, der Artikel 18 B 7 besagt, dass das Admiralsrecht an folgenden Orten Anwendung findet:

- **(1) auf hoher See,**
- **(2) auf amerikanischen Schiffen,**
- **(3) in allen Ländern, welche von den Vereinigten Staaten verwaltet oder erobert werden, und innerhalb des Staates Amerika.**

Wie entstanden die Vereinigten Staaten

Die Vereinigten Staaten sind kein Staat, sondern eine Firma.

Um zu verstehen, was mit der Republik wirklich geschah, müssen wir zurück in die Zeit des Bürgerkriegs schauen. Wir müssen zurück in das Jahr 1871, welches der Beginn des Untergangs der Republik war. Wenn Sie dieses zur Kenntnis nehmen, lernen Sie die Geschichte der Vereinigten Staaten und können sich einen Reim auf das Rätsel Amerika machen.

Nur dann können wir die Frage beantworten, ob die Amerikaner ein freies Volk sind oder nicht. So lasst uns für einen Moment in die Vergangenheit zurückschauen. Es wird Zeit, dass wir lernen, was uns keine Schule gelehrt hat. Allerdings ist diese Geschichte wohl viel interessanter, als die, die man in Schulen lernt.

Es war am 21. Februar des Jahres 1871, dem 41ten Kongress. Ich rezitiere die Agenda des 41ten Kongresses, Absatz 34, Session III, Kapitel 61 und 62. An diesem historischen Tag der amerikanischen Geschichte verfasste der Kongress einen Artikel mit dem Titel: Ein Akt zur Regierungsbildung des Distrikts von Columbia. Dieser Akt ist als Akt von 1871 bekannt geworden. Warum? Weil der Kongress eine separate Regelung für einen nur 10 Meilen großen Distrikt schuf. Was? Wie konnte er das tun? Vielleicht besser noch gefragt: Was veranlasste ihn dazu?

Der Akt von 1871 entstand in einer schwierigen Zeit. Die amerikanische Nation war nach dem Bürgerkrieg fast bankrott, ausgeblutet durch den langen Zivilkrieg.

Der Zivilkrieg war nicht mehr als eine gut kalkulierte Maßnahme einiger Hintergrundakteure, ein strategischer Schachzug europäischer Interessen, organisiert von internationalen Bankern, welche einen Einfluss auf Amerika gewinnen wollten.

Der Kongress erkannte, dass sich Amerika in finanziellem Engpass befand, und sie trafen ein Abkommen mit dem britischen Bankhaus Rothschild, welches zu dieser Zeit seine Finger überall in die Welt hin ausstreckte. Wenn wir an Banken denken, so wissen wir: Sie borgen niemals Geld ohne eigenen Profit. Sie schaffen damit Abhängigkeiten ihrer Kreditnehmer.

Und genau das passierte auch 1871. Die internationalen Banker waren nur unter einer Voraussetzung bereit, Amerika Geld zu leihen, nämlich die Schaffung einer Regierung für den Distrikt von Columbia.

Und sie fanden damit letztendlich einen brillanten Weg, um Einfluss auf das gesamte Amerika zu erhalten. Ein Preis, der für uns heute viel zu hoch erscheint, für die damaligen Menschen aber als Lösung erschien. In diesem Zusammenhang entstand die Vereinigte Staaten Cooperation. Vorerst nur für einen Distrikt.

Jordan Maxwell - Maritime Law Rules the World Commerce and Courts

Diese Firma aber, ursprünglich aus gegenseitigen Interessen geschaffen, *http:// derhonigmannsagt.wordpress.com/2010/12/01/lug-und-trug-wohin-man-schaut/ #comment*-5844 änderte ihr Gesicht und verwandelte das ursprüngliche Amerika in eine dunkle Ecke. In der Folge des Akts von 1871 kamen die Banker und forderten einen Kooperationsvertrag. Einen Vertrag zwischen dem Distrikt von Columbia und Restamerika. Sie würden hierfür die Schulden erlassen. Die Gründungsväter nahmen dankbar an. So entstand ein Kooperationsvertrag mit dem Titel: Die Vereinigten Staaten von Amerika. Es entstand nicht nur ein neuer Staat mit eigener Regierung und eigener Gesetzgebung. Sondern auch neue Vereinigte Staaten von Amerika. Diesmal beschlossen zwischen dem Distrikt von Columbia (heutiges Washington D.C.) und dem Rest von Amerika.

Was niemand bedacht hatte: Der Vertrag ersetzte den alten Vertrag über die Vereinigten Staaten. Lassen Sie uns einen Moment darüber meditieren. Der Vertrag beinhaltet keine Republik. Es geht hier nur um eine Kooperation zwischen zwei Staaten. Das ist nicht gut für die Amerikaner und er stellte das Rechtssystem außerhalb der ursprünglichen Vereinbarung.

Auch wenn der Kongress Maßnahmen gegen die Menschen fordert, die die Souveränität der Unabhängigkeitserklärung durch eine Vereinbarung aufgehoben haben, so bleibt dies dennoch ein Rechtsgeschäft. In anderen Worten, die Regierung war zwar unabhängig gebildet worden, die Amerikaner waren freie Bürger mit der höchsten Autorität ausgestattet, aber nur bis zu diesem Vertrag.

Keine Regierung ist unabhängig. Schauen wir in die Unabhängigkeitserklärung, wo wir lesen:

Die Regierung ist ein Subjekt der Regierten.

Diese Aussage ermächtigt uns dazu, unabhängig zu sein.

Fühlen sich die Amerikaner heute wirklich unabhängig? Fühlen sich die Deutschen unabhängig? Ich nicht!

Die amerikanische Regierung ist seit dieser Zeit nicht ein Subjekt der Regierten, sondern, die Regierten sind ein Subjekt der Kooperation, welche seine Fangarme von der 10-Meilen-Zone aus auf ganz Amerika ausstreckt. Der Vertrag ist auf unbestimmte Zeit, also ohne Ende, abgeschlossen. Ohne zeitliche oder räumliche Beschränkung, wie groß der Distrikt von Columbia letztendlich ist. Sie wollen nur, dass alle das glauben.

Das ist der Weg, wie das römische Zivilrecht arbeitet und das amerikanische Gesetz ist heute auf das römische Zivilrecht und das Admiralsrecht aufgebaut, besser bekannt als „Das Recht der Könige".

Römisches Zivilrecht wurde in den neuen Kolonien eingesetzt, bevor die amerikanische Nation begann, ein privates internationales Recht aufzubauen.

Die Regierung, welche an den Distrikt von Columbia mittels des Akts von 1871 gebunden ist, stellt Regeln auf, die das Private Internationale Recht, welches das ursprüngliche republikanische Recht war, unterminieren.

Das private internationale Recht wird nur mehr im Distrikt von Columbia praktiziert. Und vom Distrikt von Columbia aus reichen Arme, die als Departments bezeichnet werden, zum gesamten Rechtssystem in Amerika.

Diese Departments sind nicht, was sie zu sein scheinen. Diese Departments gehören alle der Firma Vereinigte Staaten Co. und sind normalerweise nicht für die Bürger bestimmt, sondern Körperschaften außerhalb der republikanischen Gesellschaft.

Auch der Vereinigte Staaten Code gehört laut Artikel 28 3002 (15) (A) (B) (C) nicht zur Republik. Er wurde unabhängig gestartet und gehört zur Vereinigte Staaten Co. Auch Muss man akzeptieren, dass sich diese Firma nicht von der Regierung unterscheidet. Es ist die Regierung.

Wer mag schon, von einer manipulierenden Firma regiert werden?

Auch der Kongress ist ein Teil des Systems. Auch Kongressabgeordnete arbeiten für diese Firma. Überrascht Sie das?

Wahrscheinlich nur deshalb, weil niemand darüber berichtet. So wie im Fall der illegalen Steuern und vielen anderen Themen. Ein populärer Glaube, dass all das keine Privatorganisationen sind. Sie arbeiten alle nicht für uns. Sie arbeiten für sich. Für die Firma Vereinigte Staaten Co. Die große Zahl an Komitees und Unterkomitees, die der Kongress hat, dienen nur der Verwirrung. Lauter voneinander unabhängig arbeitenden Departments. Und wer kann wissen, zu welchem Monster er gehört. Ein jedes von ihnen hat seinen Kopf im Distrikt von Columbia.

Und obwohl die Vereinigten Staaten Co. in keinem anderen amerikanischen Staat einen Rechtsanspruch auf Recht oder Rechtsbelehrung besitzt, leiten sie ihr Recht vom Kooperationsvertrag her ab.

Kann all dies mit der Zustimmung des Kongresses passieren? Man hält es für unmöglich. Aber Irrtum. Es gibt keine Unfälle in einer Regierung. Es wird Zeit, dass wir unsere Ignoranz ablegen.

Der amerikanische Vizepräsident

Ein interessanter Aspekt ist auch die Rolle, die der Vize und der Präsident spielen. Ihre Büros sind im Kapitol der Vereinigten Staaten in Washington, D.C. untergebracht. Der Vizepräsident übernimmt sein Büro mit derselben Zeremonie wie der Präsident. Diese Tradition begann im Jahr 1937. Zuvor wurde der Vizepräsident durch den Senat eingeschworen.

Der Vizepräsident sagt zuerst: „Ich schwöre, dass ich der Gesellschaft der Vereinigten Staaten dienen und sie schützen werde, gegen alle Feinde, innere und äußere, und dass ich mein Amt in Gnade und Gerechtigkeit ausüben werde: ich übernehme das Amt freiwillig, ohne jeden Druck von außen. Und ich werde das Amt in Ehren halten, in welches ich jetzt eintrete. So wahr mir Gott helfe."

Dieser Eid wird vor vier Zeugen in der Columbia Halle abgelegt. Zu genau diesem Zeitpunkt übernimmt der Präsident das Büro traditionell vom Chef der Justiz der Vereinigten Staaten, unter der Anwendung des Artikels II, Sektion 1 der Vereinigten Staaten. Vereinbarung:

„Ich schwöre, dass ich mein Amt gnadenvoll ausüben werde als Präsident der Vereinigten Staaten, und werde mein Bestes geben, um der Gesellschaft der Vereinigten Staaten zu dienen, über sie zu wachen und sie zu beschützen."

Beide, der Vizepräsident und der Präsident, schwören, die Gesellschaft der Vereinigten Staaten zu schützen (welches die Virginia Company ist, die den Namen auf die Vereinigten Staaten geändert hat), nicht aber, den Staat Amerika oder seine Bevölkerung zu schützen.

In der Deklaration der Vereinigten Staaten Co. steht:

Wir, die Menschen der Vereinigten Staaten, um eine bessere Union zu schaffen, eine bessere Gesetzgebung, und einen besseren Handel, uns selbst zu verteidigen, und gegen jede Ungerechtigkeit zu wehren, sowie unsere Freiheit zu sichern für uns selbst und unsere Post, erstellen hiermit neue Grundregeln für die Vereinigten Staaten von Amerika.

In den gesamten amerikanischen Eiden betreffs der Vereinigten Staaten fehlt die Bezeichnung von Amerika , was bedeutet, sich nicht für das Volk von Amerika einzusetzen, sondern sich für die Virginia Company (Wir, die Menschen der Vereinigten Staaten) stark zu machen.

Die Gründungsväter hätten auf den kleinen aber feinen Unterschied achten müssen und die Wörter Wir, die Menschen der Vereinigten Staaten „von Amerika" einfügen müssen, um eine saubere Vereinbarung zu erhalten. (So gibt es heute Vereinbarungen für die Vereinigten Staaten Co. und gegen die Vereinigten Staaten von Amerika; die Eide beziehen sich auf die Vereinigten Staaten Co.)

(So lautet es im Amtseid der „BRD": …und die Gesetze des Bundes wahren und verteidigen und nicht: …die Gesetze der Bundesrepublik Deutschland wahren und verteidigen. Welcher Bund ist hier gemeint? Auch bei den Urteilen der „BRD"-Gerichte heißt es: Im Namen des Volkes und nicht: Im Namen des Deutschen Volkes!?)

Wenn die amerikanische Regierung folglich will, dass sich ein Vertrag auf ganz Amerika bezieht, so schreiben sie, Vereinigte Staaten VON AMERIKA, will sie das nicht, so heißt es nur, Vereinigte Staaten.

Das ist so, weil es eine Firma mit exakt dem gleichen Wortlaut gibt, die Virginia Company, heute umbenannt in Vereinigte Staaten. Übrigens, 50 der 55 Delegierten, welche die Grundkonvention der Vereinigten Staaten erarbeiteten, waren bekennende Freimaurer und nur einer bekannte sich dazu, kein Freimaurer zu sein. George Washington (der Präsident der Convention und der erste US-Präsident) trug die vollständige Freimaureruniform und schwor seinen Eid auf die Freimaurerbibel.

Benjamin Franklin, in Boston geboren, war einer der Diplomaten, die den Frieden mit Großbritannien verneinten, und der mithalf, die Unabhängigkeitserklärung zu verfassen, einer der 56, der diese dann auch unterzeichnete. Er war auch aktiv in der Erstellung der Vereinigten Staaten Co. Er war Freimaurer. Franklin war der Großmeister der Großloge von Pennsylvania und veröffentlichte das erste Buch über Freimaurer in Amerika. Er war Mitglied des Sir Francis Dashwoods Höllenfeuer Club (Hellfire Club), unter anderem mit der Collins-Familie von Satanisten. Beide, Franklin und Thomas Jefferson, waren Mitglieder der armen Satansgruppe, welche satanische Sexualrituale durchführten. (Die illuminierten Blutlinien, Fritz Springmeier).

Arbeiter fanden zehn versteckte Körper nahe der Londoner Behausung von Benjamin Franklin, dem Gründungsvater der amerikanischen Unabhängigkeit.

Die Virginia Company von London setzte bei einem Konzil eine Regierung ein. Der Präsident des Konzils wurde zum Gouverneur ernannt. Das Konzil wurde in London abgehalten.

Und hier einige Beispiele für solche Gouverneure, die von der Virginia Company erst als Gouverneur für Virginia und später als US-Präsidenten eingesetzt wurden.

Thomas Jefferson, zweiter Gouverneur von Virginia, erster US-Sekretär des Staates, zweiter US-Vizepräsident, dritter US-Präsident.

Benjamin Harrison, fünfter Gouverneur von Virginia, Sohn von William Henry Harrison und Urenkel von Benjamin Harrison wurde Präsident der Vereinigten Staaten.

Edmund Randolph, siebenter Gouverneur von Virginia, erster US-Attorney General, zweiter US-Sekretär des Staates.

John Tyler Sr., fünfzehnter Gouverneur von Virginia, Sohn von John Tyler Jr., welcher der dreiundzwanzigste Gouverneur von Virginia wurde und beide zehnter Vize-Präsidenten und zehnter Präsident der Vereinigen Staaten.

James Monroe, zwölfter und sechzehnter Gouverneur von Virginia, siebter Sekretär des Staates, achter US-Sekretär für Krieg, fünfter US-Präsident, usw., usw.

(Meiner Kenntnis nach waren lediglich zwei Präsidenten, bzw. zumindest die Vizepräsidenten keine Logenbrüder, längst ist jedoch das gesamte politische System der USA bzw. usA von Logen dominiert.)

Es gibt noch viele andere Beispiele und viele Blutlinien innerhalb dieser Personen. Andere kamen wieder durch Einheiraten zu ihnen. Hier kann man sehen, wie das System der Virginia Company arbeitet, um die Vereinigten Staaten Co. unter Kontrolle zu behalten.

Benjamin Franklin, John Adams und John Jay

Die Männer des Unabhängigkeitskrieges.

Die wichtigste war Operation MAJESTIC 12, die am 24. September 1947 von Präsident Truman gegründet wurde und der alle anderen Projekte unterstanden. MAJESTIC ist der Codename für den Präsidenten.

Die Vereinigten Staaten sind noch immer eine britische Kolonie.

Die generelle Schwierigkeit mit der Geschichte ist, dass wir nicht da waren, als es geschah, und man kann nicht Glaubenssysteme und Traditionen so einfach verändern, oder es kann auch nicht in der Volksschule über politische Agenden nachgedacht werden, und ohne Kenntnis vieler Fakten. Viele glauben, dass der Revolutionskrieg gegen die Briten gewonnen wurde, aber kann man einen Unterschied überhaupt feststellen?

Lassen Sie sich nicht durch unkorrekte Lehren beeinflussen! Alle waren in der Schule und studierten in historischen Büchern. So lernen die Amerikaner, dass der Friede durch die Unabhängigkeitserklärung kam und ist sicher: Wir hatten den Revolutionskrieg gewonnen.

Ebenso lernt man es aus den Geschichtsbüchern der „BRD", einem von den SHAEF-Gesetzen unter Fremdherrschaft oktroyierten System.

Aber auch hier stimmt deshalb nicht viel!

Darauf will ich hier nicht genauer eingehen. Aber in der ersten Charta von Virginia aus dem Jahr 1606, hier im ersten Paragraphen, gesteht der britische König den amerikanischen Vorvätern das Recht zu, eine Kolonie zu errichten.

Wie Sie sehen, ist in diesen Papieren nicht alles einwandfrei, aber es gilt noch bis heute. Wenn Sie den Rest der Virginia Charta lesen, erkennen Sie, dass der britische König die gesamte Gewalt über den Handel in dieser Kolonie besitzt. Dass er eine Lizenz zum Reisen erteilen musste, um Handelsgüter zu verschiffen, und dass er an den Bodenschätzen beteiligt ist. Ein großer Deal für den König gelang im Jahr 1783, dem Zeitpunkt der Unabhängigkeitserklärung.

Der Revolutionskrieg war zu Ende und gewonnen, als Cornwallis gemeinsam mit Washington Yorktown einnahm. Alle Amerikaner haben dann gedacht, dass der König besiegt ist und sie Frieden hätten.

Für die Amerikaner ist Benjamin Franklin Esqur. ein großer Patriot und Kämpfer für den Frieden. War er das eigentlich? Seine Bezeichnung war Esquire. Ein Esquire im üblichen Sinn war der Rang und Titel eines höheren Mitarbeiters des Königs, bezeichnet als Ritter und über einem Knappen. Ein Esquire (Landedelmann, Gutsbesitzer) ist jemand, der in seinem Leben keine manuelle Arbeit ausübt.

Benjamin Franklin, John Adams und John Jay, wie man es in der Geschichte nachlesen kann, waren alle Esquires und waren die Unterzeichner des Handelspakts und die einzigen Gegenzeichnenden des Handels. Der Repräsentant des Königs war David Hartley Esqr. Benjamin Franklin war der führende Sprecher der Gegenseite. Er verbrachte die meiste Zeit des Krieges damit, zwischen England und Frankreich hin- und her zu reisen. Die Verwendung des Esquire erklärte er und die anderen britischen Subjekte als Loyalität zur Krone.

Es ist verwunderlich, wie man diesen wichtigen Punkt übersehen konnte? Dieser Handel wurde 1783 unterzeichnet, der Krieg war aber schon 1781 vorüber. Wenn die Vereinigten Staaten England besiegten, wie ist es möglich, dass der König zu diesem Zeitpunkt noch Rechte in Amerika besaß, wenn wir den Status genau betrachten?

Er wurde schließlich im Revolutionskrieg besiegt! Warum unterzeichneten diese aufrechten amerikanischen Patrioten so einen Handel, wenn sie wussten, dass dies die Unabhängigkeitserklärung außer Kraft setzen und den Ausgang des Revolutionskrieges verändern würde?

Wenn Amerika den Revolutionskrieg gewonnen hätte, hätte der König den Amerikanern ihr Land gegeben und wäre gegangen. Dann diktiert er nicht die Bedingungen eines Friedensvertrages in der Position des Stärkeren; das bedeutet:

Amerika hat den Krieg niemals gewonnen.

Das schlimmste von allem: Viele gaben ihr Leben, ohne jemals eine Chance auf Frieden zu haben. Als Cornwallis zu Washington kam, um den Krieg zu beenden, beendeten sie keinen Krieg.

Aus einem Artikel über die Kapitulation, die Cornwallis in Yorktown unterzeichnete, wird klar: Selbst 1794, 13 Jahre nach der Niederlage im Revolutionskrieg, bestimmt der britische König, in der Vereinbarung von 1794, Artikel 2 folglich, was mit den Vereinigten Staaten passieren soll. Hatte es wirklich jemand vergessen, dem englischen König zu erzählen, dass er verloren hatte?

Im Artikel 6 bestimmt der König immer noch Regeln für die Wirtschaft der Vereinigten Staaten und welche Geschäfte mit Weltbanken getätigt werden dürfen.

Im Artikel 12 finden wir weitere Anweisungen des Königs betreffs des Handels in den Vereinigten Staaten.

Im Artikel 18 verpflichten sich die Vereinigten Staaten zu großen Materiallieferungen an Großbritannien und den Schutz britischer Seehäfen gegen Feinde.

Wer gewann also den Revolutionskrieg?

Das Gefühl schleicht sich ein, von den Vorvätern darüber angelogen worden zu sein und heute immer noch belogen zu werden, ob Amerika ein freies und souveränes Land ist, wenn es nach dem Revolutionskrieg in Wahrheit denselben Status gab wie zuvor. Ehrlich gesagt ist dieser Status sogar noch schlechter als davor.

Es ist keine einfache Sache, jemandem so etwas zu erzählen, der zuvor glaubte, ein freier Mensch zu sein.

Aber wir müssen verstehen, dass die Vereinigten Staaten eine Firma sind, welche auf einigen Verträgen mit dem britischen König beruhen. Und dass der Staat die angebliche Unabhängigkeit durch Unterkooperationen und Subordinationen zu den Vereinigten Staaten verlor. Die Länder wurden Unterpartner unter die Staats-Charta.

Die U.S. Constitution ist ein Kooperationsvertrag zwischen den Staaten und dem König. Das Konzil der Staaten existiert noch heute, es wurde in den Jahren nur modifiziert. Die erste große Änderung kam 1776, in den Nord Carolina Vereinbarungen. Der König setzte die Regeln durch das Konzil der Staaten und einige Institutionen, wie seine Bank, sein Recht und seine Tradition fort. Der König erklärte den Menschen, dass die frei wären, indem er dies den Menschen in den Schulen lehren ließ. Nach dem Zivilkrieg, der Eroberung Amerikas, erlaubte er durch seine Offiziellen das Konzil der Staaten. Unter der im Jahr 1776 abgeschlossenen North Carolina Constitution war es gesctzlos für seine Offiziellen, ein Mitglied des Staatskonzils zu sein. Warum?

Weil der König nicht der starke Mann sein wollte, sondern wollte, dass sich alle frei fühlten. Nach dem Bürgerkrieg war das Konzil der Staaten nicht länger notwendig, um die öffentliche Vormachtstellung des Königs zu sichern. Das Konzil der Staaten existiert noch heute, aber in einer anderen Form als zum Zeitpunkt, als der König ging. Nun hat er die 14 Stimm-Männer, seine Richter in der Regierung, seine Banker in der Kontrolle des Regierungsgeldes und dadurch das Wissen, dass die meisten Büros gleich bleiben. Die Federal Reserve, Steuern und der Steuergerichtshof.

Amerikas Steuersystem

Schon am Anfang des Artikels wurde gesagt, dass das Land die Steuern an den König von England zahlt. Die Steuern, die die Amerikaner heute zahlen, gehen auf William the Conqueror zurück.

Um diese Definitionen besser zu verstehen, muss man wissen, dass die Federal Reserve eine britische Einrichtung ist.

Es würde einem Amerikaner schlecht, wenn er erfahren würde, wofür er all die Jahre Steuern gezahlt hat!

Wenn man in die Gesetzesakten des Jahres 1789 blickt, wird klar, dass alle Landesgerichte Admiralsgerichte sind. Das ist ein königlicher Gerichtshof für Kommerz, in welchem er die Planung hat und überblickt, was ihm gehört und was nicht. *(Nicht anders verhält sich das in der „BRD" mit der Bundesrepublik Deutschland GmbH!!!)*

Den einzigen Weg, dieses zu Ändern, ist die Änderung der Verträge und die originale Unabhängigkeitserklärung wieder herzustellen, aber dies würde auf großen Widerstand internationaler Großbanken stoßen und des/der Königs/Königin von England. Sie haben nur die Namen geändert, als sie eine Menge Dinge änderten, hoffend, dass es niemand versteht. Wer schrieb den Federal Reserve Akt? Banker von der Bank von England mit ihrer Zentrale in New York! In der Zwischenzeit sind die amerikanischen Staatsschulden auf 12 Billionen Dollar angewachsen. Die Regierung erzählt allen nur von 5 Billionen, sie sagen nichts von den Kooperationsschulden, für welche Amerika als Garant steht. Addiert zu den persönlichen Schulden für Kredit-Karten-und Hausbeleihungen kommt man auf eine Verschuldung von 20 Trillionen Dollar, Trillionen, eine Zahl, bei der man nicht einmal mehr die Nullen zählen kann. **Wir wurden und werden von den internationalen Banken missbraucht, nicht nur in Amerika sondern auch in der „BRD" und anderen Ländern.**

Den Dritte-Welt-Staaten leiht „man" Geld, um die genauso zu versklaven wie uns, sie für die Briten zu kolonisieren und unsere Militäreinrichtungen einzusetzen, um diese Länder zu kontrollieren und die königlichen Schulden zu bezahlen.

Das Ziel der internationalen Banker mit ihren Hintergrundmännern ist eine Weltregierung, mit England als Zentrum der Regierung und die internationalen Banker ziehen die Fäden.

Die britische Königsfamilie, die Windsors, richtiger Name Sachsen-Coburg-Gotha, ist in Wahrheit deutscher Abstammung, und mit allen anderen europäischen Königsfamilien direkt verwandt und kontrolliert und manipuliert die Weltwirtschaft und die Medien nach Belieben.

Ein kurzer Kommentar von Politik-Global:

Was diese in die Tiefe der Geschichte der USA und der US-Corporation zum Nutzen der City of London und des englischen Königshauses und dem Vatikan geht, betrifft in umfassenderer Form die Artikel „Der Rote Faden in der Weltpolitik", d.h. einer Schritt für Schritt Machtübernahme einer kleinen skrupellosen mit Geld und Macht vollgestopften Elite, die ihr Vermögen und ihre Macht in der Vergangenheit durch Verbrechen geschaffen hatten – und heute nicht minder verbrecherisch aus der Welt **ein Naturparadies zu schaffen versuchen – mit dann noch überleben dürfenden 500 Millionen Menschen der jetzt vorhandenen 6,6 Milliarden.** Der satanische Hintergrund derartiger Ziele sollte jeden eingehen, der noch an die Zukunft eigener Kinder denkt.

Nachfolgend finden Sie den Brief eines verzweifelten EX-US-Präsidenten, nachdem er den „Rothschilds" die Erlaubnis gegeben hat, Geld für die USA zu schöpfen (drucken). Der Startschuss für die Gründung der Federal Reserve Bank:

Brief von Woodrow Wilson. Trotz der zahlreichen Warnungen von Fachleuten unterzeichnete der damalige US-Präsident Woodrow Wilson im Jahre 1913 das Gesetz für die Federal Reserve Bank, die sich bis heute im Eigentum von einigen wenigen, weltweit verzweigten, mächtigen und skrupellosen Bankiersfamilien (auch „Internationales Finanzjudentum" oder „US-Ostküste" genannt) befindet.

Einige Jahre später schrieb Woodrow Wilson diese sorgenvollen Zeilen:

„Ich bin ein sehr unglücklicher Mann. Ohne dass ich davon wusste, habe ich mein Land ruiniert. Eine große industrielle Nation wird von ihrem Kreditsystem kontrolliert. Unser Kreditsystem ist auf eine einzige Institution konzentriert. Deswegen sind das Wachstum dieser Nation und all unsere Aktivitäten in den Händen von einigen wenigen Männern. Wir werden von extrem schlechten Regeln geführt und sind eine der umfassendst kontrollierten und dominierten Regierung in der zivilisierten Welt geworden. Nie mehr werden wir eine freie Meinung haben und eine Regierung mit eigener Überzeugung sein können, gewählt von einer Mehrheit der Bevölkerung. Wir werden ein Land sein, geknechtet von der Meinung einer kleinen Gruppe von Männern."

Sind wir auch schon soweit? Oder ist die goldgerahmte Flagge vielleicht die Flagge der Bundesrepublik Deutschland Finanzagentur GmbH?

http://www.kaiserkurier.de/kurier093/lug-und-trug.html

http://derhonigmannsagt.wordpress.com/2010/12/01/lug-und-trug-wohin-man-schaut/

ZITAT ENDE

Also hier kann gesehen werden wie ungemein verschlüsselt die menschliche Situation ist , da sie schon einige tausend Jahre existiert, und es also Verträge gibt an die kein Normalsterblicher Denkt geschweige etwas davon weiß, das wissen immer bloß die Erben dieser aufgebauten Strukturen. Und das ist das gleiche mit dem Vatikan, der noch heute, zbs. Bistum Köln, sich auf Verträge beruft die hunderte von Jahre alt sind und überhaupt keine Wahrheit mehr repräsentieren, außer Abzocken, was die ja schon immer taten, oder muss ich bald Ablassscheine an der WallStreet oder City of London kaufen, damit ich überhaupt irgendwo schlafen kann. Denn keine Lebewesen auf der Erde bezahlt etwas dafür dass es schlafen kann. Das gibt es bloß unter den Primitiven diabolischen Besitzenden und dem Vatikan. Einem der größten Landbesitzer der Erde.

Also das Thema ist nach wie vor „Gesellschaft ohne Geld" weil das die logische Konsequenz des Denkens in der Richtung ist, und zwar auch der Vereinigung der Menschheit auf dem Erdball und einer Menschheitsregierung, falls es dazu jemals überhaupt kommt und der Mensch nicht schon vorher durch kosmische Aktivitäten wie bei den Sauriern, weggepustet wird. Denn wenn die Evolution so weit gegangen ist das ausschließlich die Raubtiere bestimmen und den Rest der Schöpfung ausbeuten für ihr fressen und rauben, dann wird der nächste Gang der Evolution eingelegt, nämlich, Beendung dieser Richtung. Aber bis jetzt hat der Mensch noch eine Chance, sich zu verändern, und da die Besitzenden das nie machen werden, müssen es die Besitzlosen anfangen. Die haben nichts zu verlieren außer ihrem Glauben an Gutbürgertum oder Gute Bildung und das was sich heute so entwickelt.

Aber kein Mensch auf der Erde darf Miete zahlen oder muss Miete zahlen. Die Mieten zahlen zeigt zu 100% das wir uns unter Raubmenschen befinden, dummen, öden, primitiven Raubmenschen, Bösartigen Pennern mit sehr viel Geld und Land und Einfluss.

Donnerstag, 5. März 2015.........Ich füge hier einige Informationen ein die womöglich unzusammenhängend wirken können, aber dennoch zum Gesamtthema "*Gesellschaft ohne Geld* „ passen.

Das Legale der Firmen ist das kriminelle um keine Steuern zu zahlen. Denn die Legal-Gesetze wurden von ihren eigenen Firmen gemacht durch ihre Lobbyisten. Deswegen ist das was als Legal bezeichnet wird immer das Kriminelle, denn vergesst nicht: **Im Geschäftswesen lebt das Raubtier Mensch sich zurzeit am vollkommensten aus.**

Was diese Herrschenden auf der Erde schon alles gemacht haben. Die Königsfamilien die Mordender Massenmord der belgischen Königsfamilie in Afrika Leopold 2. Oder Schinken-Khan, oder Hitler, oder Stalin, oder Mao, oder Alexander der große, oder Nero, oder der primitiv Wahnsinn von Putin heute, mit seinem Psychokoller dem Zusammenfall der Sowjetunion, die er wiederherstellen will, und was würden dann die Italiener sagen, sie können das Römische Reich zurückverlangen, oder die Hunnen, die mit dem größten jemals erreichten Reich auf der Erde, von Wien bis nach Wladiwostok, oder die Engländer die ihr Empire zurückhaben wollen, oder die Azteken, oder die BRD die ihr Land zurück haben will bis Ostpreußen, oder die Ureinwohner der USA, sie alle könnten den gleichen Psychowahn haben und die Sowjetunion, als Metapher, zurückhaben wollen, sooo immens blöde ist Putin. Und so was folgen Menschen auf der Erde und unterstützen das. Was hatte Einstein mal geschrieben: nichts ist dümmer als der Mensch, seine Dummheit ist noch größer als das Universum. Oder was hatte Charles Bukowski geschrieben: Alle

Menschen werden als Genies geboren doch die meisten sterben als Idioten. Solidarisierung mit Mensch, Menschen, aber nicht mit Politik, Geschichte, Ärzte, oder dem Wahn wenn von der der Kirche geredet wird, die Kirche muss dies und das, die Kirche muss so und so, oder die Wissenschaft, die Religion, das Amt, der Staat, das sind alles Synthetik Bezeichnungen, so wie ja nun bekannt ist, dass das System das von dem Vatikan, also dem Papst also einem Menschen und seinen Kardinälen also Menschen, als Juristerei aufgebaut wurde und in der Bar Association in England seinen Hauptsitz hat, was wunderbbar herausgearbeitet wurde unter anderem von Michael Tellinger in seinem Buch „Das UBUNTU Prinzip. Ein revolutionärer Plan für gerechteren Wohlstand. Die Enthüllung des globalen Bankenbetrugs.

Auf der Rückseite seines UBUNTU Buchs steht: Nur wer sich seiner Versklavung durch das globale Finanzsystem bewusst macht, kann sich ihm entziehen und sich davon befreien!

Michael Tellinger beschreibt, wie uns das uralte afrikanische Prinzip von UBUNTU erlaubt, von einer entzweiten, geldgesteuerten Gesellschaft zu einer vereinten, glücklicheren und freien Gemeinschaft von Menschen zu werden.
Er zeigt auf das sich unser Geldsystem vor Jahrtausenden nicht aus Tausch und Handel entwickelt hat, sondern der menschlichen Rasse auf arglistige Weise als Werkzeug der absoluten Kontrolle und Versklavung zugeführt wurde.
Detailliert enthüllt er die missverstandenen Ursprünge des Geldes sowie den Aufstieg der Finanzelite, die unsere Welt bis heute knechtet und regiert.
Das „UBUNTU-Prinzip" präsentiert die Grundlage einer neuen sozialeren Gesellschaftsstruktur, frei von Finanztyrannei- ein neuer Hoffnungsweg in eine bessere und gerechtere Zukunft voller Wohlstand für jeden einzelnen von uns.
Ich bin, weil wir sind!

Diese Buch ISBN 978-3-943413-12-0, ist eine wirklich gut herausgearbeitete Denkarbeit und Researcharbeit, mit dem Thema Menschheit ohne Geld. Er hat sich alle Themen vorgenommen wie es sein könnte ohne Geld eine Gesellschaft aufzubauen. Und seine Ausführungen zum Thema Geld sind schon umfangreich Interessant, wie die Lüge Geld aufrechterhalten wird, oder das Rechtssystem und die Vatikanverwicklung in allem. Und vieles mehr. Da er Südafrikaner ist hat er in seiner Planung Südafrikas Problematik als Grundlage genommen, wobei gut erkennbar ist das wir deren Problematik nicht in der

BRD haben würden, da wir hier als Menschen schon weiter organisiert und weiter konzentriert sind und somit eine bessere Struktur finden und haben die eine Gesellschaft ohne Geld einfacher umsetzen könnte .
www.michaeltellinger.com oder www.ubuntuparty.org.za
Hier sind die Themen aus dem Inhaltsverzeichnis seines Buches:

Sooo, das waren Infos zu dem Buchinhalt von Michael Tellinger.

Weiter geht's mit meinen Informationen die vielleicht etwas unzusammenhängend erscheinen könnten aber alle zum Thema „Gesellschaft ohne Geld" in mir hochkamen, beim täglichen betrachten von TV Dokumentationen oder Internationalen NEWS Berichten oder dem Lesen von Internet Zeitungen und so weiter.

Bergpredigt als Grundlage der Demokratie.

Vatikanstaat- Gesetze sind absolutistisch und nicht Liebe oder demokratisch. Wie schon oben erwähnt ist der Papst der Vatinkanstaat keine Demokratie sondern ein durch und durch verkommener Staat mit Verbrecherbanksystemen, mit sexuellen Perversionen, mit Kinderärsche abficken und anderer Missbrauch kindlicher Unschuld, alles mit dem Segen von Päpsten, denn der Vatikan ist der Sitz der Lüge der Macht und der Geldgier. Hier ist was ich gestern noch auf dem Sender Phönix sah:

Zitat Anfang

Story im Ersten: Die Vatikanverschwörung Sex, Intrigen und geheime Konten Nachdem er einen vertraulichen Untersuchungsbericht über den inneren Zustand der vatikanischen Behörden erhalten hatte, trat Benedikt XVI. vom Papstamt zurück – als erster Papst seit mehr als 600 Jahren. Die Dokumentation „Die Vatikanverschwörung" offenbart die Skandale und die Bedrohungen, die Benedikts Pontifikat erschütterten. Sexueller Missbrauch, Vertuschung und unzureichende Entschädigung der Opfer, Geldwäsche und Korruption in der Vatikanbank und schließlich der Verrat durch engste Vertraute: „Vatileaks" brachte Dokumente an die Öffentlichkeit, die Vettern-wirtschaft, Machtkämpfe und angebliche Erpressungsversuche am Heiligen Stuhl beschreiben.

Informationen von Insidern im Vatikan

Der mehrfach ausgezeichnete Journalist Antony Thomas erarbeitete sich Zugang zu Insidern im Vatikan und erzählt aus der Perspektive von Beteiligten die Turbulenzen in Benedikts Pontifikat. Deutlich wird, vor welch außerordentlichen Herausforderungen sein Nachfolger Franziskus steht.

Er muss die mächtige Bürokratie des Vatikans reformieren, die Korruption beseitigen, einen neuen Kurs einschlagen für die gesamte katholische Kirche und sich wieder vordringlich den Anliegen der 1,2 Milliarden Gläubigen zuwenden.

Aufnahmen mit verdeckter Kamera

Interviews mit Angestellten und hochrangigen Priestern im Vatikan, mit Missbrauchsopfern, Whistleblowern und Journalisten und nicht zuletzt Aufnahmen mit verdeckter Kamera enthüllen, wie heuchlerisch die katholische Kirche bislang mit den seit vielen Jahren bekannten Sexskandalen in der Kurie umgeht. Die Dokumentation enthüllt eine Kultur des Wegsehens im Vatikan, „nicht fragen, nichts sagen", wenn es um die sexucllc Orientierung von Geistlichen geht.

Es gibt dort durchaus Kleriker, die in unerlaubten Beziehungen leben. Im Film beschreibt ein schwuler Priester die Doktrin der Kirche zur Homosexualität als „ein Messer in meinem Herzen, denn ich glaube an die Berufung. Ich spüre den Ruf Gottes". Fast ein Jahr Recherchen zeichnen ein schonungsloses, kritisches Bild der Kirche, die Papst Franziskus von Papst Benedikt übernommen hat. Zerrüttet, korrupt, scheinheilig, aber vor allem: Spielball der mächtigen Fraktionen in der Kurie. Papst Franziskus wurde gewählt, um all dem ein Ende zu setzen. Kann ihm das gelingen? Ein Film von Antony Thomas

ZITAT ENDE

Was Hatte Jesus nochmals hinterlassen: Lutherbibel 1912

Weh euch, Schriftgelehrte und Pharisäer, ihr Heuchler, die ihr das Himmelreich zuschließet vor den Menschen! Ihr kommt nicht hinein, und die hinein wollen, lasst ihr nicht hineingehen.

Und das ist heutzutage die Ausmerzung und Ausgrenzung von allem was nicht katholisch ist-und dann pilgern Politiker, Künstler, Sportler zu dem Papstidioten, einem Absolutistischen Wirrnis und Lügenmanager genannt Plabbst oder so. Denn im Absolutismus des Vatikans des katholischen da gibt es ja keine Religionsfreiheit, weil ja alle die nicht katholisch sind ,immer noch verdammt sind. Und mit dem Kopfinhalt geht auch der heutige argentinische Papst herum. Vergesst das nicht. Und wenn er nun die Kirche reinigen will, so ist genau diese Raffinesse der Wortwahl wie sie die Juristerei entwickelt hat über die griechischen Sophisten, weil die Kirche nämlich kein Mensch ist, das ist bloß ein Geschäftskonstrukt so wie oben in den anderen Berichten schon beschrieben über die Firma USA oder die Firma BRD oder die Firma England oder Südafrika und so weiter. Denn die Kirche ist kein Lebewesen. Also niemand ist in Wahrheit verantwortlich.

Und diese Unverantwortlichkeit der juristischen Schlupflöcher die Tricksereien sind ja im internationalen Geschäftswesen wo sich das Raubtier Mensch zurzeit am intensivsten austobt auf Kosten der Erde und Menschheit, dafür verantwortlich das Ausgebeutet wird.

Wie die Gierfirmen die Geld machen wollen und egal welchen Schrott auch immer produzieren und das dann ziemlich wertlosen Schrott weil ja neue Produkte gekauft werden sollen, und mit diesem Schrott und Profit „MACHT" über die Menschen ausüben wollen und auch erreicht haben. Sie gehen dann ins Ausland ins ungebildete ärmliche Ausland um dort noch besser ausbeuten zu können wie H&M aus Schweden die seit Jahrzehnten keine Steuern in Bangladesch zahlen.

Genau so geht der absolutistische unchristliche Vatikan-Staat in die Länder und hat dort die beste „Ausbeute" die eine Bevölkerung haben, die ärmlich und ungebildet ist, wie in Afrika- Indonesien -Südamerika. Zombies werden gemacht Katholische Zombies die Arbeitssklaven-Zombies der Industrien.

Konkurrenz ist eine Entwicklung der Mörderbanden von Kaisern-Königen-und Banker- Konkurrenz baut bloß jemand auf der Fremd ist und Fremdes zerstören will und alles um sich genau so entfremdet sein wird-Menschen werden so Apart gehalten-auseinander gehalten und sollen sich als Feinde betrachten-sogar die Wohnungen sind Apart-ments-also Auseinander-ment.

Aber beide Situationen sind wichtig. Denn sind Menschen schon friedfertig oder wurden sie über Jahrtausende so gezüchtet so zu sein. Es ist wohl das letztere. Die Menschen sind das Produkt der Strategien der Besitzenden und müssen also so unweigerlich zu Verbrechern und Lügnern und Betrüger werden die ausschließlich an sich selbst denken sollen. Zumindest ist das sehr vorteilhaft für die die schon alles besitzen, und dann kommt nämlich als letzte Supertäuschung die Demokratie um auf diese Weise alle die in dem schon besessenen besitzten Ländern leben vorzugaukeln sie wären frei sind aber in Wahrheit die Arbeitssklaven der Besitzenden, was seit Jahrtausenden im Sinne der stärkeren, besseren Mörder und raffinierten und Betrügern und Lügner aufgebaut wurde. Also ist der Glaube an eine Demokratie die letzte Hürde die abgelegt werden muss um alles ganz klar zu erkennen. Denn so wurde die Demokratie ja in Griechenland etabliert, nämlich dann als ja schon alles vergeben war, das Land schon jemand anderem gehörte. Das ist eine ganz raffinierte Strategie des TierEgos des Menschen.

Na und das Staaten Firmen sind und die Politik Politiker Manager- die Begriffe können keine Realität machen. Realität macht bloß der Mensch. Bloß Realität alleine ist unzufrieden. Wahrheit muss her. Denn die macht frei.
Menschheit ohne Geld.

Katholische Kirche unermessliche Mengen an Land und Geld und Gold Immobilien-Firmen-und so weiter. Alles erkämpft erlogen, ausgebeutet, mit Betrugsverträgen, und dem abnehmen des Eigentums bei der Hexenverbrennung oder der Inquisitionen oder dem Freikaufen der Seele oder heute die Banken des Vatikan und erst mal alles das was bis jetzt noch unbekannt ist, das wird noch unermesslicher sein.
Keine Kirchensteuern mehr zahlen. Krankenhäuser kann man ohne die katholische –evangelisch-Kirche führen-Kindergärten auch-alle Verträge mit den Kirchen sind ab sofort ungültig , von mir hier geschrieben-Geld zurückfordern weil es keine Verträge gibt die ihr mit der Firma Religion gemacht habt Kirchensteuern einbehalten. Und auch wenn es Verträge werden, sie nicht einhalten, ein Stück Papier ist nichts wert, keine Schulden die keine sind zurückzahlen, wie heute die EU Kommission die Troika Vasallen der Bankenkartelle also der Privatfamilien und deren Kinder, von denen wir wissen wo sie zur Schule gehen, Ho, Ho,Ho,um mal einen Gang mehr einzulegen, bloß um anzudeuten was alles möglich ist-ja diese Kreditseuche dieser ausgebildeten Professoren und Doktoren und Spezialisten, das ist alles Benebelung des 150 Grades eines durchgeknallten Templerwahnsinnigen. Und die merken das gar nicht weil die sooooo tief in der Verwirrung Verirrung drin sind-aber diejenigen die das Geld aus Luft drucken die freuen sich über solch eine gigantische globale Bildungsverblödung wie sie die Professoren und Mitmacher vorleben. Die Landser der Ausbeutung diese Spezialisten der Börsen und Fonds und Monsterheuschreckenseuchen global.

John Perkins (* 28. Januar 1945 in Hanover, New Hampshire) ist ein US-amerikanischer Politaktivist und Schriftsteller. Sein bekanntestes Buch, Bekenntnisse eines Economic Hit Man, hielt sieben Wochen lang Platz 1 der Bestsellerliste der New

York Times. Es ist der Versuch, den behaupteten weltweiten Neokolonialismus der USA in Form einer Beschreibung der Geheimdienstaktivitäten der USA aus der Sicht eines Insiders zu belegen.

Leben

Perkins besuchte in den 1960er Jahren das Middlebury College in Middlebury, Vermont (Neuengland). In den 1970er Jahren war er bei der Unternehmensberatung Chas. T. Main[1] angestellt.

Perkins ist außerdem Vorsitzender von Dream Change, „einer weltweiten Graswurzelbewegung von Menschen unterschiedlicher Kultur und Herkunft, die sich für eine Bewusstseinsänderung und einen nachhaltigen Lebensstil für den Einzelnen und für die Weltgemeinschaft einsetzen.“

In dem Dokumentarfilm Zeitgeist: Addendum beschreibt Perkins die Rolle der USA bei verschiedenen politischen Machtwechseln an den Beispielen Iran und Mittelamerika.

In dem 2008 erschienenen Dokumentarfilm Let's Make Money von Erwin Wagenhofer hat Perkins einen kurzen Auftritt.

Economic Hit Man

→ Hauptartikel: Bekenntnisse eines Economic Hit Man

Perkins bekennt in seinem gleichnamigen Buch, als früherer Chefökonom der Strategieberatung Chas. T. Main Agent der US-amerikanischen National Security Agency (NSA) gewesen zu sein. Nach seiner Darstellung war er ein „Economic Hit Man“ (EHM; übersetzt als „ökonomischer Auftragsmörder“).

Eingestellt wurde er demnach von Einar Greve, einem Mitarbeiter der Unternehmensberatung, den Perkins als NSA-Verbindungsmann beschreibt. Greve hat dies dementiert. Zu Beginn seiner Karriere, so Perkins, sei er von einer hübschen, manipulativen Beraterin als einer von vielen EHM trainiert worden, die die „Hegemonie“ der US-Konzerne vorantreiben sollten.

Perkins erklärt in seinem Buch, seine Aufgabe als EHM sei es gewesen, den US-Geheimdienstbehörden und den multinationalen Konzernen zu helfen, ausländische Staatsoberhäupter dazu zu verleiten und ggf. zu erpressen, der US-Außenpolitik „zu dienen“ und der US-Wirtschaft lukrative Aufträge zu verschaffen. Im Wesentlichen sei es darum gegangen, Staaten höhere US-amerikanische Kredite zu verschaffen als sie ökonomisch verkraften konnten; durch deren so herbeigeführte Zahlungsunfähigkeit habe sich die USA weitreichende Einflusszonen, u.a. zur Gewinnung von Rohstoffen, in den jeweiligen Ländern gesichert. Staatschefs, die sich auf solche „Deals“ nicht einlassen wollten, seien von den USA mit geheimdienstlicher Hilfe aus dem Weg geräumt worden. Perkins nennt in seinem Buch explizit die früheren Präsidenten Panamas und Ecuadors, Omar Torrijos und Jaime Roldós, die beide bei mysteriösen

Flugzeugabstürzen 1981 ums Leben kamen.
Aus : *http://de.wikipedia.org/wiki/John-Perkins-Autor*

Samstag, 7. März 2015 Weitere Notizen die zum Gesamtthema passen.
1.Sind Parteien bloß die Werkzeuge des Kapitals also der Banken der industriellen…..Ja……Denn wenn die BRD eine Firma ist und die Parteien eingetragene
Unternehmen sind, geht es letztendlich ausschließlich um Geld.
Der Evolutionsweg
Der Bewusste Weg
Wenn Geld sofort aufgelöst wird-was könnte passieren. Durch zu vorige Hinweisung-
Anweisung was die Menschen nun vorhaben, wird global die Menschheit darauf auf-
merksam gemacht. Es wird mitgeteilt werden das Geld aus der Menschheit entfernt
wird-und-das aber genau so weiter gearbeitet wird, wie früher……Daraus entsteht
dann das alles Schädliche minderwertige-giftige-bloß des Geldes wegen produzierte
von der Bildfläche der Menschheit entfernt wird.
Die Ausgangsbasis von Das UBUNTU Prinzip und meine Ausgangsbasis.
WHO –Korrupt…….Kaiserschnitt –Korrupt
Wohlstand ohne Wachstum-Buch. Palmas Währung-Währung des Lebens-Zentral-
bank-Währung des Todes.
Gemeinden mit eigener Bank und Geld. Einfacher Aufbau durch die Erfahrung mit
dem Wörgl Experiment. Das „Freigeld"-Experiment von Wörgl .

Zitat Anfang
Einen entsprechenden politischen Willen hat es Anfang der 30er Jahre in der österreichischen Kleinstadt Wörgl am Inn gegeben, wo man offiziell in regional be-
grenztem Rahmen ein neues Geld mit Umlaufsicherungsgebühr eingeführt hat. Den
Hintergrund bildete die Weltwirtschaftskrise mit ihren verheerenden Auswirkungen
von Massenarbeitslosigkeit. Dem zugrunde lag seinerzeit in Deutschland und Österreich eine Deflationspolitik der Zentralbanken, das heißt eine Verknappung der
Geldmenge, die den schwindenden Goldreserven angepasst wurde. (Zu den massi-
ven Goldabflüssen war es im Gefolge der Bankenkrise in den USA und der Kündi-
gung amerikanischer Kredite an Deutschland und Österreich gekommen.) Durch die
Geldverknappung war der Geldfluss ins Stocken geraten, und mit ihm der Fluss der
Waren, so dass immer mehr Unternehmen zusammenbrachen. Die verfehlte Deflationspolitik der Zentralbanken und der damaligen Regierungen hatte die Wirtschaft
regelrecht abgewürgt und tief in die Krise gestürzt.

In dieser Situation entschloss sich 1932 die Gemeinde Wörgl zur Einführung eines
alternativen Geldes mit Umlaufsicherung, um auf diese Weise den Geld- und Samen-
fluss in ihrer Region wieder anzuregen. Dieses fließende Geld - weitgehend befreit

vom Zins und deshalb auch „Freigeld" genannt - wurde an alle Beschäftigten der Gemeindeverwaltung ausbezahlt. Außerdem beteiligten sich etliche ortsansässige Firmen an diesem Experiment, und viele der örtlichen Läden nahmen dieses Geld als Zahlungsmittel an. So erreichte dieses Geld in kurzer Zeit einen hohen Grad an Akzeptanz, wurde zu einer Art allgemeinem Zahlungsmittel. Die weiter bestehende offizielle österreichische Währung wurde in dieser Region mehr und mehr durch das „Freigeld" ersetzt. Für das ausgegebene Freigeld wurde jeweils ein entsprechender Betrag österreichischer Schillinge eingezogen und hinterlegt. Schon in wenigen Monaten zeigten sich verblüffende Wirkungen dieses Freigeld-Experiments: Während überall die Massenarbeitslosigkeit weiterhin dramatisch anstieg, ging sie in Wörgl innerhalb eines Jahres um 25% zurück. Das Wirtschaftsleben, das bis dahin weitgehend gelähmt war, blühte wieder auf, und das soziale Elend begann sich deutlich zu vermindern. Die Menschen hatten wieder berechtigte Hoffnung, dass es wirtschaftlich wieder bergauf ging.

Die praktische Durchführung der Umlaufsicherung sah damals wie folgt aus: Auf jedem Geldschein waren 12 Felder, jedes stellvertretend für einen Monat des Jahres. Nach Ablauf eines Monats behielt der Geldschein nur dann seinen Wert von 100 und wurde nur dann akzeptiert, wenn eine Wertmarke von 1% des Nennwerts auf das entsprechende Feld geklebt wurde. Wer einen Geldschein also zwölf Monate zurückhielt, konnte ihn nur wieder in Umlauf bringen, wenn alle 12 Felder mit Wertmarken beklebt wurden. Das Zurückhalten von 100 Schillingen für die Dauer von 12 Monaten kostete also eine Gebühr von 12 Schillingen, also 12% (Abb. 64).
Je schneller man das Geld wieder in Umlauf brachte, um so eher konnte man der Gebühr entgehen. Mit entsprechender Öffentlichkeitsarbeit war es offenbar gelungen, der Bevölkerung das Grundprinzip verständlich zu machen, und die meisten hielten sich an die vereinbarten Spielregeln. Die Wertmarken waren bei öffentlichen Ämtern und Ausgabestellen zu kaufen, und die entsprechenden Einnahmen flossen in die Gemeindekasse.

Die Geldblockierung wird gelöst

Die Folge dieser Regelung war, dass eingenommenes Geld nicht mehr länger zurückgehalten, sondern schnell weitergegeben wurde. Man könnte nun annehmen, dass durch den beschleunigten Geldumlauf eine Inflation entstehen müsste. Aber das ist nicht der Fall: Denn jeder kann nur so viel Geld wieder ausgeben, wie er auf der anderen Seite z.B. durch Arbeit und durch Produktion, also durch die Schaffung realer Werte, verdient hat. Dem so wieder verausgabten Geld stehen also auf der anderen Seite immer auch entsprechende Waren gegenüber, die nur darauf warten, abgesetzt zu werden. Was also durch die Umlaufsicherung geschieht, ist lediglich eine Lösung der

Geldblockierung, nicht aber ein grenzenloses Überfluten des Kreislaufs mit Geld. Der Kreislauf kann allenfalls dann überflutet werden, wenn das Geld - wie in den vorherrschenden Geldsystemen - lange Zeit und in großen Mengen gehortet wird, das heißt sich immer mehr Geld aufstaut, und dann aus irgendwelchen spekulativen Gründen plötzlich in den Kreislauf zurückfließt (z.B. aus Anlass von Währungsspekulationen). Dann ist es tatsächlich so, als würden Dämme brechen. Wenn ein richtiger Staudamm bricht, so führt das zu großen Verwüstungen. Wäre der Bach dagegen gar nicht erst zu einem großen See aufgestaut, sondern in seinem natürlichen Fließen belassen worden, so hätte es auch nicht zu einer Überflutung kommen können. Ganz ähnlich ist es mit dem Geldfluss: Das Aufstauen des Geldes durch spekulatives Horten und die schlagartige Überflutung des Geldkreislaufs durch Enthorten schaffen erst die Probleme und Instabilitäten, die bei kontinuierlichem Fluss des Geldes gar nicht entstehen können.

Wörgl - Die Zerschlagung einer konkreten Utopie

Das Freigeld-Experiment von Wörgl ist übrigens nicht beendet worden, weil es gescheitert wäre, sondern umgekehrt: weil es zu erfolgreich war! Die unglaublich belebenden Wirkungen auf die Wirtschaft im Raum Wörgl hatten ein wachsendes Interesse an diesem Modellversuch geweckt - sogar weit über die Grenzen Österreichs hinaus. Aus aller Welt kamen Menschen, die sich mit den Ursachen des „Wunders von Wörgl" näher vertraut machen wollten. Allein in Österreich soll es über hundert Gemeinden gegeben haben, die ein ähnliches alternatives Geldsystem mit Umlaufsicherung einführen wollten. Diese Entwicklung bildete den Hintergrund dafür, dass die österreichische Zentralbank die Notbremse zog und sich in einem Prozess gegen die Gemeinde Wörgl auf ihr Monopol in Sachen Geldversorgung berief - und Recht bekam.

Damit war ein hoffnungsvolles Experiment, die konkrete Utopie eines zinslosen Geldsystems - von den Gegenkräften zerschlagen worden. Derartige Rückschläge ändern aber nichts daran, dass es wichtig ist, alternative Visionen einer lebenspositiven Zukunft immer wieder lebendig zu halten, weiterzuentwickeln und zu verbreiten und die Erinnerungen an historische Vorbilder zu wecken, wenn sie allzu sehr in Vergessenheit geraten sind. Innerhalb der freiwirtschaftlichen Bewegung ist das Freigeld-Experiment von Wörgl natürlich allgemein bekannt, aber außerhalb von ihr hat es sich in heutiger Zeit noch viel zu wenig herumgesprochen. Dabei könnte die Aufarbeitung dieses Modells und anderer Modellversuche zu alternativen Geld- und Tauschsystemen wichtige Anregungen geben für entsprechende Versuche in der heutigen Zeit.

Elektronisches Geld mit Umlaufsicherung?

Für eine ganze Volkswirtschaft und in der heutigen Zeit müsste die technische Ausgestaltung der Umlaufsicherung vermutlich anders aussehen als seinerzeit in Wörgl. Wenn man bedenkt, dass schon jetzt ein wachsender Teil der Zahlungsvorgänge bargeldlos abgewickelt wird (über Scheck, Überweisung, Kreditkarte, Telefonkarte usw.) und dass dieser Anteil noch wachsen wird, wäre längerfristig an eine automatische elektronische Abbuchung der Umlaufsicherungsgebühr zu denken. Bei jeder Eingabe einer Kreditkarte oder eines elektronisch aufgeladenen Plastikgeldes in einen entsprechenden Automaten (in den Kaufhäusern, Supermärkten, Restaurants, Tankstellen, Banken, öffentlichen Telefonen, öffentlichen Verkehrsmitteln usw.) könnte jedes Mal elektronisch der entsprechende Betrag errechnet und abgebucht werden, der für die zeitweilige Nichtverwendung des Geldes anfällt. Die Computer der Banken machen es ja heute schon so, dass sie für jeden Tag die entsprechenden Zinsen für die Überziehung eines Kontos automatisch verbuchen und am Monatsende eine entsprechende Abrechnung schicken. Warum sollte nicht etwas Entsprechendes möglich sein für das auf dem Girokonto zurückgehaltene, nicht weitergeflossene Geld? Mit dem Unterschied, dass die entsprechenden Gebühren in diesem Fall nicht den Banken, sondern dem öffentlichen Haushalt zufließen würden. Wer diese Umlaufsicherungsgebühr weitestgehend vermeiden will, brauchte nur sein Geld von seinem Girokonto auf sein Sparkonto zu übertragen, wo es von der Gebühr unbelastet wäre - und von wo aus es als Kredit weiterfließen könnte an andere Wirtschaftsteilnehmer, die auf den Geldfluss angewiesen sind.

Mindestens also für die bargeldlosen Zahlungen könnte das „elektronische Geld" ohne technische Schwierigkeiten mit einer Umlaufsicherungsgebühr ausgestattet werden - wenn man es politisch will. Und für das noch verbleibende Bargeld ließen sich auch noch technisch praktikable und wirksame Wege finden - und sei es auch nur für die großen Scheine. (In kleinen Scheinen oder gar in Münzen werden größere Geldsummen sowieso nicht gehortet, und kleine gehortete Beträge bringen keine größeren Störungen in den Wirtschaftskreislauf.)

 Größtes Unbehagen ist allerdings in Bezug auf einige Gedanken von Gesell angebracht, soweit sie sich auf eine von ihm damals angestrebte „Hochzucht" der Menschheit beziehen (auch wenn der Inhalt des Begriffs nicht gleich zu setzen ist mit der faschistischen Rassentheorie). Sie sollten aber kein Anlass sein, seine richtungweisenden Erkenntnisse zur Zinsproblematik abzuwehren. Zu den in den letzten Jahren sich häufenden Versuchen, Silvio Gesell und die Zinskritik in eine faschistische Ecke zu drängen, siehe ausführlich Werner Onken: Silvio Gesells kritische Distanz zum Rechtsextremismus in der Weimarer Republik, in: Zeitschrift für Sozialökonomie, 106. Folge, September 1995.
33 Näheres hierzu siehe Margrit Kennedy: Geld ohne Zinsen und Inflation, Teil 2. Einen sehr guten Einstieg in die Problematik des Geld- und Zinssystems sowie in alternative Geld- und Tauschsysteme bietet eine 8-teilige Sendereihe des ORF „Geld frisst Welt" von Helmut Waldert (1995), zu beziehen über den ORF, Argentinierstr.

30A, A- 1041 Wien.
ZITAT ENDE

Wie schon oben gezeigt im Bericht der Schweitzer Wissenschaftler zum Firmen und Bankgeflecht **„Wem gehört die Welt"** wird auch darauf hingewiesen, *dass dies keiner Verschwörungstheorie gleiche, sondern eine wissenschaftliche Forschungsarbeit war.* Und interessant ist nämlich, sobald etwas bedrohliches an die Öffentlichkeit gelangt, wird von den Vasallen der Banker und Industriellen Familien der Gang mit der Verschwörungstheorie eingelegt um sofort alles zu diskreditieren und als Schwachsinn zu besuhlen. Damit die Leichtgläubigen erst gar nicht anfangen mitzudenken oder sogar selber zu denken und nachzuforschen. Also wenn heutzutage mit dem Verschwörungsargument gekommen wird, muss man noch genauer und weiter und umfangreicher hinschauen, weil da meistens noch mehr Betrug und Ausbeutung im Spiel ist. Natürlich sind Theorien bloße Hirngespinste. Und Verschwörungstheorien auch weil sie ja Theorie am wortende haben. Mehr ist das also gar nicht.
Aber die treffenden Verschwörungstheorien sind zu optimistisch
„Niemand glaubt mehr ein offizielles Wort"
Menschen mögen Verschwörungstheorien?
Die gefallen uns doch allen. Sie sind die besten Geschichten, beunruhigend und spannend. Sie besitzen nur einen grundlegenden Fehler: Verschwörungstheorien sind zu optimistisch. Sie nehmen an, dass die Protagonisten so intelligent sind, komplizierte Pläne auszuhecken. Aber in Wirklichkeit verstricken sie sich in ihre eigene Dummheit, ihre Unfähigkeit. Zumindest gilt das für Banker, Finanzhaie, Politiker, Industrielle und deren Lobbyverbände.
Also diese Übergang von einer Gesellschaft einer Menschheit ohne Geld kann sowohl wic im Buch Das UBUNTU Prinzip von Michael Tellinger auf diese in kleinen Gemeinden angefangenen Selbstversorgungsmethodik angefangen werden, die sich dann vergrößert. Oder aber wie bei mir in einer Übergangsphase in der wir Menschen uns jetzt befinden die noch mit sehr vielen Ignoranzkämpfen und Machtkämpfen und Verletzungen aktiv sein wird und noch längst nicht vorbei ist, denn alles was der Mensch zur Zeit noch macht ist Glaubenssysteme Aufrecht zu halten da ist Religion bloß eine Nebelwand unter vielen. Also der Übergang kann dann aber auch auf beharrlichem evolutionärem Weg ablaufen indem dann Strukturen geschaffen werden und Wachmacher unter die Menschheit gebracht werden das Geld zbs. noch nie etwas gemacht hat und die Menschheit bis jetzt unter dem Macht UND Ausbeutsystem lebt, das evolutionär einfach ge-Macht wurde, weil diejenigen die besten gröbsten brutalsten und gefährlichsten Raubmenschen waren. So ist das jetzige menschliche System und so sind somit die Menschen bis jetzt herangezüchtet worden.
Also der Wörgl weg wäre ganz einfach zu verwirklichen damit eine Zwischenrealität entwickelt werden kann und gesehen werden kann wie es ist ohne Zinsen und das

Geld in Wahrheit gar keine Wert oder Bedeutung hat. Es ist bloß eine psychologische Psychose unter der die Menschheit gehalten wird. Ein Trugbild und eine enorme Gewohnheitsdunstwolke. Und was hatte Buddha damals unter dem Baum gejodelt. Die Gewohnheitsenergie verhindert eure Erleuchtung. Legt die Gewohnheiten ab und ihr werdet befreit sein. Und die Wahrheit erkennen können.

Und ich will hier jetzt auch gar nicht viel weiter auf das Thema eingehen, sondern bloß Andeutungen machen.

Buch: Das Ende des Wachstums

Buch: Die Grenzen des Wachstums

BIP ist nicht mit menschlichem Glück gleichzusetzen. Butan hat das BVG Brutto Inlands Glück.

Und dann nun nochmal zu dem **was keine Verschwörungstheorie ist sondern wissenschaftlicher Fakt oder einfacher menschlicher-menschliche Untersuchungsberichte und Nachforschungen und zwar in diesem Falle erweiterte Suche nach dem Bankgeflecht von Wem gehört die Welt mit dem Resultat das die Barcleys Bank aus London an erster Stelle stand.** Und hier ist das Resultat aus: Wem gehört die Welt Wer beherrscht die Weltwirtschaft

Posted by Maria Lourdes - 14/11/2011

Wenn man die Fäden zieht - kommt man auf einen Strang - der heißt Rothschild!

Phrasen -die einen meistens dann in den Sinn kommen- wenn man etwas schier Unmögliches durch Zufall schafft. Etwas verwirklicht an das man eigentlich selbst nicht glauben wollte. Dabei ist es aber in dem vorliegenden Fall ganz einfach gewesen.

Da macht sich ein findiger Leser des Lupo Cattivo-Blogs auf und zeigt uns auf einfachste Art und Weise – wem die Welt gehört?

Was dabei herauskam lesen Sie in diesem Artikel. Kurz zur Vorgeschichte.

Ein Artikel bei der Plattform "theintelligence.de" legt alle "Fäden der Wirtschaft" offen. Unser Leser Giftzwerg nimmt diese Fäden auf und zieht mit Hilfe von Google kräftig daran…und siehe da: Er kommt auf einen dicken Strang. Dass dieser Strang den Namen Rothschild trägt ist hinlänglich bekannt, wurde aber in solcher Form noch nie dargelegt. Dafür dankt Maria Lourdes dem "Giftzwerg"

Der Reihe nach: Der Artikel – 147 Unternehmen herrschen über die Weltwirtschaft vom 20. 10. 2011 von Konrad Hausner - ***Quelle: theintelligence.de***

Die Deutsche Bank nimmt Platz 12 ein! Wer immer versucht herauszufinden, wem welches Unternehmen gehört, stößt dabei auf endlose Verzweigungen, Holdings, sich wiederholende Namen mit unterschiedlichen Gesellschaftsformen, Querverbindungen, nicht verfolgbare Aktien im Streubesitz – kurz gesagt: Die Recherchen verlaufen im Sand. Anhand der Daten von 37 Millionen einzelnen Geschäften und Investoren, gelang es nun einer kleinen Gruppe von Schweizer Analysten, etwas mehr Licht in diesen Strukturdschungel zu bringen.

Seit langem gehen Systemkritiker davon aus, dass die Fäden der Wirtschaft und des

Bankenwesens irgendwo zusammenführen müssen. Doch internationale Verkettungen gestalten die Besitzverhältnisse multinationaler Unternehmen derart verwirrend, dass jeder Versuch dem Lösen eines „Gordischen Knotens" gleicht.

„Die Realität ist komplex. Wir müssen uns von allen Dogmen befreien, ungeachtet ob es sich um Verschwörungstheorien oder um die freien Märkte handelt. **Unsere Analyse basiert auf Tatsachen", gab Dr. James Glattfelder von der Eidgenössischen Technischen Hochschule in Zürich, in Zusammenhang mit der vorliegenden Studie, zu verstehen.**

Ausgewertet wurden 37 Millionen Einzeldaten internationaler Unternehmen und Investoren aus dem Jahr 2007. Die Zahl der multinationalen Konzerne wurde mit 43.060 festgestellt. Als nächster Schritt wurden die Querverbindungen analysiert. Durch sogenannte Holdings und andere Netzwerke ergab sich, dass jeder dieser Konzerne im Durchschnitt an 20 anderen beteiligt ist. Daraus ergab sich wiederum, dass es lediglich 1.318 Konzerne sind, die den Kern dieser verschachtelten Besitzverhältnisse bilden.

Doch damit war die Analyse noch lange nicht zu Ende. Auch in diesem „harten Kern" zeigte sich eine Struktur von Querverbindungen.

In dessen Zentrum fanden sich nicht mehr als 147 Unternehmen, die meisten von ihnen Banken, die letztendlich 40 Prozent der gesamten Weltwirtschaft kontrollieren. An der Spitze findet sich Barclays PLC mit Sitz in London, gefolgt von Capital Group Companies Inc. und FMR Corporations. Auch die Deutsche Bank, UBS, Goldman Sachs, JP Morgan Chase und Merrill Lynch & Co liegen im Spitzenfeld.

Veröffentlicht wird die vorliegende Studie vom renommierten Wissenschaftsjournal „Public Library of Science" (PloS One) werden.

Die bereits verfügbaren Informationen, einschließlich der im Anschluss aufgelisteten weltweit mächtigsten Unternehmen, wurden am 19. Oktober von NewScientist bekannt gegeben.

Von den internationalen Medien fand es bis jetzt lediglich Mail-Online der Mühe wert, den vorliegenden Fakten einen Artikel zu widmen.

Dan Braha, Professor für Informatik an der Universität von Massachusetts, erklärte diese Kapitalkonzentration als durchaus natürliche Entwicklung. Ihm zufolge, erwerben multinationale Konzerne gegenseitige Geschäftsanteile aus wirtschaftlichen Gründen und nicht zum Zweck einer Weltherrschaft. Allerdings ist Braha auch der Meinung, dass diese 147 Super-Unternehmen zwar in Konkurrenz zueinander stehen, sich aber trotzdem vereinigt für gemeinsame Interessen einsetzen werden. Sollte die internationale Politik Veränderungen dieser dominanten Netzwerk-Struktur fordern, so können wir davon ausgehen, dass es sich dabei um einen Angriff gegen die gemeinsamen Interessen handeln würde.

Die 50 weltweit einflussreichsten Unternehmen:

1. Barclays plc

2. Capital Group Companies Inc
3. FMR Corporation
4. AXA
5. State Street Corporation
6. JP Morgan Chase & Co
7. Legal & General Group plc
8. Vanguard Group Inc
9. UBS AG
10. Merrill Lynch & Co Inc
11. Wellington Management Co LLP
12. Deutsche Bank AG
13. Franklin Resources Inc
14. Credit Suisse Group
15. Walton Enterprises LLC
16. Bank of New York Mellon Corp
17. Natixis
18. Goldman Sachs Group Inc
19. T Rowe Price Group Inc
20. Legg Mason Inc
21. Morgan Stanley
22. Mitsubishi UFJ Financial Group Inc
23. Northern Trust Corporation
24. Société Générale
25. Bank of America Corporation
26. Lloyds TSB Group plc
27. Invesco plc
28. Allianz SE 29. TIAA
30. Old Mutual Public Limited Company
31. Aviva plc
32. Schroders plc
33. Dodge & Cox
34. Lehman Brothers Holdings Inc*
35. Sun Life Financial Inc
36. Standard Life plc
37. CNCE
38. Nomura Holdings Inc
39. The Depository Trust Company
40. Massachusetts Mutual Life Insurance
41. ING Groep NV
42. Brandes Investment Partners LP

43. Unicredito Italiano SPA
44. Deposit Insurance Corporation of Japan
45. Vereniging Aegon
46. BNP Paribas
47. Affiliated Managers Group Inc
48. Resona Holdings Inc
49. Capital Group International Inc
50. China Petrochemical Group Company
*Nachdem die zugrundeliegenden Daten dem Jahr 2007 entstammen, findet sich Lehman Brothers noch in dieser Liste.
Jetzt hat unser Giftzwerg einfach mal die Firmennamen im Netz eingegeben und den Namen Rothschild dazugefügt.
Volltreffer!
1. Barclays plc – Marcus A.P. Agius – seine Ehefrau ist keine Geringere als die Tochter von Edmund de Rothschild
2. Capital Group Companies Inc – Steven M. Rothschild Return to Capital Research Group, Inc … He is Director of three companies, the College of St. Benedict and
3. FMR Corporation – Rothschild Bank AG
4. AXA – M&A: Rothschild GmbH
5. State Street Corporation – Edmond de Rothschild
6. JP Morgan Chase & Co – seit je her mit Rothschild verbunden – FED
7. Legal & General Group plc – JP Morgan Europe Ltd, N M Rothschild
8. Vanguard Group Inc – ROTHSCHILD ASSET MANAGEMENT INC
9. UBS AG – Rothschild
10. Merrill Lynch & Co Inc – seit je her an Rothschild gebunden
11. Wellington Management Co LLP – Rothschild Asset Management, Inc.
12. Deutsche Bank AG – historisch verbunden mit Mayer Carl und Wilhelm Carl v. Rothschild, sind bei Rothschild hoch verschuldet
13. Franklin Resources Inc – Rothschild Fund Management
14. Credit Suisse Group – Der langjährige Chef im Private Banking der Credit Suisse wurde in den Verwaltungsrat der Genfer Edmond de Rothschild Holding aufgenommen.
15. Walton Enterprises LLC – John Walton hat seit je her enge Verbindung zu Rothschild
16. Bank of New York Mellon Corp – Enge Verbindung zu Rothschild
17. Natixis – N M Rothschild & Sons • Oppenheimer
18. Goldman Sachs Group Inc – historisch verwachsen mit Rothschild – FED
19. T Rowe Price Group Inc – Citigroup Inc., Wells Fargo & Co., J.P. Morgan Chase & Co., and Morgan Stanley. Merrill Lynch & Co. and T. Rowe Price … Rothschild Group (LCF Rothschild …

20. Legg Mason Inc – from Rothschild Asset Management Ltd

21. Morgan Stanley – Die Federal Reserve Bank FED befindet sich im Privatbesitz von Rockefeller (Chase Manhattan Bank), Morgan Stanley, Rothschild, Goldmann Sachs usw.

22. Mitsubishi UFJ Financial Group Inc – Banque Privée Edmond de Rothschild

23. Northern Trust Corporation – NM Rothschild Northern Trust Novartis

24. Société Générale – Société Générale (SocGen)habe ihrerseits Merrill Lynch und Rothschild angeheuert, um eine Abwehrstrategie zu entwickeln

25. Bank of America Corporation – The Joint Bank of America from N M Rothschild & Sons Limited

26. Lloyds TSB Group plc – N M Rothschild & Sons

27. Invesco plc – British Investment Bank, whose Investment Division subsequently became INVESCO Plc amd … In Addition he sat on the Asia Strategy Committee and was Chairman of Rothschild Japan KK

28. Allianz SE 29. TIAA – Allianz SE 29. TIAA 30. Old Mutual Public Limited Company 31. Aviva plc 32. … All controlled by Rothschild Fronts

30. Old Mutual Public Limited Company – Group Limited, Nedbank Limited and Old Mutual Life Assurance Company … He joined Rothschild in 1977

31. Aviva plc – Aviva plc, the savings, investments and insurance group, announces today that Alain … that he was director of capital markets at La Compagnie Financiere Edmond de Rothschild

32. Schroders plc – fund manager in 1998 and managed retail funds at HSBC Asset Management and Rothschild … Authorised and regulated by the Financial Services Authority © Copyright 2010 Schroders plc.

33. Dodge & Cox – Rothschild Investments : SNC Capital Management Stifel Financial … Dodge & Cox Invstmnt. Mgrs East West Securities Freemont Group J.P. Morgan Chase & Co

34. Lehman Brothers Holdings Inc* – hat sich erledigt, aber – Jack Klues Return to Lehman Brothers Holdings Inc … La Compagnie Financière Edmond de Rothschild Banque

35. Sun Life Financial Inc – Fidelity Investments, Sr. Operations Manager at Sun Life Financial … Human Resources at Hometown Forecast Services, Inc. … Partner at Fox Rothschild

36. Standard Life plc – Legal & General Group; Prudential PLC; Standard Life. Key Dates: 1977: Lord Jacob Rothschild forms an entity to control financial services and Investment companies.

37. CNCE – BNP Paribas: Société Générale: Axa: Crédit Foncier: CNCE: Edmond de Rothschild Asset Management

38. Nomura Holdings Inc – Press Release Tokyo, 15 February 2005 Nomura and Rothschild Form M&A Alliance Nomura Securities Co., Ltd., a wholly-owned sub-

sidiary of Nomura Holdings, Inc

39. The Depository Trust Company – Rothschild Bank of London Rothschild Bank of Berlin Warburg Bank of Hamburg … OrgName: The Depository Trust Company OrgID: THEDEP Address: 55 Water Street, 19th Floor New York

40. Massachusetts Mutual Life Insurance – Rothschild Bank of London Rothschild Bank of Berlin Warburg Bank of Hamburg … OrgName: The Depository Trust Company OrgID: THEDEP Address: 55 Water Street, 19th Floor New York

41. ING Groep NV – ING Group still operates ING Bank of Canada, also known as … Moelis & Company • N M Rothschild & Sons • Oppenheimer … ABN Amro Bank NV • De Nederlandsche Bank • ING Bank NV

42. Brandes Investment Partners LP – dissolution of Atticus Capital in 2009, Rothschild became co-chairman of the hedge fund Attara Capital LP, the successor Investment … retailer and owner of the Kookai clothing Brandes Investment Partners LP

43. Unicredito Italiano SPA – kaum was im Netz, aber das was ich in einer italienischen Zeitung "lesen" konnte deutete auf Rothschild hin (ist die zweitgrößte Bank Europas gehört dem Vatikan).W.Schorat

44. Deposit Insurance Corporation of Japan – The Federal Deposit Insurance Corporation (FDIC) is an independent agency … Japan-United States Friendship Commission; Joint … Rothschild North America, Inc.; Rothschild, Inc

45. Vereniging Aegon – €3.5 billion secondary offering ABN Amro Rothschild LLC, AEGON NV, Morgan Stanley & Co Inc, Vereniging AEGON. Vereniging Aegon, Aegon NV's (Aegon) largest shareholder, has disposed …

46. BNP Paribas – BNP Paribas is a European banking and financial group specialized in corporate, private … Seine Karriere begann er bei der Deutschen Bank bevor er 2000 zu Rothschild wechselte

47. Affiliated Managers Group Inc – Petroleum Exporting Countries (OPEC) Investment managers … complete without some mention of the missions of Rothschild Capital Group and its more than 3,500 world-wide affiliated

48. Resona Holdings Inc – Simon Rothschild

49. Capital Group International Inc – James Rothschild. Prior to joining Monument Capital Group, Mr. Rothschild was an Investment professional with … focused role, being responsible for identifying international partners

50. China Petrochemical Group Company – Resona Holdings Inc 49. Capital Group International Inc 50. China Petrochemical Group Company … All controlled by Rothschild

Liebe Grüße Euer Giftzwerg

Linkempfehlungen:

J. Coleman Komitee der 300

Dan Burstein Die geheime Bruderschaft –

Estulin Die wahre Geschichte der Bilderberger
ZITAT ENDE

Was soll der alte Rothschild damals nochmal gelabert haben im Suff seines Chateau Lafittttttte: Gebt mir die Kontrolle über das Geld und ich verzichte auf Politik und so weiter. Und das ist den Rothschild bis heute ja auch wohl gelungen.
Weitere Träger des Familiennamens Rothschild
→ Hauptartikel: Nachfahren Mayer Amschel Rothschilds (Stammbaum)
•Amschel Moses Rothschild († 1755)
•Anselm Salomon von Rothschild (1803–1874), Bankier und Begründer der österreichischen Creditanstalt
•Bruce Lee Rothschild (* 1941), US-amerikanischer Mathematiker
•Bruno Rothschild (1900–1932), jüdischer Konvertit und katholischer Priester
•Lionel Nathan de Rothschild (1808–1879), Bankier und erstes jüdisches Mitglied des britischen House of Commons
•Mayer Carl von Rothschild (1820–1886), baute in Hüttenfeld im Jahr 1853 das Schloss Rennhof
•Louise von Rothschild (1820–1894; auch Luise von Rothschild)
•Alphonse de Rothschild (1827–1905), französischer Bankier
•Wilhelm Carl von Rothschild (1828–1901)
•Mathilde von Rothschild (1832–1924), deutsche Mäzenin
•Nathaniel Meyer von Rothschild (1836–1905), Bankier des Wiener Zweiges
•Nathan Mayer Rothschild (1840–1915), erster Rothschild-Bankier im britischen Erbadel
•Edmond James de Rothschild (1845–1934), französischer Zionist, Philanthrop, Mäzen und Sammler
•Maximilian von Goldschmidt-Rothschild (1843–1940), deutscher Bankier, Kunstmäzen und Kunstsammler
•Adèle von Rothschild (1843–1922; Adele Hannah Charlotte von Rothschild)
•Albert Salomon Anselm von Rothschild (1844–1911), Vertreter des österreichischen Zweigs der Bankiersfamilie Rothschild
•Alice von Rothschild (1847–1922), deutsche Botanikerin und Gartenbauerin
•Hannah Luise von Rothschild (1850–1892)
•Adelheid de Rothschild (1853–1935)
•Béatrice de Rothschild (1864–1934), Tochter des französischen Bankiers Alphonse de Rothschild
•Édouard Alphonse James de Rothschild (1868–1949), französischer Bankier
•Lionel Walter Rothschild, 2. Baron Rothschild (1868–1937), britischer Bankier und Zoologe
•Rózsika Rothschild (1870–1940), österreichisch-ungarische Tennisspielerin und

Gattin des Bankiers und Entomologen Charles Rothschild
•Jeanne de Rothschild (1874–1929), französische Unternehmerin
•Theodor Rothschild (1876/79–1944), Publizist und Reformpädagoge; von 1901 bis 1939 Leiter des israelitischen Waisenhauses Wilhelmspflege in Esslingen am Neckar
•Louis Nathaniel von Rothschild (1882–1955), letzter bedeutender Vertreter des Wiener Zweigs der Bankiersfamilie
•Marie-Anne von Goldschmidt-Rothschild (1892–1973), deutsche Kunstsammlerin, Malerin, Schriftstellerin
•Dorothy de Rothschild (1895–1988), englische Philanthropin und Zionistin
•Philippe de Rothschild (1902–1988), Erbe und Patron des Weingutes Château Mouton-Rothschild in Pauillac bei Bordeaux
•Ina Rothschild (geb. Wilhelmine Herzfeld; 1902–1991), letzte Hausmutter des israelitischen Waisenheims in Esslingen; Überlebende des Ghettos Theresienstadt
•Pauline Fairfax-Potter, Baroness de Rothschild (1908–1976), US-amerikanische Modeikone, Designerin, Schriftstellerin und spätere Grande Dame
•Miriam Louisa Rothschild (1908–2005), britische Biologin, Meeresbiologin und Zoologin
•Guy de Rothschild (1909–2007), französischer Bankier, Industrieller, Autor und im Pferdesport engagiert
•Lothar Rothschild (1909–1974), Schweizer Rabbiner
•Alain de Rothschild (1910–1982), französischer Bankier und Präsident jüdischer Organisationen
•Jacqueline Rebecca Louise de Rothschild (1911–2012), US-amerikanische Schachspielerin und Künstlerin
•Kurt W. Rothschild (1914–2010), österreichischer Wirtschaftswissenschaftler
•Élie de Rothschild (1917–2007), französischer Bankier, Winzer und Kunstsammler
•Edmond Adolphe de Rothschild (1926–1997), französischer, milliardenschwerer Bankier und Investor
•Leopold David de Rothschild (1927–2012), britischer bedeutender Bankier
•Nadine de Rothschild (* 1932), französische Autorin und Eigentümerin von Weingütern sowie einer Hotelkette (war die Ehefrau des Bankiers Edmond Adolphe de Rothschild († 1997))
•Philippine de Rothschild-Sereys (1933–2014), Eigentümerin des Weingutes Château Mouton-Rothschild und Anteilseignerin der „Baron Philippe de Rothschild S.A." sowie Grande Dame des Weinbaus
•Jacob Rothschild, 4. Baron Rothschild (* 1936), britischer Investmentbanker, Ehrenpräsident des Institute for Jewish Policy Research und Mäzen
•Éric de Rothschild (* 1940), französischer Bankier und Leiter des Weinguts Château Lafite-Rothschild

- Thomas Rothschild (* 1942), britisch-österreichischer Literaturwissenschaftler
- David René de Rothschild (* 1942), französischer bedeutender Bankier, ehem. Bürgermeister von Pont-l'Évêque, Vorsitzender des Jüdischen Weltkongresses und u. a. Anteilseigner des Weinguts Château Lafite-Rothschild
- Linda Rothschild (* 1945), US-amerikanische Mathematikerin
- Emma Rothschild (* 1948), britische Wirtschaftswissenschaftlerin
- Pierre Rothschild (* 1952), Schweizer Journalist und Medienunternehmer
- Walter Rothschild (* 1954), britischer Rabbiner und Autor
- Édouard de Rothschild (* 1957), französischer Geschäftsmann, Springreiter und ein Mitglied der Bankiersdynastie Rothschild
- Benjamin de Rothschild (* 1963), französischer Bankier
- Miguel Rothschild (* 1963), argentinischer Künstler, der heute in Berlin lebt und arbeitet
- David Mayer de Rothschild (* 1978), britischer Abenteurer, Ökologe und Kopf der Adventure Ecology

Besitz und kultureller Einfluss

Weingüter

Die Weingüter der Familie genießen bis heute Weltruf. Nathaniel de Rothschild, dritter Sohn Nathans, erwarb 1853 Château Brane-Mouton. James erwarb 1868, kurz vor seinem Ableben, das renommierte Château Lafite-Rothschild. Edmond Rothschild wiederum wurde 1873 Eigentümer von Château Clarke und Château Malmaison, im Jahr 1879 erwarb er auch das benachbarte Château Peyre Lebade. Eine Sammlung von über 15.000 Flaschen an Rothschild-Weinen findet sich im englischen Waddesdon Manor, einem in seiner Architektur, Gartenanlage und Kunstsammlung einmaligen Familiensitz der Rothschilds, 1874 errichtet von Ferdinand von Rothschild. Das Weingut Château Lafite-Rothschild steht derzeit unter Leitung von Éric de Rothschild.

Schlösser

- James de Rothschild baute zwischen 1855 und 1859 das Schloss Ferrières.
- Nathaniel Meyer von Rothschild ließ Ende des 19. Jahrhunderts das Schloss Rothschild in Reichenau an der Rax (Niederösterreich) errichten, auch bekannt als Schloss Hinterleiten.
- Schloss Rennhof in Hüttenfeld wurde von Mayer Carl von Rothschild im Jahr 1853 erbaut. Heute beherbergt es das Litauische Gymnasium Hüttenfeld.
- Albert Salomon Anselm von Rothschild ließ 1879–1884 nach den Plänen von Gabriel-Hippolyte Destailleur sein Palais Albert Rothschild in der Wiener Prinz-Eugen-Straße errichten.
- Das Rothschildschloss in Waidhofen an der Ybbs in Niederösterreich wurde von Albert Salomon Anselm von Rothschild zum Sitz der Verwaltung seiner ausgedehnten Güter gemacht und durch Friedrich von Schmidt im neugotischen Stil umgebaut.

2007 beherbergte es die Niederösterreichische Landesausstellung.

Mit ihrem Einrichtungs- und Lebensstil waren die Rothschilds stilbildend. Sie begründeten den Goût Rothschild, der sich durch die Verwendung edelster Materialien und opulenter Einrichtungsgegenstände auszeichnete. Häufig wurden Antiquitäten aus der Zeit des Ancien Régime neu verwendet. In der Architektur herrschte bei den Rothschilds der Stil der Renaissance vor.

Die Rothschildfamilie in der Kritik, als Ziel von Hetzkampagnen und Einbindung in Verschwörungstheorien

Die Rothschildfamilie wird seit dem Beginn ihres großen Einflusses auf die europäische Wirtschaftsgeschichte mit Karikaturen und polemischen Schriften bedacht. Auch Hetzkampagnen traten auf und **Verschwörungstheorien**, die sich häufig durch einen verdeckten **Antisemitismus** kennzeichnen. Der Name Rothschild wird häufig als Symbol für den **Zionismus**, und um die angebliche Allmacht des **Weltjudentums** über das internationale Finanzwesen anzudeuten verwendet. Auch berechtigte Kritik an ihrem Geschäftsgebaren wird häufig dem **Antisemitismus** zugeordnet.

Als einer der Ersten kritisierte Honoré de Balzac die Rothschilds öffentlich. In seiner Erzählung Das Haus Nucingen (1838) karikiert er mit dem arroganten, rücksichtslosen und groben Bankier Nucingen, der seinen Reichtum durch betrügerische Bankrotte erwirbt, James de Rothschild. Möglicherweise geht auch die bis heute umlaufende Geschichte, die Familie Rothschild habe ihren Reichtum durch eine Spekulation auf den Ausgang der Schlacht bei Waterloo erworben, auf Balzac zurück, da er sie in seiner Erzählung ebenfalls nennt. Georges Dairnvaell brachte 1846 diese Geschichte in seinem Pamphlet Die erbauliche und kuriose Geschichte von Rothschild I., König der Juden erneut in Umlauf. Bereits im 19. Jahrhundert kam die Theorie auf, Nathan Mayer Rothschild habe einen französischen General bestochen, um den britischen Sieg sicherzustellen.

Der Verfasser der deutschen Nationalhymne August Heinrich Hoffmann von Fallersleben veröffentlichte 1843 das Gedicht Bescheidenheit führet zum Höchsten der Welt (Rothschild), in dem er die Rothschilds als unbescheidene „Juden der Könige" und „Gläubiger der Herren" bezeichnete.

Bereits in der ersten Hälfte des 19. Jahrhunderts wurde der Einfluss der Rothschilds mit dem eines regierenden Monarchen verglichen. Sie galten als Teil einer Geldaristokratie, die dank ihrer Wirtschaftsmacht zum Erhalt bestehender Regierungen beitrug, sich keiner Nation patriotisch verpflichtet fühlte und selbst den Sturz von Monarchen wie etwa dem französischen König Karl X., mit denen sie enge Beziehungen pflegte, schadlos überstand. „Geld ist der Gott unserer Zeit und Rothschild ist sein Prophet", schrieb Heinrich Heine im März 1841. Alphonse Toussenel, ein französischer Journalist und Schriftsteller, verband in dem 1846 erschienenen Buch Die Juden, Könige der Epoche: Eine Geschichte des Finanzfeudalismus seine Kritik an den Konditionen, zu denen James de Rothschild die Konzession an der Bahnlinie von Paris nach Belgien erwerben konnte, mit einem Argument gegen das Judentum an sich: Frankreich sei „an die Juden verkauft" worden, und die Eisenbahnlinien ständen direkt oder indirekt unter der Kontrolle von „Baron Rothschild, der König der Finanzwelt, ein Jude, der von einem sehr christlichen König zum Baron gemacht wurde".

Sehr früh glaubte man an die Macht der Rothschilds, auf Grund ihrer finanziellen Mittel Kriege zu verhindern. 1828 schrieb Fürst Pückler-Muskau, ohne die Rothschilds scheine „keine Macht in Europa Krieg führen zu können".[a 5] Vergleichbare Äußerungen findet man auch bei Ludwig Börne, österreichischen Diplomaten und Antisemiten wie Alphonse Toussenel, der dazu schrieb: „Der Jude spekuliert auf den Frieden, das heißt auf die Hausse, und das erklärt, warum der Frieden in Europa schon 15 Jahre währt." Die Bereitschaft und die Fähigkeit, einen Krieg zu verhindern, werden aus heutiger Sicht positiv bewertet. Im 19. Jahrhundert sah man im Krieg jedoch ein legitimes politisches Mittel und der den Rothschilds aus Geschäftsinteresse unterstellte Pazifismus stieß auf Kritik. Während der italienischen Unabhängigkeitskriege schrieb Earl Shaftesbury, dass es „merkwürdig, beängstigend, erniedrigend" sei, dass „das Geschick dieser Nation der Spielball eines ungläubigen Judens ist". Auf vergleichbare harsche Kritik stieß der Einsatz von August Belmont, dem Agenten der Rothschilds in Nordamerika, für Friedensverhandlungen zwischen den Parteien des Sezessionskrieges.

Verschwörungstheorien, in denen der Familie Rothschild eine Rolle zugesprochen wird, gibt es bis heute. In unterschiedlichen Versionen existiert die Theorie, die Rothschilds leiteten oder beteiligten sich an einer entweder jüdischen, freimaurerischen, illuminatischen oder außerirdischen Verschwörung, häufig mit den in diesem Umfeld üblichen Ähnlichkeiten oder unkritischen Bezugnahmen auf die längst als Fälschung entlarvten Protokolle der Weisen von Zion. Ebenfalls als Quelle für derartige Theorien werden die allgemein nicht als authentisch angesehenen so genannten Rakowski-Protokolle genannt.

Das Bankhaus Rothschild heute

Ein zentrales Bankhaus bzw. ein Netzwerk von eng miteinander kooperierenden Banken im gemeinsamen Besitz der Familie Rothschild gibt es heute nicht mehr. Stattdessen existieren drei Finanzgruppen, die von unterschiedlichen Familienzweigen der Rothschilds kontrolliert werden und sich teilweise durch zahlreiche Schachtel- und Querbeteiligungen auszeichnen.[5][6] Zwischen den drei Finanzgruppen bestehen vereinzelt gegenseitige Minderheitsbeteiligungen.

Die größte dieser Gesellschaften stellt die Paris-Orléans SA dar. Durch die Fusion der Bankaktivitäten des britischen und französischen Zweiges der Familie Rothschild im Januar 2008 wurde dieses Unternehmen zur zentralen Holdinggesellschaft für die Geschäfte der englischen und französischen Rothschilds in den vier Bereichen: Investment-Banking, Corporate-Banking, Private Banking (Vermögensverwaltung) und Private-Equity (Unternehmensbeteiligungen). Das Unternehmen wurde 1838 gegründet und war ursprünglich eine Eisenbahngesellschaft. Es ist an der Börse Euronext in Paris notiert (ISIN: FR0000031684). Das Aktienkapital wird zu 58,1 % von der Familie Rothschild kontrolliert (Stand Ende März 2008). Der Rest der Aktien ist über die Börse breit gestreut.

Eine zweite Finanzgruppe, die Groupe LCF Rothschild, wird von einem in der Schweiz ansässigen Zweig der Rothschilds kontrolliert. Sie wurde 1953 von Edmond Adolphe de Rothschild gegründet und umfasst neben mehreren Banken auch Hotels, Immobilien, Weingüter und einen Versicherungsmakler. Ein zentraler Bestandteil dieser Gruppe ist die in Genf beheimatete Banque Privée Edmond de Rothschild. Sie ist an der Schweizer Börse (SIX Swiss Exchange) notiert (ISIN: CH0001347498).

Als dritte Gesellschaft unter Kontrolle eines Zweigs der Rothschilds ist die RIT Capital Partners PLC zu nennen. Dieses Unternehmen wurde 1961 auf Initiative von Lord Jacob Rothschild gegründet und wird seitdem auch von ihm geführt. Seit 1988 investiert RIT Capital Partners auf internationaler Ebene vorwiegend in kleinere und mittlere, börsennotierte und private Firmen. Es ist an der Londoner Börse notiert (ISIN: GB0007366395).

Literatur Zitat aus : http://de.wikipedia.org/wiki/Rothschild

Das unglaubliche Vermögen der Familie Rothschild

Aufgrund der über 200-jährigen Konzerngeschichte mit ihren vielfältigen Verflechtungen, ist es nicht möglich, das Vermögen der Familie Rothschild exakt zu benennen. Fest steht, dass es weit über die genannten Bilanzsummen aus dem Bankengeschäft hinausgeht. Ein Schätzwert liegt bei einem Vermögen von mindestens 350 Milliarden Dollar. Ebenso ist ein Wert von über einer Billion Dollar im Umlauf.

Aus: *http://www.vermoegenmagazin.de/vermoegen-familie-rothschild/*

Mittwoch, 11. März 2015 Also das obige, diese Rothschild Orgie, das ist hier also keine Verschwörungstheorie, denn die Tatsachen der menschlichen Situation auf der Erde und wer und wie das alles aufgebaut wurde und wer da sehr viel besitzt, dagegen ist eine Verschwörungstheorie ein lahmer blinder Esel, der wie die schwarze Katze in einem schwarzen Raum ohne Licht lebt. Die Tatsachen sind viel beeindruckender.

Hier ist nochmals so was: Der Feminismus ist unsere Erfindung! Früher zahlte nur die Hälfte der Bevölkerung Steuern, jetzt alle. Außerdem wurde damit die Familie zerstört, und wir haben nebenbei die Macht über die Kinder erhalten. Sie sind durch Medien und Schule unter unsere Kontrolle. Indem wir Frauen gegen die Männer aufhetzen und die Partnerschaft und die Gemeinschaft der Familie zerstören, haben wir Egoisten geschaffen, die nur noch hart arbeiten und konsumieren. Dadurch sind sie unsere Sklaven und finden das alles auch noch gut.

Nicholas' Rockefeller (aus Rockefeller – Dynastie)

Um bloß nochmal zu zeigen wie diese Menschen die Menschheit bis jetzt in ihrem

Sinne als Roboter und Geldsklaven geformt haben. Denn die gesamte Menschheit ist ja das Resultat der Raubmenschen die notwendig waren, weil es auch nicht anders ging, denn die Üblen, die Lügner, Betrüger, Machtgeilen, die zeigen ja durch das was sie sind und gemacht haben was man selber nicht will und das was für die Weiterentwicklung der Menschen Gift und geistige Verarmung ist. Denn diese im Vergleich wenigen menschlichen Konstrukte, von Menschen, Familien, die haben ja alle über ihre Bösartigkeit sich das Land der Erde angeeignet, denn alles Land ist vergeben an die Besitzenden, und haben den Rest der Menschheit versklavt bis hin zur Demokratie, dem letzten hochmanipulativen System der Freiheitsvorgauklung.

Und heute sind die Menschen ja alle Arbeitssklaven für eine Industrie und Länder die für die Besitzenden arbeiten und in die Totalverblödung taumeln-Weltweit. Aber erst wenn die Ignoranz die Unwissenheit aufhört-hört auch die Existenz des Üblen, Bösen auf. Oder wie Bukowski schrieb: Alle Menschen wurden als Genies geboren doch die meisten sterben als Idioten. Oder wir Jesus es ausdrückte: Lass die Toten die Toten begraben.

Zu Rothschild fällt mir folgendes ein. Als Schröder Kanzler war, beschäftigte sich seine Regierung mit dem Thema Medikamente wesentlich preisgünstiger anbieten zu können. *Hier ist ein Zitat:*

Schröders Rotweinrunde
Die Pharmaindustrie verlangt von der Bundesregierung, ein für sie nachteiliges Spargesetz abzumildern. Am Dienstag dieser Woche treffen sich die Chefs von Aventis, Schering, GlaxoSmithKline und anderer international tätiger Unternehmen mit Bundeskanzler Gerhard Schröder und Gesundheitsministerin Ulla Schmidt. Bei dem - von Teilnehmern als „Bordeaux-Runde" angekündigten - Abend im Kanzleramt soll es vor allem um die Preisregulierung von Arzneimitteln gehen, die im Zuge der Gesundheitsreform eingeführt wurde. Die Pharmabosse fürchten, dass der Branche etwa 100 Millionen Euro im Jahr verloren gehen, wenn der zuständige Ausschuss von Krankenkassen und Ärzten erstmals festlegen darf, bis zu welchem Betrag die Kassen für die Kosten von patentgeschützten Medikamenten aufkommen. Ministerin Schmidt hatte bislang stets argumentiert, dass es sich bei vielen patentgeschützten Präparaten in Wahrheit um Scheininnovationen ohne zusätzlichen medizinischen Nutzen handle. Den Rotweinabend im Kanzleramt hatten die Pharmabosse im Anschluss an ein geselliges Treffen mit dem Regierungschef Mitte März in Frankreich verabredet. Auf Château Lafite, einem Nobelweingut von Baron Eric de Rothschild nahe Bordeaux, hatte Schröder vor einem kleinen Kreis von Spitzenmanagern über die Bedingungen am Wirtschaftsstandort Deutschland referiert.
Der Spiegel 28/2004

Interessant war dann das Schröder zurückkam und es wurde nie mehr etwas von der Preisregulierung von Arzneimitteln gehen, die im Zuge der Gesundheitsreform eingeführt werden sollte. So verschreckt hatte wohl der Rothschild Klan den deutschen Bundeskanzler gemacht, mit sicherlich unwiderstehlichen Angeboten, wie sie Corleone Boss Marlon Brando nicht hätte besser machen können. Denn diese Sorte Mensch wie sie die Rothschild sind, die haben ja über Generationen hinweg, ausschließlich Re-Giert ausschließlich ihr Geld-Macht-Imperium aufgebaut und da war Schröder in deren Denken und Fantasien bloß ein stinkender Furz im Wind. Und das sind die Besitzenden die wir bis heute haben die alles besitzend und euch lenken und steuern denn ihr müsst ja sogar eure Berufsauswahl in deren Sinne machen weil das ja in der Logik der Verhältnisse steht die im Sinne der Banker und deren Besitzesgüter aufgebaut wird.

Hier kommt erst die tiefere Wahrheit von Jesus zum Vorschein: Denn die Wahrheit wird euch frei machen. Oder was Peter Fitzek schrieb: „Tretet einfach konsequent für die Wahrheit ein, lebt diese und gestaltet vor allem neue positive Dinge für alle Menschen. Die Wahrheit kann für sich allein stehen, nur die Lüge muss dauernd wiederholt und beschützt werden."

Zitat Anfang: Lügen macht klug

Verhaltensforscher Volker Sommer erklärt, warum Täuschungen Motor der Evolution sind
FOCUS: „Du sollst nicht lügen „, gebietet uns schon die Bibel. Warum schaffen wir es nicht, dieses Gebot einzuhalten?
Sommer: Weil es wider die Natur ist. Die Idee vom Paradies, wo Böcklein und Bären, Wölfe und Lämmer friedlich nebeneinanderliegen, klingt zwar hübsch, war aber niemals Realität und wird es auch nie sein. Um zu überleben, müssen alle Geschöpfe einander oft täuschen und betrügen.
FOCUS: Das Lämmchen muss selbstverständlich auf der Hut sein vor dem Wolf im Schafspelz. Aber darf es auch die Mitglieder der eigenen Herde hinters Licht führen?
Sommer: Es muss sogar. Evolutionsbiologen haben sich längst verabschiedet von der Vorstellung, dass es im Überlebenskampf um die Erhaltung der Art geht. Lebewesen sind auf die Ausbreitung ihres eigenen Erbguts programmiert - auch und gerade auf Kosten ihrer Artgenossen.
FOCUS: Die Lüge als Motor der Evolution?
Sommer: Ja, denn die natürliche Auslese favorisiert nicht die Ehrlichen, sondern die

Schwindler. Lug und Trug waren und sind ein wichtiges Auslesekriterium. Wer Betrüger rasch entlarven kann und andererseits selbst bei einer Täuschung nicht entdeckt Wird, ist im Vorteil.

FOCUS: Gilt das auch für die Spezies Mensch?

Sommer: Vermutlich hat sich das menschliche Gehirn mit seiner Fähigkeit zu schlechtem Gewissen, moralischen Empfindungen Los man LÜGE Anthropologieprofessor Volker Sommer forscht am University College/ London und Misstrauen überhaupt nur durch ständige Auseinandersetzung mit Täuschungsmanöver so weit entwickelt. Menschen mussten sich mit immer raffinierteren Schummeleien auseinandersetzen und die eigenen Betrugsmanöver vor den immer perfekter werdenden Lügendetektoren in den Hirnen ihrer Artgenossen verheimlichen.

FOCUS: Lügen macht also klug?

Sommer: So gesehen, ja. Die Natur fordert von uns, die Kunst des Lügens immer weiter zu perfektionieren. Nicht nur, um gegenüber anderen im Vorteil zu sein, sondern auch für das eigene Wohlbefinden. Wer bei Mogeleien weniger Stress erlebt, hat nicht nur mehr Erfolg, sondern lebt auch gesünder.

FOCUS: Ein Freibrief für alle Lügner?

Sommer: Keineswegs. Von Natur aus sind wir zwar Egoisten, doch das macht Eigennutz nicht automatisch zu einem hohen ethischen Wert. Zudem neigen auch die raffiniertesten Egoisten zur Kooperation, wenn sie dadurch mehr erreichen können als durch bloße Einzelkämpferei. Und schließlich muss sich die Lügerei in Grenzen halten. Niemand nimmt beispielsweise mehr Geld an, wenn überwiegend Blüten im Umlauf sind.

ZITAT ENDE

Dieser Satz: *„Um zu überleben, müssen alle Geschöpfe einander oft täuschen und betrügen.“*

Dieser Satz beinhaltet das ganze Dilemma in das die Menschheit gebracht wurde durch die Besitzenden oder anders formuliert die Lügner, Betrüger und Mörder, bis heute. Weil die Geschichte dieser Besitzenden Graulicht ist, weiß und schwarz. Und sie tragen bis heute diese Anzüge. Wenn ich alleine an die Troika denke, die heute in Europa ihr Zerstörwerk und den Betrug lebt im Sinne der Besitzenden der Banker der ersten 50-60 Banken wie oben angezeigt wurden. Oder wie ich in anderen Büchern gelesen hatte wie der IWF und seine eingegliederten Unter-Organe, wie sie sich selber bezeichnen-Organe, in Afrika gewütet haben in Südamerika gewütet haben in Asien gewütet haben. Immer mit dem gleichen Schema-Erpressung durch Geld, oder auch von John Perkins Economic Hit Man-als Wirtschaft Auftragskiller-wo er beschreibt das nie Geld in diese Länder ging, es blieb alles in den USA und heute die Verbrechergruppe Troika-die das Geld bloß für die Banken herauskozte aus der Bundesrepublik und anderen Länder-und das Land Griechenland sah davon nichts oder wenig oder sogar weniger als nichts.

Hier ist ein weiteres Zitat zum Thema Besitzende –Banker-Staaten-der verlängerte Arm der Banker-die Troika und deren Kotzereien weltweit: Das Unheil das die Troika brachte

Die Griechen sind den Griechen ein Wolf. Alles andere ist Geplänkel dagegen

Die Troika - das Sondereinsatzkommando der oberen Zehntausend.

Operation gelungen, Patient tot, Organe geplündert. Who's next?

Sie erpresste Minister, spielte sich zum Gesetzgeber auf und machte gemeinsame Sache mit den Eliten. So stürzte die Troika die Krisenstaaten wissentlich in die Rezession. von Harald Schumann

Wenn Antonis Manitakis von seiner Zeit als Minister in Athen erzählt, kann er seinen Zorn nur schwer verbergen. Er sei „erpresst" worden, von Leuten, die „Angst und Schrecken verbreiten", sagt er dann, und spricht von „Demütigung" und „Unterwerfung". Aber er meint keine Kriminellen. Seine Gegner waren Beamte des Internationalen Währungsfonds (IWF), der EZB und der EU-Kommission, jenen Institutionen also, die als Troika seit 2010 europäische Geschichte schreiben.

30 Jahre lang hatte der 69-jährige Jura-Professor in Montpellier, Rom und Thessaloniki Verwaltungsrecht gelehrt, bis er im Mai 2012 die größte Herausforderung seines Lebens antrat: Als unabhängiger Fachmann übernahm er in dem – jetzt abgewählten – Kabinett unter dem konservativen Premier Antonis Samaras das Ministerium für die Reform der öffentlichen Verwaltung – ein Wahnsinnsjob. Der griechische Staat müsse sparen und Personal abbauen, forderten Griechenlands Kreditgeber. Und Manitakis lieferte. Bis zum Frühjahr 2013 war der öffentliche Dienst von fast einer Million auf gut 700.000 Angestellte geschrumpft, weil frei werdende Stellen nicht mehr besetzt und befristete Verträge nicht verlängert wurden. „Wir schafften das vereinbarte Ziel ohne Massenentlassung", freute sich Manitakis, und das wurde sein Problem. Denn die Troika forderte, weitere 15.000 Staatsdiener zu feuern, davon 4000 sofort.

Treibende Kraft war der Däne Poul Thomsen, Leiter der Delegation des IWF, bei dem er seit 33 Jahren krisensicher beschäftigt ist. „Thomsen wollte Angst verbreiten, damit die anderen mehr arbeiten. Er wollte uns bestrafen", ärgert sich Manitakis. Er dagegen wollte mithilfe der eigens entsandten Experten aus den anderen Euro-Staaten, der „Task Force", die Verwaltung tatsächlich reformieren. Die Unfähigen oder Korrupten sollten gehen, die Guten sollten belohnt werden, und das nach individueller Überprüfung. So hatten es ihm die Fachleute aus Frankreich geraten, um die Verwaltung arbeitsfähig zu halten. „Ich wollte nach Recht und Gesetz vorgehen, darum bat ich um sechs Monate mehr Zeit", erzählt Manitakis.

„Er hat mich erpresst"

Doch die bekam er nicht. Stattdessen drohte Thomsen mit Kreditsperre. „Er rief mich nachts um elf per Telefon zu sich, und sagte mir, dass die Zahlung der nächsten acht

Milliarden Euro nur von mir abhängig sei." Das Geld werde nicht überwiesen, wenn er keine Entlassungsliste vorlege. „Er hat mich einfach erpresst", erzählt Manitakis – letztlich mit Erfolg. Um Thomsens Forderung zu erfüllen, schloss die Regierung Anfang Juni 2013 den öffentlichen Rundfunk und setzte 2656 Angestellte auf die Straße, illegal, wie der Oberste Gerichtshof feststellte. Weitere Massenentlassungen von Lehrern, Ärzten und Schulinspektoren folgten. „Das sabotierte unsere ganze Arbeit, die Falschen wurden entlassen, das Projekt war tot", erinnert sich Manitakis, der daraufhin selbst kündigte. Auf seine Verwaltungsreform wartet Griechenland noch heute.

Was der Ex-Minister berichtet, ist nur eine Episode in der nun schon fünf Jahre währenden Arbeit der Troika. Doch die Willkür und die Machtanmaßung der nicht gewählten Beamten aus Washington und Brüssel, die er beschreibt, sind kein Einzelfall. Mit ihrem Einsatz als Kontrolleure ganzer Staaten erhielt eine kleine Gruppe von Technokraten eine Macht jenseits aller demokratischen Kontrolle. Und so exekutierten sie in den Krisenländern ihre Art von Wirtschaftspolitik selbst dann, wenn sie mehr Schaden als Nutzen brachte. Nicht zuletzt darum kämpft die neue Regierung in Griechenland so erbittert für das Ende dieses Regimes.

Einer, der das Unheil früh kommen sah, ist Paulo Batista, Exekutivdirektor für Brasilien im 24-köpfigen Vorstand des IWF. Batista war noch nie in Griechenland. Aber seine Heimat stand selbst einst unter Kuratel des Fonds, das schärfte seinen Blick.

Putsch im IWF

Der brasilianische Ökonom erinnert sich noch gut an die Tage im Frühjahr 2010, als es in den Vorstandsbüros im 12. Stock der IWF-Zentrale in Washington hoch herging. Die Europäer drängten auf die Beteiligung des Fonds an den Notkrediten für Griechenland, aber die Experten des IWF selbst waren dagegen. „Sie hatten große Zweifel, ob das Land den Kredit zurückzahlen könnte, die Verschuldung war zu groß", bestätigt Batista, was offiziell bisher verschwiegen wurde. Nach den Regeln des Fonds hätte der Antrag abgelehnt werden müssen. Gemeinsam mit den Vertretern Indiens, Russlands und der Schweiz mahnte Batista damals, die geplanten Kredite würden lediglich „private durch öffentliche Finanzierung ersetzen". Insofern könne es „nicht als Rettung von Griechenland gesehen werden, das sich einer schmerzhaften Anpassung unterziehen muss, sondern als Rettungspaket für die privaten Gläubiger von griechischen Schulden, vor allem europäische Finanzinstitute". Es wäre „viel besser für Griechenland, einen Schuldenerlass zu verhandeln", forderte der IWF-Dissident.

„Wie drittklassige korrupte Banker"

Doch das wollten die Regierungen Frankreichs und Deutschlands unbedingt verhindern. Die französischen Banken hatten 20 Milliarden Euro im Feuer, die deutschen 17 Milliarden. Und in Dominique Strauss-Kahn fanden sie einen willigen Helfer. Der damalige IWF-Chef, der später über seine Sex-Affären stürzte, wollte für das Präsidentenamt kandidieren und daher die Finanzbranche seines Landes vor Verlusten schützen. Darum ließ er in den Antrag einfügen, dass bei „hohem Risiko einer internationalen systemischen Wirkung" die Kreditvergabe doch erlaubt sei – ein Putsch, der Batista noch heute ärgert. Die Regeländerung sei „völlig intransparent" in einem 146 Seiten langen Dokument versteckt gewesen. Mangels Mehrheit im IWF-Vorstand, den Europäer und Amerikaner dominieren, konnten die Kritiker das jedoch nicht verhindern. Mit Beschluss vom 10. Mai 2010 trat darum das erste gemeinsame Programm des IWF mit den Euro-Staaten in Kraft, das im Gegenzug für 80 Milliarden Euro Kredit die Troika als Kontrollinstanz etablierte. Fortan reisten alle drei Monate bis zu 60 Beamte nach Athen, um jeden Zug der Regierung zu überwachen. „Dabei wurde so getan, als sei Griechenland nicht bankrott, sondern nur gerade nicht flüssig", erklärt der Ökonom Yanis Varoufakis, der nun als Finanzminister mit den Konsequenzen kämpft. „In dieser Lage dem insolventesten aller Staaten den größten Kredit der Geschichte zu geben – wie drittklassige korrupte Banker –, das war ein Verbrechen gegen die Menschlichkeit", empört sich Varoufakis. „Damit zwangen sie Griechenland in eine Verschuldung ohne Ende."

Die Folgen waren verheerend. Weil die Zinslast extrem blieb, musste der Staatshaushalt radikal angepasst werden. Bis Ende 2013 fielen die öffentlichen Ausgaben um 30 Prozent. Übertragen auf Deutschland wären das rund 400 Milliarden Euro, so viel wie der ganze Bundeshaushalt. In der Folge verlor die griechische Wirtschaft 26 Prozent ihrer Leistung, mehr als es je zuvor einem europäischen Land in Friedenszeiten widerfuhr.

Später argumentierten die Prüfer des IWF, die Wirkung des Kürzungsprogramms sei unterschätzt worden, weil Thomsen und seine EU-Kollegen mit falschen Annahmen kalkulierten. Doch das stimmt so nicht. Sie wussten, was sie taten. Schon im März 2010 schrieb der Vertreter des Fonds in Athen in einem als „Geheim" deklarierten Bericht den europäischen Direktoren im IWF-Vorstand: Würde man den EU-Sparvorgaben folgen, „würde dies eine scharfe Kontraktion der internen Nachfrage mit einer folgenden tiefen Rezession verursachen, die das soziale Gefüge schwer belasten würde". Und genau so kam es.

Die wirtschaftlichen Eliten bleiben verschont

Das Gleiche wiederholte sich in Irland, Portugal, Zypern und Spanien, wenn auch in geringerem Umfang. In allen Fällen dienten die vergebenen Notkredite dazu, private Gläubiger auf Kosten der Steuerzahler von ihren Fehlinvestitionen freizukaufen. Und mit den zugehörigen Programmen sollten die Staaten dann „das Vertrauen der Finanzmärkte" zurückgewinnen. Dazu mussten sie Haushaltsdefizite in Überschüsse verwandeln, um wieder als zuverlässige Schuldner zu gelten. Doch das Konzept blendet aus, dass auch die privaten Haushalte und Unternehmen sparen mussten. „Wenn aber alle gleichzeitig weniger ausgeben, fallen die Einkommen und die Wirtschaft schrumpft", erklärt der Ökonom und Nobelpreisträger Paul Krugman. So trat das Gegenteil der proklamierten Ziele ein: Die Rezession dauerte an, die Steuereinnahmen fielen, und die Schuldenquoten wuchsen, anstatt zu sinken. Einzig Irland entkam nach zwei Jahren dieser Falle, weil es eine starke Exportindustrie hat. Elektronik- und Pharmakonzerne nutzten den Fall der Löhne und steigerten die Produktion für ihre Kunden in Übersee. So kompensierten sie den Ausfall der Binnennachfrage, der mit dem Sparprogramm einherging.

Den zweiten Kardinalfehler der Troika-Programme bekamen jedoch auch die Iren hart zu spüren.

Die wirtschaftlichen Eliten bleiben verschont

(Weil ja die Wirtschaft die Familien diese Besitzer-Firmen sind-und Firmen werden ja laut der Einsicht das Staaten keine Staaten sind sondern einen Staat simulieren-Firmen werden also wie die Firma Staat oder BRD oder USA oder England-immer bevorzugt behandelt-wegen des Geldes an das diese Tiefschläfer noch glauben und glauben sollen. W.Schorat)

Allein die Mittelschicht, die Staatsangestellten, die Rentner, Kranken und Arbeitslosen mussten die Last der Anpassung tragen. Die wirtschaftlichen Eliten hingegen blieben überall verschont. Schlimmer noch: Die Troika zwang die Regierungen, wertvolle Staatsunternehmen zu Schleuderpreisen zu verkaufen, und verhalf so den Privilegierten, sich auf Kosten der Allgemeinheit zu bereichern, wie eine Tagesspiegel-Recherche belegte.

In Irland verloren die Angestellten des Staates im Schnitt 14 Prozent ihres Gehaltes, der Mindestlohn wurde um zwölf Prozent gesenkt, die Renten gekürzt, die Hilfen für Behinderte gestrichen und trotz einer Arbeitslosenrate von 15 Prozent das Arbeitslosengeld um 750 Millionen Euro jährlich gesenkt. Über die extremen Einnahmeverluste, die der irischen Staatskasse durch die Steuerdeals mit ausländischen Konzernen entstehen, haben die Troika-Beamten dagegen nicht einmal verhandelt. Dabei kassieren allein US-Konzerne in Irland rund 40 Milliarden Euro jährlich steuerfrei, ermittelte der Ökonom Jim Stewart von der Uni Dublin. Wäre darauf zumindest Irlands geringe Gewinnsteuer von 12,5 Prozent erhoben worden, „wäre uns viel Not und Armut erspart geblieben", meint Stewart.

Portugals Regierung zog unter Ägide der Troika ein noch härteres Programm durch. Binnen zwei Jahren kürzte sie die Gehälter im öffentlichen Dienst sowie die Renten um bis zu 24 Prozent und zerschlug das System der Tarifverträge in der privaten Wirtschaft. Bis 2008 galt für die Hälfte aller portugiesischen Arbeitnehmer ein von Gewerkschaften ausgehandelter Vertrag. Heute arbeiten nicht mal mehr sechs Prozent nach Tarif. Das drückte die Löhne radikal, vor allem für junge Leute. In der Altersgruppe bis 25 fiel das Entgelt um ein Viertel, selbst Akademiker erhalten oft nur noch den Mindestlohn von 565 Euro im Monat. Nur Jobs schaffte das nicht. Darum verlassen jede Woche rund 2000 Portugiesen ihre Heimat, ein Zehntel der Arbeitsbevölkerung ist schon im Exil.

Doch in keinem ihrer zwölf Prüfberichte über Portugals „Fortschritte" haben die

Aufseher aus Brüssel und Washington auch nur erwogen, den Staatshaushalt auch durch eine Sondersteuer auf große Vermögen zu sanieren, die in Portugal in den Händen von ein paar Dutzend Familien konzentriert sind. So habe die Troika ein „rein ideologisches Programm" befördert, das „die soziale Struktur radikal geändert hat", bilanziert der Ökonom Francisco Louçã von der Universität Lissabon. Mit der Massenauswanderung drohe seinem Land nun eine „demografische Tragödie".

2600 Schwarzgeldkonten in der Schweiz

Nirgendwo fiel die Verteilung der Lasten ungerechter aus als in Griechenland. Neben der Kürzung der staatlichen Gehälter und Renten um ein Drittel und der weitgehenden Abschaffung der Tarifverträge verfügten die Troikaner 2012 auch die Senkung des Mindestlohns um ein Fünftel auf 3,40 Euro pro Stunde. Weil sich selbst die Arbeitgeberverbände dagegen aussprachen, verweigerte der damals zuständige Minister Giorgios Koutroumanis seine Zustimmung. Aber auch er berichtet, die Aufseher der Euro-Gruppe hätten gedroht, „die nächste Tranche zu sperren". Die Regierung habe schließlich der „Erpressung" nachgegeben.

Ganz anders dagegen gingen die heimlichen Lenker des griechischen Staates mit dem chronischen Steuerbetrug der Reichen um. Zwar war die effektive Steuererhebung ein erklärtes Ziel des Troika-Programms. Aber der Filz zwischen den alten Parteien und der Oligarchenkaste verhinderte das, und die Troika fand sich damit ab. Exemplarisch war der Umgang mit der Liste der 2600 Schwarzgeldkonten von Griechen bei der Schweizer Filiale der Großbank HSBC, die Christine Lagarde, heute Chefin des IWF, als Frankreichs Finanzministerin schon 2010 ihrem griechischen Kollegen übergeben hatte. Bis Ende 2014 wurde nicht ein einziger der Täter vor Gericht gestellt. Doch an diesem Punkt, so berichtet die Anwältin und heutige Parlamentspräsidentin Zoé Konstantoupoulo, machte die Troika keinen Druck. „Im Gegenteil, der IWF-Vertreter im Finanzministerium hat den Beamten sogar abgeraten, diese Fälle zu untersuchen", erfuhr sie von Zeugen in einem Untersuchungsausschuss zum Thema.

Um so härter traf es dafür jene, die sich am wenigsten wehren konnten: arbeitslose Kranke, Kinder und alte Leute ohne Rente.

Willkür gegen die Kranken

Sie wurden Opfer der willkürlichen Festlegung, dass die Gesundheitsausgaben sechs Prozent des Bruttoinlandsprodukts nicht überschreiten durften. Das forderte die Troika ab 2011, obwohl ihre Auftraggeber das in den eigenen Ländern niemals wagen würden. Deutschland leistet sich zehn Prozent, der EU-Durchschnitt liegt bei acht. Im Ergebnis mussten 40 Prozent der Krankenhäuser schließen, die Hälfte der 6000 Ärzte in den öffentlichen Polikliniken wurde entlassen und drei Millionen Menschen, ein Viertel der Bevölkerung, erhalten keine medizinische Versorgung, weil sie mit ihren Jobs auch ihre Krankenversicherung verloren.

Die Konsequenzen erlebt der Internist George Vichas jeden Tag. Gemeinsam mit 100 weiteren Ärzten betreibt er in seiner Freizeit eine provisorische Ambulanz auf dem

Gelände des stillgelegten Flughafens Helenikon in Athen, wo täglich hunderte Kranke um Hilfe bitten. Aber diese und ähnliche Einrichtungen erreichen nur einen kleinen Teil der Bedürftigen. Vor allem chronisch Kranke wie Diabetiker und auch Krebskranke bleiben oft ohne Behandlung. Schon sei ein Fünftel der Kinder nicht mehr geimpft, sodass die Rückkehr der Kinderlähmung drohe, warnt Vichas. Gleichzeitig verbreite sich Tuberkulose, Hepatitis und HIV. Griechenlands Gesundheitswesen sei „nicht reformiert, sondern zerstört" worden, und der wirtschaftliche Schaden werde letztlich „größer sein als die Ersparnis". Jeden Monat „sterben Hunderte, vielleicht mehr als tausend Menschen in Griechenland, nur weil sie keine medizinische Hilfe bekommen", klagt der Mann, der bis zur Erschöpfung dagegen ankämpft. Er meine, sagt Vichas, „dass diejenigen, die dafür verantwortlich sind, vor Gericht gestellt werden müssen".

Die Beamten der Troika könnte auch das nicht treffen. Sie genießen diplomatische Immunität.

Mitarbeit: N. Leontopoulos, E. Simantke Dieser Bericht beruht auf Recherchen für den Film „Macht ohne Kontrolle – die Troika" von Harald Schumann und Arpad Bondy, der am Dienstagabend bei Arte gesendet wurde.

• Habe gestern die Doku... ....."Macht ohne Kontrolle - Die Troika" gesehen, deshalb will ich auf den Text erst mal nicht näher eingehen, was ich aber möchte ist Herrn Schumann meinen Dank für seine außerordentliche Recherchearbeit zu übermitteln. Nur eine gut informierte Öffentlichkeit kann politische Veränderungen erzwingen und aktuell fühle ich mich selten gut informiert, eher schlecht desinformiert, da sind Reportagen wie die eingangs erwähnte ein kleiner Lichtblick am Ende eines ziemlich dunklen Tunnels.

Bitte weiter so!!!

2. Die böse Troika ist also dran schuld.

Das sehe ich anders. Die Pleitestaaten in Südeuropa hätten sich eben vorher überlegen sollen, ob sie mit wirtschaftlich leistungsfähigen Staaten eine Währungsunion eingehen wollen, mit denen sie nicht mithalten können. Die Menschen dort können sich bei ihren verantwortungslosen Politikern bedanken, die sie selbst ins Amt gewählt haben.

3. Verschwörungstheorien

Ja, die Troika hat Steuern hinterzogen, ja die Troika beanspruch völlig sinnlose Arbeitsplätze im Staatsapparat (Bsp. Verwaltung für einen See, den es nicht gibt) und die Troika hat sehenden Auges Blindenrente bezogen. Natürlich hat die Troika auch die Hightech Industrie Griechenlands ruiniert, weshalb die Oliven jetzt im Ausland verarbeite werden.

Die Griechen sind den Griechen ein Wolf. Alles andere ist Geplänkel dagegen.

4. ZEIT mal wieder populistisch wie eh und je...

Doch die bekam er nicht. Stattdessen drohte Thomsen mit Kreditsperre." Er hat mich einfach erpresst", erzählt Manitakis – letztlich mit Erfolg.

Herr Thomsen hat die Einhaltung der Verpflichtungen gefordert zu denen sich die griechische Regierung zuvor vertraglich verpflichtet hat und deutlich gemacht, dass sich der IWF andererseits ebenso nicht an seine vertraglichen Zusagen gebunden fühlt. Wo ist da die Erpressung?

Das die ZEIT so etwas derart unreflektiert widergibt „Sie erpresste Minister etc..." zeigt schlicht und einfach auf welches Niveau Sie gesunken ist. Schlichtester Populismus aus der Redaktion, statt seröser journalistischer Arbeit.

5. Danke für diesen Artikel

Deutschland braucht mehr Journalisten wie Harald Schumann.

Früher waren wir gesegnet mit guten Leuten: Scholl-Latour, Gerd Ruge, Gabriele Krone-Schmalz.

Wenig überraschend, dass solche Leute, wie auch Harald Schumann, fast nur bei den öffentlich-rechtlichen arbeiteten. .

6. Die Troika - das Sondereinsatzkommando der oberen Zehntausend.

Operation gelungen, Patient tot, Organe geplündert. Who's next?

Das mehr als 60% der Bürger der Meinung sind das keine echte Demokratie herrscht. Es ist einfach so. Es geht nicht um die Bevölkerung sondern nur darum, dass die Reichen noch reicher werden.

Traurig ist nur das diese Erkenntnis so vieler Bürger sich nicht in den Ergebnissen bei Wahlen widerspiegelt.

Ende Zitat

Es stimmt schon das die Griechen selber seit Beginn der Demokratie abgefackelt wurden von den Besitzenden in Griechenland und deren Geldgeber international. Denn Geldgeber Banken sind weder für Steuern noch anderen abgaben zu haben und natürlich spielen sie gerne in korrupten Gansterstaatenpolitik mit-ja sie sind sogar besonders an Diktaturen interessiert weil sie da das Monopol haben können indem sie den Diktator besitzend durch das Geld. Also da ist es noch einfacher auszubeuten als in einer Demokratie. Und die griechischen Parteien und Politiker habe das Land an die Wand gelogen betrogen ausgeplündert. Aber das heißt nicht dass der Retter nicht noch mehr plündert wenn er ins Restaurant gelassen wird. Und das tut der IWF recherchiert im Internet was da schon alles nach dem gleichen Schema vorging.

Die böse Troika ist also dran schuld.

Das sehe ich anders. Die Pleitestaaten in Südeuropa hätten sich eben vorher überlegen sollen, ob sie mit wirtschaftlich leistungsfähigen Staaten eine Währungsunion eingehen wollen, mit denen sie nicht mithalten können. Die Menschen dort können sich bei ihren verantwortungslosen Politikern bedanken, die sie selbst ins Amt gewählt haben.

Also das obige stimmt schon aber das mit der Troika kommt noch als DoppelFuckUp hinzu. Und: **Die wirtschaftlichen Eliten bleiben verschont**

Allein die Mittelschicht, die Staatsangestellten, die Rentner, Kranken und Arbeitslosen mussten die Last der Anpassung tragen. Die wirtschaftlichen Eliten hingegen blieben überall verschont. Schlimmer noch: Die Troika zwang die Regierungen, wertvolle Staatsunternehmen zu Schleuderpreisen zu verkaufen, und verhalf so den Privilegierten, sich auf Kosten der Allgemeinheit zu bereichern, wie eine Tagesspiegel-Recherche belegte.

Und das ist genau das was die Rothschilds schon immer gemacht haben. Denn was hatte der alte Rothschild mal im Chateau Lafitttttte Fiber geröchelt: Gebt mir die Kontrolle über das Geld und es ist mir egal wer und was regiert, oder so ähnlich.

Hier ist noch ein Spruch von Voltaire (1694-1778) „ **Ärzte schütten Medikamente, von denen sie wenig wissen, zur Heilung von Krankheiten, von denen sie noch weniger wissen, in Menschen hinein, von denen sie Garnichts wissen**".

Und dieser Spruch kann wunderbar umgewandelt werden auf die Troika Vasallen :" Die Troikavasallen schütten Geld von dem sie wenig wissen, zur Heilung von PleiteKrankheiten, von denen sie noch weniger wissen, in Menschen hinein (Griechen usw.) von denen sie Garnichts wissen"

Also unser gesamtes menschliche System ist ein Betrugssystem ein Täuschsystem ein Ausbeutsystem ein Unwahrheitssystem. Hier ist nochmal: **Alle Gesunden zu Kranken machen**

So unglaublich diese Aussage eines angesehenen Medizinprofessors auch klingt, so ernst ist sie gemeint. Solange sie auch schon zurückliegt, so oft sie auch schon im Internet zitiert wurde, hier dennoch nochmal, um nur ja niemanden vergessen zu lassen wie groß der, um diese Brüder zu schlagende Bogen sein sollte:

… Der Wettbewerb zwingt zur Erschließung neuer Märkte. Das Ziel muss die Umwandlung aller Gesunden in Kranke sein, also in Menschen, die sich möglichst lebenslang sowohl chemisch-physikalisch als auch psychisch für von Experten therapeutisch, rehabilitativ und präventiv manipulierungsbedürftig halten, um „gesund leben" zu können. Das gelingt im Bereich der körperlichen Erkrankungen schon recht gut, im Bereich der psychischen Störungen aber noch besser, zumal es keinen Mangel an Theorien gibt, nach denen fast alle Menschen nicht gesund sind …

Der ganze Text ist im Deutschen Ärzteblatt (Ausgabe 38 vom 20.09.2002, SeiteA-2462 / B-2104) nachzulesen.

Das passt schon alles in diese Rothschild Schröder Reise zum Rotweinsaufen sagen wir mal einer Flasche Chateau Lafite Jahrgang 1933.

Zitat aus: *http://www.zeit.de/1967/18/allein-nicht-mehr-reich-genug*

Die Rothschilds, die am Aufbau der französischen Eisenbahn sehr stark beteiligt waren, sind Hauptaktionär der noch bestehenden Eisenbahngesellschaften. Durch die Societé d'Armement et de Gerance (Beteiligung 50 Prozent) kontrolliert die Familie 17 Reedereien, einige Werften und große Weinhäuser.

Am Ölgeschäft ist die Familie Rothschild über die Olding Socantar (23 Prozent), die wiederum 51 Prozent der Gesellschaft Antar besitzt, beteiligt. Das Schwergewicht der Beteiligung liegt bei Minen-Gesellschaften (Kupfer, Uran, Blei, Zink, Nickel). Außerdem besitzen die Barone oder ihre Bank Aktienpakete von mehr als 15 großen internationalen Gesellschaften.

Die amerikanische Zeitschrift „Time" hat das Gesamtvermögen der Rothschild-Familie (etwa 80 Mitglieder) auf 500 Millionen bis 1 Milliarde Dollar geschätzt. Von den ursprünglich fünf Bankhäusern sind heute zwei übriggeblieben: das französische und das englische. Die englische Bank Rothschild and Sons ist immer noch ein Familienunternehmen.

Zitat Ende

Ich habe gehört und gesehen dass in Schottland die Politik den wenigen Landbesitzern die den größten Teil des Landes besitzen, das Land wegnehmen wollen. Es soll in die Hände der Schotten gelangen. Ich bin dafür. Hier ist was aus Wikipedia: http://de.wikipedia.org/wiki/Landreform

Der Begriff Landreform oder Bodenreform bezeichnet eine Änderung der Eigentums- oder Nutzungsrechte an Grundstücken oder allgemein der Rechtsordnung in diesem Bereich, die meist eine gleichmäßigere Verteilung des Landbesitzes zum Ziel hat. Hierbei soll der Boden von Großgrundbesitzern zu Kleinbauern und landlosen Landarbeitern umverteilt werden.

Es gibt sowohl politisch-ideologische als auch sozial- und wirtschaftspolitische Motive für Landreformen. Gründe für eine Reform reichen von philosophischen Gerechtigkeitsüberlegungen bis hin zu einer effektiveren Nutzung des Bodens. Mechanismen zu ihrer Umsetzung reichen von der marktgestützten Landreform, bei der Kleinbauern das Land zum Marktpreis kaufen, bis hin zur entschädigungslosen Enteignung der Großgrundbesitzer durch den Staat. Insbesondere Letzteres wird kritisiert, da es in das Grundrecht auf Eigentum eingreift.

Die Geschichte der Landreformen beginnt bei den Reformen der Gracchen im antiken Rom. Im modernen Europa fand die erste Landreform nach der französischen Revolution statt. In vielen ehemaligen Kolonien kam es infolge der Dekolonialiserung zu Bodenreformen. Auch im 21. Jahrhundert gibt es Landreformbewegungen, die vorwiegend in Entwicklungsländern stattfinden.

Schottland: Der Land Reform (Scotland) Act 2003 beendet das historische Erbe feudaler Gesetze und stellt einen Rahmen dar, in dem ländliche Gemeinden Land auf ihrem Gebiet kaufen können.

Und weiter geht's mit: Zitat aus: http://www.spiegel.de/wirtschaft/unternehmen/familien-rockefeller-und-rothschild-verwalten-gemeinsam-vermoegen-a-835972.html

Allianz des Geldadels: Rockefellers und Rothschilds verbünden sich

Zwei der bekanntesten Wirtschaftsdynastien schließen sich in der Finanzkrise zusammen. Der Rothschild-Clan steigt bei der Vermögensverwaltung der US-amerikanischen Rockefeller-Familie ein. Den Deal fädelten laut „Financial Times" die beiden Patriarchen ein.

Das wiederum passt bestens zu den Rockefellers. Diese gehören in den USA zu den bekanntesten Industriellenfamilien. Das Imperium wurde von John D. Rockefeller aufgebaut, der Ende des 19. Jahrhunderts die Standard Oil Company gründete. So brachte er es zum reichsten Mann der Welt und war der erste Amerikaner, der ein Vermögen von mehr als einer Milliarde Dollar besaß. Seine Nachfahren zeigten sich ebenso geschäftstüchtig. Sie bieten Vermögensverwaltung für Privatleute, Stiftungen und andere Institutionen an und betreuen ein Vermögen von 34 Milliarden Dollar.

Zitat Ende

Zitat Anfang aus: http://lupocattivoblog.com/2010/01/25/der-schlussel-die-verborgene-weltdiktatur-des-rothschild-imperiums-1/

Fangen wir mal so an:

Der Gründer des heutigen Weltimperiums Amsel Mayer (Rothschild) gab seinen Nachfahren ca. Mitte 18.Jhdts. den Satz mit auf den Weg:

"Gib mir die Macht über die Währung eines Landes und es interessiert mich nicht mehr, wer dessen Gesetze macht"

Dies kann und muss man als eine Art „kriminelles Grundsatzprogramm" betrachten, dem sich die weiteren Abläufe unterzuordnen hatten und leider wird die Tragweite dieses Satzes von den Wenigsten verstanden.

Zitat Ende.

Aber unter dieser Web-Adresse sind umfangreiche Informationen zusammengestellt die diese Geldwahnsinn und deren Kontrolleure die Banker Rothschild usw. etwas mehr bloßlegen. Diesen Machtorgien Strudel und die damit versklavende Tragweite diese geldwahnsinnigen Illusionisten etwas mehr aufschlüsselt. Und das passt zu meinem Thema und anliegen: Gesellschaft ohne Geld.

Dienstag, 17. März 2015

So ich habe die Rothschildfamilie mal als Beispiel genommen, als eine von denjenigen dieser 147 Firmen die diese monströsen Kontrollen über ein gigantisches Geflecht von Firmen International haben. Und was werden dann noch die anderen haben die Rockifeller, die Kawasakis, die ChinaBanker mit ihren durchgeknallten kommunistische Partei Wahnsinn, wo alle Funktionäre Millionäre und Milliardäre geworden sind, und sie ihren mentalen Fiber der Weltbevölkerung einflößen insbesondere der chinesischen 1,5 Milliarden Menschen die so was auch noch geblendet und dumm wie sie sind abnehmen,,,also ich wollte bloß mal zeigen welche Denkhoheitsmacht und Auslegungsmacht und Denkkontrolle von dieser Parteidiktatur bis zu den Familiendiktaturen wie Rothschild oder Rockefeller oder dem Black Rock Investment oder der Gold Sachs Bank und so weiter ausgeht. Und in den USA ist ja die Firma das Unternehmen politikgegebend die Politiker sind da reine Statisten so wie es in Europa auch ist, denn wie schon gezeigt ist ja auch Europa eine gewinnorientierte Firma wie die BRD und so weiter.

Mittwoch, 18. März 2015
Glaubwürdig zu sein bedeutet sehr gut betrogen gelogen geheuchelt zu haben. Und das versuchen ja viele Gruppensprecher sei es von Banken ,Wirtschaftsorganisationen, politischer Organisationen, Weltorganisationen, und deren Sprecher die im öffentlichen Licht stehen und vor der Presse ihre Manipulationssprüche abjodeln, wie ein Schlafmantra, schlaf Kindchen schlaf, deine Mutter ist ein Schaaaaaf, dein Vater ist im Niemandsland, das alte Haus ist abgebrannt, schlaf Kindchen schlaf.
Die Welt-Erd-Bevölkerung muss darauf aufmerksam gemacht werden, wie die Bankster systematisch Auf-und-Abbau durch Kredite und Inflation oder Börsenkrasch praktizieren.
Alle Geldmengen sind ja aus Nichts geschaffen worden und sind ein reines Glaubensprodukt also etwas Falsches und unnatürliches. So wie die Pharmaindustrie etwas Falsches und unnatürliches ist. Sie wurde vom alten Rockefeller entwickelt als er als Betrüger Verbrecher in cinigen Staaten der USA gesucht wurde und er Rohöl als Mittel gegen Krankheiten verkaufte. Und daraus ist die heutige Pharmaindustrie entstanden. Und die IG-Farben hat da ein Gigaeinfluss auf diese Pharmaindustrieentwicklung global gehabt. Die ja heute die Menschheit verblödet und Manipuliert und belügt und betrügt mit falschen Berichten oder unterdrückten Untersuchungsberichten und alles bloß weil sie Geld machen wollen. Und da aber das Geld ja das falsche ist, also die Unwahrheit, also die Lüge also das unnatürliche, kommen Jesus Worte wieder in den Sinn: Der Satan, das ist die Lüge. Die Lüge ist der Satan. Martinus schreibt aber zum Beispiel unter **www.martinus.dk** : Wo die „Politik" kein Produkt des Weltbildes ist, dort ist sie eine Offenbarung der Unwahrheit oder der Lüge.

Die Menschheit und das Weltbild, Kap. 6.
Wie wir nun gesehen haben, ist das Schaffen eines Weltfriedens nicht so einfach, dass es nur eine Frage der Herstellung der besten Waffen und der raffiniertesten Schläue und Überlegenheit beim Erfinden von Propagandalügen ist.

Livets Bog, Band 5, Ziff. 1814.

Wir haben also hier gesehen, dass alles dies – seinen Nächsten nicht zu lieben, ihm nicht zu vergeben, zu hassen und sich zu rächen, Neid und Eifersucht zu empfinden, Futterneid zu hegen, zu morden und zu töten (einschließlich Tiere zu töten und animalische Nahrung zu sich zu nehmen), böse gegen die Mikrowesen des eigenen Organismus zu handeln durch unnatürliche Genussmittel wie Tabak, Alkohol, Rauschgift usw. und andere Arten von Vernachlässigung des Organismus, seinen Nächsten durch Verleumdungen zu verfolgen, dessen Fehler oder vermeintlichen Fehler auszuposaunen, alles Religiöse und dergleichen zu verhöhnen und zu verfolgen, sich nicht verantwortlich für seine Taten zu halten, Kinder in die Welt zu setzen, ohne die Verantwortung für sie übernehmen zu wollen oder zu können und ohne ihnen ein natürliches, liebevolles Heim zu schaffen, zu stehlen, zu lügen und zu betrügen und alle anderen existierenden, lieblosen Manifestationen oder Handlungen, sowohl physische als auch mentale – unweigerlich in die Kulmination der Finsternis, in die Götterdämmerung oder Hölle hineinführt.

Das Ewige Weltbild, Buch 2, Ziff. 19.20.

Was sagt man zu der Raffinesse, zu der man diese giftige Natur entwickelt hat, diese Spezialität im Lügen, Ausplündern und Töten? –

Logik, Kap. 22.

Sind nicht einige Spezialisten darin, brutal zu sein, zu lügen und zu betrügen, während andere von uns Spezialisten oder Sieger darin sind, die entgegengesetzte Variation der Lebensfähigkeit zu entfalten, ohne dass dies doch bedeutet, dass wir artverschieden sind?

Logik, Kap. 26.

Wie aber soll ein Kind, das Abscheu vor dem Lügen hat, Abscheu vor dem Stehlen, Abscheu vor Hass und Verleumdung usw., Eltern „ehren“, achten und bewundern können, deren Moral sie nicht daran hindert, diese Manifestationen auszuüben? –

Logik, Kap. 62.

Ebenso wie Eltern, deren Moral sie nicht daran hindert zu lügen, zu stehlen, zu hassen und zu peinigen, zu „verlorenen Eltern“ für ihre Kinder werden müssen, wenn diese angeborene Anlagen und Naturen haben, die gemeinsam im Kind gegen diese primitiven Lebensäußerungen großen Abscheu und Unwillen erzeugen und dadurch eine Trennung zwischen Eltern und Kind herbeiführen, muss auch der „himmlische Vater“, d.h. die Lebensauffassung der Gesellschaft, der landläufige Glaube an Gott und die übliche Vorstellung über Gott, die übliche Moral und Lebensweise, einem Individuum „verloren“ vorkommen, dessen Gehirn und Herz diesen Glauben, die Lebensweise, die primitive Moral und Vorschriften der großen Menge nicht mehr bewundern und durchführen kann.

Logik, Kap. 63.

Das war einiges von den Büchern Martinus. Sehr empfehlenswert und wäre sehr gute

Schullektüre .Also diese Lügen, Manipulationen die bis jetzt gelebt wurden sind einfach Ausdruck von Ignoranz und Unwissenheit und Dummheit. Aber da Menschen ja nun mal nicht anders können in dem jeweiligen Zeitalter in dem sie leben, sind natürlich diejenigen die besonders hervorgekommen sind und wenn es auch die Übelsten waren, mit einer Aufgabe versehen nämlich dieses Üble auszuleben. Damit es vorbei geht vorbei ist. Und zurzeit ist es ganz einfach das Üble der Lüge der Machtgier der Geldgier und des Mordens derjenigen Menschen die einfach innerlich noch Raubtiere sind. Und in der globalen Geschäftswelt kann am besten gesehen werden wie das Raubtier Mensch zur Zeit sich dort ausagiert giert und tobt und sein grau schwarzes Licht hinterlässt der Vergiftung der Isolierung und der Täuschung bis hin zum Morden und Kriege herbeischaffen wie die USA mit ihren Senil Politiker Vasallen für die Geldmacht der USA den ganzen WallStreet Aposteln oder den London City Predigern oder den Moskau Roten Platz Kardinälen oder den Pekingparteipäpsten.

Montag, 23. März 2015 und weitere Notizen von mir zum Thema Gesellschaft ohne Geld:Und Aufklärung wie sie sich zu verhalten hat, da Geld noch nie etwas gemacht hat, sondern alles wird immer nur vom Menschen gemacht. Deswegen ist Inflation-Crash-eine Totalinflation der Fiktion Geld, also totale Unwahrheit.
Befreiung vom Geld durch FinanzsystemKrasch
Befreiung vom Geld durch Aufklärung
Befreiung vom Geld durch Geld nicht mehr zu nutzen
Befreiung vom Geld durch sofortige Nutzung vom Wörgl System mit Regionalgeld.
Eine Firma ist abgrundtief zu primitiv in der Menschenführung-Ordnung-Strukturierung und Wahrheitsfindung für die Menschen und der Menschheit.
Profitsysteme ergo Profitgemüter ergo Geschäftemacher sind 100% untauglich für die Wahrhcitsfindung von Menschen-Völker-Nationen.
Juristerei ist durch die Vatikan-Papstlüge entstanden von „Welt und Nichtweltlich“. Das ist ein Kopfkonstrukt im Sinne von „Herrschen durch Teilen“ oder „Herrschen durch zerschlagen“ oder „Herrschen durch Lügen“ und heute ist es so weit dass das Land, Länder, als Firmen eingetragen sind. Das ist das Resultat dieser Lüge.
Oder du bist kein Mensch sondern Politiker, Arzt, Polizist, Richter, usw.. Oder Deutscher- Engländer-Chinese-Inuit-aber kein Mensch. Das sind alles juristische Fiktionen diese Teilung und das führt mit 100%tiger Sicherheit in die Totalzerstörung- denn Teilen ist Zerstörung.
Alles was der Firma schadet ist richtig- und dem Angestellten
Vernichtung der Saurier- sehr mordend und Entstehung der Säugetiere- sehr mordend. (mit dieser Notiz wollte ich sagen das wenn eine Spezies auf der Erde zu dominant zerstörerisch wird wir die Saurier dann wird sie beseitigt, da keine verbessernde Evolution möglich ist oder viel zu lange dauern würde. Die Saurier wurden ja weggebombt mit der kosmischen Bombe, Gigastein, und die Säugetiere die nun

genau so brutal mordend und raubend sich darstellen, was da alleine tagtäglich an Rinder-Kühe-Schweine-Hühner-Krokodile-Schafe –Fische –und so weiter ermordet wird-auf der Erde durch die Säugetiere das ist monströs und definitiv schlimmer als das was die RaubSaurier hier auf der Erde angestellt hatten. Und das wird mit Sicherheit beseitigt werden denn Mörder Räuber Unterdrücker und so weiter-das ist nicht der Plan-das Ziel.)

Neue Spezies- unmordend-nicht unbedingt evolutionär der Übergang

Lasst uns alle gesunden zu kranken machen. Lass alle Menschen mit Chips ausstatten. Maschinenmensch Philosophie-total durch geknallt-wird aber kommen.

Steuern ist ein Primitivo- Raubmensch Raub, total unnatürlich.

Zum Thema Geld hat auch Michael tellinger in seinem Buch „Das UBUNTU Prinzip" viel recherchiert und herausgefunden. Zum Beispiel: Wie viele andere vor mir erkannte ich, dass wir in die vollkommene Sklaverei hineingeboren worden sind.

Wir sind gefangene in einem stillen, unerbittlichen Krieg der wirtschaftlichen Sklaverei, der so geschickt um uns herum gewoben wurde, dass die meisten von uns ihn nicht einmal bemerken. Diese Schlacht wird von der globalen Banken-Elite kontrolliert, welche die Welt als Geisel genommen und jeden einzelnen von uns zu ihren Sklaven gemacht hat.

Dieses System wurde erschaffen, alles zu zerstöre, das sich ihm wiedersetzt, um sein eigenes Überleben zu sichern.

Geld ist das Hindernis, das uns alle davon abhält zu erschaffen und zu gedeihen.

Wir werden gespalten durch Land, Flagge, Provinz, Religion, Stadt, Staat, Kontinent, welches Auto wir fahren, welchen Job wir haben, welche Schule wir besuchen, welchen Sport wir ausüben, Kleidungsmarke, Kreditkarte, welches Bier wir trinken, welche Musik wir hören, und wie viel Geld wir haben, das getrennt sein ist unendlich. Denkt darüber nach-wir leben in Apart-ment (Anm.d.Ü.engl. apart-getrennt)

Es ist genau jener kritische Moment unserer Geburt, in dem unsere Eltern all unsere Rechte durch ihre Unterschrift weggeben und uns als Eigentum an unsere jeweilige Regierung ausliefern, indem sie das unterzeichnen, was als „Geburtsurkunde" bekannt ist.*(also das habe ich in Bezug zur BRD noch nicht überprüft ob das auch für UNS stimmt, aber in den Englischsprechenden Ländern ist das tatsächlich Tatsache)*

Es sind die „Machthabenden" die direkt hinter dieser Manipulation des Lebens der Menschen stecken. Hier beginnt es für den Durchschnittsmenschen kompliziert zu werden, der glaubt, dass die Regierung alles tut, um uns zu helfen. Nichts könnte von der Wahrheit weiter entfernt sein, also möchte ich hier ganz klar sein-die Regierung ist nicht dein Freund.

Menschen überall beginnen nun die Tatsache zu erkennen, dass das System kaputt ist-es kann nicht behoben werden- es gibt in der aktuellen Krise keine Abhilfe. Es gibt kein glückliches Ende für ein geldgetriebenes System, zu dem wir alle durch unsere Führer und Banken-Eliten verführt worden sind.

Es ist unsere Pflicht, jene nicht zu bekämpfen, die uns wiederstand leisten, sondern ihnen vielmehr einen anderen Weg zu zeigen.

Viele dieser Menschen sind so angepasst, so hoffnungslos vom System abhängig, dass sie alles dafür tun werden, um es zu schützen.

Und so regieren diese mächtigen BankerFamilien weiterhin die Welt voller unbewusster Menschen, nicht nur weil sie alle große Unternehmen zu besitzen scheinen, sondern sie haben die Kontrolle über die drei Hauptbankinstitutionen, die die Banken mit unendlicher Geldmenge versorgen und sie retten, wenn sie in Schwierigkeiten geraten. Das sind die Welt Bank, der Internationale Währungsfond und die Bank für den Internationalen Währungsausgleich in Basel, Schweiz.

Die Mediennetzwerke, insbesondere die Nachrichtensender, sind die perfekten Aschenputtel- Medien, über welche die Bevölkerung kontinuierlich indoktriniert wird. Die Mehrheit der Menschen glaubt alles, was sie in den Nachrichten sieht, einfach nur deshalb, weil sie es im TV sieht. Uns wird genau gesagt, was wir denken und glauben sollen. Die sogenannten Nachrichtenkanäle bringen uns überhaupt keine Nachrichten. Diese Kanäle sind lediglich Propagandaplattformen, die uns sagen, wer gut ist und wer schlechte, politische, und wirtschaftliche Programme der Illuminati verbreiten und sogar suggerieren, welches Land als nächstes überfallen werden sollte.

Gewalt, Tod, und Vernichtung unter dem Vorwand der Freiheit.

Dieselben Techniken, die von den Nazis in Deutschland vor und Während des Krieges benutzt wurden, wurden von den USA und der englischen Führerschaft vor und nach dem Krieg mit gleichem Erfolg benutzt. Weder die Deutschen, noch die Amerikaner oder Briten ahnten, dass ihre Führer sie belogen und zu einem falschen, ungezügelten Patriotismus hin manipuliert haben - für den Millionen bereit Waren zu sterben. Das ist, was Hermann Göring über Krieg und die Manipulation der Massen gesagt hatte.

>›Natürlich, das einfache Volk will keinen Krieg; Weder in Russland, noch in England, noch in Amerika, und ebenso wenig in Deutschland. Das ist klar. Aber schließlich sind es die Führer eines Landes, die die Politik bestimmen, und es ist immer leicht, das Volk zum Mitmachen zu bringen, ob es sich nun um eine Demokratie, eine faschistische Diktatur, um ein Parlament oder eine kommunistische Diktatur handelt. Das Volk kann mit oder ohne Stimmrecht immer dazu gebracht Werden, den Befehlen der Führer zu folgen. Das ist ganz einfach. Man braucht nichts zu tun, als dem Volk zu sagen, es würde angegriffen, den Pazifisten ihren Mangel an Patriotismus vorzuwerfen und zu behaupten, sie brächten das Land in Gefahr. Diese Methode funktioniert in jedem Land.<< (Hermann Göring - Stellvertreter von Adolf Hitler)

Das war genau die gleiche Philosophie, derer sich George W. Bush nach der 9/11 Operation unter falscher Flagge in New York City 2001 bediente. Amerika war angegriffen, und jeder, der damit nicht einverstanden war, in den Krieg zu ziehen, war unpatriotisch, unamerikanisch und auf der Seite der niederträchtigen, bösen

Terroristen.

Wer rettet die Banken?

Im vergangenen Jahrzehnt gab es eine noch nie da gewesene Anzahl von ››Rettungs-aktionen‹‹ für Banken. Sie wurden auf ganze Länder ausgeweitet. Wir sehen uns staunend die Nachrichten an, schütteln ungläubig unsere Köpfe und sind Zeugen der Errettung von Banken vor der Zwangsvollstreckung, während unsere Häuser von denselben Bankern erbarmungslos in Besitz genommen und versteigert werden.

Manche unabhängige Berichte behaupten, dass Ende 2012 die Federal Reserve in den USA $26 Billionen (das sind 26 Tausend Milliarden US$) für die Rettung der US Banken ausgegeben hat. Es ist faszinierend, dass bei den Tausenden von Berichten zu diesen Milliarden-Dollar-Rettungsaktionen, in denen intelligente Berichterstatter Bände über diese Ereignisse sprechen, keiner dieser Reporter die wichtigste Frage stellte, die detailliert beantwortet werden muss: ››Wer ist es, der die Banken rettet?

Wer ist das unsichtbare Wesen, das diese unbegrenzte Geldmenge hat, das in der Lage ist, Banken oder sogar Länder auf Anhieb zu retten? Das sind die Eliten der Bankenfamilien - jene, die sich irgendwie selbst das Recht gegeben haben, Geld zu drucken und die Versorgung mit allen Währungen der Welt zu kontrollieren; diejenigen, denen alle Großbanken der Welt gehören. Das sind die meisten Zentralbanken aller Länder, von denen der Großteil private Unternehmen unter ihrer Kontrolle sind. Deswegen werden sie die Bankenelite genannt oder noch häufiger als die ››Bankster‹‹bezeichnet. Es ist eine schlichte Tatsache, dass es den Reportern in den Mainstream-Nachrichten nicht erlaubt ist, solche möglicherweise schädliche Fragen zu stellen, weil alle Groß-medienunternehmen der Welt diesen BankerFamilien gehören.

Andauernd wird über ››Schulden‹‹ und ››noch größere Geldspritzen für die Wirt-schaft« gesprochen, und jedes Land schuldet irgendeinem anderen Land Geld. Die Banken werden weiterhin durch einen magischen Regierungszauberstab ››gerettet‹‹, während die Zentralbanken/Reserve-Banken noch »mehr Mittel injizieren« oder ››noch mehr Gelder freistellen‹‹ für die Rettung verschiedener Banken und der Wirt-schaft. Mit jeder neuen ››Finanzspritze« werden die Menschen noch mehr verschul-det und versklavt. Die Last dieser Rettungen wird an die Menschen weitergegeben. Jamaica ist ein sehr gutes Beispiel dafür. Von jedem Dollar aus seinem Haushalt gehen 55 Cent an die Zahlung der Schulden, 20 Cent an die Regierungsdienste und die ver-bleibenden 25 Cent an Dienste, die für die Bevölkerung notwendig sind. *http://blogs. ft.com/beyond-brics/20 13/02/12/jamaicas-crisis-debtswap/# axzz2RQOQBdhZ* Wie stoppen wir diese sich verschärfende Krise? Gibt es für die Menschen auf dieser Welt einen Ausweg aus diesem Chaos?

Das Erbe der Bankenelite-Kontrolle

Da ich über die Bankenelite sprach, zählen auch die königlichen Familien sowie die königliche Blutlinien dazu, die seit Tausenden von Jahren die Kontrolle über unsere Welt ausüben. Man beachte, dass es die altertümlichen Priesterkönige waren, die zuerst das Konzept des Geldes eingeführt haben, was bedeutet, dass die Kontrolle der Geldmenge von diesen Königen an ihre Nachfahren weiter gereicht wurde. Somit müssen die Banker ein Ableger der königlichen Blutlinien sein. Deswegen behaupten Viele, die Queen von England sei die reichste Person auf Erden. Die Krone ist bei Weitem der größte Einzeleigentümer von Land auf der Welt, aber lassen wir uns nicht täuschen. Die Krone ist NICHT die Königin, die Krone ist das Unternehmen, das funktioniert, indem es den Namen und Goodwill der Königin benutzt.

In den vergangenen 300 Jahren hat die Welt ein großartiges Schauspiel der Manipulation von Weltangelegenheiten durch die Banker gesehen. Einflussnahme auf Regierungen der großen Länder, Erzeugen von Revolutionen und Kriegen, Einbringung neuer Rechtsvorschriften in die Gesetzgebung, Eliminierung von Präsidenten, die ihnen im Weg standen, Gründung von Geheimorganisationen und Sicherstellung, dass sie unter allen Umständen in Kontrolle bleiben.
Die schrecklichste Entdeckung ist, dass die Banker die weltweiten Konflikte und Kriege zu ihrem eigenen Nutzen und für ihre fortwährende Kontrolle manipulieren. Die Menschen überall als willige, treue Bauernopfer benutzen, die vor Stolz, Ehre und Patriotismus platzen, während sie in ihren eigenen Tod marschieren.
››Es ist nicht an ihnen zu fragen, es ist an ihnen zu tun und zu sterben« (Alfred Tennyson - The Charge of the Light Brigade ¬ 1854)

Kriege werden von Bankern gelenkt
Kriege werden von Königen, Königinnen, Politiker und religiösen Führern begonnen. Menschen waren der Grund für viele Aufstände und Revolutionen, aber diese sind generell gegen die diktatorischen Regimes, wobei die Absicht nicht Krieg zu sein schien, sondern Freiheit - Freiheit, die die Politiker dem Volk versprechen und nie bescheren.

Und so sehen wir uns mit einigen der bedeutendsten historischen Ereignisse der vergangenen Jahrhunderte konfrontiert, nur um die ernüchternde Feststellung zu machen, dass die Banker alles zu ihrem eigenen Vorteil manipuliert haben. A
Einer der Gründerväter der USA, Benjamin Franklin, sagte, dass ››die Weigerung von König Georg III., den Kolonien zu erlauben, ein ehrliches Geldsystem zu führen, welches das einfache Volk aus dem Griff der Geldmanipulanten befreit, wahrscheinlich die eigentliche Ursache der Revolution war.<<

Und so brach die Amerikanische Revolution hauptsächlich aufgrund des Währungsgesetzes von König Georg III. aus, welches die Kolonien dazu zwang, ihre Geschäfte mit den gegen Zinsen geliehenen und durch die private Bank von England gedruckten Banknoten zu begleichen. Nach der Revolution führten die neuen Vereinigten Staaten ein ganz anderes Wirtschaftssystem ein, bei dem die Regierung ihre eigene Währung ausgab, so dass Privatbanken, wie die Bank von England, den Reichtum der Menschen nicht durch verzinsliche Banknoten abschöpfen konnten.

Sowohl die französische als auch die russische Revolution waren eine Antwort der Menschen auf die Unterdrückung der Königshäuser, die Armut und die Geldkontrolle.

Die Erste Bank der Vereinigten Staaten wurde 1791 als erste privat geführte Bank durch die Familie Rothschild gegründet. Zu jener Zeit können wir die unheimlichen Aussagen der Banker und anderer Industrieller bezüglich ihrer Weltansicht zum ersten Mal lesen.

Damals legte der Patriarch des Rothschild-Imperiums, Mayer Amschel Rotschild, seine Absichten eindeutig in seinem berüchtigten Ausspruch dar: »›Lass mich das Geld einer Nation herausgeben und kontrollieren, und es ist mir egal, wer die Gesetze macht‹‹.

Zwanzig Jahre nach der Einführung der ersten privaten Zentralbank widersprach der US-Kongress, die Charta zu verlängern, und brachte die Absicht zum Ausdruck, zur vom Staat herausgegebenen, wertegedeckten Währung zurückzugehen, auf die die Menschen keinerlei Zinsen an irgendeinen Banker zahlen.

Wieder einmal sehen wir das Ausmaß des Einflusses der Banker auf die weltweiten politischen Angelegenheiten, als Nathan Mayer Rothschild seine eklatante Drohung an die US-Regierung aussprach. »Entweder wird der Antrag auf Verlängerung der Charta bewilligt, oder die USA werden sich in einem der verheerendsten Kriege wiederfinden. ‹‹

Nachdem der entschlossene US-Kongress weiterhin die Erneuerung der Charta für die Erste Bank der Vereinigten Staaten verweigerte, platzte Nathan Mayer Rotschild: »Erteilt den unverschämten Amerikanern eine Lehre. Bringt sie zurück zu ihrem Status als Kolonie«

Kurz nach der aufrührerischen Rede startete Großbritannien den Krieg von 1812, finanziert durch die von Rotschild gelenkte Bank von England, um die Vereinigten Staaten wieder als Kolonie an die Krone zu binden und sie in die Sklaverei der Bank von England zu zwingen. Der Plan war, die Vereinigten Staaten durch den Krieg in so hohe Schulden zu stürzen, dass sie gezwungen würden, eine neue private Zentralbank zu akzeptieren – und dieser Plan funktionierte.

Der Kongress der Vereinigten Staaten war gezwungen, die neue Charta für eine weitere private Bank zu genehmigen, die Zahlungsmittel herausgab und die Öffentlichkeit mit Krediten gegen Zinsen versorgte, die Zweite Bank der Vereinigten Staaten. Wieder einmal hatten die privaten Banker die Kontrolle über die Geldversorgung der Nation, und sie scherten sich nicht darum, wer die Gesetze machte oder wie viele britische und amerikanische Soldaten dafür sterben mussten.

1832 kämpfte der US-Präsident Andrew Jackson mit Erfolg für seine zweite Amtszeit als Präsident mit dem Slogan: »Jackson And No Bank<<.>›Gentlemen! Auch ich war immer ein sehr genauer Beobachter der Aktivitäten der Bank of the United States. Ich ließ euch lange Zeit von Männern beobachten und bin überzeugt davon, dass ihr die Geldmittel der Bank verwendet habt, um mit dem Brotgetreide des Landes zu spekulieren. Wenn ihr gewonnen habt, dann teiltet ihr die Profite unter euch, wenn ihr verloren habt, habt ihr die Bank belastet. Ihr sagt mir, wenn ich meine Einlagen von der Bank nehme und die Charta annulliere, würde ich tausende von Familien ruinieren. Das mag wahr sein, meine Herren, aber das ist eure schuld! Sollte ich euch weiter machen lassen, werdet ihr fünfzigtausend Familien in den Ruin treiben, und das wäre meine Schuld! Ihr seid eine Schlangen- und Räuberhöhle. Ich habe mich entschlossen, euch hinauszujagen, und beim Allmächtigen, (schlägt mit der Faust auf den Tisch), ich werde euch hinausjagen« Präsident Andrew Jackson, Februar 1834 Jackson konnte erfolgreich die Verlängerung der Charta für die Zweite Bank der Vereinigten Staaten blockieren und wurde zum einzigen Präsidenten, der die von den Bankern geschaffenen Nationalschulden letztlich zurückzahlen konnte.

Banker werden zu Verbrechern und Mördern
Auf drei bekannte US-Präsidenten wurden, als sie zu laut über Banker und Geheimgesellschaften sprachen, Attentate verübt, zwei davon waren erfolgreich. Jackson, Lincoln und Kennedy, alle stellten sich gegen die rechtswidrigen Aktivitäten dieser Bankster-Familien, aber diese wussten genau, wie sie mit den unbequemen Präsidenten umzugehen hatten und ihre Verbrechen erfolgreich kaschieren mussten.
Kurz nachdem Präsident Jackson die Zweite Bank der Vereinigten Staaten schloss, gab es ein Attentat auf ihn, das fehlschlug, indem beide Pistolen des Mörders, Richard Lawrence, eine Fehlzündung hatten.

Nachdem der Staatenbund von den Vereinigten Staaten abgefallen war, sahen die Bankster eine neue Gelegenheit für eine reiche Schulden-Ernte. Sie boten Lincoln an, seine Bemühungen, den Süden in die Union zurück zu holen, zu finanzieren, aber Lincoln widersetzte sich und gab stattdessen eine neue Regierungswährung heraus, die als ››Greenback<< bekannt wurde. Das war eine direkte Bedrohung des Wohlstands und der Macht der Zentralbanker, die prompt antworteten.
»Wenn diese boshafte Finanzpolitik, die ihren Ursprung in Nordamerika hat, sich eta-

blieren sollte, dann wird diese Regierung ihr eigenes Geld liefern ohne jegliche Kosten. Sie wird ihre Schulden abzahlen und schuldenfrei sein. Sie wird alles notwendige Geld haben, um ihre Wirtschaft fortzuführen. Sie wird in nie dagewesenem Maße in der Geschichte der Welt wohlhabend sein. Die Intelligenz und der Wohlstand aller Länder werden nach Nordamerika gehen. Dieses Land muss zerstört werden, oder es wird alle Monarchien der Welt zerstören.<< Das ist die Antwort in einem Artikel der London Times auf Lincolns Entscheidung, den Greenback der Regierung für die Finanzierung des Bürgerkrieges herauszugeben, anstatt dem Kredit der Privatbanker zu einem Zinssatz von 30% zuzustimmen.

Aus diesem Artikel geht klar hervor, wer die Kontrolle über die London Times hatte. Er liefert den direkten Beweis, dass >›Monarchie<< oder Königtum direkt mit den Banker-Elitefamilien verbunden ist.

Aber die Gier der Banker und ihr Verlangen die Menschen zu kontrollieren ist unersättlich. 1872 schickten die New Yorker Banker einen Brief an jede Bank in den Vereinigten Staaten und drängten sie, Zeitungen zu finanzieren, die gegen das von der Regierung emittierte Geld waren, wie das von Lincoln.

››Sehr geehrter Herr: Es ist ratsam alles in Ihrer Macht stehende zu unternehmen, eine solch prominente Tages- und Wochenzeitung zu unterstützen... da sie gegen die Emission von Greenback Papiergeld sein wird, und dass Sie auch die Schirmherrschaft oder Vorzüge allen Bewerbern vorenthalten, die nicht gewillt sind, die Herausgabe des Regierungsgeldes zu verhindern. Den Umlauf des von der Regierung emittierten Geldes wiederherzustellen bedeutet Menschen mit Geld zu versorgen, und wird deshalb ernsthaft Ihren persönlichen Profit als Banker und Kreditgeber beeinflussen. <<
Die Bankster manipulierten weiterhin die Kontrolle mit Aussagen wie: »Es wäre nicht richtig, dem Greenback, wie er genannt wird, zu erlauben, für eine gewisse Zeit als Geld in Umlauf zu kommen, da wir das nicht kontrollieren können.<< Auszug aus: Triumphant Plutocracy - The Story of American Public Life From 1870 10 1920, Lynn Wheeler - 1922

Die Banker verstanden sehr gut, dass Geld das perfekte Mittel der Kontrolle und Versklavung ist, unendlich viel sauberer als die physische Form der Sklaverei, wo der Besitzer seine Sklaven beherbergen und füttern muss. Geld kann bei weitem effektiver angewandt werden als raffiniertes Mittel der Verbreitung von Sklaverei unter der Menschheit, ohne dass die Massen es merken.
Lynn Wheeler gibt uns in ihrem Buch Tríumphanz'P1utocmcy -1922 ein weiteres verblüffendes Beispiel für die niederträchtigen Banker-Absichten. »Sklaverei kann

wahrscheinlich mit der Macht des Krieges abgeschafft und die Sklaverei des beweglichen Guts zerstört werden. Das ist es, wofür ich und meine europäischen Freunde sind, weil Sklaverei nur Besitz von Arbeit und Trägern ist mit der damit verbundenen Fürsorge für die Arbeiter, während der europäische Plan, angeführt durch England, auf das Kapital setzt, um die Arbeit durch Kontrolle der Löhne zu kontrollieren. Das kann durch die Kontrolle des Geldes erzielt werden«

In jüngster Zeit gibt es kaum ernüchterndere Aussagen, um den einfachen Menschen bewusst zu machen, wie sie von der Banken-Elite gesehen werden - mobile Güter und Sklaven. Chattel (bewegliches Gut) ist wie folgt in der Encarta Dictionary definiert: »Mobiles Eigentum - ein Posten des persönlichen Eigentums, das nicht ein Grundbodenbesitz und nicht greifbar ist. Bewegliche Sachen sind typischerweise bewegliches Eigentum, persönliches Mobiliar, z.B. Möbeln oder Autos, können aber auch Beteiligungen an beweglichen Sachen des Grundeigentums sein, z.B. Mieten. <<
Die moderne Bankenindustrie und die Familien, die sie kontrollieren, ist das größte organisierte Verbrechenssyndikat der Welt. Was sie unendlich gefährlicher als jegliches andere Kartell macht, ist, dass sie alle ihre rechtswidrigen Aktivitäten betreiben, indem sie durch die Gesetze unserer Länder geschützt sind, die geschrieben wurden, um sie zu schützen, sowie die Gerichte und Richter, die solche Gesetze aufrechterhalten.

Banker stehen über dem Gesetz
Seit 1913 befindet sich die Währung der Vereinigten Staaten im Besitz und unter dem Management eines Privatunternehmens internationaler Banker, bekannt als das »Federal Reserve System<<. Diese Gruppe druckt »Federal Reserve Noten« und leiht sie aus an das Finanzministerium der Vereinigten Staaten. Das amerikanische Volk, selig unwissend ob dieser großen Täuschung, zahlt Zinsen an die Familien der Federal Reserve für das Recht, ihr Geld zu benutzen - oder schicke Papierstücke. Diese Formel wird von den im privaten Besitz befindlichen Zentralbanken auf beinahe alle Länder angewandt.

Daher können die Federal Reserve Banker-Familien Geld drucken, soviel sie wollen, indem sie es aus dem Nichts erschaffen. Sie geben es weiter, an wen sie wollen, diskret, ohne Aufsicht oder Zutun seitens der Regierung der Vereinigten Staaten.

In einem Fernsehinterview mit Jim Lehrer beschreibt der frühere Vorsitzende der Federal Reserve, Alan Greenspan, dass die Federal Reserve eine unabhängige Agentur ist, deren Entscheidungen von keiner Behörde und keinem Bestandteil der rechtmäßigen Regierung der Vereinigten Staaten außer Kraft gesetzt werden können. Und aus diesem Grunde haben die Beziehungen zwischen der FED und dem Präsidenten der USA keine Auswirkungen auf die Entscheidungen und Aktivitäten der FED. Mit anderen Worten, die FED kann tun wie ihr beliebt ~ ohne jegliche Auswirkungen oder Möglichkeiten einer Verhaftung für ihre betrügerischen Handlungen.

Und das ist es, was die Zentralbanken seit Jahrhunderten tun. Hier ein Auszug aus dem Interview, das unter dem folgenden Link angesehen werden kann: http://www. youtube.com/watch?v=ol3mEe8TH7w
Jim Lehrer: »Wie ist die eigentliche Beziehung... wie sollte die eigentliche Beziehung zwischen dem Vorsitzenden der FED und einem Präsidenten der Vereinigten Staaten sein? <<
Greenspan: ››Zunächst einmal ist die Federal Reserve eine unabhängige Agentur, und das bedeutet grundsätzlich, dass, uh... es keine andere Behörde der Regierung gibt, die unsere Handlungen aufheben kann. Solange das so ist ¬ und es gibt keine Beweise, dass die Administration oder der Kongress oder irgendjemand anders es fordert, dass wir uns anders verhalten als so, wie wir es für richtig halten - sind die Beziehungen offen gesagt unwichtig. . und ich hatte sehr gute Beziehungen zu den Präsidenten. <<
Ende Zitat aus dem Buch von Michael Tellinger „Das UBUNTU Prinzip"
ISBN-978-3-943413-12-0

Samstag, 28. März 2015 Das ist also die menschliche Situation auf der Erde. Wir werden von Versklavern-Betrüger-Mörderbanden-BanksterKartelle-Global verblödet und total ausgebeutet und versklavt. Und dies ist was Martinus unter **www.martinus. dk** unter anderem dazu, zum Geld zu sagen hat:
Da aber die Macht für die Wesen der Zivilisation allmählich dazu überging, identisch mit materiellen Werten zu sein, und diese wieder in Form von „Geld" repräsentiert werden, wird das Streben nach Geld auf denjenigen Gebieten ein Ideal für die Erden- menschen, wo sie noch der Lebensbedingung des Tierreiches unterworfen sind.
Livets Bog, Band 1, Ziff. 73.
Und es ist in diesem ihrem Kampf um Werte oder Geld, wo jene in den Wesen noch existierenden tierischen Triebe oder Tendenzen hervortreten, die Macht zu Recht ma- chen, den Starken den Schwachen ausnutzen und den Klugen den weniger Klugen ausnutzen lassen usw.
Livets Bog, Band 1, Ziff. 73.
Die kosmische Struktur des Geschäftsprinzips. Überpreis und Unterpreis. Privat- vermögen und Beispiele ihrer Wirkungen. Das Hauptprinzip im erdenmenschlichen Selbsterhaltungsprinzip. Geldmacht und Staatsmacht
Livets Bog, Band 1, Ziff. 76, Ziffernüberschrift.
Da die Werte dasselbe sind wie Macht, repräsentiert das Lager, das sich die Werte angeeignet hat, die größte materielle Macht und tritt im Dasein unter dem Begriff

„Geldmacht" hervor.

Livets Bog, Band 1, Ziff. 76.

Kraft ihrer Mehrzahl ist dieses Lager auch eine Macht, wenn auch der „Geldmacht" bei weitem unterlegen.

Livets Bog, Band 1, Ziff. 76.

Die Wirkungen der Geldmacht. Die Erdenmenschengesellschaft untergräbt sich selbst

Livets Bog, Band 1, Ziff. 77, Ziffernüberschrift.

Da somit die Wesen der Geldmacht die Werte besitzen, d.h. die Lebenserfordernisse, sind die übrigen Wesen der Gesellschaft gezwungen, ihre lebensnotwendigen Güter bei ihnen zu kaufen.

Livets Bog, Band 1, Ziff. 77.

Aber an diesem Geschäft sind die Wesen der Geldmacht nicht interessiert, außer wenn sie sich dadurch neue Werte aneignen können, was, wie das Beispiel zeigt, nur durch Überpreise geschehen kann.

Livets Bog, Band 1, Ziff. 77.

Da diese übrigen Wesen in erster Linie nur ihre Arbeitsfähigkeit oder Arbeitskraft haben, um die Bezahlung für ihren Lebensbedarf zu leisten, und da die anderen Wesen als Bezahlung einen „Überpreis" haben wollen, ist das Resultat also, dass jede ausgeführte Arbeit von der Geldmacht zum „Unterpreis" gekauft werden kann und jeder Lebensbedarf, gemäß dem Voranstehenden, von dieser Macht zum „Überpreis" verkauft werden kann.

Livets Bog, Band 1, Ziff. 77.

Dies ist desto mehr sichtbar, als das Hauptprinzip in der gegenwärtigen Gesellschaftsordnung ja eben bedingt, dass jeder Erdenmensch, der ohne Erbe eines Vermögens zur Welt kommt, ein unterdrücktes Wesen ist oder ein Wesen, das in Wirklichkeit ein Untertan der Geldmacht und als solches gezwungen ist, in Form von Sklaverei einen „Überpreis" für seine Existenz oder für seinen täglichen Lebensbedarf zu bezahlen.

Livets Bog, Band 1, Ziff. 78.

Und zur Bekämpfung der materiellen Unterdrückung der Erdenmenschen ist das Mittel zunächst das Geld.

Livets Bog, Band 1, Ziff. 78.

Für Geld kann man sich aus der Sklaverei oder Unterdrückung durch die Geldmacht freikaufen.

Livets Bog, Band 1, Ziff. 78.

Deshalb ist das Wichtigste oder Zentrale im Bewusstsein der erdenmenschlichen Gesellschaft „Geld".

Livets Bog, Band 1, Ziff. 78.

Hat man Geld, ist man frei, befindet sich höher und höher auf der materiellen Rangstufenleiter, und man wird bewundert, geehrt und hat Ansehen.

Livets Bog, Band 1, Ziff. 78.
Qualifiziert zu sein, Geld zu erwerben, ist somit eine Lebensbedingung im erdenmenschlichen Selbsterhaltungstrieb, da dies ja faktisch das einzige Mittel ist, mit dem sich der Erdenmensch zeitweilig von Unterdrückung und Armut befreien kann.
Livets Bog, Band 1, Ziff. 78.
Es würde deshalb nicht einmal etwas nutzen, wenn die Wesen der Geldmacht die Werte an den übrigen Teil der Gesellschaft abgäben oder wenn die Werte plötzlich gleichmäßig unter den Wesen der Gesellschaft verteilt werden würden.
Livets Bog, Band 1, Ziff. 78.
Man kann deshalb der gegenwärtigen Gesellschaftsordnung nichts zur Last legen, weder der Geldmacht noch der Staatsmacht, weder den Reichen noch den Armen, weder dem Verbrecher noch dem Pfarrer, denn diese Gesellschaftsordnung ist dazu gezwungen, ausschließlich Ausdruck für die Entwicklung zu sein, zu der das erdenmenschliche Durchschnittsbewusstsein gekommen ist.
Livets Bog, Band 1, Ziff. 78.
Das „Privatinteresse" und das „Gemeinschaftsinteresse". Die „Geldmacht". Das „Böse" und das „Gute" in der Erdenmenschengesellschaft. Die Repräsentanten der Geldmacht. Philanthropie. Die Repräsentanten der Staatsgewalt. „Blinde" Politiker. Das Fundamentale in der Entwicklung der Welt
Livets Bog, Band 1, Ziff. 95, Ziffernüberschrift.
Und wir finden ihn deshalb als die tragende Grundlage der Realität wieder, die wir früher unter dem Begriff der „Geldmacht" behandelt haben, welche die größte materielle Macht innerhalb der erdenmenschlichen Gesellschaft ausmacht.
Livets Bog, Band 1, Ziff. 95.
Und hier sind die Resultate der Selbstsucht oder der Geldmacht das „Böse" und die der Selbstlosigkeit oder der Staatsgewalt das „Gute".
Livets Bog, Band 1, Ziff. 95.
Die Selbstsucht in Form der Geldmacht bedeutet somit für die Gesellschaft: Truste, Überpreise für alle Bedarfsgüter, Armut, Not und Elend, die wieder, wie schon genannt, Hass, Revolution, Krieg, Verletzung und Krankheiten nach sich ziehen.
Livets Bog, Band 1, Ziff. 95.
Das hier Genannte bedeutet natürlich nicht, dass alle Repräsentanten der Geldmacht als „Verbrecher" zu stempeln sind und dass alle Repräsentanten der Staatgewalt „Heilige" sind, im Gegenteil.
Livets Bog, Band 1, Ziff. 95.
Ende aus Martinus www.martinus.dk Zitate.

„Den Fortschritt verdanken die Menschen den Unzufriedenen."

Montag, 30. März 2015

Rockefeller Zitate über den Feminismus
"Der Feminismus ist unsere Erfindung aus zwei Gründen: Vorher zahlte nur die Hälfte der Bevölkerung Steuern, jetzt fast alle weil die Frauen arbeiten gehen. Außerdem wurde damit die Familie zerstört und wir haben dadurch die Macht über die Kinder erhalten. Sie sind unter unserer Kontrolle mit unseren Medien und bekommen unserer Botschaft eingetrichtert, stehen nicht mehr unter dem Einfluss der intakten Familie. In dem wir die Frauen gegen die Männer aufhetzen und die Partnerschaft und die Gemeinschaft der Familie zerstören, haben wir eine kaputte Gesellschaft aus Egoisten geschaffen, die arbeiten (für die angebliche Karriere), konsumieren (Mode, Schönheit, Marken), dadurch unsere Sklaven sind und es dann auch noch gut finden."
(Nicholas Rockefeller)

Der Feminismus maskiert sich als Bewegung für die Frauenrechte. In der Realität ist der Feminismus aber gegen die Frauen gerichtet, eine grausame Lüge, in dem ihnen erzählt wird, ihre natürlichen biologischen Instinkte sind „konstruiert" worden um sie zu unterdrücken.
Aaron Russo und Nicolas Rockefeller

Der Regisseur Aaron Russo war mit Nicholas Rockefeller befreundet, einem Mitglied der mächtigen amerikanischen Bankiersfamilie, die eine führende Rolle in globalen Schattenregierungen wie den Bilderbergern und dem Council on Foreign Relations spielt. Diese Freundschaft endete, als Rockefeller Russo im Herbst 2000 offenbarte, was das Ziel der "Elite" sei. Nachfolgend ein Auszug aus ihrer damaligen Unterhaltung, die Russo später öffentlich machte.

A. Russo zu N. Rockefeller: "Sie haben alles Geld der Welt, mehr als Sie benötigen oder jemals ausgeben können. Sie haben alle Macht der Welt, worum geht es also, was ist das Endziel?" Woraufhin Rockefeller antwortete: "Das Endziel ist es, die gesamte Weltbevölkerung mit einem Chip zu versehen, die ganze Gesellschaft zu beherrschen und zu kontrollieren, dafür zu sorgen, dass die Bankiers und die Mitglieder der Elite die Weltherrschaft übernehmen."

Weiter erklärte Rockefeller, Soldaten würden in Höhlen in Afghanistan und Pakistan nach Osama bin Laden suchen, und es würde "einen endlosen Krieg gegen den Terror" geben, obwohl ein realer Feind nicht existiert, und dass die ganze Angelegenheit ein gigantischer Schwindel sei, damit die US-Regierung die totale Kontrolle über die amerikanische Bevölkerung erlangen könne. Russo fügte hinzu, bei diesen erstaunlichen Voraussagen hätte Rockefeller zynisch gelacht.

Außerdem sagte Rockefeller: "Die Reduzierung der Weltbevölkerung um mindestens

die Hälfte ist unverzichtbar."
Hier ist noch etwas mehr um gleichen Thema aus: http://www.zeitenschrift.com/news/rockefeller-bekannte-sich-zur-zielsetzung-der-elite

Rockefeller bekannte sich zur Zielsetzung der Elite
Eine mit Mikrochips implantierte Bevölkerung
Paul Joseph Watson
Montag, 29. Jänner 2007
http://www.zeitenschrift.com/news/rockefeller-bekannte-sich-zur-zielsetzung-der-elite

Der Hollywood Direktor und Dokumentarfilmer Aaron Russo ging detailliert auf die erstaunlichen Zugeständnisse von Nick Rockefeller ein, der ihm persönlich verriet, dass es das Endziel der Elite sei, eine mit Mikrochips versehene Bevölkerung zu schaffen und dass der Krieg gegen den Terror ein Scherz sei, schließlich habe Rockefeller ein „Ereignis" vorausgesagt, welches den Einmarsch im Irak und Afghanistan auslösen würde und zwar elf Monate vor dem 9/11. Rockefeller erzählte Russo auch, dass die Stiftung seiner Familie die Frauenbewegung (women´s liberation movement) gegründet und finanziert hat, um die Familie zu zerstören und dass die Bevölkerungsreduktion ein grundsätzliches Ziel der globalen Elite sei.

Russo ist vielleicht am besten bekannt durch die Produktion von Trading Places mit Eddie Murphy in der Hauptrolle, war aber vor kurzem im Rampenlicht wegen seiner Entlarvung der verbrecherischen Profitjagd der Zentralbank (federal reserve system); dem Dokumentarfilm America From Freedom to Fascism.

Trotz einer derzeitigen Behandlung im Kampf gegen Krebs, nahm sich Russo Zeit für ein Interview mit dem Radiomoderator und Dokumentarfilmemacher Alex Jones, wo er eine Bombe nach der anderen platzen ließ über das, was Rockefeller ihm darüber erzählt hat in welche Richtung die Welt durch die globale Elite gesteuert worden sei. Sie können nachstehend einen vierzehnminütigen Ausschnitt dieses Interviews ansehen.

Nachdem sein populäres Video Mad As Hell veröffentlicht wurde und er seinen Wahlkampf startete um Gouverneur von Nevada zu werden, wurde Russo von Rockefeller wahrgenommen und durch eine Anwältin an ihn herangeführt. Angesichts der Leidenschaft Russos und seinem Talent auf Veränderungen einzuwirken startete Rockefeller eine raffinierte Aktion um Russo in die Elite anzuwerben.

Während eines Gesprächs fragte Rockefeller Russo, ob er daran interessiert sei in den

Rat für auswärtige Beziehungen (Council of Foreign Relations - CFR) beizutreten, aber Russo lehnte die Einladung ab, indem er sagte, dass er kein Interesse daran hätte „Leute zu versklaven", worauf Rockefeller kaltschnäuzig fragte weshalb er denn sich so um die „Leibeigenen" kümmere.

„Ich erklärte ihm worum es bei dieser Sache geht" legte Russo dar, „sie haben alles Geld der Welt das sie brauchen, sie haben alle Macht die sie brauchen, was ist der Punkt, was ist das Endziel?", worauf Rockefeller antwortete, „das Endziel ist, jedem einen Chip zu implantieren um die gesamte Gesellschaft zu kontrollieren, damit die Bankiers und die Leute von der Elite die Welt beherrschen können".

Rockefeller versicherte Russo sogar, falls er der Elite beitreten würde, sein Chip speziell markiert würde um übertriebene Untersuchungen durch die Behörden zu vermeiden. Russo erklärt, dass Rockefeller ihm erzählt hätte, „elf Monate vor den Geschehnissen des 11/9: es soll ein Ereignis stattfinden, welches dazu führt, dass wir den Afghanistan angreifen um Pipelines durch das Kaspische Meer zu verlegen, dass wir den Irak angreifen um die Ölfelder zu übernehmen und einen Stützpunkt im Mittleren Osten zu errichten, und wir würden gegen Chavez in Venezuela vorgehen".

Rockefeller erzählte Russo ebenfalls, dass er Soldaten in den Höhlen Afghanistans und Pakistans sehen würde, die Osama bin Laden suchen und dass es einen „endlosen Krieg gegen den Terror geben würde, in dem es keinen richtigen Feind geben würde und das Ganze ein riesiger Schwindel sei", damit „die Regierung die amerikanische Bevölkerung übernehmen kann", laut Russos Aussage hätte Rockefeller zynisch gelacht und er hatte Spaß daran als er die erstaunliche Voraussage machte.

In einem späteren Gespräch fragte Rockefeller Russo, was er denn denke wofür die Befreiungsbewegung der Frauen gut sei. Russos Antwort, er glaube es ginge um das Recht für Arbeit und den gleichen Lohn wie Männer zu bekommen, brachte Rockefeller dazu auflachend zu erwidern, „Sie sind ein Idiot! Lassen Sie mich Ihnen erzählen um was es hier geht: wir Rockefellers förderten das, wir finanzierten die Bewegung, wir sind jene, die alle die Zeitungen und das Fernsehen haben - die Rockefeller Foundation".

Rockefeller erzählte Russo über zwei hauptsächliche Gründe, warum die Elite für die Befreiungsbewegung die Geldmittel bereitstellte, erstens, weil vor der Bewegung die Banker eine Hälfte der Bevölkerung nicht besteuern konnten, und zweitens weil es ihnen ermöglichte, die Kinder in einem früheren Alter in die Schule zu bringen, damit man sie in die Lage versetzen konnte sie dahingehend zu indoktrinieren, den Staat als hauptsächliche Familie anzunehmen, um das traditionelle Familienmodell zu zerbrechen.

Diese Enthüllung stimmt mit früheren Zugeständnissen seitens der femininistischen Vorkämpferin Gloria Steinem überein, dass die CIA die Zeitschrift Ms.Magazine finanzierte als Teil des gleichen Programms zur Zerschlagung des traditionellen Familienmodells.

Rockefeller betonte oftmals eindringlich seine Idee „dass die Menschen beherrscht werden müssen" durch eine Elite und eines der Werkzeuge solch einer Macht in der Reduktion der Bevölkerung liege, dass es „zu viele Menschen auf der Welt gäbe" und die Zahl der Weltbevölkerung um mindestens die Hälfte reduziert werden soll.

Ein Problemkreis welcher der Kontrolle der Elite entglitten sei, sei laut der Konversation von Rockefeller mit Russo der Israel-Palästina Konflikt, wo in einer Phase die Gedanken sich ernsthaft um die bizarre Auffassung drehten, jedem israelischen Bürger eine Million Dollar zu geben und sie alle in den Staat Arizona umzusiedeln.

Quelle:
http://prisonplanet.com/articles/january2007/290107rockefellergoal.htm

(Über den CIA wurden ja auch schon PAN AM die ehemalige Fluggesellschaft gegründet, die so aussehen sollte das sie eine Privatlinie wäre, aber tatsächlich ein CIA Instrument war. W. Schorat)

Hier ist was zum Thema Verschwörungstheorie aus: http://de.wikimannia.org/Verschwörungstheorie

Wesen

Die Bezeichnung einer Ansicht als Verschwörungstheorie ist eine gängige propagandistische Maßnahme im Rahmen der psychologischen Kriegsführung, die insbesondere zur Diskreditierung von investigativen Journalisten, die der Aufklärung von Geheimdienstoperationen auf der Spur sind, eingesetzt wird.
Zitat: «Der Begriff Verschwörungstheorie trägt nichts zur Wahrheitsfindung bei, sondern führt zur Spaltung. Er ist ein Spaltungsbegriff.» - Dr. Daniele Ganser, Schweizer Historiker, Energie- und Friedensforscher

Definition

In einem Vortrag bei Arbeiterfotografie erklärte Andreas von Bülow 2007 den Begriff Verschwörungstheorie wie folgt:
Zitat: «Zur Person muss ich Sie darauf hinweisen, dass hier ein von den Medien so benannter Verschwörungstheoretiker zu Ihnen spricht. Doch wer einer mit machia-

vellistischer Chuzpe angelegten staatlichen Verschwörung auf der Spur ist, wird von der Gegenpropaganda der hierzu instrumentalisierten Medien sofort mit dem Unwort des „Verschwörungstheoretiker" belegt. Man versucht den der Aufdeckung gefährlich nahekommenden Kritiker auf diese Weise der Lächerlichkeit preiszugeben, ihm die Aufmerksamkeit der Öffentlichkeit zu rauben. Das ins Narren-Aus schickende Stichwort wirkt nicht viel weniger als das des „Kinderschänders". Der naive Bürger und Konsument von Nachrichten wird sich nicht als „Dummbeutel", als „Naivling" erwischen lassen wollen. Er soll durch die Blendgranate „Verschwörungstheorie" abgehalten werden, sich selbst auf den Pfad kritischer Betrachtung zu begeben. Der Kenner derartiger, fern der Sache liegender Medienauswüchse wird die Desinformation staatlicher bzw. geheimdienstlicher Quellen erkennen und sich nicht von der „heißen" Spur der Aufklärung abbringen lassen.»

Zitat: «Agenten von Geheimdiensten führen oft schreckliche Geheimdienst-operationen aus und glauben dabei oft genug selbst, sie könnten durch ihre unmoralischen Taten zu einer besseren Welt beitragen. Bis zur offiziellen Enttarnung in Untersuchungsausschüssen werden Geheimdienstoperationen Verschwörungstheorie genannt.»

Gegenteil

Die Singularform von Verschwörungstheorie wird als Gegenteil dazu Alleintätertheorie genannt.

Sonderfall Wirtschaft

Im Bereich der Wirtschaftskriminalität werden Verschwörungstheorien als Kartellverdacht bezeichnet.

Verschwörungstheorie als Kampfbegriff

Zitat: «„Verschwörung" ist ein intellektuell-populistischer Kampfbegriff, um Hypothesen zu diskreditieren. Deshalb sollte man ihn gar nicht erst verwenden. Hingegen ist die Komplotthypothese vollkommen gerechtfertigt.» - Rudolf Sponsel

Zitat: «„Verschwörung" ist ein Kampfbegriff, den das wissenschaftliche oder mediale Establishment gerne den akademischen Außenseitern um die Ohren haut. Ob zu Recht oder zu Unrecht, ist eine Frage, die oft eher intuitiv beantwortet wird, denn manche Eigenschaften von Verschwörungstheorien, etwa die Immunisierung gegen Kritik durch den Verweis auf notwendige Erkenntnisbeschränkungen oder moralische und charakterliche Defizite der Kritiker, kennzeichnen auch das religiöse Denken, und andere, wie die Frontstellung gegen die „Etablierten", sind Begleiterscheinungen jedes wissenschaftlichen Paradigmenwechsels.

Immerhin sind die großen Lager aber meistens als solche erkennbar, und auch dem Laien, der die Theorien selbst nicht überprüfen kann, ist es möglich, deren Vertreter anhand äußerlicher Kriterien in Experten oder Dilettanten einzuteilen - wenigstens sofern diese Kriterien noch Kompetenzen und nicht nur Machtverhältnisse bezeichnen.» - Baal Müller

Zitat: «De facto wird der Begriff „Verschwörungstheorie" heute vor allem benutzt, um Ansichten zu beschreiben, die nonkonform sind. Diese müssen dabei noch nicht einmal Theorien im eigentlichen Sinne sein. Es reicht der reine Dissenz mit dem Mainstream.» - Paul Schreyer

Verschwörung ohne Theorie

Zitat: «Eine Verschwörung ist, wenn sich zwei oder mehr Menschen heimlich absprechen. Das ist alles. Es kann das Versprechen zwischen einem Jungen und einem Mädchen sein, sich um Mitternacht im Fluss zu treffen und ohne das Wissen ihrer Eltern vor dem Morgengrauen wieder friedlich im Bett zu liegen. Das ist für die Gesellschaft harmlos. Andere geheime Absprachen planen Mord und Totschlag. In der klassischen Blutrache zum Beispiel hat die Familie, welche ein Familienmitglied durch eine verfeindete Familie verloren hatte, sich im Geheimen zusammengesetzt und entschieden, welches Mitglied der Familie den nächsten Mord ausüben wird, um den Toten zu rächen. Auch das ist eine Verschwörung, diesmal aber nicht harmlos, sondern total zerstörerisch für die Gesellschaft. Heute gibt es viele solche geheime Absprachen unter Gruppen, die das Töten planen. Jedem Terroranschlag geht eine Verschwörung voraus, also liegen auch dem 11. September 2001, den Anschlägen in Madrid, Bali, Istanbul und London Verschwörungen zu Grunde, das ist gar nicht anders möglich. Die Kernfrage ist also nicht, ob es sich um eine Verschwörung handelt oder nicht, denn das ist bei Terror immer der Fall, sondern wer die Verschwörer sind, und das ist eine hoch komplizierte Sache. Wer Verschwörungstheorien, also Annahmen über die mögliche Identität der Verschwörer, von vornherein als Unsinn abtut, hat keine Ahnung von der verdeckten Kriegsführung.» - Daniele Ganser

Faktenabwehr

Feminismus und Familienzerstörung

Aaron Russo († 2007), ein amerikanischer Bankenkritiker, Politiker, Regisseur und ehemaliger Manager berichtet von einer Aussage seines ehemaligen Bankierfreundes Nicholas Rockefeller:

Zitat: «Der Feminismus ist unsere Erfindung aus zwei Gründen. Vorher zahlte nur die Hälfte der Bevölkerung Steuern, jetzt fast alle, weil die Frauen arbeiten gehen. Außerdem wurde damit die Familie zerstört und wir haben dadurch die Macht über die Kinder erhalten. Sie sind unter unserer Kontrolle mit unseren Medien und bekommen unserer Botschaft eingetrichtert, stehen nicht mehr unter dem Einfluss der intakten Familie. In dem wir die Frauen gegen die Männer aufhetzen und die Partnerschaft und die Gemeinschaft der Familie zerstören, haben wir eine kaputte Gesellschaft aus

Egoisten geschaffen, die arbeiten (für die angebliche Karriere), konsumieren (Mode, Schönheit, Marken), dadurch unsere Sklaven sind und es dann auch noch gut finden.»

Angeblich soll die CIA in den 1960er Jahren diverse „linke" Frauenzeitschriften gestartet und finanziert haben. Sicher belegbar ist das alles zwar nicht, undenkbar aber auch nicht. Vielleicht wird aber auch nur wieder ein Sündenbock gesucht, der gewisse Ventilfunktion hat. Vielleicht ist die Verschwörung auch die, dass der CIA selbst die Rockefeller-Verschwörung als Desinformation in die Welt gesetzt hat.

Grund für das Leugnen von Fakten

Zitat: «Die Zahl jener Menschen, die sich gegen die Anerkennung der Wahrheit sträuben, ist unglaublich groß. Belegbare Fakten, die über jeden Zweifel erhaben sind, werden ignoriert. Konfrontationen mit schockierenden Tatsachen führen zu einem Achselzucken oder gar zu Vorwürfen, Verschwörungstheorien zu verbreiten. Wie lässt es sich erklären, dass oft intelligente Menschen sich rigoros weigern, der Wahrheit ins Gesicht zu sehen?

Auch wenn es schockierend ist, wie groß der psychologische Einfluss auf die Akzeptanz bzw. das Leugnen von Fakten sein kann, die Antwort ist relativ einfach. Sie heißt: Kognitive Dissonanz.

Jeder von uns verfügt über ein mehr oder weniger abgerundetes Weltbild. Dazu zählt, dass wir in einem Rechtsstaat leben. Dass Politiker demokratisch gewählt sind. Dass es die unterschiedlichsten Instanzen gibt - oder geben sollte - die über die Korrektheit jeder Abwicklung, jeder Entscheidung, jedes Vorganges wachen. Darüber hinaus gibt es eine breite Palette von Medien, die uns ständig über all das informieren, was auf die Zukunft der Welt und unser eigenes Leben Einfluss nehmen könnte.»

Zitat: «Wunsch- und Angstdenker weisen alles zurück, was Furcht und ein Gefühl der Unsicherheit hervorrufen könnte. [...] Wenn eine bestimmte Information, auch wenn sie belegbar ist, nicht in ein vorgegebenes Konzept passt, dann wird sie zurückgewiesen.

Die Frage, ob die Zweifel an einer verbreiteten Auffassung berechtigt sein könnten, wird erst gar nicht gestellt. Fakten werden nicht eingesehen. Worten wird kein Gehör geschenkt. Bilder werden - auch wenn es noch so schwierig ist - nach Belieben umgedeutet. Und nachdem ohnehin der größte Teil der Herde dem Hirten folgt, dann wird es sich dabei wohl um die beste Entscheidung handeln. Wer möchte schon als Außenseiter gelten? Wer möchte wie ein Außenseiter denken?»

Wikipedia und Verschwörungstheorie

Zitat: «Auf [d]en Einspruch verlagerte sich die Argumentation wiederum und nun hieß es, der Autor [XY] sei „keine anerkannte Quelle", da er in [YZ]-Fachliteratur nicht zitiert werde. Weil das aber nicht stimmte und [XY] tatsächlich in einer ganzen Reihe von Sachbüchern zum Thema zitiert wird, kam das ultimative Argument: die Autoren der ihn zitierenden Bücher seien eben auch alles Verschwörungstheoretiker. Da war er - der klassische Zirkelschluss. Der hermetische Ausschluss von jeder möglichen Kritik - der sonst gerne eben jenen „Verschwörungs-theoretikern" vorgeworfen wird. Was verboten ist, kann es nicht geben. Und wenn doch, dann ist es gelogen. Denn sonst wäre es ja erlaubt. Oder so ähnlich. Wer einen Verschwörungstheoretiker zitiert, muss selbst einer sein, per Definition. Denn sonst wäre der Zitierte ja keiner. Und das ist ja ausgeschlossen. Was zu beweisen war.

Das ist verrückt, aber es funktioniert. Dabei erscheint das Wikipedia-Prinzip selbst zunächst so logisch wie schlüssig: Es werden nur Belege aus seriöser Quelle akzeptiert, keine Verschwörungstheoretiker. Was aber bezeichnet diese Kategorie „Verschwörungstheorie" genau? Welches Buch gehört dazu, und welches nicht? Was sind die spezifischen Kriterien? Die Fakten in einem Artikel oder in einem Buch können stimmen oder sie können falsch sein. Wann aber sind sie „verschwörungstheoretisch"? Wenn sie zwar stimmen, aber zur falschen Schlussfolgerung führen? Was ist die „falsche" Schlussfolgerung?

Meine Frage an die selbst ernannten Gralshüter der Wahrheit, nach welchen spezifischen Kriterien denn „verschwörungstheoretische" Texte von solchen unterschieden würden, die man als Quelle bei Wikipedia akzeptiert, blieb unbeantwortet. Man sei nicht da, um Auskünfte zu erteilen, hieß es dazu nur knapp. Die gesuchten Kriterien solle ich „durch eigene Lektüre herausfinden". **Fazit:** Der Entscheidungsprozess darüber, was „verschwörungstheoretisch" und damit per se abzulehnen ist, verbleibt bei Wikipedia in einer Grauzone.

Man gewinnt den Eindruck, dass diese Grauzone so auch gewünscht ist. Ähnlich wie die gerichtliche Aufklärung der Anschläge vom 11. September 2001 dadurch behindert wird, dass man mutmaßliche Drahtzieher in das juristische Nirgendwo von Guantánamo und Co. abschiebt und ihnen einen transparenten Prozess verweigert, so dient die definitorische Grauzone des Begriffs „Verschwörungstheorie" einer Behinderung der journalistischen Aufklärung. Mission accomplished also?

De facto wird der Begriff „Verschwörungstheorie" heute vor allem benutzt, um Ansichten zu beschreiben, die nonkonform sind. Diese müssen dabei noch nicht einmal Theorien im eigentlichen Sinne sein. Es reicht der reine Dissenz mit dem Mainstream. Wenn beispielsweise jemand sein Unverständnis über den Zusammenbruch der drei Türme am 11. September äußert, im Sinne von „keine Ahnung, was da genau passiert ist, aber Hochhäuser aus Stahl kollabieren jedenfalls nicht einfach so zu Staub", oder wenn etwa jemand argumentiert, er halte es für „schwer glaubhaft, dass die Geheimdienste von den Anschlägen wirklich überrascht wurden", dann fällt das offiziell schon in die Schublade „Verschwörungstheorie" - obwohl noch überhaupt keine Theorie geäußert wurde.

Das Wort wird somit in einer pauschalen Weise benutzt, die sich logisch oder vernünftig kaum mehr fassen lässt. Festes Kriterium scheint aber der nonkonforme Inhalt zu sein. Nonkonform wäre demnach „falsch". Wird diese Gleichung zur Grundlage wissenschaftlichen Denkens, ist der Stillstand natürlich determiniert. Wird sie zur Grundlage der Führung einer Enzyklopädie, so entsteht Wissen, das auf politische Opportunität genormt ist.

Das Prinzip, nur „autorisierte" oder „offizielle" Quellen zu akzeptieren, scheitert selbstverständlich auch in dem Moment, wo die Autoritäten selbst, ob in der Regierung oder den Medien, zu lügen beginnen. Was ja letztlich die Kernannahme hinter den Zweifeln an 9/11 ist: Die Öffentlichkeit wird belogen, und zwar gedeckt von Regierungen UND etablierten Medien.

Insofern berühren sich hier zwei verschiedene Ebenen des Themas 9/11. Einmal das historische Ereignis als Stoff eines enzyklopädischen Artikels - und dann die Infragestellung des grundsätzlichen Prinzips zu akzeptierender Quellen. Wenn zur Beschreibung der Anschläge nur „autorisierte" Quellen zugelassen werden, diese aber ihre Autorität letztlich von denjenigen erhalten, die keine weitere Aufklärung wünschen, dann ist das (mangelhafte) Ergebnis vorprogrammiert.» - Paul Schreyer
Ende Zitat

GRUNDGESETZ ARTIKEL 5
Artikel 5 [Meinungs-, Informations-, Pressefreiheit; Kunst und Wissenschaft] (1) Jeder hat das Recht, seine Meinung in Wort, Schrift und Bild frei zu äußern und zu verbreiten und sich aus allgemein zugänglichen Quellen ungehindert zu unterrichten. Die Pressefreiheit und die Freiheit der Berichterstattung durch Rundfunk und Film werden gewährleistet. Eine Zensur findet nicht statt.

Voltaire sagt:
„Ich bin mit dem was Du schreibst nicht einverstanden, aber ich werde Dein Recht Deine freie Meinung zu äussern mit meinem Leben verteidigen."

Soooo, es ist ja eindeutig klar, dass die Menschen auf der Erde durch die BankerFamilien die Geld aus Luft drucken verblödet werden und somit in ihrer Evolution behindert werden, sich von Raubtier zum Tier zum Menschen und Erleuchteten zu entwickeln. Ich schreibe hier nochmal:
Hier ist nochmal ein Wachmacher
Ich gebe euch alles Gold der Erde alles Geld der Erde alle Diamanten und dann sage ich zum Geld zum Gold: Reinige den Fußboden in den 20 Villen der Superreichen. Koche die Suppe. Erfinde Wohltaten für die Menschheit. Baue Hochhäuser. Putze die Schuhe. Baue die Straße. Fahre das Auto. Erdenke neue Technologien. Repariere die Straßen. Erneuere Kleidung. Und so weiter

bis zum Ende aller Wörter und Gedanken und Fantasien. Da wirst du sehen das Geld aber überhaupt für Garnichts benötigt wird. Das Gold Garnichts kann. Das Diamanten überhaupt bloß da liegen. Und das alles gemacht wird ausschließlich vom Menschen und zwar ohne Geld. Das war schon immer so und wird auch für immer so bleiben. Denn für Innovation und Kultur und Wirtschaft und Bildung ist aber überhaupt niemals Geld benötigt worden. Es ist eine Fiktion erdacht von den 666 dem Tiermensch in seiner abgrundtiefen Ignoranz und Unwissenheit, denn das Tier weiß ja überhaupt gar nicht was und wer es ist. Es ist unwissend und aus dieser Unwissenheit hat ES das Geldsystem aufgebaut. Das die übergierigen ja erkannt haben das man Geld kontrollieren kann und ansammeln kann da ja alle daran glauben und sich aber auch total unbewusst sind das alles immer bloß der Mensch macht und zwar ohne Geld auf ewig immer ohne Geld. Und das alles bloß rudimentäre Gesellschaftsstrukturen der noch abgrundtief primitiven Menschen sind.
Also alles wird und wurde schon immer ohne Geld gemacht. Es ist Lüge Glaube Religion das Geld für irgendetwas gebraucht wird weil Geld gar nichts kann. Das müsst ihr bis heute doch wohl durchschaut haben. Und eure eigene Selbstversklavung ablegen. Wie lange wollt ihr noch Sklaven eurer eigen Ängste Ignoranz und Dunkelheit sein. Denn das System Geld ist die Angst weil es ja von ängstlichen aufgebaut wurde. So kommen diese Ängste nun zum Vorschein und zeigen wie falsch das alles ist. Dass System Geld ist pure Existenzangst also Totalverblödung und daran glauben die 666 die Tiermenschen noch. So primitiv sind die Systeme an die ihr glauben sollt.
Es ist eure Entscheidung. Nach wie vor sage ich übernehmt das System selber und entfernt die Lügen aus dem System .Entlasst die Bankermanager die Religionsmanager im Vatikan oder Protestanten entlasst die Politiker die rückgratlosen ignoranten entlasst die Firmenbesitzer denn ihr alleine habt das aufgebaut es ist mittlerweile mehr als euer Eigentum aber lasst die Finger von Eigentum und Besitz denn etwas zu besitzen ist abgrundtief Dunkelheit und Bindung an diese Erde und das ist Schwere und Tod. Übernehmt die globale Struktur und dann entfernt das Geld. Und dann wird automatisch ein Gleichgewicht entstehen weil auch jeder sofort Arbeit hat da die Nachfrage groß sein wird aber alles schädliche sofort nicht mehr unterstützt werden braucht und das saubere nicht das falsche arbeitsmäßig oder schöner kreativmäßig unterstützt werden wird. Macht das alles ohne Blutvergießen. Macht das alles ohne Blutvergießen. Macht das alles ohne Blutvergießen.

Das System der BankerFamilien ist folgendes: Es wird die Bevölkerung, dem Staat also Menschen in der Politik, die vorgaukeln es gäbe so etwas wie einen Staat, oder Industriellen bis zu einem gewissen Zeitpunkt Geld im Überfluss zugeführt. Es werden Unmengen LuftGeld also einfach drucken, drucken, drucken, und Papier schön bunt bemalen für die kleine Kinder, Unmengen an Papiergeld in die Kredite für alles und jenes gegeben, und es werden Luftpapier die in Gigalügensysteme versteckt sind den Menschen angeboten, und alles mit dem Versprechen Erfolg, Reichtum, Wohlstand und Macht zu bekommen. Und so weiter und so weiter. Irgendwann werden die Menschen mit dem limitierten Bewusstsein der heutigen Zeit ja mal wacher werden.

Wenn, die BankerFamilien nun sehen, das die Menschen in unermesslichem Kreativdrang erfinden , erbauen, erreichen, und Gewinne machen, dann wird ein weiteres glaubenssystem gestartet nämlich die Inflation. Inflation ist ja nichts anderes als Glaube also etwas von den BankerFamilien erdachtes, das die Geldgläubigen glauben sollen, dass es so was als natürlichen Ablauf wirklich gäbe. Und das glauben, ja sogar die blöden mitmachen den Spezialisten mit Uniabschluss Doktortitel und Professoren Senilität, und predigen das tagtäglich in Unis und Banken und Talkshows und Kirchenkanzel weiter, denn so wird Glaube ja zur Totalverblödung gebracht.

Und wenn die Geldkontrolleure nun sehen, das es wieder mehr unermesslichen Reichtum gibt, und der Geldfluss sozusagen in einen Tsunami übergehen wird, weil die Menschen immer leichter an Geld kommen das ihnen nachgeschmissen wird, dann wird unter Freunden, anderen BankerFamilien, Industriellen, zuvor Aktienwerte abgegeben, und in Bargeld umgewandelt, und dann wird der Bevölkerung der Geldhahn zugedreht, weil dann eine sogenannte Inflation alles aufgebaute der Masse abgeschöpft werden soll, weil dann ja das Geld als auch die Sachwerte, Firmen, Häuser und so weiter an Wert stark verlieren. Das wird Inflation genannt ist aber ein bewusst eingeführter Betrug um an die aufgebauten Werte der Menschen zu kommen und sie wieder auf Zero zurückzusetzen damit das gleiche von vorne beginnen kann im ewigen Kreislauf der Totalverblödung durch das schwarze Loch der BankerFamilien deren innerliches schwarzes Loch.

Dieser Werdegang kann sehr gut beobachtet werden in den immer wiederkehrenden Finanzkrisen. Er wird aber auch sehr gut beschrieben wie die Banken agieren in den Büchern von G. Edward Griffin, die es inzwischen auch in deutscher Sprache gibt, die ich aber damals noch aus Amerika kommen lassen musste. Heute gibt es sie in Deutsch.

Die Kreatur von Jekyll Island oder Eine Welt ohne Krebs: Die Geschichte des Vitamin B17 und seiner Unterdrückung

Über die Gewohnheit der Jahrhunderte Jahrtausende hat sich der Mensch an das Geld gewöhnt weil er einfach ein Sklave derjenigen war die das Geld entwickelt haben. Geld wurde ausschließlich dazu geschaffen um andere Untertanen, Bürger, Leibeigene noch mehr zu versklaven. Und im Laufe der Uhrzeit der Jahrhunderte haben dann ganz intelligente dem schwarzen Loch nahe stehenden der Gier verfallenen Menschen erkannt, dass wenn sie die Kontrolle über das Geld haben es ihnen scheißegal ist wer die Regierung stellt. Und so ist es bis heute geworden.

Einerseits ist alles auf der Erde ein Zwang geworden und geblieben sobald andere Menschen anfingen Gegeneinader zu kämpfen. Mögen sie noch solche wichtigen kosmischen Aufgaben zu erledigen haben oder gehabt haben, in der Vereinigung der Teile der Menschheit auf der Erde oder im zusammenfügen der Klans und der Städte oder der Länder zu Nationen und zur Weltgemeinschaft, es war immer Zwang.

Selbst der Anfang der Industrialisierung in England als die ersten Firmen gestaltet wurden, selbst da wurden die Menschen von ihren Feldern Dörfern geholt und unter Zwang in die Firmen gebracht und bedroht mit dem Tode dort zu arbeiten. Das sind die Anfänge dieser sogenannten demokratischen Zivilisationen. Und wenn es nicht im Laufe der Uhrzeit mutige Menschen gegeben hätten die mit ihrer Versklavung nicht leben wollten , so wäre bis heute noch jeder ein Leibeigener oder würde unter der bösartigen Fuchtel dieser Besitzenden den Arsch seiner Geliebten lecken müssen weil Toilettenpapier zu viel kosten würde.

Diese mit Zwang aufgebaute Gewohnheit an ein Leben das Geld kostet ist eine sehr subtile langjährige Marathonorgie der Vergewaltigung der menschlichen Freiheit inklusive der erdlichen Freiheit, und zwar, bis hin zur Totalzerstörung, weil die Gier das schwarze Loch derjenigen die nun Geld aus Luft drucken und die Erdgemeinschaft totalverblöden, niemals ein Ende finden werden in ihrer unermesslichen Größe ihres inneren Schwarzen Loches, der Gier.

Und die Gier ist eine kosmische Kraft mit der sie leben müssen. Das war ihre Aufgabe. Kosmisch gesehen. Denn es muss auch schwarze Meister geben und schwarze Meisterinnen, weil in einer jeweiligen Entwicklungsspanne, das Bewusstsein derjenigen Menschen die so was leben müssen, die Masse der Unbewussten die das Dilemma durchleben müssen, sammelt. Man könnte auch nicht Jesus unter die Neandertaler gebracht haben, das wäre für die so als wenn jemand kommunizieren würde und zwar durch Stepptanz und Furzen. So es muss auch die üblen Typen geben. Mit ihnen wird gezeigt wie blöde dumpf und grob die Masse Mensch noch ist. Und dazu gehören eben die BankerFamilien und die Geldgläubigen die Kardinäle die Päpste die Finanzminister die Banker die Industriellen und nun sogar die sogenannten Staaten, die alle im Firmenregister der Die DBUNS Nummer Firma BRD unter upik@dnbgermany.de registriert sind. Die sind alle ausnahmslos der Unwahrheit siegenden Dummen. Da hilft auch kein Posten als Kanzler oder Überprofessor oder Trilliardär, sie alle sind total der Unwahrheit Opfer. Der Ignoranz der Unwissenheit und: Erst wenn die Unwissenheit die Ignoranz aufhört, hört auch die Existenz des Bösen des Üblen auf. Oleeeeeeee

Es ist mehr als überflüssig gegen diese von den der Gier Besessenheit geleiteten und der damit verbundenen Machtbesessenheit geknebelten Individuen mit unermesslichem Geldbergen und anderen Bergen aber Hauptsache Bergeweise und Tonnen weise und das wird nie genug sein weil die Gier das schwarze kosmische Loch erst zu Ende sein würde wenn die Schöpfung zerstört oder verändert wird. Denn das schwarze Loch die Gier hat ja eine Aufgabe. Unter den Menschen hat sie enorme Gierkräfte und Intelligenzkräfte freigelegt im Kampf ums überleben aber nicht zu leben. Und so ist heute 2015 diese subtile Indoktrinierung dieser Zwang wo Geld zur Lebensessenz geworden ist ein Hauptbestandteil der menschlichen Psyche, die so fest verankert ist, weil sie das auch sollte, von den Bankstern, das der größte Teil der Menschen glaubt und denkt Geld wäre ein Naturbestandteil der Schöpfung und gehört zum unausweichlichen Vitamin Cocktail der Nahrungskette. Nichts könnte weiter von der Wahrheit entfernt sein. Geld tötet wenn du es fressen würdest. Aber die meisten glauben tatsächlich immer noch dass es ohne Geld nicht geht. So intensiv ist die Verblödung der Menschheit durch die BankerFamilien und deren strategischen Vasallen in Industrie und Politik.

Aber alles wurde schon immer und wird immer ausschließlich ohne Geld gemacht.

Hier ist nochmal ein Wachmacher

Ich gebe euch alles Gold der Erde alles Geld der Erde alle Diamanten und dann sage ich zum Geld zum Gold: Reinige den Fußboden in den 20 Villen der Superreichen. Koche die Suppe. Erfinde Wohltaten für die Menschheit. Baue Hochhäuser. Putze die Schuhe. Baue die Straße. Fahre das Auto. Erdenke neue Technologien. Repariere die Straßen. Erneuere Kleidung. Und so weiter bis zum Ende aller Wörter und Gedanken und Fantasien. Da wirst du sehen das Geld aber überhaupt für Garnichts benötigt wird. Das Gold Garnichts kann. Dass Diamanten überhaupt bloß da liegen. Und das alles gemacht wird ausschließlich vom Menschen und zwar ohne Geld. Das war schon immer so und wird auch für immer so bleiben. Denn für Innovation und Kultur und Wirtschaft und Bildung ist aber überhaupt niemals Geld benötigt worden. Es ist eine Fiktion erdacht von den 666 dem Tiermensch in seiner abgrundtiefen Ignoranz und Unwissenheit, denn das Tier weiß ja überhaupt gar nicht was und wer es ist. Es ist unwissend und aus dieser Unwissenheit hat ES das Geldsystem aufgebaut. Das die übergierigen ja erkannt haben das man Geld kontrollieren kann und ansammeln kann da ja alle daran glauben und sich aber auch total unbewusst sind das alles immer bloß der Mensch macht und zwar ohne Geld auf ewig immer ohne Geld. Und das alles bloß, rudimentäre Gesellschaftsstrukturen der noch abgrundtief primitiven Menschen sind.

Die Methode der Bankster Gangster die über Finanzkrisen oder Inflationskrisen ihre Gegner und Mitstreiter platt machen kann auch wunderbar in dem folgenden Bericht gelesen werden: **Zitat Anfang** : Blackstone Chef winkt ein Milliarden Jahresgehalt Stephen Schwarzman, Chef des Finanzinvestors Blackstone, dürfte als erster Mensch ein Milliarden-Jahresgehalt erhalten. Sein Steuersatz wird trotzdem niedriger liegen als der einfacher Angestellter.

Stephen Schwarzman, der Vorstandsvorsitzende der Private-Equity-Firma Blackstone Group, vor zwei Jahren auf dem Weltwirtschaftsgipfel in Davos. Das beste Haus am Platz konnte er sich garantiert damals schon leisten

Es ist eine unglaubliche Summe: eine Milliarde Dollar. Ausgeschrieben wirkt die Zahl noch eindrucksvoller: 1.000.000.000 Dollar. Für die meisten Menschen ist es eine absurde Vorstellung, so viel Geld jemals zu besitzen. Stephen Schwarzman dagegen könnte die Summe innerhalb von einem Jahr verdienen.

Der 68-Jährige ist Gründer und Chef des New Yorker Finanzinvestors Blackstone. Seine Private-Equity-Fonds waren im vergangenen Jahr so erfolgreich wie die keines anderen Finanzinvestors. Deswegen strich Schwarzman schon für das Jahr 2014 die Megasumme von 690 Millionen Dollar (651 Millionen Euro) ein. Zum Vergleich: Goldman-Sachs-Chef Lloyd Blankfein bekam 24 Millionen Dollar. Schwarzman verdiente also fast 30 Mal so viel wie Blankfein.

Schwarzmans Gehalt ist das höchste, das je ein Vorstandschef einer börsennotierten Firma verdient hat. Am nächsten kommt ihm vielleicht Steve Jobs, der, als er im Jahr 2000 zurück zu Apple kam, Aktien im Wert von 578 Millionen Dollar erhielt. Schwarzman bekommt sein Gehalt dagegen zum überwiegenden Teil in Barmitteln überwiesen.

Das Vermögen steigt auf 13,1 Milliarden – oder mehr

Im laufenden Jahr nun könnte Schwarzman seinen eigenen Rekord toppen. Das Finanzmagazin „Crain's" hat errechnet, dass Schwarzman 2015 die magische Eine-Milliarde-Dollar-Grenze durchbrechen könnte. Sein geschätztes Vermögen würde damit von 12,1 auf 13,1 Milliarden Dollar oder mehr steigen.

Das Geld der Anleger mehr als verdoppelt

Die Geldgeber setzten darauf, dass Blackstone die Hochphase am Aktienmarkt nutzen wird, um einen Teil seines Portfolios abzustoßen. Insgesamt hält der Konzern 82 Firmen, die er früher oder später verkaufen oder an die Börse bringen wird. Die meisten hat der Finanzinvestor während der Finanzkrise billig aufgekauft. Die Gewinne dürften also enorm sein.

Zitat Ende

„Die meisten hat der Finanzinvestor während der Finanzkrise billig aufgekauft"

Das ist die typische Strategie die schon der alte Rothschild in England angewendet hatte während des Napoleon-Waterloo Desasters des Krieges. Rothschild wusste das Nelson gewonnen hatte und ließ aber das Gerücht streuen Napoleon hätte gewonnen. Er verkaufte seine Papiere und die anderen machten es ihm nach. Und als alles der Werte zusammenfiel kaufte er diese Papiere wieder auf zu einem winzigen Preis des realen Wertes, falls es so was überhaupt gibt im Geldbereich , einen realen Wert, einen imaginären wohl ja, aber von dem haben wir , ich ja bis heute mehr als genug, diesem Wahnsinn, des Wahnsinns.

Im Ganz großen Stiel wird das dann bei einer bewusst herbeigeführten Inflation und Crash gemacht, dann werden alle anderen Konkurrenten und Firmen aufgekauft für weniger als für'n Appel und 'nen Ei. Das ist die bewährte Methode der größten Verbrecherkartelle auf der Erde das Verbrecherkartell der BankerFamilien global. Das kann sehr gut recherchiert in den Büchern von Edward. G. Griffin gelesen werden, der diese Zusammenhänge in seinen Büchern offenlegt. Einen guten Aufbau diese Systems der Bankster kann sehr gut unter der Web-Adresse: http://www.thrivemovement.com/ nachgelesen werden. Oder unter: *https://www.youtube.com/watch?v=-pRfGVHU_Qg*

Und das muss aufhören, weil Menschen sich da, raus entwickeln und die Totalverblödung durchschaut haben die sich die Bankerelite selbst geschaffen hat indem sie einfach sich das Recht gegeben hat Geld aus Luft zu drucken, ohne jeglichen Wert. Und Geld aus Nichts zu schaffen ist Totalverblödung und eine gigantische Beschränkung der Menschheit global in ihrer kreativen freiheitlichen Kreativität für sich und den Erdball und den Kosmos. Das Universum.

Die Bankster haben also ihre eigenen Gesetze geschrieben, so wie es heutzutage weitergeführt wird in den Staaten und den politischen Institutionen, wo Industrielle oder andere Spezialisten aus der Wirtschaft mit den rammdösigen Beamten gemeinsame Sache machen in der Gesetzgebung und sich die Gesetze so zurecht gestalten das immer die Firma gewinnt, so wie es heute mit dem TTIP Abkommen gemacht werden soll. All das ist der verlängerte Arm der BankerFamilien seit Jahrhunderten oder Jahrtausende den von Jahren in Übereinstimmung von damals mit den Königen und Kaisern bis heute. Und diese Traumtanzmatrix wurde ja auch wunderbar in der Serie der Matrix Filme gezeigt, wo die Menschen so total indoktriniert also totalverblödet geworden sind durch die Gewohnheitsenergie, das sie dann sogar ihre Befreier bekämpfen, das ist die Macht der Gewohnheit, der schlimmste Feind der unbeleuchteten oder deines wahren göttlichen Wesens, oder anders formuliert" Lass die Toten die Toten begraben" oder wie Bukowski schrieb : Alle Menschen werden als Genies geboren doch die meisten sterben als Idioten.

Und da ja nun auch sogenannte Staaten registrierte Firmen sind, erweitert sich ja das Spektrum, dieser Denkstrukturen dieser Menschen in den sogenannten staatlichen Institutionen - ehemals Ämter genannt - denn die Mitarbeiter sind ja nun profitorientierte verlängerte Arme der Bankster Familien-falls das noch nicht klar genug erkannt wird. Deswegen gewinnt doch immer die Firma auch weil die Rechtssysteme die Gerichtssysteme im Sinne der Geldoptimierung denken, gewinnoptimierte Rechtsprechung sozusagen, was für ein Totalwahnsinn dieser Verwickelung die kein Entwicklung mehr ist , aber eine Versklavung ist eine Totalverblödung.

Aber diejenigen die global das geldsagen haben die sind ausnahmslos von üblen Eigenschaften und Energien umgeben, weil sie ja die Lüge aufrechthalten müssen , mit aller Macht die sie sich aufgebaut haben durch ihre eigene Rechtsprechung und sogar Polizei und Soldaten, denn das ist alles bloß für die Aufrechterhaltung ihrer Lüge. Es wird aber immer mit der Täuschung der Gedanken und Formulierungen gearbeitet, Machtvakuum, Zerfall des Staates - es geht Nix ohne Geld, keine Entwicklung und so weiter, alles Betrug und Lüge. Und gigantische Armseligkeit der Politiker untereinander, den gewählten mit ihrem sehr, sehr, sehr, limitierten Bewusstsein und vor allem Mut zur Wahrheit, die Vasallen der BankerFamilien, die Politiker. Und so passiert der Ausverkauf der Nationen und in Deutschland sollen sogar 200 Seen verkauft werden, privatisiert werden und es werden große Landmengen aufgekauft so das Stillschweigend auf einmal die Bevölkerung gar nicht mehr auf ihrem Land lebt sondern das gehört inzwischen Investoren Bankstern aus den USA oder China oder England. So total bösartig vergiftet ist diese sogenannte demokratische Gesellschaft geworden. Ein Zoo der totalverblödeten.

Mittwoch, 1. April 2015
Zitate aus (THRIVE Deutsch) GEDEIHEN: Was Auf Der Welt Wird es Brauchen?
Das sind Zitate die Heinz Püttner dazu auf diese https://www.youtube.com/watch?v=-pRfGVHU_Qg Seite geschrieben hat. Er klärt darüber auf das damals in New England der Wohlstand enorm war und einiges mehr, wer mehr lesen möchte muss auf diese Seite gehen von youtube.com.
Bereits vor über 200 Jahren sah ein weiser Politiker voraus, womit wir uns heute konfrontiert sehen... Es war Thomas Jefferson (1743–1826), 3. Präsident der USA. Sie werden es kaum glauben, aber er hat... ... die Kernschmelze unseres Finanzsystems vor über 200 Jahren prophezeit! Hier seine genauen Worte: Banken sind gefährlicher als stehende Armeen „Ich bin davon überzeugt, dass die Bankinstitute eine größere Bedrohung für unsere freiheitliche Ordnung darstellen als stehende Armeen... Sollte das amerikanische Volk je zulassen, dass private Banken erst durch Inflation, dann durch Deflation die Kontrolle über die amerikanische Währung erobern, werden die Banken und die in ihrem Umfeld entstehenden Unternehmen... die Menschen all ihres Reichtums berauben, bis ihre Kinder eines Tages auf dem Kontinent, den ihre Väter erobert haben, ohne ein Dach über dem Kopf aufwachen...(Kommt mir sehr bekannt vor und ist ja tatsächlich passiert. W. Schorat 1. April 2015)

Die Macht, Geld in Umlauf zu bringen, muss den Banken entrissen und an das Volk zurückgegeben werden, dem sie von Rechts wegen zusteht." Thomas Jefferson im Jahre 1809
Amerikanische Geschichtliche - Entwicklungen und Ereignisse: Der eigentliche Grund für die Amerikanische Revolution war nicht die Teesteuer und nicht das Steuergesetz, wie es immer wieder in den Geschichtsbüchern gelehrt worden ist. Die Finanziers schaffen es immer wieder, dass aus allen Schulbüchern alles das entfernt wird, was Licht auf ihre eigenen Pläne werfen könnte, und was die Glut, die ihre Macht schützt, beschädigen könnte. Amerika schöpfte sein eigenes Geld im Jahre 1750 Wie Benjamin Franklin Neu England zur Blüte verhalf Benjamin Franklin, am17. Januar 1706 in Boston, Massachusetts geboren; am 17. April 1790 in Philadelphia, Pennsylvania

verstorben, war ein nordamerikanischer Drucker, Verleger, Schriftsteller, Naturwissenschaftler, Erfinder und Staatsmann. Als einer der Gründerväter der Vereinigten Staaten beteiligte er sich am Entwurf der Unabhängigkeitserklärung der Vereinigten Staaten und war einer ihrer Unterzeichner.

Während der Amerikanischen Revolution vertrat er die Vereinigten Staaten als Diplomat in Frankreich und handelte sowohl den Allianz-Vertrag mit den Franzosen als auch den Frieden von Paris aus, der den Amerikanischen Unabhängigkeitskrieg beendete. Als Delegierter der Philadelphia Convention beteiligte er sich an der Ausarbeitung der amerikanischen Verfassung. (Aus dem: „Michael" Journal, 1101, Principale St., Rougemont, Que., Canada – JOL 1MO; aus dem Englischen übersetzt von E. Grimmel) Die folgende historische Darstellung ist eine Radioansprache, welche der Kongressabgeordnete Charles G. Binderup, Nebraska, vor 50 Jahren gehalten hat -abgedruckt in „Die Demaskierung der Geister der Wall Street". Von Charles G. Binderup Kolonien – florierender als das Mutterland Vordem amerikanischen Unabhängigkeitskrieg (1776) war der kolonisierte Teil dessen, was heute die Vereinigten Staaten von Amerika sind, im Besitz von England. Er wurde Neu England genannt und bestand aus 13 Kolonien, welche die ersten 13 Staaten der großen Republik wurden. Um 1750 war dieses Neu England sehr wohlhabend.

Benjamin Franklin konnte folgendes schreiben: „Es gab Überfluss in den Kolonien, und Friede herrschte an allen Grenzen. Es war schwierig, ja sogar unmöglich, eine glücklichere und blühendere Nation auf der ganzen Erde zu finden. In jedem Heim war Wohlstand vorherrschend. Im Allgemeinen hielt das Volk die höchsten moralischen Maßstäbe ein, und Erziehung war weit verbreitet." Als Benjamin Franklin nach England hinüberfuhr, um die Interessen der Kolonien zu vertreten, begegnete er einer völlig anderen Situation: Die arbeitende Bevölkerung dieses Landes war von Hunger und Armut zerrüttet. „Die Straßen sind voll von Bettlern und Landstreichern", schrieb er. Er fragte seine englischen Freunde, wie England trotz all seines Reichtums so viel Armut in seinen Arbeiterklassen haben konnte. Seine Freunde erwiderten, dass England das Opfer einer schrecklichen Situation sei: es habe zu viele Arbeiter! Die Reichen sagten, sie seien bereits mit Steuern überlastet und könnten nicht noch mehr bezahlen, um die Massen von Arbeitern von deren Nöten und Armut zu befreien. Mehrere reiche Engländer jener Zeit glaubten wirklich, zusammen mit Malthus, dass Kriege und Seuchen nötig seien, um das Land von Arbeitskraftüberschüssen zu befreien.

Danach wurde Franklin von seinen Freunden gefragt, wie die amerikanischen Kolonien es organisierten, genug Geld zu sammeln, um die Armenhäuser zu unterstützen und wie sie diese Armutsseuche bezwingen würden; Franklin erwiderte: „Wir haben in den Kolonien keine Armenhäuser; und falls wir welche hätten, gäbe es niemanden, den wir einweisen müssten; denn wir haben nicht eine einzige arbeitslose Person, weder Bettler noch Landstreicher." Dank des von der Nation herausgegebenen Freigeldes - Geld ohne Zins. Seine Freunde glaubten, ihren Ohren nicht zu trauen und verstanden noch weniger diese Tatsache. Als die englischen Armenhäuser und Gefängnisse zu unruhig wurden, verschiffte England diese armen Wichte und Penner wie Vieh und lud diejenigen, welche die Armut, den Schmutz und die Entbehrungen der Reise überlebt hatten, an den Kais der Kolonien ab. Zu jener Zeit wurden in England alle diejenigen ins Gefängnis geworfen, die ihre Schulden nicht bezahlen konnten.

Deshalb fragten sie Franklin, wie er sich den bemerkenswerten Wohlstand der Neu-EnglandKolonien erklärte. Franklin antwortete: „Das ist ganz einfach. In den Kolonien geben wir unser eigenes Papiergeld heraus. Es wird 'Colonial Scrip' (='Kolonialaktie') genannt. Wir geben es in angemessener Menge heraus, damit die Waren leicht vom Produzenten zum Konsumenten übergehen. Indem wir auf diese Weise unser eigenes Papiergeld schöpfen, kontrollieren wir seine Kaufkraft, und wir haben an niemanden Zinsen zu zahlen." Die Bankiers erzwingen die Armut Diese Information wurde den englischen Bankiers bekannt, sie waren auf der Hut. Sie ergriffen sofort die nötigen Gegenmaßnahmen, um das britische Parlament zu veranlassen, ein Gesetz zu verabschieden, das den Kolonien verbot, ihr Colonial Scrip zu benutzen und das sie anwies, nur das Gold und Silbergeld zu benutzen, welches von den englischen Bankiers in unzureichender Menge zur Verfügung gestellt wurde. Danach begann in Amerika die Pest des Schuldgeldes, das seither dem amerikanischen Volk so viele Flüche eingebracht hat.

Das erste Gesetz wurde 1751 verabschiedet und dieses durch ein noch restriktiveres Gesetz im Jahr 1763 vervollständigt. Franklin berichtete, dass im Jahr nach dem Vollzug des Verbotes des Kolonialgeldes die Straßen der Kolonien mit Arbeitslosen und Bettlern besetzt waren, genauso wie in England, weil es nicht genug Geld gab, Waren und Arbeit zu bezahlen. Das zirkulierende Tauschmittel war auf die Hälfte reduziert worden. Franklin fügte hinzu, dass dieses der eigentliche Grund für die Amerikanische Revolution war – nicht die Teesteuer und nicht das Steuergesetz, wie es immer wieder in den Geschichtsbüchern gelehrt worden ist. Die Finanziers schaffen es immer wieder, dass aus allen Schulbüchern alles das entfernt wird, was Licht auf ihre eigenen Pläne werfen könnte, und was die Glut, die ihre Macht schützt, beschädigen könnte. Franklin, der einer der Hauptarchitekten der amerikanischen Unabhängigkeit war, sagte es deutlich: „Die Kolonien hätten gern die geringe Steuer auf Tee und andere Materialien ertragen, wäre es nicht die Armut gewesen, verursacht durch den schlechten Einfluss der englischen Bankiers auf das Parlament, welche in den

Kolonien den Hass gegen England und den Revolutionskrieg ausgelöst hat." Dieser Gesichtspunkt von Franklin wurde bestätigt durch große Staatsmänner dieser Ära: John Adams, Thomas Jefferson und mehrere andere.

Ein bemerkenswerter englischer Historiker, John Twells, schrieb über das Geld der Kolonien, den Colonial Scrip: „Es war das Geldsystem, unter dem Amerikas Kolonien in einem solchen Ausmaß aufblühte, dass Edmund Burke schreiben konnte: 'Nichts in der Geschichte der Welt gleicht ihrem Fortschritt. Es war ein vernünftiges und wohltätiges System, und seine Auswirkungen führten zum Glück des Volkes.'" John Twells fügte hinzu: „In einer schlimmen Stunde nahm das britische Parlament Amerika sein repräsentatives Geld, verbot jegliche weitere Herausgabe von Geldscheinen, ließ diese Geldscheine aufhören, legales Geld zu sein, und verlangte, dass alle Steuern mit Münzen bezahlt werden sollten. Bedenken Sie jetzt die Konsequenzen: Diese Restriktion des Tauschmittels lähmte alle industriellen Energien des Volkes. Die einst blühenden Kolonien wurden ruiniert. Schlimmste Not suchte jede Familie und jedes Geschäft heim. Aus Unzufriedenheit wurde Verzweiflung, und diese erreichte den Punkt, an dem sich die menschliche Natur erhebt und ihre Rechte beansprucht, um die Worte von Dr. Johnson zu gebrauchen."

Ein anderer Schriftsteller, Peter Cooper, äußerte sich in gleicher Weise. Nachdem er ausgeführt hatte, wie Franklin dem Londoner Parlament den Grund für die Blüte der Kolonien erklärt hatte, schrieb er: „Nachdem Franklin die Erklärungen zum wahren Grund der Blüte der Kolonien abgegeben hatte, erließ das Parlament Gesetze, die den Gebrauch dieses Geldes für die Steuerzahlungen verboten. Diese Entscheidung brachte so viele Nachteile und so viel Armut über das Volk, dass sie zum Hauptgrund für die Revolution wurde. Die Unterdrückung des Kolonialgeldes war ein viel wichtigerer Grund für den allgemeinen Aufstand als das Tee und Stempelgesetz." Warum unser Geldsystem nichts anderes kann als Mangel zu erzeugen, und warum es am Ende immer zusammenbrechen muss. Dies deutet sich ja auch aktuell wieder an. **ENDE ZITAT von Heinz Püttner.**

Okäy, also es gibt schon mehr an Informationen auf der Erde die auf das Gangsterspiel der Bankster hinweisen, aber zur Zeit sieht es eher so aus das die BanksterGangster global die Geldschrauben mehr anziehen oder was auch immer, oder mal lokkker lassen, damit aber das Geld der Hauptbestandteil des Verrücktmachens und der Angstmache und Totalillusionen bleibt. Und mit solchen Politikern von heute ist das auch sehr gut weiterhin aufrecht zu halten.
Also es war das „Dank des von der Nation herausgegebenen Freigeldes - Geld ohne Zins" das so wirkungsvoll war. Und hier kommt dann auch wieder das Freigeld Experiment von Wörgl in Spiel. Aber hier geht es immer noch um das Thema Geld. Eine

Gesellschaft ohne Geld ist anders-freier, wahrhaftiger. Diese Freigeld Experimente basieren immer noch auf dem Zustand von Besitzenden wie er durch das geschichtliche Auftreten des Homo sapiens des Menschen als Raubmenschen seinen Weg gemacht hat bis heute. Raubmensch deswegen weil er ununterbrochen bis heute raubt und zwar Leben von anderen Lebewesen. Und an der Spitze stehen die Bankeliten Bankster Gangster.

Hier ist was von : http://de.wikipedia.org/wiki/W%C3%B6rgl

Das Wörgler Schwundgeld (Freigeld)

In Wörgl war um 1932 die örtliche Zement- und Zellulosefabrikation stark zurückgegangen und die Arbeitslosenquote bedrohlich angestiegen.[31] Die Gemeinde hatte einerseits beträchtliche Steuerausfälle, andererseits hohe Lasten durch Unterstützungsleistungen an Arbeitslose. Die Kasse war leer, und ein Ende war nicht abzusehen. So wurde ein Wohlfahrtsausschuss gebildet, der die Ausgabe des Notgeldes organisierte. Ab Ende Juli 1932 gab die Gemeindeverwaltung unter Bürgermeister Michael Unterguggenberger als Lohn der Gemeindeangestellten eigene sogenannte Arbeitswertscheine aus, den Wörgler Schilling. Die Scheine gab es in Nennwerten von 1, 2 und 5 Schilling. Insgesamt wurden 32.000 Not-Schilling aufgelegt, die Gemeinde, welche das Schwundgeld ausgab, hat allerdings nur insgesamt 8.500 Notschilling vom Ausschuss gekauft, wovon wiederum nur durchschnittlich rund 6.000 Schilling im Umlauf waren. Es wird angenommen, dass der tatsächliche Geldumlauf innerhalb der vierzehn Monate über 400 Mal stattfand.[32]

Die Arbeitswertscheine waren umlaufgesichertes Freigeld. Ideenlieferant war dabei die Freiwirtschaftslehre Silvio Gesells. Monatlich musste eine Marke zu einem Prozent des Nennwertes der Note gekauft und in ein dafür vorgesehenes Feld auf der Vorderseite des Geldscheins geklebt werden, um ihn gültig zu erhalten. Das Geld war durch Hinterlegung von Schillingen der Gemeinde bei der Wörgler Raiffeisenkasse gedeckt und gleichwertig an den Schilling gekoppelt. Mit diesen Scheinen konnten Gemeindesteuern bezahlt werden. Einheimische Geschäftsleute nahmen Freigeld in Zahlung.

Das Experiment war erfolgreich. Geldkreislauf und Wirtschaftstätigkeit wurden wiederbelebt, während das übrige Land tief in der Wirtschaftskrise steckte. Die Erfolge des Projektes konnten sich sehen lassen: Der Einnahmenrückstand wurde um 34 % verringert, der Abgabenrückstand konnte um über 60 % abgebaut werden. Weiter konnte eine Zunahme des Ertrages an Gemeindesteuern um 34 % und eine Zunahme der Investitionsausgaben der Gemeinde von etwa 220 % verzeichnet werden. Bis in die 1980er zeugte unter anderem die Aufschrift „mit Freigeld erbaut" auf einer Straßenbrücke davon. In den vierzehn Monaten des Experiments sank die Arbeitslosenquote in Wörgl von 21 auf 15 % ab, während sie im Übrigen Land weiter anstieg.

Die positiven Auswirkungen führten dazu, dass der Modellversuch in der Presse als das „Wunder von Wörgl" gepriesen wurde. Das Interesse daran stieg derart, dass über hundert weitere Gemeinden im Umkreis von Wörgl dem Beispiel folgen wollten. Auch im Ausland und in Übersee fand die Aktion starke Beachtung und Nachahmer. Aus Frankreich reiste der Finanzminister und spätere Ministerpräsident Édouard Daladier nach Wörgl, und in den USA schlug der Wirtschaftswissenschaftler Irving Fisher der amerikanischen Regierung – wenn auch vergeblich – vor, ein Wörgl-ähnliches Geld mit dem Namen Stamp Scrip zur Überwindung der Wirtschaftskrise einzuführen. Allerdings erhob die Österreichische Nationalbank gegen die Wörgler Freigeld-Aktion vor Gericht erfolgreich Einspruch, weil allein ihr das Recht auf Ausgabe von Münzen und Banknoten zustand. Das Experiment von Wörgl und alle weiteren Planungen wurden verboten. Nach Androhung von Armeeeinsatz beendete Wörgl das Experiment im September 1933.

Der Verein „Unterguggenberger-Institut" unter der Obfrau Veronika Spielbichler[33] hält das Erbe des Wörgler Geld-Experimentes wach und bringt historische Erfahrungen mit aktuellen Projekten zusammen. Gemeinsam mit dem Heimatmuseum und dem Stadtarchiv wird eine Ausstellung bereitgehalten. Zeitgemäße Lösungen rund um das Thema Komplementärwährung werden umfassend zusammengetragen und einer breiten Öffentlichkeit zur Verfügung gestellt.

In den Jahren 1951 und 1983 erinnerten Freiwirtschaftskongresse in Wörgl an das Währungsexperiment, ebenso eine Tagung

ENDE ZITAT

All das gehört aber noch zum Bereich des Geldes, das aber von Besitzenden entwickclt wurde zur Kontrolle der Menschen. Aber davon können wir wegkommen. Ich selber habe in meinen Büchern Meditative Transformation der Industrie 1 und 2 ein System dargestellt wo die Menschen durch ihre Arbeit global schon vereint sind , und in großen Transformationszentren den Regenbogenzentren eine Entwicklungstransformation machen, wo das Resultat davon, dann wieder in den Kreislauf der Kreativität in Industrie Kunst Politik und so weiter eingebracht wird. Das System funktioniert ohne Politiker und basiert ausschließlich auf der Verantwortung der industriellen und so weiter. Also der Himmel für die industriellen und so weiter. Ich geh hier nicht weiter darauf ein. Die Bücher können unter www. meditative-transformation-der-Industrie gelesen werden oder als Buch ISBN-978-3-932209-05-5.

Das wäre auch so eine Art von Vorstufe für eine Gesellschaft ohne Geld, so wie die Freigeldexperimente damals in New England mit Benjamin Franklin oder das Wörgl Experiment in Österreich. Aber die Gehirnwäsche mit dem Glaube an das Geld ist noch zu tief und unfrei machend egal ob Freigeld oder nicht. Aber so was dauert bis sich die Matrix als Matrix erkennen lässt und das verhindern ja bis jetzt wunderbar die Bankeliten Bankster Gangster.

Hier nochmal kurz was zum Thema Raubmensch-Raubtier Mensch. Zitat aus http://www.welt.de/politik/deutschland/article123700329/Deutsche-schlachten-pro-Jahr-750-Millionen-Tiere.html

Deutsche schlachten pro Jahr 750 Millionen Tiere

Der Fleischhunger der Deutschen ist groß: Jedes Jahr verzehren sie pro Kopf 60 Kilogramm, besagt der Fleischatlas. Zugleich wächst der Bedarf an Schlachtplätzen auf immer „absurdere Kapazitäten".

Die Welt Durchschnittlich isst jeder Deutsche in seinem Leben weit mehr als 1000 Tiere

http://albert-schweitzer-stiftung.de/aktuell/deutsche-essen-uber-12-milliarden-tiere-pro-jahr

Die rund 12 Milliarden Tiere pro Jahr setzen sich zusammen aus:

•5,5 Mio. Rindern und Kälbern

•48,1 Mio. Schweinen

•3,8 Mio Schafen / Ziegen

•970,6 Mio. Hühnern

•37,9 Mio. Enten

•12,8 Mio. Gänsen

•47,4 Mio. Puten

•11,1 Mrd. Fischen

http://www.gutefrage.net/frage/wie-viele-tiere-sterben-pro-jahr

2011 waren es 3,6 Millionen Rinder und 59 Millionen Schweine, schreibt die Saarbrücker Zeitung. In diesem Artikel wird auch erwähnt, dass rund 10 Prozent dieser Tiere, bedingt durch die Akkordarbeit, offenbar nicht ordnungsgemäß betäubt wurden (Quelle: Saarbrücker Zeitung/Antwort der Bundesregierung auf eine Anfrage der Grünen).

Beim Statistischen Bundesamt kannst Du im Detail nachlesen, wie viel Geflügel, wie viele Rinder, Schweine, Schafe, Ziegen und Pferde 2011 in Deutschland geschlachtet wurden. Diese Zahlen betreffen die Tiere, die im Schlachthof getötet wurden. Nicht mitgezählt werden Tiere, die vorher aufgrund von Krankheiten und/oder Haltungsbedingungen gestorben sind. Auch diejenigen Tiere, die während der Transporte zum Schlachthof durch Stress, Hunger, Durst oder schwere Verletzungen umkommen, werden hier nicht aufgelistet. Informationen zu Tiertransporten findest Du z.B. auf der Seite von Animals' Angels (animals-angels.de).

Die in deutschen und ausländischen Häfen angelandeten Fänge deutscher Fischereifahrzeuge betrugen im Jahr 2011 insgesamt rund 196.000 Tonnen (Quelle: Bundesanstalt für Landwirtschaft und Ernährung). Dazu kommen rund 21000 Tonnen Muscheln und etwa 18000 Tonnen Fische (hauptsächlich Karpfen und Forellen) aus Aquakulturbetrieben (Quelle: Statistisches Bundesamt).

Beifang: Als Beifang werden in der Fischerei diejenigen Fische und andere Meerestiere bezeichnet, die zwar mit dem Netz oder anderen Massenfanggeräten gefangen werden, nicht aber das ursprüngliche Fangziel sind. Der Beifang wird zum Teil verwertet, zum größten Teil aber als Abfall betrachtet und wieder über Bord geworfen (Quelle: Wikipedia). Beifangzahlen weltweit: Nach Angaben des WWF fallen pro Jahr rund 300.000 Wale, 300.000 Seevögel, mehrere Millionen Haie und 250.000 Meeresschildkröten der Fischerei zum Opfer.

•Fische, die von Hobbyanglern gefangen wurden und die dazu verwendeten Köder.

Jagd. Eine Auflistung der in 2010/2011 von Jägern getöteten Tiere (Rotwild, Damwild, Sikawild, Schwarzwild, Rehwild, Gamswild, Muffelwild, Feldhasen, Wildkaninchen, Fasane, Rebhühner, Waldschnepfen, Wildgänse, Wildenten, Wildtauben, Füchse, Dachse, Marder, Iltisse, Wiesel, Waschbären und Marderhunde) findest Du auf der Seite des Deutschen Jagdschutzverbandes.

•Tiere, die zu Übungszwecken für die Abrichtung von Jagdhunden verwendet werden und Tiere, die angeschossen, aber nicht gefunden werden und später verenden.

Außerdem sterben jedes Jahr etliche Seeadler an den Folgen einer Bleivergiftung. Das passiert, weil in vielen Gegenden Deutschlands noch immer Bleimunition zur Jagd verwendet wird. Seeadler vergiften sich, wenn sie kleine Stücke dieser Munition zusammen mit ihrer Nahrung (z.B. angeschossene Tiere, Jagdabfälle) aufnehmen (Quelle: seeadlerforschung.de/ Leibniz-Institut für Zoo- und Wildtierforschung). Bleihaltiges Wildfleisch ist auch für Menschen nicht ganz ungefährlich: Das Bundesinstitut für Risikobewertung empfiehlt Kindern, Schwangeren und Frauen mit Kinderwunsch auf den Verzehr von mit Bleimunition erlegtem Wild zu verzichten (Quelle: Bundesamt für Risikobewertung/Bundesministerium für Ernährung, Landwirtschaft und Verbraucherschutz).

Tausende von Jägern als Wilderer eingeschätzte Hauskatzen und Hunde werden ebenfalls erschossen, sind aber in der o.g. Statistik nicht erfasst. Tierschutzorganisationen gehen von etwa 300000 Katzen und 30000 Hunden pro Jahr aus.

Fallwild. Fallwild bezeichnet Tiere, die durch nicht-jagdliche Einwirkungen – überwiegend durch den Straßenverkehr – zu Tode gekommen sind. 2010/2011 waren das in Deutschland: Rehwild: 205320, Schwarzwild 25690, Damwild: 3920, Rotwild 2682 (Quelle: Deutscher Jagdschutzverband). Für Kleintiere wie Igel und Kröten, die im Straßenverkehr umkommen, gibt es vermutlich keine Statistik.

•Tiere die illegal erschossen, durch präparierte Köder vergiftet oder auf andere Arten getötet werden (z.B. Greifvögel) sowie Vögel, die an ungesicherten Fensterfronten und Strommasten oder durch Windräder sterben.

Kommentar von Atair , 26.12.2012
Fortsetzung...
•Tiere, die legal gefangen, vergiftet oder als Futter für Heimtiere verwendet werden (z.B. Nagetiere, Insekten).
•Tiere, die für die Produktion von Pelzen gezüchtet werden.
•Haustiere, die aus verschiedenen Gründen getötet werden: weil sie krank oder alt sind, weil die Besitzer das nötige Geld oder die nötige Zeit für die Tierhaltung nicht mehr aufbringen können/wollen oder weil das Tier durch ein anderes ersetzt werden soll. Dazu gehören auch unzählige Fische, die im Klo herunter gespült werden und ungeplante „Zuchtprodukte", vor allem bei Hauskaninchen, Meerschweinchen, Hamstern, Katzen. Außerdem Jungtiere diverser Arten, die unerwünscht/unverkäuflich sind, weil sie nicht den derzeitigen Rassestandards entsprechen.
Versuchstiere. Zahlen für 2011 findest Du z.B. auf der Seite von „Ärzte gegen Tierversuche" (aerzte-gegen-tierversuche.de). Hier ein Auszug: Die aktuellen, vom Ministerium für Ernährung, Landwirtschaft und Verbraucherschutz (BMELV) vorgelegten Tierversuchszahlen zeigen einen Anstieg von 2,86 Millionen im Jahr 2010 auf 2,91 Millionen im Jahr 2011. Das entspricht einem Anstieg um über 55.000 Tiere oder 2 Prozent. Im Jahr 2011 wurden über 2 Millionen Mäuse (70%), mehr als 400.000 Ratten (14%), rund 200.000 Fische (6,9%), etwa 106.000 Vögel, 1.796 Affen, 585 Katzen, 2.074 Hunde und Tiere vieler weiterer Tierarten im Namen der Wissenschaft gequält und getötet.
Kommentar von Atair , 26.12.2012
Statistik Fleischproduktion 2011
https://www.destatis.de/DE/PresseService/Presse/Pressemitteilungen/2012/02/ PD12_...
Kommentar von Atair , 26.12.2012
Info/Zahlen Tiertransporte http://animals-angels.de/fileadmin/user_upload/bilder/ animals_angels/8hours_last...
Kommentar von Atair , 26.12.2012
Daten Deutscher Jagdschutzverband http://www.jagdnetz.de/datenundfakten
Kommentar von Atair , 26.12.2012
Info Seeadler/Bleimunition http://www.seeadlerforschung.de/
Kommentar von Atair , 26.12.2012
Statistik Versuchstiere http://www.aerzte-gegen-tierversuche.de/
Kommentar von Atair , 29.12.2012
Danke für das Sternchen! :)
Kommentar von Atair , 29.12.2012
PS: Ganz vergessen: 40-50 Millionen männliche Küken, die jährlich in Deutschland sozusagen als Abfallprodukt der Eierproduktion anfallen. Sie werden gleich nach dem Schlüpfen aussortiert und getötet.

Info: http://sz-magazin.sueddeutsche.de/texte/anzeigen/28879
Kommentar von Atair , 29.12.2012
PS: Ganz vergessen: 40-50 Millionen männliche Küken, die jährlich in Deutschland
sozusagen als Abfallprodukt der Eierproduktion anfallen. Sie werden gleich nach
dem Schlüpfen aussortiert und getötet.
Info: http://sz-magazin.sueddeutsche.de/texte/anzeigen/28879

So das zur Erinnerung der Mensch als Raubtier und das bloß auf Deutschland bezogen. Es wird Zeit Vegetarier zu werden wenn Entwicklung überhaupt ein wenig verbessert werden kann. Ansonsten steht die Pyramide der Bankster Gangster weiterhin
für Jahrtausende. Wollt ihr das wirklich noch. Denn Menschen brauchen kein Fleisch.
Aber wenn dann jedes menschliche Wesen alleine betrachtet wird als Individuum,
dann muss auch gesehen werden, das jeder seine eigene Evolution macht, die unterschiedlich zu meinen Freunden Nachbarn oder sonst welchen anderen Menschen ist.
Ja sogar jeder Körper hat seine eigene Evolution in Bezug zur Nahrung, und allem
was dazu gehört.
Was da überall in den USA-China-Russland-und anderen Ländern ermordet wird in
Schlachthäusern das ist perfide durchgeknallt und extrem giftig für menschliche Evolution und lässt den Menschen in einem dumpfen Seinszustand zurück, genauso wie
es die Bankeneliten haben wollen.
Auch eine Demokratie ist keine Befreiung, denn eine Demokratie kommt immer zu
Letzt, wenn das Land unter den Besitzenden verteilt ist. So war das auch in Griechenland. Und so ist es auch in der moderne passiert. In China wird die Demokratie
erst dann kommen wenn diejenigen die sich Kommunisten nennen mit ihrer Partei
das Land total unter wirtschaftlicher und finanzieller Kontrolle haben. Das ist genau so wie der Rothschild Spruch, gebt mir die Kontrolle über das Geld und es ist
mir egal wer die Politik macht, und in China ist es sowohl die Kontrolle über das
Geld als auch über das Land. Besser geht es wohl nicht. Und nun kommt dann die
antiwestliche Säuberung an Universitäten und anderswo.Das ist alles Gigafarce der
Raubtiermenschen die bis heute 20115 kein besseres Entwicklungspotenzial zeigen
konnten weil sie es nicht wollen und deswegen können.
Eine Demokratie ist die höchste Form der Manipulation größter mengen Menschen
ohne das die Ausbeuter der Menschen in der Demokratie zu leicht erkannt werden
können. Wenn die Bankeneliten nun merken das die Demokratie durch gewisse Frei-
heiten die sich im Menschen entwickeln zu bedrohlich werden, dann werden die
Machtstrukturen die sich die Geldeliten und Industriellen im Wettlauf der Uhrzeit
aufgebaut haben, angezogen und es wird langsam wieder auf eine Diktatur hingearbeitet. Beides wird von den Bankster Gangstern kontrolliert damit sie nicht erkannt
werden sollen und das Geld .Das Geld das aus Nichts gedruckt wird durch die Zentralbanken. Und alle Länder in Europa die zur Eurogruppe gehören haben damit das

Recht, was aber bloß ein Wort ist, an das geglaubt werden soll, verloren eigenes Geld zu drucken. Und damit ist die EZB das gleiche Werkzeug zur Totalausbeutung ergo Totalverblödung wie die FED in den USA. Und sie haben sogar einen Goldman Sachs Banker an ihrer Spitze, Draghi. Draghi der Drache. Ho. Ho. Ho.

Die Zentralbanken erschaffen Geld aus Nichts-drucken es einfach, und das geben sie den Regierungen. In der Pyramide von Foster Gamble sieht das so aus :**Zitat Anfang**

Finanzelite - Die globale Finanzelite - einschließlich Mitglieder oder Vertreter des Rockefellers, Rothschilds und der Familien von Morgan - hält heimliche Sitzungen und trifft wichtige Entscheidungen in geschlossenen Gruppen wie der Rat auf Auslandsbeziehungen (.Council on Foreign Relations) Diese Pläne werden dann weltweit durchgeführt, für weiteren materiellen(wichtigen) Reichtum und Kontrolle (kon solidierend)verstärkend.

Bank für Internationale Ansiedlungen (-Bank for International Settlements) Der BIS ist die Zentralbank von Zentralbanken, die aus Basel, die Schweiz gestützt sind, die von der Finanzelite kontrolliert wird. Es hat 55 Mitgliedzentralbanken, aber wird von Bankiers von den Vereinigten Staaten, England, Deutschland, der Schweiz, Italien und Japan hauptsächlich(größtenteils) geführt. Es funktioniert mit wenig Durchsichtigkeit und ist nationalen Regierungen nicht verantwortlich(zurechnungsfähig), wenn auch es bedeutende(wichtige) Kontrolle über das globale Finanzsystem durch das Setzen von Reservevoraussetzungen hat, muss der Betrag(Menge) des Geldes in Banken um die Welt auf der Reserve haben.

 Internationale Zentralbanken (International Central Banks) - Hauptbankiers benutzen die Weltbank und den Internationalen Währungsfonds (IWF), um mehr Geld zu machen, während sie die Mittel von Staaten ausnutzen, denen sie Geld leihen, um sie im gleichen Prozess zu Bankrottieren, Pleite zu machen . Für jeden Dollar den die Vereinigten Staaten diesen Banken geben, US Corporations - wie Halliburton, Exxon Mobil , und Bechtel (kontrolliert von der Wirtschaftselite) – erhalten sie mehr als das doppelte der Menge, die sich in Verträgen von diesen internationalen Banken belaufen.

. **Nationale Zentralbanken** - Fast alle Staaten haben eine Zentralbank (siehe die Liste hier), deren Geschäftsbanken Mitglieder sind. Zentralbanken setzen Zinssätze und bestimmen den Betrag(Menge) des Geldes im Umlauf. Sie leihen auch Regierungen Geld für Zinsen, was sie über die niedrigeren vier Ebenen der Pyramide stellt.

Große Banken - Große Banken bieten Gesellschaften-Aktienunternehmen Darlehen - Anleihen an, zu speziellen(besonderen) Raten(Sätzen), ihnen erlaubend, Geschäfte zu machen. Das bringt(setzt) Banken in einer starken Position(Stellung), über Gesellschaften-Aktienunternehmen und dem Rest von uns, weil die Finanzierung es den Gesellschaften erlaubt, mit ihren Projekten voranzukommen.

Corporatocracy – Gesellschaften- Aktienunternehmen veranstalten politische Kampagnen und beeinflussen Politiker durch den Lobbyismus. Viele sind jetzt größer als ganze nationale Wirtschaften, was Gesellschaften Aktienunternehmen über der Regierung bringt.

Regierung - Regierung wird durch das Steuerzahlergeld größtenteils gefördert, es über den Leuten stellend. Wenn sie Extrageld leihen will, muss sie zu einer Zentralbank gehen.

Leute, Der Planet und Alle Wesen - Am untersten Niveau der Pyramide sind die Mehrheit von Leuten auf diesem Planeten und alles andere Leben. Bezüglich 2010, einer von sieben Menschen auf dem Planeten hatte nicht genug, um zu essen, und die meisten Ökosysteme litten.

ZITAT ENDE

Und hier ist nochmal etwas auch auf der Web-Seite von THRIVE.com.

ZITAT ANFANG

CORPORATE GLOBALIZATION KORPORATIVE(GEMEINSAME) GLOBALISIERUNG

PO Box 29344 • San Francisco, CA 94129 • USA

tel. 415.561.6568 • fax. 415.561.6493 • cwadmin@corpwatch.org

Global Reach

Einundfünfzig der 100 ersten Wirtschaften in der Welt sind Aktiengesellschaften.

Die Einnahmen der Royal Dutch Shell sind größer als Venezuelas Bruttoinlandsprodukt. Mit diesem Maß ist WalMart größer als Indonesien. General Motors sind grob dieselbe Größe wie Irland, Neuseeland und verbundenes Ungarn.

• Es gibt 63,000 übernationale Vereinigungen weltweit mit 690,000 ausländischen Tochtergesellschaften

• Drei Viertel aller übernationalen Vereinigungen basieren in Nordamerika, Westeuropa und Japan.

• Neunundneunzig der 100 größten übernationalen Vereinigungen sind aus den industrialisierten Ländern(Staaten).

WTO und Welthandel: Wer hat Vorteile?

• Seitdem WTO 1995 geschaffen wurde, hat der WTO entschieden, dass jede Umweltpolitik(-police), die es nachgeprüft (rezensiert) hat, ein ungesetzliches Handelshemmnis ist, das beseitigt oder geändert werden muss. Mit einer Ausnahme hat der WTO auch gegen jede Gesundheit oder Lebensmittelsicherheitsgesetz(-recht) geherrscht, das es nachgeprüft (rezensiert) hat.

• Nationen, deren Gesetze(Rechte) als Handelshemmnisse durch den WTO erklärt wurden oder die mit der WTO Handlung(Aktion) bloß bedroht wurden haben ihre Policen(Verfahrensweisen) beseitigt oder verwässert, um WTO Anforderungen zu entsprechen.

• Vermutlich(Angeblich) hat jedes von 134 Mitgliedsländern des WTO das gleichen sagen in der Regierungsgewalt. In der Praxis wird Beschlussfassung durch das "Quad" beherrscht: Die USA; Europäische Union; Japan und Kanada.

• Jedes Mitglied des Quads vertritt die Interessen seiner(ihrer) Vereinigungen am WTO. Diese Vereinigungen werden häufig schriftlich direkt beteiligt und WTO Regeln gestaltend(formend). In den Vereinigten Staaten wird das durch den offiziellen "Handel(Gewerbe) erreicht Beratungsausschüsse", die durch den privaten Sektor beherrscht werden.

• Z um Beispiel ist der Internationale US Handelsverwaltungs-energieberatungs-Ausschuss exklusiv Vertreter von riesigem Öl, Bergwerk(Bergbau), Benzin(Gas) und Dienstprogrammvereinigungen, einschließlich Texaco, Enron, Halliburton und Freeport-McMora.

• Die Top 20% der Leute in der Welt in den reichsten Ländern(Staaten), genießen 82 % des größer werdenden Exporthandels(-Gewerbes) und 68 % von Auslandsinvestitionen die unteren 20%, erhält(empfängt) ungefähr 1 %.

• Frauen umfassen 70 Prozent der 1.3 Milliarden absoluten Armen in der Welt. Weltweit tragen(ertragen) sie die Hauptlast des Wirtschafts- und Finanzübergangs und der Krise, die durch Marktkräfte und Globalisierung verursacht ist.
.
NAFTA & FTAA: Wer hat Vorteile?

• Fünfundsiebzig Prozent von Mexikos Bevölkerung leben heute im Vergleich zu 49 Prozent 1981 in Armut, bevor Mexiko Reformen erlebt hat, die für NAFTA der nordamerikanische Freihandel den Weg geebnet haben (Peinliche Korrekturen am TTIP Versprechen Politik und Wirtschaft sagen Aufschwung und neue Jobs voraus: Werbung für das Freihandelsabkommen TTIP. Blöd nur, wenn sie sich verrechnet haben. Nun muss auch die EU die Prognosen korrigieren. Siehe weiteren Bericht weiter unten. W.Schorat. Denn diese Bericht habe ich extra im Zusammenhang mit diesem Bericht NAFTA & FTAA: Wer hat Vorteile, gebracht um zu zeigen was aus den Lügen der TTIP Privatfamilien in Mexiko geworden ist und vielen anderen Ländern zuvor)

• Die Zahl von Mexikanern, die in der strengen Armut leben (von weniger als 2 $ pro Tag), ist um vier Millionen gewachsen, seitdem NAFTA 1994 begonnen hat.
• NAFTA hat blühende Industrieentwicklung, aber wenig Investition in der Umwelt erzeugt. Infolgedessen haben Umweltverschmutzung und verwandte Gesundheitswesenprobleme an beiden Seiten der Grenze des US-Mexikos zugenommen.

• In den ersten vier Jahren von NAFTA stellen 15 Holzproduktgesellschaften, einschließlich der Internationalen Papier- und Boisie-Kaskade, Geschäft in Mexiko auf, einige von Nordamerikas größten intakten Wäldern wurden vernichtet.

• Hunderttausende von US-Jobs haben sich nach Mexiko unter NAFTA bewegt. 260,000 US-amerikanische Arbeiter haben für einen speziellen NAFTA umlernendes Programm qualifiziert. Besonders schwere betroffen ist die Kleidung und Elektronikindustrien, Hauptarbeitgeber von Frauen und Farbigen.
• Die Freihandelszone der Amerikas (FTAA), zurzeit durch 34 Länder(Staaten) verhandelt(zustande gebracht) werden, ist von den Architekten so beabsichtigt, um das weitreichendste Handelsabkommen in der Geschichte zu sein.

• Obwohl es auf dem Modell von NAFTA basiert, geht der FTAA weiter in seinem Umfang und der Macht, potenziell unübertroffen neue Rechte auf Vereinigungen anerkennend, sich zu Konkurrenten gegen sogar öffentlich gefördert Regierungsdienstleistungen, einschließlich Gesundheitsfürsorge, Ausbildung, Sozialversicherung, Kultur und Umweltschutzes.

Die Weltbank und der IWF: Wer hat Vorteile?

• In den 1980er Jahren und Anfang der 1990er Jahre hat der Internationale Währungsfonds Strukturanpassungsprogramme mehr als 70 Ländern(Staaten) auferlegt.

• Strukturanpassungspolicen wurde von 36 Staaten im subsaharischen Afrika verlangt -wo mehr als Hälfte der Bevölkerung in der absoluten Armut lebt um Nationalverbrauch zu vermindern und knappe Mittel in die Produktion von Bargeld-Getreideernten für den Export auszuwechseln; staatliche Gesellschaften und viele Staatsdienstleistungen sind privatisiert worden, und Gesundheit und Ausbildungsausgaben sind geschnitten und umstrukturiert worden.
•
• Die absolute in Armut lebende Anzahl der Leute hat sich in den 1990er Jahren in Osteuropa, dem Südlichen Asien, Lateinamerika und dem karibischen und subsaharischen Afrika ist in alle Gebiete gestiegen, die unter der Fuchtel der Anpassung Programme gekommen sind

• Strukturanpassungspolicen-Verfahrensweisen, haben massive Proteste in Staaten so weit entfernt wie Ecuador, Sambia, die Philippinen und Jamaika, ausgelöst

• In 2000 eine Zweiparteienkongressstafelgremium die Kommission von Meltzer hat herausgefunden, dass World Bank Group und IWF-Misserfolge zu "überlappenden Missionen, Unwirksamkeit, Korruption und Verschwendung von Mitteln verfolgt werden können, und Misserfolg, erfolgreiche Regionalprogramme in Landwirtschaft, Forstwirtschaft, Umgebung(Umwelt) und Gesundheitsfürsorge unter anderen Problemen zu entwickeln.

• Jedes Jahr erkennt die Weltbank ungefähr 40,000 Verträge privaten Unternehmen zu.

• US-Finanzministerium berechnet, dass für jeden 1 US$ die Vereinigten Staaten zu internationalen Entwicklungsbanken beitragen, erhalten US-Vereinigungen mehr als das doppelt, in bankfinanzierten Beschaffungsverträgen.

• Die Weltbank hat eine erstaunliche(unglaubliche) 65-70-Prozent-Misserfolgrate seiner Projekte in den ärmsten Ländern

March 2001Contact: Joshua Karliner 415-561-6568
ZITAT ENDE

Also auch hier wieder die Banken die Armut schaffen so wie sie es heute in Griechenland gemacht haben und anderen Ländern zuvor. Die Matrix lässt grüßen. Und so schnell und einfach wird weltweiter Betrug gemacht, weil sie die sogenannte Macht haben. Und Macht wiederum ist ja ein Bestandteil des Raubtiers wo es nach den Richtlinien der stärksten geht so wie bei den Raubtieren. Wir haben es hier also mit einem Raubtiersystem zu tuen und zwar global. Ob in England, Russland, China, USA, Deutschland, das Raubtier herrscht noch. Und was hatte der Johannes damals geschrieben, die 666 herrscht, das Tier.

Also diese Gesetze die geschrieben wurden die wurden ausschließlich zur Machterhaltung geschrieben, und die politischen Strukturen, die Sicherheitsstrukturen auch, und alles um den Betrug des Geldes durchzusetzen. Denn da die BRD ein Firma ist die profitorientiert ist wie der Schäuble mit seiner CDU Tasche voller Geld damals, ist sie ja auch ein Bestandteil der Bankerelite die ja diese Firmenstaatsform in den USA entwickelt haben. Und in diese Struktur eingewebt ist auch die Kontrolle über die Polizei und das Militär. Und so kommt die Bankerelite sich total unantastbar vor, und zwar in ihrem Verlangen die Menschheit auszubeuten und zu kontrollieren.

Dumm sind sie auch noch, oder?

Es sind nur Lügen und Täuschungen hinter den Formeln der Geldphilosophie und deren wissenschaftlich dargestellten Formeln. Die Banken verstecken sich dahinter die Bankster die Menschen. Die Zentralbanken erschaffen Geld aus Luft und diese Luftscheine geben sie den dummen Politikern, den Menschen, damit sie damit die Banken retten. Ist das nicht Totalbekloppheit. Die nennen das wohl aber strukturierte Ergonomie Stabilisation systematischer Konsultationen .Aber wenn nun die Staaten sich verschulden um die Banken zu retten, dann werden die Menschen nicht mit fulminantem LuftGeld belastet sondern mit Arbeit und Steuern und Zinsen, die sie für die Bankster abarbeiten müssen obwohl das Geld einfach so aus Luftikus gedruckt wird. Das ist Totalbetrug an der Menschheit. Und wir die Menschen die totalverblödeten die Gläubigen die Bürgerchen, die verblendeten Gläubigen, wir halten die BanksterGangster so an der Macht, damit sie weiterhin Totalverblödung predigen können. Ist das menschlich oder ist das Raubtierblödsinnnnnnnnn.

Donnerstag, 2. April 2015 **ZITAT ANFANG**
Peinliche Korrekturen am TTIP Versprechen
Politik und Wirtschaft sagen Aufschwung und neue Jobs voraus: Werbung für das Freihandelsabkommen TTIP. Blöd nur, wenn sie sich verrechnet haben. Nun muss auch die EU die Prognosen korrigieren.
Kommentar von Silvia Liebrich
Das haben sich die Macher des Freihandelsabkommens TTIP sicher anders vorgestellt. Mehr Arbeitsplätze und Wirtschaftswachstum haben sie den Bürgern dies- und jenseits des Atlantiks zu Beginn der Verhandlungen vor eineinhalb Jahre versprochen. Dabei haben sie keine Mühen gescheut, es ganz genau auszurechnen. So sollte etwa einem Vier-Personen-Haushalt in der EU nach einem Abschluss des Vertrages ein um 545 Euro höheres Jahreseinkommen zur Verfügung stehen. Der jährliche Zugewinn der europäischen Wirtschaft wurde auf 119 Milliarden Euro beziffert. Das ist jetzt nicht die Welt, klingt aber trotzdem irgendwie gut.
Studien zum Freihandelsabkommen Malen nach Zahlen
Endlich gibt es neue Jobs! Die Wirtschaft wächst! Der Wohlstand auch! Das zumindest sagen Studien für ein Europa mit TTIP voraus. Die Befürworter nutzen die Ergebnisse als Munition - dabei liegen die Zahlen weit auseinander. Die Recherche - Analyse
Blöd nur, wenn sich dann herausstellt, dass man sich verrechnet hat und selbst diese bescheidenen Prognosen auf tönernen Füßen stehen.
Genau das ist jetzt der EU-Kommission widerfahren. Seit Monaten hagelt es Kritik an dem Abkommen, umstritten sind auch die Wachstumsprognosen. Die Zahlen, die vor

allem vom Ifo-Institut in München und dem Londoner Centre for Economic Policy Research stammen, werden angezweifelt, nicht nur von TTIP-Gegnern, sondern auch in Wissenschaftskreisen. Die Rechenmodelle seien unvollständig und berücksichtigen viele entscheidende Faktoren nicht, heißt es da. Auch seien die Zahlen von der Politik und der Wirtschaft falsch interpretiert und wiedergegeben worden.

Plötzlich spielt eine Rolle, was seither kaum jemand interessiert hat

Die Regierung in Brüssel hat nun auf die Kritik reagiert und die besonders umstrittenen Prognosen im Internet zum Teil ganz entfernt oder relativiert. Den genannten Zuwachs für das Haushaltsbudget sucht man dort jetzt vergeblich. Gestrichen wurde auch der jährliche Milliardenzuwachs für die Volkswirtschaft der EU. An dieser Stelle wird jetzt nur noch ein mögliches Wachstumsplus von 0,5 Prozent in Aussicht gestellt. Zuvor mussten bereits Wirtschaftsverbände wie der BDI und der VDA ihre Angaben korrigieren. Druck gemacht hat vor allem die Verbraucherorganisation Foodwatch, die TTIP-Befürwortern eine Desinformationskampagne vorwirft.

Die Verhandler der EU-Kommission und die Wirtschaft haben sich mit den Korrekturen kräftig blamiert. Sind doch Prognosen zum Wachstum und neue Arbeitsplätze ein wichtiges Instrument in der Hand jener, die solche Abkommen aushandeln und durchsetzen sollen. Normal gelten Prognosen als unschlagbare Argumente gegenüber Gegnern, die etwa eine Übermacht internationaler Konzerne befürchten.

Nur dass bei TTIP eben nichts normal läuft. Eigentlich sollte das geplante Abkommen zwischen der EU und den USA rasch und ohne großes Aufsehen ausgehandelt und abgeschlossen werden. Doch der wachsende Widerstand hat EU-Handelskommissarin Cecilia Malmström längst einen Strich durch die Rechnung gemacht. Seit ihrem Amtsantritt im vergangenen November steckt sie in der Defensive, ist damit beschäftigt, das Vorhaben zu rechtfertigen und wütende Gemüter zu besänftigen. Die Vorteile zu betonen dürfte ihr schwerfallen, jetzt erst recht, nachdem sich ihre wichtigsten Argumente als fragwürdig erwiesen haben.

Plötzlich spielt eine Rolle, was seither kaum jemanden interessiert hat. Dass Prognosen oft so nicht eintreten, ist nichts Ungewöhnliches. Schließlich sind sie nur ein Versuch, die Zukunft in Zahlen abzubilden. Dabei gilt es, alle möglichen Faktoren zu berücksichtigen. Vollständig wird das nie gelingen, erst recht nicht im Fall TTIP, dafür sind die Wirtschaftsräume USA und EU viel zu komplex.

Die Erfahrung zeigt, dass es immer Gewinner und Verlierer gibt

Prognosen sind deshalb mit einem hohen Maß an Unsicherheit behaftet, es könnte ebenso gut ganz anders kommen. Aber genau das haben die Befürworter des Abkommens unterschlagen. Genauso wie Tatsache, dass es im Freihandel immer Gewinner und Verlierer gibt. Das zeigen Erfahrungen mit anderen großen Freihandelsabkommen wie etwa dem Nafta-Vertrag zwischen den USA, Kanada und Mexiko. Insbesondere für Mexiko haben sich viele Versprechen nicht erfüllt.

Dagegen regt sich Widerstand - und das ist gut so. Bis zum Beginn der TTIP-Gespräche wurden Freihandelsabkommen beinahe geräuschlos und unter Ausschluss der Öffentlichkeit ausgehandelt. Die Parlamente hatten kaum Mitspracherechte. Das muss sich ändern. Ein faires Abkommen setzt voraus, dass Wirtschaft und Bürger gleichermaßen profitieren.

Dass die EU-Kommission nun ihre Prognosen korrigieren muss, ist ein herber Rückschlag für jene in Wirtschaft und Politik, die TTIP unbedingt wollen. Sie haben das verspielt, was bei einem Projekt von so großer Bedeutung unabdingbar ist: Vertrauen.

Zitat ENDE

Die Artikel in den deutschen Tageszeitungen im Internet auch, sind doch alle ziemlich weich und verständlich aufgebaut, wohl auch wegen der Angst die dem Journalisten beigebracht wird oder den möglichen Folgen. So ein Satz wie am Ende: „Sie haben das verspielt, was bei einem Projekt von so großer Bedeutung unabdingbar ist: Vertrauen". Das heute ein Journalist so was überhaupt noch von Wirtschaftsverbänden, Aktiengesellschaften oder anderen Lobbyorganisationen behaupten und denken kann, „VERTRAUEN", zeigt schon wie weichgespült diese Journalisten werden. Die sind nicht mal bewusst dass zurzeit der Mensch sich in der Industrie als Raubtier am perfektesten auslebt und austobt. Dem Journalismus von heute fehlt einfach das „Schtonk" Feeling von Schimanski.

Aber auch in den Religionen tobt sich das Raubtier Mensch zurzeit wieder mal sehr intensiv aus und mordet und zerstört in seinem inneren Wahnsinn der Vollblutignoranz. Aber die können nichts dafür die sind in ihrer Entwicklung auf der Erde erst bis zu dieser Blödheit und Ignoranz gekommen. Und von den Religionen verstehen die so viel wie die Kinder die den Kohinoor in der Hand hielten und mit ihm spielten und dachten es wäre bloß ein großer schöner Kieselstein. Was zurzeit im Islam abgeht in den ungebildeten Ländern, was eine Folge der Züchtung ist, Züchtung durch ihre Großgrundbesitzer und Monarchen und Emire und Könige und Schahs oder Mullahs. Denn alles hat folgen auch die nichtgemachten Befreiungen und Wahrheitsfindungen und Unterdrückungen hinterlassen eine Masse von ungewürztem Brei im Kopf.

Und wenn nun diese westlichen Kapitalorgien so weiter gehen, wo immer mehr Finanz und Landkraft in den Händen der wenigen bleibt, so wird das mit 100%tiger Sicherheit auch ihr Untergang sein. Und das ist schön zu wissen. Da jodel ich gleichmal heraus-jede Unterdrückung , jede Verblödung, jede Lüge, jeder Betrug, jeder gekaufte Politiker oder Sportfunktionär, jede unterlassene Handlung die die Wahrheit verblöden soll, wird unweigerlich in die Zerstörung derjenige gehen die das verursacht haben. Egal ob sie nun öffentlich in Erscheinung treten oder in Geheimorganisationen am wirken sind. Nur die Wahrheit macht frei. Und nur die Wahrheit ist auch frei.

Sonntag, 5. April 2015 Ostersonntag

Wir haben die Diktatur hinter uns gelassen, wir haben die Kaiser, Könige hinter uns

gelassen. Wir haben die Päpste hinter uns gelassen, den Vatikan, die Diktatur von Staat und Religion mit einem durchgeknallten Papstsystem, der sich als Alleinherrscher im ganzen Universum betrachtet, zumindest laut katholischen Wahnsinnsglauben, also ein Fall für die Psychiatrie. Wir müssen nun die Bankster Gangster hinter uns lassen. Denn diese Gruppe die ja ein Arm des Vatikans ist, weil ja die Päpste die Inkarnation der Lüge sind, des Betrugs der Ausbeutung und die Herren der Wahnsinnigen im Glauben also in der Beschränkung der Phantasie. Je mehr Würde man für eine Sache aufwendet, desto würdeloser ist sie gewöhnlich. Sowenig man die Liebe den Prostituierten anvertrauen darf, sowenig die Religion den Pfaffen. Viele, vielleicht die meisten Menschen scheuen sich, gröbsten Betrug gerade auf dem für sie »heiligsten« Gebiet anzunehmen. Gleichwohl wurde nie gewissenloser, nie häufiger gelogen und betrogen als im Bereich der Religion.
(Karlheinz Deschner, dt. Autor, aus: »Kriminalgeschichte des Christentums«) Religionen sind Fertighäuser für arme Seelen.

Die frommen Geistlichen pflegten schon im Mittelalter alles zu vögeln, was eine Vagina hatte, Ehefrauen, Jungfrauen, kleine Mädchen und wie wir nicht ohne Grund vermuten dürften, weibliche Tiere. Die Homosexualität florierte in den Klöstern seit deren Bestehen. Wo es an Männern mangelte, man den Nonnen nicht einmal die Beichtväter gönnte, mussten sie oft mit Kindern vorliebnehmen. *(Das hat sich ja bis heute nicht geändert mit all den Missbrauchsfällen und den Vergewaltigungen die zum Vorschein kamen. W. Schorat)*

Schicksal der Kirche? Kein Elefant verfault an einem Tag.
Nie tritt man andern so auf die Füße, wie wenn man den eignen Standpunkt vertritt.
Wer schöne Aussichten braucht, darf keine tiefen Einsichten haben.
Politik ist die Kunst, für viele möglichst wenig und für wenige möglichst viel zu tun.
Das Charakteristische des Politikers ist nicht, dass er für eine Partei agitiert, sondern dass er für jede agitieren könnte. Ein paar Wahrheiten muss man sagen, um leben zu können; ein paar verschweigen aus demselben Grund. Weise ist nicht, wer viele Erfahrungen macht, sondern wer aus wenigen lernt, viele nicht machen zu müssen.
Demokratie ist die Kunst, dem Volk im Namen des Volkes feierlich das Fell über die Ohren zu ziehen.
Sowenig man die Liebe den Prostituierten anvertrauen darf, sowenig die Religion den Pfaffen
Zitate zum Mensch-Tier-Verhältnis
Gegenüber dem Tier ist der Mensch Gewohnheitsverbrecher.
Die Speisekarte---das blutigste Blatt, das wir schreiben.
Moralische Bedenken gegen Kalbsbraten?
Von Seiten der Erzieher nicht.

Von Seiten der Jurisprudenz nicht.

Von Seiten der Moraltheologie nicht.

Von Tausend anderen moralischen Seiten nicht.

Von der des Kalbes vielleicht?

Ob der Mensch auch deshalb Tiere tötet, weil ihm noch keines widersprochen hat?

Eine Gesellschaft, die Schlachthäuser und Schlachtfelder verkraftet ist selber schlachtreif. Ehrfurcht vor dem Tier hegten selbst schon kirchliche Kreise. Zumindest behauptet Lichtenberg, dass Mönche der Gascogne eine Maus für heilig hielten, die eine Hostie gefressen hatte.

Noch im 19 Jahrhundert verbot Papst Pius IX die Eröffnung eines Tierschutzbüros in Rom mit den Worten: ...habe der Mensch doch, was Tiere betrifft, keinerlei Pflichten. 1985 wurde dieser Papst dann auch noch heiliggesprochen.

Grausamkeit gegen Tiere, so notiert Alexander von Humboldt, kann weder bei wahrer Bildung noch wahrer Gelehrsamkeit bestehen, aber bei wahrer Religion!

Quelle: K-H Deschners Buch: Für ein Bissen Fleisch

Der Christ hält das Christentum für etwas, das es nie war: für die Lehre Jesu." - „Der gefälschte Glaube. Eine kritische Betrachtung kirchlicher Lehren." Heyne 1999, ISBN 3-453-04442-8; Knesebeck 2004, ISBN 3-89660-228-4, S. 97 books.google

Zitate aus : http://de.wikiquote.org/wiki/Christ

• „Das Christentum predigt nur Knechtschaft und Unterwerfung. Sein Geist ist der Tyrannei nur zu günstig, als dass sie nicht immer Gewinn daraus geschlagen hätte. Die wahren Christen sind zu Sklaven geschaffen." - Jean-Jacques Rousseau, Der Gesellschaftsvertrag IV, Über die staatsbürgerliche Religion

• „Das Wort schon »Christentum« ist ein Missverständnis -, im Grunde gab es nur einen Christen, und der starb am Kreuz." - Friedrich Nietzsche, Der Antichrist, Kapitel 39

• „Der Christ hält das Christentum für etwas, das es nie war: für die Lehre Jesu." - Karlheinz Deschner, Der gefälschte Glaube

• „Die Christen entwendeten den Juden das Alte Testament und gebrauchten es als Waffe gegen sie. […] Dabei münzte man den Glauben von der Auserwähltheit Israels zum Absolutheitsanspruch des Christentums und den jüdischen Messianismus zur Lehre von der Wiederkunft Christi um." - Karlheinz Deschner, „Abermals krähte der Hahn", S. 505

• „Der einzige Grund, warum ich mittlerweile etwas zögere, mich offensiv als Christin zu bezeichnen, ist, dass ich nicht mit Bush oder Bischof Mixa in einen Topf geworfen werden möchte." - Luci van Org, über George W. Bush und Walter Mixa, Stern Nr. 17/2008 vom 17. April 2008, S. 226

• „Die guten Christen sind am gefährlichsten – man verwechselt sie mit dem Christentum." - Karlheinz Deschner, Bissige Aphorismen, Rowohlt 1994, ISBN 3-499-22061-X, S. 32

- 	„Die Juden verschwenden ihr Geld mit Festmahlen, die Mohren mit Hochzeiten und die Christen mit Rechten." - Julius Wilhelm Zincgref, Apophthegmata
- 	„Ein Christenmensch ist ein freier Herr über alle Dinge und niemand untertan. Ein Christenmensch ist ein dienstbarer Knecht aller Dinge und jedermann untertan." - Martin Luther, Von der Freiheit eines Christenmenschen
- 	„Ich denke, also bin ich kein Christ." - Karlheinz Deschner, Bissige Aphorismen, Rowohlt 1994, ISBN 3-499-22061-X, S. 35
- 	„Mut zeiget auch der Mameluck, // Gehorsam ist des Christen Schmuck;" - Friedrich Schiller, Der Kampf mit dem Drachen
- 	„Und ist denn nicht das ganze Christentum aufs Judentum gebaut? Es hat mich oft geärgert, hat mich Tränen genug gekostet, wenn Christen gar so sehr vergessen konnten, dass unser Herr ja selbst ein Jude war." - Gotthold Ephraim Lessing, „Nathan der Weise" / Derwisch
- 	„Wahre Christen sagen in ihrem Herzen, ein wahrer Christ sei, wer als Christ lebt bzw. wie der Herr lehrt. Auf diese Weise würde aus allen verschiedenen Kirchen eine einzige werden, und alle Zwistigkeiten, die aus der bloßen Lehre entstehen, würden verschwinden, ja der gegenseitige Hass würde augenblicklich vergehen und das Reich des Herrn auf Erden entstehen." - Emanuel Swedenborg, Himmlische Geheimnisse, Nr. 1799
- 	„Was Menschen zu guten Christen macht, macht sie auch zu guten Staatsbürgern." - Daniel Webster, Reden, 1820
- 	„Weder Christ noch Heide erkennt das Wesen Gottes, wie es in sich selber ist." - Thomas von Aquin, „Summa theologica"
- 	„Wenn die Vertreter der Kirche Christen sind, dann bin ich kein Christ; und umgekehrt." - Leo Tolstoi, Tagebücher, 1890
- 	„Wir brauchen Christen, die identifizierbar sind und sich nicht feige verstecken. Leute wie Luther." - Peter Hahne, Interview anlässlich der Jubiläumsfeier „475 Jahre Protestantismus" und „100 Jahre Gedächtniskirche Speyer", veröffentlicht bei EKD.de, 17. Februar 2004
- 	„Wir haben als Christen keinen Grund zu sagen, wir würden uns zum gleichen Gott wie die Muslime bekennen." - Wolfgang Huber, Interview im „FOCUS" vom 22. November 2004, veröffentlicht bei EKD.de
- 	„Wissen Sie, ich bin als Atheist in das Konzentrationslager gekommen, und nach allem, was ich dort erlebt habe verließ ich es als gläubiger Christ. Mir ist klargeworden, dass ein Volk ohne metaphysische Bindung, ohne Bindung an Gott, weder regiert noch auf Dauer blühen kann." - Carlo Mierendorff, nach seiner Befreiung aus der Lagerhaft, zitiert in die-tagespost.de, 15. September 2007

Zitat aus: http://de.wikiquote.org/wiki/Demokratie
- 	„Das ist so schrecklich, dass heute jeder Idiot zu allem eine Meinung hat. Ich glaube, das ist damals mit der Demokratie falsch verstanden worden: Man darf

in der Demokratie eine Meinung haben, man muss nicht. Es wäre ganz wichtig, dass
sich das mal rumspricht: Wenn man keine Ahnung hat, einfach mal Fresse halten."
- Dieter Nuhr, Nuhr nach vorn, 1998, „Fresse halten"
•	„Das Reden von Freiheit anstelle des Gebens von Freiräumen ist ein belie-
biges Manipulationsinstrument pseudodemokratischer Diktaturen.", Rupert Lay,
Manipulation durch die Sprache, Ullstein 1990, ISBN 3-548-34631-6, S. 197
•	„Das Schneckentempo ist das normale Tempo jeder Demokratie." - Helmut
Schmidt, DIE ZEIT, 19. Oktober 2003, zeit.de
•	„Dass Wehrpflicht-Armee und demokratisch verfasster Staat einander be-
dingende Größen sind, das kann man nun wirklich nicht sagen." - Willfried Penner,
Interview mit der „Süddeutschen Zeitung", veröffentlicht am 27. November 2000
•	„Datenschutz ist im Zeitalter der Informationsgesellschaft eine unverzicht-
bare Bedingung für das Funktionieren jeglichen demokratischen Gemeinwesens."
- Jörg Tauss, Rede vor dem Deutschen Bundestag, 29. März 2007.
•	„Dem wahren Gesicht des Islam begegnet man nicht auf der deutschen
Islamkonferenz. Man begegnet ihm in Ländern wie Pakistan. Dieser Islam richtet
sich gegen alle, die nicht nach den Regeln des Koran leben - gegen Demokraten,
gegen Atheisten und vor allem gegen Frauen. Und die Welt schaut wie paralysiert
zu." - Zafer Şenocak, „Der Terror kommt aus dem Herzen des Islam", Die Welt, 29.
Dezember 2007, welt.de
•	„Demokratie. der Staat eine Firma, die Öffentlichkeit eine juristische Person
mit Handlungsbevollmächtigten, die Gesellschaft eine mit beschränkter Haftung."
- Oswald Wiener, die Verbesserung von Mitteleuropa, Roman. Rowohlt, 1969. S.
CXLV. ISBN 3-499-11495-X
•	„Demokratie heißt eben nicht die Macht in die Hände des Volkes zu legen.
Demokratie heißt dem Volk das Gefühl zu geben es habe eine Wahl." - Volker Pis-
pers, U-Punkt vom 28. März 2006, WDR
•	„Demokratie ist die Kunst, dem Volk im Namen des Volkes feierlich das Fell
über die Ohren zu ziehen." - Karlheinz Deschner, Bissige Aphorismen, Rowohlt
1994, ISBN 3-499-22061-X, S. 64
•	„Demokratie ist die schlechteste aller Regierungsformen - abgesehen von
all den anderen Formen, die von Zeit zu Zeit ausprobiert worden sind." - Winston
Churchill, zitiert von Hans Vorländer bei.bpb.de
•	„Demokratie ist eine schöne Idee, die daran krankt, vor allem Hohlköpfen,
Angebern und Nervensägen moralischen Anspruch und Aufmerksamkeit zu verleihen." - Cordt Schnibben, Spiegel 38/1998, S. 69
•	„Demokratie ist gewiss ein preisenswertes Gut, Rechtsstaat ist aber wie das
tägliche Brot, wie Wasser zum Trinken und wie Luft zum Atmen, und das Beste an
der Demokratie gerade dieses, dass nur sie geeignet ist, den Rechtsstaat zu sichern."
- Gustav Radbruch, Gesetzliches Unrecht und übergesetzliches Recht, Süddeutsche

Juristenzeitung
* „Demokratie kann nicht auf einmal errichtet, nicht über Nacht entwickelt werden. Demokratie muss in Bewegung bleiben, wie ein Strom, fortwährend." - Radio Free Europe/Radio Liberty's Kirgis Service: Interview mit Tschingis Aitmatow an seinem 79ten Geburtstag, 12. Dezember 2007.
* „Demokratie kann sich nicht dadurch verteidigen, dass sie sich selbst aufgibt." - Hans Kelsen, Was ist Gerechtigkeit?, Verlag von Deuticke, Wien 1953
* „Demokratischer Sozialismus, das ist so eine Art vegetarischer Schlachthof." - Guido Westerwelle auf dem 58. ordentlichen Parteitag der FDP in Stuttgart über den gleichzeitig stattfindenden Parteitag der PDS; 16. Juni 2007; parteitag.fdp.de
* „Der dominierende politische Trend in westlichen Demokratien: Die Angst davor, Fehler zu machen." - Garri Kasparow, Neon, 03/2008
* „Der Kapitalismus genießt unter der Demokratie einen Vorteil: seine Feinde sind, selbst wenn er angegriffen wird, zerstreut und schwach, und er ist gewöhnlich leicht imstande, die eine Hälfte gegen die andere zu bewaffnen und sich so beider zu entledigen." - Henry Louis Mencken, Demokraten spiegel
* „Der Regen ist der Feind der Demokratie." - Ingrid Betancourt, Die Wut in meinem Herzen
* „Der typische Demokrat ist immer bereit, die theoretischen Segnungen der Freiheit gegen etwas einzutauschen, was er gebrauchen kann." - Henry Louis Mencken, Demokratenspiegel
* „Die Begründung für die Alternativlosigkeit der Demokratie kam nie über die Bemerkung hinaus, dass Demokratie die schlechteste unter allen Staatsformen sei - abgesehen von sämtlichen anderen. Trotz nachlassenden Interesses der Bürger an der Politik wagte niemand den Gedanken, dass die Demokratie sich überlebt habe, dass die Politikverdrossenheit kein vorübergehendes Phänomen, sondern ein Zeichen dafür sei, dass der Wille aufhörte, vom Volke auszugehen." - Juli Zeh, „Alles auf dem Rasen: kein Roman", Schöffling, Frankfurt am Main 2006, ISBN 9783895610592, S.167, Z.18-26
* „Die bloße Tatsache der Existenz einer demokratisierten parlamentarischen Verfassung bietet noch keine Garantie friedlicher Fortentwicklung zu einer demokratischen Gesellschaft, weil niemand gewährleisten kann, dass die privilegierten Schichten die Rechtsordnung respektieren, wenn sie es für aussichtsreich halten, in ihrem Interesse die Rechtsordnung umzudeuten oder zu vernichten." - Wolfgang Abendroth, Demokratie als Institution und Aufgabe (1954), in: Arbeiterklasse, Staat und Verfassung. Materialien zur Verfassungsgeschichte und Verfassungstheorie der Bundesrepublik, hg. von Joachim Perels, EVA, Frankfurt/Köln 1975, S. 28 ISBN 3-434-20078-9
* „Die Demokratie ist keine Frage der Zweckmäßigkeit, sondern der Sittlichkeit." - Willy Brandt, Erinnerungen

- 	„Die Demokratie ist nur der Zug, auf den wir aufsteigen, bis wir am Ziel sind. Die Moscheen sind unsere Kasernen, die Minarette unsere Bajonette, die Kuppeln unsere Helme und die Gläubigen unsere Soldaten." - Tayyip Erdogan, 6. Dezember 1997, auf einer Wahlveranstaltung; zitiert nach dem Dichter Ziya Gökalp; Die Welt vom 22. September 2004
- 	„Die Demokratie, das ist heutzutage der Kommunismus. Eine andre Demokratie kann nur noch in den Köpfen theoretischer Visionäre existieren, die sich nicht um die wirklichen Ereignisse kümmern, bei denen nicht die Menschen und die Umstände die Prinzipien, sondern die Prinzipien sich selbst entwickeln. Die Demokratie ist proletarisches Prinzip, Prinzip der Massen geworden." - Friedrich Engels, Das Fest der Nationen in London. MEW 2, S. 613
- 	„Die demokratischen Einrichtungen sind Quarantäne-Anstalten gegen die alte Pest tyrannenhafter Gelüste: als solche sehr nützlich und sehr langweilig." - Friedrich Nietzsche, Menschliches Allzu menschliches II
- 	„Die Demokratisierung der Gesellschaft ist der Beginn der Anarchie, das Ende der wahren Demokratie. Wenn die Demokratisierung weit genug fortgeschritten ist, dann endet sie im kommunistischen Zwangsstaat." - Franz-Josef Strauß, Deutsches Allgemeines Sonntagsblatt, 11. Januar 1978
- 	Die ehemalige deutsche Diktatur hat sich, nach Art niederer Lebewesen, durch Spaltung fortgepflanzt und heißt jetzt Demokratie." - Irmgard Keun, Ferdinand, der Mann mit dem freundlichen Herzen. Düsseldorf, Claassen, 1981. S. 15. ISBN 3-546-45372-7
- 	„Die Länder Europas haben Jahrhunderte gebraucht, um ihre Demokratie zu entwickeln. Wir hatten gerade einmal 14 Jahre seit dem Ende der Apartheid! Und wir hatten davor 300 Jahre eine Gesellschaft, die auf Rassentrennung beruhte." - Desmond Tutu, über Südafrika, Stern Nr. 28/2008 vom 3. Juli 2008, S. 52
- 	„Die Nachkriegsära, zu der auch die Teilung Deutschlands gehörte, wurde mit dem Zerfall der Sowjetunion beendet. Seither beobachten wir eine wachsende deutsche Selbstbehauptung. Ich habe prinzipiell kein Problem damit. Ich denke, dass Deutschland behandelt werden sollte wie andere Nationen und Politik betreiben sollte wie andere Nationen. Deutschland ist heute eine erfolgreiche Demokratie, die sich nicht grundsätzlich von anderen demokratischen Ländern unterscheidet." - Daniel Goldhagen im Interview mit www.jungle-world.com, »Hitler war populär«
- 	„Die neue Generation der Deutschen gehört zu den demokratischsten, humansten und fortschrittlichsten Völkern der Welt." - Richard Holbrooke, Interview in Spiegel Online, 10. Juni 2007
- 	„Die privaten Mächte der Wirtschaft wollen freie Bahn für ihre Eroberung großer Vermögen. Keine Gesetzgebung soll ihnen im Wege stehen. Sie wollen die Gesetze machen, in ihrem Interesse, und sie bedienen sich dazu eines selbstgeschaffenen Werkzeugs, der Demokratie, der bezahlten Partei." - Oswald Spengler, Unter-

gang des Abendlandes, Seite 1193

* „Die Verfassung, die wir haben […] heißt Demokratie, weil der Staat nicht auf wenige Bürger, sondern auf die Mehrheit ausgerichtet ist." - Thukydides Peloponnesischer Krieg, 2, 37
* „Die Welt muss sicher gemacht werden für die Demokratie." - Woodrow Wilson, Vor der Kriegserklärung, 1917
* „Die Werte für die erwünschte Leitkultur müssen der kulturellen Moderne entspringen, und sie heißen: Demokratie, Laizismus, Aufklärung, Menschenrechte und Zivilgesellschaft." - Bassam Tibi, Europa ohne Identität, S. 154, btb Verlag, ISBN 3-4427-5592-1
* „Dies ist die wahrste aller Demokratien, die Demokratie des Todes." - Kurt Tucholsky, „Befürchtung", in „Die Weltbühne", 9. Juli 1929, S. 71
* „In der kapitalistischen Demokratie verteilt der Staat eine Menge wertvoller Prämien. Wer die größte politische Macht anhäuft, gewinnt die wertvollsten von ihnen. Als Vergütungen stehen Eigentumsrechte, wohlgesonnene Behörden, Fördermittel, Steuermittel, sowie die kostenlose und preisgünstige Nutzung der Gemeinschaftsgüter zur Verfügung. Der Vorstellung, der Staat befördere das „Allgemeinwohl" ist naiv." -- Peter Barnes: Kapitalismus 3.0: ein Leitfaden zur Wiederaneignung der Gemeinschaftsgüter; hrsg. von der Heinrich-Böll-Stiftung. - Hamburg : VSA, 2008 - ISBN 978-3-89965-312-0. Seite 75 - Zitiert in Kapitalismus 3.0 in der Diskussion
* „In die Demokratie wurden einst große Hoffnungen gesetzt; aber Demokratie bedeutet einfach nur das Niederknüppeln des Volkes durch das Volk und für das Volk." - Oscar Wilde, Der Sozialismus und die Seele des Menschen
„Tyrannei, wenn sie stark sind, und Demokratien, wenn sie zu schwach sind, können sie keine Kritik vertragen." - Joxe Azurmendi, Sokratesen Defentsa. Donostia 1999, S. 57. ISBN 84-95234-04-1

* „Wenn ein Land sich von einer Minderheit, den Eignern und Dirigenten des großen Kapitals, vorschreiben lässt, welche Prioritäten es setzt, dann hat das mit Demokratie nichts zu tun." - Sahra Wagenknecht, Interview, 17. Juni 2001, welt.de
* „Wenn Freiheit und Demokratie auch keine äquivalenten Begriffe sind, so sind sie doch komplementär: Ohne Freiheit ist die Demokratie Despotie, ohne Demokratie ist die Freiheit eine Chimäre." - Octavio Paz, Zwiesprache. Essays zu Kunst und Literatur. Aus dem Spanischen von Elke Wehr und Rudolf Wittkopf. Frankfurt am Main: Suhrkamp, 1984. S. 236
* „Wer sich als Herrscher über die Sprache aufspielt, hat nicht begriffen, dass es sich um das einzige Medium handelt, in dem die Demokratie schon immer geherrscht hat." - Hans Magnus Enzensberger zur Rechtschreibreform, Frankfurter Allgemeine Zeitung, 26. Juli 2004, Nr. 171, S. 29
* „Wer über einen Werteverlust jammert, verkennt den Werteverzicht der

modernen Gesellschaft. Dass sie nicht mehr zu bieten hat als formale Demokratie, Liberalismus und soziale Marktwirtschaft, ist gerade das Geheimnis ihrer Stärke. Diese Minimalwerte sind das erstaunliche Resultat der Geschichte abendländischer Rationalität, das wir uns nicht ernsthaft anders wünschen können." - Norbert Bolz, Welt, 23. April 2005

• „Wir haben wahrlich keinen Rechtsanspruch auf Demokratie und soziale Marktwirtschaft auf alle Ewigkeit." - Angela Merkel, Die Welt, 16. Juni 2005

• „Wir müssen die Ketten veralteter Traditionen sprengen, das auf dem Prinzip der Demokratie, dem freien Willen der Völker beruht." - Hans Wehberg, Aus der Antrittsrede beim Genfer Institut Universitaire de Hautes Etudes Internationales, 22. November 1928

• „Wir sind keine Erwählten, wir sind Gewählte. Deshalb suchen wir das Gespräch mit allen, die sich um diese Demokratie bemühen." - Willy Brandt, Regierungserklärung, 28. Oktober 1969

• „Wir wollen mehr Demokratie wagen." - Willy Brandt, Regierungserklärung vom 28. Oktober 1969, dhm.de

• „Wirklicher Friede bedeutet auch wirtschaftliche Entwicklung und soziale Gerechtigkeit, bedeutet Schutz der Umwelt, bedeutet Demokratie, Vielfalt und Würde und vieles, vieles mehr." - Kofi Annan, Global Marshall Plan

• „Zur Demokratie gehört auch die legitime Intoleranz. Das nicht Tolerierbare darf nicht toleriert werden." - Ayaan Hirsi Ali, Der Spiegel, Nr. 20, 14. Mai 2005 spiegel.de

• „Zwischen Kapitalismus und Demokratie besteht ein unauflösliches Spannungsverhältnis; mit beiden konkurrieren nämlich zwei entgegengesetzte Prinzipien der gesellschaftlichen Integration um den Vorrang." - Jürgen Habermas, Theorie des kommunikativen Handelns, Bd. 2, S. 507f. Frankfurt a.M. 1981, ISBN 3-518-28775-3

Ende der Zitate.

Ich habe diese Zitate zu Christ und Demokratie reingebracht weil ich ja immer noch beim Thema „Menschheit ohne Geld" bin. Und mich aber noch mit dem Thema Bankster Befreiung beschäftigen muss und wie es dazu gekommen ist. Der Vatikan ist ja megaintensiv daran beteiligt dass es heute diese gigantische Ausbeutung und Versklavung auf der Erde gibt. Auch die Religion die zu den Moslems gehört, gehört zu dieser enormen Totalverblödungsmaschinerie auf der Erde. Man braucht sich bloß den Iran oder Saudi Arabien und alle anderen Länder anschauen. Die Mullahs haben alles System aufgebaut inklusive der wirtschaftlichen Strukturen die sie nun nutzen und auch Eigentümer sind. Aber da ich hier im Westen lebe in das christliche demokratische Leben eingebettet bin, schaue ich zuerst in meine Umgebung mit all seinen Geschwüren dieses Bankenkönigreichs mit all seinen Banksterreligionen seinen Gängsterpolitikken.

Hier ist ein Zitat aus Michael Tellingers Buch „ Das Ubuntu Prinzip"
Die Muskeln hinter den Bankern - Crown Temple (Anmerkung des Übersetzers: In den folgenden Abschnitten wird mehrmals von der Crown die Rede sein, die von der Krone von England zu unterscheiden ist. Die Erläuterung dazu folgt im Text selbst. Bitte aufmerksam lesen.)

Wie kontrolliert die Banken-Elite das riesige Finanzmonster, das unendlich komplex und außer Kontrolle zu sein scheint? Wie und wann haben sie sich organisiert, dass sie so mächtig werden konnten? Wo ist ihr Hauptsitz? Wer hält die Räder jede Minute des Tages ohne Unterbrechung am Laufen? Es ist bekannt als ››Crown<< (Krone). Viele vermuten, dass die Queen von England hinter dieser Macht steht, und dass die königliche Familie von England die USA besitzt. Doch dies ist eine andere >›Krone<<, gegründet vom berüchtigten Templer-Orden, als 1185 die Temple Church in der City of London erbaut wurde. ››Crown<< ist auch bekannt als »Crown Temple« oder »Crown Templer<<.

Beide, das Regierungs- und das juristische System in den Vereinigten Staaten von Amerika, auf der Bundes- und der lokalen Staatsebene, gehören der ››Crown<<, einer privaten ausländischen Macht, deren Hauptsitz sich im Zentrum von London, England, befindet, in einem souveränen Staat, bekannt als City of London. Die Kontrolle der Banken-Elite und ihrer Gesetzgeber befindet sich strategisch innerhalb dreier unabhängiger und souveräner Staaten, die innerhalb anderer Länder und Städte liegen, nämlich dem Vatikanstaat in Rom, Washington DC und der City of London. The City bezieht sich auch auf die Square Mile und hält einen Stadtstatus mit eigenen Rechten. Es ist eine souveräne und separierte zeremonielle Grafschaft.

The Temple Church befindet sich zwischen Fleet Street, dem Finanzhauptsitz der City of London, und Victoria Embankment an der Themse. Auf dem Grundstück befinden sich auch die Crown Büros an der Crown Office Row. Die Temple ››Church« befindet sich außerhalb jeglicher kirchlichen Gerichtsbarkeit. Das bedeutet, dass keine Regierung oder andere sogenannte Autoritäten irgendeine Kontrolle oder Macht über sie hat - genauso wie bei der FED in den USA. Der Master of the Temple wird ernannt und nimmt seinen Sitz durch versiegeltes (nicht öffentliches) Patentdokument ohne Amtseinführung oder Einweihung ein.

Die internationale BAR Association (Anwaltskammer) befindet sich in den Inns of Court am Crown Temple, welcher physisch am Chancery Lane hinter der Fleet Street angesiedelt ist. Hier haben alle BAR-Anwälte ihren Ursprung, da alle BAR Associations auf der Welt Unterzeichner und Franchisenehmer der Crown sind.

Die Gemeindeverwaltung der City, die City of London Corporation, ist einzigartig im Vereinten Königreich und hat einige unübliche Zuständigkeiten gegenüber den Gemeinden in Großbritannien, z.B. über die Polizeibehörde der Stadt. Sie hat auch Zuständigkeiten und Besitz außerhalb der Stadtgrenzen. Die Corporation wird von Lord Mayor of the City of London (Bürgermeister der City of London) geführt, ein Amt, das getrennt ist von dem des Mayor of London (Bürgermeister von London) und viel älter als dieses.

So wurden hier die Grundsteine der gegenwärtigen, weltweiten Banken- und Rechtssystems gelegt, um die Kontrolle und Tyrannei über die heutige Menschheit auszuüben. Mehr als 800 Jahre Entstehung - sorgfältig geplant und ausgeführt, und auf ihrem Weg wurden jeden Tag unwissende Menschen ausgetrickst und hereingelegt. Von hier aus diktieren sie die Rechts- und Finanzpolitik für den Großteil der Welt, inklusive der Vorbereitung von Kriegen und der Länderüberfälle als strategisches Mittel der Kontrolle sowie dem nie endenden Erschaffen von Verschuldung der Länder und ihrer Bewohner.

Die USA sind keine freie und souveräne Nation, wie von der Regierung proklamiert. Wenn das wahr wäre, würden die USA und nahezu alle anderen Länder nicht von dem Crown Temple mittels ihrer Banker und Anwälte herumkommandiert werden. Die USA werden von einer ausländischen, privaten Macht kontrolliert und manipuliert, und ihre rechtswidrige Bundesregierung ist ihr Pfandleiher.

Die Banken oder die Bankenelite herrschen in der Temple Church, und die Anwälte tragen ihre Befehle hinaus, indem sie ihre Opfer mittels der Justiz kontrollieren. Es ist ein perfekter Plan für ein perfektes Verbrechen, das seit der Gründung des Tempels ll85 minutiös ausgeführt wird, ohne dass zu viele Fragen gestellt werden - bis jetzt.

Das private Federal Reserve System, welches die Fiat U.S. Federal Reserve Noten herausgibt, befindet sich finanziell im Besitz der Crown und wird von der Schweiz aus kontrolliert, die die Heimat der juristischen Entstehung der Charta der Vereinigten Nationen ist, des Internationalen Währungsfonds, der Welthandelsorganisation und der wichtigsten Bank, der Bank für Internationalen Zahlungsausgleich. Sogar Hitler respektierte die Crown Banker, indem er die Schweiz nicht bombardierte. Die Bank für den Internationalen Zahlungsausgleich in Basel, Schweiz, kontrolliert alle Zentralbanken der G7 Nationen und vieles mehr. Wer das Gold kontrolliert, der regiert die Welt.

Für das Verständnis Wichtige Definitionen:

ATTORN [e-"tern] Anglo-Franch atuner, übertragen (der Treue eines Pächters an einen anderen Herrn), aus dem Altfranzösischen atorner to turn (übertragen an), vereinbaren, von einem a+torner: zustimmen, ein Pächter eines neuen Landherren oder Besitzer derselben Liegenschaft zu Werden. Merriam-Webster"s Dictionary of Law © 1996.

ATTORN, v.i. [L. ad and tomo.]. Im feudalen Recht: zu übertragen, oder transferieren, Haus oder Dienst von einem Herren auf einen anderen. Das ist der Akt des Feudalherrn, eines Vasallen oder eines Pächters bei Veräußerung von Besitz. ~ Webster's 1828 Dictionary.

All die rechtlichen Betrügereien, weltweit vorangetrieben durch das Exklusivmonopol der Temple Bar und ihrer BAR Association Franchiseunternehmen (Anm. d. engl. Rechtsanwaltskammer), kommen von vier Inns (Anm. d. Berufsorganisationen) oder Temples of Court: the Inner Temple, the Middle Temple, Lincoln`s Inn und Gray"s Inn. Diese Inns sind exklusive und private Country Clubs, die faktisch Geheimorganisationen der Weltwirtschaftsmacht sind. Sie sind bestens bekannt, manche von ihnen wurden schon Anfang des 13. Jahrhunderts gegründet.

Genauso wie alle USA-basierten Franchise BAR Associations fungiert keines der Vier Inns of the Temple als Körperschaft, und keines von ihnen ist als Körperschaft registriert. Aus einem einfachen Grund: Man kann keinen Anspruch gegen eine Nicht-Entität und ein Nicht-Sein vortragen. Sie sind private Gesellschaften ohne Chartas oder Statuten, und ihre sogenannten Verfassungen basieren nur auf Brauchtum und Selbstregulierung. Mit anderen Worten, sie existieren als Geheimgesellschaften ohne einen öffentlichen ››Hauseingang«.

Wichtigere Definitionen: FEALTY (Lehnstreue), n. [L. fidelis.] Lehnstreue gegenüber einem Herrn; Treueergebenheit eines Pächters oder Vasallen gegenüber einem Erhabenen, dessen Land er in seinen Händen hält; Loyalität. Im Feudalsystem der Besitztitel war jeder Vasall oder Pächter an die Lehnstreue seinem (Lands-)Herren gegenüber gebunden sowie an die Verteidigung gegen dessen Feinde. Diese Pflicht wurde Lehnstreue oder Treue genannt, und es wurde ein Treueschwur aller Pächter gegenüber dem Landesherrn verlangt. Der Pächter wurde Lehnsmann genannt, das Land ein Lehnsland und der Erhabene der Landesherr.

Mit dem Lehnsschwur von 1213 erklärte King John, dass die britisch englische Krone und ihr damaliger Besitz, inklusive aller zukünftiger Besitztümer, Land, Trusts, Charts, Patenturkunden und Länder für immer an den Papst und die Römische Kirche als Landesherr gebunden ist. Ungefähr fünfhundert Jahre später wurden die neuenglischen Kolonien in Amerika ein Teil der Crown als Besitz und Trust unter dem Namen »United States<<.

Alexander Hamilton war einer der vielen Crown Templers, der in ihre BAR (Association) berufen wurde. Er trat 1774 dem King"s College bei, jetzt Columbia University in New York City genannt, die von den Mitgliedern des Londoner King's Inns gegründet wurde. 1777 wurde er persönlicher Referent und während der amerikanischen Revolution Privatsekretär von George Washington.

Im Mai 1782 begann Hamilton das Rechtsstudium in Albany, New York. Das war ein dreijähriges Studium, das er wie durch ein Wunder in nur sechs Monaten abgeschlossen hatte, und wonach er zu der New Yorker BAR zugelassen wurde. (Anm. d. als BAR Anwalt zugelassen wurde). Die New York BAR Association war und ist eine Franchise des Crown Temple durch das Middle Inn. Nach einem Jahr im Kongress von 1782-1783 hat er sich mit seiner Rechtsanwaltkanzlei in New York City niedergelassen als Alexander Hamilton, Esqr. In Februar 1784 schrieb er die Charter für die Bank of New York, die Erste Bank des Staates, und wurde ihr Gründungsmitglied.

Am 18. Juni 1787 bei der Bundesversammlung in Philadelphia trug Hamilton eine fünfstündige Rede vor, in der er sagte: »Ein Vorstand auf Lebenszeit wird ein gewählter Monarch sein<<. Als alle seine New Yorker Anti-Föderalisten-Kollegen sich aus Protest von der Versammlung zurückzogen, unterschrieb er alleine die Verfassung der Vereinigten Staaten von Amerika, wobei er den New York State vertrat, einen der rechtmäßigen Staaten (Anm. d. Ü. engl. state; auch Stand) der Crown oder der Kolonien. Es ist notwendig, dass wir unsere Aufmerksamkeit hier auf das Wortspiel richten und merken, dass ein Rechtsstaat von den Menschen errichtet wird, aber ein Stand ist ein Rechtsträger der Crown - eine Crown Kolonie. Das ist ein Beispiel für die Täuschungen, mit denen der Crown Temple durch die Middle Templer die Kontrolle über Amerika übernommen hat, wie auch vieler andere Teile der Welt. Doch die Liste setzte sich fort, als Hamilton als Schatzkanzler unter Präsident Washington den Grundstein für die erste Federal U.S. Central Bank legte. Er sicherte die Kreditvergabe durch die Crown Banken in Frankreich und in den Niederlanden und verstärkte die Macht der Bundesregierung über die getäuschten Nationalstaaten der Union.

Die Amerikaner wurden zum Narren gehalten und glaubten, dass die rechtmäßigen Crown Kolonien, bestehend aus New England, unabhängige Staaten wären. Sie waren und sind nach wie vor Kolonien des Crown Temple aufgrund von Patenturkunden und Charter, die keine rechtliche Befugnis haben, von der Herrschaft des Crown Temple unabhängig zu sein. Ein rechtmäßiger ››State<< ist eine Kolonie des Crown Temple.

Weder die Amerikaner noch die Queen von England besitzen Amerika. Der Crown Temple besitzt Amerika aufgrund des Betruges jener, die der Middle Templer BAR die Treue geschworen haben. Die Crown Banker und ihre Middle Templer Anwälte regieren Amerika mittels ungesetzlicher Verträge, ungesetzlicher Steuern und Bedingungsunterlagen mit falscher Kapitalisierung mittels Schuldenbetrugs. All das wird strikt durchgesetzt durch ihre komplett ungesetzlichen, aber ›legalen‹‹ Verordnungen, Regeln und Kodizes der Crown Temple Gerichte, der sogenannten Justiz in den USA. Das ist der Fall, weil der Crown Temple die Landtitel hält sowie die Grundbesitzurkunden aller Nordamerikaner.

Doch die verschachtelte Kontrolle führt noch tiefer in den Kaninchenbau hinein. Der Papst und die römische Kirche kontrollieren den Crown Temple, weil seine Ritter sie auf seine Anordnung hin gründeten. Ref' Michael Edward ~ Ecclesíastíc Commonwealth Community (ECC)

Wer das Gold hat, regiert die Welt

Es heißt, der Vatikan wäre im Besitz des meisten Goldes weltweit. Und wer das Gold hat, regiert die Welt. Deshalb sind Südafrika und Zimbabwe der Aufmerksamkeit der Crown nicht entgangen. Schließlich stammt von dort das meiste Gold der Welt. Es ist auch der Grund, warum Paul Kruger so bekannt geworden ist; und warum Cecil John Rhodes ausgesandt wurde, es für die Krone (Anm. d. hier ist tatsächlich die englische Krone gemeint) zu beanspruchen; und warum Großbritannien in Südafrika den größten Krieg begann, in den es bis dato jemals verwickelt war.

Von 1899 bis 1902 während des Südafrika-Krieges gegen ca. 60.000 Buren oder Bauern sowie eine ähnliche Anzahl indigener Afrikaner verschiedener Bantu-Stämme nahmen etwa 470.000 Soldaten für die englische Krone Land in Besitz. Dies ist etwa das Doppelte der britischen und US-Truppen, die im Jahr 2012, im Golfkrieg involviert waren. Die Britenmussten für die Krone um jeden Preis die Kontrolle über die Goldfelder sichern. Und das taten sie.

Um dies zu erreichen, mussten die Briten zu drastischen Mitteln greifen und wandten die »Politik der verbrannten Erde« an, indem sie Häuser, Dörfer und Farmen niederbrannten, Nutzvieh töteten oder beschlagnahmten und tausende Frauen und Kinder von den Burenfarmen und Bantu-Stämmen in Konzentrationslager steckten, die über ganz Südafrika verteilt waren. Man schätzt, dass in diesen Lagern mindestens 34.000 Menschen starben, aber diese Zahl ist mit großer Wahrscheinlichkeit viel höher. Dies war das Modell, welches von Adolf Hitler mit seiner eigenen Version der Konzentrationslager etwa 40 Jahre später noch übertroffen wurde.

Acht Jahre nach Kriegsende, im Jahr 1910, wurde durch König Georg V. die Südafrikanische Union gegründet und am 31. Mai 1961 beendet, als sie zur REPUBLIK SÜDAFRIKA wurde, einem Unternehmen. Und so setzt sich die Kontrolle fort - eine andere Zeit, ein anderer Name, ein anderer Führer - und wandelt sich langsam von einer Form der Kontrolle zur nächsten, alles unter der Eigentümerschaft der Crown.

(Der Brief den ein ANC Führer an den König Georg V schrieb lass ich hier raus. W. Schorat)

Diese Art von Treuebekundung (In dem Brief des ANC Führers) widerspricht völlig den Prinzipien einer Befreiungsbewegung, welche die absolute Befreiung der Menschen repräsentieren sollte. Befreiung der Menschen von allen Arten der Unterdrückung und Kontrolle. Speziell finanzieller und wirtschaftliche Kontrolle der Menschen was präziser als Sklaverei definiert wird.

Die Crown Temple Ritter haben viele Namen und viele Symbole zur Kennzeichnung ihrer privaten Tempel. Eines der besten Beispiele, das vor aller Augen offen und doch verborgen ist, ist die Ein-Dollar-Note des privaten Federal Reserve Systems in den USA, welche nichts weiter ist als ein Franchise-Schuldschein der Bank der Crown.

Die Basis der Pyramide zeigt eindeutig das römische Datum für das Jahr 1776, geschrieben in den römischen Zahlen MDCCLXXVI. Die römischlateinischen Worte ANNUIT COEPTIS NOVUS ORDO SECLORUM werden stolz vor aller Augen dargestellt. Sie bedeuten KÜNDIGEN DIE GEBURT DER NEUEN WELTORDNUNG AN. Das Jahr 1776 bezeichnet die Geburt der Neuen Welt Ordnung unter dem Tempel der Crown. Hier wurden ihre amerikanischen Crown Kolonien zu einer gecharterten Regierung namens United States.

ZITAT ENDE

Der Papst und die römische Kirche kontrollieren den Crown Temple, weil seine Ritter sie auf seine Anordnung hin gründeten.

Es ist schon beeindruckend zu sehen wie verwoben und verstrickt die heutige Menschheit in alte Verträge und alten Glauben und alte Wirrnisse noch sind und auch bleiben sollen.

Und da heute Ostern ist und die Kardinäle und der Papst wieder in Hochform kommen in ihren katholischen Wirrnissverkaufereien gibt es extra als Osterei eine schöne Geschichte von Dostojewski. **Zitat Anfang:**

Der Großinquisitor *http://de.wikipedia.org/wiki/DerGroßinquisitor*

Der Großinquisitor ist das fünfte Kapitel des Fünften Buches aus dem Roman, Die Brüder Karamasow von Fjodor Dostojewski, das auch separat unter demselben Titel veröffentlicht worden ist.

Der russische Schriftsteller Wassili Rosanow machte es mit dem 1894 in der Zeitschrift Russki Westnik erschienenen Artikel „Die Legende vom Großinquisitor" berühmt.

Inhalt

Die Brüder Iwan und Aljoscha Karamasow treffen sich in einem Gasthaus. Der jüngere Aljoscha ist ein tief gläubiger Mönch, während Iwan ein atheistischer Intellektueller ist. Er erzählt die Binnenerzählung über den Großinquisitor.

Diese handelt davon, dass Jesus Christus im Sevilla des 16. Jahrhunderts erscheint. Es ist das Zeitalter der Inquisition: Soeben sind hundert Häretiker qualvoll hingerichtet worden. Obwohl Jesus kein Wort spricht, wird er von allen erkannt – auch deswegen, weil er ein Wunder vollbringt. Er wird daraufhin vom Großinquisitor bemerkt und verhaftet. Um Mitternacht kommt es zum Verhör, wobei der Inquisitor Jesus mitteilt, dass er kein Recht habe, auf die Erde zurückzukommen und die Ordnung zu stören, welche die römisch-katholische Kirche in über tausend Jahren errichtet habe. Während Jesus schweigt, führt der Inquisitor das Gespräch Jesu mit dem Teufel in der Wüste fort (Mt 4,1–11 EU): Er wirft Jesus vor, das Brot, das Wunder und die Macht, die der Satan ihm angeboten hatte, zurückgewiesen und damit der Menschheit eine Freiheit gegeben zu haben, mit der diese gar nichts anfangen könne und daher seither im Elend lebe. Er bekennt sich zum Antichrist, mit dessen Hilfe er für die leidende Menschheit das Paradies auf Erden wiederherstellen will. Daraufhin küsst ihn Jesus schweigend und verlässt den Kerker, obwohl der Inquisitor vorgehabt hatte, ihn am nächsten Morgen auf dem Scheiterhaufen verbrennen zu lassen.

Nachdem Iwan seine Erzählung beendet hat, bekennt er sich zu seiner bis zur Amoralität radikalen Auffassung von Freiheit: „Alles ist erlaubt". Als er seinen Bruder fragt, ob dieser sich deswegen nun von ihm lossagen werde, küsst ihn dieser als Antwort schweigend, was Iwan als „literarischen Diebstahl" bezeichnet.

Rezeption

Die Parabel von Großinquisitor hat bis heute eine enorme Wirkungsgeschichte. Bedeutende Denker wie Leo Schestow, Nikolai Berdjajew, Max Weber, Georg Lukács, Albert Einstein, Martin Heidegger und Albert Camus deuteten ihren Inhalt oder versuchten ihre eigenen, teilweise einander widersprechenden Thesen durch sie zu belegen. Insbesondere in der Theologie veranschaulichten Romano Guardini, Karl Barth sowie René Girard an ihr das Verhältnis Gottes zu den Menschen und die Rolle der Kirche.

Auch in zeitgenössischen Diskursen wie bei Peter Sloterdijk und Ellis Sandoz wird auf Dostojewskis Text Bezug genommen.

Handlung

„Der Inquisitor belehrt den wiedergekehrten Weiland, dass die Kirche nichts anderes zu gehabt habe, als sein, Jesu, Fehler gutzumachen. Jesus wollte den Menschen die Freiheit bringen, doch der Mensch ist nicht geschaffen frei zu sein. Indem ihm die Kirche die Freiheit wieder nahm, ihn unter ihre Autorität beugte und ihm zum Lohn eine in Wahrheit gar nicht vorhandene ewige Glückseligkeit verhieß machte sie ihn wahrhaft glücklich. Unglücklich sind nur die wenigen Wissenden, die aber darin ihren Trost finden, dass sie den Millionen DAS Glück geschenkt haben, das diese allein verstehen können und das Christus ihnen nicht zu geben wusste."

Anmerkungen

Es bestehen unzweifelhafte Parallelen / Anlehnungen bestehen zwischen Dostojewskis „Großinquisitor" und Schillers „Don Carlos". mehr

„Im Wesentlichen ist der Großinquisitor jedoch die ganze Dichtung, der große Gedanke Dostojewskis, in eine Parabel gebracht: der Kampf der mechanischen Welt, als deren erhabenster Ausdruck Dostojewski der Katholizismus erscheint, gegen den Geist, gegen Christus."

„Vordergründig bedeutet die Legende, dass der Großinquisitor seine Verfügung über Christus, seine Vereinnahmung von Christus zu rechtfertigen sucht: als eine Maßnahme zum Schutz der schwachen menschlichen Natur gegen die Überforderung durch Christus."

„Dostojewskijs `Großinquisitor` hat seit seinem Erscheinen die Leser so aufgewühlt, dass sie bis heute nicht aufgehört haben, sich dieses kurze Kapitel aus dem großen Roman zu deuten. Aber wir stehen dennoch, nach über einem Jahrhundert, immer noch am Anfang. Die emsigsten Bemühungen in allen Sprachen haben uns im Grunde genommen nur offene Fragen hinterlassen."
Einer, der so zu schreiben weiß, hat alle Abgründe, alles Erschrecken selbst durchlebt. Er war zeitlebens von der heiligen Krankheit, der Epilepsie, bestimmt, eine Krankheit, der man nachsagt, dass vor dem Zuckkrampf, in göttlicher Manie die andere Welt oder die andere Seite der Welt, Himmel und Hölle als Horizont der Seele aufblitzt, aufblitzen.
Fjodor Michailowitsch Dostojewski wurde am 11.11.1821 als Sohn eines Arztes und Enkel eines orthodoxen Priesters geboren. Sein Elternhaus war tiefreligiös. Dostojewski bekam eine vorzügliche Bildung und trat als junger Bursche in die Ingenieurschule des Militärs ein. Früh bekam er Kontakt zu sozial und politisch engagierten Gruppen. Ein früher erster Roman Arme Leute ein großer Erfolg zeigt ihn als scharfsichtigen Analytiker der gesellschaftlichen Probleme in dem so bitter armen Russland.1847 kommt Dostojewski in Kontakt mit einem philosophisch politischen Kreis um Petraschewski, aus dem sich dann ein kleiner, politisch radikaler, konspirativer Kreis herausbildet, dem auch Dostojewski angehört. Die Folgen sind einschneidend. Zwei Jahre später ist die gesamte Gruppe (34jugendliche Idealisten) verhaftet: einundzwanzig werden zum Tode verurteilt, darunter Dostojewski. Auf den Hinrichtungsplatz geführt, nach Anhören des Todesurteils im Todesgewand und auf dem Schafott buchstäblich in letzter Sekunde begnadigt, wird Dostojewski zu vier Jahren Zwangsarbeit in Sibirien verurteilt mit anschließendem Militärdienst ..Neun Jahre später kehrt Dostojewski als Vierzigjähriger aus Sibirien nach Petersburg zurück. Verändert :Zeit seines Lebens bekommt er jene furchtbaren Minuten unmittelbarer Todeserwartung nicht mehr aus dem Kopf, der eine überschwängliche Freude über das neu geschenkte Leben gefolgt war, nie freilich auch jene vier entsetzlichen Jahre Zwangslager-festgehalten in seinen Aufzeichnungen aus einem Totenhaus -und die

vier Jahre Militärdienst in Sibirien. Alles in allem ein Umbruch in seiner Lebensanschauung und Glaubensauffassung... grundlegend für das Verständnis seiner neuen Grundhaltung ist, was Dostojewski in einem Brief aus dem sibirischen Omsk vom Februar 1854 an Frau Fonwisin, die ihm auf dem Weg ins sibirische Lager ein Neues Testament schenkte, so ausdrückte: Ich will ihnen von mir sagen, dass ich ein Kind dieser Zeit, ein Kind des Unglaubens und der Zweifelsucht bin. Wie entsetzlich quälte mich diese Sehnsucht nach dem Glauben, um so stärker, je mehr Gegenbeweise ich habe. Und doch schenkt Gott mir zuweilen Augenblicke vollkommener Ruhe (aus denen seine Glaubensbekenntnis floss, das er nun wiedergibt): Ich glaube, dass es nicht s Schöneres, Tieferes, Sympathischeres, Vernünftigeres, Männerlicheres und Vollkommeneres gibt als den Heiland: (ich sage mir mit eifersüchtiger Liebe, dass es dergleichen nicht nur nicht gibt, sondern auch nicht geben kann Ich will noch mehr sagen: Wenn mir jemand bewiesen hätte, dass Christus außerhalb der Wahrheit steht, und wenn die Wahrheit tatsächlich außerhalb Christi stünde, so würde ich es vorziehen, bei Christus und nicht bei der Wahrheit zu bleiben")
.(KÜNG/JENS; S: 246ff) .Dostojevski, der wenige Monate vor seinem Tod am 9.2.1881, auf dem Höhepunkt seines Ruhms, gerade hat er die Brüder Karamasow abgeschlossen und die Puschkin-Festrede 1880 gehalten, bekannte:
Mein Hosianna ist durch das Fegefeuer des Zweifels hindurch-gegangen, entwickelte in den 1860-1870er Jahren einen einzigartigen, großangelegten Romanzyklus des Atheismus mit Schuld und Sühne, Der Idiot, Die Dämonen, Der Jüngling und dem Schlusspunkt Die Brüder Karamosov. In diesem Meisterwerk steht nun an entscheidender Stelle und bildet den Gipfelpunkt seines Schaffens die Legende vom Großinquisitor (1879 in einer Zeitschrift zuerst veröffentlicht, dann 1881 in Buchform).

Großinquisitor

Der Ort seines Erscheinens ist Sevilla, die spanische Stadt, auf dem Höhepunkt der Inquisition im Jahre 1559 zurzeit Philipp II. (Der damalige Großinquisitor Fernando Valdes war Erzbischof von Sevillia) (Könnte aber auch heute 2015 der Vatikan als PestBeule der Lüge sein)

Denn Christus verlangte es „wenigstens auf einen Augenblick dem Volk (Bösartiger Begriff von den Besitzenden den Ausbeutenden entwickelt und für heute Inakzeptabel) zu erscheinen, dem sich abquälenden, leidenden, stinkend sündhaften, aber kindlich Ihn liebenden Volk" wie er vor Zeiten schon aus unermesslichen Mitleid sich der Flehenden angenommen hatte, Er, der den Bannkreis des göttlichen Erbarmens einst um Galiläa zog. Inzwischen sind 15 Jahrhunderte vergangen, 15 Jahrhunderte, in denen allein der Glaube blieb, an das was das Herz sagt. Was aber sagt das Herz: Es verlangt nach dem, der als Urbild uns allen eingezeichnet ist. Es verlangt nach der Gestaltwerdung des inwendigen Christus in uns allen.

Dostojewski lässt dazu Schiller anklingen: Glaub der Stimme deines Herzens,
(denn der Himmel leiht kein Pfand. Das Herz sagt uns, was gut ist, und was böse.
Das Pfand, das der Himmel einst gegeben hat, bestand darin, dass die Menschheit in
Christus das erfüllt gesehen hat, was das Herz immer gesagt hat.) Es geht also immer
um das inwendige Gesetz, bestärkt durch das Vorbild Christi. „Christus ist für Dostojewski die Verwirklichung des Bildes vom Menschen, das jeder Mensch in seinem
Herzen trägt, das realisierte Ideal, das schlechthinnige Er."(L. Müller, GI; 40)
Denn zuerst sozusagen vor dieser existentialisierten Deutung, steht der Großinquisi-
tor für das Machtsystem, für das System Rom, für Herrschaft und Gewalt, steht der
Großinquisitor für den in der Einrichtung der Inquisition sich abscheulich pervertiert
zu erkennen gebenden römischen Katholizismus, der aber zugleich für jede Gestalt
steht, die der Herrschaftswahn, der Geist des Totalitarismus, und der umfassenden
Diktatur annimmt.

Dostojevski lässt keinen Zweifel daran, dass die von ihm verabscheute Inquisition
nur ein Vorabbild der kommenden Diktatur des atheistischen Sozialismus ist.
Und er hat nur zu Recht gehabt. Denn Iwan, der mit dem Großinquisitor sympathisiert,
ist der geistige Vordenker der erschreckend blutigen Geschichte des sozialistischen
Systems, des stalinistischen Russland mit seinen vielen, vielen Millionen Toten.

So taucht ER auf, sagt kein einziges Wort, erscheint nur und geht vorüber, sagt
Iwan.
Christus kommt am Tag nachdem 100 Häretiker verbrannt wurden auf diesen heißen
Platz. „Er ist still, unauffällig erschienen, und siehe, alle -seltsam ist das -erkennen
Ihn. Er geht schweigend zwischen ihnen hindurch mit einem stillen Lächeln unend-
lichen Mitleids. Die Sonne der Liebe brennt in seinem Herzen, strahlendes Lichts,
der Erleuchtung und der Kraft strömen aus Seinen Augen, ergießen sich auf die Men-
schen und erschüttern ihre Herzen durch antwortende Liebe." Er segnet und heilende
Kraft geht von ihm aus. Ein von Kindheit an blinder Greis fleht ihn an: Herr, heile
mich, auf dass ich Dich schaue, und da fällt es wie Schuppen von seinen Augen.
Die Kinder erkennen ihn und jubeln ihm zu. Ein Christusbild wird uns hier gezeich-
net, ganz eng an das Neue Testament angelehnt und doch getragen von der Überzeugung Dostojewski, die in der inneren Berührung durch den der die reine Kraft des
Erbarmens ist, das Heil, die erneuerte Unschuld sieht.
Sieh, dein König kommt zu Dir, Seele, das sind große Worte, heißt es in einem unserer Lieder sinngleich. Jede Silbe ist in dieser, einer Ikone ähnlich dichten Beschreibung wichtig, und sinnbildlich stark. Das selige Leben - stilles Lächeln, unendliches
Mitleid, lichtvoll strömende Augen. Ich bin überzeugt, das ist die präzise Beschreibung unseres inwendigen Begleiters, an dem wir uns immer wieder ausrichten - der
gottförmige Mensch in uns.

Da wird ein siebenjähriges Mädchen im weißen Sarg auf den Weg in die Kathedrale zum Requiem, zur Totenmesse gebracht, ein starkes literarisches Bild für die tiefe Hoffnungslosigkeit der leidenden Menschheit, Kinder um ihre Zukunft gebracht, bis der erlösende Schrei aus der Mutter her vorbricht: Wenn du es bist, erwecke mein Kind. Und Er, er blickt voll Mitleid und sein Mund spricht leise und noch einmal: Talitha kumi. Mägdelein, steh auf und das Mägdelein steht auf, in ihren Händen ein Strauß weißer Rosen - ein Auferstehungszeichen, Auferstehung,

Auferstehung in dieses erneuerte irdische Leben. Dostojewski nimmt die biblische Geschichte von der Auferweckung der Tochter des Jairus auf, eine großartige Geschichte, in der ein junges Mädchen an der Schwelle zum Frau sein auferweckt wird in ein neues Leben diesseits der zerstörerischen patriarchalischen Ordnung.

Dostojewski verjüngt das Kind, und stellt das Mädchen mit dem alten Greis zusammen. Das Exemplarische der biblischen Vollmachtstaaten wird zum Exemplum der alle Lebenszeiten umgreifen den Auferstehung, des anbrechenden neuen Christentums der Freude, wie es Dostojewski in Gestalt des Mönches Sossima angelegt sein lässt (s.Kapitel: Die Hochzeit zu Kana)

Da erscheint der Kardinal -Großinquisitor, von Dostojewski offensichtlich an Schillers Charakteristik des Großinquisitors in Don Carlos angelegt: ein vertrockneter, aber von teuflischem Feuer umloderter Greis, eine Gestalt der Finsternis von 90 Jahren, ein dem Tode dienender und dem Geist des Todes und der Zerstörung verschworener Fast –schon -Toter.

Er hat allesgesehen. Das Volk, das er segnet(Was für ein Segen?) erzittert vor ihm, doch Christus lässt er verhaften und ins Verlies bringen

Auch hier ist die literarische Beschreibung dicht und hochsymbolisch. Es ist von der ersten Sekunde an klar, der Großinquisitor begegnet seinem Alter Ego.

Christus ist sein Gewissen. Alles läuft auf eine groß angelegte Konfession des Großinquisitors vor seinem inneren Begleiter zu.

Offen bleibt ob alles, was bisher Und im Weiteren Erzählt wird, letzthin nicht nur eine Phantasie, ein Alptraum des Großinquisitors ist,„Hier geht es nur darum, dass der Greis sich aussprechen muss, dass er sich endlich -ein Mal in all den neunzig Jahren -ausspricht und laut das sagt, worüber er all die ganzen neunzig Jahre lang geschwiegen hat“.

Inmitten der tiefen Finsternis öffnet sich plötzlich die eiserne Tür des Verlieses, und der greise Großinquisitor selbst tritt mit einem Leuchter in der Hand langsam in das Verlies. Er ist allein, die Tür schließt sich sofort hinter ihm. Er bleibt am Eingang stehen und betrachtet lange, eine Minute oder zwei, aufmerksam sein Gesicht. Beachten wir: Der Gefangene ist umgeben von Liebe und Licht; sein Richter ist selbst finster. Der erste bringt Freude, der zweite Schrecken. Der eine ist Helfer und Heiler, der andere ein Mörder“ (Vetloyskaja bei L.Müller, GI,52).

Er, der Großinquisitor, die Verkörperung der Macht, tritt einmal sich selbst offenbar

in das Haus seiner Einsamkeit ein, in seine, so Viele leiden lassende Lieblosigkeit.
Sein scharfer Verstand -die Lampe in seiner Hand -ertrinkt im Meer der selbstgewähl-
ten Finsternis. Mit seinem Gewissen -seinem inwendigen Begleiter - Christus -allein
sitzt er über sich selbst zu Gericht, einer, der schon längst im See der Gleichgültigkeit
Ertrunkenen (Wer wird für ihn um Erbarmen bitten?) und Christus schweigt, so muss
es sein. Das Gewissen schweigt und lenkt doch gerade so, spricht gerade so um so
heller vom Pfad des Guten. Beachten Sie: es gibt das stumm gemachte Gewissen und
es gibt das schweigende Gewissen, der Ruf aus mir über mich (Heidegger).
Dann bricht es heraus aus dem Großinquisitor, der Angeklagter, Verteidiger und
Richter seiner selbst in ein und derselben Person ist:"
Bist Du es, Du. Antworte nicht, schweige. Warum bist du gekommen, um uns zu stören, denn du bist gekommen, uns zu stören, und weißt das....
Ich weiß nicht, wer Du bist und will es auch nicht wissen: Aber morgen schon werde
ich Dich verurteilen und werde Dich auf dem Scheiterhaufen verbrennen... und dasselbe Volk, das heute Deine Füße geküsst hat, wird morgen schon auf den bloßen
Wink meines Fingers hin zustürzen, um Kohlen zu Deinem Scheiterhaufen heran zu
scharren.
„Weißt Du das?"
Hier spricht der Geist der Rache, aber hier spricht auf einer tieferen Ebene der Geist
der Rache an sich selbst, eine Verzweiflung, die um den Preis des eigenen Todes alles
mit sich reißen will. Es ist die atheistische Verzweiflung, die Gott in sich tötet und mit
ihr den Sinn des Lebens. Doch noch sind wir nicht so weit.
Denn zuerst sozusagen vor dieser existentialisierten Deutung, steht der Großinquisitor für das Machtsystem, für das System Rom, für Herrschaft und Gewalt, steht der
Großinquisitor für den in der Einrichtung der Inquisition sich abscheulich pervertiert
zu erkennen gebenden römischen Katholizismus, der aber zugleich für jede Gestalt
steht, die der Herrschaftswahn, der Geist des Totalitarismus, und der umfassenden
Diktatur annimmt.
Dostojevski lässt keinen Zweifel daran, dass die von Ihm verabscheute Inquisition
nur ein Vorabbild der Kommenden Diktatur des atheistischen Sozialismus ist.
Und er hat nur zu Recht gehabt. Denn Iwan, der mit dem Großinquisitor sympathisiert,
ist der Geistige Vordenker der erschreckend blutigen Geschichte des sozialistischen
Systems, des stalinistischen Russland mit seinen vielen, vielen MillionenToten.
Wut lenkt den Großinquisitor, Wut über Christus und seine Botschaft der Freiheit, der
Glaubens – und Gewissensfreiheit, die sich unausmerzlich mit dem Meister aus Gali-
läa verbindet, unauslöschlich in das Gedächtnis der Menschheit eingepflanzt ist.
Ein Kampf um das Menschenbild entbrennt, „Fünfzehn Jahrhunderte lang haben wir
uns mit dieser Freiheit abgequält, aber jetzt ist es zu Ende gebracht, und zwar dauer-
haft zu Ende gebracht,
Du glaubst es nicht? so schleudert er es Christus entgegen, verflucht sei die Freiheit,

verflucht der frei geborene Mensch, will er sagen. Mit den Füßen hat er sie zu zertreten versucht, die Freiheit Und meint, es fast geschafft zu haben.

In den Augen des Großinquisitors ist der von Gott frei geschaffene Mensch nur ein von einem letzthin dämonischen Gott (einem Demiurgen?)

ins Leben gestoßener Empörer, verdammt ob seiner empörerischen Freiheit bleibend unglücklich zu sein und seinesgleichen unglücklich zu machen. Glück gibt es für den Menschen nur in Absage an die Freiheit, diese Absage muss dem Menschen abgezwungen werden in einem Jahrhunderte währenden geschichtlichen Prozess.

Glück gibt es nur in der Reduktion menschlichen Lebens auf das fast mechanische Getriebe eines Ameisenhaufens, da jeder notwendig eingefügt ist in eine Vorbewusste Ordnung.

Dieser Kampf gegen die Freiheit wird lügnerisch im Namen Christus gegen Christus selbst geführt werden müssen. Der Hauptteil der Legende ist nun eine grandiose Auslegung der Versuchung Jesu in der Wüste.

Mit teuflischem Blick Deckt der Großinquisitor die Glücksverheißung in den Worten des Teufels auf, die Christus Aus falscher Menschenliebe abgelehnt hat.

Der schreckliche und kluge Geist, der Geist der Selbstvernichtung und des Nicht seins, der große Geist hat mir Dir in der Wüste gesprochen" und hat (drei Bilder gezeigt, in denen alle unlösbaren historischen Widersprüche der menschlichen Natur auf der ganzen Erde zusammen kommen. Entscheide: Wer hat recht: Du oder Er. Du kamst mit irgend so einem Versprechen von Freiheit daher -Freiheit, davor die Menschen sich doch nur fürchten -und der Teufel bot dir an, Steine in Brot zu machen. Es wäre der Schlüssel zum Reich geworden. Doch Christus hat abgelehnt mit den Worten: Der Mensch lebt nicht vom Brot allein. Doch im Namen dieses irdischen Brotes stand der Geist der Erde gegen Christus auf -Brot statt Tugend -ist die Parole des Sozialismus.

Gib zu essen dann erst verlange von ihnen Tugend -das ist es, was man auf das Banner schreiben wird, mit der in der Neuzeit der Kampf gegen den Glauben und die Kirche losbrach. Ein Zukunftsbild voll prophetischer Schau ersteht vor unseren Augen.

Dostojewski sieht sie in seiner Zeit anbrechen.

Ein zweiter Babylonischer Turm soll erstehen. Sozialismus

Und Wissenschaft, Elektrifizierung und Sowjetmacht wird es wenige Jahrzehnte später heißen. Aber diese neue Ordnung, die Brot zu verteilen sucht, wird an ihrer moralischen Schwäche scheitern.

Nur wenn es eine Macht gibt, die den Menschen bindet, die die Menschheit in gemeinsamer Anbetung zusammenführt, kann es eine Lösung geben. Nur der gewinnt Gewalt über die Freiheit der Menschen, der ihr Gewissen beruhigt. Der Großinquisitor strebt danach die Menschen in ihrer Gewissenstreue zu betäuben, während Christus mit seinem Ruf der Freiheit ihr Gewissen zu schärfen suchte. Wieder entbrennt der geistige Kampf. Kann aus der Lüge wirklich eine geistige Macht kommen, die den Menschen von sich selber losmacht. Der Großinquisitor strebt eine tote Ruhe an, eine Welt toter Gewissen. Wieder schlägt er Christus mit scharfen Worten ins Gesicht: „Anstatt Gewalt zu gewinnen über die Freiheit der Menschen, hast du diese Freiheit vermehrt und hast mit ihren Qualen das Seelenreich des Menschen auf ewig belastet. Dich verlangte nach freier Liebe - danach, dass er Dir in Freiheit folge, von Dir bezaubert... Anstatt des festen, alten Gesetzes sollte der Mensch künftig freien Herzens selbst entscheiden, was gut und böse sei, und nur Dein Bild als Richtschnur vor sich haben. Der Großinquisitor erkennt ganz genau, was Jesu Sache ist. Aber er sieht darin eine stolze und hochmütige Ansicht vom Menschen, eine geistige Überforderung der vielen schwachen Existenzen, die nur in Hass, Aufruhr und Anarchie führen kann, Stattdessen gibt er den Blick frei in seine dämonische Herrschaftstechnik - Im Namen der Religion, im Namen Christi.,, Es gibt drei Kräfte, einzig und allein drei Kräfte, die auf ewig das Gewissen dieser schwachen Aufrührer besiegen und fesseln können, zu deren eigenen Glück -diese Kräfte sind: Wunder, Geheimnis und Autorität.“

Und all diese drei Kräfte erscheinen genauer betrachtet nur als inszenierte Macht. Die Menschen müssen durch Autorität klein gehalten werden. Die Ideologie und die Inszenierung der Ideologie bilden den Rahmen. Denn der Mensch ist schwach und gemein, ein Sklave der Macht. Christus aber dürstete nach freier Liebe und nicht nach dem knechtischen Entzücken des Sklaven vor der Macht. Christus gab sein Leben um der Kinder der Freiheit willen - in den Augen des Großinquisitors ein grandioser Irrtum, den er nun - und mit ihm die römisch- katholische Kirchenidee - gerade gerückt hat.

„Wir haben Deine Tat verbessert und sie auf das Wunder, das Geheimnis und die Autorität gegründet...

Wir sind nicht mit Dir, sondern mit ihm (SATAN), das ist unser Geheimnis.“

Man muss dies als scharfe Kritik an der vatikanisch -inquisitorischen Seite der Kirche verstehen, an einer Kirche, die das Schwert des Kaisers ergriffen hat und nach äußerer Herrschaft strebt (Als Schlüsselereignis gilt die Pippinsche Schenkung im 8.Jahrhundert) zugleich aber ist es noch viel entschiedener ein prophetischer Blick in die Herrschaftsmechanismen aller ideologisch verbrämten Diktaturen, aller Werkstätten des Bösen unter dem Deckmantel des Guten, erst recht derer, die als Pseudoreligionen erst noch folgen sollten .

Doch der Großinquisitor ist von dem dämonischen Wahn bestimmt, am Ende die absolute Herrschaft anzutreten über die in seinen Augen schwachen Kreaturen, diese bemitleidenswerten Kinder. Er sieht sich als Organisator und Garant ihres kleinen einfachen Glückes. „Es wird Tausende von Millionen glücklicher Kinder geben und wenige hunderttausend Leidende, die den Fluch der Erkenntnis von Gut und Böse auf sich genommen haben“

Um des Glückes der Vielen willen.

Sie leiden, weil sie wissen, dass alles nur inszenierte Lüge ist, verschleierte Sinnlosigkeit, gestalteter Nihilismus. Aber um des Glückes bescheidenen Wohlstandes willen, muss Christus sterben. „ Morgen werde ich Dich verbrennen. Dixi -kaiserlicher Befehl.

Nach einer kunstvollen Unterbrechung, Aljoscha gibt zu verstehen, dass diese Enthüllung des Unglaubens ein um so größeres Lob Jesu ist, ist die Legende auf dem Höhepunkt . Der Inquisitor erfleht eine Antwort Jesu. Er weiß er steht vor seinem Richter. Der Greis möchte, dass sein Gefangener etwas zu ihm sage, sei es auch etwas Bitteres, Schreckliches. Aber „Er nähert sich plötzlich schweigend dem Greis und küsst ihn sanft auf seine blutleeren neunzigjährigen Lippen. Das ist die ganze Antwort.

Der Greis zuckt zusammen. Etwas hat sich gerührt an seinen Mundwinkeln; er geht zur Tür, öffnet sie und sagt zu Ihm: Geh und komm nicht wieder ... komm überhaupt nicht mehr wieder ...niemals.

Der Gefangene geht. Und der Greis? Der Kuss brennt in seinem Herzen, aber der Greis bleibt bei seiner früheren Idee. "Aus dem Schweigen heraus küsst Jesus „
dem Großinquisitor die Lippen: gibt also, im Gefängnis von Sevilla, den vom Judas in Gethsemane empfangenen Kuss zurück: zum Zeichen, dass der Teufel nur durch Liebe, die Rabulistik -ein einmaliger Fall bei Dostojewski! –nur durch Verstummen zu besiegen sei. (Küng/Jens, S. 278)

Der Kuss ist die Antwort und in der Nachfolge dieses Kusses küsst am Ende Aljoscha seinen Bruder Iwan, der Reine gibt dem von der dämonischen Macht Angegriffenen, dem Sympathisanten des Großinquisitors den Bruderkuss. Es ist ein Kuss aus dem Geist der Versöhnung, es ist ein Kuss, der der Wahrheit Raum gibt und sie nicht einfach erzwingt, es ist ein Kuss der Liebe, ein Kuss , der aus der Gottesliebe geboren ist, die sich zum Gottlosen erbarmend herab neigt und ihn zu retten sucht.

E: „In der Legende werden zwei Weltprinzipien einander gegenübergestellt und stoßen aneinander: Freiheit und Zwang, Glaube an den Sinn des Lebens und Verneinung dieses Sinnes, göttliche Liebe und gottloses Mitleid mit den Menschen, Christus und der Antichrist... Der Mensch wird vor das Dilemma gestellt: Freiheit oder Glück, Wohlergehen und Aufbau des Lebens; Freiheit mit Leid oder Glück ohne Freiheit.“(Berdjajew, 170f)

Das Christentum Dostojewskis ist ein neues Christentum, ein johanneisches Christentum der Auferstehungsfreude, wie es in Sossima schon anklang: „Brüder, nicht fürchtet die Sünde im Menschen, auch in seiner Sünde liebet den Menschen, denn solches ist schon ein Gleichnis der göttlichen Liebe und ist die höchste auf Erden mögliche Liebe. Liebet die ganze Schöpfung Gottes, das Ganze liebet und ein jegliches Staubkörnchen. Ein jedes Blättchen, einen jeden Strahl Gottes liebet; liebet die Tiere, liebet die Pflanzen, liebet ein jegliches Ding. Und so ihr liebet ein jegliches Ding, werdet ihr Gottes Geheimnis in den Dingen schauen.“ „Liebe es, auf die Erde niederzusinken und sie zu küssen, küsse die Erde und liebe sie unermüdlich, unstill-

bar; alle liebe, alles liebe, suche dieses Entzücken und diese Verzückung suche. Netze die Erde und liebe diese deine Tränen.
Und schäme dich nicht solcher Verzückung, lass sie dir teuer sein, denn sie ist eine Gabe Gottes."
Literatur: F.Dostojewski, Der Großinquisitor (mit Anmerkungen von Ludolf Müller, Wewel Verlag, München,1985
W.Berdjajew, Die Weltanschauung Dostojewskis, München 1925H. Küng/W. Jens, Dichtung und Religion, München 1985 (TB 1988
)W.Rehm, Experimentum medietatis, München 1947

Auszug aus: Der Großinquisitor
Aus: F.M. Dostojewskij, „Die Brüder Karamasow"

„Du wirst also mein erster Leser sein oder vielmehr Zuhörer. Nein, in der Tat, warum soll sich ein Autor einen Zuhörer entgehen lassen!" meinte Iwan, über sich selbst lächelnd. „Soll ich es also erzählen?"
„Ich bin sehr gespannt!" sagte Aljoscha.
„Meine Dichtung heißt ‚Der Großinquisitor' - eine absurde Geschichte, aber ich möchte sie dir doch einmal erzählen. Natürlich geht es auch hier nicht ohne Vorrede, das heißt, ohne ein literarisches Vorwort, - hol' s der Kuckuck!" begann Iwan heiter, „und schließlich, was bin ich denn überhaupt für ein Dichter!

Also: meine Handlung spielt im sechzehnten Jahrhundert, damals aber - das muss dir übrigens von der Schule her bekannt sein -, damals war es allgemein üblich, in poetischen Darstellungen die himmlischen Mächte auf die Erde herabsteigen zu lassen. Von Dante will ich nicht weiter reden. In Frankreich pflegten die Schreiber der damaligen Gerichtshöfe und auch die Mönche in den Klöstern ganze Aufführungen zu veranstalten, in denen auf der Bühne die Madonna, Engel, Heilige, Christus und Gott selber erschienen. Damals geschah das alles ganz naiv. Auch bei uns in Moskau wurden früher fast genau solche Aufführungen veranstaltet, vornehmlich nach Stoffen aus dem Alten Testament. Zurzeit dieser dramatischen Aufführungen waren denn auch überall viele Geschichten dieser Art in Umlauf, so genannte Poeme und Gedichte, in denen je nach Bedarf Heilige, Engel und womöglich alle himmlischen Mächte mitwirkten. In unseren Klöstern wurden diese Werke vielfach übersetzt und abgeschrieben oder man verfasste ganz neue, und weißt du auch, wann bereits? Zur Zeit des Tatarenjochs. Es gibt zum Beispiel ein Klosterpoem, natürlich aus dem Griechischen: Der Gang der Gottesmutter durch die Qualen, von einer Kühnheit der Fantasie, die der eines Dante wirklich nicht nachsteht. Die Gottesmutter steigt hinab in die Hölle, und der Erzengel Michael führt sie durch die ‚Qualen'. Sie sieht alle Sünder in ihrer Pein, unter anderem gibt es dort auch eine äußerst bemerkenswerte Kategorie von Sündern in einem brennenden See: diejenigen, welche in diesem See bereits so tief versunken sind, dass sie nicht mehr an die Oberfläche kommen können. Von denen heißt es, dass selbst ‚Gott sie bereits vergisst' - ein Ausdruck von ungewöhnlicher Tiefe und Kraft. Und da fällt die erschütterte Gottesmutter weinend vor dem Thron des Höchsten nieder und bittet um Vergebung für alle, die sie dort in der Hölle gesehen hat - für alle, ohne Ausnahme. Ihr Gespräch mit Gott ist ungeheuer interessant. Sie fleht, sie hört nicht auf zu flehen, und wie Gott auf die durchbohrten Hände und Füße ihres Sohnes weist und sie fragt: ‚Wie soll ich denn Seinen Peinigern vergeben?' da befiehlt sie allen Heiligen, allen Märtyrern, allen Engeln und Erzengeln, gleichfalls niederzuknien und mit ihr vereint um die Begnadigung aller ohne Unterschied zu bitten. Es endet damit, dass sie von Gott die Einstellung der Qualen in jedem Jahr von Karfreitag bis zum Pfingstfest erlangt. Und da ertönt aus der Hölle der Dank und der Lobgesang der Sünder, die laut zu ihm empor rufen: ‚Gerecht bist Du, o Herr, da Du also gerichtet hast!' Von dieser Art wäre nun auch mein Poem gewesen, wenn ich es in jener Zeit verfasst hätte.

Bei mir erscheint auf der Bühne - Er. Allerdings spricht Er kein Wort. Er erscheint nur und geht vorüber. Fünfzehn Jahrhunderte sind seit Seinem ersten Erscheinen vergangen, seit der Zeit, da Er den Menschen verhieß, wiederzukommen und sein Reich auf Erden zu errichten, fünfzehn Jahrhunderte seit der Zeit, da Er, wie sein Jünger uns berichtet, verhieß, als Er noch unter ihnen wandelte: ‚Wahrlich, ich komme bald. Von jenem Tage aber und der Stunde weiß nicht einmal der Sohn, nur allein mein himmlischer Vater.' Doch die Menschheit wartet auf Ihn noch mit demselben Glauben und mit derselben Ergriffenheit wie seit je. O, sogar mit noch größerem Glauben wartet sie auf ihn, denn schon sind anderthalb Jahrtausende verflossen, seit der Himmel aufhörte, dem Menschen sichtbare Unterpfande zu geben: ‚Was das Herz dir zuraunt, dem allein nur traue: Der Himmel gibt kein Unterpfand dem Menschen.'

Geblieben war einzig und allein der Glaube an das, wonach das Herz verlangt! Freilich, es geschahen damals wohl noch viele Wunder. Es gab Heilige, die wunderbare Heilungen vollbrachten, und zu manchen frommen Einsiedlern stieg die Himmelskönigin in eigener Person herab, wie wir aus vielen Lebensgeschichten wissen.

Aber der Teufel schlummert ja nie, und schon begannen in der Menschheit Zweifel an der Echtheit dieser Wunder aufzutauchen. Im Norden, in Deutschland, verbreitete sich gerade damals eine furchtbare neue Ketzerei. Ein großer Stern, gleichwie eine Leuchte (damit ist die Kirche gemeint), fiel auf die Quellen der Wasser, und siehe, das Wasser ward bitter'.

Diese Sekten begannen gotteslästerlich die Wunder zu leugnen. Aber um so glühender glauben die Treugebliebenen. Die Tränen der Menschen steigen nach wie vor zu Ihm empor, man erwartet Ihn, man liebt Ihn, man hofft auf Ihn, wie vordem... Und schon so viele Jahrhunderte haben die Menschen in feurigem Glauben zu Ihm gebetet und Ihn angerufen: ‚Herr, erscheine uns!‘, dass er in Seinem unermesslichen Mitleid zu den Flehenden herabsteigen will. Er war aber auch vordem schon manchmal herabgestiegen und hatte etliche Gerechte, Märtyrer und heilige Einsiedler besucht, wie es in deren Lebensgeschichten geschrieben steht. Bei uns hat Tjutschew das Gleiche von Russland bezeugt, und er hat selber aus tiefstem Herzensgrunde an die Wahrheit seiner Worte geglaubt in der Strophe: Dich, mein Heimatland, hat der Himmelskönig wohl in Knechtsgestalt von der Kreuzeslast tief gebeugt durchwandert und dabei gesegnet dich, mein Land. Was auch tatsächlich so geschehen ist, das sage ich dir von mir aus. Und so will Er denn in Seiner Barmherzigkeit wenigstens auf einen Augenblick zum Volk hinabsteigen, zu dem sich quälenden, dem leidenden, schmutzig-sündigen, doch kindlich ihn liebenden Volk.

Die Handlung spielt bei mir in Spanien, in Sevilla, zur schrecklichsten Zeit der Inquisition, als dort zum Ruhme Gottes täglich Scheiterhaufen auf zum Himmel flammten und man ‚In prunkvollem Autodafé Verruchte Ketzer verbrannte‘.

O, das war natürlich nicht jene Wiederkunft, in der Er nach Seiner Verheißung am Ende der Zeiten erscheinen wird: in himmlischer Glorie, plötzlich, ‚gleichwie der Blitz leuchtet von Osten bis Westen‘.

Nein, diesmal will er nur auf einen Augenblick seine Kinder wiedersehen, und zwar gerade dort, wo die Scheiterhaufen der Ketzer prasseln. In unermesslichem Erbarmen kommt Er zu ihnen noch einmal in derselben menschlichen Gestalt, in der Er einst dreiunddreißig Jahre lang unter den Menschen gewandelt, vor anderthalb Jahrtausenden. Er steigt hinab auf die glühenden Plätze der südlichen Stadt, wo gerade erst tags zuvor im Beisein des Königs, des Hofes, aller Granden und Kirchenfürsten und der reizendsten Damen der Hofgesellschaft, vor den Augen der zahlreichen Einwohnerschaft Sevillas vom greisen Kardinal- Großinquisitor fast ein volles Hundert Ketzer ad majorem gloriam Dei auf einmal verbrannt worden war. Er ist ganz still und unbemerkt erschienen, aber alle - sonderbar ist das -, alle erkennen ihn. Das könnte eine der besten Stellen der Dichtung sein, ich meine dies: woran Ihn alle erkennen. Eine unwiderstehliche Macht zieht das Volk zu Ihm hin; es umringt Ihn, wächst mehr und mehr um Ihn an und folgt Ihm, wohin Er geht. Er aber wandelt stumm unter ihnen mit einem stillen Lächeln unendlichen Mitgefühls.

Die Sonne der Liebe brennt in Seinem Herzen, Strahlen von Licht, Erleuchtung und Kraft strömen aus Seinen Augen, und alle, über die sie sich ergießen, sind ergriffen von Gegenliebe zu Ihm. Er streckt ihnen die Hände entgegen, Er segnet sie, und von der Berührung Seiner Hände, ja schon von der Berührung seines Gewandes geht heilende Kraft aus. Da ruft aus der Menge ein Greis, der von Kindheit an blind ist, Ihn, der vorübergeht, laut an: ‚Herr, heile mich, - auf dass auch ich Dich schaue!‘ Und siehe, es fällt wie Schuppen von seinen Augen, und der Blinde sieht Ihn. Das Volk weint und küsst die Erde, über die Er geschritten ist. Kinder streuen vor Ihm Blumen, jauchzen und rufen: ‚Hosianna!'

‚Das ist Er, Er selbst!' raunt sich das Volk immer lauter und lauter zu, ‚das muss Er sein, das kann kein anderer sein als Er!'

Vor dem Portal der Kathedrale von Sevilla bleibt Er stehen, da man gerade unter Weinen und Wehklagen einen offenen weißen Kindersarg in den Dom trägt: im Sarge liegt das tote siebenjährige Töchterchen eines vornehmen Bürgers, sein einziges Kind. Man hat es ganz in Blumen gebettet. ‚Er wird dein Kind erwecken!', ruft man aus der Menge der weinenden Mutter zu. Der Geistliche, der aus der Kathedrale dem Sarg entgegentritt, bleibt verwundert stehen und runzelt die Stirn. Aber die Mutter des toten Kindes wirft sich Ihm zu Füßen und ruft: Bist Du es, so erwecke mein Kind!' und flehend hebt sie die Hände zu Ihm empor.

Alles bleibt stehen, der kleine Sarg wird vor dem Portal der Kathedrale zu Seinen Füßen nieder gestellt. Voll Mitleid blickt er auf das tote Kind, und Seine Lippen sprechen leise abermals: ‚Talitha kumi' - Stehe auf, Mädchen. Und das Mädchen erhebt sich im Sarge, setzt sich auf und blickt lächelnd mit weit offenen verwunderten Äuglein um sich. Ihre Hände pressen die weißen Rosen, mit denen sie im Sarge lag, an die Brust. Im Volke Bestürzung, man schreit und schluchzt, und gerade da, in diesem Augenblick, geht über den Platz der Kathedrale der Kardinal-Großinquisitor. Er ist ein fast neunzigjähriger Greis, groß und aufrecht, mit vertrocknetem Gesicht, eingesunkenen Augen, in denen aber noch ein Glanz blinkt wie ein Feuerfunke.

Oh, nicht in seinem prächtigen Kardinalsgewande geht er vorüber, in den leuchtenden Farben, in denen er gestern vor dem Volke geprunkt hat, als er die Feinde des römischen Glaubens den Flammen übergab, - nein, in diesem Augenblick trägt er nur seine alte, grobe Mönchskutte. Ihm folgen in angemessenem Abstand seine finsteren Gehilfen und Diener und die heilige Wache. Angesichts des Gedränges vor dem Portal, bleibt er stehen und beobachtet von ferne. Er hat gesehen, wie der Sarg vor Seine Füße gestellt ward. Er sieht, wie das Mädchen aufersteht, und sein Gesicht verfinstert sich. Er runzelt die grauen, buschigen Brauen, und sein Blick erglüht unheilverkündend. Er streckt den Finger aus und befiehlt der Wache, Ihn zu ergreifen. Und siehe, so groß ist seine Macht, und bereits so gut abgerichtet, unterworfen und zitternd gehorsam ist ihm das Volk, dass es vor den Wachen wortlos zurückweicht und diese, inmitten der Grabesstille, Hand an Ihn legen und Ihn wegführen lässt. Und jäh beugt sich die ganze Menge, wie ein Mann, bis zur Erde vor dem greisen Großinquisitor, der segnet schweigend das kniende Volk und geht stumm vorüber. Die Wache führt den Gefangenen in ein enges, dunkles, gewölbtes Verlies im alten Palast des Heiligen Tribunals und schließt ihn dort ein. Der Tag vergeht, es wird Nacht: dunkle, glühende, hauchlose sevillanische Nacht. Die Luft ist schwer von Lorbeer und Orangenduft.

Da, im Dunkel der tiefen Nacht öffnet sich plötzlich die eiserne Tür des Verlieses, und mit der Leuchte in der Hand tritt er, der Greis, der Großinquisitor, langsam über die Schwelle. Er ist allein, hinter ihm schließt sich die Tür. Er steht und blickt lange - eine oder zwei Minuten lang - Ihm ins Gesicht. Endlich tritt er leise näher, stellt die Leuchte auf den Tisch und spricht zu Ihm:

‚Bist Du es? Du?‘ Und da er keine Antwort erhält, fügt er schnell hinzu: Antworte nicht, schweige. Und was könntest Du auch sagen? Ich weiß nur allzu gut, was Du sagen kannst.

Aber Du hast nicht einmal das Recht, noch etwas dem hinzuzufügen, was von Dir schon damals gesagt worden ist. Warum also bist Du gekommen, uns zu stören? Denn Du bist uns stören gekommen! Das weißt Du selbst. Aber weißt Du auch, was morgen geschehen wird?

Ich weiß nicht, wer Du bist und will es auch nicht wissen: bist Du‘s wirklich, oder bist Du nur Sein Ebenbild? Aber morgen noch werde ich Dich richten und Dich als den ärgsten aller Ketzer auf dem Scheiterhaufen verbrennen, und dasselbe Volk, das heute noch Deine Füße geküsst hat, wird morgen auf einen einzigen Wink meiner Hand zu Deinem Scheiterhaufen hinstürzen, um eifrig die glühenden Kohlen zu schüren, weißt Du das? Ja, vielleicht weißt Du es, fügt er in sinnendem Nachdenken hinzu, ohne auch nur für eine Sekunde den Blick von seinem Gefangenen abzuwenden.“

„Ich verstehe nicht ganz, Iwan, - was soll das?“ fragte Aljoscha, der die ganze Zeit schweigend zugehört hatte, jetzt lächelnd. „Es ist ja wahr“, sagte Iwan lachend, „der Alte ist doch ein neunzigjähriger Greis und hat vielleicht schon längst über seiner Idee den Verstand verloren. Der Gefangene aber könnte ihn auch durch sein Aussehen verwirrt haben.

Schließlich könnte es sich auch einfach um Fieberdelirien vor dem Sterben handeln, um eine Halluzination des neunzigjährigen Greises, dessen Nerven zudem noch von dem gestrigen Flammentode der hundert Ketzer erregt sind. Aber kann es denn uns beiden nicht ganz gleich sein, ob es eine Verwechslung oder uferlose Phantasie ist? Hier handelt es sich doch nur darum, dass der Alte sich endlich aussprechen muss! Er muss doch wenigstens einmal das aussprechen, worüber er die ganzen neunzig Jahre geschwiegen hat.“

„Und der Gefangene schweigt gleichfalls? Sieht ihn an und sagt kein Wort?“

„Kein einziges Wort, und so muss es sogar unbedingt sein“, sagte Iwan wieder lachend. „Der Alte sagt Ihm doch selbst, dass Er nicht einmal das Recht habe, etwas dem hinzuzufügen, was Er schon früher gesagt hat. Wenn du willst, so liegt gerade darin der Grundzug des römischen Katholizismus, wenigstens nach meiner Auffassung. Mit anderen Worten: Alles ist von Dir dem Papst übergeben, (selbe Taktik wie bei BRD eine Firma das Konstrukt) folglich ist jetzt alles beim Papste, Du aber komme jetzt lieber überhaupt nicht wieder, oder störe wenigstens nicht vor der Zeit. In diesem Sinne reden sie ja nicht nur, sondern schreiben sie sogar, wenigstens die

Jesuiten. Ich habe das selbst in den Schriften ihrer Theologen gelesen.

‚Hast Du das Recht, uns auch nur eines der Geheimnisse jener Welt, aus der Du gekommen bist, aufzudecken?‘ fragt Ihn mein Greis, und er gibt selbst statt Seiner die Antwort: ‚Nein, dieses Recht hast Du nicht, denn das hieße Neues zu dem, was schon früher gesagt worden ist, hinzufügen und den Menschen die Freiheit nehmen, für die Du damals so eintratest, als Du auf Erden wandeltest. Alles, was Du neu verkünden würdest, wäre jetzt ein Anschlag auf die Glaubensfreiheit der Menschen, denn es würde nun als Wunder in Erscheinung treten, gerade ihre Glaubensfreiheit aber war Dir doch das Teuerste, damals vor anderthalb Jahrtausenden.

Hast Du nicht damals so oft gesagt: ‚Ich will euch freimachen? ‚Jetzt hast Du sie gesehen, diese ‚freien‘ Menschen!‘, fügt der Greis plötzlich mit sinnendem Spottlächeln hinzu. ‚Ja, die Sache ist uns teuer zu stehen gekommen‘, fährt er fort, indem er Ihn mit strengem Blick ansieht; ‚aber wir haben das Werk schließlich zu Ende geführt, in Deinem Namen. Anderthalb Jahrtausende haben wir uns mit dieser Freiheit abgequält, doch jetzt ist das überwunden, und zwar endgültig! Du glaubst nicht, dass es endgültig bewältigt ist? Du blickst mich milde an und würdigst mich nicht einmal deines Unwillens? So höre denn, dass gerade jetzt diese Menschen mehr denn je überzeugt sind, vollkommen frei zu sein, und dabei haben sie doch selber ihre Freiheit zu uns gebracht und sie gehorsam und unterwürfig uns zu Füßen gelegt. Aber das ist unser Werk. Oder war es das, was auch Du wolltest, war es diese Freiheit?‘...“

„Ich verstehe wieder nicht“, unterbrach ihn Aljoscha, „ist das von ihm ironisch gesagt, macht er sich lustig?“

„Keineswegs! Er rechnet es sich und den Seinen im Ernst als Verdienst an, dass sie endlich einmal die Freiheit überwunden haben, und dass sie dies nur zu dem einen Zweck getan: um die Menschen glücklich zu machen. Denn erst jetzt (er meint damit natürlich die Inquisition) ist es zum ersten Mal möglich, auch an das Glück der Menschen zu denken. Der Mensch war als Rebell geschaffen; aber können denn Rebellen glücklich sein?

‚Du wurdest gewarnt‘, sagt der Greis zu Ihm, ‚es fehlte Dir nicht an Warnungen und Fingerzeigen, aber Du achtetest der Warnungen nicht, und Du verschmähtest den einzigen Weg, auf dem man die Menschen hätte glücklich machen können. Du verwarfst ihn, aber zum Glück gingst Du fort und übergabst die Arbeit uns. Du versprachst - und hast es bestätigt und gabst uns das Recht, zu binden und zu lösen, und kannst es Dir selbstverständlich nicht einfallen lassen, dieses Recht uns jetzt wieder zu nehmen. Warum also bist Du uns stören gekommen?‘

„Was bedeutet das: Es fehlte Dir nicht an Warnungen und Fingerzeigen?“ fragte Aljoscha.“Aber gerade das ist ja das Wichtigste, was der Alte auszusprechen hat, sagte Iwan.

„Und der Greis fährt fort: ,Der furchtbare und kluge Geist, der Geist der Selbstvernichtung und des Nichtseins, der große Geist sprach zu Dir in der Wüste, und wie die Schriften uns überliefern, habe er Dich - ,versucht'. War das so?

Und wäre es möglich, etwas Wahreres zu sagen als das, was er Dir in seinen drei Fragen vorlegte, und was Du verwarfst, und was in den Schriften ,Die Versuchungen' genannt wird?

Indes, wenn jemals auf Erden ein wirkliches, wie ein Donnerschlag erschütterndes Wunder geschehen ist, so geschah es an jenem Tage, am Tage dieser drei Versuchungen! Schon im Auftauchen dieser drei Fragen bestand das Wunder. Wenn es möglich wäre, sich das einmal vorzustellen, nur so zur Probe und als Beispiel, dass diese drei Fragen des furchtbaren Geistes aus den Büchern spurlos verschwänden, und dass man sie also von neuem erdenken und formulieren müsste, um sie wieder in die Schriften einzutragen, und zu dem Zweck alle Weisen der Erde, Regenten, Erzpriester, Gelehrte, Philosophen, Dichter versammelte und zu ihnen sagte: Löst die Aufgabe, denkt euch drei Fragen aus, aber solche, die nicht nur der Größe des Vorgangs entsprechen, sondern zugleich in nur drei Worten, drei einfachen Sätzen der Menschensprache die ganze zukünftige Welt- und Menschheitsgeschichte enthalten und voraussagen!

Glaubst Du, alle Weisheit der Erde vermöchte etwas zu ersinnen, das an Kraft und Tiefe jenen drei Fragen, die Dir der mächtige und kluge Geist in der Wüste tatsächlich vorgelegt hat, auch nur annähernd gleichkäme? Schon allein an diesen Fragen, schon an dem Wunder ihres Erscheinens, kann man begreifen, dass man es hier nicht mit vergänglichem Menschenverstand zu tun hat, sondern mit dem ewigen und absoluten Geist. Denn wahrlich, in diesen drei Fragen ist die ganze weitere Menschengeschichte gleichsam zu einem Ganzen zusammengefasst und vorhergesagt, und sind drei Bilder gegeben, in denen alle auf der ganzen Erde unlösbaren historischen Widersprüche der Menschennatur offenbart sind. Damals konnte das noch nicht so sichtbar sein, denn die Zukunft war unbekannt. Jetzt aber, nach fünfzehn Jahrhunderten, sehen wir in diesen drei Fragen alles dermaßen richtig erraten und vorausgesagt und in Erfüllung gegangen, dass sich weder etwas hinzufügen, noch etwas abstreichen lässt. Entscheide selbst, wer damals recht hatte: Du oder jener, der Dich damals befragte? Erinnere Dich der ersten Frage. Ihr Sinn, wenn auch nicht ihr Wortlaut, war folgender: Du willst in die Welt gehen und gehst mit leeren Händen, mit irgendeiner Freiheitsverheißung, die sie in ihrer Einfalt und angeborenen Zuchtlosigkeit nicht einmal begreifen können, vor der sie sich fürchten und die sie schreckt, denn für den Menschen und die menschliche Gemeinschaft hat es niemals und nirgends etwas Unerträglicheres gegeben als die Freiheit! Siehst du dort jene Steine in dieser nackten, glühenden Wüste? Verwandle sie in Brote, und die Menschheit wird Dir wie eine Herde nachlaufen, wie eine dankbare und gehorsame Herde, wenn sie auch ewig zittern wird vor Angst, Du könntest Deine Hand zurückziehen, und Deine Brote würden dann ein Ende nehmen.

Du aber wolltest den Menschen nicht der Freiheit berauben, und Du verschmähtest den Vorschlag, denn was ist das für eine Freiheit, dachtest Du, wenn der Gehorsam mit Broten erkauft wird? Und Deine Antwort war: ‚Der Mensch lebt nicht vom Brot allein... , Aber weißt Du auch, dass im Namen dieses irdischen Brotes der Geist der Erde sich gegen Dich erheben, mit Dir kämpfen und Dich besiegen wird, und dass alle ihm folgen und ausrufen werden: Wer gleicht wohl jenem Ungeheuer, das uns das Feuer vom Himmel gab!

Weißt Du auch, dass Jahrhunderte vergehen werden und die Menschheit durch den Mund ihrer Weisheit und Wissenschaft verkünden wird, dass es Verbrechen überhaupt nicht gäbe, und folglich auch keine Sünde, es gäbe nur Hungrige. ‚Sättige sie zuerst, dann kannst Du von ihnen Tugenden verlangen!‘ werden sie auf ihre Fahne schreiben, die sie gegen Dich erheben und durch die Dein Tempel stürzen wird. An der Stelle Deines Tempels wird sich ein neues Bauwerk erheben, wird wieder der schreckliche babylonische Turm gebaut werden, und wenn er auch wie der erste nicht vollendet werden wird, so hättest Du doch diesen neuen Turmbau ersparen und die Leiden der Menschen um tausend Jahre abkürzen können, - denn zu wem sonst, wenn nicht zu uns, sollen sie kommen, nachdem sie sich tausend Jahre lang mit ihrem Turmbau abgequält haben! Sie werden uns wiederaus den Erdlöchern hervor suchen, uns, die in den Katakomben sich Verbergenden - denn man wird uns wieder verfolgen und martern -, sie werden uns finden und uns anflehen: ‚Sättigt uns, denn die, so uns das Feuer vom Himmel versprachen, haben es uns nicht gegeben.‘ Und dann werden schon wir ihren Turm vollenden, denn vollenden wird derjenige, der den Hunger stillt den Hunger aber stillen werden nur wir, in Deinem Namen, und wir werden lügen, dass es in Deinem Namen geschehe. O, niemals, niemals werden sie ohne uns ihren Hunger stillen können! Keine Wissenschaft wird ihnen Brot geben, solange sie frei bleiben, und so wird es denn damit enden, dass sie ihre Freiheit uns zu Füßen legen und sagen werden: ‚Knechtet uns lieber, aber macht uns satt.‘

Sie werden schließlich begreifen, dass Freiheit für alle unvereinbar ist mit genügend irdischem Brot für jeden, denn nie, nie werden sie unter sich zu teilen verstehen. Sie werden auch einsehen, dass sie nie werden frei sein können, denn sie sind schwach, lasterhaft, nichtig, und sind Rebellen! Du versprachst ihnen himmlisches Brot, ich aber frage Dich nochmals:

Kann sich dieses Brot in den Augen des schwachen, ewig verderbten und ewig undankbaren Menschengeschlechts mit irdischem Brote messen? Und wenn Dir um des himmlischen Brotes willen Tausende und Zehntausende nachfolgen, was soll dann mit den Millionen und Milliarden von Wesen geschehen, die nicht die Kraft haben, das Erdenbrot um des Himmelsbrotes willen zu verschmähen? Oder sind Dir nur die Zehntausende der Großen und Starken teuer, die übrigen Millionen aber, die, zahllos wie der Sand am Meer, wohl schwach sind, aber dennoch Dich lieben, sollen die dann nur als Material für die Großen und Starken dienen?

Nein, uns sind auch die Schwachen teuer. Sie sind lasterhaft und sind Empörer, aber gerade sie werden gehorsam werden. Sie werden sich über uns wundern und uns für Götter halten, weil wir, die wir uns an ihre Spitze stellen, bereit sind, die Freiheit zu ertragen, diese Freiheit, vor der sie zurückschrecken, und weil wir bereit sind, über sie zu herrschen, - so schrecklich wird es ihnen zum Schluss werden, frei zu sein. Aber wir werden sagen, wir gehorchten Dir und herrschten nur in Deinem Namen. Wir werden sie wieder betrügen, denn Dich werden wir nicht mehr zu uns einlassen. Und in diesem Betrug wird unsere Pein bestehen, denn wir werden lügen müssen.

Das war es, was diese erste Frage in der Wüste bedeutete, und was Du im Namen der Freiheit, die Du über alles stelltest, verschmäht hast. Indessen lag in dieser Frage das große Geheimnis dieser Welt. Hättest Du diese ‚Brote‘ angenommen, so hättest Du die Menschen von einer ewigen Sorge erlöst, denn Du hättest diese eine Frage, die wichtigste jedes einzelnen Menschen wie der ganzen Menschheit, die so sehnsüchtig nach Antwort verlangt, beantwortet, - die Frage: ‚Was sollen wir anbeten?‘ Es gibt keine unaufhörlichere und quälendere Sorge für den freigebliebenen Menschen, als den finden, vor dem er sich beugen kann.

Aber der Mensch sucht sich nur vor so etwas zu beugen, das bereits keinem Zweifel an seine Anbetungswürdigkeit unterworfen ist, auf das alle Menschen sofort gleichfalls bereit seien, dasselbe gemeinsam anzubeten. Und also wird es sein bis zum Ende der Welt, selbst dann, wenn aus der Welt die Götter verschwinden: gleichviel, dann wird man sich vor Götzen niederwerfen.

So siehe denn, was Du weiter getan hast. Und alles wiederum im Namen der Freiheit! Ich sage Dir, der Mensch kennt keine quälendere Sorge als die, einen zu finden dem er möglichst schnell jenes Geschenk der Freiheit, mit dem er als unglückliches Geschöpf geboren wird, übergeben kann. Aber die Freiheit der Menschen beherrscht nur der, der ihr Gewissen beruhigt. Mit dein Brote wurde Dir eine unbestreitbare Macht angeboten: gibst Du Brot, so wird sich der Mensch vor Dir beugen, denn es gibt nichts Überzeugenderes als Brot; wenn aber zu gleicher Zeit irgendein anderer hinter Deinem Rücken sein Gewissen erobert - o, dann wird er selbst Dein Brot verlassen und jenem folgen, der sein Gewissen umstrickt.

Darin hattest Du recht. Denn das Geheimnis des Menschenlebens liegt nicht im bloßen Dasein, sondern im Zweck des Lebens. Ohne eine feste Vorstellung davon, wozu er leben soll, wird der Mensch gar nicht leben wollen, und er wird sich eher vernichten, als dass er auf Erden leben bliebe - selbst dann nicht, wenn um ihn herum Brote in Fülle wären. Das ist nun einmal so. Aber was ergab sich aus Deiner Weigerung? Anstatt die Freiheit der Menschen unter Deine Herrschaft zu beugen, hast Du sie ihnen noch vergrößert! Oder hattest Du vergessen, dass Ruhe und selbst der Tod dem Menschen lieber sind als freie Wahl in der Erkenntnis von Gut und Böse?

Es gibt nichts Verführerischeres für den Menschen als die Freiheit seines Gewissens, aber es gibt auch nichts Quälenderes für ihn. Und siehe, anstatt fester Grundlagen zur Beruhigung des menschlichen Gewissens ein für allemal - wähltest Du alles, was es Seltsames, Zweifelhaftes und Unsicheres gibt, nahmst Du alles, was über die Kräfte der Menschen ging, und handeltest daher, als liebtest Du sie überhaupt nicht. Wer aber war es, der das tat? Der, der gekommen war, Sein Leben für sie hinzugeben! Dich gelüstete nach der freien Liebe des Menschen, auf das er Dir frei folge, von Dir verführt und berückt. Statt nach dem festen alten Gesetz, sollte der Mensch hinfort mit, freiem Herzen selbst entscheiden, was Gut und was Böse ist, wobei er als einzige Richtschnur nur Dein Vorbild hätte. Aber hast Du wirklich nicht daran gedacht, dass er schließlich auch Dein Vorbild verwerfen und Deine Wahrheit bestreiten wird, wenn man ihn mit einer so furchtbaren Last, wie der Freiheit der Wahl, bedrückt? Die Menschen werden ausrufen, dass die Wahrheit nicht in Dir sei, denn es war unmöglich, sie in größerer Verwirrung und Qual zurückzulassen, als Du es getan hast, da Du ihnen so viel Sorgen und unlösbare Aufgaben hinterließest. Auf diese Weise hast Du selbst den Grund gelegt zum Sturze Deines Reiches, und so beschuldige denn auch niemand anderen. Was aber wurde Dir angeboten? Es gibt drei Mächte, es sind die einzigen drei Mächte auf Erden, die das Gewissen dieser kraftlosen Empörer zu ihrem Glück auf ewig besiegen und bannen können, - das sind: das Wunder, das Geheimnis und die Autorität. Du verwarfst das eine wie das andere und auch das dritte, und zeigtest dies deutlich im Beispiel.

Als der furchtbare und allwissende Geist Dich auf die Zinne des Tempels führte und zu Dir sprach: ‚Wenn Du wissen willst, ob Du Gottes Sohn bist, so stürze Dich hinab, denn es ist gesagt von Ihm, dass Engel Ihn auffangen und tragen würden, damit Er seinen Fuß an keinen Stein stoße: dann wirst Du erfahren, ob Du Gottes Sohn bist, und wirst damit beweisen, wie groß Dein Glaube an Deinen Vater ist‘, da wiesest du die Versuchung von Dir, Du unterlagst ihr nicht und stürztest Dich nicht hinab.

O, gewiss, Du handeltest stolz und erhaben wie ein Gott, aber sind denn die Menschen, sind denn diese schwachen Geschöpfe mit den Empörerinstinkten, - sind denn das Götter? O, Du wusstest gar wohl, dass Du, wenn Du nur einen Schritt getan hättest, nur eine Bewegung, um Dich hinabzustürzen, Du sofort Gott versucht und Deinen ganzen Glauben an ihn verloren hättest und an der Erde zerschellt wärest, an derselben Erde, die zu retten Du gekommen warst, und der kluge Geist, der Dich versuchte, hätte seine Freude daran gehabt. Ich aber frage Dich nochmals: gibt es denn viele solcher wie Du? Und hast Du wirklich auch nur einen Augenblick glauben können, dass auch die Menschen einer ähnlichen Versuchung widerstehen würden? Ist denn die Natur des Menschen so beschaffen, dass er das Wunder verschmähen und selbst in so furchtbaren Augenblicken, wenn die Seele vor den tiefsten und letzten, schrecklichsten und quälendsten Fragen steht, mit der freien Entscheidung seines

Herzens allein bleiben könnte?

Oh, Du wusstest, dass Deine Tat in den Schriften aufbewahrt werden und auch noch die letzte Tiefe der Zeiten und die letzten Grenzen der Erde erreichen wird, und Du hofftest, dass der Mensch, wenn er Dir folgt, bei Gott bleiben und des Wunders nicht bedürfen werde. Aber Du wusstest nicht, dass der Mensch, sobald er das Wunder verwirft, sofort auch Gott verwirft, denn der Mensch sucht nicht so sehr Gott, als er Wunder sucht. Und da der Mensch nicht die Kraft hat, ohne Wunder auszukommen, so wird er sich neue Wunder schaffen, wird sie sich selbst ausdenken und wird die Wundertaten der Zauberer, die Hexerei alter Weiber anbeten, wenn er auch hundertmal Empörer, Ketzer und ein Gottloser ist. Du stiegst nicht herab vom Kreuze, als man Dir mit Spott und Hohn zurief: ‚Steige herab vom Kreuze, und wir werden glauben, dass Du Gottes Sohn bist!‘ Du aber stiegst nicht herab, weil Du wiederum den Menschen nicht durch ein Wunder zum Sklaven machen wolltest, weil Dich nach freiwilliger und nicht nach durch Wunder erzwungener Liebe verlangte. Dich dürstete nach der Liebe freier Menschen, nicht nach knechtischem Entzücken vor der Macht, die dem Sklaven ein für allemal Furcht eingeflößt hat. Aber auch hierin hast Du sie gar zu hoch eingeschätzt, denn Sklaven sind sie, das sage ich Dir, wenn sie auch als Empörer geschaffen sind.

Was will es besagen, dass sie sich jetzt allerorten gegen unsere Macht empören und auf ihre Empörung stolz sind? Das ist der Stolz von Kindern, unreifer Schulknaben. Das sind kleine Kinder, die sich in der Klasse empört und den Lehrer hinausgejagt haben. Aber auch der Triumph der Schulkinder wird ein Ende haben, und er wird ihnen teuer zu stehen kommen. Sie werden sich unter dummen Tränen gestehen, dass der, der sie als Empörer geschaffen hat, sich zweifellos über sie hat lustig machen wollen. Sie werden sich das in Verzweiflung sagen, und ihre Worte werden eine Gotteslästerung sein, die sie noch unglücklicher machen wird, denn die menschliche Natur erträgt keine Gotteslästerung und straft sich zu guter Letzt selbst dafür. Also ist nichts als Unruhe, Verwirrung und Unglück den Menschen zuteil geworden, nachdem Du so viel für ihre Freiheit gelitten hast!

Dein großer Prophet sagt in der Allegorie seiner Vision, er habe alle gesehen, die bei der ersten Auferstehung auferstehen würden, und es seien je zwölf tausend aus jedem Stamm gewesen. Wenn aber ihrer nur so wenige waren, so waren auch sie gewissermaßen nicht Menschen, sondern Heilige, gleichsam Götter. Sie haben Dein Kreuz erduldet, sie haben jahrzehntelang hungrige, nackte Wüste ertragen, sich nur von Heuschrecken und Wurzeln genährt, - und selbstverständlich kannst Du nun stolz auf diese Kinder der Freiheit, der Freiheit in der Liebe und der Freiheit im großen Opfer um Deines Namens willen, hinweisen.

Vergiss aber nicht, dass ihrer im Ganzen nur wenige Tausende waren, und noch dazu lauter Außergewöhnliche, nahezu Götter! Wo aber sind die übrigen? Worin besteht die Schuld der übrigen schwachen Menschen, dass sie nicht dasselbe haben ertragen können, was die Starken ertragen haben?

Worin liegt die Schuld der schwachen Seele, dass es über ihre Kraft geht, so schrecklichen Gaben gewachsen zu sein? Kamst Du denn wirklich nur zu den Auserwählten und um der Auserwählten willen? Wenn es so ist, dann waltet hier ein Geheimnis, das wir nicht fassen können. Wenn es aber ein Geheimnis ist, so waren auch wir im Recht, das Mysterium zu predigen und sie zu lehren, dass nicht der freie Entschluss ihrer Herzen und nicht die Liebe entscheidet, sondern eben das Geheimnis, dem sie blind zu gehorchen haben, und sei es auch gegen ihr Gewissen.

Und so haben wir getan, Wir haben Deine Tat verbessert und sie auf dem Wunder, dem Geheimnis und der Autorität aufgebaut. Und die Menschen freuten sich, dass sie wieder wie eine Herde geführt wurden, und dass von ihren Herzen endlich das ihnen so furchtbare Geschenk, das ihnen so viel Qual gebracht hatte, genommen wurde.

Waren wir im Recht, als wir so lehrten und handelten? Sprich! Haben wir die Menschheit denn nicht geliebt, als wir demütig ihre Ohnmacht einsahen, liebreich ihre Bürde erleichterten und ihrer Kraftarmen Natur sogar zu sündigen erlaubten, allerdings nur mit unserer Genehmigung? Willst Du uns nun stören? Und warum blickst Du mich so stumm und tief mit Deinen milden Augen an?
Zürne mir doch, ich will Deine Liebe nicht, denn auch ich liebe Dich nicht!
Und was sollte ich vor Dir verheimlichen? Oder weiß ich denn nicht, mit wem ich rede? Was ich Dir zu sagen habe, ist Dir längst bekannt, das lese ich in Deinen Augen. Und wozu sollte ich unser Geheimnis vor Dir verbergen? Oder willst Du es vielleicht gerade von meinen Lippen vernehmen? So höre denn: Wir sind nicht mit Dir verbündet sondern mit ihm, das ist unser ganzes Geheimnis! Schon lange sind wir nicht bei Dir, sondern bei ihm, schon seit acht Jahrhunderten. Es sind nun acht Jahrhunderte her, da wir von ihm das nahmen, was Du unwillig von Dir wiesest, jene letzte Gabe, die er Dir anbot, als er Dir alle Reiche der Erde zeigte: wir nahmen von ihm Rom und das Schwert des Kaisers, und wir erklärten, dass nur wir allein die Herren dieser Welt seien, die einzigen Herrscher der Erde, wenn wir auch unser Werk bis jetzt noch nicht vollendet haben. Doch wessen Schuld ist das? O, dieses Werk steckt bis jetzt noch in den Anfängen, aber es ist doch wenigstens der Anfang gemacht. Lange noch wird man auf die Vollendung des Werkes warten müssen, und viel wird die Erde inzwischen leiden, aber wir werden unser Ziel erreichen und werden Kaiser sein, und dann werden wir an das irdische Glück aller Menschen denken. Denn das Bedürfnis nach

der universalen Vereinigung ist die dritte und letzte Qual der Menschen. In der Gesamtheit hat die Menschheit immer danach gestrebt, sich unbedingt welteinheitlich einzurichten. Es hat viele große Völker mit großer Geschichte gegeben, aber je höher diese Völker standen, um so unglücklicher waren sie, denn um so stärker erkannten sie die Notwendigkeit der allweltlichen Vereinigung der Menschen. Große Eroberer, die Timur und die Dschingis-Khan, sind wie gewaltige Wirbelstürme über die Erde gebraust, in dem Bestreben, die Welt zu erobern, und auch sie drückten, wenn auch unbewusst, dasselbe mächtige Bedürfnis der Menschheit nach der allgemeinen und weltumfassenden Vereinigung aus.

Hättest Du das Schwert und den Purpur des Kaisers (Cäsars) angenommen, so hättest Du die Weltherrschaft begründet und der Welt den Frieden gegeben. Denn wahrlich, wer sollte wohl sonst über die Menschen herrschen, wenn nicht diejenigen, die ihr Gewissen und ihre Brote in der Hand haben?

Und so nahmen wir das Schwert des Kaisers, da wir es aber nahmen, verwarfen wir natürlich Dich und folgten ihm. O, es werden noch Jahrhunderte des Unfugs ihres freien Verstandes, ihrer Wissenschaft und Menschenfresserei vergehen - denn wenn sie ihren babylonischen Turm ohne uns beginnen, werden sie mit der Menschenfresserei enden.

Dann aber wird das Tier zu uns heran kriechen, und es wird uns die Füße lecken und sie mit den blutigen Tränen seiner Augen netzen. Und wir werden uns auf das Tier setzen und den Kelch erheben, auf dem geschrieben steht: ‚Geheimnis‘.

Und dann erst, dann erst wird für die Menschen das Reich der Ruhe und des Glücks beginnen.

Es wird Tausende von Millionen glücklicher Kinder geben und nur hunderttausend Leidtragende, die den Fluch der Erkenntnis von Gut und Böse auf sich genommen haben. Still werden sie sterben, still werden sie erlöschen in Deinem Namen und jenseits des Grabes nichts als den Tod finden. Aber wir werden das Geheimnis wahren und werden die Menschen beglücken, indem wir ihnen himmlische und ewige Belohnung verheißen.

Denn selbst wenn es dort in jener Welt etwas geben sollte, so wird es doch selbstverständlich nicht für solche wie sie sein. Man sagt und prophezeit, dass Du kommen und von neuem siegen werdest, dass Du mit Deinen Auserwählten, Deinen Stolzen und Mächtigen kommen wirst. Wir aber werden damit sagen, dass sie nur sich selbst, wir aber alle gerettet haben. Man sagt, dass die Buhlerin, die auf dem Tiere sitzt und in ihren Händen das Geheimnis hält, beschimpft werden wird, dass die Kraftarmen sich wieder empören, das Purpurgewand der großen Buhlerin zerreißen und ihren ‚eklen‘ Leib entblößen werden. Dann aber werde ich mich erheben und, zu Dir gewandt, auf diese Tausende von Millionen glücklicher Kinder, die die Sünde nicht gekannt haben, hinweisen. Und wir, die ihre Sünden auf uns genommen haben, Um sie glücklich zu machen, wir werden dann vor Dich hintreten und Dir sagen:

‚Verurteile uns, wenn Du es kannst und wagst.' Wisse, dass ich keine Furcht vor Dir habe.

Wisse, dass auch ich in der Wüste war, dass auch ich mich von Heuschrecken und Wurzeln genährt, dass auch ich die Freiheit, mit der Du die Menschen gesegnet hattest, segnete, und auch ich mich vorbereitete, zur Zahl Deiner Auserwählten zu gehören, zur Zahl der Mächtigen und Starken, lechzend danach, ‚die Zahl voll zu machen'. Aber ich erwachte und wollte nicht mehr dem Wahnsinn dienen. Ich kehrte zurück und schloss mich der Schar jener an, die Dein Werk verbesserten. Und ich sage Dir nochmals: morgen noch wirst Du diese gehorsame Herde sehen, die auf meinen ersten Wink zu Deinem Scheiterhaufen stürzen wird, um das Feuer zu schüren. Denn auf den Scheiterhaufen bringe ich Dich dafür, dass Du uns stören gekommen bist. Und wahrlich, wenn es einen gegeben hat, der vor allen anderen unseren Scheiterhaufen verdient, so bist Du es. Morgen werde ich Dich verbrennen. Dixi!'"

Iwan hielt inne. Seine Worte hatten ihn mitgerissen und er war in Eifer geraten. Als er aber geendet hatte, lächelte er plötzlich.

Aljoscha hatte ihm schweigend zugehört, doch zum Schluss hin, offenbar nicht wenig erregt, mehrmals den Bruder unterbrechen wollen, sich aber jedes Mal bezwungen. Als Iwan nun plötzlich verstummte, fiel er sofort ein, heftig und hastig, wie ein Mensch, der sich lange hat zurückhalten müssen:

„Aber... das ist doch absurd!" stieß er hervor und wurde rot. „Deine Dichtung ist ein Lob Jesu, aber keine Schmähung... wie du es gewollt hast. Und wer wird dir das von der Freiheit glauben? Muss man sie denn so, so auffassen? Ist denn das die Auffassung der Rechtgläubigkeit? ... Das ist Rom, und nicht einmal ganz Rom, das ist nicht wahr, - das sind nur die Schlechtesten des Katholizismus, Inquisitoren, Jesuiten! ... Und solch einen phantastischen Menschen, wie es dein Inquisitor ist, gibt es überhaupt nicht. Was sind das für Sünden der Menschen, die sie auf sich nehmen? Was sind das für Träger des Geheimnisses, die da irgendeinen Fluch zum Glücke der Menschen auf sich genommen haben?

Wer hat jemals solche gesehen? ... Ja, - womit endet denn deine Dichtung?" fragte er, den Blick zu Boden gesenkt. „Oder ist sie schon zu Ende?"

„Den Schluss habe ich mir damals so gedacht: Nachdem der Inquisitor verstummt ist, wartet er eine Weile, was der Gefangener ihm antworten werde. Dessen Schweigen bedrückt ihn. Er hat gesehen, wie der Gefangene ihm die ganze Zeit anhörte und wie tief und still er ihm in die Augen blickte, offenbar ohne etwas entgegnen zu wollen. Der Greis aber hatte gewünscht, dass Er ihm etwas sage, und wäre es selbst etwas Bitteres, Furchtbares. Er aber näherte sich schweigend dem Greise und küsste ihn still auf die blutleeren, neunzigjährigen Lippen.

Das ist Seine ganze Antwort. Der Greis zuckt zusammen. Und dann erbebt etwas an den Mundwinkeln des greisen Großinquisitors. Er geht zur Tür des gewölbten Verlieses, öffnet sie und sagt zu Ihm: ‚Geh! und komme nie wieder ... komme überhaupt

nicht mehr, nie wieder, nie ...!' Und er lässt Ihn hinaus auf die dunklen Gassen der
Stadt. Der Gefangene geht hinaus."
„Und der Alte?"
„Der Kuss brennt auf seinem Herzen, aber er bleibt bei seiner früheren Idee."
ENDE des OsterSonntag Zitats

Aber da heute ja OsterSonntag ist gibt es dazu folgendes: **Zitat Anfang**
Gibt es eine Alternative zum Osterfest?

Wie kam es, dass Ostern, das nirgends in der Bibel erwähnt wird und Jesu Aposteln
und den ersten Christen unbekannt War, die in der Bibel angeordnete Passahfeier
verdrängt hat? von Mario Seiglie

Wie wurde Osten zu dem populären Fest, das heute nahezu weltweit gefeiert wird?
Haben Sie jemals hinter die Kulissen seiner Entstehung geschaut? Ist es überhaupt
von Bedeutung, die Wahrheit darüber zu kennen? Nun, Jesus Christus selbst sagte,
dass die Wahrheit uns frei machen würde (Johannes 8,32). Er sprach dabei von der
Befreiung von falschen Ideen, die uns verführen, gefangen nehmen und Versklaven.
Wenn wir die Geschichte des Christentums zurückverfolgen, dann finden wir in
Hinblick auf Osten ein bedeutsames Schlüsseldatum: das Jahr 325 n. Chr. In diesem
Jahr hatte der römische Kaiser Konstantin I. in Nicäa eine Versammlung von christ-
lichen Kirchenführern einberufen, an der etwa 250 Bischöfe teilnahmen. Die kleine
Stadt Nicäa liegt heute in der nordwestlichen Türkei in der Nähe von Konstanti-
nopel, dem heutigen Istanbul. Dieses Treffen ging in die Geschichte als das erste
Konzil von Nicäa ein.
Was hat dieses Konzil nun mit Ostern zu tun? In der Tat sehr viel! Denn hier wurden
die Voraussetzungen für die Einführung alternativer Feste geschaffen, die nirgends
in der Bibel zu finden sind. Dazu gehört auch Ostern.
Obwohl man damit die von Gott angeordneten biblischen Festtage abschaffte, zeigt
die Bibel deutlich, welche Festtage von Christen gehalten werden sollten.

Konstantin und das Konzil von Nicäa verwerfen biblische Praktiken

Unter der dominanten Führung von Kaiser Konstantin unterstützte die Mehrheit
der Bischöfe, neben weiteren Streitpunkten, den Ersatz des christlichen Passahs der
Bibel durch Osten.
Man muss hier anfügen, dass dieses neue Fest zur Feier der Auferstehung Jesu
weiterhin Pascha oder Passah genannt wurde, obwohl es mit dem Passah der Bibel
nichts mehr zu tun hatte. Stattdessen war es ein religiöses Fest, das auf heidnischen
Ursprüngen basierte. Erst später wurde es unter der germanischen Bezeichnung

„Osten" bekannt. Dieser Name ist im deutschen Sprachraum bis heute allgemein mit der Auferstehungsfeier verknüpft. In einigen Sprachen wird es aber noch das Passah der Auferstehung genannt, was zur Verwirrung führen kann.

Die Auseinandersetzung über das Passah bzw. Osten in den frühen Jahrhunderten des Christentums ging in die Geschichte als der Osterfeststreit ein. Leider stehen uns heute nur die Zeugnisse der einen Seite zur Verfügung.

In seinem Buch Constantine's Sword behandelt James Caroll das Konzil von Nicäa und erklärt die Motive des römischen Kaisers folgendermaßen: „Unmittelbar nachdem Konstantin als Alleinherrscher an die Macht gekommen war (324 n. Chr), beanspruchte er das Recht, allein absolute Autorität über die gesamte Kirche auszuüben. Sein Vorgehen geschah ungeachtet der Tatsache, dass er nicht getauft war. Er wurde erst unmittelbar vor seinem Tod getauft, was damals nicht ungewöhnlich war" (New York, 2001, Seite 188; alle Hervorhebungen durch uns).

Nach dem genannten Konzil schrie Konstantin einen unverhohlen antisemitischen Brief an die Kirchen im Römischen Reich, in dem er seine Gedanken zur Ostern-Passah-Kontroverse darlegte.

Hier Auszüge aus seinem Brief, in dem er anordnete, dass das biblische Passahfest, das die Juden seit langer Zeit in Erfüllung von Gottes Gebot hielten, von Christen nicht gehalten werden durfte:„Zunächst schien es unwürdig zu sein, jenes hochheilige Fest nach dem Brauch der Juden zu feiern, die ihre Hände durch ihr gottloses Verbrechen befleckt haben und darum mit Recht als Menschen, auf denen Blutschuld lastet, mit Blindheit des Geistes geschlagen sind. Wir können ja, wenn wir deren Gewohnheit zurückweisen, in der richtigeren Ordnung . . ., die Beobachtung dieses Brauches auch auf die Zukunft ausdehnen . . . Nichts soll uns also gemein sein mit dem verhassten Volke der Juden! Denn wir haben vom Erlöser einen andern Weg erhalten, vorgezeichnet ist unserer heiligsten Religion eine Bahn, die gesetzmäßig und gebührend ist, diese wollen wir einmütig einhalten und von jener schimpflichen Gemeinschaft [der Juden] uns trennen, geliebte Brüder" (Eusebius, „Vier Bücher über das Leben des Kaisers Konstantin", 3.18).

Auf den ersten Blick scheint es so, als würde Konstantin nur die Juden jüdischen Glaubens angreifen. Beachten Sie aber, was Mal und Donna Broadhurst aufschlussreich herausstellen: „Die Tatsache, dass die Christenheit niemals religiöse Gemeinschaft mit Juden hatte, die keine Christen waren, bedeutet, dass hier die Juden gemeint sind, die christliche Juden geworden waren. Die Bezugnahme auf die Juden bei der Unterweisung von Christen darin, wie das christliche Passahfest zu begehen sei, kann sich nur auf die christlichen Juden beziehen, da nicht christliche Juden den Christen niemals Vorschriften gemacht haben, wie sie das Passah zu feiern hätten. Die Kirche sollte sich also nach dem Wunsch Konstantins von der Gemeinschaft der christlichen Juden zurückziehen" (Passover Before Messiah and After, 1987, Seite 147).

Tatsache ist somit, dass die Führer der jüdischen Christen - die Nachfolger derjenigen, die nach Gründung der Kirche den vorherrschenden Glauben des ersten J Jahrhunderts bewahrt hatten -, nicht zu diesem Konzil eingeladen wurden oder es besser wussten und deshalb ablehnten, dort zu erscheinen.

Wie die Broadhursts herausstellen: „Anscheinend begann Konstantin seinen Plan zur Vereinigung der Kirche damit, dass er die Repräsentanten der [christlichen] Juden einfach nicht zum Konzil einlud. [Wie bereits erwähnt, ist es möglich, dass jüdische Kirchenführer eingeladen wurden und der Einladung nicht folgten. Andere Tatsachen über das Konzil führen aber zum ersteren Schluss.] Die Liste der Konzilsteilnehmer ›zeigt. dass sie alle griechische Namen hatten.

Kein einziger von den Anwesenden hat einen charakteristischen jüdischen Namen. Die palästinensischen Delegierten waren aus den Küstenstädten, in denen überwiegend Nichtjuden lebten. Es ist aber bekannt, dass es zu dieser Zeit jüdische Bischöfe in Palästina gab" (ebenda; Seite l 46).

Mit dem Schwert gegen die „Vierzehner"

Als Kaiser duldete Konstantin keinerlei Dissens. So setzte er schon bald sein Schwert gegen diejenigen ein, die sich seinen Wünschen hinsichtlich der Lehren der katholischen oder allgemeinen Kirche widersetzten.

Der Historiker Robin Lane Fox merkt an: „In Nicäa drohte der Kaiser persönlich denjenigen Bischöfen die Verbannung an, die nicht unterschreiben wollten. Er untersuchte auch andere Berichte über Ketzereien" (Pagans and Christians, 1986, Seite 656).

Letzten Endes wurden die Bischöfe, die mit den Entscheidungen von Nicäa nicht einverstanden waren, verbannt und ihre Werke verboten. Es begann eine bösartige Verfolgung der christlichen Juden und aller, die als Ketzer gebrandmarkt wurden.

Somit wurde die römische Kirche, die vorher verfolgt war, selbst zum obersten Verfolgungsorgan gegen alle, die die Befolgung der Anordnungen der Bibel gewählt hatten und nicht die Gebote einer Kirche, die folgenschwere Kompromisse eingegangen war.

„Der Osterfeststreit wurde auf dem Konzil von Nicäa ‚gelöst', und zwar nicht theologisch, sondern politisch", so führen die Broadhursts weiter aus. „Er wurde durch die Eliminierung der einen Sichtweise gelöst. Das Kirchengesetz war verkündet worden. Hinfort durfte kein Christ mehr das christliche Passah in der Weise begehen, wie es [der Apostel] Johannes, Philippus und andere [christliche] Juden gefeiert haben.

Für alle war nun eine Feier an dem auf den 14. [des Monats Nisan, dem ersten hebräischen Monat des Jahres] folgenden Sonntag verbindlich. Einmal als ‚Quartodezimaner" [‚Vierzehner"] respektiert, die an dem Glauben festhielten, der

ihnen von den Aposteln vermittelt wurde, wurden sie nunmehr als Ketzer bezeichnet" (ebenda, Seite 148).

Was war das Ergebnis des Konzils? Der Historiker Jesse Hurlbut beschreibt die
Konsequenzen unumwunden: „Wahrend einerseits der Triumph der Christenheit
viele positive Ergebnisse hervorbrachte, brachte die Allianz von Kirche und Staat in
der Folge viele Übel. Die Einstellung der Christenverfolgung war ein Segen, aber
die Etablierung des Christentums als anerkannte Staatsreligion wurde zum Fluch.
Jedermann Wollte Mitglied der Kirche werden, und nahezu jeder wurde auch
aufgenommenen . . Die Formen und Zeremonien des Heidentums schlichen sich
fortschreitend in den Gottesdienst ein. Einige der alten heidnischen Feste wurden
Kirchenfeste mit geänderten Namen und Anbetungsformen . . . Als Ergebnis der
Machtergreifung der Kirche sehen wir nicht, dass das Christentum die Welt gemäß
seinen Idealen verändert, sondern dass die Welt die Kirche dominiert" (A History of
the Christian Church. 1918, Seiten 78-79).

325 n. Chr. als Auftakt zum finsteren Mittelalter

Das Jahr 325 n. Chr. War also ausschlaggebend für die Entstehung des traditionellen
Christentums. Die Broadhursts kommen zu dem Schluss: Insofern das christliche
Passah betroffen ist. kann das Jahr 325 n. Chr. mit dem Konzil von Nicäa als Beginn
des dunklen Zeitalters betrachtet werden. Einhergehend damit, den [christlichen]
Juden den Rücken zukehren, wendeten sich die Heiden von den jüdischen Schriften
[dem Alten Testament] ab.
Sie verwarfen den jüdischen Beitrag auf ihren Glauben, den Lebensstil und die An-
betung . . .Es bedurfte Jahrhunderte später einer bedeutenden Reformation [im 16.
Jahrhundert], um damit zu beginnen, den Horror und die Vernichtung zu beenden.
die die Kirche über die Welt gebracht hatte, als die Heiden in Nicäa offiziell den
Grundsatz annahmen, ‚nichts mit den Juden gemeinsam zu haben‘ " (ebenda, Seite
149).
Einige Jahre später. im Jahr 332 n. Chr., wies Konstantin mit folgender Warnung
und Drohung diejenigen scharf zurecht, die den katholischen Lehren widersprachen:
„Da also dieses Unheil, das eure Verderbtheit verursacht, unmöglich länger ertra-
gen werden kann, so schreiben wir durch dieses Gesetz vor dass keiner von euch es
fortan mehr wage, Zusammenkünfte zu veranstalten.
Darum haben wir auch den Befehl gegeben, eure Häuser, in denen ihr diese
Zusammenkünfte haltet, wegzunehmen, und so weit geht unsere Sorge, dass nicht
nur nicht öffentlich, sondern nicht einmal in einem Privathaus oder an Privatorten
Versammlungen von euch abergläubischen Toren abgehalten werden dürfen.
Übrigens. Was das Bessere ist, kommet ihr alle, denen an der wahren und reinen
Gottesverehrung gelegen ist, in die katholische Kirche und schließet euch an ihre

Heiligkeit an, durch die ihr auch zur Wahrheit gelangen könnt" (Eusebius. „Vier Bücher über das Leben des Kaisers Konstantin". 3.65).

In Bezug auf die Folgen des Konzils von Nicäa stellt der Historiker Will Durant fest:„Wahrscheinlich wurden in den zwei Jahren (342/343 n. Chr.) mehr Christen durch Christen hin gemetzelt als bei allen Christenverfolgungen zusammen, die in der Geschichte Roms durch Heiden erfolgten" (The Story of Civilisation, Band 4: „The Age of Faith", 1950, Seite 8). Diejenigen, die sich der Kirche von Rom, die jetzt mit dem mächtigen römischen Staat Vereinigt war, widersetzten, erlitten unerbittliche Verfolgung.

Die römische Kirche verwirft den biblischen Kalender

Die Beschlüsse des Nizäischen Konzils führten bei der kalendarischen Festlegung der nunmehr als christlich bezeichneten Feiertage dazu, dass der jüdische Kalender durch den römischen Kalender ersetzt wurde. Diejenigen, die weiterhin das wahrhaft christliche Passah feierten, so wie es ihnen von den Aposteln aufgetragen wurde, mussten wegen Verfolgung in den Untergrund gehen.

Der Historiker Henry Chadwick stellt hinsichtlich der Osterstreitfrage fest: „Die Intervention von Viktor von Rom [gemeint ist die Entscheidung, unter Androhung der Exkommunikation Ostern zu halten anstatt des christlichen Passahs] stellte sich als erfolgreich in dem Sinne heraus, dass sich seine Sichtweise schließlich durchsetzte. Es dauerte aber eine lange Zeit, bis diejenigen ausstarben, die Ostern am 14. Tag feierten" (The Early Church, 1967. Seite 85). Mit „Ostern" ist hier das wahre Passah gemeint, und diejenigen, die es hielten, wurden als „Quartodezimaner" bezeichnet.

„Trotz der Energie, mit der die Kirchenkonzile sie Verurteilten, existierte die Gruppe noch im neunten Jahrhundert. Es war unmöglich, in einer so wichtigen praktischen Frage eine solche Vielfalt zuzulassen. Es gibt aber wenig Zweifel daran, dass die Quartodezimaner Recht hatten hinsichtlich ihrer Überzeugung, den ältesten Brauch der Apostel bewahrt zu haben. Sie wurden zu Ketzern, weil sie einfach nicht mit der Zeit gingen" (ebenda).

Damit begann von etwa 325 bis 1585 ein Zeitraum von 1260 Jahren, in dem Christen, die an den Anweisungen der Bibel bezüglich des Passahs festhielten, fliehen und sich vor einer aggressiven Kirche und der staatlichen Verfolgung verstecken mussten.

Interessanterweise finden wir in der Bibel eine Prophezeiung, die beschreibt, wie die Kirche - symbolisiert durch eine Frau A vor Verfolgung an einen Zufluchtsort fliehen muss, an dem sie für 1260 Tage in Sicherheit bewahrt wird (Offenbarung 12,1-6). Gemäß der Bibel kann im prophetischen Zusammenhang ein „Tag" einem Jahr entsprechen (siehe 4. Mose 14,34; Hesekiel 4,6). Somit kann dieser in Offenbarung 12 erwähnte Zeitraum sich tatsächlich auf die Zeit beziehen, in der die Kirche vor der teuflischen Verfolgung für diesen schrecklichen Zeitraum von 126O Jahren fliehen musste, bis das finstere Mittelalter endete und eine neue Zeit der religiösen Toleranz begann.

Dank der damals einsetzenden Entwicklung profitieren wir noch heute in vielen Demokratien der heutigen Welt zum großen Teil von dem Prinzip der Glaubensfreiheit, das sich allmählich nach dem Ende der religiösen Verfolgung durchsetzte.

Der wiederkehrende Christus führt Gottes Feste wieder ein

Kommen wir nun zum 21 . Jahrhundert. Ausgehend von dem bisher Dargelegten wagen wir zu fragen, ob es etwas Besseres bzw. biblisch Fundiertes gibt, als Osten zu begehen? Um diese Frage zu beantworten, stellen Sie sich bitte die folgende Szene vor: Jesus Christus ist wieder zur Erde zurückgekehrt als Herrscher über diese Erde - so wie er es versprochen hat (Matthäus 24,30).

Beachten Sie, was sich nun ereignet. Wir finden es vorhergesagt in Sacharja 14, Verse 3-19: „Und der HERR wird ausziehen und kämpfen gegen diese Heiden, wie er zu kämpfen pflegt am Tage der Schlacht. Und seine Füße werden stehen zu der Zeit auf dem Ölberg, der vor Jerusalem liegt nach Osten hin . . . Und der HERR wird König sein über alle Lande . . .Und alle, die übrig geblieben sind von allen Heiden, die gegen Jerusalem zogen, werden jährlich heraufkommen, um anzubeten den König, den HERRN Zebaoth, und um das Laubhüttenfest zu halten. Aber über das Geschlecht auf Erden, das nicht heraufziehen wird nach Jerusalem, um anzubeten den König, den HERRN Zebaoth, über das wird's nicht regnen.

Und wenn das Geschlecht der Ägypter nicht heraufzöge und käme, so wird auch über sie die Plage kommen, mit der der HERR alle Heiden schlagen wird, wenn sie nicht heraufkommen, um das Laubhüttenfest zu halten. Darin besteht die Sünde der Ägypter und aller Heiden, dass sie nicht heraufkommen, um das Laubhüttenfest zu halten.“

Doch dieses Fest ist nicht das einzige, das allen Menschen zur Einhaltung auferlegt wird. Jesus wird weltweit durchsetzen, dass die Menschen nicht nur Gottes Jahresfeste, sondern auch den wöchentlichen Sabbat halten. All diejenigen, die sich weigern, Werden streng diszipliniert. Letztendlich werden alle Nationen Gottes Herrschaft akzeptieren. Dann endlich werden auf dieser Erde Frieden, Freude und Eintracht Einzug halten.

Zu den dann zu haltenden Festen wird Ostern aber nicht gezählt Werden. Stattdessen werden das Wahre christliche Passah und die unmittelbar darauffolgenden Tage der ungesäuerten Brote gehalten werden.

Ostern als Ersatz für die wahren Feste der Bibel

Kurz vor seinem Tod tat Jesus Christus seinen Jüngern kund, welches Fest er halten würde, wenn er zurückkehrt. Es war nicht die von Menschen erdachte Fälschung Ostern. Vielmehr sagte er: „Mich hat herzlich verlangt, dies Passahlamm [im Urtext steht nur: Passah] mit euch zu essen, ehe ich leide. Denn ich sage euch, dass ich es nicht mehr essen Werde, bis es erfüllt wird im Reich Gottes" (Lukas 22,15-16). Ganz klar: eines der Feste, das Christus in seinem Reich wieder halten Wird, ist das christliche Passah!

In ähnlicher Weise erinnert der Apostel Paulus die Gläubigen in Korinth daran, das Passah und dann das Fest der Ungesäuerten Brote zu halten. Er schrieb: „Damm schafft den alten Sauerteig weg, damit ihr ein neuer Teig seid, wie ihr ja ungesäuert seid. Denn auch wir haben ein Passahlamm, das ist Christus, der geopfert ist. Damm lasst uns das Fest feiern nicht im alten Sauerteig, auch nicht im Sauerteig der Bosheit und Schlechtigkeit, sondern im ungesäuerten Teig der Lauterkeit und Wahrheit" (1. Korinther 5,7-8).Die wahren Feste Gottes wurden aus dem Kalender der Mainstream Christenheit entfernt, als das Konzil zu Nicäa bestimmte, dass die Menschen nicht den biblischen Anweisungen bezüglich der Feste zu folgen hatten, sondern vielmehr einer völlig abweichenden Zeitrechnung. Wie wir gesehen haben, griff das Konzil von Nicäa das erste der jährlichen biblischen Feste an das christliche Passah -, und wählte stattdessen den Ostersonntag. Logischerweise wurden mit diesem Dekret gleichzeitig auch die anderen jährlichen Festtage Gottes bezüglich ihrer Einhaltung angegriffen, da die Feste in 3. Mose 23 als eine fest verbundene Einheit dargestellt werden.Der Ersatz der Feste der Bibel durch menschlich erdachte Feste sollte nicht auf die leichte Schulter genommen werden. Jahrhunderte vor dieser Änderung wurde im Buch Daniel prophezeit, dass ein solcher Wechsel irgendwann vorgenommen werden würde, wenn ein zukünftiger hochmütiger Herrscher die biblische Zeitrechnung und die biblischen Gesetze außer Kraft setzen würde. (In Anbetracht dessen, das viele Bibelprophezeiungen dualer Natur sind, können die damaligen Ereignisse auch ein Vorläufer von ähnlichen Veränderungen in der Endzeit sein.) Wir weisen darauf hin, dass nur die Bibel, das inspirierte Wort Gottes, zur Festlegung der Termine für Gottes heilige Festtage autorisiert ist. Menschliche Traditionen sind hingegen keine Grundlage zur Bestimmung religiöser Feiern, die Gott wohlgefällig sind. Genau das hat aber der Prophet Daniel vorausgesagt: „Er wird den Höchsten lästern und die Heiligen des Höchsten vernichten und wird sich unterstehen, Festzeiten und Gesetz zu ändern" (Daniel 7,25). Gemeint ist, neben anderen abscheulichen Revisionen, der Ersatz biblischer Feste durch Feiern, deren Ursprung auf heidnische Bräuche zurückzuführen ist.

Ja, es gibt etwas, das weit besser und befriedigender ist als das Osterfest. Es ist das christliche Passah, das von den Aposteln Jesu und den ersten Christen gehalten wurde. Obwohl es nach dem Konzil von Nicäa im Jahr 325 n. Chr. umfassend „ausradiert" wurde, hielten die treuen Nachfolger Gottes und Jesu Christi weiterhin das Passah, dieses biblische Fest von tiefer Bedeutung, trotz der drohenden Gefahr vor

Verfolgung, die in manchen Fällen sogar bis zum Tode ging.Wir können uns auf den Tag freuen, wenn Jesus Christus zur Erde zurückkehrt und alle wahren christlichen Feste wiederherstellen wird. die in der fernen Vergangenheit von verführten und machtbesessenen Menschen geändert wurden. Die gute Nachricht ist, dass wir heute schon alle Feste Gottes voller Freude begehen und jedes Jahr wunderbare Gemeinschaft mit Gleichgesinnten haben können. Dabei können wir, wie Jesus es in Johannes 4, Verse 23-24 betont hat, Gott in der Wahrheit anbeten.

ENDE ZITAT aus:www.gutenachrichten.org

OsterMontag, 6. April 2015

Das Thema ist immer noch „Menschheit ohne Geld" und ich merke nun langsam das ich diese Buch beenden möchte, alleine deswegen schon, weil ich in immer mehr unangenehme Bereiche reinkomme, die ausnahmslos sehr negativ besetzt sind, die verlogen, mordend, betrügerisch, ausbeutend und machtgierig sind ohne das die Menschen merken in was sie bis heute hinein manipuliert wurden. Alleine schon wegen diese Osterfestes der Römisch-katholischen Kirche das monströs auf der Erde gefeiert wird mit dem Segen eines sogenannten Papstes, der vor den Massen der manipulierten Menschen die keine Ahnung haben wer und was da vom oben im Vatikan da zu ihnen spricht, diese urbi et gorbi Spruch bekommen.

Es ist diese Kontrolle aus der Kriminalgeschichte des Christentums heraus aber auch der Raubmenschgeschichte des Menschen heraus, die bis heute diese Ursache-Wirkung-also Karma-Situation auf der Erde unter den Menschen ist.

Der Katholische Glaube der ja Monstrositäten beinhaltet von denen die Katholiken Gläubigen überhaupt garnichts wissen, sonst würde sie nicht so unbedarft zum Vatikan pilgern, so benebelt durch die Gewohnheiten und den Vernebelungsglauben der das Denken versklavt hat, so das bis heute 2015 diese katholischen Christen und auch anderen Religionsanhängerinnen weltweit, zu Zombies gezüchtet wurden. Denn es ist ja ein auf Blutbad gezüchtetes Publikum.

Die Vergewaltigung der Menschen auf der Erde ist enorm. Physisch als auch mental als auch denkerisch.

Der Vatikan die katholische Kirche zockt ja immer noch anhand alter Verträge mit Kaisern , Königen, Diktatoren , Politikern, Unmengen an Steuergelder von den Bevölkerungen alleine Deutschland ab, die den Menschen in Bildung und Kultur und anderen Bereichen fehlen. Und alles wegen Geld und der Ignoranz diese Menschen die sich Christen nennen und Katholiken oder auch Moslems denn da passiert ja genau das gleiche. Die Mullahs zocken ja auch da ab und bauen einen sogenannten Gottesstaat, aus ihrer abgrundtiefen Bösartigkeit. Aber erst wenn die Unwissenheit aufhört hört auch die Existenz des Bösen auf. Und die größte Unwissenheit ist die Unwissenheit über dich selber wer und was du wirklich bist, was ja alle Meister und Heiligen die aus der Meditation und anderen Wegen kommen und auch Jesus ja schon beschrieben hat. Dein Körper ist der Tempel Gottes und Gott wohnt in dir.

Oder: Ihr seid Götter, und so weiter.

Soooo, diese enorme auf Mord und Totschlag beruhende katholische und moslemische Kultur, die kann niemals etwas wirklich gutes erreichen das zur Freiheit der Menschen auf dem Planeten wirklich beiträgt, da ihre Krakensysteme alle auf Diktatur und Vernichtung der freidenkenden und Wahrheitsfinder beruht.

Glücklicherweise ist die Krake mit ihren Diktaturfangarmen aus dem Vatikan nun etwas beschränkter, da ihr allmächtiger Papst und seine Krakenfangarme die Bischöfe in den anderen Ländern nicht mehr die Geschehnisse in den Bevölkerungen zu 100% beeinflussen können. Aber die im versteckten ausgeführte Kontrolle über Jahrhunderte alte Verträge mit Kaisern , Königen, Staatsoberhäuptern, wie schon vorher in einigen Berichten gezeigt, siehe: Der Papst und die römische Kirche kontrollieren den Crown Temple, weil seine Ritter sie auf seine Anordnung hin gründeten, und die ungemein vielen anderen Verträge die diese monströse Vatikankriminalität heute noch ausübt und Unmengen an Gelder dafür bekommt, all das ist eine gigantische Krake der Unwahrheit, die aber auch garnichts mit Jesus zu tun hat aber sehr viel mit Unmengen an Geld das zur Versklavung der Gläubigen und der Menschheit benutzt wird. Und die Politiker global schauen einfach zu ohne zu merken das ein diktatorisches Staatssystem Vatikan, sich in die demokratischen Verhältnisse, was zumindest viel besser ist als das Papstgeheuchel, einmischt, über seine Landser die Kardinäle, Bischöfe, Priester, die ja alle dem Diktat der Vatikandiktatur folgen müssen. Also es ist eine weiterhin konstante Zersetzung und Gegenarbeit gegen die sehr langsame Erleichterung der demokratischen Bevölkerungen.

So eine Menschheit ohne Geld das ist etwas sehr weit entferntes und eine schöne Idee und ein Wunsch von mir, der aber in der logischen Konsequenz kommen muss ‚selbst wenn es sich bewahrheiten würde das „Die neue Weltordnung“ im USA Dollarschein über die Rockefellersysteme und die Rothschildsysteme die ja alle mit dem Vatikansystem zusammenarbeiten, erreicht werden würde.

Denn wenn nun die gesamte Bevölkerung und alles Politische an Ländern auf der Erde eine politisch wirschaftliche Einheit geformt hätten, und letztendlich bloß eine Familie übriggeblieben wäre die alle anderen industriellen Unternehmen nun aufgekauft hätte und nur eine Familie das Kontrollsystem hätte, dann gäbe es auch kein Krieg mehr und wofür sollte diese Familie noch Geld an scheffeln es gäbe ja keine Herausforderung mehr auf der Erde weil sie ja alles besitzen würde.

Dann wäre also die Möglichkeit vorhanden sich vom Geld total zu verabschieden und das in die Menschheit gesteuerte Ziel du musst erst viel Geld machen bevor du was sein kannst und hast, das ja nun heute 2015 aus Menschen gezüchtete Geldroboter gemacht hat, ja gezüchtet werdet ihr, denn so läuft über die Generationen Verwicklung und Entwicklung ab, weil die Menschen ja total in einen Wahnsinnszustand gebracht wurden nämlich: Das ohne Geld überhaupt Nix geht.

Aber dem leg ich die sichtbare und geistige sichtbare Tatsache und Wahrheit ent-

gegen als Ostermontagskuchen und zum Nachtisch für diese Flaschen Feiertage
wie ja eben gelesen werden konnte. Hier habt ihr Gläubigen, zu Sklaven gemachten
Roboter des Glaubens an das Geld durch die ‚Religionen und Politik und aber die
BanksterGangster die Geld aus Luft drucken um euch in die Totalverblödung zu
führen: Hier ist nochmal ein Wachmacher
Ich gebe euch alles Gold der Erde alles Geld der Erde alle Diamanten und dann sage
ich zum Geld zum Gold: Reinige den Fußboden in den 20 Villen der Superreichen.
Koche die Suppe. Erfinde Wohltaten für die Menschheit. Baue Hochhäuser. Putze
die Schuhe. Baue die Straße. Fahre das Auto. Erdenke neue Technologien. Repariere die Straßen. Erneuere Kleidung. Und so weiter bis zum Ende aller Wörter und
Gedanken und Fantasien. Da wirst du sehen das Geld aber überhaupt für Garnichts
benötigt wird. Das Gold Garnichts kann. Das Diamanten überhaupt bloß da liegen.
Und das alles gemacht wird ausschließlich vom Menschen und zwar ohne Geld. Das
war schon immer so und wird auch für immer so bleiben. Denn für Innovation und
Kultur und Wirtschaft und Bildung ist aber überhaupt niemals Geld benötigt worden. Es ist eine Fiktion erdacht von den 666 dem Tiermensch in seiner abgrundtiefen Ignoranz und Unwissenheit denn das Tier weiß ja überhaupt gar nicht was und
wer es ist. Es ist unwissend und aus dieser Unwissenheit hat ES das Geldsystem aufgebaut. Das die übergierigen ja erkannt haben das man Geld kontrollieren kann und
ansammeln kann da ja alle daran glauben und sich aber auch total unbewusst sind
das alles immer bloß der Mensch macht und zwar ohne Geld auf ewig immer ohne
Geld. Und das alles bloß rudimentäre Gesellschaftsstrukturen der noch abgrundtief
primitiven Menschen sind.
Also alles wird und wurde schon immer ohne Geld gemacht. Es ist Lüge Glaube
Religion das Geld für irgendetwas gebraucht wird weil Geld gar nichts kann. Das
müsst ihr bis heute doch wohl durchschaut haben. Und eure eigene Selbstversklavung ablegen. Wie lange wollt ihr noch Sklaven eurer eigen Ängste Ignoranz und
Dunkelheit sein. Denn das System Geld ist die Angst weil es ja von ängstlichen
aufgebaut wurde. So kommen diese Ängste nun zum Vorschein und zeigen wie
falsch das alles ist. Dass System Geld ist pure Existenzangst also Totalverblödung
und daran glauben die 666 die Tiermenschen noch. So primitiv sind die Systeme an
die ihr glauben sollt.
Es ist eure Entscheidung. Nach wie vor sage ich übernehmt das System selber und
entfernt die Lügen aus dem System .Entlasst die Bankermanager die Religionsmanager im Vatikan oder Protestanten entlasst die Politiker die rückgratlosen ignoranten
entlasst die Firmenbesitzer denn ihr alleine habt das aufgebaut es ist mittlerweile
mehr als euer Eigentum aber lasst die Finger von Eigentum und Besitz denn etwas zu besitzen ist abgrundtief Dunkelheit und Bindung an diese Erde und das ist
schwere und Tod. Übernehmt die globale Struktur und dann entfernt das Geld. Und
dann wird automatisch ein Gleichgewicht entstehen weil auch jeder sofort Arbeit hat

da die Nachfrage groß sein wird aber alles schädliche sofort nicht mehr unterstützt
werden braucht und das saubere nicht das falsche arbeitsmäßig oder schöner kreativmäßig unterstützt werden wird. Macht das alles ohne Blutvergießen. Macht das
alles ohne Blutvergießen. Macht das alles ohne Blutvergießen.
Schöne OsterMontagsGrüße.

Dienstag, 7. April 2015 Ich möchte diesen Schrieb nun bald beenden, weil ich anderes machen will, und mir diese Thematik, auch auf den Sack und Geist geht, diese
Primitivität der menschlichen Situation mit seiner zerstörerischen Variante, mir
reicht das, genauso wie die Steigerung der Gewalt in der Filmindustrie und der tag-
täglichen Morde in den TV-Programmen. Und in den USA Filme, diese andauernde
militärische Präsenz die als Retter der Menschheit auftritt und so dargestellt wird,
das ist zum kotzen, und man kann gar nicht so viel kotzend, nein man kann gar nicht
so viel fressen wie man kotzen möchte. Oleeeeeeee
Nun gut, aber ich muss trotzdem noch einiges hier aufführen in dieser angeblich
modernen Welt die trotzdem giftig, verlogen, machtgierig, oder ausgebeutet wird
wie ja schon beschrieben, und wer weiß wie weit das gehen kann. Die sogenannte
moderne Welt, lese ich, hat nicht nur die Grausamkeiten, die mit einem mythischen
Gott in Verbindung stehen, verworfen, nein, die sogenannte moderne Welt hat Gott
als zweite Person, oder zweites Gesicht insgesamt über den Dampfer geworfen
und so ein kostbares Kind, die Seele, zusammen mit dem Bade ausgeschüttet, und
damit auch ein Drittel von Gottes immer gegenwärtigem Gesicht verworfen. Doch
ich spüre ganz deutlich, die Hinwendung zum zweiten Gesicht, der Seele, ist von
absoluter Bedeutung. Und ich weiß ja selber durch meine Selbsterkenntnis, dass die
Seele, oder das Selbst, ich selber bin. Nun fehlt also noch die Gotteserkenntnis. Bei
einige die rein biblisch denken und glauben müssen, für die ist die Seele etwas mit
Eigenschaften wie extreme Demut, Gnade, Dankbarkeit und Liebe, was sozusagen
das zweite Gesicht sein soll, laut der glaubenden Bibelgläubigen, denn sonst wären
sie den Launen des Egos die sich in ihre spirituellen Erfahrungen einschleichen
würden, unterlegen.
Ho. Ho. Aber das Wort Ego heiß ja auf Deutsch Ich, und das wahre Ich ist das
Selbst, aber viele gehen dann von Ego oder Ich in den Bereich des Dualismus in
ihrem Denken über, weil sie eben bloß Theoretiker geblieben sind, Philosophen,
Denker, Mentalarbeiter, Gemütsvasallen. Doch da ist kein Dualismus vorhanden,
warum wohl? Ho.Ho.Ho.
Nun gut, unsere moderne Welt, also diejenigen die Deutungshoheit in der Wissenschaft, Politik, Wirtschaft, sogar Kultur, haben und haben wollen, auch weil sie
Geldgesteuert sind, also gezüchtet werden in die in die und die Richtung zu denken
und zu leben, denn wer das Geld hat, hat die Richtung der Deutungshoheit auch, ja,
unsere moderne Welt will uns also den Glauben nehmen an einen göttlichen Schöp-

fer, ebenso den Glauben an Jesus von Nazareth, als göttlichen Sohn. Der sogar von einer Jungfrau geboren wurde, starb und wieder zum Leben erweckt wurde. Laut Bibel zumindest. Wir sollen nicht daran glauben dass er heute zu rechten unseres himmlischen Vaters sitz, und nicht auf den Augenblick warten, wenn er zur Erde in Macht und Herrlichkeit zurückkehren wird, um die Herrschaft Gottes zu etablieren. Und auch ob sich der Glaube an die Auferstehung Jesu auf Tatsachen gründet, ist eine wichtige Frage, die wir uns überhaupt stellen können, denken manche die fest Bibelgläubig sind. Das nochmal einen Tag nach OsterMontag. Denn das war ja die Auferstehung.

Der Paulus erklärte ja damals die Konsequenzen eines Glaubens ohne einen aufer- standenen Retter: „ Gibt es keine Auferstehung der Toten, so ist auch Christus nicht auferstanden. Ist aber Christus nicht auferstanden, so ist unsere Predigt vergeblich, so ist auch Glaube vergeblich…..Ist Christus nicht auferstanden, so ist euer Glaube nichtig, so seid ihr noch in euren Sünden, so sind auch die, die in Christus entschla- fen sind verloren. Hoffen wir allein in diesem Leben auf Christus, so sind wir die elendsten unter allen Menschen“

Hier kann ich gut sehen welch ein Dilemma ein Glaube sein kann, insbesondre des- halb auch weil diese biblischen Menschen da, keine Unterschied zwischen Glauben und Wahrheit erkennen können. Glaube ist Unfreiheit aber hilfreich im Zustand der Unwissenheit und Hoffnungslosigkeit und Unwissenheit über sich selber und das göttliche. Dieser Paulus, der gar nicht zu den Jüngern von Jesus gehörte, der aber, als griechisch gebildeter Jude und gesetzestreuer Pharisäer mit römischem Bürger- recht lebte. Dieser Paulus verfolgte zunächst die Anhänger Jesu von Nazareth, dem er in der Zeit seines Wirkens nie begegnet war. Doch seit seiner Bekehrung verstand er sich als von Gott berufener Apostel des Evangeliums für die Völker (Gal 1,15 f. EU). Als solcher verkündete er vor allem Nichtjuden den auferstandenen Jesus Christus. Dazu bereiste er den östlichen Mittelmeerraum und gründete dort einige christliche Gemeinden. Durch seine Briefe, die einen wesentlichen Teil des späteren NT bilden, blieb er mit ihnen in Kontakt.

Diese ältesten erhaltenen neutestamentlichen Schriften haben Kirchenväter wie Augustinus von Hippo, Theologen wie Martin Luther und Karl Barth sowie Phi- losophen wie Sören Kierkegaard oder Karl Jaspers geprägt und damit die europä- ische Geistesgeschichte stark beeinflusst. Seit der Aufklärung sehen viele Denker in Paulus den eigentlichen Gründer des Christentums. Seine neue Lehre enthält in wichtigen Teilen Aspekte der griechischen Philosophie] (Logostheologie) und des persischen Dualismus (Zoroastrismus; vgl. Gal 5,19 f. EU: „sündiges Fleisch“, Ur- sünde), die er mit Eigeninterpretationen des Tanach zur so sprichwörtlich geworde- nen paulinischen Theologie vermischt. Besonders wichtig für die Entwicklung des Christentums ist die paulinische Lehre von der Rechtfertigung des Menschen und seiner Versöhnung mit Gott (Röm 5,1 EU) sowie seine Sündentheologie, welche als Grundlage der späteren kirchlichen Erbsündenlehre gilt. Diese Themen wurden in unterschiedlichen Interpretationen Grundbausteine für die Lehre vieler Konfessionen. Also dieser Paulus der ja sogar in Rom begraben ist im Vatikan, das passt richtig gut, zu der Verlogenheit und Unwissenheit des Paulus damals und der Ignoranz des Vatikans mit seiner Kriminalgeschichte. Denn nur diejenigen die direkt mit Jesus zusammen waren wurden befreit, denn so funktioniert ein Meister oder der Sohn Gottes nun mal, denn wenn den Gläubigen Christen , Katholiken, sogar durch die VatikanJodelei am OsterSonntag vom Papst, die Sünden durch urbi et gorbi vergeben werden, so sieht man ja sehr gut, das alleine die Katholiken, Gläubigen, trotzdem weiterhin morden, Tiere fressen, in Kriege ziehen, und der ganze Murks der da zu sehen ist.

Jesus hat Meditation hinterlassen, und in den nicht autorisierten Thomas Evangelien oder Maria Evangelien und anderen Evangelien da ist zu lesen das die Essener meditiert haben. Dieser Paulus das war der erste große Infiltrator der bloß ein Theologe war ein Schwätzer ein Redner ein Sophist ein Philosoph, mehr nicht. Aber auch nicht weniger. Sexualität als Ursünde, der hat mehr als einen an der Birne, oder Sündentheologie, das ist alles abgrundtiefe Ignoranz und Unwissenheit und nochmal, erst wenn die Unwissenheit aufhört, hört auch die Bösartigkeit auf.

Und diese Unwissenheit ist die Bösartigkeit die aus dem Vatikan kommt. Der ja nun in fast unermesslich vielen den Menschen versklavenden und ausbeutenden Tätigkeiten verwickelt ist. Weil es die Ignoranz ist, die dort lebt das falsche. Und das ist also auch einer der Hauptgründe weswegen die Menschheit heute noch so versklavt leben muss , auch wenn sie sich wohl nicht so richtig bewusst ist weswegen das so ist, aber die Menschheit wird sich bewusster und die Erkenntnisfähigkeit hat den Glauben das ignorante hinter sich gelassen, Hier ist was Martinus zu sagen hat, aus **www.martinus.dk**

Zitat Anfang

Das gefühlsbetonte Weltbild der Religionen kann die Menschheit nicht erlösen

Das allerhöchste Objekt für den Wissensdurst und das Fassungsvermögen der Menschheit ist die Lösung des Lebensmysteriums, in welchem sie lebt. Da die Aneignung dieser Lösung, d.h. die Klarlegung des ewigen Weltbildes, eine Frage des intellektuellen Fassungsvermögens des Einzelnen ist, wird diese Aneignung für die Menschheit somit zu einer Frage der Entwicklung. Wenn wir auf die Geschichte der Menschheit zurückblicken, dann können wir uns davon überzeugen, dass ihr Verhältnis zum Weltbild nur eine allmählich anwachsende Horizonterweiterung erkennen lässt. Weltbild oder Weltanschauung nach Weltanschauung mussten einander ablösen, um jedes Mal einem neuen und zeitgemäßeren Weltbild Platz zu machen.

Ein Blick auf diese vergangenen Weltanschauungen zeigt uns, dass sie nicht entstanden sind, um einen stark intelligenzbetonten Skeptiker zufriedenzustellen.

Sie sind keine wissenschaftlichen oder realistischen Untersuchungen des Lebensmysteriums. Sie können an sich dem modernen, wissenschaftlich eingestellten Menschen von heute mit seinen Fragen nach einem Weltbild keine auch nur annähernd vollständige Antwort geben. Es steht jedoch außer Zweifel, dass diese vergangenen Weltanschauungen einmal vollständig zufriedenstellende Antworten auf Fragen aus den menschlichen Stadien einfältiger oder intelligenzarmer, aber stark gefühlsbetonter Bewusstseinslagen gaben, die die Völker jener Zeiten hatten. Wir können also daraus erkennen, dass das Begehren oder der Drang nach der Lösung des Lebensmysteriums so stark war, dass es im Menschen entstand, lange bevor er intelligenzmäßiges Fassungsvermögen über die Dinge hinaus erhielt, die den Kampf ums tägliche Brot betrafen. Wenn aber dieser Drang im Menschen vorhanden war, bevor er nennenswerte intellektuelle Fähigkeiten hatte, mit denen er die Lösung des Lebensmysteriums erfassen konnte, dann wird es zur Tatsache, dass dieser Drang nicht nur ein Wissensdurst, sondern in ebenso hohem Maße auch ein Hunger nach der Zufriedenstellung des Gefühls war. Daher kann man verstehen, dass diese Weltanschauungen in einem Zeitraum, wo man noch keine hervorragende Intelligenz besaß, mehr auf die Zufriedenstellung des Gefühls als der Intelligenz ausgerichtet waren. Und macht sich nicht dasselbe bis in unsere Tage geltend? Was meint man von den heute herrschenden Weltreligionen mit dem Christentum an der Spitze? Ist das Weltbild oder die Weltanschauung dieser Religionen nicht in eine Terminologie gehüllt, die sozusagen ganz negativ oder unmöglich ist, wenn es sich darum handelt, den intelligenten Skeptiker intellektuell oder wissenschaftlich zufriedenzustellen? Diese ganze Gruppe von Menschen, die besonders intelligenzbetont und daher wissenschaftlich eingestellt ist, ist „ungläubig“, ist von der Kirche und ihren Traditionen „abtrünnig“ geworden. Diese Menschen betrachten sich fast als „Gottlose“. Was natürlich nicht bedeutet, dass sie „böse“ oder „unmoralisch“ sind, ganz im Gegenteil. Es gibt viele „Gottlose“ mit einer viel größeren oder humaneren Moral und Ethik als manch ein „Gläubiger“ oder offensichtlicher Frommer.

Dass die Menschheit in zwei Lager geteilt ist, die „Religiösen“ und die „Irreligiösen“, die „Gläubigen“ und die „Ungläubigen“, und dass außerdem die Gruppe der „Ungläubigen“ zunimmt, während die der „Gläubigen“ abnimmt, so dass ihre Kirchen und Tempel bei den Gottesdiensten eine immer gähnender Leere aufweisen, beweist aber, dass sich die Zusammengehörigkeit der Menschheit mit den verborgenen Seiten des Lebens, mit dem Lebensmysterium oder Weltbild auflöst. Die gefühlsmäßige Verbindung oder die Zusammengehörigkeit mit dem Weltbild und mit den hierher gehörenden ewigen Tatsachen, die der Mensch kraft seines Glaubens früher besaß, hat der „ungläubige“ Mensch nicht mehr. Sie sind durch den Zweifel, den seine spätere Entwicklung der Intelligenz mit sich brachte, untergraben oder zerstört worden.

Wenn die Intelligenzbetonung den Menschen materialistisch und asozial macht
Aus dem Obigen erkennen wir also, dass der gefühlsbetonte Zustand, der die große
„Glaubensfähigkeit" der Menschheit gebar und den Menschen bisher unerschütterlich durch die verschiedenen lichten und dunklen Fügungen des Lebens trug, kein
Dauerzustand ist. Die Geschichte zeigt uns, dass die Menschen intelligenzbetont
werden, wenn sie ein gewisses Stadium in der Entwicklung erreichen. In ihrer
geistigen Einstellung oder Gedankenwelt entstehen Vorstellungen, die den „Glauben" abbauen und den „Zweifel" an den religiösen Gegebenheiten erzeugen, d.h.,
es entsteht der Zweifel an ihrer eigenen seelischen und geistigen Struktur, die sie
sogar vollständig ableugnen, und sie arbeiten damit jeder Erkenntnis dieser Struktur
entgegen. Wir finden hier den glühenden Materialisten oder den „Gottesleugner" in
Reinkultur. Es ist einleuchtend, dass ein solcher Mensch seiner Umwelt gegenüber
recht ungemütlich werden kann, wenn er zu dem intelligenzbetonten und ungläubigen Zustand vordringt, bevor er eine hinreichend humane Moral bekommt, denn ein
solcher Mensch glaubt unbedingt nur an das „Recht des Stärkeren". Ein absolutes
Verständnis von wirklichem Recht und von Gerechtigkeit kann ein vollständig materialistischer Mensch unmöglich haben. Welches Unglück, welchen Kulturzusammenbruch kann ein solcher Mensch nicht anrichten, wenn er z.B. die Macht zum
Regieren erhält, wenn er die Macht erhält, Diktator zu werden oder sich auf andere
Weise Menschen untertänig zu machen. Ja, allein, dass ein solcher Mensch Zugang
zur Politik bekommt, ist gefährlich, da er ja fast unmöglich anders als asozial sein
kann. Hat nicht die große Politik in ihrer Geschichte genügend solcher Lebenserfahrungen aufzuweisen? Der Frieden, der mehr oder weniger vor den großen
Weltkriegen herrschte, existiert nicht mehr, und er wird unmöglich wiederkommen,
solange die Menschheit nicht Vorkehrungen trifft, um sich gegen die stark wachsende Irreligiosität zu schützen, die sich in Form von unkultivierter, intelligenzbetonter
Gottesverleugnung oder Geistesverfolgung einen Platz in einem großen Teil der
Weltpolitik erobert. Dass diese Politik dadurch in entsprechendem Grade asozial
wird, wird dadurch zur Tatsache, dass jeder Mensch, der die Fähigkeit verloren hat,
Recht an die Stelle von Macht zu setzen, asozial sein muss. Dies gilt um so mehr
in einer Lebensgemeinschaft, die in der Entwicklung von Humanität und Kultur so
weit vorangekommen ist, dass das Lebensglück ihrer Mitglieder eben nur auf Recht
anstatt auf Macht fußen kann. Die Menschen werden ihrer persönlichen Freiheit
beraubt, zu Sklavenarbeit, zu Konzentrationslagern, zu Tortur und Hinrichtungen
verurteilt, solange sie sich nicht in acht nehmen und sich solchen asozialen, machthungrigen, intelligenzbetonten Geistesverleugnern übergeben. Wir haben gesehen,
wie es den Ländern und Völkern ergeht, die sich von Macht anstatt von Recht blenden und versuchen ließen. In der Natur bringen nach ewigen Gesetzen bestimmte
Ursachen immer dieselben Wirkungen hervor. Salz wird immer salzen, Zucker
immer süßen. Auf der unerschütterlichen Stabilität dieses Ursachengesetzes be-

ruht das Weltall. Gerade kraft der unerschütterlichen Stabilität dieses Gesetzes sind wir überhaupt imstande, das Leben wahrzunehmen und zu erleben, sind überhaupt imstande zu erkennen, zu denken und zu handeln. Kraft dieser Stabilität der Weltgesetze lernen wir nach und nach, unseren Willen in Übereinstimmung mit diesen Gesetzen zu bringen. Und dank dieser Stabilität können die Menschen den absoluten Frieden oder dauerndes Glück erreichen, wenn sie ihre Gedanken und ihren Willen in Übereinstimmung mit diesem Ursachen- und Wirkungsprinzip in den Weltgesetzen bringen.

Als die Regierung der Völker von Religion zu weltlicher Macht wurde

In früheren Zeiten waren die Menschen nicht so intelligenzbetont wie heute. Sie wurden daher nicht von intelligenzbetonten, materialistischen oder geistesverleugnenden Menschen geleitet oder regiert, ganz im Gegenteil. Da sie stark Instinkt- und gefühlsbetont waren, hatten sie auf keinerlei Weise irgendwelchen Zweifel an der Existenz einer Vorsehung und betrachteten es als selbstverständlich, dass nur ein Vertreter dieser unerschütterlichen Vorsehung ihr Häuptling, Führer oder König war. Ihre Regierungsform war nicht eine Frage der Politik, sondern der Religion. Sie war die Frage nach der Herstellung der bestmöglichen Beziehung zur Vorsehung oder zu der oder den Gottheiten, denen man alle Macht im Himmel und auf Erden zuschreiben musste. Ihre Regierungsform war Gottesdienst. Bei einer solchen Einstellung wurden die Völker mit einer Art eingeweihtem König, Häuptling oder Führer versehen, und dieses Prinzip bestand von den Naturmenschenstämmen im Dunkel einer fernen Vorzeit bis zu den modernen materialistischen Kulturstaaten unter dem leuchtenden Kreuz, wo die letzten wenigen „Könige von Gottes Gnaden" nur die letzten hinbleichenden Schatten einer Großmachtsepoche der Vorzeit sind.

Unter dem genannten leuchtenden Kreuz begann sich die Regierungs- oder Königsmacht zu spalten. Es entstand eine „geistliche Macht", die eigentlich die ursprüngliche Königsmacht war, und eine Macht, die, obwohl „weltlich" oder „zivil", doch weiterhin mit Krone, Zepter und Purpurmantel auftrat und sich damit die Symbole einer Tradition und Souveränität aneignete, die sie nunmehr nicht mehr voll repräsentierte. Einst die Religion selbst und die hierin verwurzelte physische und geistige Führung des Volkes, war sie nun nur eine Macht, die längere Zeit der Religion und ihren Geboten untertänig war.

Wenn sich auch die geistliche Macht nicht immer der Symbole der Königswürde oder Souveränität – Krone, Zepter und Königsmantel – bediente, herrschte sie doch längere Zeit über die aus ihr hervorgegangenen Könige und Kaiser. Nach und nach verlor die geistliche Macht an Boden zum Vorteil der weltlichen, die allmählich an mehr und mehr materialistisch eingestellte Personen überging. Und da die Königsmacht nicht länger auf Grund des Bestehens einer Prüfung der für einen König erforderlichen physischen und geistigen Fähigkeiten, „Einweihung" genannt, verliehen, sondern unabhängig von Fähigkeiten einfach „vererbt" wurde, nur weil man irgendwie mit dem König verwandt war, wurden die Völker nicht gerade oft gemäß ihrem absoluten Wohlergehen regiert. Die Kräfte, die den Thron und seinen Inhaber umgaben, führten oft zur Verelendung, Not und Sklaverei des Volkes anstatt zu dessen Kultur, Wohlergehen und Freiheit. Dies führte wieder zu Revolution oder Aufruhr gegen die Königsmacht, wonach die Völker anfingen, selbst zu regieren und die Staatsführung in ihre eigenen Hände zu nehmen. Die Republiken lösen nun die Monarchien ab. Und die Krone, das Symbol der göttlichen, physischen und geistigen Lenkung der Menschheit der Vorzeit, wurde ein Museumsgegenstand. Die Regierungen der Völker sind immer noch weltliche Mächte, weitab von der Religion und ohne Verwurzelung in der Erkenntnis der absoluten Weltstruktur oder des ewigen Weltbildes mit den dazugehörigen Gesetzen.

Aber so wie die Königsmacht ihrer Auflösung entgegenging, hat auch die Religion oder die geistliche Macht schon längst ihre beginnende Auflösung durchgemacht. Sie hat keinen besonderen Einfluss mehr auf die Regierungsform und Kulturbildung der Länder und Staaten, was früher ihre vornehmste Aufgabe war. Sie besteht nun geradezu als machtlose Institution, die schon in einigen Ländern der Gnade und der Willkür der weltlichen Regierung preisgegeben war. Sie konnte verboten oder erlaubt werden, je nachdem ob es in die Pläne der weltlichen Regierung hineinpasste. Die große göttliche Institution, die vorher die höchste Autorität bei der physischen und seelischen Gestaltung der Menschheit war, wurde zu einem Schatten ihrer einstigen Größe. Die weltlichen Regierungsmächte oder Staaten behielten jedoch trotzdem die Namen der Religion und bezeichnen sich auf den Gebieten, wo sich das Christentum ausgebreitet hatte, als „christliche" Staaten – obwohl die allerhöchsten Gebote des Christentums „Liebe deinen Nächsten wie dich selbst" und „Stecke dein Schwert in die Scheide, denn alle, die zum Schwerte greifen, sollen durch das Schwert umkommen" in keiner Weise die Grundlagen für die Gesetzgebung und Regierungsform sowie für die Existenz und das Auftreten dieser Staaten sind. Diese allerhöchsten göttlichen Ideale des Christentums wurden für den modernen materialistisch eingestellten Menschen, ob Arbeiter oder Regierungschef, nur zu überlieferten naiven oder primitiven Vorstellungen, und man fand es beschämend, sich damit zu beschäftigen. Die „christlichen" Staaten wurden die genialsten Anstifter von Krieg, Mord, Tortur und Verstümmelung. Sie wurden die Völker, die in der Welt am meisten mordeten und totschlugen. Die Folge hiervon war, dass dem niemals versagenden Prinzip des Ursachen- und Wirkungs-Gesetzes – welches bewirkt, dass man das „was man sät, ernten soll" oder dass „alle, die das Schwert ergreifen, durch das Schwert umkommen sollen" – Genüge geschah. Große Teile der Gebiete und Kulturzentren dieser christlichen Staaten sind heute nur Trümmerhaufen. Die überlebende Bevölkerung besteht aus physisch und seelisch zusammengebrochenen Menschen, die in den schlimmsten Fällen Krüppel sind, die hungernd und frierend in den Ruinen einstiger Kulturpaläste herum humpeln, um Schutz vor Wind und

Wetter zu suchen. Und sonst leben sie von der Gnade und Barmherzigkeit, die der sogenannte Sieger ihnen zu leisten vermag.

Religion und Politik können nicht zwei verschiedene Dinge sein

Die großen Weltdramen, die sich namentlich in den Jahren 1914 und 1939 auslösten und noch weiter fortsetzen und neue Kulturzusammenbrüche mit Flüchtlingselend, Sklavenlagern, Folterkammern, Tod und Untergang für neue Menschenmassen vorbereiten, regen den hochintellektuellen Beobachter zum Nachdenken an. Ihm kann es nicht mehr verborgen bleiben, was mit der Menschheit nicht stimmt. Für ihn ist es schon längst zur Tatsache geworden, dass „Politik" und „Religion" nicht zwei verschiedene Dinge sein können. Religion muss die höchste Offenbarung von Wissen über Ideale und Moralgesetze sein, auf denen allein das tägliche Leben aufgebaut sein sollte. Eine Religion, die nicht eine solche Offenbarung oder ein solches Wissen gibt, hat ihre politische Kraft verloren, d.h. ihre Fähigkeit, die Schaffung von Gerechtigkeit oder Moral in den Gesetzen der Gesellschaft zu inspirieren, die eine Bedingung für jede humane, kulturfordernde und glückverbreitende Führung jeder menschlichen Gesellschaft ist. Wo die Religion diese Kraft nicht mehr hat, sondern wo sie nur noch dem einfältigen, naiven oder abergläubischen Menschen etwas zu geben vermag und wo der mehr intellektuell und wissenschaftlich eingestellte Mensch es beschämend findet, sich mit ihr zu beschäftigen, hat sie ihre politische Autorität und damit ihren Einfluss als Regierungs- und Kulturfaktor eingebüßt. Und wo die Religion aufhörte, ein Faktor zu sein, der die Regierung beeinflusste, wurde die Regierung immer mehr ein Faktor, der die Religion beeinflusste. Dies musste zu einer entsprechenden katastrophalen Umwälzung in der Leitung der menschlichen Gesellschaft führen. Die Religion mit ihrem Inhalt von Lebensweisheit oder Lebenserfahrungen – wenn diese auch in eine Terminologie eingehüllt waren, die nicht mehr zeitgemäß war und die Lebensweisheit nicht als Wissenschaft dokumentieren konnte – zu verwerfen, ist das Gleiche, wie das Kind mit dem Bade auszuschütten. Es war dasselbe, wie jene Auslegung der Nächstenliebe und moralischen Begründungen zu verwerfen, ohne die eine Gesellschaft unmöglich Krieg und Kulturzusammenbruch, Unglück und Leiden vermeiden kann. Und da die Kraft der überlebenden Weltreligionen also hinsiechte, ist es nicht so merkwürdig, dass Völker und Staaten in die gottlose und materialistische Zeitepoche, in das Jüngste Gericht, das blutige Drama gerieten, mit deren Nachwirkungen an Not und Elend die Politik, die Staaten und die Einzelnen immer noch zu kämpfen haben.

Die materialistische Wissenschaft und irreligiöse Weltpolitik

Wenn die Menschen nichts mehr mit der „Seele" zu tun haben wollten, dann blieb ja nur übrig, sich an die physische „Materie" zu halten. Und diese Materie wurde denn auch auf alle erdenkliche Weise gemessen und gewogen. Das Ergebnis hiervon ist die „moderne Naturwissenschaft". Diese Wissenschaft hat eine eingehende Kenntnis von Maß, Gewicht, Volumen, Graden und Entfernungen, jedoch keinerlei wirkliche Kenntnis vom „Leben" selbst. Sie kann nur in Maß und Gewicht denken. Sie kann nicht in der physischen Dimension denken, die als „Geist" auftritt und in der ihr eigenes Bewusstsein, ihr Denken und Seelenleben existiert. Da sie nicht in dieser Dimension denken kann, kann sie alles, was überphysischer, geistiger Art ist, nur als naiv und „unwissenschaftlich" auffassen. Dass der Begriff vom Recht, d.h. in Wirklichkeit „die Nächstenliebe", die hochgeistiger Natur ist, keine besonderen Chancen hatte, sich in einer Sphäre durchzusetzen, wo man nicht mehr an die Religion glaubt und wo man nur eine Wissenschaft hat, die nicht Dinge oder Erscheinungen kontrollieren kann, die kein physisches Maß und Gewicht haben, beweisen die Tatsachen zur Genüge. In einer Sphäre jedoch, wo man den Glauben an die höchsten Rechtsbegriffe oder Liebesideale verloren hat, ist keine andere Grundlage für die Gestaltung des täglichen Daseins übriggeblieben, als das „Machtprinzip" oder „Recht des Stärkeren" aufzubauen. Und die Staatsleitung oder die Ordnung der Gesellschaft der Völker beruhte denn auch auf einem außerordentlich zielstrebigen, alles beherrschenden Wettlauf zwischen den Staaten in der Schaffung des größtmöglichen Aufgebotes an den genialsten Mord- und Zerstörungsmaschinen samt anderen Tod und Verderben speienden chemischen und technischen Waffen. Es wurde zur Tatsache, dass das fünfte Gebot „du sollst nicht töten" und die Aufforderung „steck dein Schwert in die Scheide ..." u. a. von der Staatsmacht völlig ignoriert wurden. Diese „Postulate" waren bestenfalls für Kinder und Minderjährige. Allmählich aber, nach dem Heranwachsen der Kinder, beschäftigte der Staat sie mit einem anderen Idcal. Dieses Ideal heißt „Allgemeine Wehrpflicht". Dieser „Pflicht" gemäß wurde jeder einigermaßen gesunde junge Mann, ganz unabhängig davon, ob es ihm recht war oder nicht, gezwungen, sich dazu ausbilden zu lassen, die modernen Kriegsmaschinen und Mordwaffen bedienen und auf andere kriegsmäßige Weise seinen Nächsten vernichten zu können. Wie sollen wohl die Menschen mit solchen einseitig materialistischen Regierungsformen glücklich werden können? Führen solche Regierungen, losgelöst von dem Liebesideal der Religionen und allein gegründet auf das Recht des Stärkeren oder auf das Macht- anstatt auf das Rechtsprinzip, nicht zur Umbildung der Kultur in einen Dschungel? Wie soll eine solche irreligiöse Politik vermeiden, in den seit langem vorhergesagten „Krieg aller gegen alle" oder in die Todesnot zu geraten, die in unserer heutigen Zeitepoche das Schicksal von Millionen von Menschen wurde?

„Das Jüngste Gericht", „die Schafe" und „die Böcke"

Es zeigt sich also, dass die Führung der Menschheit oder die Regierungen der Völker nicht auf bloße materialistische Gegebenheiten gegründet werden können. Man kann in der Welt nicht Frieden schaffen, wenn man gleichzeitig dem Kernideal der Religion, Abschaffung der Macht, d.h. des Schwertes, zum Vorteil des Rechtes als Entscheidungsgrundlage für ungelöste Fragen zwischen den Völkern Hohn spricht. Als die Ausrichtung der Menschheit auf die Vorsehung anfing aufzuhören und die psychischen oder geistigen Gesetze dadurch in Misskredit kamen und an ihrer Stelle die Macht statt des Rechtes gepflegt wurde, da begann in allerhöchstem Maße ihr materieller oder physischer Untergang. Das Ursachen- und Wirkungs-Gesetz gilt hier, genauso wie es für das einzelne Geschöpf gilt. Wenn die Moralauffassung oder das geistige Leben des Menschen Schaden nimmt, dann dauert es nicht lange, bis auch sein physisches Leben zusammenbricht. Kein fortgeschrittenes Wesen kann auf die Dauer in reinem Materialismus leben. Außer seinen rein physischen Sinnen hat es auch die Fähigkeit, sich mit einer Menge von Erscheinungen in Verbindung zu setzen, die nicht materieller Art sind. Es hat in sich ein seelisches oder psychisches Gebiet, das für das Erleben seines Lebens absolut notwendig ist. Dieses Gebiet oder diesen seelischen Bestandteil in uns selbst zu ignorieren, kann nur zu weiterer Einschränkung oder Hemmung unseres Geisteslebens und damit unserer Begabung und unserer Willensgestaltung fuhren. Man wird ein physisches und seelisches Wrack. Dies ist das unausweichliche Schicksal des intelligenten Gottesleugners. Und dieser Zustand muss unbedingt in der physischen Struktur der Menschheit in einer Epoche überhandnehmen, wo sie alle Fühlung mit ihrer psychischen oder seelischen Struktur verloren hat, wo sie nicht mehr die felsenfesten psychischen oder geistigen Werte besitzt, auf die sich ihre Verbindung und Harmonie mit dem Höchsten in der Natur selbst und damit mit dem Leben gründet. Eine höchst unnatürliche Existenz und ein entsprechend unnatürliches Erleben des Lebens ist die unausweichliche Folge. Dieser geistige und seelische Zusammenbruch hat das Schicksal der Menschen zum Erleben des prophezeiten Jüngsten Gerichts gemacht, wo der Gerichtstag mit dieser Lebenssituation unausweichlich zu dem Zustand führt, der in derselben Verkündung durch „die Schafe" und „die Böcke" symbolisiert ist. Es musste notgedrungen zur Unterscheidung zwischen den zwei Ideologien kommen, die mit der Trennung von Regierung und Religion entstand, nämlich: Politik und Weltbild. Dies sind zwei Ideologien, die in Wirklichkeit von Gott zusammengefügt sind und daher unmöglich von den Menschen getrennt behandelt werden dürfen. Wo sie dies zu tun versuchen, entsteht unvermeidlich ein Gerichtstag, ein „jüngstes Gericht", eine „Götterdämmerung" oder ein „Weltuntergang", der die Menschen zurückzwingt, erneut die Untrennbarkeit dieser zwei Ideologien oder Interessensphären zu erkennen. Das Weltbild, d.h. die absolute Wahrheit, darf nicht auf „Politik" gegründet sein; „die Politik" muss sich ausschließlich auf das Weltbild gründen. Wo die „Politik" kein Produkt des Weltbildes ist, dort ist sie eine Offenbarung der Unwahrheit oder der Lüge. Dort ist sie ein Produkt von Egoismus und beruht ausschließlich auf der Befriedigung egoistischer Begierden. Ihre Propaganda ist eine Verzerrung der Wahrheit oder der Wirklichkeit, um ein Luxusleben ihrer Vertreter auf Kosten des normalen Glücks, des Lebens und der Möglichkeiten anderer Nationen oder Völker zu erreichen. Dass dies nur ein Sabotieren des Wohlergehens der Gesamtheit oder der gesamten Menschheit sein kann und damit zum „Chaos“, zur „Hölle“ oder zum Schicksal der „Böcke“ führen muss, ist selbstverständlich.

Wo aber die „Politik“ ein Produkt des Weltbildes oder der absoluten Wahrheit ist, ruht sie auf der Nächstenliebe. Ihre Propaganda ist eine Inspiration für alle, allen zu helfen und zu dienen. Ihre Gesellschaftsstruktur ist das ewige Lebensprinzip oder der organische „Kommunismus“, der nicht von den Menschen erfunden, sondern im Organismus eines jeden Lebewesens vorhanden ist und dessen Wohlergehen und Gesundheit von der Harmonie getragen wird, die die gegenseitige Zusammenarbeit ihrer Organe bedingt. Es dürfte einleuchtend sein, dass der im Weihnachtsevangelium verkündete „Friede auf Erden“ oder das höchste Wohlergehen der Menschheit, das glückliche Schicksal „der Schafe“ zur Wirklichkeit wird, wenn diese Harmonie und „Politik“ eins werden.

Die Errettung der Menschheit ist ohne absolute Kenntnis des Weltbildes unmöglich

„Die Schafe“ und „die Böcke“ sind somit nicht ein Haufen physischer Menschen, die in zwei Gruppen aufgeteilt sind, eine auf der rechten und eine auf der linken Seite des Richters. Diese zwei Bezeichnungen sind vielmehr Ausdruck für zwei große Grundprinzipien in der Schöpfung und im Erleben des Lebens. Ohne diese beiden Prinzipien würden die Schöpfung und das Erleben eine Unmöglichkeit sein. Diese beiden Prinzipien bedeuten die beiden Begriffe „Geist“ und „Materie“. „Die Schafe“ stellen das „Prinzip des Geistes“ und „die Böcke“ das „Prinzip der Materie“ dar. Wenn die Menschen in der Weissagung vom jüngsten Gericht als zwei Gruppen, d.h. als „Schafe“ und „Böcke“, bezeichnet werden, bedeutet das, dass „die Schafe“ die Gruppe darstellen, deren Leben auf dem Geistesprinzip beruht. Dadurch sind sie in der höchsten und vollkommensten Struktur, in der „Humanität“ oder in der „Liebe“ verankert. Mit „den Böcken“ dagegen ist die Gruppe von Menschen bezeichnet, deren Leben in der physischen Materie und Macht verankert ist, wodurch sie alle Verbindung mit den höchsten Kräften des Universums verloren haben. Und sie haben dadurch die lebenswichtige geistige Stabilität verloren, die die besagte Verbindung erzeugt. Dass diese letztere Gruppe zu Herabwürdigung, Verderben oder zu einem unglücklichen Leben geführt wird, während „die Schafe“ zu einem Leben in Harmonie und Freude kommen, das beginnen die Weltereignisse uns jetzt vor Augen zu führen. Das Schicksal dieser „Böcke“ und „Schafe“ haben wir heute in zwei großen Lebenskontrasten vor Augen, die immer mehr die Menschen in zwei

Lager aufteilen. Es wird also unvermeidlich den Untergang der Lebenseinstellung der einen Gruppe und große Verbesserungen und Fortschritte für die der anderen Gruppe geben.

Ganz abgesehen davon, ob man diese Auslegung der biblischen Voraussage des Schicksals der Menschheit anerkennen will oder nicht, bleibt die Tatsache bestehen, dass sich die Menschheit gerade in einer Krise befindet, die sich nicht auf andere Weise lösen lässt als durch ein Zurückwenden zu den natureigenen Gesetzen des Lebens, was in diesem Falle bedeutet, in das ewige Weltbild selbst. Wirkliche Kultur, Humanität und dauernder Frieden lassen sich nicht mit rein materialistischem Wissen und Können schaffen. Dieses Wissen und Können stellt ganz gewiss die physischen Forderungen zufrieden. Da es sich aber gezeigt hat, dass die Menschen eine außerordentlich große psychische oder geistige Forderung haben, die erfüllt werden muss, damit das Erleben des Lebens zu der Harmonie, Lebenslust und Freude am Dasein werden kann, die dem normalen Leben entspricht, das einmal das Geschöpf zum „Menschen als Abbild Gottes" machen soll und wodurch das wahre Glück auf der Erde offenbart werden soll, muss die geistige Einstellung der Menschheit erneut zur Vorsehung zurückkehren. Sie muss ihre geistige Einstellung wieder in Übereinstimmung mit den Gesetzen des Weltalls oder der ewigen Wahrheit bringen. Das Individuum kann in seinem jetzigen intellektuellen Stadium nur glücklich leben und glücklich sterben, wenn es seine Geisteshaltung oder sein Denken genau auf die absolute Wahrheit einstellt, d.h. auf absolutes Wissen vom ewigen Weltbild.

Der irdische Kulturmensch ist mit seiner materialistischen Allmacht hilflos geworden Ist denn aber das außerordentlich hervorragende materielle Wissen, das die Erdenmenschheit besitzt, nicht die absolute Wahrheit? Sind all die vielen Ergebnisse, die die Wissenschaft in Bezug auf den Stoff, die Gase, das Wasser, das Feuer, die Elektrizität, den Magnetismus, die Atome usw. erreicht hat, und das hierauf beruhende gewaltige materielle Können nicht grundlegend? – Nein, durchaus nicht. Sie allein können der Menschheit kein Glück gewährleisten. Sie enthalten ganz gewiss Erkenntnisse über Ursache und Wirkung, aber dies ist nur ein Teil der Wahrheit. Es gibt nämlich andere Teile oder Felder der ewigen Wahrheit auf dem Gebiete des täglichen Lebens, wo die Naturwissenschaft oder die Menschheit nicht die zusammenhängende Ursache und Wirkung kennt. In vereinzelten Fällen kennt sie die Wirkungen, jedoch nicht die Ursachen, während sie in andern Fällen die Ursachen kennt, aber nicht die Wirkungen. Demzufolge muss die Menschheit im Dunkeln tappen. Dieses Tappen wird um so gefährlicher, je gewaltiger die Kräfte sind, derer sie sich zu bedienen die Fähigkeit hat und deren Opfer zu werden sie in ihrer tappenden Blindheit das größte Risiko läuft. Und ist das Schicksal der Menschheit heute nicht gerade durch die Wirkungen einer alles beherrschenden Anwendung der genialsten Mordinstrumente und Totschlagsmethoden geprägt? Hierbei kennt sie nicht die

Wahrheit oder das Ursachen- und Wirkungsgesetz, das ausdrückt, dass „jeder, der mit dem Schwert umbringt, selbst durch das Schwert umkommen soll".

Es ist aber nicht das Ziel der Entwicklung, das Individuum fortwährend einen Sklaven seiner Unwissenheit, Primitivität und seines Aberglaubens sein zu lassen. „Der Mensch als Abbild Gottes" kann kein Wesen sein, das im Finstern herumtappt oder aufgrund falscher Vorstellungen gewaltige Kräfte zur Auslösung bringt, die nichts anderes als Zerstörung von Humanität, Kultur und Leben bewirken. Da das Ziel der Entwicklung oder des Lebens ein vollkommenes und vollständiges Erleben der Wahrheit und das hieraus sprießende Glück ist, das „den Menschen als Abbild Gottes" zeigt und das nur auf die vollkommene und vollständige Erkenntnis der ewigen Wahrheit gegründet werden kann, kann eine partielle oder teilweise Kenntnis der Lebensstruktur oder des Weltbildes dem Wesen unmöglich das wahre Glück verschaffen. Und dies zeigten auch die großen Kulturzusammenbrüche und der Kampf der Menschheit, den Untergang aufzuhalten, obwohl sie doch die Fähigkeit besitzt, die Elemente zu beherrschen.

Es genügt also nicht, die Elemente zu kennen und zu beherrschen. Dies allein ist durchaus nicht der Sinn des Lebens oder das Ziel der Menschen. Also ist die Folgerung die Tatsache, dass im Wesen des Menschen etwas fehlen muss. Dieser „Beherrscher der Elemente" ist ein Wesen, das kein andauerndes Glück schaffen oder garantieren kann, weder sich selbst noch andern. Der Mensch ist schöpferisch. Bauwerke, Maschinen, Apparate, Beförderungsmittel und andere geniale, technische Wunder kann er schaffen, und er kann auch stofflich die eigentümlichsten chemischen Prozesse hervorrufen, die ans Wunderbare grenzen und in Wirklichkeit von außerordentlich großem Nutzen sind. Es hat sich aber, wie schon gesagt, gezeigt, dass diese Wunder oder die Produkte dieser Schöpfertätigkeit in überwiegendem Maße eine Zerstörung des Lebens oder Daseins und damit des wahren Glückes der Menschen oder ihrer Freude am Leben herbeiführen.

Die Beherrscher der Elemente, die Erdenmenschen, wissen heute noch nicht einmal, wie sie sich voreinander wirklich beschützen können. Ihr großes materielles Wissen und Können ist zunächst das größte todbringende „Übel" oder der lebensgefährliche Nachteil ihres Lebens geworden. Die Beherrscher der Elemente sind mitten in ihrer materialistischen Allmacht hilflos geworden.

Der Erdenmensch ist sein eigener schlimmster Todfeind geworden

Mitten in der Kulmination seiner Fähigkeit, die physische Materie zu beherrschen und auszunutzen, also auf dem Gipfel des allerhöchsten materiellen Wissens und Könnens ist der Erdenmensch das hilfloseste, unglücklichste und der Gefahr am meisten ausgesetzte Wesen auf der physischen Ebene. Dahin sollte das Lebewesen also geführt werden. Die Anwendung des tötenden Prinzips, das eine Lebensbedingung und damit eine Tugend für das Raubtier im Dschungel war, ist nun also als ein Unglück für den Menschen offenbart worden. Kann eine Belehrung, eine Predigt oder eine Mahnung in Bezug auf diese Tatsache diese eigene Demonstration des Lebens übertreffen? Sagt das Leben nicht selbst mit Donnerstimme zur Menschheit, dass sie an der Grenze zum Tierreich, der Zone des tötenden Prinzips steht? Die Methoden, die dem Tier gegeben wurden, damit es sich selbst beschützen kann, sind nicht für ewige Zeiten bestimmt. Das Tier muss sich mit Macht, mit List oder Tarnung behaupten. Diese Methoden und die hieraus hervorgegangenen Waffen oder Machtmittel sind nicht dafür bestimmt, von höheren Wesen als dem Tier verwendet zu werden. Man darf sich also nur in einer bestimmten Sphäre oder Zone im Dasein notgedrungen mit Macht, List, Tarnung, Waffen und mit Niedersäbelung vor Mitwesen schützen. Der Entwicklungsprozess, der fortwährend im Innern des Wesens wirkt und es vom Pflanzendasein zum Tierdasein geführt hat, hat das tierische Wesen weiter zum Menschen entwickelt. Ohne dass es die Menschen in Wirklichkeit bemerkt haben, sind sie so von der Entwicklung, die in ihrem Innern gärt, zu einem psychischen Zustand geführt worden, in dem die Lebensgesetze den Gesetzen des Tierreichs oder Dschungels genau entgegengesetzt sind, wo es eine Lebensbedingung ist zu töten, um leben zu können. Es ist also das Unglück der Erdenmenschen, dass sie menschliche Fähigkeit erhielten – die Fähigkeit, die Elemente zu beherrschen, ist an sich nämlich keine tierische Fähigkeit –, dass sie aber in Wirklichkeit glauben, immer noch das Gesetz des Dschungels anwenden zu müssen, um das Leben zu bewahren. Sie glauben immer noch, dass sie morden müssen, um selbst zu leben, und wenden daher die menschlichen Fähigkeiten im Sinne dieses Aberglaubens oder dieses tötenden Prinzips an. Da sie aber, geistig gesehen, nicht mehr im Dschungel sind, sondern im Vorhof zum Menschenreich, kann die Anwendung des tötenden Prinzips oder gewalttätiger Methoden keinerlei Schutz mehr gegen andere Gewalttätige geben. Diese Methoden wirken vielmehr sehr schnell auf ihren Urheber zurück und zerstören sein eigenes physisches Leben. Der Erdenmensch wurde also sein eigener schlimmster Todfeind.

Warum das Schicksal der heutigen Menschheit nicht planlos oder zufällig ist

So wird es zur Tatsache, dass ein solcher Zustand zur dunkelsten Zone des Lebens, zur „Hölle" selbst oder zum „Totenreich" wird. Kann etwas schlimmer sein, als sein eigener „Todfeind" zu sein? Dies ist gerade die Situation, welche die Folge „des Genusses vom Baume der Erkenntnis" werden sollte. Dies ist das Ergebnis der Wanderung Adams und Evas hinab in die Verdammnis und Finsternis, hinab in den Kummer und das Leid. Und dies ist die Erfüllung der Geschichte vom „verlorenen Sohn", der „mit den Schweinen frisst", was in Wirklichkeit bedeutet: das Wesen, das menschliche Fähigkeiten hat, sie aber nur zu tierischen Zwecken gebraucht. Dies ist die Geschichte vom jüngsten Gericht, wo die Vorsehung die „Toten und die Lebenden" richtet oder „die Schafe" von „den Böcken" scheidet. Dies ist der Bericht vom Untergang der Herrschaft „der Böcke" mit ihrem Krieg, mit Tortur, Konzentrationslagern und Sklaverei. Und dies ist der Bericht von „den Schafen", die das wahre Menschenreich errichten, „den neuen Himmel und die neue Erde, wo Gerechtigkeit wohnt". Diese Herrschaft der „Schafe" ist wieder dasselbe wie die neue materielle Verwaltung der Werte und Lebensgüter in der Welt und die neue geistige und psychische Einstellung, die sich aus den Ruinen des Tierreichs nach seinem Untergang in der Mentalität des Menschen erhebt, die Einstellung, in der die Nächstenliebe eine selbstverständliche Wissenschaft, Schönheit und Freude ist.

Dem intellektuellen Beobachter oder Forscher offenbaren sich also nicht etwa Chaos und Zufall. Das Schicksal der Menschheit von heute ist keine Überraschung für die größten oder kosmisch eingestellten Wesen. Der Bericht von „Adam und Eva", der Bericht vom „Jüngsten Gericht und von der Hölle", der Bericht von den Folgen der Anwendung des Schwertes, der Bericht von „Pferden, aus deren Mäulern Feuer, Rauch und Schwefel ausging" – was ist das anderes als die modernen Panzer –, der Bericht vom „Kriege aller gegen alle" und viele andere biblische Erzählungen sind somit kein Aberglaube oder fanatische Fantasie, sondern lebendige, okkulte Berichte von den Ereignissen, die in unseren Tagen stattfinden. Diese Geschehnisse sind also schon vor Jahrtausenden gesehen und erzählt worden. Wenn es also möglich ist, sich Wissen von Ereignissen Jahrtausende, bevor sie stattfinden, anzueignen, dann kann die Weltstruktur nicht Chaos und Zufall sein. Sie kann kein Kaleidoskop sein. Nur eine lebende Wirklichkeit, gegründet auf unerschütterliche Ursachen- und Wirkungsgesetze, kann die Möglichkeit zulassen, schon Jahrtausende vorher gesehen und vorausgesagt zu werden.
Die Kenntnis von den Grundprinzipien der Weltstruktur macht es leicht, die Wirklichkeit in den biblischen Voraussagen zu verstehen
Wenn man die Grundprinzipien kennt, auf die die Weltstruktur gegründet ist, dann ist es für den entwickelten, kosmischen Forscher keine Schwierigkeit, in die Zukunft oder in das kommende Schicksal der Menschheit eingeweiht zu werden, und wir sehen aus den biblischen Berichten, dass das Ziel nicht die „Hölle" ist, nicht ist, den „Tod sterben" zu müssen, nicht ist, als Flüchtling außerhalb des Paradieses leben zu sollen. Die Bibel setzt ihre Berichte fort und kündigt strahlendes Licht nach der Dunkelheit an. „Der Samen Evas" soll „das Haupt der Schlange zermalmen", und in „Abrahams Samen sollen alle Geschlechter der Erde gesegnet werden", wie die Bibel auch berichtet, dass „der verlorene Sohn" wieder ins Vaterhaus zurückkehrte und dort mit großer Freude aufgenommen wurde. Und schließlich haben wir dort den Bericht über Jesus, der geboren wurde und in allen Situationen, wo Menschen verkehrt handelten, richtig handelte. In allen Situationen, wo es allgemein war, egoistisch oder zum eigenen Vorteil zu handeln, handelte er unbedingt selbstlos

oder zum Vorteil oder Nutzen für seinen Nächsten. Wo er verfolgt wurde, bediente er sich nicht der Methoden des Krieges, sondern füllte sein Bewusstsein mit der allliebenden und Allweisen Einstellung: „Vater, vergib ihnen, denn sie wissen nicht, was sie tun". Und wir sehen somit in diesem Wesen das Vorbild für die Gesinnung, die den Krieg aus der menschlichen Gedankensphäre beseitigt und den Erdenmenschen von seinem tierischen Zustand hoch über die Herrschaft des Dschungels erhebt. Ob dieser Christus gelebt hat oder nicht, ist völlig gleichgültig. Allein der Bericht vom Leben dieses Wesens ist die kosmische Enthüllung einer Handlungsweise und eines Wesens, die unbedingt gelernt oder angeeignet werden muss und soll, wenn es überhaupt Frieden auf Erden geben soll. Hat Christus nicht gelebt, so hat jedenfalls das Wesen gelebt, das der Ursprung zum Bericht war. Und um einem so hochintellektuellen Bericht eine so überwältigende geisteswissenschaftliche Kenntnis von den Lebensgesetzen oder von der kosmischen Struktur zu geben, auf der die menschliche Entwicklung und Schicksalsbildung beruht, muss man ja in diesen Gedankenarten zu Hause sein. Hat Christus nicht gelebt, so muss ein anderer Mann mit demselben hochintellektuellen Bewusstsein existiert haben, wie es Christus zugeschrieben wird. Wie sollten solche hochintellektuellen Gedankenarten oder dieses Wissen denn sonst entstanden sein?

Das Wissen und Können der Erdenmenschen ist im Verhältnis zu ihrem psychischen oder geistigen Fassungsvermögen zu groß

Ganz abgesehen jedoch von den biblischen Berichten und Voraussagen und der dadurch enthüllten Kenntnis von der Weltstruktur oder den Lebensgesetzen würden die Menschen von den Umständen trotzdem gezwungen worden sein, ihr Bewusstsein oder ihre Gedanken anderen Auskunftsquellen als den rein materialistischen zuzuwenden. So hätten sie ihre Forschung auf diejenige Seite ihrer selbst gerichtet, die heute Mystik ist, d.h. auf ihre seelische oder geistige Seite, die sie in Wirklichkeit ableugnen. Sie haben, wie gesagt, genug Wissen auf der materiellen Ebene, wo sie bis zu einem gewissen Grade die Elemente beherrschen. Ja, dieses Wissen und das hieraus entstandene Können sind in Wirklichkeit viel zu groß im Verhältnis zu ihrer wirklichen geistigen oder psychischen Kapazität. Wie vorher erwähnt, haben sie ein „Menschenkönnen", aber ein „Tierbewusstsein". Sie können sich solcher unermesslicher Kräfte bedienen, die durch die Atomspaltung frei werden. Wenn diese Kräfte aber im Besitz eines Wesens sind, das nur ein Tierbewusstsein in Bezug auf seinen Nächsten hat, wenn Löwen und Tiger statt starker Zähne und Krallen sich der modernen Schusswaffen, Mordmaschinen oder Atombomben bedienen könnten, was dann?

Dieses Beispiel erscheint sicher zunächst recht töricht. Es ist aber nicht so fern von der Wirklichkeit, wie man glauben sollte. Im Menschen ist nämlich kein „Menschenbewusstsein", das sich der Mordwaffen und Zerstörungsmaschinen bedient. Diese Seite seiner Psyche wird ausschließlich von dem im Menschen immer noch vorhandenen „Dschungel-" oder „Tierbewusstsein" dirigiert. In Wirklichkeit ist es das „Löwen-" oder „Tigerbewusstsein", das die Mordwaffen des Erdenmenschen, von der Keule des Steinzeitmenschen bis zur Atombombe des modernen „christlichen" „Kulturmenschen", zur Auslösung bringt. Somit braucht niemand den „Menschen" im Menschen zu fürchten, sondern die im Menschen noch vorhandenen Reste des „tierischen Bewusstseins". Diese Reste des „Tierbewusstseins" sind also der Menschheit größtes Übel. Sie sind des Menschen Unglück. Diese Reste machen ihn zu seinem eigenen To Die wahre Ursache des Krisenzustands der Erdenmenschheit ist ausschließlich eine Frage einer „psychischen Wissenschaft"

Die wahre Ursache des großen und dunklen Krisenzustandes oder des Chaos, in dem sich die Erdenmenschheit zurzeit befindet, ist also keine Frage von Lebensraum oder Landesgrenzen. Sie ist kein Wirtschafts- oder Warenproblem oder etwas anderes von all dem, was man gewöhnlich als das Unglück der Menschheit ansieht. Diese Erscheinungen sind nur die äußeren Symptome der wahren Ursache oder des wirklichen Übels. Sich gegen diese Symptome immun zu machen, beseitigen nicht die Ursachen, sondern lässt den Menschen weiterhin unglücklich oder krank sein. Das wirkliche Übel aller dieser äußeren Symptome ist recht und schlecht eine „psychische Frage". Seine Beseitigung ist eine Frage einer Durchforschung der erdenmenschlichen Psyche und ihre Säuberung von den Resten des von der Vergangenheit übernommenen „tierischen" Bewusstseins. Auf psychischem Gebiet muss eine Wissenschaft von solchem Umfang entwickelt werden, dass der Erdenmensch lernen kann, die seelischen Elemente mit genauso großer Sicherheit zu beherrschen, wie er mit der Naturwissenschaft die physischen Elemente beherrscht. Genauso wie die Naturwissenschaft den Erdenmenschen instand gesetzt hat, die Elemente für sich arbeiten zu lassen, und ihm die physische Arbeit leicht machte und ihm damit in einem solchen Ausmaß auf der physischen Ebene Bewegungsfreiheit gegeben hat, dass eine Reise um die Welt jetzt nur noch eine Bagatelle von einigen wenigen Stunden ist, muss der Mensch auch dazu übergehen, eine Wissenschaft auf seinem psychischen oder geistigen Gebiet zu entwickeln, die die seelischen Elemente oder Kräfte so für ihn arbeiten lässt und ihm eine solche geistige Bewegungsfreiheit gibt, dass eine geistige Reise in das Universum oder in die Weltstruktur zu einer Bagatelle eines einfachen Willensaktes wird.

Und warum sollte er das nicht? Ist es ein größeres Wunder, psychisch oder geistig durch das Universum zu reisen, als die Erde in einigen wenigen Stunden in einer Metallkiste zu umfliegen?

Wenn die Macht sich mit der Nächstenliebe vereinigt, entsteht der Frieden

Gleichgültig jedoch, wie man auch über das Voranstehende denken mag: jedenfalls ist der Erdenmensch an die Grenze der geistigen Sphäre gekommen, wo das Leben nicht mehr durch Mordwaffen, Rache oder Strafe aufrechterhalten werden kann. Die Menschheit wird noch einige karmische Erschütterungen durchmachen müssen. Millionen von Menschen werden noch getötet oder verstümmelt werden, aber nichtsdestoweniger steht die Menschheit auf der Schwelle zur lichten Sphäre des Friedens. Man wird in diesen letzten Blutbädern und mörderischen Dezimierungen, Explosionen und Zusammenbrüchen sehen, dass die Mordwaffen nicht nur vernichtend für einen selbst und seinen Gegner sind, sondern dass der Umstand, Sieger zu werden, mit solchen Leiden und Beschwerden, mit solcher Tortur verbunden ist, dass die Beschwerden, gegen die man sich mit den Mordwaffen glaubte schützen zu können, bei weitem davon übertroffen werden. Dann aber wird es zur wissenschaftlichen Tatsache werden, dass Frieden nicht auf überlegene Macht gegründet werden kann, sondern nur auf Recht und dass die Macht unbedingt nur dort zum Segen werden kann, wo sie das Recht beschützt, d.h., wo sie eine Wehr gegen die in der Psyche oder im Bewusstsein der Wesen noch vorhandenen Reste ihrer tierischen Einstellung aus der Vorzeit bildet. Macht ohne Intellektualität, d.h. eine Macht, die kein Schutz des Rechtes, sondern dagegen ein Schutz des Egoismus ist, schafft die schlimmste Todesgefahr, in die ein Wesen geraten kann. Darum ist das einzige, was für die Erdenmenschheit von heute notwendig ist, sich das höchste kosmische Wissen und Können anzueignen. Das ergibt einen Einblick in die Anwendung von Macht, der diese Anwendung zur höchsten Segnung macht und damit den Erdenmenschen dazu führt, in Einklang mit der Weltstruktur oder mit den Naturkräften zu leben. Wo die Macht eins mit der Nächstenliebe im Menschen geworden ist, dort ist der Frieden. Dort ist das himmlische Reich auf Erden erstanden. Dort kann das Leben nur als Licht, Kunst, Liebe und Freude existieren.

„Antichrist"

Wo aber gelangen die Menschen zu dem Wissen, das die Macht ausschließlich zum Beschützer des Rechtes macht und damit der Menschheit bis zum Einzelwesen die unbedingte intellektuelle Freiheit und den Schutz gegen jeden Egoismus oder gegen den geistigen Dschungel gewährleistet, der immer noch seine Herrschaft in der erdenmenschlichen Psyche und Auffassungsgabe ausübt und der unter vielen Tarnungsformen „die Macht" als den höchsten Moralbegriff und die hierauf beruhende Sklaverei und Unterdrückung anderer Menschen als höchstes politisches und religiöses Ziel aufstellt? Wie können die Menschen ein Wissen entwickeln oder ihren intellektuellen Horizont derart erweitern, dass sie sich von dieser Anbetung der Macht, von dieser suggerierten Verehrung des „Antichrist" der Bibel frei machen können? – Denn man will doch nicht behaupten, dass „Antichrist" etwas anderes sein kann als das Gegenteil von „Christentum"? Und so wie „Christentum" keine

Person, sondern eine Lehre von der „Nächstenliebe" ist, ist „Antichrist" auch keine Person, sondern eine organisch aufgebaute Terminologie, die Widerstand gegen wahres „Christentum" und damit gegen die Humanität selbst oder gegen die Nächstenliebe leistet. Dass dieser Widerstand von seinen Erzeugern getarnt wird und als einzige berechtigte Religion oder Politik ausgeschrien wird, ist verständlich. Wie sollten sie sonst ihre Herrschsucht rechtfertigen und dabei sich der so stark begehrten totalen Herrschaft über alle Mitmenschen und deren Denkweise und Eigentum bemächtigen? Wie sollten auf andere Weise ihre egoistischen Wünsche erfüllt werden, sich als die Herren der Welt zu sehen? Wenn sie nicht in ihrer Herrschsucht mit Hilfe gewaltiger Organisationen und Stäben von „Spitzeln" und „Verrätern", samt Konzentrationslagern, Tortur und Hinrichtungen, Sklavenarbeit usw. die Zivilisation von der demokratischen Kultur und ihrem Gedankengang „säuberten", wie sollten sie sich sonst Hoffnung machen können, alle Völker, Rassen und Ideologien zum Vorteil für ihren diktatorischen Größenwahn und ihre egoistischen Machtgelüste „gleichrichten" zu können? – Glaubt wirklich jemand, dieses Kultur- und gesellschaftszerstörende Hasten danach, den Menschen alle geistige Freiheit und die Fähigkeit dazu zu nehmen, mit Gehirn und Herz Wahrheit und Wirklichkeit zu offenbaren, könne eine Grundlage für einen wirklichen Dauerfrieden bilden? Kann es natürlich sein, der Lerche das Singen, dem Kuckuck das Rufen, dem Löwen das Brüllen, dem Fisch das Schwimmen und der Pflanze das Keimen zu verbieten? Wäre das nicht ein Sabotieren des Lebens der Natur? Wie soll ein solches Prinzip die Grundlage für Geist, Kultur und Frieden bilden können? Wie soll eine Politik, die ausschließlich eine Sabotage des Lebens ist, eine Plombierung von Herz und Gehirn oder eine Zwangsjacke jeder individuellen Intelligenz und jeden Gefühls, die über die Beschränktheit der Diktatoren hinausgehen, organische Demokratie oder Kommunismus sein? – Dies ist seiner Natur nach nur eine Gangster- und Gewaltherrschaft, in welcher es den Tod für jeden bedeutet, der nicht seine natürlichen, freiheitsliebenden Mitwesen unter ihm „bespitzeln" oder „verraten" will und den macht- und herrschsüchtigen Mitwesen auf der Rangstufenleiter aufwärts bis zu den Machthabern oder dem Diktator nicht den gehörigen Respekt durch sklavisches Kriechen und Ja-Nicken erweist.

Glaubt jemand wirklich, dass solche machthungrigen, diktatorisch eingestellten Wesen, die derart mit tierischen, todbringenden Tendenzen angefüllt sind, dass sie neben ihrer erdenmenschlichen Begabung – kosmisch gesehen – im wesentlichen als brutale Tiere zu betrachten sind, die Menschheit erretten und ihr wirkliche intellektuelle Freiheit, Geist und Kultur geben können? Ist es nicht schon längst für jeden unparteiischen intellektuellen Forscher offenbar, dass sie mit ihrer unintellektuellen oder inhumanen Macht nur anstreben, die Menschen zu stummen Haustieren zu machen, zu einer Art Vieh, mit deren Leben sie schalten und walten können, je nachdem wie es zur Befriedigung ihrer krankhaften Machtbegierden dienlich ist? Glaubt jemand wirklich, dass dies der Sinn der Millionen von Jahren währenden Entwicklungsepochen war? Glaubt jemand, die Erde machte millionenjährige Epochen in leuchtenden Gasnebeln durch, millionenjährige Epochen in glühenden und flüssigen Feuermassen oder Sonnenzuständen, millionenjährige Epochen in unermesslichen vulkanischen Abkühlungsprozessen und Erdkrustebildungen, die Entwicklung der Atmosphäre, Trennung von Meer und Land, millionenjährige Entwicklungsepochen von vegetabilischen Lebensformen, millionenjährige Entwicklungsepochen von animalischem Leben, endlich die millionenjährige Epoche, die den Menschen im Tier zum Vorschein kommen ließ, nur um ihn ein stummes Stück Vieh in der geistigen und physischen Stacheldrahtabsperrung eines gottlosen Diktators werden zu lassen?

Die Wahl zwischen Geistesfreiheit, Kultur und Frieden oder Rechtlosigkeit, geistiger und physischer Sklaverei

Lautet die Sprache des Lebens selbst unter solchen Umständen nicht folgendermaßen: „Lieber Erdenmensch! Wach auf und sieh dich um. Deine Intelligenzfähigkeit, die du dir viele Leben hindurch angeeignet hast, und dein dir auf welche Weise auch immer erworbener Entwicklungsstandard sind in Gefahr! Diktatur oder „Antichrist" haben es auf dich abgesehen! Eines Tages wirst auch du nur zwischen Konzentrationslager oder Spitzeldienst, zwischen intellektueller Passivität oder Tortur, zwischen Tyrannei gegen deinen Nächsten oder dem Tod für dich selbst wählen können. Die Zeit ist gekommen, wo das große Gebot des Jüngsten Gerichts die Menschen anruft. Deine Wahl wird nicht länger auf spätere Zeiten aufgeschoben. Der Gerichtstag ist gekommen, um in der Welt zu richten. Die Entscheidung wird nun erzwungen. Du kannst aber selbst bestimmen, ob du auf die „linke Seite" des Gerichtstages übergehen willst und am Schicksal „der Böcke" teilzuhaben wünschst, der Herrschaft des Todes, der Schmerzen und der Leiden, oder ob du auf die „rechte Seite" des Gerichtstages treten willst und am Schicksal „der Schafe" teilhaben möchtest: „dem neuen Himmel, der neuen Erde" der Humanität, dem Intellektualismus oder der Kultur, der Erfüllung der Botschaft des Weihnachtsevangeliums: Friede auf Erden."

Durch das Verstehen der direkten Sprache des Lebens erreicht das Individuum geistige Souveränität oder Einweihung

Was das zuvor Gesagte betrifft, wird jemand vielleicht sagen, dass man nicht imstande ist zu wählen. Was man auch liest und studiert, nirgends sind die Dinge frei und unparteiisch dargestellt. Jeder hebt seine Auffassungen und Meinungen als die höchsten, unerschütterlichsten Ideale hervor. Jede Bewegung, ob Religion, Sekte oder politische Partei, erklärt ihre Existenzberechtigung auf solche Weise, dass man nicht sehen kann, was darin wahr oder was darin unwahr ist. Wie soll man lernen, die Tarnungen der Propaganda, die die wirklichen Fakten zum Vorteil der egoistischen Begierden der Machthaber oder der Machtsüchtigen verzerrt, zu durchschauen? Wie kann man erkennen oder feststellen, ob alles, was als „weiß“ angepriesen wird, wirklich weiß und keine getarnte schwarze Farbe ist?

Ja, was führte die Menschen dazu, rein materialistisch oder physisch die Materien auf so vollkommene Weise unterscheiden zu können, dass sie sich kraft dieser Fähigkeit zu den Beherrschern der Elemente machen konnten? – War dies nicht die materialistische Wissenschaft? – Glaubt jemand, dass man eine solche Position erreicht haben würde, wenn man nicht die naiven Dogmen und abergläubischen Vorstellungen auf diesem Gebiet zum Vorteil für realistische Forschung und für die hierdurch gewonnenen Tatsachen aufgegeben hätte? – Die Methoden der materialistischen Wissenschaft richten sich nicht nach Propaganda, sondern nach festgestellten Tatsachen. Sollte man nicht glauben, dass man auf dem psychischen Gebiet nun dasselbe Stadium erreicht hat, ein Stadium also, wo man sich nicht mehr von Dogmen, suggerierender Propaganda und abergläubischen Vorstellungen leiten lässt? – Sollte man nicht glauben, dass die Menschen entwickelt genug sind, um zu realistischen Tatsachen auf psychischem oder seelischem Gebiet vorzudringen und dadurch von allen möglichen parteiischen Behauptungen, der Propaganda oder Verzerrung der Wahrheit befreit zu werden. – Ja, die Zeit ist nun gekommen, wo die Menschheit Tatsachen anstelle von Hypothesen, Wahrheit anstelle von Tarnung, Wirklichkeit anstatt Unwirklichkeit haben muss.

Wo findet der suchende Mensch oder der entwickelte Forscher diese Tatsachen, diese Wahrheit oder Wirklichkeit? Dort, wo die materielle Wissenschaft die Wirklichkeit oder die Wahrheit in den materiellen Gesetzen fand, nämlich in den Mitteilungen des Lebens selbst. Das Leben selbst ist ja der zweifellos beste und zuverlässigste Lehrmeister und Schilderer der ewigen absoluten Wahrheit. Wenn das Geschöpf diese Sprache des Lebens verstehen gelernt hat, ist es gefeit gegenüber der suggerierenden Propaganda der Herde, die stets mehr oder weniger unrein ist, solange die Herde nicht aus kosmisch eingeweihten Wesen besteht. Bis dahin aber dient diese Propaganda fast nur dem Selbsterhaltungstrieb und nicht der Enthüllung der unbedingten Wahrheit. Die Äußerungen der Herde sind daher stets mehr oder weniger Verzerrungen der Wahrheit. Das Wesen aber, das gelernt hat, die Sprache des Lebens selbst zu verstehen, ist über die Gesichtspunkte jedes anderen Wesens erhaben. Wenn es von der Natur selbst die Lösung des Lebensmysteriums als realistische Tatsache erhält, dann hat es den unbedingt festen Punkt des Lebens selbst gefunden, ist es ein richtig souveränes oder ein sogenanntes „eingeweihtes“ Wesen geworden. So kennt es die Wirklichkeit durch eigenes Selbstschauen und kann daher kraft dieses Selbstschauens handeln, denn Selbstschauen bedeutet das Schauen

der absoluten Tatsachen. Und die Führung der Menschen zu diesem Selbstschauen
ist also die Mission der Welterlösung von heute.

Der Unterschied zwischen der materialistischen Wissenschaft und der Geistes-wissenschaft

Dieses Selbstschauen ist also nicht die Verehrung eines neuen zur Welt gekom-menen Erlösers oder die Schaffung einer neuen religiösen Bewegung oder Sekte, sondern es ist die Schaffung einer Wissenschaft, durch welche die absolute Wahrheit zur wirklichen realistischen Tatsache wird. Diese Wissenschaft ist also das Pendant oder Gegenstück zur materialistischen Wissenschaft. Sie unterscheidet sich von dieser nur dadurch, dass sie auf „Lebensäußerungsergebnissen" beruht, während der materialistischen Wissenschaft Maß- und Gewichtsergebnisse zugrunde liegen. Da „Lebensäußerungsergebnisse" Ergebnisse sind, die Leben, Geist oder Bewusstsein oder psychische Vorgänge beweisen, wird diese Wissenschaft als psychische oder „Geisteswissenschaft" bezeichnet. Die Geisteswissenschaft ist also eine Dokumen-tation oder Beweisführung für das Leben des Weltalls, während die materialistische Wissenschaft eine Dokumentation und Beweisführung über die mechanische und chemische Struktur des Weltalls ist.

Warum die materialistische Wissenschaft keinerlei Möglichkeit hat, das Lebensmysterium zu lösen

Die Situationen innerhalb und außerhalb der Lebewesen können also durch zwei große Faktoren verursacht werden, nämlich durch „Leben" und durch „Mechanik". Während alles Mechanische den physischen Sinnen unmittelbar zugänglich ist, ist das „Lebende" oder das „Leben" in den Dingen, was also wieder bedeutet: die psychische Seite der Dinge, nur mittelbar auf der materiellen Ebene sichtbar. Über die dort offenbarte Mechanik wird der Weg zur wirklichen Wahrheit, zur wirklich absoluten, unbedingten Erkenntnis des Weltbildes oder zur Lösung des Lebensmys-teriums unausweichlich zu der Fähigkeit weitergeführt, das Psychische durch das Mechanische auffassen zu können.

Die mechanischen Erscheinungen in der Natur können also als lediglich physi-sche Auslösungen wahrgenommen werden, die nur als „Stoff" in bestimmten Situ-ationen oder Zuständen erkannt werden können. Diese Situationen und Zustände bezeichnen wir als Bewegungen, Schwingungen, Veränderungsprozesse, Reakti-onen, Geschwindigkeiten, Volumen, Porosität, Dichte usw. oder den Stoffzustand als fest, flüssig, gasförmig und strahlenförmig. All diese Erscheinungen sind von einem bestimmten Gesichtspunkt aus nur eine Frage der Mechanik. Alle Ergebnisse werden hier nur in Maß und Gewicht erkannt und sind also nur „Zahlenergebnisse".

Diese geben ausschließlich über das Maß und das Gewicht des Stoffes Auskunft. Ob dieser Stoff „lebend" oder „tot" ist, können diese Zahlenergebnisse oder Maß- und Gewichtsanalysen in keinerlei Weise beweisen. Wenn man daher, wie die materialistische Wissenschaft, nur diese Zahlenergebnisse als endliche und entscheidende Ergebnisse bezüglich der Analyse des Lebens anerkennt, bekommt man überhaupt nichts über die indirekte Seite der Erscheinungen zu wissen, die die Bewegungen oder die Mechanik oder die stoffliche Struktur, die wir in Zahlenergebnissen festlegten, verursachen. Dass ein Mensch z.B. 75 kg wiegt, sagt ja nichts über die Psyche oder das Leben dieses Menschen aus. Ein Stein kann auch 75 kg wiegen. Dass der Puls eines Lebewesens so und so oft in der Minute schlägt, ist auch nur ein Leistungsergebnis oder ein Ausdruck für Mechanik, eine Mechanik, die auch eine Maschine oder Pumpe leisten kann, ohne deshalb „lebend" zu sein. Dass man die Bestandteile der vegetabilischen wie auch der animalischen Organismen als Muskulatur, Nerven, Gehirn, Herz, Lungen, Drüsen, Haut und Haare analysieren oder erklären kann, besagt auch nichts anderes, als dass man in diesen Analysen besondere mechanische Funktionen festgestellt hat, durch die Chemikalien in Stoffe oder Materien umgesetzt werden, die wir Fleisch und Blut nennen. Fleisch und Blut sind somit nur zusammengesetzte chemische Stoffe und sagen nichts über die Ursache aus, durch welche diese Zusammensetzung aufrechterhalten wird. Zu wissen, dass Fleisch und Blut aus diesen oder jenen chemischen Verbindungen von Stoffen bestehen, löst ja kein Lebensmysterium. Was ist dann das Resultat der materialistischen Forschung? Es ist eine überwältigende Kenntnis von Mechanik und Chemie, eine geniale Fähigkeit, sich in Geschwindigkeiten, Schwingungen oder Bewegungen hineinzuversetzen. Ja, eine solch geniale Fähigkeit, dass das Wesen die Mechanik und Chemie der Natur selbst nachahmen und sich damit bis zu einem gewissen Grade zu den Herren über die Elemente machen kann. Aber von der psychischen oder unsichtbaren Seite der Mechanik oder der chemischen Stoffe oder der Energieentfaltung wissen die materialistischen Forscher nichts anderes, als dass sie eben existieren. Dass aber diese ihre Existenz auf etwas anderem als zufälligen mechanischen und chemischen Auslösungen oder Reaktionen der Stoffe beruht, ist diesen rein materialistisch eingestellten Wesen unfassbar. Sie glauben, dass das Lebewesen eine Kombination von Wirkungen zufälliger Ursachenmomente zwischen den Stoffen ist. Wenn diese Ursachenmomente auf eine ebenso zufällige Weise aufgelöst werden, dann existiert das Lebewesen in diesen Stoffen nicht mehr. Wie wir hier sehen, hat die materialistische Wissenschaft keinerlei Möglichkeit, das Lebensmysterium zu lösen, das eben etwas anderes und auch etwas mehr als nur Mechanik und Chemie, Maß und Gewicht ist.

Alles, was überhaupt auf der physischen oder materiellen Ebene existiert, ist mit etwas Psychischem verbunden

Die Lösung des Lebensmysteriums ist somit nicht nur eine physische Wissenschaft, sondern auch eine Wissenschaft von der an die Stoffe geknüpften psychischen Seite, die eine ganze Welt von Erscheinungen verursacht, die auf der physischen Ebene als „immateriell" vorkommen. Eben dieser anscheinend „immaterielle" Zustand der psychischen Erscheinungen veranlasst die Ableugnung ihrer Existenz und damit der sogenannten „geistigen Welt". Aber genauso wie ein Buch mehr als Druckerschwärze und Papier, nämlich eine Welt von Gedanken und Vorstellungen, enthält, von denen wir keine Ahnung haben, solange wir das Buch nicht lesen können, enthalten auch alle existierenden physischen Erscheinungen in unserer Umwelt ebenfalls Gedanken und Vorstellungen, von denen wir keine Ahnung haben, solange wir nur materiell ausgerichtet sind. In diesem Falle sehen wir an diesen materiellen Erscheinungen auch nur „Druckerschwärze und Papier", d.h. die bloße Materie und ihre Ergebnisse in Mechanik und Chemie, die nichts anderes sind als „Maß- und Gewichtsergebnisse". Das Leben enthüllt aber unzweideutig, dass es erheblich mehr als nur Materie, Mechanik und Chemie ist. Es ist ein Mitteilungsmittel. Es hat genau wie ein Buch die Aufgabe, ein Gerät oder ein Mittel zu sein, womit Gedanken und Vorstellungen oder mit anderen Worten Bewusstsein oder Leben von Lebewesen zu Lebewesen überführt werden können. Wie aber ein Wesen nicht den Inhalt eines Buches genießen kann, solange es nicht die Buchstaben kennt und nicht lesen kann, können die Lebewesen auch nicht den psychischen Inhalt oder die Mitteilung der materiellen Umwelt genießen, solange sie auch hier die „Buchstaben" nicht kennen und nicht „lesen" können. Hiermit sind wir zu einem großen Bereich gekommen, wo der moderne Mensch noch in weitem Ausmaß „Analphabet" ist. Sein tägliches Leben ist also in Wirklichkeit eine Wanderung in einer Riesenbibliothek mit Tausenden von Büchern, ohne dass er weiß, dass diese Bücher eine Welt von Mitteilungen, Gedanken und Vorstellungen enthalten. Da diese aber auf der physischen Ebene „immateriell" sind, können sie nicht auf die physischen Sinne einwirken. Und der Mensch fasst daher den Inhalt der Bücher nur als Druckerschwärze und Papier, Umschlag und Farben auf. Er wird Fachmann darin, über das Papier, die Druckerschwärze, die Form, die Farbe und das Gewicht der Bücher zu dozieren, und glaubt hierdurch, die unbedingte Analyse der Bibliothek und der Bücher herausgefunden zu haben. Dass die Bücher etwas Psychisches, Geist oder Bewusstsein enthalten, kann er nicht fassen, und er sieht eine Ehre darin, alle Behauptungen, die Bücher enthielten Mitteilungen, Gedanken und Vorstellungen, für Unsinn zu erklären, von dem der moderne Mensch nichts zu gewinnen hat, wenn er daran glaubt oder sein Bewusstsein darauf einstellt. Aber nichtsdestoweniger müssen sich selbst die schlimmsten „Analphabeten" oder Verneiner der psychischen oder „immateriellen" Erscheinungen doch dieser Erscheinungen bedienen. Wenn eine Mitteilung mit einem Brief zu dem einen oder andern Wesen geschickt wird, dann enthält dieser Brief doch nicht nur Papier und Tinte. Er enthält die „Mitteilung". Ist diese aber nicht selbst „immateriell" auf der physischen Ebene? Wenn die Mitteilung in einer Sprache abgefasst ist, die der Empfänger nicht versteht, ist ihm die Mitteilung aufgrund ihrer „immateriellen" oder psychischen Natur völlig unzugänglich. Eine psychische Erscheinung ist also auf der physischen oder materiellen Ebene „immateriell". Aus diesem Grunde müssen psychische Erscheinungen durch materielle Dinge gekennzeichnet werden. Eine Mitteilung muss also an Schrift oder Sprache geknüpft werden, damit sie anderen Wesen auf dem physischen Gebiet zugänglich werden kann. Andernfalls würde sie ja nur dem Urheber bekannt bleiben. Bei näherem Hinsehen sind nicht nur Schrift und Sprache Ausdruck für psychische Erscheinungen. Wenn wir ein Haus betrachten, ist dieses auch gewissermaßen eine „Mitteilung" von etwas Psychischem. Es erzählt uns, dass es von Menschen mit dem Zweck gebaut worden ist, u.a. einen Schutz gegen die Barschheit des Klimas zu gewährleisten. Ja, kann nicht über dieses Haus ein ganzes Buch geschrieben werden? Was wird aber im Buche niedergeschrieben? Etwas „Immaterielles", etwas Unsichtbares und etwas, was diejenigen auf der physischen Ebene verstehen können, die die Sprache sprechen, in der das Buch geschrieben ist. Für andere ist das Buch ja nur Druckerschwärze und Papier. Aber selbst Druckerschwärze und Papier, zu einem Buch zusammengefügt, erzählen dem normalen Kulturmenschen ja auch etwas „Immaterielles", selbst wenn er auch die betreffende Sprache nicht lesen kann. Nämlich, dass es sich eben um ein Buch handelt. Wenn er sieht, dass dies ein Buch ist, dann weiß er, dass es eine Mitteilung enthält, eine Beschreibung von irgendetwas, obgleich er das Buch nicht lesen kann.

Genauso jedoch wie an das Buch oder an das Haus etwas Psychisches geknüpft ist, ist auch etwas Psychisches an alles geknüpft, was es überhaupt auf der physischen Ebene gibt. Was verstehen wir z.B. unter dem Begriff „Morgen"? Führt dieser Begriff uns nicht etwas über ein besonderes Verhältnis zwischen der Sonne und unserem Horizont zu? Ist dies nicht auch der Fall z.B. mit den Begriffen „Mittag" und „Abend"? Sind nicht auch die Begriffe „Sommer" und „Winter" etwas „Immaterielles", was an etwas Physisches geknüpft ist? Und hinterlassen nicht alle äußeren physischen Erscheinungen, die auf unsere Sinne eingewirkt haben, etwas „Immaterielles" in uns, was wir andern Wesen nur durch unsere Worte und Handlungen zugänglich machen können?

Wo jene Wissenschaft zu finden ist, die den Erdenmenschen von der Finsternis befreien und ihm den im Weihnachtsevangelium verheißenen „Frieden auf Erden" ermöglichen kann

Es ist also eine Tatsache, dass wir in zwei Welten leben: einer „physischen" und einer „psychischen" oder einer „materiellen" und einer „immateriellen" Welt. Wenn wir somit aber nicht darum herumkommen, dass wir als ein physisches und ein psychisches Wesen existieren, dann wird es zu einer Selbstverständlichkeit, dass es nicht ausreichend ist, nur die physische Welt und unsere Identität mit dieser zu kennen, sondern dass es genauso notwendig ist, Bescheid über die psychische Welt und unsere Identität mit dieser zu bekommen. Denn ohne dass unser Wissen dieser Art ins Gleichgewicht zwischen diesen zwei Welten kommt, können wir ja unmöglich ein vollkommenes Wesen werden, insbesondere nicht, da die psychische Welt unsere Bewusstseinswelt oder das „Lebende" selbst in uns ist. Dass die Lösung des Lebensmysteriums deshalb unmöglich allein durch die physische Welt erkannt oder angeeignet werden kann, wird hiermit zu einer offensichtlichen, unumstößlichen Tatsache. Dass diese psychische Seite der Wesen und Dinge das Leben selbst ist und dass dieses Leben an einen Lebenskern oder an ein „Etwas" geknüpft sein muss, das die Veränderungen überleben kann und von dem die psychischen Erscheinungen hervorgerufen werden, wird nun auch verständlich. Wenn dieser ewige Lebenskern nicht existierte, welchen Zweck hätten dann die psychischen oder „immateriellen" Erscheinungen, die in Form von Erfahrungen, Wissen und Gedanken als Wirkungen der Sinnesreaktionen bei der Berührung mit der physischen materiellen Welt im Wesen entstehen? Sind diese psychischen Erscheinungen, diese Gedanken und das Wissen nur mit dem Wasserdampf zu vergleichen, der aus einem kochenden Kessel aufsteigt und in der Luft verschwindet? Wer oder was erlebt aber diese Dämpfe oder psychischen Erscheinungen und jongliert mit ihnen? Dass dies ein „immaterielles" „Etwas" sein muss, wird für den intellektuellen Forscher durch den Umstand zur lebenden Tatsache, dass wir existieren und die materiellen, physischen Reaktionen zu „immateriellen" Erscheinungen umbilden, d.h. zu geistigen Erscheinungen, die wieder dasselbe sind wie Bewusstsein. Ein Bewusstsein ohne Ich ist aber dasselbe wie ein Kreis ohne Zentrum. Glaubt jemand, dies sei die Lösung des Lebensmysteriums? – Ist es nicht eine Tatsache, dass Gedanken, Erfahrungen, Wissen und das Erleben von Behagen und Unbehagen dasselbe sind wie die Feststellung der eigenen Existenz dieses „Etwas"? In dieser psychischen Seite, die unerschütterlich bei allen Wesen und Dingen im Universum existiert, liegt also die Lösung des Lebensmysteriums. Dort ist das Wissen oder die Wissenschaft zu holen, die die Menschheit von ihren heutigen Albdrücken, von der Chaos- oder Höllenatmosphäre des tötenden Prinzips befreien und ihr die Erfüllung der schönen Verheißung des Weihnachtsevangeliums geben kann: „.... Friede auf Erden und den Menschen ein Wohlgefallen".

Der gewöhnliche intellektuelle Mensch und die Lösung des Lebensmysteriums

Was kann sich nun der gewöhnliche intelligente Forscher an Kenntnissen von dem psychischen, seelischen und geistigen Gebiet aneignen? Ja, der normalbegabte Mensch hat außerordentlich große Möglichkeiten, sich bis zu einem solchen Maße

Einsicht und Verständnis vom Leben anzueignen, dass Unsterblichkeit, Schicksal und Moralgesetz sogar zur theoretischen Tatsache für ihn werden können, ganz unabhängig von sowohl Büchern und religiösen Überlieferungen als auch von der modernen Wissenschaft. Man kann heute ebenso einfach und leicht durch die Sprache der Natur zur Lösung des Lebensmysteriums selbst kommen, wie es seinerzeit leicht oder allgemeinzugänglich war, durch die heiligen Sakramente und die übrigen Veranstaltungen im religiösen Bereich Frieden im Gemüt zu finden. Das Weltbild oder die Struktur des Lebens selbst und die hierdurch offenbarte Enthüllung des Lebensmysteriums oder der Wahrheit über das Lebewesen können nicht mit Hilfe von komplizierten naturwissenschaftlichen Formeln oder durch ein Ausdruckssystem erklärt werden, das allmählich so kompliziert geworden ist, dass es einen großen Teil eines jahrelangen akademischen Studiums erfordert, um sich darin zu Hause zu fühlen, und das nur von Wissenschaftlern benutzt werden kann. Das Weltbild ist auch kein Sammelsurium, zusammengeschustert aus spitzfindigen Auslegungen von Relativitäts- und Dimensionstheorien sowie Traumhypothesen in der modernen Weltliteratur, die für den gewöhnlichen Menschen um so komplizierter und unverständlicher werden, je krampfhafter er sein Gehirn anstrengt, um in sie einzudringen. Das Weltbild wird nicht durch spitzfindige Berechnungen infolge Untersuchungen im Mikrokosmos der theoretischen Physik gefunden. Ebenso wenig wird es sichtbarer oder zugänglicher durch die verschleierte Sehkraft des physischen Auges, selbst wenn diese durch Riesenteleskope vergrößert wird. Das Fundament der Weltstruktur: das „lebende Etwas", die „Schöpferkraft" und die „Unsterblichkeit" und damit die Gottheit können nicht mühsam und beschwerlich nur in den astronomischen Lichtjahren entfernten Horizonten gefunden werden. Im Gegenteil, jeder Kosmos hat seine vollständige Offenbarung des Lebensmysteriums. Warum dann Himmel und Hölle in Bewegung setzen, um die Lösung des Lebensmysteriums in den Kosmen zu finden, die am fernsten von unserem Bewusstsein oder von unserer Auffassungsfähigkeit stehen? – Warum nicht diese Lösung in unserem eigenen Kosmos suchen, d.h. im Zwischenkosmos, der aus uns selbst und unseren Mitwesen besteht? In ihm ist die Lösung genau auf unsere Sinne zugeschnitten, und in ihm kommt sie deshalb in ihrer einfachsten Form vor und ist der Wahrnehmung am leichtesten zugänglich. Das Lebensmysterium in den beiden anderen Kosmen zu suchen, im Mikrokosmos und im Makrokosmos anstatt im Zwischenkosmos, heißt Eulen nach Athen tragen. Das bedeutet, meilenweit zu reisen, um etwas zu suchen, was man schon in der Hand hält, ganz abgesehen davon, dass es völlig unmöglich ist, die Lösung des Lebensmysteriums in den zwei Kosmen zu finden, solange es nicht in unserem eigenen Kosmos oder in dem Gebiet des Weltalls gefunden ist, der aus unserem Organismus und unserem Ich gebildet wird. In ihm tritt die Weltstruktur oder die Lösung des Lebensmysteriums in ihrer einfachsten Form hervor, ja so einfach, dass sie mit ihren Analysen in Form der Geisteswissenschaft so leicht für die Allgemeinheit zugänglich ist wie die bisherige Religion, deren Ablöser und Erbe sie ist.

Die materialistische Wissenschaft und die Geisteswissenschaft

Die Lösung des Lebensmysteriums ist keine Wissenschaft, die wie die materialistische sich nur mit Formeln und Zeichen ausdrücken lässt, die nur die Gelehrten oder eine kleine Zahl der hervorragendsten Personen nach einem jahrelangen Studium lesen und verstehen können. Die Geisteswissenschaft oder die Wissenschaft, die die Lösung des Lebensmysteriums ist, ist keine Wissenschaft, die mit Millionstel Millimetern oder ebenso kleinen Bruchteilen einer Sekunde rechnen muss. Für diese Wissenschaft sind „tausend Jahre wie ein Tag und ein Tag wie tausend Jahre". Sie ist eine Erkenntnis, die über Zeit und Raum erhaben ist. Für sie ist alles Große wie das Kleine und alles Kleine wie das Große. Sie arbeitet mit dem „Leben" selbst und ist im Gegensatz zur materialistischen, akademischen Wissenschaft völlig unabhängig von Maß und Gewicht. Das „Leben" selbst ist etwas Ewiges, und etwas Ewiges kann kein Alter und keine Größe haben. Es ist nicht so merkwürdig, dass man mit der materialistischen Forschung nicht die Lösung des Lebensmysteriums oder des Welträtsels finden kann. Die Lösung ist „die Ewigkeit" selbst. Wie sollte man mit einer Einstellung und einer Forschungsmethode, die sich ausschließlich auf Maß und Gewicht, auf Raumverhältnisse und Volumen oder auf andere zeitliche Erscheinungen stützen – wobei man nur etwas in die Hand bekommt, was unter Aufbau und Verfall ist, was entweder in Entwicklung oder Degeneration, was dabei ist, entweder zum Leben zu erwachen oder schnell oder langsam zu sterben –, zu dem festen Punkt hinter allen Bewegungen im Universum oder Weltall und damit zur absoluten Wahrheit kommen? – Wie können Ergebnisse, die nur auf diesen vergänglichen Erscheinungen beruhen, etwas anderes als zeitliche Maß- und Gewichtsanalysen sein? – Wie sollten sie Ergebnisse oder Wahrheiten von dem „Etwas" sein, das die Dinge überlebt und eben dadurch die Zeitlichkeit, die Bewegung, die Zeit- und Raumverhältnisse der Dinge konstatieren kann? – Es ist doch sonnenklar, dass dieses überlebende und beobachtende „Etwas" weder Raum noch Zeit oder Bewegung sein kann. Dass so ein überlebendes „Etwas" existiert, wird kraft unserer Existenz zur unerschütterlichen Tatsache. Wir sind ja alle, jeder für sich, nicht nur solche Beobachter der zeitlichen Verhältnisse in uns und in unserer Umwelt, wir können sogar selbst Bewegung erzeugen und damit zeitliche Erscheinungen und durch diese Schöpfungen unsere Existenz anderen Wesen kenntlich machen oder offenbaren, in denen ebenfalls ein „Etwas" vorkommt, das die Dinge überlebt. Nur weil wir selbst die Lösung des Lebensrätsels sind, können wir zu Klarheit über dieses Zeit und Raum überlebende und schöpferische „Etwas" gelangen. Die Lösung des Mysteriums des „Erschaffenen" dürfte doch der „Schöpfer" oder der Urheber des „Erschaffenen" sein. Das tiefste Ergebnis des Lebens kann nicht das „Erlebte", sondern muss das sein, „das erlebt". Darum wird es hiermit zur Tatsache, dass die moderne akademische Wissenschaft unmöglich das Lebensmysterium lösen kann, da sie es für eine unumgängliche Regel hält, sich nur an Maß und Gewicht zu halten, und jede Forschung, die hiervon abweicht, als „unwissenschaftlich" ansieht und sie daher ablehnt. Sie versteht nicht, dass sie sich dadurch in Wirklichkeit davon ausschließt, „das" zu erforschen, „das erlebt". Sie kann niemals anderes finden als das „Erlebte", das „Erschaffene", das „Zeitliche". Die „Ewigkeit" oder die „Unendlichkeit" ist für sie etwas Abstraktes, etwas Unzugängliches, was ihrer Meinung nach niemals irgendeinem irdischen Wesen zugänglich wird – selbst dann, wenn auch diese Wissenschaft sich gezwungen sieht zuzugeben, dass solche Erscheinungen jenseits aller zeitlichen Dinge vorkommen.

Warum der dauerhafte Frieden unmöglich ohne die Geisteswissenschaft geschaffen werden kann

Da die Geisteswissenschaft ausschließlich zur Aufgabe hat, der Intelligenz nicht das „Erschaffene", das „Erlebte", sondern vielmehr den „Schöpfer" oder „das, was erschafft", „das, was erlebt" zu dokumentieren oder zu beweisen, ist es deutlich, dass wir es hier mit einer Wissenschaft zu tun haben, deren Forschungsmethode sich prinzipiell von derjenigen der sonst bekannten und autorisierten Wissenschaft unterscheidet. Da die Geisteswissenschaft unmittelbar auf das „Etwas" eingestellt ist, das „erlebt", auf das „Etwas, das den Willen führt und denken und erschaffen kann", d.h. auf den Kern des Lebens selbst, hat sie im Gegensatz zur Naturwissenschaft – die nicht auf das eingestellt ist, was „erlebt", sondern nur auf das „Hervorgebrachte", das „Erlebte" – den Vorzug, da „Lebensäußerungsergebnisse" zu erhalten, wo die materialistische Wissenschaft nur zu toten Maß- und Gewichts-Ergebnissen kommt. Die Geisteswissenschaft konstatiert also dort „Leben", wo die materialistische Wissenschaft nur „den Tod" konstatiert. Die Geisteswissenschaft ist deshalb für die Entwicklung der Menschheit oder der Schaffung des Friedens zwingend notwendig. Dort wo die materialistische Wissenschaft als die einzige autorisierte Wissenschaft existiert, schafft sie nur Krieg und kann immer nur Krieg auslösen. Alle Nützlichkeiten und Errungenschaften, die die Menschheit kraft dieser Wissenschaft hervorzubringen vermag, werden durch die Unvollkommenheit der Gesinnung unausweichlich zerbrochen und zerstört. Diese Unvollkommenheit der Gesinnung muss unbedingt dort herrschen, wo ein überlegenes materielles Wissen und Können gepaart ist mit vollständiger Unwissenheit über den „Schöpfer" selbst oder über das „lebende Etwas". Ein solches unwissendes Wesen kann ja nichts von der wirklichen Verantwortung wissen, die mit jedem Wissen und Können verbunden ist. Solange man nicht die Unsterblichkeit „eines lebenden Etwas" oder eines „Ichs" oder die über Erschaffen und Können erhabene ewige Existenz dieses „Ichs" erkennt, will und kann man selbstverständlich überhaupt nicht verstehen oder erkennen, dass eine unvermeidliche Verantwortung im Erschaffen, Hervorbringen oder Können dieses „Etwas" oder „Ichs" liegt. Das Schicksal der Menschheit muss in Chaos, Krieg und Kulturzusammenbruch ausarten, solange sie nur eine Wissenschaft hat, die nichts vom „Schöpfer" oder nichts davon weiß, dass das „Ich" seine Schöpfungen überlebt, und die auch keine Verantwortung des „Ichs" für die kosmischen Folgen eines Wissens und eines Könnens kennt, die den „Tod" als den alles beherrschenden Faktor im Universum lehrt. In Wahrheit fängt „der Beistand, der Heilige Geist" (die „Geisteswissenschaft") an, aktuell zu werden. Wie soll die Menschheit auch sonst aus den dunklen Sümpfen des Todes und der Unwissenheit, der Verstümmelungen, der Trauer und der Tränen herauskommen? Wie soll ein „dauerhafter Frieden" ohne eine Wissenschaft des Friedens geschaffen werden können? Warum sollte es leichter sein, den Frieden ohne Wissenschaft kulminieren zu lassen, als den Krieg ohne Wissenschaft zur Kulmination zu bringen? Erst als der Krieg von der Wissenschaft getragen wurde, beherrschte er die ganze Welt und gebar den „Krieg aller gegen alle". Der unbedingte, vollkommene Frieden kann nicht von Propheten, Dogmen oder vom Glauben geschaffen werden, obwohl diese Faktoren sehr einflussreiche Friedenskräfte innerhalb der nun sterbenden alten Weltepoche waren. Ein Frieden, der nicht auf Wissenschaft gegründet ist, kann es unmöglich mit einem Krieg aufnehmen, der aufgrund seiner wissenschaftlichen Mittel oder der Kenntnisse über die heutigen Zerstörungsmittel und der Tod und Verderben speienden Kriegsmaschinen herrscht. Ein Mensch, dessen Psyche oder Bewusstsein sich nur auf kalte materialistische Wissenschaft stützt, ist noch ein kosmischer Schlafwandler. Er ist ein kosmisch bewusstloses Wesen, in dessen Hand die Waffen des Todes eben gerade aufgrund des fehlenden Wissens über die kosmische Verantwortung kulminieren. Solange er nicht weiß, dass er ein kosmisches oder ewiges Wesen ist, kann er ja auch nicht wissen, dass er eine kosmische Verantwortung hat und dass sein Schicksal, sein Glück oder Unglück ausschließlich auf dieser Verantwortung beruhen.

Warum die materialistische Wissenschaft die Erkenntnis eines unsterblichen Ichs und seine kosmische Verantwortung als „unwissenschaftlich" ablehnen muss

Der Unterschied zwischen den Menschen der Vergangenheit und denen der Zukunft besteht darin, dass die Menschen der Vergangenheit und die große Mehrzahl der Menschen der Gegenwart keine „kosmische Verantwortung" fühlen, die Menschen der Zukunft jedoch ihr Leben völlig auf eine solche Verantwortung einstellen werden. Es ist die Mission der Geisteswissenschaft, diese Verwandlung der Menschheit durchzuführen, da es keine andere Wissenschaft gibt, die imstande wäre, diese Verwandlung sonst durchzuführen. Die materialistische Wissenschaft kann aufgrund ihrer besonderen und für sie unbedingt erforderlichen Forschungsmethode überhaupt keine Idee von irgendwelcher „kosmischen Verantwortung" geben, da sie sich ausschließlich mit „zeitlichen" und „vergänglichen" Dingen beschäftigen kann. Sie kann sich nur mit dem „Erschaffenen", dem „Hervorgebrachten" im Universum beschäftigen. Mit dem „Ewigen", dem „unvergänglichen Etwas" oder dem „Ich", welches erschafft, hervorbringt, erlebt und die Dinge oder das „Zeitliche" überlebt, kann sie überhaupt nichts zu tun haben, weil dies identisch mit der Ewigkeit und Unendlichkeit ist. Da aber die Ewigkeit und die Unendlichkeit nicht gewogen und gemessen werden können, können sie mit der gewöhnlichen wissenschaftlichen Weise nicht durch Maß und Gewicht erkannt werden. Eine Forschung und eine Wissenschaft, die ausschließlich auf der Erkenntnis von Maß und Gewicht beruhen, müssen daher unbedingt die „Ewigkeit" und die „Unendlichkeit" oder das „Etwas", welches schöpferisch hervorbringt und die Dinge erlebt und darum nicht selbst die Dinge sein kann, als etwas abweisen, was kein konkretes Wissen werden kann, was in diesem Falle also bedeutet: Maß- und Gewichtswissen, was wieder dasselbe ist wie das Wissen von Zeit und Raum. Die materialistische Wissenschaft kann im besten Fall die Erkenntnis von der „Ewigkeit", vom „höchsten Etwas" oder vom „Schöpfer" und von dem, der im „Erschaffenen" „erlebt", als eine „philosophische Spekulation" gelten lassen. In vielen gewöhnlichen und unfreundlicheren oder intoleranten Fällen lehnt sie diese Erkenntnisse als reinen Nonsens, Fanatismus oder Aberglauben völlig ab, ja, sie verneint die Existenz eines solchen „Etwas" vollständig. Dass die Wissenschaft damit selbst in allerhöchstem Maße „unwissen-schaftlich" und abergläubisch ist, ganz gleich, welch große Autorität sie bezüglich der Maß- und Gewichtsergebnisse oder des Wissens von Zeit und Raum auch sonst besitzen mag, erfasst oder ahnt sie nicht.

Warum die Lösung des Lebensmysteriums nicht in einem Mikroskop oder einem Teleskop sichtbar werden kann

Nein, das höhere Wissen kann man nicht durch Wiegen und Messen bekommen. Seine Ergebnisse sind keine Größenbegriffe, weder in Zeit noch in Raum oder Geschwindigkeiten. Dass man mit Hilfe von technischen und optischen Apparaten immer größere Räume zu durchblicken und zu durchforschen vermag, als es mit den physischen Augen allein ohne Hilfsmittel möglich wäre, ändert nichts an der Sache. Das Rätsel des Universums, die Lösung des Mysteriums des Lebens, kann daher niemals in einem Mikroskop oder einem Teleskop sichtbar oder zugänglich gemacht werden. Dass man mit dem Mikroskop den Millimeter in immer kleinere Teilchen spalten kann und mit dem Teleskop den physischen Horizont um immer weitere Millionen von Lichtjahren ausweitet, macht ja nur die physische Welt desto größer und damit noch unübersichtlicher. Man wandert ständig im „Erschaffenen", im „Hervorgebrachten". Aber etwas, was „erschaffen" oder „hervorgebracht" ist, kann unmöglich die Lösung des Mysteriums des „Erschaffenen" oder „Hervorgebrachten" sein. Solange die gefundene Ursache von etwas Erschaffenem oder Hervorgebrachtem immer nur wieder etwas Erschaffenes oder Hervorgebrachtes ist, so lange ist das Mysterium der Schöpfung nicht gelöst und der Hunger nach dem Wissen über die innerste Ursache des Lebens nicht zufriedengestellt, da der Hunger wie ein organischer Prozess in jedem intellektuell eingestellten Menschen vorhanden ist. Da der Hunger nach der Lösung des Lebensmysteriums ein geistiges Verlangen ist, kann er nicht mit Erkenntnissen von materialistischen, „erschaffenen Dingen" befriedigt oder gestillt werden

Durch den großen Forschungseinsatz sowie durch die Entwicklung der für diese Forschung erforderlichen technischen, optischen Apparate, Mikroskope, Teleskope usw. wird es zur Tatsache, dass in der Menschheit ein geistiger Hunger nach der absoluten Wahrheit über das Leben oder nach der Lösung des Lebensmysteriums vorhanden ist. Dieser Hunger ist keine oberflächliche, vorübergehende Laune, obschon er aufgrund materialistischen Begehrens und Sehnens zuweilen von der tagesbewussten Oberfläche des Wesens verdrängt wird. Er wohnt tief in der Psyche des Menschen. Er kommt immer wieder hervor und lässt erst dann sein „Opfer" in Frieden, wenn dieses es so weit gebracht hat, wach und aller Sinne mächtig die unbedingte Lösung des Lebensmysteriums zu besitzen. Ein so starker und andauernder Hunger kann aber nur als ein Produkt einer organischen Funktion existieren. Wenn aber ein solcher organisch wirkender geistiger Hunger da ist, gibt es eine entsprechende geistige Befriedigung oder Stillung für diesen Hunger. Wir haben noch nie im normalen Organismus eines Wesens eine organische Funktion gefunden, die nicht einen Zweck gehabt hätte. Dieser Hunger nach der absoluten Wahrheit über das Leben, der den Menschen innewohnt, kann also nicht aufhören, ehe er zufriedengestellt ist. Da er aber nicht durch Ergebnisse befriedigt werden kann, die nur Erkenntnisse von „erschaffenen Dingen" sind, können „erschaffene Dinge" niemals die endgültige und vollauf befriedigende Lösung des Mysteriums vom Leben oder vom Lebewesen sein.

Die Verleugnung des Ichs ist für den Naturwissenschaftler keine sehr schmeichelhafte „philosophische Spekulation"

Dass die Lösung des Lebensmysteriums oder das höchste Wissen vom Lebewesen darum unbedingt nur durch eine von der materialistischen Wissenschaft abweichende besondere Spezialwissenschaft gefunden werden kann, wird nun zur unerschütterlichen Tatsache. Ihr Fundament muss ein unerschütterliches Wissen nicht nur von der „Materie" und ihrem Maß und Gewicht sein, sondern es muss auch in allerhöchstem Grade ein Wissen von dem „Etwas" sein, das die Materie erleben, wiegen und messen kann. Solange die Erkenntnis von diesem „Etwas" geringschätzig als eine „unwissenschaftliche, philosophische Spekulation" betrachtet wird, so lange

wird diese Geringschätzung ihren Urheber als einen Leugner der Existenz seines eigenen erlebenden „Selbst" oder „Ichs" kompromittieren. Eine bloßstellendere und verkehrtere Einstellung zur Lösung des Lebensmysteriums gibt es nicht. Eine solche Ableugnung müsste wohl auch eine „philosophische Spekulation" genannt werden; diese Bezeichnung ist aber nicht besonders schmeichelhaft für einen Wissenschaftler oder einen Menschen, der auf dem Gebiete der Materie ein göttliches Wissen besitzt, das ihn instand setzt, Sonnen, Monde und Sterne zu wiegen und mit einem leichten Druck auf einen Knopf Millionen von in den Naturkräften gebundenen Pferdestärken für sich arbeiten, Berge, Felsen und Flüsse verlagern zu lassen, um dadurch dem „Fluch" zu entgehen: „Im Schweiße deines Angesichts sollst du dein Brot essen!" In Wahrheit muss sich nun dieser werdende „Mensch als Abbild Gottes" auf seine nächste große Entwicklungsepoche vorbereiten. Er muss nun den „Geist" erobern, wie er die „Materie" erobert hat. Wenn er auf dieselbe Weise Herr des „Geistes" geworden ist, wie er heute Herr der „Materie" oder der Elemente ist, dann ist das göttliche Bild fertig. Dann ist der Gottessohn eins mit seinem Vater geworden, und der vollkommene Mensch wandert wie ein Engel des Friedens über die Kontinente und Meere der Erde.
So ich höre hier auf aus dem Buch von Martinus. DIE MENSCHHEIT UND DAS WELTBILD zu zitieren das unter www.martinus.dk zu finden ist

Also diese menschliche Situation auf der Erde ist ja heute genauso geprägt von einem Wahnsinn des materiellen Menschen der nun ja weltweit bekannt ist und von wenigen Banksterfamilien kontrolliert wird. Das bedeutet auch das die gesamte menschliche Menge auf der Erde in die Richtung gesteuert wird die dieses geldsenile menschliche Wesen haben will. Und so wurde aus den Menschen nun auf der Erde dieses minderwertige Wesen global. Denn es ist ja so gewollt ob nun in den Anfängen der Industrialisierung in England oder zuvor die Kaiser und Könige, sie haben alles an sich gerissen durch Mord Drohungen Enteignung kurzum das Rauben das Raubtier. Das geht bis heute weiter und wenn nicht im Langlauf der Uhrzeit auf der Erde Menschen da gewesen wären die den Sumpf dieser Kontrollfreakmenschen diese GierMenschen dieser Machtkontrolle Menschen über die Menschheit nicht entgegengetreten wäre , so schreibe ich nochmal, wären die meisten heute noch Leibeigene und eure Töchter würden vom Grafen oder dergleichen zuerst abgefickt werden bevor sie in die Ehe gingen, so wie die Kinder heute in kirchlicher Obhut des Kaisers des Universums des Papstes auch in deren Suborganisationen abgefickt und misshandelt werden und der Rest ausgebeutet und abgemolken wird. Also Vatikan und BanksterGangster das ist ein Zusammenspiel global.
Als die Juden damals ins babylonische Exil mussten, lebten sie unter den Babyloniern und es wurde ja sogar von den Propheten mitgeteilt dass sich die Juden dort einheimisch machen sollen und sich dort ein Leben aufbauen sollten. Daniel

und Hesekiel trugen das den Juden damals mit. Der Hesekiel ist ja auch später mit dem interstellaren Ding geflogen zumindest ist seine Beschreibung so. Okay, also die Juden bauten sich dann von den Babyloniern verschleppt in Babylonien ein Leben auf, und man hat tatsächlich Handelsdokumente auf Tontafeln aus dem fünften Jahrhundert v. Christus gefunden die zeigen, dass sich selbst nach dem Ende des Exils die babylonischen Banken immer noch fest in den Händen der Juden befand. Die Firma Murashu & Söhne eines jüdischen Bankkaufmanns hatte sich stark im Immobiliengeschäft ausgebreitet. Das Hauptquartier diese Unternehmens befand sich in der Nähe von Nippur und besaß ungefähr 200 Filialen im ganzen Land.(Babylon, Auszug aus Editorial EDAF. 1980, Seite 70)

Also dieses Banken Ding und Besitzding das hatten die Juden schon immer und es ist ja sowieso eine typisch menschliche Veranlagung, eine natürliche Veranlagung, sein Leben überlebenswert zu machen. Da aber die Religion hier im Westen von dem Juden Jesus geprägt ist, liegt natürlich auch jedes Augenmerk auf alle Arten von Neid und Schmäh und Bösartigkeiten die die anderen nun wiederfahren auf diese Juden, was nun leider ein Leid dieser alten Schriften mit all seinen Missverständnissen zum Vorschein gebracht hat. Und deswegen schreibe ich nochmal: Die Menschen müssen vom Geld Abstand nehmen, weil Geld eben eine Totalillusion ist, eine falsche Entwicklung die unweigerlich in die Totalzerstörung führen wird, eben alleine deswegen schon weil es eine Unwahrheit auf die Menschheit legt, die zum Wahnsinn führt. In den Totalmaterialismus. Und die Juden sind dem damals auch in die Falle gegangen so doof wie die nun mal damals und heute noch sind, aber auch die anderen den geldverblendeten Engländern, Amerikanern, Chinesen, Deutschen, Belgiern, Russen, Nigerianern, Chilenen, eben alle anderen Menschen auf der Erde sind dieser Totalfalschheit in die Falle gegangen und würden sogar heute dafür Kriege führen und sich gegenseitig umbringen.

Hier ist mal etwas wie bekloppt das Denken der Menschen schon geworden ist im Überlebenskampf derjenigen die sogar Titel haben und gute Positionen haben und von sich behaupten sie wären intelligent. Diese ganze Denkerei in die sie eintauchen und verwickelt sind ist so dermaßen selbstverwirrend das diese intellektuellen Intelligenzen gar nicht merken das Materialismus Besitz das Tote ist. Die sind geistig solche Analphabeten das es schon schmerzt diesen Mathewirrnisswirsing zu lesen.

Zitat Anfang:

Kapitalismuskritik 26-jähriger Nerd nimmt Pikettys Thesen auseinander

Matthew Rognlie hat zentrale Aussagen Thomas Pikettys relativiert und zum Teil widerlegt. Anders als der Bestseller-Autor berücksichtigt der junge Mathematiker auch die Bedeutung des Häusermarktes.

Nicht zwischen Arbeit und Kapital tut sich eine zunehmende Kluft auf – sondern zwischen Mietern und Vermietern.

Piketty ist im Frühjahr vergangenen Jahres binnen Wochen eine Ikone geworden, er gilt als der Mann, der der Weltöffentlichkeit gezeigt hat, wie ungerecht es im zeitgenössischen Kapitalismus zugeht. Im Kern behauptet der Franzose in „Das Kapital" dreierlei: Die Verteilung von Einkommen und Vermögen, erstens, sei in den USA und anderen Industrieländern in den vergangenen Jahrzehnten deutlich ungleicher geworden.

Das liege, zweitens, wesentlich daran, dass die Einkommen der Arbeitnehmer langsamer gewachsen sind als die Einkommen derer, die Geld für sich arbeiten lassen. Und drittens folge diese Entwicklung einer dem Kapitalismus innewohnenden Logik.

Alle drei Punkte sind in der Fachwelt umstritten. Die Kritiker bekamen Piketty jedoch nie richtig zu fassen, denn der Franzose verstand es, sich gegen Einwände zu immunisieren. Seine mit Aplomb vorgetragenen Behauptungen relativierte er in den Fußnoten, Vorhaltungen begegnete er damit, falsch verstanden zu werden.

Wenn über die Ungleichheit zwischen Arbeit und Kapital debattiert wird, argumentiert Rognlie, sollte auf die tatsächlich für den Konsum verfügbaren Einkommen geschaut werden. Piketty aber behandelt Kapital als Bruttogröße. Das heißt, er vernachlässigt, wie viel Geld eingesetzt werden muss, um den Wert eines Vermögens zu erhalten.

Rognlie stellt von brutto auf netto um

Maschinen und Fabriken zum Beispiel nutzen sich ab, sie verlieren an Wert und müssen früher oder später ersetzt werden. Ein fairer Vergleich sollte daher an Nettogrößen ansetzen, also am Bruttokapitaleinkommen abzüglich der zu tätigen Abschreibungen.

Die Umstellung von Brutto auf Netto verändert den empirischen Befund grundlegend, belegt Rognlie. Netto nämlich sind die Kapitaleinkommen in Relation zur Wertschöpfung in den großen Industrieländern seit Mitte der 70er-Jahre zwar leicht gestiegen.

Aber dieser Anstieg hat eigentlich nur den Abwärtstrend aus den 50er- und 60er-Jahre revidiert. Die Folge: Zuletzt, im Jahr 2010, lag der Anteil der erwirtschafteten Kaufkraft, den Vermögensbesitzer für sich vereinnahmen, nicht höher als 1950.

Dieser Befund erstaunt natürlich in einem Umfeld, in dem so oft von explodierenden Gewinnen die Rede ist. Eine plausible Erklärung gibt es dennoch: Brutto mögen die Kapitaleinkommen steigen; aber wenn es teurer wird, einen bestehenden Kapitalstock zu erhalten, dann kann es unter dem Strich – also netto – durchaus Stagnation geben.

Die Einkommen der Hausbesitzer sind stark gestiegen

Und tatsächlich ist es naheliegend, dass ein Teil der Vermögenswerte schneller Wertverluste erleidet als früher. Ein Hochofen mag Jahrzehnte im Einsatz sein, moderne Software dagegen muss binnen weniger Jahre ersetzt werden, weil sie angesichts des rapiden Fortschritts bei den Informationstechnologien rasch veraltet.

Mehr noch: Auch der leichte Anstieg der Nettokapitaleinkommensquote in den zurückliegenden 40 Jahren hat offensichtlich einen ganz anderen Grund als bisher gedacht. Denn niemand, Piketty nicht und auch keiner seiner Kritiker, ist bisher auf die Idee gekommen, verschiedene Arten von Kapitaleinkommen einzeln zu analysieren. Das hat erst Matt Rognlie getan – und dabei Überraschendes herausgefunden.

Es zeigt sich nämlich, dass Kapitaleigner als Gruppe nur deshalb Boden gewonnen haben gegenüber Lohnbeziehern, weil die Einkommen der Hausbesitzer unter ihnen stark gestiegen sind: entweder in Form von tatsächlich gestiegenen Mieten; oder in Form von kalkulatorischen Zahlungen (denn in der Statistik ist auch der geldwerte Vorteil enthalten, den selbst genutztes Wohneigentum einbringt). Die Besitzer anderer Vermögensformen, wie Fabriken oder Gewerbeimmobilien, haben ihren Anteil an der Gesamtkaufkraft keineswegs steigern können, im Gegenteil.

Auch hier hat Rognlie die Plausibilität auf seiner Seite. In modernen Dienstleistungsgesellschaften boomen die Metropolregionen, sie sind es, die hohe Gehälter bieten und hoch qualifizierte Arbeitskräfte anlocken.

Höhere Grundsteuer kann die Ungleichverteilung verringern

Weil aber der Grund und Boden dort nicht vermehrbar ist, wird ein großer Teil der Kaufkraft vom Wohnungsmarkt abgesogen, in Form zunehmend hoher Mieten und Kaufpreise – wie die Bewohner von Städten wie London, San Francisco oder auch München bezeugen können. Die von Piketty in bester marxistischer Tradition konstruierte Kluft zwischen Arbeit und Kapital ist also wesentlich kleiner als gedacht – nicht zuletzt auch deswegen, so Rognlie, weil der Besitz von Immobilien viel gleichmäßiger verteilt ist als etwa der Besitz von Fabriken, Fuhrparks oder Kraftwerken.

Wenn es nun der Politik ganz allgemein darum geht, Ungleichheiten einzuebnen, findet Rognlie, dann sollte sie lieber im Blick behalten, ob sich zum Beispiel bei den Lohneinkommen eine Schere auftut. Wenn dagegen konkret versucht werden soll, Ungleichverteilungen zwischen Arbeit und Kapital zu reduzieren, ist zum Beispiel eine höhere Grundsteuer ein zielgenaueres Mittel als die so oft propagierten Reichen- und Vermögensteuern.

Und schließlich: Politiker, die für mehr Einkommensgleichheit sorgen wollen, wären gut beraten, alles zu unterlassen, was den Neubau von Wohnungen und Eigenheimen unattraktiver macht. Denn solche Maßnahmen würden nur den ohnehin schon steigenden Einkommensanteil nach oben treiben, der Eigentümern bereits bestehenden Wohnraums zufällt. Eine Regierung jedenfalls, der die soziale Gerechtigkeit am Herzen liegt, würde es sich dreimal überlegen, bevor sie eine Mietpreisbremse einführt. **ZITAT Ende**

Ich kann nur sagen lasst die Finger von dem was die Besitzenden sich im Bereich Geld aufgebaut haben. Die Bankster Gangster lachen sich krumm und dämlich wenn die diese blöden Debatten lesen, denn sie sehen wie tief verwickelt die Professoren und Doktoren in das Glaubenssystem Geld sind und das sie sich da nicht rauswickeln können, weil sie einfach den Kopf im Wasser haben. Und sie sehen ja auch dass wenn nun eine Seite etwas gewinnt, die Verlierer Seite etwas verliert. Aber die Geldbesitzer die das Geld aus Luft drucken die SuperReichenBanksterGangster denen die Hauptzentralbanken gehören, das es denen mehr als scheißegal ist ob und was und wie es in der Gesellschaft passiert wer weniger wer mehr hat, die unterstützen doch alles egal in welche Richtung das geht, und deswegen ist ja auch diese Unklarheit die kann nicht durch Intellektuelle mathematische Klärung geregelt werden, die kann nur durch entfernen und Verzicht gereinigt werdendem entfernen des Geldes damit der Mensch auf der Erde eine Totalzusammenarbeit in gegenseitigem unterstützen erlebt und aufbaut ohne Geld , denn Geld wie schon mehrmals erwähnt hat noch nie etwas gemacht. Das muss ganz klar verstanden werden ganz klar verstanden werden ganz klar verstanden werden.

Hier ist ein Zitat aus der Zeitung in Internet. Es geht um Aufmerksamkeit der Bevölkerung aber der USA Bevölkerung. Es geht um Interesse überhaupt. Die USA obwohl sie eine träumende Zivilgesellschaft haben, ist für mich ein Konstrukt das unweigerlich genau so enden wird wie die UDSSR. Weil es das falsche unliebende ist und der Depp Putin baut so was heute nochmal nach und auf. Die USA werden genauso verblödet dastehen und abgewrackt sein wie das Empire von den Engländern die auch global bloß ausbeuteten und zuhause in ihrer Selbstverblödung schmorten. Die UdSSR hielt nicht lange und das Empire auch nicht. Es geht immer schneller das Gewaltmonopole und Machtmonopole die von wenigen Besitzenden in Land und Geld ausgebeutet werden lange leben und überleben können. Auch China wird sich nicht halten können, wenn ihre Diktatoren, was den BanksterGangster sehr gut gefällt, sich weiter so dumm verhält. Und in China ist die Totalverblödung der Massen noch Übler, da sind die KaderKommis sogar Milliardäre und Millionäre. Ja, Ja, Ja, wenn sie das ganze Land wirtschaftlich aufgeteilt haben unter Kontrolle, dann werden sie den Chinesen die sogenannte Demokratie geben die Freiheit, weil dann ja sowieso alles im Besitz der KaderKommis ist den Milliardären Millionären, und der Bevölkerung bleibt bloß noch übrig zwischen denen und das zu wählen, aber der Besitz die Kontrolle bleibt bei den jetzigen totalverblödeten KommiKadern. Es ist ja auch kein Wunder denn das Kapital, das Kapital, das wurde doch damals von Marx schon versoffen. Und ich lese, Marx, Einstein, Feinstein, Goldman Sachs, Lieberman, Rothschild, Schwarzman, Lehman, und alle diese sehr, sehr vielen anderen deutschen Familiennamen. Was diese Familien alles an Gier verwirklicht haben, einfach enorm. Und welche Kontrolle die haben wollen und haben, und welche Betrüger die zum Vorschein gebracht haben. Und diese monströse Kreativität, die sie aufbrachten, um zu leben, das ist schon beeindruckend, aber blöde. Und diese Blödheit in den USA diese Intelligenz Blödheit, die aber auch in den anderen Ländern vorhanden ist, da ja das FirmenSystem also der Staat als Firma und die Firma kann nur leben wenn sie Kredite von den BanksterGangster bekommt.

Und wenn sie enorm gut ist in Wissenschaft und Geschäfte machen und Aktiengesellschaften, die dann von den Bankster Gangster zu mindestens 51 % kontrolliert werden
und die deutschen Aktiengesellschaften sind zu 70% von US Bankerster Gangster
kontrolliert also in deren Besitz, und das gleiche passiert ja in den anderen Ländern
auch ob Holland, Frankreich, Dänemark, England, und all die anderen Länder. Also
die Totalverblödung und Ausbeutung ist gigantisch. Und proportional wird dann auch
die Zerstörung sein und zwar derjenigen die das besitzen. Aber der US Zivilgesellschaft ist das mehr oder weniger gleichgültig denn Zeit ist ja für diese Vollidioten Geld.
Und so werden sie unter gehen der Totalverblödung anheimfallen. Aber einen Weg
gäbe es noch die Aufmerksamkeit einer amerikanischen Zivilgesellschaft zu bekommen, über ihre Votzen und Schwänze zu berichten. Und das folgende Zitat aus einer
Internetzeitung soll mal darauf aufmerksam machen **Zitat Anfang:**
John Oliver Was Penisfotos mit dem Patriot Act zu tun haben
Comedy-Star John Oliver hat mit Edward Snowden über Nacktbilder und die NSA gesprochen. Es ist der Versuch, ein komplexes Thema, nun ja, anschaulich aufzubereiten.
Plötzlich geht es um Penisse. Edward Snowden blickt unsicher durch die randlose Brille, doch der Comedian John Oliver lässt nicht locker: Für die meisten Menschen ginge
es doch nur um diese Frage: „Können die Geheimdienste meine Penisbilder sehen?"
Snowdens Antwort ist eindeutig: Es gebe zwar kein Programm namens DICKPICS,
aber natürlich könnten durch die Überwachungstechniken der NSA auch Nacktfotos
von Bürgern im Netz abgegriffen werden. Anschließend erklärt Snowden am Beispiel
einzelner NSA-Programme und deren gesetzlichen Grundlagen, wie das funktioniert.
Dianne Feinstein, die demokratische Vorsitzende des Geheimdienstausschusses des
Senats, hatte offenbar dafür gesorgt, dass der Passus nach einer ersten Abstimmung im
Repräsentantenhaus nachträglich in den Entwurf geschrieben wurde. Dann hatte der
Senat den Entwurf abgesegnet und das Repräsentantenhaus der veränderten Fassung
zugestimmt – vermutlich, ohne die Änderung bemerkt oder verstanden zu haben.
Der Journalist Glenn Greenwald, der für die ersten Snowden-Enthüllungen ver-
antwortlich war, kritisiert die Rolle der Medien in einem Beitrag auf The Intercept.
Gleichzeitig sieht er das Problem nicht darin, dass viele Amerikaner Edward Snowden
nicht kennen. Das sei vielmehr exemplarisch für die Politikverdrossenheit der
US-Bürger.
Die Lektion von Oliver lautet nun: Wenn die Bürgerrechtsaktivisten der Gegenwart
außerhalb ihrer eigenen Blase gehört werden wollen, dürfen sich nicht zu schade sein,
Kampagnenstrategien zu benutzen, die sie im Zweifelsfall als primitiv oder manipulativ
empfinden. Yes, we can. Vorsprung durch Technik. Die Regierung schaut sich deine
Nacktfotos an. Penisfotos als Politik mit anderen Mitteln.
NSA-Abhörskandal Haben die ein Bild von meinem Penis?
•Der Comedian John Oliver interviewt Edward Snowden in Moskau und schlägt ihm
vor, die Debatte über den NSA-Abhörskandal auf abgefangene Nacktfotos zu lenken.

- Hinter dem Klamauk-Ansatz steckt eine ernste Absicht: In den USA ist die Überwachung durch die Geheimdienste für die meisten Bürger kein großes Thema. Das will Oliver ändern.
- Der Comedian versucht Snowden im Gespräch dazu zu bringen, die wesentlichen Fakten in verständlicher Weise zu vermitteln - um so mehr Empörung unter den US-Bürgern auszulösen.

Von Christoph Meyer

John Oliver interviewt Edward Snowden in Moskau

Warum verläuft die Debatte über den NSA-Abhörskandal in den USA so grundlegend anders als in Deutschland? Warum interessiert in Amerika kaum jemanden, was hierzulande das Vertrauen in den Rechtsstaat erschüttert?

Der Comedian John Oliver hat den Whistleblower Edward Snowden in Moskau besucht, um über das Phänomen zu sprechen - auf eine eigenwillig-humorvolle Art. Er zeigt dem Ex-NSA-Mitarbeiter, was in seiner Kommunikation bisher falsch gelaufen sei - und präsentiert ein stark überzeichnetes Sittengemälde der amerikanischen Gesellschaft. Das Interview wurde in Olivers Sendung Last Week Tonight with John Oliver ausgestrahlt.

Nacktfotos, das ist es, was die Leute interessiert

Snowdens Vorträge über die Gefahren der massenhaften Überwachung unterbricht Oliver unermüdlich mit dem Einwurf, darauf gäben die Amerikaner „einen Scheiß" - und er gibt dem blassen Mann mit der rahmenlosen Brille einen Tipp, wie er seine Landsleute wachrütteln könne.

Er solle die Debatte auf das Abfangen von Nacktfotos lenken. „Fänden Sie es in Ordnung, wenn die Regierung Bilder von ihrem Penis sehen würde?", lässt er in einer Straßenumfrage eruieren, die er Snowden auf dem Laptop vorführt. Die Antwort der Befragten ist eindeutig und entspricht genau dem, was sich der Whistleblower als Antwort auf seine Enthüllungen wünscht.

Im Gegensatz zum Ergebnis, das die Frage „Wer ist Edward Snowden?" hervorbringt: Kaum einer der Befragten kann mit dem Namen etwas anfangen. In der „Dick-Pic"-Frage, wie sie die Befragten nennen, sind sich hingegen alle einig: „auf keinen Fall!" „Das ist die sichtbarste Linie im Sand für die Leute", sagt Oliver.

Technische Details erzeugen Desinteresse

Hinter dem Klamauk steckt ein ernsthaftes Anliegen: Die Debatte über die massenhafte Ausspähung von Daten zu vereinfachen. Und damit mehr Aufmerksamkeit und Empörung in der US-Bevölkerung zu schaffen. Technische Details und eine unübersehbare Zahl verschiedener Spionage-Programme mit kryptischen Namen erzeugten hingegen Desinteresse, ist sich Oliver sicher.

Er zwingt den detailverliebten Snowden, die wesentlichen Fakten über die Spionageprogramme aufzuzählen und wird nicht müde ihn zu erinnern: „Ich interessiere mich ausschließlich für meinen Penis!"

Das Ganze endet mit der selbstironischen Frage Olivers, ob er sich durch das Interview mit Snowden nun selbst zum Ziel der NSA gemacht habe. „Wenn du nicht vorher schon auf der Liste warst, dann bist du es jetzt", antwortet der Whistleblower. **Zitat Ende.**

Mittwoch, 8. April 2015 Ich will diese Buch beenden, will aber noch mal zeigen was in dieser auf Gewinn geldmachen geilen primitiven Gesellschaft alles so unterdrückt wurde weil kein Geld damit gemacht werden kann und konnte. Das fing ja schon bei Tesla an der ja von dem BanksterGangster J.P. Morgan platt gemacht wurde als er Tesla ihm den Freie Energie Motor vorstellte und der BanksterGangster so was nicht mehr unterstützend wollte weil : Man damit ja kein Geld machen kann, seine Begründung war. Und so wurde Teslas Arbeit zerstört. Oder aber das Pharmakartell das ja von den Rockefellers und der IG-Farben damals aufgebaut wurde, damit Rockefeller sein Rohöl verarbeiten konnte in den Chemiewerken der IG - Farben ,und sie sich ein Konstrukt ausdachten, das zur heutigen Pharmaindustrie geführt hat und auch zu dem System der Krankenkassen über die sie ihre chemischen Giftprodukte in der Bevölkerung über die Politik den Staat vermarkten konnten, denn sie haben sich das Konstrukt ja für ihr Geschäft aufgebaut. Oder aber, die Unterdrückungen im Bereich Krebsforschung was sehr gut im Buch von G. Edward Griffin: Eine Welt ohne Krebs, aufgezeigt wird. Wo gezeigt wird wie das Pharmakartell den US Arzt Ernst Theodor Krebs platt machten, der bereits vor mehr als 50 Jahren die Ursachen des Tumors entdeckt hatte und ein natürliches Heilmittel entdeckt hatte, das Amygdalin aus den bitteren Aprikosenkernen. Er nannte es B17. Obwohl Dr. Krebs sehr viele Patienten heilte wurde er platt gemacht. Oder die ganzen brisanten Aufführungen in dem Buch von Phillip Day : Krebs Stahl, Strahl, Chemo,& Co vom langen Ende eines Schauermärchens, das Buch beschäftigt sich auch mit dem B17 und wie es bekämpft wird von der Pharmalobby. Der ist ja alles egal was es ist ein Feind was auf natürliche Weise den Körper gut tut und Krankheiten heilen kann, weil sie damit kein Geld machen könnten, da Pharmafirmen ja keine Gesundheitsfirmen sind, sondern Kapitalfirmen die Geld machen wollen, sie wurden ja von den Rockefeller- Rothschild- IG-Farben-Kartellen zusammen aufgebaut mit dem Ziel Geld zu machen. *(Aber es war Edgar Cayce der schon um 1900 einem kranken die Anweisung gab sich mit Aprikosenkernen gegen Krebs zu schützen und Krebs zu zerstören. W. Schorat)*
Die Pharmaindustrie hat überhaupt nichts mit Gesundheit zu tun. Die darf auch garnichts in der Politik zu tun haben. Im Gesundheitsamt und dergleichen.
Es gibt Unmengen an Zerstörung von guten Erfindungen die den etablierten industriellen zu sehr das Wasser abgraben würden, die dann platt gemacht wurden. Auch Michael Tellinger in seinem Buch: Das Ubuntu Prinzip, zeigt viele Seiten voll mit Erfindungen die zerstört wurden weil sie zu bedrohlich für das jetzige

GeldGeilKartell der Industriellen und Bankster ist. Insbesondere in der Medizin und Pharmabranche ist das schon selbst zum Krebsgeschwür geworden alternativen die wirklich heilen zu unterdrücken.

Hier ist nochmal was Michael Tellinger in seinem eben erwähnten Buch zu Tesla schrieb:

1901, kurz nach dem Bau des berühmten Tesla-Turms oder Wardenclyffe Tower in Shoreham, Long Island im Staat New York, schenkte Nikola Tesla der Welt FREIE, nicht-tödliche, strahlende Energie, die die Welt ohne Drähte verband und eine freie Telekommunikation rund um die Welt ermöglichte, die alle nur vorstellbaren Geräte mit Energie versorgte. Die Strahlenenergie aus dem Turm konnte für Autos, Licht in den Häusern, bis hin zum Antrieb von Maschinen, Flugzeugen und Schiffen genutzt werden.

Tesla sagte dies zu seinem Geschenk der freien Energie an die Welt:›>Es ist zu beachten, dass das Phänomen der elektrischen Energieübertragung eines der wahren Leitfähigkeit ist - nicht zu verwechseln mit dem Phänomen der elektrischen Strahlung, die bisher beobachtet wurde und die gemäß ihrer Natur und Art sich auszubreiten, die Übertragung relevanter Energiemengen über große Distanzen hinweg praktisch unmöglich machen würde.

Unglücklicherweise war JP Morgan Teslas Geldgeber, einer der mächtigsten Banker der Welt. Als er erkannte, dass seine Finanzierung die Freie Energie in die Welt gebracht hat, von der er nicht profitieren konnte, zog Morgan seine Mittel an Tesla zurück und steckte unzweifelhaft hinter der Zerstörung des Turms der US-Bundesregierung 1917, um sicherzustellen, dass jegliche Erinnerung an Freie Energie aus dem menschlichen Gedächtnis ausgelöscht würde. Es ist wichtig anzumerken, dass 1913 JP Morgan ebenso einer der Gründer der unrechtmäßigen in Privatbesitz befindlichen Federal Reserve Bank (US-Notenbank) in den USA war, wie auch der Besitzer der JP Morgan Bank. Die Morgan-Familie ist eine der drei mächtigsten Bankenfamilien in der heutigen Welt, zusammen mit den Rothschilds und den Rockefellers. **Zitat Ende**

Donnerstag, 9. April 2015 heute ist Jochens Tag. Er hat das Wort auch das im Sinne von Johannes.

Jochen,,,,dieser Spruch ganz dick auf eine Seite,,

WORAN ERKENNST DU DEN TOTALEN EGOZENTRISCHEN SCHLÄFER AN:
ICH BEDANKE MICH,
WENN ER ETWAS BEKOMMEN HAT.
ANSTATT ZU SAGEN
ICH DANKE DIR, ODER IHNEN.

JOCHEN

Die Ärztekammer hat keinen Rechtsanspruch auf heilende oder Nichtärzte,, ihre
Verantwortung geht bloß für ihre stupide Ärztegruppe,,,

Die Ärztekammer muss mal ihre idiotischen Vorstandsgreise auswechseln damit die
nicht heilen könnenden Schulmediziner aufwachen,,,,sie sollten sich mal die Trance
Chirurgen aus Brasilien anschauen,, Jose Humberto Anjos,, oder Rubens de Faria,,
oder Antonio Pedreiro,,,,, die Fundamentalinquisition der Ärztekammer ist genauso
faschistisch wie die Religionsfundamentalität der Moslems oder anderer Berufs-
gruppen.

Jochen,,,

Das Geld von 6 Tagen Wettrüsten wurde ausreichen um den Hunger definitiv aus
der Welt zu verbannen,,,,was habt ihr für stupide Politiker....

Jochen,,

Die Politiker reden von Realität,,

Die Ärztekammer von weltmedizinischen Erfahrungen, sooon quatsch,,

was wissen die schon von transzendentalem Realismus,,,

diese Affenköpfchen

Jochen,,,

Die meisten Menschen leben ihre Probleme und nicht ihr Leben

Jochen,,,

Habt mehr Mut für euch selber, seid tapfer und froh, schreit und singt „riskiert was
in euerm Leben", denn ihr sterbt sowieso „ihr sterbt sowieso, was habt ihr zu verlieren „ihr könnt nur gewinnen „habt Mut,, seid tapfer", kämpft um eure innere und
äußere Freiheit,, ihr sterbt sowieso,, ,ihr sterbt sowieso. ihr sterbt sowieso, ihr sterbt
sowieso,, ihr sterbt sowieso,, ihr sterbt sowieso,, ihr sterbt sowieso,, seid keine Bürger,, seit Gott selber,,

Mehr für den Bürger zur Bürgerbeteiligung:

www.buergerhaushalt.org

Fragen rund um den Bürgerhaushalt? Auf dieser Seite der Bundeszentrale für politische Bildung gibt es Infos über Hintergründe und aktuelle Entwicklungen.

www.buergergesellschaft.de

Die Seite der Stiftung Mitarbeit beschäftigt sich mit den Facetten einer Bürgerge-
sellschaft, vom Ehrenamt bis zur Bürgerbeteiligung ~ und bietet nützliche Tipps für
die Praxis.

www.netzwerk-buergerbetei|igung.de

Die Internetseite bringt engagierte Bürger, die sich für mehr Beteiligung in ihren
Städten und Gemeinden einsetzen, zusammen. Hier gibt`s eine Menge Material zum
informieren und Mitmachen.

Jochen

Die akademische Wissenschaft muss mehr in Frage gestellt werden, Psychotherapie

hat nur geringe Schwabbelerfolge….
Die zynische denkschule im akademischen Wissenschaftsbereich wird bald wieder
zur Staatsräson unter den Biologen und Medizinern (Mediziner sind größtenteils
Zyniker weil sie das Leiden nicht aushalten können und so versagen, dafür aber
Geld, Geld, Geld machen wolle anstatt zu heilen, die BIOETHIK liefert für diese
üblen neurotischen Irren mit Gedächtnis voller Wörter, und Herzen ohne Leben,
probate Rechtfertigung für eine Reihe von fragwürdig Experimenten, von der
Genmanipulation bis hin zur Euthanasie. Der Straßburger Europarat ist eine Gruppe
schwachsinniger Obrigkeit Ignoranten dass das wirtschaftliche Profitstreben höher
steht als alle Menschenwürde, ausgearbeitet von Experten, wir wissen ja alle Experten sind Perfektionswahnsinnige, die dadurch fachidiotische Scheuklappen um ihre
Kreativität gebaut haben, denn bei Experten geht es immer um starre Denkweisen-
verfestigung und nicht um Kreativität, wissenschaftlicher Diabolismus fängt an politischen Schwachsinn für seine zynischen vergifteten Ziele einzuspannen, und zwar
in solch einem Maaß das ihr alle zu Konservendosenaffen geformt werden sollt,
zynische Denkphilosophien werden immer mehr von politischen Ignoranten übernommen, aus Amerika eingeführte Idiotennahrung ‚Zynismus lebensverachtende
Wissenschaftler, die so blöde sind das sie meinen im kleinsten sei das Leben zu finden, diese Unteraffen, Nobelpreisträger gehören auch dazu ‚die Bioethiker, also tief
tiefe stupide Unteraffen die zur Universität gegangen sind um dann Nazicharaktere
zu entfalten, sind dabei neue Technologien in Biologie und Medizin einzuführen,
die keine ethische Dimension mehr haben wollen, die zentrale These dieser Wissen-
schaftsHitler ist die Trennung zwischen einer rein biologischen Seite des Menschen
und der Person, die Würde Menschen soll davon abhängig gemacht werden ob ein
Mensch Eigenschaften wie Selbstbewusstsein und Rationalität zeigt..Wohin diese
Denkweise führt macht dcr irre wirre stupide australische Kängerufresser und Vordenker Peter Singer auf zynische Weise deutlich: nimmt man einem Menschen ohne
seine Zustimmung das Leben, so durchkreuzt man damit seine Wünsche für die Zukunft. Tötet man eine Schnecke oder einen ein Tag altes Kind so durchkreuzt man
keine Wünsche dieser Art, weil Schnecken und Neugeborene unfähig sind, solche
Wünsche zu haben. Hier kann man sehr gut die immense Ignoranz der Logik sehen,
die tief, tief, blöde ist,, auch deutsche Denkschulen, sind dabei wieder Nazimonster
zu formen, Wissenschaftler sind da ganz vorne mit dabei, wertvolle und wertlose
Menschen sind wieder in ihren GedankenNaziträumen drin, die wahnsinnige Berliner Philosophin Ursula Wolf , Freie Universität Berlin, sagt. Versuche an schwachsinnigen Menschen sind in der Tat an und für sich moralisch zulässig.
Der babylonische Reagenzglas Größenwahn der neuen Biomedizin will Menschen
wieder züchten wie Stalin, Hitler, Mao ‚Obrigkeitspolitiker und machtgierige unteri-
diotische Wahnsinnige, sie wollen durchsetzten in einem von Experten im Europarat
herausgebenden Regelwerk, das alles machbare auch gemacht werden soll. Damit

wären dann die Weichen für eine regelrechte Zucht von Menschen gestellt,„„und auch zur genetischen Sanierung der Bevölkerung oder der Menschheit überhaupt, die Bioethiker schreiben in ihren Büchern schon vom neuen Menschen ...seit wachsam Leute, mit euern Startgeldern will man euch züchten und kaputtmachen.... Jochen wünscht noch einen angenehmen Tag.

Jedoch was haben wir nun den Pestiziden Einsatz in Deutschland

99287 Tonnen Pestizid-Zubereitungen wurden 2015 in Deutschland verkauft. Sie enthielten 52 551 Tonnen Pestizid-Wirkstoffe sowie 66 736 Tonnen zusätzliche Chemikalien. Diese unterstützen die Wirkung der Pestizide und machen sie leichter anwendbar. Einige von ihnen - etwa das Netzmittel Tallowamin - sind mindestens ebenso problematisch wie die eigentlichen Wirkstoffe.› Pro Jahr werden auf einem Hektar landwirtschaftlicher Nutzfläche im Mittel neun Kilogramm Pestizide mit 2,5 Kilogramm Wirkstoffen ausgebracht.

› Zugelassen waren Ende 2013 in Deutschland 748 Pestizide mit 269 Wirkstoffen. Der mengenmäßig Bedeutendste war das Herbizid Glyphosat

› Konventionelles Obst enthalt im Mittel 0,5 Milligramm Pestizidrückstände je Kilogramm. Bei konventionellem Gemüse sind es 0,4 Milligramm. Bio-Erzeugnisse sind um den Faktor 100 weniger belastet. Das berichtet das Öko-Monitoring Baden-Württemberg.

› Die deutschen Pestizidhersteller haben 2013 im Inland 1,5 Milliarden Euro umgesetzt.

Davon entfielen 58 Millionen Euro auf Mittel für Haus und Garten.

› Die deutschen Konzerne Bayer und BASF sind hinter dem Schweizer Unternehmen Syngenta die größten Pestizidhersteller der Welt.

Das ist alles bloß um Geld zu machen. Und wie wäre es in einer Gesellschaft ohne Geld. Da würde sich dann ausschließlich Qualität durchsetzen und verlangt werden. da ja diese Unternehmen von den Üblen geführt werden. Aber in einer Menschheit ohne Geld kann ausschließlich das Gute das Lebensfördernde sich etablieren, weil der Mensch diese Gier und Dummheit die mit dem sogenannten Überleben egal nun in welchen Bereichen auch immer, nicht mehr hat. Es wird eine Globale menschliche Kooperation sein.

Das glückliche Paar „Mensch-ohne Geld" zeichnet sich im Wesentlichen durch zwei Stärken aus: Es hat Rituale entwickelt, die die Zusammengehörigkeit stärken. Und es hat eine Form der Kommunikation entwickelt, die ausgleichend und einander bestärkend ist.

Rituale sind nicht nur Geburtstagsfeiern oder das gemeinsame Abendessen. Es ist auch die kleine Notiz auf dem Schreibtisch, das Aneinander kuscheln vor dem Einschlafen, der tägliche Anruf aus dem Büro, der gemeinsame Einkaufsbummel, die Grimassen, wenn beide ratlos sind, das Brötchen holen jeden Morgen, ineinander verschlungen „Tatort" gucken oder die megawichtige Frage am Abend, wie denn der Tag war. **Rituale sind Intimität.**

Die Kommunikation von glücklichen Paaren zeichnet sich dadurch aus, dass die positiven Zuwendungen die kritischen Bemerkungen im Alltag um ein Vielfaches übersteigen. Vor allem befolgen zufriedene Paare unbewusst eine Strategie der Deeskalation. Auf einen Angriff, eine Kritik wird nicht noch einer draufgesetzt, sondern beide versuchen die grundsätzliche Einigkeit zu betonen.

Wer auf eine Attacke mit einem stärkeren Gegenschlag reagiert, befindet sich schnell in einer heftigen Prügelei. Zufriedene Paare schaffen kleine Pausen, berühren einander auch beim Streit, binden Erklärungen ein und geben einander immer wieder positive Signale. „Ich seh auch, dass du dir Mühe gibst." „Ich bin wirklich nicht gegen dich." Es entsteht keine Spirale zunehmender Entwertung. Das alles entscheidende Beziehungskonto bleibt ausgeglichen. Leidenschaft, Intimität und Bindung, aus der sich die Liebe zusammensetzt, bleiben erhalten. Und der Mythos und mit ihm das Paar lebt weiter.

Dabei geht es keineswegs um kuschelige Paare und leisetreterische Ehepartner, die sich wohlwollend ein „Ich fühle jetzt, wie sehr ich dich auf die Palme bringe" entgegen säuseln. Ob ein Paar sanft und höfisch miteinander umgeht oder temperamentvoll und auch mal streitlustig, ist relativ egal. Wichtig ist nur, dass beide den gemeinsamen Beziehungsstil unterstützen. Den sicheren Rahmen dafür haben wir, solange wir an unsere Einzigartigkeit als Paar glauben. Dazu müssen wir uns erinnern, Wer wir in den kostbaren Augenblicken des ersten Kennenlernens, des gegenseitigen Sich-Erkennens füreinander sein konnten. Dieser Glaube lässt aus unserem Mythos Wirklichkeit werden. Und er macht uns zu einem wirklich besonderen Paar: Nur mit ihr, nur mit ihm können wir es sein. Ein Paar, das sich als Paar verwirklicht, indem es ein Paar bleibt.

Es gab mal einen Mann, der lebte in einer schwierigen Beziehung. Er trug zwei Bilder in sich. Eines, als er seine Frau kennenlernte: als er sie in der Badeanstalt zum ersten Mal sah. Und wusste, sie wollte er. Und ein anderes, als er sich entschloss, sie zu heiraten. Wobei sie ihm damals schon so verschlossen und dunkel vorkam, dass sein Herz sich nicht mehr öffnete. Und er nur im Vertrauen an ihre Bindung sein Jawort gab. Nach langen Jahren einer Wechselvollen Ehe ging er eines Tages in sich und schaute sich das zweite Bild noch einmal an. Und er veränderte es. Er sah sich auf sie zugehen und sie in den Arm nehmen. Und spürte ihre gegenseitige Liebe und Zugehörigkeit. Er sah sich das tun, was er damals nicht tun konnte, weil er sich schon so feindselig ihr gegenüber fühlte. Er konnte nicht beschreiben, was sich in ihm verändert hatte. Aber er konnte fühlen, wie er seine Frau danach auf eine Art schätzte und liebte, nach der er sich lange gesehnt hatte. Und auch, wie sich ihr Umgang friedlicher und liebevoller gestaltete. Es klingt ein wenig wie ein Märchen. Aber diese Geschichte ist wahr.

Vermutlich werden auch die Geschichten der Psychologen und Paarforscher in ein paar Jahren ganz anders aussehen. Aber so ist es. Geschichten müssen nicht stimmen. Aber sie müssen gut sein. Und dann werden sie Wahr.

Ich finde es sehr gut, wichtig, dass sich Partnerschaften nicht mehr ausschließlich über Sexualität und Liebe formulieren.

Die wirkliche Liebe wird sehr nüchtern sein. Das heißt nicht grau und trist sondern vielfältig, schöpferisch, vital und klar in der Kommunikation.

Freie Liebe führt von selbst zu immer mehr Treue, zu immer mehr vertiefter Intimität. Ich selbst halte das Streben nach einer lebenslangen Beziehung für einen sehr hohen Wert, und wünsche mir keinen Menschen mehr verlassen zu müssen. Beziehungen klären und klar halten ist eine wichtige und wesentliche Grundlage für die Verwirklichung der freien Liebe. Sonst wird einem die Lust nach einiger Zeit bestimmt vergehen. Obwohl der Begriff Freie Liebe" ja auch Murks ist, denn Liebe ist immer frei.

Wie können Menschen außerhalb der Gesellschaft die auf Geld aufgebaut ist weil sie so geformt wurde von den heutigen Geldbesitzern den BanksterGangster wie Rothschildkartelle oder Rockefeller Kartelle und die in China kommunistische Partei GeldGeilKartell oder in Russland die GasRohölkartelle die das Geld kontrollieren über ihre Bankbesitzer, und alle anderen Geldkontrolleure , sie alle haben die Menschheit zu dem geformt wie wir heute geworden sind, total abhängig und besitzlos denn auch das Land ist weggekauft und im Besitz der Geldbesitzer. Wie können also Menschen sich davon befreien. Ich habe ja schon erwähnt das es auch darum geht eine neue Erfahrung zu machen, so wie in der freien Liebe. Privat ist sowohl freie Liebe nicht einfach zu leben sie ist nicht lebbar weil die Konditionierung und der damit verbundene Glaube durch die Gewohneitsenergie einfach zu total geworden ist. Die Menschheit glaubt und denkt tatsächlich dass ohne Geld nichts geht. Das ist aber eine Totalverblödung. Also habe ich es mit totalverblödeten Menschen hauptsächlich zu tun. Ja so ist es.

Privat ist freie Liebe also nicht lebbar. Aber wenn man sich auf der Grundlage der freien Liebe der Freiheit also der Wahrheit also, geistig damit auseinander setzt, beschäftigt, kommt man automatisch zu neuen politischen und sozialen Entscheidungen. Ich selbst finde es ganz wichtig, diese Frage nicht sofort an persönliche Erfüllung oder Nicht-Erfüllung zu binden. Sondern sich überhaupt geistig mit dem Thema zu befassen. Ich nenne es die „konkrete Utopie" obwohl es gar keine Utopie ist. Es wäre bloß wahrhaftigere Realität. Denn Geld hat ja noch nie etwas gemacht und wird auch nie etwas machen. Und deswegen ist diese Geldgesellschaft abgrundtief in einer Illusion einen Tiefschlaf drin der ohne aufwachen in die Zerstörung geht, weil der Schlaf der tief ist und der so gewollt ist von denjenigen die aus Luft Geld drucken, Tiefschläfer brauchen für ihre Totalverblödung Verblödung der globalen Menschheit.

Und wie in der Kommunikation von glücklichen Paaren, ist es auch eine neue Kom-

munikation von einem sehr glücklichen Paar **nämlichem Menschen ohne Geld.**
Dieses Paar wird auf ewig eine glückliche Richtung erfahren die das menschliche
Potenzial aller Menschen auf der Erde zum Vorschein bringen wird. Und zwar auf
der Basis von schon vorhandenen Strukturen der Wirtschaft und Wissenschaft und
Kultur.

Also unter welchen Voraussetzungen wird Liebe also ohne Geld, ohne Kontrolle
von Rothschild wahnsinnigen Strukturen, überhaupt lebbar. Also eine der Voraussetzungen ist diejenige, das Menschen für garnichts irgendetwas zu zahlen haben. Oder
zahlen müssen. Denn etwas zu bezahlen ist nun ein zwang. Zum Beispiel Miete,
kein Mensch auf der Erde darf Miete zahlen, kein Tier auf der Erde zahlt Miete
nur damit es, er der Mensch, sich hinlegen kann und schlafen kann. Wir müssen
das innere Raubtier die Unwissenheit also das Böse hinter uns lassen. Eine andere
Voraussetzung ist das Menschen untereinander keine Gemeinschaft bilden die auf
Geschäftsbeziehung basiert. Und heute sind alle menschlichen Beziehungen
Geschäftsbeziehungen, bloß diejenigen nicht die das nicht sind.

Weswegen Geschäftsbeziehung. Wenn die Regierungen Die DBUNS Nummer
Firma BRD D&B D-U-N-S® Nummer beantragen und haben, dann ist ja das ganze
Land die Bevölkerung unter diese Fuchtel dieser geistigen Richtung programmiert,
denn hier darf der spirituelle Aspekt nicht vergessen werden, im Königreich sind die
Menschen alle Untertanen für den König, in einer Firma sind alle Firmenangehöri-
gen das Personal damit der Scheff seine Ziele erreicht, und in der Firma BRD oder
USA und so weiter, sind alle Angehörigen also die Bevölkerung, das Personal (Ausweis) für diese Firma. Es besteht also eine Geschäftsbeziehung zwischen BRD und
seinem Personal. Also die gesamte Bevölkerung wird so strukturiert das sie untereinander eine Geschäftsbeziehung hat. Und Geschäfte stehen heute global in Konkurrenz und nicht in einer Liebesbeziehung. Das muss aufhören das die Menschen
so zu Geschäftemacher geformt werden und so strukturiert werden das dadurch der
sogenannte Reichtum das Kapital der Besitz in sehr wenige gegen die vielen übergeht, so wie es heute ja wunderbar passiert.

Durch diese seit Jahrhunderten Jahrtausenden langen Blödheitsstrukturen der
Menschen auf der Erde, haben ja nun die Besitzer und die Geldbesitzer es geschafft
eine Menschheit zu züchten, die für sie arbeiten und durch die Maschine und bald
Roboterhorden werden noch weniger Menschen in Arbeit und Kreativität tätig sein,
das immer mehr Menschen als asoziale gezüchtet werden, denn alle Menschen auf
der Erde sind von den Besitzenden in diese Situation gebracht worden weil sie unter
Drohungen ausgebeutet wurden und ausgebeutet werden. Und alle ungebildeten alle
die nicht den Kampenbonus haben den Starbonus haben sind Resultate der Besitzenden. Die ausschließlich alles für sich in Anspruch genommen haben. Das muss
ein Ende haben.

Die ganze Anpassung ist ausschließlich ein Resultat von Zwang. Die ganze Angepasstheit wird aber explodieren und es werden Köpfe fallen wenn keine friedliche Loslösung von dieser Verrücktheit der menschlichen Besitzenden stattfindet. Mit oder ohne die Besitzenden. Schon heute kann gesehen werden das Kapitalismus Fatalismus wird schon heute kann gesehen werden das eine auf Geld aufgebaute Zivilisation eine auf Unfreiheit aufgebaute Zivilisation ist. Es formen sich schon mehr und mehr Wiederstandsgruppen die international agieren tätig sind. Es sind ja nicht bloß die blinden Horden der Islamgruppen die unzufrieden sind. Es formen sich ja immer mehr Gebildete die durchschaut haben das eine Ausbeutelite internati-onal unter Federführung der BanksterGangster die Menschheit schlichtweg total-verblöden in der Entwicklung hindern oder sie schlichtweg als Kanonenfutter für ihre globalen Kriege sei es um Öl oder im Namen der giftige Demokratie verheizen, indem sie Nationale Gefühle oder sonst welche ignorante Sprüche auf die ungebil-deten einfachen im Geiste loslassen die dazu konditioniert sind dann sofort blind in andere Länder einzufallen und alles zusammenzuschießend siehe die blöden ame-rikanischen Überfalle oder nun Putins blöde Krimsoldaten ohne Abzeichen auf der Uniform und China hat genau solche Überfälle geplant weil sie einfach alle noch unterbelichtetet dumme Raubtiere geblieben sind.

Weniger angepasst zu leben tuen ja schon einige aber zu wenige. Es ist einfach zu wenig Kraft vorhanden. Die Gehälter sind so strukturiert das du immer auch dieje-nigen die gute Positionen haben zu wenig hast, weil das System (Mensch) diesen geistigen Hintergrund hat also von solchen Menschen so aufgebaut wurde mit dieser Werbebotschaft-es ist immer zu wenig vorhanden. Was ja eine totale Unwahrheit ist. Die Schöpfung ist Gigafülle. Aber in den Städten gibt es ja immer mehr Grup-pen denen dieser Betrug auch durch und mit den Politikern und Parteien, nicht mehr akzeptabel ist. Der geistige Hintergrund dieser Gruppen hat enorme Mengen an Daten gesammelt und es werden enorme Mengen an Daten weitergegeben über das Internet , Daten über die Besitzenden und die Richter und Staatsanwälte und Psy-chologen und anderen Wärter dieser Gefängnisse genannt Demokratie und Gehälter, Daten über die Wohnorte dieser Besitzenden und wer dazu gehört, genauso wie diese Besitzenden NSA Strukturen nenne ich sie mal über den Rest der Menschheit enorme Mengen Daten angesammelt hat. Und so werden durch die Gemeinschaften diese Daten weitergegeben und es werden friedliche Strategien entwickelt wie diese Besitzenden zur Aufgabe und Abgabe animiert werden können.

Aber nicht alle Menschen auf der Erde sind für den friedlichen Weg gemacht. Wenn du ins Dark-Net gehst dort wo du von Waffen bis Drogen bis Auftragsmörder alles bestellen kannst wirst du lesen können, das es auch viel Gewaltbereitschaft gibt, wenn das so mit der Totalverblödung und Verblödungszüchtung der Menschheit auf der Erde so weiter geht. Ich kann nur für mich sprechen und das ist der Weg des Friedens. Es gibt aber genügend Scharfschützen auf der Erde die ihren Finger am Abzug halten.

Kooperation besteht ja schon unter den Firmen weil sie es nötig haben sich gegen
andere Firmen zu behaupten aber das ist keine echte Kooperation das sind Geschäftsbeziehungen denn eine echte Kooperation basiert auf eine freie Liebesbeziehung. Und unfreie Liebesbeziehungen gibt es nicht und wenn es sie gibt sind
es keine Liebensbeziehungen sondern Angstverträge. Kommunikation ist ja schon
enorm gestiegen diese beiden Eigenschaften oder Qualitäten Kooperation und Kom-
munikation- statt Beherrschung und Zerstörung-finden schon mehr statt. Aber vieles
ist geheuchelte Freundschaft im Politikzirkus und auch Wirtschaftszirkus, im Reli-
gionszirkus sowieso und zwar dem der unterschiedlichen Religionen. Und da der
Papst ja selbst der Herrscher des Universums meint zu sein müssen, und alle sich
dem Papst unterwerfen müssen laut Katholiken Salatschüssel der Ignoranz, ist das
ganze Religionpallaver eine Totallüge und Täuschung.
Das was heute in der BRD passiert ist sind eindeutig Systeme (Menschen) der
Unterdrückung und Hierarchie. Und dann noch die Primitivität als Firma. Und dann
noch die Ignoranz des Glaubens an das Geld. Das kann nur zur Totalverblödung
führen auch wenn der Mittelstand noch solche guten Maschinen baut und sehr gute
Facharbeiter hat, das ist alles bloß Nachfrage nach Geschäften die dann aber gesät-
tigt sein werden und dann, der blöde Hartz Kotzbereich. Aber es passieren schon
Verbesserungen auch wenn sie alle geldbasiert sind weil sie noch nicht anders können oder nie dahinter gekommen sind das ja alles schon immer ohne Geld gemacht
wurde. Das energetische wissenschaftliche entwickelt Einzelgruppen die nicht mehr
an die Sprecher in der Wissenschaft gebunden sind die das Interpretationsmonopol
haben wollen, was die Welt ist und wie sie aufgebaut wurde, das kapitalistisch materielle Züchtungsportal bröckelt. Es soll nicht mehr energetisch woanders geraubt
und zerstört werden wie im Irak oder anderswo, sonder man betreibt Energiefor-
schung im Bereich der Schwingungen so wic es Tesla ja schon verwirklicht hatte
aber durch einen der blödesten Banker der Erde J.P. Morgan platt gemacht wurde.
Und Tesla das war Kooperation mit der Natur. Und genau das ist es wenn das Geld
weg ist, cinc Kooperation mit der Natur.
Dadurch kann erst der Schutz alles Lebewesen gemacht werden. Mit Geld ist immer
eine Gruppe am kämpfen gegen diejenigen denen sie das Geld wegnehmen müssen
und wollen. Inklusive der Erde der sie ja alles wegnehmen wollen und wehnehmen.
Alles Lebendige wird ohne Geld geschützt mit Geld wird alles Lebendige aber
getötet und verunstalten und vergewaltigt. Ohne Geld wird Kooperation und Zusammenarbeit sein, mit Geld wird Verträge und Zwang sein und Verpflichtungen gegen
die Besitzenden des Geldes. Ohne Geld wird die Angst verschwinden mit Geld
wird Angst kontinuierlich weitergeleitet von den Habenden zu den Nichthabenden
in einem ewigen Kreislauf. Ohne Geld wird es keine Kriege mehr geben mit Geld
werden immer Kriege passieren bis die neue Weltordnung wie sie ja von vielen von
Kissinger, Rockefellers, Rothschilds und deren Vasallen und deren Dollarscheine

proklamiert wird und den Vasallen der heutigen überignoranten Politiker global. Ohne Geld braucht Putin seine Angst nicht mehr durch Raubzüge manifestieren. Mit Geld wird er weitermachen weil er eine Mangelerscheinung hat denn er ist ja selber so gezüchtet worden Mangel als Normalzustand haben zu müssen.

Der Schutz alles Lebewesen das passiert ohne Geld. Es werden keine Söhne und Töchter mehr in den Krieg gesendet werden unter dem Diktat von diese wenigen Berufspolitikern auch in der BRD, dem Land der verblödeten Bürger Koteletts für die Bankeliten und Politikeliten. Es werden keine Tiere mehr gegessen werden. Weil die Menschen sich zu Menschen weiterentwickeln und nicht zu Raubtieren. Denn Raubtiere sind ja jene die noch vom töten anderer Lebewesen leben und das braucht der Mensch ja nun wirklich nicht. Pflanzliche Ernährung wird verbessert werden und dadurch wird der Kontakt zu allem lebendigen wieder gesäubert und rein sein. Jetzt ist die Angst ja auch mit Milliarden auf dem Konto die Treibkraft möge man sich noch so viktoriös zeigen wie der senile ehemalige Deutsche Bank Scheff Ackermann und alle anderen Bankchefs global auch die Rothschild Ackermanns, sie sind alle angstbesessen. Aber da wo Angst ist, ist auch Gewalt und Krieg und Angst ist Unwissenheit und Unwissenheit ist Ignoranz und das bedeutet das Üble das Böse. Gewalt. Aber ohne Geld gibt es kein Mangel mehr und kein zu wenig weil die globale Menschheit kooperiert und zusammenarbeitet auf den jetzigen schon aufge-bauten Strukturen.

Montag, 13. April 2015 Geld gehört zu „ Herrschen durch Teilen". Besitz-Besitz-los, Haben-Nichthaben, Geld-Kein Geld,, und all den damit zusammenhängenden Konsequenzen. Gute Bildung – Schlechte Bildung.

Das Raubtier Mensch hat in seiner Geschichte seiner Evolution bis heute 2015 Minderwertige Menschen für sein System gezüchtet. Vom Kaiser zum Volk. Vom König zum Bürger. Vom Staat zum Staatsbürger. Von der Firma BRD zum Personal-Ausweis. Und alles um zu seiner Zeit seinen Machtbereich für immer aufrecht zu halten. So wie das diabolische listige indische Kastensystem. List selber ist ja eine Eigenschaft des Raubtieres und des Raubtiers Mensch.

Ressourcen werden an Privatunternehmen verkauft die dann vom Bürger dem blö-den dafür Geld verlangen. Obwohl das alles ursprünglich kein Geld gekostet hatte, Wasser, Land, Telefonfrequenzen, also Schwingungen, und so weiter und so weiter und so weiter.

Die Rockefeller- Rothschild-IG-Farben-Pharmaindustrie hat Nix mit Gesundheit zu tun und darf im staatlichen Gesundheitswesen nicht anwesend sein. Aber, sie haben das System selber für sich aufgebaut mit ihren politischen Vasallen.

Wenn jeder Unmengen Geld haben kann, sind die Banken ja Macht und idiotenlos. Und deshalb wird ab und an ein Finanzcrasch oder ein Zusammenbruch konstruiert, um dann die Unmengen Gelder die sich in der Bevölkerung befinden wider durch

Pleiten abzuschöpfen. Also das Banksystem ist ein Verbrechersystem. Banker Zentralbanker sind Verbrecher. Blutbadgesellschaft. Tiere ermorden. Menschen ermorden. Waffenarsenale und Waffen Zukunftsprojekte. Raubtiergesellschaften.
Die Kontrolle der Menschen durch gewisse diverse Gruppierungen- Verbände-Parteien-Organisationen-Religiöse Gruppen-Arbeitgeberverbände- Steuervereinigungen-Institute, insbesondere diejenigen die sich mit Wirtschaft und Politik befassen, oder Institute für Demokratie und Wirtschaft-oder andere künstlich gezüchtete Organisationen, Institute, die sich national oder Global oder international nennen-das meiste davon ist von den 174 Bankern und deren Unterorganisationen aufgebaut worden, als Schein Scheinorganisationen, um Menschen in Gruppen zusammen zu schließen und so sie zu kontrollieren und so Einfluss auszuüben-politische Parteien gehören auch dazu, ganz typisch die FDP oder auch die CDU, typische Parteien die von den Besitzenden gegründet und unterstützt werden, ja das System heute ist eine Infiltration von Überwachung über den Weg der angeblichen Freiheit und der angeblichen Demokratie und Rechtsstaatlichkeit-aber Rechtstaatlichkeit ist immer das Recht der Besitzenden der Habenden also der Raubtiere im Geiste und Körper. Überall wird Land auf der Erde von Kapitalgesellschaften aufgekauft in Afrika Südamerika Asien auch Deutschland, Europa, und die westlichen Länder sind ja sowieso Firmen also Profitorientierte Unternehmen und die verkaufen alles was zu Geld zu machen ist, deswegen doch der Ausverkauf der gemeinschaftlichen Güterflächen Firmen und Eigentümereien. Weil die Politiker doch reine bankmanager geworden sind und auch sein sollen. Die sind doch so von den Bankstern in den USA und England gezüchtet worden, wohl auch ohne es wirklich zu wissen was sie da machen und was das bedeutet. Ich weise hier nochmal an die Kausalität von Ursache Wirkung hin-das geht nicht bloß im grobstofflichen mit der Materie so nein, es geht auch im psychologisch geistigen Mentalen so. Denn wenn du dich innerlich auf etwas eingelassen hast also BRD eine Firma , sind automatisch alles spirituellen geistigen Abläufe die du nicht sehen kannst in den Befürwortern dieses System BRD eine Firma genau in diese Richtung aktiv ,nämlich profitorientiertes Leben, Geld machen , egal wie und dazu gehört auch die Privatisierung des Gemeinschaftsguts. Deutschland will 200 Seen verkaufen. Aber wer ist hier Deutschland, doch wohl nicht diese wenigen bekloppten dummen blöden öden Politiker, die sind nicht Deutschland, oder Fronkreich oder England oder USA oder Holland oder Belgien oder Spanien oder Griechenland oder Polen oder Litauen oder Lettland oder Italien. Nein. Politiker sind in Wahrheit Vasallen der BanksterGangster die sind total benebelt und hörig im Glaube an das falsche die Unwahrheit das unnatürliche. Die würden alles verkaufen inklusive jeden Menschen und haben es ja schon wie in den USA mit ihrer Geburtsurkunde oder in der BRD mit ihrem Personal-Ausweis. Und alles gehört den wenigen Superreichen BankerFamilien den Rothschildhorden und den dummen. Denn das sind sie geblieben dumm. So eine Totalverblödung sind

Menschen heute 2015.

Und was wird man wenn Bankster regieren. Was wird man wenn Politiker Firmenchefs sind. Aber was wird man wenn Liebende da sind.

Van Helsings Bücher die damals verboten waren im deutschsprachigen Raum, die sind heute weiterhin akut aber auch einiges ist blöde .Aber Kontrolle der Medien-Kontrolle der Nahrung-Kontrolle der Bildung- Kontrolle des Geldes-Kontrolle der Politik-all das hat sich bewahrheitet. Und ist sogar verstärkt zum Vorschein gekommen. Der Mensch wird ausspioniert vom Staat der sich Staat nennt aber in Wahrheit eine Firma ist. Also eine Konkurrenz zu anderen Firmen ist. Also das dumme blöde

.

GVG- gentechnisch versauerte Organismen. Saatgut Kontrolle- Bauern dürfen kein Saatgut weiter verbreiten- und das über den Betrug der staatlichen Gesetze und Ämter-die selber ja Firmen sind und dem Recht des stärkeren hörig sind, den Saatgutfirmen und deren Lobbyarbeiten.

Das ist die Demokratie der Besitzenden eben- schleichende Tötung und Totalverblödung der Masse Mensch-Volk-Bürger.

Angst-Mangel-Zwang-Geldbesitzer.

Die menschliche Entwicklung (Geschichte) ist bis jetzt eine kontinuierliche Vergewaltigung der Besitzenden (Stärkeren-Raubmenschen) gegen den Rest der Menschheit. Das hat wohl evolutionären Sinn wird aber irgendwann sinnlos und zur Monstervergewaltigung allen lebendigen. Es müssen die Raubtiere-besitzenden-abdanken und der Mensch muss zum Vorschein kommen.

Ob es die Klanscheffs waren die Priester die Könige-Kardinäle-oder das Marktrecht-Stadtrecht-oder sonst welche Rechte, das Raubtier anderen gab-alles ist ein Betrug und Ausbeutung und Bevormundung.

Die Primitivität der Job-Center. Da alleine in dieser Selbstbezeichnung sieht man schon die Verwahrlosung dieser Politiker die bloße dumpfe Geldmanager sind-ein Job-etwas flüchtiges minderwertiges etwas das zur Massenabfertigung geeignet ist am Fließband-das soll dann Qualität sein-das soll dann das gute sein-nein das ist die Selbstverblödung der Denker und Sprecher dieser Bezeichnungserfinder dieser Beamtenidioten global.

Politiker sind bloß Zwischenhändler-die euer Geld ausgeben und euch damit verblöden und sogar unterdrücken, mit eurem Geld. Und der Staat ist ein Kunstprodukt -Synthetik, der bloß abzockt-nix tut und sich darstellt. Als ob sie das gemacht hätten, die Politiker. Dabei bekommt die Politik aber auch alles von den Menschen. Politiker quasseln nur.

Schottische Landinitiative. Wem gehört das Land.

Was alles gemacht werden kann, wenn kein Geld euch total verblödet.

Totalverblödung der Jesuslehre oder Buddha lehre. Man sieht ja heute die Resultate - Vatikan oder Islam. Das hat alles Nix mit Jesus- Buddha-Mohammed-lehre zu tun.

Es ist genau das Gegenteil davon.

Denn wenn du weißt-wer-was-du wirklich bist, dann gäbe es keinen Vatikan - London Bank -Wallstreet - Chinas Milliardär KP - oder Troikafaschisssmuuus-weder noch Demokratiewahn oder Parteiignoranz usw. „Erst wenn die Unwissenheit aufhört, hört auch die Existenz des Böse auf." Oder „Alle Menschen werden als Genies geboren doch die meisten sterben als Idioten" Als Bürger oder Linke, oder Demokraten oder Christen oder Professoren oder Wissenschaftler, oder Ärzte, oder Kanzler oder Präsidenten oder Künstler oder Handwerker oder Rennfahrer oder Beamte oder Arbeitslose und so weiter.

Mit euren Steuergelder mit denen ihr gesteuert werdet werden monströse Kardinalsgehälter gezahlt monströse Bischofsgehälter gezahlt in beiden sogenannten Religionen Katholiken oder evangelisch. Die industriellen haben sich diesen Staat als Firma aufgebaut das ist Kapitalismus Muus-nein das sind bloß diese Art von Menschen mehr ist das noch nicht. Im Film Jupiter Ascending wird schön beschrieben wie eine andere planetarische Rasse in Zyklen auf die Erde kommt um zu ernten und zwar Menschen-damit diese andere planetarische Rasse von den Lebensessenzen der Menschen ihr Leben auf ewig verlängern können. Genau so ist es mit den 1% heute die alles abgesahnt haben, und die 99% ihr Leben geben müssen damit diese wenigen in Saus und Braus und Blödsinn leben können. Oder nennt ihr etwa dieses demokratische Leben das sich ausschließlich um die Ziele der besitzenden Banker und Industriellen dreht Leben, wenn ihr euch bloß für diese Systeme von denen entscheiden könnt, da sie ja auch das Geld kontrollieren.

Die moslemischen Mittelalter Kriege die sie nun führen da sie ja erst im 14ten Jahrhundert oder 15zehnten Jahrhundert sind, sind dem ähnlich was die Religionskriege in Europa waren Katholiken gegen Protestanten, und bei den Moslems sind es die Wahhabiten gegen die Sunniten, bloß mit dem Unterschied das wir heute vernetzt sind und die Menschheit mitbekommt was da überall zumindest oberflächlich los ist. Die Dummheit der Wahhabiten oder Sunniten ist die gleiche wie die der Religionskriege Katholiken gegen Protestanten.

Alle Inhaltstoffe von Impfungen müssen über die Politiker veröffentlicht werden Masern oder sonst was damit die Bevölkerung aufgeklärt und abgeklärt wird, und die Vergiftungen der Pharmalobby gezeigt werden.

Was würde alles wegfallen ohne Geld-alles beschämende-Politik als Waffenhändler -Ohblahbalhbama - Putin - König Feisaaaal - Kameron-alles falsche Pharmagifte-alles falsche konventionelle Landwirtschaft-Steuerbetrug-Lüge-Betrügen-Morden-wegen Geld. Arbeitsstress-Lohndruck-verlogene Versicherungsstrategien der Deutschen BankAllianz mit Riesterrente Produkten-Arbeiten wegen Geld-Steuern-Steuerämter-und die dunkle Seite der Finanzsysteme und Steuerbeamten-die Geldgier bei den Steuereintreibern-Finanzminister weg-Giftindustrie weg- Atom-Kohleweg-alle alternativen sauberen Industrien könnten blühen und neue bessere noch unbekannte.

Alles totalverblödende an Propaganda der Banker Lobbyismus-Börsen-Politik Medien an Megaarmseligkeit- wo behauptet wird ohne Kredite funktioniert die Wirtschaft nicht und das tagtäglich kurz vor den Nachrichten die blöden ignoranten Börsenberichte total amerikanisiert weil die BRD ja ein Kopie der USA sein soll.

diese blöden Börsenberichte wo behauptet wird das ohne Geld ohne Kreditvergabe funktioniert die Wirtschaft nicht und das System der Staat fällt zusammen. Aber das ist die Lüge und die Lüge wurde von Jesus als der Satan bezeichnet. Das ist also der Satan der das tagtäglich predigt

Alles was an Gutem –Qualität nicht gemacht wird weil gepredigt wird es ist kein Geld dafür vorhanden- und dann geht das dann nicht. Doch wie ich schon mehrmals erwähnt habe und nochmals zur Erinnerung: **Hier ist nochmal ein Wachmacher**

Ich gebe euch alles Gold der Erde alles Geld der Erde alle Diamanten und dann sage ich zum Geld zum Gold: Reinige den Fußboden in den 20 Villen der Superreichen. Koche die Suppe. Erfinde Wohltaten für die Menschheit. Baue Hochhäuser. Putze die Schuhe. Baue die Straße. Fahre das Auto. Erdenke neue Technologien. Repariere die Straßen. Erneuere Kleidung. Und so weiter bis zum Ende aller Wörter und Gedanken und Fantasien. Da wirst du sehen das Geld aber überhaupt für Garnichts benötigt wird. Das Gold Garnichts kann. Die Diamanten überhaupt bloß da liegen. Und das alles gemacht wird ausschließlich vom Menschen und zwar ohne Geld. Das war schon immer so und wird auch für immer so bleiben. Denn für Innovation und Kultur und Wirtschaft und Bildung ist aber überhaupt niemals Geld benötigt worden. Es ist eine Fiktion erdacht von den 666 dem Tiermensch in seiner abgrundtiefen Ignoranz und Unwissenheit denn das Tier weiß ja überhaupt gar nicht was und wer es ist. Es ist unwissend und aus dieser Unwissenheit hat ES das Geldsystem aufgebaut. Das die übergierigen ja erkannt haben das man Geld kontrollieren kann und ansammeln kann da ja alle daran glauben und sich aber auch total unbewusst sind das alles immer bloß der Mensch macht und zwar ohne Geld auf ewig immer ohne Geld. Und das aller bloß rudimentäre Gesellschaftsstrukturen der noch abgrundtief primitiven Menschen sind. Also alles wird und wurde schon immer ohne Geld gemacht. Es ist Lüge Glaube Religion das Geld für irgendetwas gebraucht wird weil Geld gar nichts kann. Das müsst ihr bis heute doch wohl durchschaut haben. Und eure eigene Selbstversklavung ablegen. Wie lange wollt ihr noch Sklaven eurer eigen Ängste Ignoranz und Dunkelheit sein. Denn das System Geld ist die Angst weil es ja von ängstlichen aufgebaut wurde. So kommen diese Ängste nun zum Vorschein und zeigen wie falsch das alles ist. Dass System Geld ist pure Existenzangst also Totalverblödung und daran glauben die 666 die Tiermenschen noch. So primitiv sind die Systeme an die ihr glauben sollt.

Es ist eure Entscheidung. Nach wie vor sage ich übernehmt das System selber und entfernt die Lügen aus dem System .Entlasst die Bankermanager die Religionsmanager im Vatikan oder Protestanten entlasst die Politiker die rückgratlosen ignoranten entlasst die Firmenbesitzer denn ihr alleine habt das aufgebaut es ist mittlerweile mehr als euer Eigentum aber lasst die Finger von Eigentum und Besitz denn etwas zu besitzen ist abgrundtief Dunkelheit und Bindung an diese Erde und das ist schwere und Tod. Übernehmt die globale Struktur und dann entfernt das Geld. Und dann wird automatisch ein Gleichgewicht entstehen weil auch jeder sofort Arbeit hat da die Nachfrage groß sein wird aber alles schädliche sofort nicht mehr unterstützt werden braucht und das saubere nicht das falsche arbeitsmäßig oder schöner kreativmäßig unterstützt werden wird. Macht das alles ohne Blutvergießen. Macht das alles ohne Blutvergießen. Macht das alles ohne Blutvergießen.

Die DemokratieLüge weg.

Die China K-Parteilüge weg.

Die Parteienlüge weg.

Ohne Geld kein Krieg, Kriege Waffen. Parteien auflösen. Religionen auflösen. Religio soll so ungefähr verbinden bedeuten, aber das ist betrug lüge, falsch, alles ist und war schon immer verbunden und wird es auch bleiben. Genauso wir das Geld noch nie irgendetwas gemacht hat und die Behauptung ohne Geld geht Nix falsch ist Betrug ist, genau so ist es das Religionen verbinden, es ist genau das Gegenteil Religionen zerteilen. Bloß Menschen bleiben übrig und keine Christen Moslems Buddhisten Protestanten oder Wahhabiten und Sunniten, es bleiben ausschließlich Menschen übrig. Alles andere ist Betrug Augenwischerei und abzocken Kontrolliren und Abzockereien finanzielle wirtschaftliche spirituelle und geistige Abzockereien. Nur die Liebe bleibt übrig alles was nicht Liebe ist wird platt gemacht und zerstört sich selber. Egal in welchem Land egal in welcher Bevölkerung egal auf welchem Kontinent.

Religionen sind nicht nur falsch in der Behauptung zu verbinden sondern auch falsch in der Entwicklung des Glaubens da die Menschen immer intelligenter werden und immer spiritueller werden. Wenn ich alleine meine Situation betrachte als ich damals in Berlin lebte da gab es 1975-76 kaum Literatur im Bereich Meditation und dann in München ab 1983 bis 1993 da war im Hugendubelgeschäft schon das Regal mit mehreren hundert Büchern voll und heute in den Bücherläden da wimmelt es von meditativer spirituelle Literatur. Alleine schon daran kann gesehen werden das sich die Menschen wegentwickelt haben vom Dogma also Hunde - Mutter Dog - Ma also Hund-Mama-Denken entfernen und sich befreien. Aber diese Jahrhundert alten Abzockverträge müssen verbrannt werden diese abzocken dieser Religionsmanager global. Da sind die Mullahs im Iran oder anderen Mullahländern nicht anders als die Abzockgemeinschaften anderer Religionen die alle um Weltherrschaft sich auf die Totalverblödung eingelassen haben und daran zugrunde gehen werden auch der Erdogan oder die Sultane das hat alles keine Liebespotenzial und wird sich selbst zerstören. Nur die Wahrheit macht frei und zwar für die liebe. die durch die Unwahrheit des System Aufbauer unterdrückt wird.

Verachtung der Menschen durch die ficktive Ficktion der Menschen durch die Geldhierarchie. Die die gesamte Menschheit infiltriert und vergiftet. Das Leistungsprinzip als ob es so ein Prinzip überhaupt natürlich gäbe. Das Leistungsprinzip ist nichts anderes als die Duftspur eines Raubmenschen der sich Geld Macht Land angeeignet hat und zwar unter enormer Leistung und der das nun als Leistungsprinzip allen anderen als Ziel und Wert aufschwätzen will und die Menschen glauben solchen Blödsinn sogar und halten daran fest indem sie das nachäffen nachmachen und nachschwätzen. Sie sagen sie wollen für ihre Leistung belohnt werden und der Konkurrenzkampf ist groß schwer mühsam. Ja aber bloß weil sie blöde Gläubige geworden sind dumme ignorante Halbaffen geblieben sind. Und diese Herabsetzung dieser Vergiftung der Bevölkerungen von den Bankern zu den Politikern zum Volk. Eine Herabsetzung im Denken und Geist durch das falsche die Lüge Geld. Und die Menschen wären Nix wenn sie kein Geld Reichtum Besitz haben. Und nun das auch anstreben sollen. Aber das geht schon längst nicht mehr. Da ja alles im Besitz der Besitzenden ist. Selbst das Land die BRD ist ein Besitz und gehört niemals der Bevölkerung. Geht mal auf die Staatsforste und öffentlichen Besitztümer und baut da euer Zelt auf oder sonst was selbst der Reisepass gehört nicht euch . Hier die Unterscheidung zwischen Besitz und Eigentum

Das bedeutet, dass er der Bundesrepublik Deutschland gehört. Du bist nur der Besitzer. Hier die Unterscheidung zwischen Besitz und Eigentum: Besitz: Ist die tatsächliche Herrschaft über eine Sache. Eigentum: Ist die rechtliche Herrschaft über eine Sache. (man denke an Rechtstatt und derlei Juristenrhetorik oder Sophistenbetrügereien) http://www.lexikon48.de/6/3/wirtschaftslehre/besitz-und-eigentum. html) .Selbst in der Fußgängerzone seid ihr bloß geduldet habt ihr Duldungsrecht so abgefuckt ist diese sogenannte Demokratie, weil das alles bloß Fiktionen sind Ideen, aber Menschen sind zur Zeit noch ganz anders eben dumm. Ignorant.

Mehrheit vermisst in Deutschland echte Demokratie

Eine neue Studie zeigt: Linksextremes Gedankengut ist unter den Deutschen weit verbreitet. Viele sind unzufrieden mit der Demokratie, 20 Prozent wünschen sich sogar eine Revolution. Aber ich wünsche mir keine Revolution. Und ich bin auch kein politischer Mensch der sich als Links Rechts Demokrat oder sonst was bezeichne würde. Ich bin auch nicht für Sozialismus oder Kommunismus oder Kapitalismus oder sonst welche intellektuellen Bezeichnungen. Denn all das hat es noch nie gegeben und es gibt auch keine Demokratie oder Religion oder Christen oder Linke oder Rechte oder Grüne oder Rote oder all diese selbstverblödenden Etikette und selbstverblödenden Bezeichnungen. Das ist alles der dumme rationale zerteilende Verstand der jetzigen ignoranten Menschen.

Wer heute noch an Demokratie „glaubt" und nicht an Menschen der ist in seiner ent-wicklung noch zu sehr ver-wickelt und in Glaubenssysteme eingelullt. Eine

Demokratie ist ein System das immer im Endstadion einer Gesellschaft erscheint
die schon alles andere besitzt wie Land, Geld, Industrie Armee, und die aber die
restliche Bevölkerung die nun als Arbeitssklave für diese Systeme oder Besitzer
noch da sind, eingebaut werden müssen ohne das es zu Revolutionen, Mord , Totschlag Zerstörung des Besitzes und Reichtums der Besitzenden kommt. Wer noch
glaubt denkt eine Demokratie heute ist keine echte Demokratie, der glaubt an Ideen
und Fiktionen die es noch nie gab und auch nie geben wird. Aber es wird immer
Menschen geben. Und zwar ohne Beschriftungen und Bezeichnungen und Etikette.
Ohne Einordnungen und damit Kontrollen. Es ist ja richtig das in einer Demokratie
die BanksterGangster und die dazugehörige Wirtschaft das sagen haben und die
Demokratie mit seinen Politiker bloß ein Etikettenschwindel wird der immer min-
derwertiger und schwächer wird. Das stimmt ja alles und ist sichtbar. Weil diese
Parteien und diese Menschen zurzeit einfach in ihrer inneren Entwicklung bloß dort
angekommen sind. Sie sind noch so dumm an Geld und Banken und deren Ziele zu
glaube und müssen deswegen diesen Mist erleben. Das ist die Wirkung der Ursache dieser menschlichen Zielsetzungen. Eine Revolution von diesen Menschen so
wie sie jetzt sind, würde auf keinen Fall zum Guten führen zur Liebe sondern zur
Ignoranz ganz einfach weil diejenigen die zerstören wollen, zu dumm sind. Und es
würde Dummheit herrschen. Nun herrscht zwar auch Dummheit aber zumindest
ohne allzu viel Zerstörung obwohl die Vergiftung durch Verbrecherindustrien wie
Pharma und Chemie und Waffen und Geldindustrien die Menschheit ganz schön
verblöden und vergiften.
Die soziale Gleichheit und Freiheit des Menschen ist schon wichtig aber diese Begriffe sind Begriffe aus der Dinozeit und sind für heutige Verhältnisse unbrauchbar.
Wir Menschen wir sind dabei Roboter zu bauen die weitere arbeiten vom Menschen
abnehmen auch das Toilettenreinigen und alles was Menschen nicht mehr machen
wollen. Oder   Transhumanismus (zusammengesetzt aus lat. trans ‚jenseits, über,
hinaus‘ und humanus ‚menschlich‘) ist eine philosophische Denkrichtung, die die
Grenzen menschlicher Möglichkeiten durch den Einsatz technologischer Verfahren
erweitern will. Die Interessen und Werte der Menschheit werden als „Verpflichtung
zum Fortschritt“ angesehen.
Die Vertreter des Transhumanismus finden sich vor allem im angelsächsischen
Raum. Es handelt sich dabei um eine lose und heterogene Verbindung von Vertretern unterschiedlicher soziokultureller Hintergründe und unterschiedlicher Disziplinen.
„Transhumanismus ist eine Kategorie von Anschauungen, die uns in Richtung
eines posthumanen Zustands führen. Transhumanismus teilt viele Aspekte mit dem
Humanismus, einschließlich eines Respekts vor Vernunft und Wissenschaft, einer
Verpflichtung zum Fortschritt und der Anerkennung des Wertes des menschlichen
(oder transhumanen) Bestehens in diesem Leben. [...] Transhumanismus unterschei-

det sich vom Humanismus im Erkennen und Antizipieren der radikalen Änderungen in Natur und Möglichkeiten unseres Lebens durch verschiedenste wissenschaftliche und technologische Disziplinen [...].“ Und das wird kommen und ist schon hier und wird monströs von der Industrie und den BanksterGangster finanziert.

Die Freiheit des Menschen kann erst verwirklicht werden wen es kein Geld mehr gibt und es auch bedeutungslos geworden ist nach Geld zu streben nach Reichtum oder Anerkennung damit. Das muss erst überwunden werden. Aber friedlich auch wegen der Ursache Wirkung Konsequenzen. Der Mensch ist enorm, enorm mehr als bloß ein reicher Banker oder Landbesitzer oder Titelträger. All das muss evolutionär weggelebt werden.

Das ganze menschliche Leben-Geschäft das wegen der Lüge Geld aufgebaut wurde fällt weg, wenn Geld weg ist. Der ganze Zerteilungsprozess der dadurch seit Anbeginn der Menschheit bis jetzt weitergeführt wurde durch die Kriege und Andersartigkeiten und Besitzgier und Kriegsgier und Hunnenorgien und Kaiserorgien und Stalinorgien oder Tamerlainorgien oder Hitlerorgien oder Guantanamoorgie der Bösartigkeit Mensch also der Unwissenheit Mensch also der Dummheit Mensch, das würde alles wegfallen. Und wenn Menschen wie es in den Studien einiger Profs zeigen dazu neigen sogar: Zitat Anfang „Gegen Staat und Kapital – für die Revolution!“ So heißt eine empirische Studie zum Linksextremismus, die ein Forscherteam der Freien Universität Berlin unter Leitung von Professor Klaus Schroeder am Montag vorstellt. Dabei handelt es sich um ein vom Bundesministerium für Familie, Senioren, Frauen und Jugend gefördertes Projekt im Rahmen der „Initiative Demokratie stärken“, das über zweieinhalb Jahre lief. Auf 650 Seiten versuchen die Autoren, prägende „Gesellschafts- und Menschenbilder der linksextremen Szene“ herauszuarbeiten und zu untersuchen, wie hoch die Akzeptanz dieser Einstellungen im Rest der Bevölkerung ist.

Im Zentrum der umfangreichen Darstellung des Linksextremismus, zu der die kritische Durchsicht bisheriger Studien, Erörterungen zum Extremismusbegriff und qualitative Einzelinterviews mit früheren wie heutigen Aktivisten gehören, steht eine repräsentative Umfrage von Infratest Dimap unter 1362 Bürgern.

Zu den wichtigsten politischen Einstellungen (Items), die abgefragt wurden, zählen Antikapitalismus, Antifaschismus, Antirassismus, Demokratiefeindlichkeit und ein Weltbild, in dem der Kommunismus immer noch ein erstrebenswerter Idealzustand ist. Die Berliner Forscher legen im Übrigen Wert darauf, „strukturelle Gemeinsamkeiten von Rechts- und Linksextremismus“ zu analysieren, darunter vor allem einen doktrinären Fanatismus, der einen exklusiven Wahrheitsanspruch formuliert und zu Verschwörungstheorien neigt.

Aktuell äußert sich dieses Phänomen am Beispiel der Putin-Begeisterung, die von rechts bis links zu beobachten ist – von Marine Le Pens Front National bis zur deutschen Linkspartei, von der linken Autonomenszene bis zur Altherrenriege der AfD.

Das „linksextremistische Personenpotenzial" liegt laut der Studie bei 17 Prozent
der Bevölkerung (Westen: 14 Prozent, Osten: 28 Prozent). In dieser Gruppe ist
die Ablehnung der wirtschaftlichen wie politischen Ordnung der Bundesrepublik
besonders stark. Doch auch in der Gesamtbevölkerung finden sich viele Positionen,
die dieser prinzipiell negativen Einstellung ähneln. So äußern sich 42 Prozent der
Befragten insgesamt, im Osten sogar 54 Prozent, mehr oder weniger unzufrieden
mit der Demokratie in Deutschland.

Eine absolute Mehrheit ist der Meinung, dies sei keine „echte" Demokratie, weil der
Einfluss der Wirtschaft zu groß sei. Ein Drittel der Befragten glaubt, der Kapitalis-
mus führe zwangsläufig zu Armut, Hunger und Krieg. Jeder Fünfte sieht sogar die
Gefahr eines „neuen Faschismus" heraufziehen – nicht in Russland, sondern in der
Bundesrepublik! Rechtsextremisten – oder wen sie dafür halten – wollen daher 37
Prozent das Demonstrationsrecht verweigern.

Kein Wunder, dass auch jeder fünfte Deutsche für eine „Revolution" plädiert – im
Osten ist es beinahe jeder vierte Bürger. Eine Mehrheit im Osten (59 Prozent) hält
denn auch den Sozialismus beziehungsweise Kommunismus nach wie vor für eine
„gute Idee", die bislang nur schlecht verwirklicht wurde. Im Westen liegt der Anteil der Menschen, die dieser Auffassung folgen, immerhin noch bei einem guten
Drittel. Die geringste Revolutionsneigung herrscht im Übrigen bei Anhängern der
Union, interessanterweise gefolgt von den Sympathisanten der Grünen.

Zitat Ende.

Das ganze Dilemma Menschheit und Unzufriedenheit und Mangel und Armut und
Bildung und Zusammenarbeit das alles würde wegfallen wenn die Menschen ohne
Geld kooperieren und zusammenarbeiten. Und wie schon in meinem Büchern „ Meditative transformation der Industrie" beschrieben, sind die Menschen global schon
längst vereinigt und zwar durch ihre Kreativität und Arbeit.

Und die ganzen simulierten Staaten die Firmen sind und gewinnorientiert wirtschaften müssen weil sich die BanksterGangster damals in den USA das so ausgedacht
hatten, das würde alles wegfallen, denn Staaten sind heute bloße Bankfilialen zum
abzocken der BanksterGangster . Und auch der Fickt euch tief FickTief Staat würde
wegfallen, ohne Geld Gesellschaft.

Und auch der Hohn-Betrug-Benebelung von Kardinälen die dann sagen: Die katholische Kirche ist weltweit die höchste moralische Instanz, dieser Murks könnte auch
aufhören mit seiner Kriminalgeschichte des Christentums und seiner Päpste und
Weltmacht Herscherorgien die Wahrheit zu besitzen was keine Religion je auf der
Erde hatte und haben wird. Und das mit der höchsten Moral das ist zwar falsch aber
auch richtig. Richtig in dem Sinne der höchsten Lügenmoral. Nach Machiavelli und
Sung Tzu .Täuschen.

Die ganzen Kämpfe um Geld Macht der Fondbesitzer und ihren dubiosen Investitionen in Gift und Waffen und Unterdrückung und Ausbeutung könnte sofort aufhören.

Und die blöden Aktienbesitzer die an den Gewinnen kleben wie dumme Tiefschläfer auch diese Dummheit würde wegfallen und aus Raubtieren langsam Tiere und dann Menschen machen, und mehr. Und die ganzen Foltereien in den Gefängnissen in China Asien Südamerika USA oder Russland und auch Europa gegen Menschen die mundtot gemacht werden sollen, weil dumme Regierungen also Menschen verstrickt sind in Saurierglaubensstrukturen, wie in Saudi-Arabien, auch, oder Sudan, oder Weißrussland und anderen Saurierdenkmustern der Oberprimitiven, alles bloß weil sie die Macht haben wollen und haben die immer auf Besitz und Geld aufbaut, das alles könnte sofort enden und die Menschheit könnte zusammenarbeiten , denn es ist mehr als Überfluss auf der Erde und der verschwenderische Überfluss der gezielt sich bloß mit Schlechtprodukten beschäftigt wegen des Geldes und der gezüchteten Armutsgesellschaften das alles würde wegfallen.

Und dieser Murks den ich hier tagtäglich in den Zeitungen zu lesen bekomme in Bezug auf Geld und Bankenbetrügereien und anderen geldbezogenen Dummheiten und Armutszeugnisse der Menschen das alles könnte wegfallen und die Menschen könnte Frieden und Freiheit erahnen und anfangen zu leben weil kein anderer Feind auf der Erde mehr vorhanden ist der die Menschen bedroht.

Werden die Hochschulen zu Sklaven der Wirtschaft

Wem gehört die Welt Wer beherrscht die Weltwirtschaft

Welche Werkzeuge Geheimdiensten die Arbeit erschweren

Vier Irrtümer über die Pressefreiheit

USA :Zehntausende protestieren gegen Polizeigewalt

Umfrage :Fast jeder Zweite misstraut den Medien

Ukraine: Wettlauf um die ukrainische Schwarzerde

Ukraine: Waffenstillstand wird mit Bomben gesichert

TTIP Europa absurd

Ausländische Konzerne sollen im Rahmen von TTIP besondere Klagerechte erhalten – so will es die EU.

Technik und Menschlichkeit Gepflegt von einem Roboter

Unter den 80 bis 90 Banken der Gruppe 2 im Steuerstreit mit den USA hat die Tessiner Privatbank BSI eine Vorreiterrolle erhalten. Deren Busse von 211 Mio. $ bewegt sich eher am unteren Ende der Erwartungen,

Staat und Religion Schafft die Kirchensteuer ab

So schleust die EZB Milliarden ins Finanzsystem

Mit 1,1 Billionen Euro möchte die Europäische Zentralbank ab sofort die Märkte fluten. Der Großteil soll in Staatsanleihen investiert werden. Wozu soll das gut sein, wer profitiert?

Sexueller Kindesmissbrauch. Alle für das schwarze Schaf

„Die Kirche ist eine Mutter, und eine Mutter schlägt man nicht"

Seine Stimme abzugeben bedeutet sie zu verlieren

„Tretet einfach konsequent für die Wahrheit ein, lebt diese und gestaltet vor allem neue positive Dinge für alle Menschen.
Die Wahrheit kann für sich allein stehen, nur die Lüge muss dauernd wiederholt und beschützt werden."
www.die-neuzeit.org
PETER FITZEK

Schöpferische Zerstörung
Große, einflussreiche Konzerne, so lehrt es die Wirtschaftsgeschichte, werden schwerfällig und angreifbar. Kleine, erfinderische Unternehmen, teils aus anderen Branchen, übernehmen ihr Geschäft.
Russlands Alltag erscheint absurd und irreal
Mit Sieben-Meilen-Stiefeln entfernt sich Russland vom Westen. In der Öffentlichkeit wächst die Hysterie. Logik und Vernunft haben keine Chance mehr. Bericht aus einer immer verrückteren Wirklichkeit.
Rückschlag für Monsanto wegen Krebsgefahr
161 angewählte Konzern-Vorstands-Mitglieder beherrschen die Welt für ihren Meister und den Meister ihres Meisters
Reparationen Deutschlands für Zweiten Weltkrieg Summe der Schande
•	Die Bundesrepublik zahlte bislang 71 Milliarden Euro für von den Nazis begangenes Unrecht - pauschal an Staaten, aber auch an einzelne Opfer.
•	Die Griechen hatten gleich nach dem Krieg umgerechnet 14 Milliarden Euro gefordert - Deutschland zahlte nur 115 Millionen D-Mark Opferentschädigung.
•	Nirgendwo außerhalb Osteuropas war die deutsche Besatzung so brutal wie in Griechenland, wo damals Hunderttausende Einheimische ums Leben kamen.
Putins Krieg gegen die Information
Putin nennt Annexion Meilenstein der Geschichte
Wie Putin Russland an den Abgrund führt
Politik per Psychotrick
•	Wie können Bürger ohne Bevormundung dazu gebracht werden, vernünftig zu handeln? Die Bundesregierung sucht Hilfe bei Experten.
•	In Großbritannien gibt es bereits ein Team, das beim „Nudging", also beim „Anstupsen", Vorbildcharakter hat.
•	Die Industrie setzt in der Werbung schon lange auf Nudging.
Plagiat und Fälschung
Die Wissenschaft bekämpft den Betrug und fördert den Bluff
In der Forschung häufen sich Betrug und Fälschung. Die wissenschaftlichen Institutionen reagieren mit stärkeren Kontrollen und ethischen Richtlinien. Das ist gut und

recht, aber ein Problem stellt auch der Wissenschaftsbetrieb selbst dar.

Peinliche Korrekturen am TTIP Versprechen

Öffentliche Schulden steigen auf 2 Billionen Euro

Neue Militärdoktrin in Russland Ukraine und Nato eine Bedrohung

Mut ist schnell gesagt

Mohammed Karikaturen. Davutoglu will die Ehre des Propheten verteidigen

Menschen und Mächte: Doku über Die Tricks der PharmaIndustrie

Pharmaindustrie ist keine Gesundheit sondern Geld und Lügen und Mordindustrie

Machthungriger Erdogan errichtet Staat im Staate

Macht uns der Kapitalismus kaputt

• 	Deutliches Ergebnis bei der Abstimmung über das neue Recherche-Thema: Die SZ-Leser haben sich für die Frage „Macht uns der Kapitalismus kaputt?" entschieden.

Kommunismus und Faschismus gehören zu Deutschland

Kann sich der Kapitalismus also sicher fühlen Typisches Soziologen Gefasel Keineswegs. Denn die neoliberale Marktblödigkeit hat gewaltig an Boden verloren: Selbst im wohlständigen Deutschland ist die Skepsis gegenüber der verselbstständigten Finanzbranche, die Politik „alternativlos" erscheinen lässt, so groß wie lange nicht mehr. Bei vielen Arbeitnehmern und Angestellten, auch bei Selbstständigen und erst recht den prekär Beschäftigten ist der berechtigte Eindruck entstanden, dass der Kapitalismus, wie wir ihn kennen, nicht mehr liefert. Dass Märkte eingebettet und kontrolliert gehören. Dass die soziale Ungleichheit nicht weiterwachsen soll. Also: Es gäbe genug Angriffsfläche für Kritik, nicht an Märkten, aber an einem von Oligopolen und Oligarchien beherrschten Kapitalismus, der unser ganzes Leben bestimmt.

Kampf gegen Korruption Chinas Operation Himmelsnetz

Mehr als 100.000 chinesische Kader haben Pekings Jäger wegen des Verdachts auf Korruption und Geldwäsche verhaftet. Jetzt haben sie ein neues Ziel: flüchtige Chinesen in Amerika und Großbritannien.

Glaubwürdig zu sein bedeutet sehr gut betrogen gelogen geheuchelt zu haben

Geschichten aus der USFolterkammer

Die Saudis nähren den Dschihad

Geschichte der USA Unfassbares Grauen bei Amerikas „zweiter Sklaverei"

Weil sie an Haustüren weißer Frauen klopften oder nicht „Mister" sagten, wurden Schwarze bis in den Zweiten Weltkrieg hinein gefoltert und ermordet. Eine Studie zeigt das Ausmaß des Terrors.

Gegen die Idiotisierung des Abendlandes

Folterprogramm:Blair half Cameron vernebelt

London hat dafür gesorgt, dass die Kooperation britischer Agenten mit der CIA beim US-Folterprogramm im Senatsbericht nicht auftaucht. Doch die Indizien sind

eindeutig. von Imke Henkel, London
Folterpraktiken Die CIA hat unter Clinton viel Schlimmeres getan
Fluchen für den Frieden
Schimpfwörter, Flüche und Beleidigungen sind fester Bestandteil jeder Sprache
– und eine Grundvoraussetzung für das friedliche Zusammenleben.
Zu dieser Überzeugung jedenfalls kamen Sprachwissenschaftler und Psychologen
aus aller Welt, die dem Ursprung, der Bedeutung und der Wirkung von Schimpfwör-
tern in ihren Sprachen und Dialekten nachgingen.

Fluchen als Ventil

FBI Akte über Aaron Swartz veröffentlicht
Einen Monat nach dem Tod des Online-Aktivisten Aaron Swartz hat ein Blogger
dessen FBI-Akte angefordert und veröffentlicht. Das Dokument zeigt, warum und
mit welchen seltsamen Methoden die Bundesbehörde schon 2008 gegen Swartz
ermittelte - zwei Seiten fehlen allerdings.
Familienbande Blutrache
Anina kommt aus Albanien, Philipp aus Deutschland. »Du hast uns entehrt«, sagt
ihre Mutter. »Ich werde dich umbringen«, sagt ihr Bruder. Da beschließt Anina, ihre
Familie für immer zu verlassen
Ein Elite Basis Konflikt
„Citizen Science" nennt sich die Forschung „von unten", die Wissenschaft der Ama-
teure. Vom Sinn und Unsinn dieser sogenannten Bürgerwissenschaft.
Doch dieses Massaker hat mit dem Islam zu tun
Nach jeder Attacke von Islamisten heißt es, sie dürfe nicht in Verbindung gebracht
werden mit dem Islam, der eine Religion des Friedens sei. Dieses Beschwichtigen
muss endlich aufhören
Die Waffen der NSA sind nicht einzigartig
Die mutmaßliche NSA-Spionagesoftware, die Kaspersky-Sicherheitsexperten auf-
gespürt haben, ist unheimlich und raffiniert. Das Know-how dazu haben aber auch
andere. von Patrick Beuth
Die Vergehen pädophiler Priester auf 15 000 Seiten
Die katholische US-Kirche veröffentlicht zwölf Jahre nach dem Missbrauchsskan-
dal einen Bericht. Er zeigt, wie dramatisch die Vergehen in Chicago wirklich waren
– vieles bleibt trotz allem im Dunkeln.
Die Spur der Troika Wer kein Geld hat stirbt Macht ohne Kontrolle
Eine Dokumentation fragt, wie einige nicht gewählte Beamte den ärmeren EU-Staa-
ten ihr Regierungshandeln diktieren konnten.
Die Neue Weltordnung -Das Weltreich des Antichristen. Die Georgia Guidestones

Die Lächerlichkeitmachung als Methode hat immer funktioniert bis heute

Er verweist auf gesellschaftliche Normen, die es unmöglich machten, Dinge außerhalb eines klar definierten Rahmens zu äußern, ohne dafür an den Pranger gestellt zu werden. Dann erwähnt er den italienischen Astronomen und Vordenker Giordano Bruno, der bereits im 16. Jahrhundert bewohnte fremde Welten postulierte und dafür auf dem Scheiterhaufen verbrannt wurde – weil er den Konventionen seiner Epoche um Jahrhunderte voraus gewesen war denn „immer mehr Leute wollen Alternativen zu den heute als seriös geltenden Quellen hören".

Diese Alternativen lassen sich längst nicht mehr nur in den entsprechenden Büchern finden. Jeder, der will, bekommt sie quasi frei Haus geliefert, über das größte Verschwörungsvehikel aller Zeiten: das Internet.

Die Kritik am Bundestag ist schwer auszuhalten

In unserer angeblich so vorurteilsfreien Gesellschaft hält sich ein Vorurteil hartnäckig: das der korrupten Politiker. Ärgerlich ist dies. Schlimmer ist, wenn das ZDF dieses Vorurteil noch bedient.

Die Islamisten führen einen Weltkrieg

Die D B U N S Nummer Firma BRD

D&B D-U-N-S® Nummer beantragen

Hier können Sie Ihre D&B D-U-N-S® Nummer kostenfrei beantragen. Der Bearbeitungszeitraum zur D-U-N-S® Nummern Anlage beträgt innerhalb Deutschlands 5 Arbeitstage und außerhalb Deutschlands 30 Arbeitstage.

Der Plan der Eliten eindeutige Zitate

David Rockefeller, Sr., Gründer der Trilateralen Kommission:

"Über ein Jahrhundert lang haben ideologische Extremisten von beiden Seiten des politischen Spektrums gut publizierte Ereignisse wahrgenommen, die Rockefeller-Familie für den übermäßigen Einfluss anzugreifen, den wir ihrer Meinung nach auf amerikanische politische und wirtschaftliche Institutionen ausüben. Manche glauben gar, wir seien Teil einer geheimen Kabale, die entgegen den besten Interessen der USA arbeitet, charakterisieren mich und meine Familie als "Internationalisten" und Verschwörer, die gemeinsam mit anderen weltweit eine integriertere globale politische und wirtschaftliche Struktur schaffen – eine Welt, wenn Sie so wollen. Wenn das die Anklage ist, dann bin ich schuldig, und ich bin stolz darauf."

„Wir sind der Washington Post, der New York Times, dem Time Magazine und anderen großen Publikationen dankbar, deren Chefredakteure an unseren Treffen in der Vergangenheit teilnahmen und die Zusage der Vertraulichkeit fast 40 Jahre lang respektierten. Es wäre unmöglich für uns gewesen, unsere Pläne für die Welt zu entwickeln, wenn wir all die Jahre im Rampenlicht der Öffentlichkeit gestanden hätten. Nun ist unsere Arbeit jedoch soweit durchdacht und bereit in einer Weltregierung zu münden. Die supranationale Souveränität von Welt-Bankern und einer intellektuellen Elite ist sicher der nationalen Selbstbestimmung, welche in den letzten Jahrhunderten praktiziert wurde, vorzuziehen."

"Wir stehen am Rande einer weltweiten Umbildung, alles was wir brauchen, ist die richtige allumfassende Krise und die Nationen werden in die neue Weltordnung einwilligen." (Juni 1991)

Der Arbeitsverweigerer Kapitalismuskritik

„Arbeit ist scheiße": Mit diesem Slogan wollte Peter Seyferth politische Karriere machen. Heute ist er freiberuflicher Philosoph und verweigert noch immer die Arbeit. Zumindest im Kopf.

Demokratie am Arbeitsplatz Wir sind die Firma

• Es gibt sie, mutige Unternehmen, die dem alten, autoritären Führungsstil abschwören und ihre Mitarbeiter über Gehalt und neue Kollegen bestimmen lassen.

• Gerade auf junge Talente wirkt das Modell anziehend.

• Kritiker bemerken aber, dass die vermeintliche Selbstbestimmung den gesetzlichen Schutz des Arbeitnehmers ausheble.

Das Jahr der großen Wut

Pegida, Hogesa, AfD und Montagsmahnwachen

Das Ende des weißen Amerikas

Chinas neue Entwicklungsbank spaltet den Westen

 Roten Kapitalismus und chinesische Online-Phänomene

Blackstone und Jacob Rothschild Nutznießer des Verschwindens des Malaysia Airlines Fluges

Blackstone Chef winkt ein Milliarden Jahresgehalt

Amerikanische Gesundheitsbehörden unterdrücken Beweise zur Schädlichkeit von Impfungen

Wir leben in spannenden Zeiten, in denen Stück um Stück die sogenannten „Verschwörungstheorien" auf allen Gebieten mehr und mehr als „Verschwörungsrealitäten" entlarvt werden. Besonders lukrativ sind die zahlreichen Verschwörungsrealitäten im Bereich der Medizin, denn es geht dabei immer um sehr viel Geld. Das gilt insbesondere für den Bereich der sogenannten „Schutzimpfungen" über die im nachfolgenden berichtet werden soll:

Seit Jahren wurde von Impfgegnern vorgetragen, dass Impfungen, welche fast immer Quecksilber enthalten, das Zentralnervensystems massiv schädigen, was von den Impfbefürwortern, gestützt durch die Behörden, stets als Verschwörungstheorie zurückgewiesen wurde.

Alle Gesunden zu Kranken machen

So unglaublich diese Aussage eines angesehenen Medizinprofessors auch klingt, so ernst ist sie gemeint. Solange sie auch schon zurückliegt, so oft sie auch schon im

Internet zitiert wurde, hier dennoch nochmal, um nur ja niemanden vergessen zu lassen wie groß der, um diese Brüder zu schlagende Bogen sein sollte:
Politik als Firma und Bank Es gibt keine Freunde Banken haben große Macht. Größere Macht als die Politik?
Weltweit größten medizinischen Datenbank MEDLINE Verknüpfungen verschiedener variablen in MEDLINE zu allen wesentlichen Gesundheitsthemen den neuesten Stand der Wissenschaft abfragen. Wenn man sich die Mühe macht, sich in diese Datenbank einzuarbeiten, dann wird man mit Entsetzen gewahr, wie extrem wir von den etablierten Medien von den „wahren Weltgeschichten" (Novalis) abgeschirmt werden. Im Grunde genommen dienen diese ganzen Mainstream-Medien nur der Desinformation. So wird aus den in MEDLINE verfügbaren Studien glasklar, wie man Parkinson, Alzheimer, Krebs Diabetes Typ 1 und andere angeblich unheilbare Krankheiten elegant zur Ausheilung bringen und darüber hinaus einen Lebensstil entwickeln kann, der „Krankheit" von vorneherein gar nicht erst entstehen lässt
Die Fünf wichtigsten Gründe gegen TTIP

Transatlantische Handels- und Investitionspartnerschaft (englisch Transatlantic Trade and Investment Partnership - TTIP)
1 .TTIP wird im Geheimen verhandelt. Wir Bürgerinnen und Bürger, unsere Abgeordneten und die Presse können deshalb während der Verhandlungen keinen Einfluss nehmen. Nach den Verhandlungen lässt sich das Ergebnis aber nicht mehr verändern.
2. TTIP untergräbt die Demokratie. Immer mehr Entscheidungen werden vor intransparenten privaten Schiedsgerichten oder internationalen Expertengremien getroffen statt von gewählten Abgeordneten in öffentlichen Debatten.
3. TTIP gefährdet Umwelt- und Verbraucherschutz. Ein Verbot von Gentechnik, giftigen Chemikalien, hochriskanten Finanzspekulationen oder Hormonfleisch: Für international agierende Konzerne sind das Handelshemmnisse, die abgeschafft werden sollen.
4. TTIP stoppt ökologischen und sozialen Fortschritt. Wir wollen Fracking verbieten, eine giftfreie Landwirtschaft, aus Atomkraft und Kohle aussteigen und öffentliche Dienstleistungen ausweiten.
TTIP kann solche Erfolge verhindern.
5. TTIP macht die Reichen reicher und die Armen armer. Wirtschaftliche Gewinner sind international agierende Konzerne wie Banken und die Großindustrie. Verlieren werden Menschen in Entwicklungsländern sowie Arbeiterinnen, deren Löhne unter Druck geraten.
Zwangssterilisierungen in Peru. Nie mehr Mutter sein
Wissenschaftler kritisieren DemokratieDefizite in der EU
Wie steht es um die Demokratie in der Europa? Nach den Ergebnissen einer Studie kommen zahlreiche EU-Länder nicht gut weg.

Wir müssen den Kapitalismus wieder lieben lernen

Wir gründen den Staat Deutschland neu
Seminar am 16. und 17. Juni 2012 in Wittenberg
Peter Fitzek aus Lutherstadt Wittenberg macht von sich reden. Nach der Gründung
einer Gesundheitskasse und einer Rentenkasse sowie der Herausgabe des Regional-
geldes »Engel« holt er nun zum nächsten Schlag aus: Der Gründung eines eigenen
Staates in Deutschland. Eigene Auto-Nummernschilder haben sie schon. Land gibt
es auch. Die Bewegung wächst, der Schriftwechsel mit den BRD-Behörden ebenso.
50 feste Mitarbeiter hat das Projekt mittlerweile. Es wurden riesige Fabrikhallen
gekauft, die nun für Großveranstaltungen umgebaut werden. Aktuell steht der Kauf
eines Krankenhauskomplexes in Wittenberg auf dem Plan. Die Gründung eines
Staates fußt hier auf der genauestens durchleuchteten Rechtslage und soll einen
alternativen Weg der Gemeinschaft aufzeigen.
Aus der Seminarankündigung: »Viele neue Dinge haben sich bei uns wie durch
Zauberhand ergeben. Sie eröffnen uns grandiose Möglichkeiten, Wege in die Freiheit. Diese Möglichkeiten zu vermitteln und gemeinsam den Weg zu bereiten, ist
Ziel des Seminars. Zu Beginn haben wir vor, Ihnen all unsere Möglichkeiten zum
Greifen nah zu präsentieren. So werden auch Sie mit eigenen Augen sehen, wie
es uns gemeinsam wirklich möglich wird, einen echten freien deutschen Staat zu
gründen. Einen Staat, wie wir ihn uns alle wünschen. Ohne dass Sie daran teilhaben
und Mitverantwortung übernehmen, lässt sich dieser Traum jedoch nicht für ganz
Deutschland verwirklichen. Wir sollten lernen unsere Kräfte zu bündeln. An den
beiden Tagen wollen wir Ihnen aufzeigen, wie genau der Weg gegangen wird und
was jeder Einzelne dafür tun kann. Je mehr Menschen daran zielgerichtet mitarbei-
ten, desto schneller erreichen wir einen schuldenfreien Staat, der ohne ein Steuersystem auskommt.
Schaffen wir einen Staat, der den Menschen wieder Glück, Freiheit, echte Bildung
und all die Dinge ermöglicht, die wir uns alle so sehnlichst wünschen. Nur durch
eigenverantwortliches Handeln werden wir das große Ziel erreichen. Die Zeit dafür
ist gekommen. «
Quelle: www.neudeutschland.org

Wir brauchen kein Weltfinanzamt Herr Schäuble
Die Finanzminister führender Industrieländer wollen steuertricksenden Konzernen
das Handwerk legen. Übersehen wird dabei, dass nur der Standortwettbewerb die
Bürger vor der Gier des Staates schützt.
Wir brauchen in Europa die kreative Zerstörung

Phelps: In einer Welt mit festgefügten Strukturen werden die Reichen immer reicher, und die Armen bleiben arm. Das führt am Ende sogar zu oligarchischen Strukturen, wenn nämlich die Reichen die politischen Regeln zu ihren Gunsten ändern können. Heute ist es so, dass sie mit Lobbyismus eine höhere Rendite als mit Innovationen machen. Denn sie können etwa die Regulierung so beeinflussen, dass sie sich künstlich die Konkurrenz vom Leib halten. Das muss sich ändern. Es muss sich wieder mehr lohnen, Strukturen zu verändern, als Strukturen zu konservieren. Die kreative Zerstörung verteilt den Wohlstand immer wieder neu.

Wie verwoben sind Wirtschaft und Wissenschaft
Das Portal hochschulwatch startet eine Transparenz-Offensive zu fragwürdigen Verflechtungen zwischen Unis und Unternehmen. Die wichtigsten Fragen und Antworten
Wie gierige Herrscher die Dritte Welt ausrauben
Eins der größten Probleme für die Armen der Welt ist kaum bekannt: Die Summe illegaler Geldflüsse aus den Entwicklungsländern ist zehnmal so hoch wie die gesamte internationale Entwicklungshilfe.
Wenn also das Geld unbrauchbar ist dann ist die Gerechtigkeit bei ihm brauchbar
Wem gehört die Welt
Zürcher Forscher haben untersucht, wer global die Fäden in der Hand hält: Zu den wahren Mächten der Wirtschaft zählen gerade einmal 147 Unternehmen
Weltmächte ziehen in den Krieg der Wechselkurse
Euro, Rubel, Franken: Ein Blick auf diese Währungen ist ein Blick auf die Krisen der Welt. Er zeigt uns: Devisen sind mehr als Zahlungsmittel – es sind Waffen, mit denen sich die Weltmächte bekriegen.
Warum kein Mensch kapiert wie Geld funktioniert
Täglich ist von neuen Fantasiesummen die Rede, die angeblich irgendwo gerettet oder vernichtet werden. So sehr wir es auch versuchen, wir werden das Geld nie richtig verstehen. Aber war das je anders?
Die Europäische Zentralbank hat ihre Arbeit nicht erst zur letzten Jahrtausendwende aufgenommen. Bereits mehr als 800 Jahre vorher war das System der innereuropäischen Geldströme und Wechselkurse, der staatlich gelenkten Inflation und der Bankiers an den Schalthebeln der Politik vollständig ausgeprägt. Wobei die Zentrale anfangs nicht in Frankfurt am Main ihren Sitz hatte, sondern in Rom.
Der Vatikan – gestützt auf das geniale Geschäftsmodell „Geld im Diesseits gegen Erlösung im Jenseits" – schuf die Finanzwirtschaft Europas, weil am päpstlichen Hof riesige Mengen an Peterspfennigen, Ablassgebühren sowie Pilgergeldern zusammenkamen.
Es war – angefangen bei den italienischen Zentralbänkern der Medici, Arnolfini, Chigi – fast genau wie heute: Während schlaue Experten sich des Geldes annahmen und allerorten investierten, kapierten nicht einmal die Politiker und Poten-

taten, schon gar nicht die gewöhnlichen Menschen, woher die Beträge stammten und wohin die Summen flossen: von arm zu reich, von fleißig zu faul. Hier wurde ein wenig vom Metallwert der Münzen abgefeilt, dort wurde das gute Geld dem schlechteren nachgeworfen, Staaten gingen bankrott, Banken blühten auf und verdorrten wieder.

Verschwörungstheorien sind zu optimistisch
Verbände dominieren Lobbying

Wirtschaftliche Interessen besonders durchsetzungsstark
Transparency kritisiert hier die Chancenungleichheit zwischen verschiedenen Interessen. Wirtschafts- und Produzenteninteressen könnten sich beispielsweise besonders gut durchsetzen. Darüber hinaus hätten sich charakteristische Verbindungen zwischen Interessengruppen und politischen Institutionen herausgebildet. Das Wirtschaftsministerium verfügt demnach über enge Kontakte zu den Wirtschaftsverbänden. Teilweise werde im Wirtschaftsministerium „ein liberales, den Wirtschaftsverbänden entgegenkommendes Grundverständnis gepflegt".
Kritisch sieht Transparency auch die Besetzung von Expertengruppen. Sie verlaufe intransparent durch die Ministerien. Vielfach seien es Wissenschaftler mit Beziehungen zu Interessengruppen, beispielsweise Unternehmen oder Verbänden.
US-Senat verhindert Shutdown in letzter Sekunde
Der US-Senat billigt den Haushalt für das nächste Jahr – und hat den Regierungsstillstand damit in letzter Sekunde abwenden können. Doch die Republikaner dürften sich ihr Ja teuer bezahlen lassen.
Unser Geldsystem ist Sozialismus für Reiche
Das staatliche Papiergeldsystem sorgt für eine systematische Umverteilung von Arm nach Reich. Vermögende werden bevorzugt. Und das Finanzsystem hat mit Marktwirtschaft nicht mehr viel zu tun. Von Philipp Bagus
Wenn ich den Begriff „soziale Gerechtigkeit" höre, greife ich unwillkürlich nach meiner Brieftasche, um mich zu vergewissern, ob sie noch da ist. Denn die Politiker, die diesen Begriff ins Feld führen, haben nur eines im Sinn: mit staatlichen Mitteln Geld umzuverteilen.
In einem Punkt liegen die sozialen Gerechtigkeitsritter jedoch bei aller Schwammigkeit des Modeworts „soziale Gerechtigkeit" richtig. Die soziale Ungleichheit in Deutschland hat sich in den letzten Jahren stetig erhöht. Während die reichsten 10 Prozent der Deutschen 1998 bereits über gewaltige 45 Prozent des Privatvermögens verfügten, konnten sie 2008 laut Statistischem Bundesamt sogar noch etwas mehr, nämlich 53 Prozent, ihr Eigen nennen.
Den wahrscheinlich wichtigsten Grund für diese Entwicklung sieht jedoch keiner, oder möchte keiner sehen: unser staatliches Papiergeldsystem, das wie ein Tabu in der sozialen Gerechtigkeitsdebatte behandelt wird.

Papiergeldsystem fördert Materialismus und Egoismus (*nein der Mensch macht das W.Schorat)*

Überall in der Welt zerfällt das Vertrauen
Klaus Schwab, Chef des Weltwirtschaftsforums, sieht Bewegungen wie Pegida als Sinnbild für eine neue „Bunker- und Schrebergartenmentalität". Ohne eine globale Zusammenarbeit drohe der Welt das Chaos.
TTIP. Die Geburt eines Monsters
TTIP Deutsche misstrauen Freihandelsabkommen
Der Rückhalt für das geplante Freihandelsabkommen TTIP zwischen der EU und den USA schwindet. Laut Emnid-Umfrage fanden es noch im Oktober 48 Prozent der Bundesbürger gut, aktuell nur noch 39 Prozent.
TopÖkonom warnt vor Kollaps der Rentenkassen
Todesfall 52 versetzt Londons Neureiche in Angst
Der 52. tote Banker in 19 Monaten: Immobilienmakler Scot Young stirbt nach einem Fenstersturz aufgespießt durch ein spitzes Geländer. War es Suizid? Hat die russische Mafia ihre Finger im Spiel?
Strom kostet heute 43 Prozent mehr als 2007
Steuervereinbarung mit Starbucks womöglich illegal
Mit einer besonderen Vereinbarung haben die Niederlande Starbucks geholfen, Steuern zu sparen. Die EU-Kommission erkennt darin unerlaubte staatliche Hilfen.
Steuerrecht Ein Pakt gegen Tricks
In Luxemburg hat sich der Staat zum Komplizen des großen Geldes gemacht. Das ist der eigentliche Skandal. Die EU-Länder brauchen jetzt einen zweiten Stabilitätspakt, der unfairen Steuerwettbewerb verhindert. Denn noch gibt es in Europa viele Luxemburgs.
Steuerhinterziehung Finanzministerium vermutet gewaltigen Banken-Betrug
Deutsche Steuerbehörden sind einem Milliardenbetrug auf der Spur. Barclays und andere Großbanken sollen sich riesige Steuerrückzahlungen erschlichen habe
Soziale Entwicklung in Großbritannien
Eine Gesellschaft aus sieben Klassen
Die herkömmliche britische Klassengesellschaft aus Arbeiter-, Mittel- und Oberschicht gibt es nicht mehr. An ihre Stelle sind insgesamt sieben neue Klassen gerückt. Das ist das Ergebnis der bisher aufwendigsten Umfrage, die zu diesem Thema bisher unternommen worden ist.
Séralini Affäre dem Herbizid Roundup
Die Séralini-Affäre begann im September 2012 mit der Veröffentlichung einer Studie, die von einer Gruppe unter der Leitung von Gilles-Éric Séralini durchgeführt worden war.[1] Es handelte sich um eine Fütterungsstudie, bei der Ratten mit Roundup-resistentem Mais der Firma Monsanto sowie dem Herbizid Roundup

selbst gefüttert wurden.[2] Die Studie zeigte nach Séralini et al., dass Roundup-resistenter Mais und Roundup selbst karzinogen seien. Die Studie wurde in der Wissenschaft weithin kritisiert.[3] Die Kritik bezog sich sowohl auf das Forschungsdesign wie auch auf Séralinis Interpretationen der Ergebnisse.[4] Die Studie wurde auch von vielen Zulassungsbehörden zurückgewiesen.[5] Andere öffentlich finanzierte Langzeitstudien zeigten keine negativen gesundheitlichen Effekte von Roundup-resistentem Mais bzw. Roundup.

Schweizer Goldinitiative stellt globales Währungsgefüge infrage

Die Eidgenossen könnten den Goldmarkt durcheinander wirbeln. Stimmen sie für höhere Goldbestände ihrer Zentralbank, wird der Preis des Edelmetalls durch notwendige Zukäufe nach oben getrieben.

Schweizer Franken Warum die Schweizer Zentralbank handeln musste

Es ist ein Schock für die Börsen: Völlig überraschend kippt die Schweizerische Nationalbank den Mindestkurs von 1,20 Franken je Euro. Der Franken verteuert sich kurzzeitig dramatisch. Doch es gibt gute Gründe für das Vorgehen der Notenbank.

Schein Eigentum in der BRD Keiner besitzt Eigentum

Gepostet am August 11, 2013

Sie haben kein Eigentum, sondern nur Besitz. Privatisierung der Grundbuchämter – Grundbuchentwertung, Auflösung der Dörfer und Gemeinden. Schaffung von Großverwaltungsstrukturen – Großkreisen – Großstädten – Großgemeinden – Metropolen für die Neue Welt Ordnung der EU für den vogelfreien und staatenlosen Hybriden / Sklaven der Zukunft, auf der § Grundlage *Neues Staatsrecht-Staatsgrundgesetz* 1934.

Privatisierung der Grundbuchämter und Entwertung/Löschung der Grundbücher. Die Grundbücher sind heute nur noch § wertlose Grundkontoauszüge ohne international anerkannten Eigentumsnachweis nach BGB.

Schafft der Kapitalismus sich gerade selbst ab

Alle reden über Managerlöhne – Thomas Piketty sagt: Das wirkliche Problem ist das Kapitalvermögen. Es wächst schneller als die reale Wirtschaft. Und höhlt auf Dauer auch unser Leistungsprinzip aus.

Russlands verkappte GoldAttacke auf den Dollar

Der Kreml stockt in der Rubel-Krise seit Monaten seine Goldreserven auf. Mit diesem Vorgehen sollen die heimischen Goldminen gerettet werden, heißt es. Doch eigentlich zielt die Strategie auf die USA.

Russlandkrise. Nie stand es schlechter um Putin

Russlands Präsident hat nur auf westliche Schwächen, nicht auf Stärken geschaut. Nun geht es mit der Wirtschaft bergab, und Gefahr droht von reichen Oligarchen. Dieses Jahr kann Putins letztes sein.

Reich und Reich vermehrt sich gern

Die Kluft zwischen Arm und Reich wächst, das scheint seit der Veröffentlichung

von Thomas Pikettys Bestseller klar zu sein. Doch die Politik tut nichts dagegen.
von Nadine Oberhuber

Kein anderes Wort hat die Welt in den vergangenen Monaten so bewegt wie das von der „Ungleichheit". Denn ist eine extreme Ungleichverteilung nicht sehr ungerecht, vor allem wenn es um das wichtigste Wirtschaftsgut geht – ums Geld? Genau das sagt Thomas Piketty in seinem Buch Das Kapital im 21. Jahrhundert. Seine Kernthese: Das Einkommen ist weltweit ziemlich ungleich verteilt. Aber das Kapital verteilt sich noch viel ungleicher, denn es wächst schneller als die Wirtschaft.

Rechnungshof Bericht zum Bayerischen Landtag Unkontrolliert Geld ausgeben

Der Bayerische Landtag hat die Ausgaben der Abgeordneten bislang kaum kontrolliert und das wurde teils schamlos ausgenutzt. Die Rechnungsprüfer stießen auf sündteure Geräte, zweifelhafte Jobmodelle - oder einen Werkvertrag für eine Computermaus. Einige Beispiele aus dem Bericht.

RatingAgentur Fitch stuft Frankreich herab

Frankreichs Bonitätsnote ist bei Fitch gesunken: Der Wirtschaftsausblick sei schwach, die Haushaltskonsolidierung beeinträchtigt, teilte die Rating-Agentur mit.

Queen sucht Chauffeur zum Dumpinglohn

Überdurchschnittliche Anforderungen, unterdurchschnittlicher Lohn: Für ein monatliches Entgelt von umgerechnet rund 2700 Franken sucht der Buckingsham-Palast einen Chauffeur für Queen Elizabeth II. Einsätze an sieben Tagen in der Woche verstehen sich von selbst, ebenso erstklassige Manieren.

Psychische Belastung am Arbeitsplatz Was die Deutschen stresst

Nervös, niedergeschlagen, ausgebrannt - immer mehr Menschen macht die Arbeit krank. Erwerbstätige nehmen 18 Mal mehr Krankheitstage aufgrund von Burn-Out-Syndromen als vor acht Jahren. Was sind die Belastungen im Beruf? Der „Stressreport 2012" zeigt, was die Deutschen bei ihrem Arbeitsalltag beklagen.

Polizei in Dubai Lamborghini als Streifenwagen

Pegida ist keine Krankheit Pegida ist das Symptom

Papst Franziskus. Wie sehr braucht doch die Welt heute Zärtlichkeit

Papst Franziskus wandte sich in der Christmette im Petersdom an die Menschen. Dabei ermunterte er die Welt zu mehr Zärtlichkeit und Milde. Kritik übte er an den „Arroganten und Stolzen".

Papst diagnostiziert der Kurie spirituelles Alzheimer

Geschwätzig, eitel, schizophren: Das Oberhaupt der Katholiken hat die kirchliche Verwaltungsspitze in beispielloser Weise kritisiert. Die Kardinäle reagierten verstört.

Optimisten sind naiv 2015 wird die Hölle

2015 wird sich der Islamismus, ähnlich wie vor ihm Stalinismus und Faschismus, immer stärker als neue totalitäre Bedrohung erweisen. Nur eine von vielen folgenschweren Entwicklungen. Ein Ausblick.

Oligarchie Amerika

Die Reichen haben mehr Einfluss auf die Politik der USA als einfache Leute – eine Studie unterlegt das mit schockierenden Zahlen. Aber es war auch schon mal schlimmer

Ökonom warnt vor Niedergang der USA

Der US-Wirtschaftsforscher Daron Acemoglu hat vor dem Niedergang der USA gewarnt, falls das Land seine politische und wirtschaftliche Spaltung nicht überwindet. „Die größte Herausforderung ist die Zunahme der gesellschaftlichen Ungleichheit über die vergangenen 40 Jahre", schreibt der Ökonom vom Massachusetts Institute of Technology in Cambridge bei Boston und Co-Autor des Buches „Why Nations Fail" („Warum Nationen scheitern") in der ZEIT. „Mehrere Institutionen des Arbeitsmarktes, besonders die Mindestlöhne und die Gewerkschaften und auch soziale Normen der als fair empfundenen Bezahlung, sind erodiert – und das war teilweise gut, teilweise schlecht. Auf jeden Fall aber hatte diese Entwicklung einen deutlichen Niedergang der Löhne am unteren Ende zur Folge", schreibt Acemoglu.

Ein weiteres Problem sei die „Explosion von Ungleichheit an der Spitze der Einkommensverteilung". Das oberste eine Prozent der reichsten Amerikaner habe früher ein Zehntel des Nationaleinkommens eingenommen, aber heute sei es fast ein Viertel. Solche Ungleichheit berge zwei Gefahren: „Die erste ist offensichtlich: Mit wirtschaftlicher Ungleichheit geht politische Ungleichheit einher, und niemand könnte leugnen, dass diese heute in den USA tiefer sitzt als vor einigen Jahrzehnten." Die zweite Gefahr sei, dass Ungleichheit auch eine schlechte Form des Populismus antreibe, „der marktfeindliche Rhetorik in politische Vorteile ummünzt". Acemoglu kritisiert, die Gesellschaft stecke zu wenig Geld in die Bildung. „Ausgerechnet jetzt, in diesen Zeiten, in denen die Nachfrage nach bestimmten Fertigkeiten am Arbeitsmarkt steigt und wir ein Mittel gegen die steigende wirtschaftliche Ungleichheit brauchen, lassen die Qualität und der Umfang der Bildung in den USA zu wünschen übrig." Verantwortlich macht Acemoglu nicht zuletzt den Präsidenten: „Das Versagen unserer politischen Anführer, allen voran Barack Obama, besteht darin, dass sie den Umfang und die Schwere der Probleme nicht benennen und auch keine realistischen Lösungen dafür vorschlagen".

NSA BND Staat im Staat.

Eine Demokratie, die von dieser geheimdienstlichen, undemokratisch strukturierten, fast schon diktatorischen Krake unterwandert ist, wird sich nicht mehr lange halten können.

Niederlande: Wenn es euch hier nicht gefällt haut doch ab

Ahmed Aboutaleb, muslimischer Bürgermeister von Rotterdam, hat mit einem wütenden Aufruf an Islamisten viele Sympathien gewonnen: Wer die westliche Freiheit nicht wolle, solle doch die Koffer packen.

Neoliberalismus Demokratie als Problem

Neoliberales Herrschaftssystem Warum heute keine Revolution möglich ist
Warum ist das neoliberale Herrschaftssystem so stabil? Warum gibt es kaum Wider-
stand dagegen? Trotz immer größer werdender Schere zwischen Reich und Arm?
Für eine Erklärung ist es wichtig zu verstehen, wie die unterwerfende Macht heute
funktioniert.
Nachkriegszeit Wie wir wieder zu Barbaren wurden
Als der Zweite Weltkrieg endete, waren die Grausamkeiten längst nicht vorbei.
Hunger, Rache, Vertreibung: Keith Lowe hat das Elend Europas in einem Monu-
mentalwerk zusammengetragen. Über eine Zumutung.
Monsanto gewinnt Lebensmittelpreis für genmanipuliertes Saatgut
Er gilt als Oscar der Nahrungsmittelbranche: Der Monsanto-Manager, der seit
Jahrzehnten genmanipuliertes Saatgut entwickelt, bekommt den World Food Prize.
Einer der Spender hinter der Stiftung heißt - Monsanto.
Macht und Medien Wollen wir Herren oder Sklaven sein
Man muss kein Google-Feind sein, um den Internetkapitalismus zu kritisieren. Ein
Gespräch mit der emeritierten Harvard-Professorin Shoshana Zuboff über Apple,
Industrialisierung und Demokratie
LuxemburgLeaks SteueroasenHopping mit Ikea
„Entdecke die Möglichkeiten" lautet ein Werbeslogan von Ikea. Der Möbelkonzern
nimmt das wörtlich - vor allem bei der Steuer. Wie es Ikea schaffte, bei Milliarden-
Gewinnen in einem Jahr nur knapp 50 000 Euro Steuern zu zahlen.
Liberale müssen den Einfluss des Geldes abwehren
Korrupter spanischer Clan schockt die Katalanen
23 Jahre hat Jordi Pujol Katalonien regiert. Nun ist klar: Der 84-Jährige ist in
schmutzige Geschäfte verwickelt. Es geht um Geldwäsche und Korruption. Und
seine sieben Kinder stecken wohl mit drin.
Kirchensteuer Wer nicht zahlt soll halt die Kirche verlassen
Die Kirchenaustritte nehmen zu. Auch weil viele merken, dass auch auf Kapitaler-
träge Kirchensteuer fällig wird. Soll man diese abschaffen?
Kein Wettbewerb zwischen Staaten!
Die Staaten in Europa sollen wie Unternehmen sein: billiger, besser und wettbe-
werbsfähiger. Ein so Wettbewerb ist was für Unternehmen, nicht für Staaten
Das liegt in der Natur des Wettbewerbs. Wo dieser herrscht, muss Scheitern möglich sein. Gescheiterte Unternehmen verschwinden vom Markt. Die Konkurrenz
kann die Kunden übernehmen und zusätzliche Arbeitsplätze schaffen. Gescheiterte
Staaten bleiben, und vor allem die Menschen, die in ihnen leben. Sie werden fortan
mit deutlich vermindertem Wohlstand leben müssen. Mehr noch, um politische De-
stabilisierung zu vermeiden, werden sie womöglich sogar durch die übrigen Staaten
finanziell alimentiert werden müssen.
Das macht deutlich, dass es keine strahlenden „Sieger" im Standortwettbewerb

geben kann. Denn die Gewinner müssen mit hoher Wahrscheinlichkeit die Verlierer finanziell unterstützen, was im privatwirtschaftlichen Wettbewerb wohl kaum je der Fall sein dürfte.

Aus Sicht der Befürworter eines Standortwettbewerbs bleibt dennoch ein Gewinn. Er besteht in einer relativ dynamischen Wirtschaftsentwicklung mit guter Beschäftigungslage, die sich vor allem aus Investitionen und Exporten hochrentabler Unternehmen ergeben, die durch niedrige Lohnkosten, geringe Regulierungsdichte und niedrige Steuersätze angelockt werden. Das klingt erst mal gut, dürfte sich aber als Scheinblüte erweisen.

Am Ende verlieren alle

Denn dieser Wettbewerb ist durch dauerhaften Druck gekennzeichnet. Um einen Wettbewerbsvorteil zu wahren, und die Unternehmen zu halten, müssen vor allem die Steuersätze permanent niedrig bleiben. Auf diese Weise erodiert auf Dauer auch die Einnahmebasis eines Gewinnerstaates. Das macht sich schleichend bemerkbar, etwa durch eine verfallende Infrastruktur, für die wegen der gesunkenen Staatseinnahmen kein Geld mehr ist. Die Chancen auf Wachstum und Beschäftigung sinken. Auch der vermeintliche Gewinner verliert.

All dies spielt sich gerade vor unseren Augen ab. Die Verliererstaaten wie Zypern, Griechenland, Spanien, Irland und andere taumeln mitsamt ihren gescheiterten „Geschäftsmodellen" in einen wirtschaftlichen Abgrund und müssen von den anderen Mitgliedstaaten gestützt werden. Die Gewinner wie Deutschland sonnen sich noch im vermeintlichen Erfolg. Ihre öffentliche Infrastruktur leidet jedoch, die öffentlichen Kassen sind leer. Jeder Bahn-Kunde weiß, wovon die Rede ist. So wird wirtschaftliche Zukunft auf dem Altar einer Ideologie verschenkt, die den Standortwettbewerb zum Leitmotiv wirtschaftspolitischen Handelns erhebt.

Richtig wäre es stattdessen, die Wirtschaftspolitik in Europa stärker zu koordinieren. Es braucht gemeinsame steuerpolitische Rahmenbedingungen für alle Mitgliedsstaaten und weniger Steuerwettbewerb. Den Wettbewerb sollte man getrost Unternehmen überlassen. Sonst gibt es am Ende nur Verlierer.

Kartell der Zentralbanken
Das Papiergeld-System wird kein gutes Ende nehmen
Kapitalismus Russland und China versuchen es ohne Demokratie
Lange hat man geglaubt, dass Kapitalismus und liberale Demokratie untrennbar sind. Doch es gibt Länder, in denen freie Märkte mit politischem Autoritarismus verschmelzen. Hat dieses Modell Zukunft?
Kalte Progression Wie der Staat klammheimlich seine Bürger ausnimmt
Juncker will jetzt doch Härte bei Steuerflucht zeigen
Nach der Aufdeckung umstrittener Steuerpraktiken in Luxemburg will der EU-Kommissionspräsident den Kampf gegen die grenzüberschreitende Steuerflucht

verstärken – mit Rückendeckung aus dem Parlament.

Jeder zehnte HartzIV Empfänger hat Abitur

Rund 2,2 Millionen Menschen in Deutschland bekommen Hartz IV. Eine überraschend große Zahl von ihnen hat eine höhere Schulbildung genossen oder sogar studiert. Ihr Anteil ist zuletzt sogar gestiegen.

Fast jeder zehnte Langzeitbezieher von Hartz IV hat einen höheren Schulabschluss oder studiert. Das geht aus am Montag bekannt gewordenen Zahlen der Bundesagentur für Arbeit (BA) hervor.

Island setzt korrupte Regierung ab und verhaftet alle Rockefeller und Rothschild Bankster

Letzte Woche wurden 9 Bankster in London und Reykjavik, wegen ihrer Verantwortung für den finanziellen Untergang Islands im Jahre 2008, verhaftet.

Seit den 1900ern hat die große Mehrheit der amerikanischen Bevölkerung davon geträumt den verfassungswidrigen, korrupten Rothschild/Rockefeller Bankstern „NEIN" zu sagen, aber keiner hat es gewagt das zu tun. Warum? Wenn nur die Hälfte einer Nation und die 1% der Bevölkerung, die das meiste an Steuern zahlt sagen würde: „Schluss!", würde sich unsere Regierung buchstäblich über Nacht wenden. Warum ist es so schwer zu verstehen, dass wenn wir den großen Unternehmen einfach kein Geld mehr geben, diese dann die Arbeit, das intellektuelle Eigentum, etc. auslagern und verfassungswidrige Rechte vorantreiben. So wird man mehr erreichen, als wenn man Gewalt anwendet. Schaut genau hin wo ihr jeden Cent ausgebt. Kein anderes Land, außer den Isländern, hat auf diesem Planeten so einen Erfolg erreicht. Nicht nur, dass sie erfolgreich bei dem Sturz der korrupten Regierung waren, sie entwerfen eine Verfassung, mit der solche Krisen nie mehr wiederholt werden können. Das Beste ist, dass alle Rothschild und Rockefeller Marionetten verhaftet wurden, die für das wirtschaftliche Desaster des Landes verantwortlich sind. Letzte Woche wurden 9 Bankster in London und Reykjavik, wegen ihrer Verantwortung für den finanziellen Untergang Islands im Jahre 2008, verhaftet.

Eine Revolution ohne Waffen in einem Land, das die älteste Demokratie der Welt hat (seit 930) und dessen Bevölkerung dies bewirkten, indem sie auf die Straße gingen. Warum haben wir nichts davon mitbekommen?

Der Druck der Isländischen Bevölkerung hat nicht nur die korrupte Regierung gestürzt, sondern auch den Anstoß gegeben eine neue Verfassung zu entwerfen und jene Bankster ins Gefängnis zu bringen, die für die Krise des Landes verantwortlich sind. Die leise Revolution begang im Jahr 2008, als die isländische Regierung sich entschloss die drei größten Banken zu verstaatlichen, deren Kundschaft fast ausschließlich Briten, und Amerikaner waren. Nach der Verstaatlichung stürzte die Isländische Krone und der Aktienmarkt setzte seine Aktivitäten aus. Island war bankrott und um das System zu sichern, hat der IWF 2.1 Milliarden US Dollar und Skandinavier weitere 2.5 Milliarden in das System gepumpt.

Während Banken und lokale und internationale Institutionen verzweifelt versuchten das altbewährte System zu retten, gingen die Isländer auf die Straße und ihre täglichen Demonstrationen vor dem Parlament in Reykjavik führten zum Rücktritt des konservativen Premierministers und seiner gesamten korrupten Regierung.

Die Bevölkerung verlangte Neuwahlen und hatte Erfolg. Im April wurde eine neue Regierung gewählt – gebildet aus der Sozialdemokratischen Allianz und der Linken Grünenbewegung.

Im Laufe des Jahres 2009 schlug das Parlament vor, Schulden an Großbritannien und die Niederlande mit einer Summe von 3.5 Milliarden Euro zurückzuzahlen. Dies hätte bedeutet 15 Jahre lang zu zahlen bei Zinsen von 5,5%. Diese Aktion rief die Isländer zurück auf die Straße. Sie verlangten ein Volksreferendum über diese Entscheidung. Im März 2010 wurde das Referendum abgehalten und 93% der Bevölkerung haben sich der Rückzahlung unter diesen Bedingungen verweigert. Das zwang die Gläubiger nachzubessern. Sie boten 3% Zinsen und eine Rückzahlung über einen Zeitraum von 37 Jahren an. Dem Parlament waren bei der Zustimmung sehr enge Grenzen gesetzt und der Präsident entschied dies nicht zu billigen und rief die Isländer zu einem weiteren Referendum.

Die Bankster flüchteten in Angst

Zurück zum Jahr 2012. In der Zeit des ersten Referendums hatte die Koalitionsregierung eine Untersuchung gestartet um die juristische Verantwortung für die Wirtschaftskrise zu ermitteln und hatte bereits mehrere Banker und Wirtschaftsbosse die Verantwortung trugen, verhaftet. Zwischenzeitlich hatte Interpol internationalen Haftbefehl gegen den früheren Präsident einer der Banken erlassen. Dies brachte viele Bankster und Wirtschaftsbosse dazu das Land panikartig zu verlassen. Es wurde eine Versammlung gewählt die eine neue Verfassung erarbeiten soll in Anlehnung an die Dänische Verfassung.

Statt dies "Experten" und Politikern zu überlassen entschied man sich, die Menschen direkt anzusprechen, denn die Bevölkerung sollte der Souverän sein über das Gesetz. Mehr als 500 Isländer wurden per direkter Demokratie ausgesucht um die neue Verfassung zu entwerfen. Unter anderem ruft diese Verfassung zur Unterstützung der freien Information und zur Isländischen Neue Medien Initiative – einem Gesetz dessen Ziel es ist das Land zu einem sicheren Hafen für Enthüllungsjournalismus und freier Information zu machen – in dem Journalisten, Whistleblower und Internetanbieter vor Zugriffen geschützt werden.

Die Bevölkerung wird diesmal über die Zukunft und die Verfassung des Landes entscheiden, während die "alte Garde" der Bankster und Politiker nur am Rande diese Neuentwicklung bezeugen können.

Quellen: PRAVDA-TV/wedismus.ning.com/itmakessenseblog.com vom 15.07.2012

HSBC. SwissLeaks enthüllt 3,5 Milliarden deutschen Schwarzgelds

Mehr als 3.600 Spuren der Schweizer Bank HSBC führen nach Deutschland, etwa

1.000 Deutschen drohen Strafverfahren. Prominente wie Phil Collins sind auch betroffen.

Mehr als 100.000 Kunden der HSBC aus mehr als 200 Ländern müssen nach der SwissLeaks genannten Veröffentlichung vertraulicher Daten der Bank mit steuerrechtlichen Konsequenzen rechnen. Der internationale Rechercheverband ICIJ (International Consortium of Investigative Journalists) hat die Datensätze ausgewertet und die Ergebnisse veröffentlicht.

HSBC Chef versteckte Millionen auf Schweizer Konto

Bankchef Gullivers Bonuszahlungen sind jahrelang auf ein Konto in der Schweiz geflossen. Die HSBC steht auch wegen Milliardengeschäften mit Kriminellen in der Kritik

Gesellschaft:Welt der Scheinheiligen

Kirche. Erster Klasse neben Gott

Der Bischof von Limburg bringt die Katholiken gegen sich auf. Ein Glück. Von Christiane Florin

Ein katholischer Bischof bezieht seine Macht von oben, nicht von unten. Der Heilige Geist – unter Beihilfe des Vatikans – trifft die Personalentscheidung, kein Kirchenvolk wird dafür zur Wahlurne gerufen. Wer auserkoren ist, dient der göttlichen Wahrheit, nicht der weltlichen Mehrheit. Von außen betrachtet, ist dieses Demokratiedefizit ein Skandal, die meisten Katholiken aber haben sich damit arrangiert. Was andere scheinheilig nennen, nehmen sie als Schrulle hin. Katholischsein ist die Balance zwischen Liebe zur und Leiden an der Kirche.

Geheimdienste im Netz Transparenz gegen die Unterhöhlung der Demokratie

Früher seien aus wirtschaftlichen Interessen Kriege geführt worden, heute werde aus wirtschaftlichem Interesse Frieden gemacht und gewahrt.

„Ob eine Abhängigkeit vom Nahen Osten oder Venezuela besser ist als die von Russland, erscheint mir zumindest fraglich." Generell sei eine enge Verzahnung der Länder positiv. Früher seien aus wirtschaftlichen Interessen Kriege geführt worden, heute werde aus wirtschaftlichem Interesse Frieden gemacht und gewahrt. Und Adidas-Chef Hainer forderte: „Wir müssen miteinander reden, um den anderen zu verstehen und zu politischen Lösungen zu kommen."

Deutsche Top-Manager nehmen Putin in Schutz

Während sich US-Konzerne hinter ihre Regierung stellen, sieht es in Deutschland anders aus: Mehrere Dax-Manager kritisieren die Russland-Politik der Bundesregierung mit ungewöhnlich harschen Worten.

Fallende Preise Fünf Gründe warum wir Deflation fürchten müssen

Die Deflationsangst ist zurück. Weltweit sinkende Teuerungsraten schüren die Sorgen der Anleger vor einem generellen Preisverfall. Wieso ist Deflation eigentlich so schlimm für die Weltwirtschaft?

EZB übernimmt die Macht über Europas Banken

Die größte Reform seit Einführung des Euro soll neue Krisen verhindern: Die Europäische Zentralbank übernimmt die Kontrolle über die Banken der Währungsunion. Aber die neue Macht birgt Gefahren.

Europäische Zentralbank10 000 Euro für alle

Ein alter Plan bekommt neuen Zuspruch: Sollte die EZB jedem Bürger Bares schenken, um die Krise zu bekämpfen?

EuroAbsturz stellt die Weltordnung auf den Kopf

Die Hackordnung der führenden Wirtschaftsnationen hat sich durch Kriege und Währungsrevolutionen in den vergangenen Monaten dramatisch verändert. In Davos entscheidet sich, wer die Führung übernimmt.

Euro erlebt das größte Erdbeben aller Zeiten

Die Schweiz gibt die Bindung des Franken an den Euro überraschend auf – an den Märkten bricht Panik aus. Die Eidgenossen tragen den Kurs der EZB nicht länger mit und sagen sich von der Euro-Zone los.

Einen Ölpreis von 100 Dollar wird es nie mehr geben

Der dramatische Ölpreisverfall dürfte im kommenden Jahr ein Ende haben. OPEC-Kreise erwarten einen Preisanstieg auf rund 80 Dollar pro Fass. Doch mit der Rückkehr extremer Hochpreise rechnet niemand.

Ein Ministeramt ist wirtschaftlich nicht lohnend

Vor drei Monaten ist Christine Haderthauer wegen der Modellautoaffäre als bayerische Staatskanzleichefin zurückgetreten. Nun gab sie im Ingolstädter Lokalfernsehen ihr erstes großes Interview.

Ein amerikanischer Traum verblasst

• 	Zwar glaubt noch mehr als die Hälfte der Amerikaner daran, dass harte Arbeit mit Reichtum belohnt werde. Doch die Zahlen haben im Vergleich zu den Vorjahren deutlich abgenommen.

• 	Selbst zu Zeiten der Finanzkrise hatten mehr Vertrauen in die Erfüllung des amerikanischen Traums.

Dont Bank on the Bombs

Hallo liebe Freundinnen und Freunde über das Ende der Atombürgschaften haben wir uns in diesem Jahr sehr gefreut. Doch mit diesem Erfolg ist das Atom-Thema lange nicht vom Tisch. Ob es beim beschlossenen Atomausstieg bleibt, bleibt abzuwarten, denn Lobbyisten und Energiekonzerne basteln schon wieder an ihren „Angst-Argumenten" und die Suche nach einem sicheren Endlager gestaltet sich auch mit der Beteiligung der Zivilgesellschaft nicht leicht.

Daneben gibt es weitere „Nebenschauplätze" im Atomgeschäft, zum Beispiel die Finanzierung von Atomwaffenkonzernen. An der internationalen Studie „Don´t Bank

On The Bomb" war urgewald beteiligt und hat geholfen, die deutschen Akteure zu untersuchen. Die verstoßen für das lukrative Geschäft mit den Massenvernichtungswaffen gern mal gegen ihre eigenen Richtlinien.

Mehr dazu in diesem Newsletter, eine gute Lektüre wünscht
Andrea Soth
Die USA machen es ihren Freunden so schwer
Nach 15 Jahren Leben und Arbeit in den Vereinigten Staaten nimmt unser Korrespondent Abschied von seiner Wahlheimat. Seine Bilanz: Die USA haben sich nach den Anschlägen leider zum Nachteil verändert.
Die teure Schummelei mit nicht vorhandenem Wohnraum
Jede zweite Wohnung in Deutschland ist kleiner als im Kauf- oder Mietvertrag ausgewiesen. Wer nachmisst, kann viel Geld sparen und zurückbekommen. Doch dafür muss man ein paar Details kennen.
Die Stärke des Kapitalismus ist seine Flexibilität
Benützt der Neoliberalismus den neuen Nationalismus? Was kann eine erneuerte Sozialdemokratie dagegen tun? Der britische Soziologe Colin Crouch spricht über den aktuellen Zustand der europäischen Demokratien.
Die Rückkehr der BoniBanker
An der Wall Street werden wieder hohe Gehälter gezahlt. Doch wohin mit dem Geld? An den Strand?
Die Pharmaindustrie ist schlimmer als die Mafia
Medikamente sollen uns ein langes, gesundes Leben bescheren. Doch die Pharmaindustrie bringt mehr Menschen um als die Mafia, sagt der dänische Mediziner Peter C. Gøtzsche - und fordert für die Branche eine Revolution.
Die Mietpreisbremse schadet am Ende dem Mieter
In vielen Metropolen liegen die Angebotsmieten schon so hoch, dass die Deckelung auf breiter Front wirkt. Das wird den gesamten Wohnmarkt radikal verändern – und langfristig dem Mieter schaden.
Die Idee zur Aufweichung Abschaffung guter alter Regelungen, die Unternehmern auch Verantwortung abverlangen, mal wieder aus USA kommt
Deutschland sollte endlich amerikanischer werden
In den USA streiten die Parteien wie die Kesselflicker, die Deutschen hingegen suchen den Konsens. Was ist für die Demokratie besser? Wahrscheinlich eine ausgewogene Mischung aus Konsens und Konflikt.
Deutschland hat in der Welt derzeit das beste Image
In Zeiten von Kriegen und Krisen ist Deutschland für Menschen in aller Welt der Fels in der Brandung. Kein Staat hat laut einer Umfrage ein besseres Ansehen. Ein anderes Land rutscht dagegen stark ab.
Deutsche tappen in die Falle des AntiAmerikanismus

Die USA sind als Ökonomie so stark wie lange nicht. Antiamerikanische Reflexe machen viele in Deutschland blind für die Lichtblicke in der größten Volkswirtschaft der Welt. Das schadet uns selbst.

Der verlogene Antifaschismus der Linkspartei

Putins neosowjetische Ideologie ermutigt die SED-Nachfolger zur geschichtspolitischen Offensive. Erstes Ziel ist es, den Unterschied zwischen Demokratie und totalitärer Diktatur zu verwischen.

Der Krieg der Zukunft wird an allen Fronten geführt

Ob in der Ukraine oder im Irak und in Syrien, ob in Afghanistan oder in China – überall herrschen andere Arten des Kampfes. Wie sollen Staaten darauf reagieren? Die Armeen müssen vielseitiger werden.

Der dritte Weltkrieg hat längst begonnen

Grünen-Politikerin Antje Vollmer sagt, der dritte Weltkrieg sei schon an mehreren Fronten ausgebrochen. Die Ex-Bundestagsvizepräsidentin glaubt, den Politikern heute fehle es an Vorsicht und Weisheit.

Der deutsche Topf kocht über vor aufgestauter Wut

Ob Putinversteher, Vulgärpazifisten oder Verteidiger des Abendlandes – die Irren hierzulande werden immer zorniger. Und das Internet hilft dabei. Wo ist nur der legendäre deutsche Humor geblieben?

Das große Spiel den Niedergang der USA

„Die Abwicklung" ist besser als jeder Roman. In vierzehn packenden Einzelporträts beschreibt der amerikanische Journalist George Packer den Niedergang der USA. von Michael Naumann

Chinesen fälschen EuroMünzen immer perfekter

Chinesische Banden steigen in die Produktion von falschen Münzen ein. Die italienische Polizei hob nun ein chinesisch-italienisches Netz mit Sitz in Shanghai aus. Doch das ist wohl erst der Anfang.

Chinas Appetit auf deutsche Firmen so groß wie nie

Gut 1,7 Milliarden Euro investierten Chinesen 2014, um deutsche Firmen zu übernehmen. Im Visier sind profitable High-Tech-Mittelständler. Und dabei ist Deutschland gar nur auf Platz neun ihrer Gunst.

Bundesverfassungsgericht billigt Deals im Strafprozess

Absprachen in Strafprozessen sind umstritten. Nun erlaubt das Bundesverfassungsgericht sogenannte Deals - unter einer Bedingung: Richter und Staatsanwälte sollen sich stärker an Recht und Gesetz halten. Drei Beschuldigte wurden freigesprochen.

Bundesbank holt 120 Tonnen Gold nach Deutschland

Deutschland verfügt über den zweitgrößten Goldschatz der Welt. Der Bundesrechnungshof bezweifelt, dass die Barren im Ausland sicher aufbewahrt sind. Die Rückholaktion läuft jetzt auf Hochtouren.

Britische Politiker gehen Journalisten in die Falle

Undercover-Journalisten haben enthüllt, wie sich hochrangige Politiker aus Großbritannien kaufen ließen. Unter den Getäuschten ist der frühere Außenminister Jack Straw.

Briten wollen geschwärzte Stellen im CIAReport einsehen

London will Zugang zum gesamten Folterbericht des US-Senats. Damit könnte das Parlament die Rolle des britischen Geheimdienstes in dem Skandal klären.

BRD GMBH USA Eigentümer der BRD GmbH Betrüger-Republik-Deutschland Gesellschaft mit beschränkter Hoffnung

 Fürs Theaterstück eine Art von Jihad entwickeln, um das mit Gewalt zu zerstören.

Geschichte

Entstanden ist das Unternehmen 1988, zunächst als Financial-Management-Gruppe innerhalb der Blackstone Group. Die Gründer Larry Fink, Ralph Schlosstein und Keith Anderson trennten sich 1992 von Blackstone und begründeten unter dem Namen BlackRock ein Vermögensverwaltungsunternehmen, das sie 1999 an die Börse brachten.[3] 1995 erfolgte ein Zusammenschluss mit PNC, wobei BlackRock die Zuständigkeit für die offenen Investmentfonds von PNC übernahm und PNC für die Verwaltung der Obligationsanlagen zuständig wurde.

Am 29. September 2006 hat BlackRock die Fusion mit Merrill Lynch Investment Managers (MLIF) abgeschlossen. Seit diesem Zusammenschluss ist BlackRock eines der weltgrößten Asset-Management-Unternehmen. Zum 1. Oktober 2007 wurde von der Quellos Capital Management deren Dachfondsgeschäft übernommen. Im Jahr 2013 betrug der Wert des verwalteten Vermögens 4,096 Billionen US-Dollar.[4]

Barclays

Im Juni 2009 übernahm BlackRock von Barclays die gesamte Vermögensverwaltung Barclays Global Investors (BGI) für 13,5 Mrd. US-Dollar und stieg damit zum weltgrößten Vermögensverwalter[2] vor der UBS (2 Billionen US-Dollar) auf. Mit BGI wechselte einer der bedeutendsten Anbieter von ETF – iShares genannt – den Besitzer.[5][6]

Twitter

Blackrock investierte im Januar 2013 80 Mio. US-Dollar in Twitter (und macht den Dienst somit rund sieben Prozent wertvoller als Ende 2011). Insgesamt werde Twitter dadurch nun mit 9 Mrd. Dollar bewertet, schreiben die Nachrichtenagentur Reuters und die britische Financial Times unter Berufung auf Insider.[7][8]

BlackRock in Deutschland, Österreich und der Schweiz

BlackRock vertreibt im deutschsprachigen Raum an Privatanleger die Investmentfonds ihrer Kapitalanlagegesellschaft „BlackRock Global Funds" (BGF) (ehemals MLIIF – Merrill Lynch International Investment Funds[9]), von denen in Deutschland und Österreich mehr als 200 verschiedene angeboten werden, in der Schweiz

rund 50.
Die ETF-Sparte iShares vertreibt ihre börsengehandelten Fonds auch in Deutschland, Österreich und der SchweizBlackRock – Internationale Homepage

BIZ Das geheimnisvollste Geldhaus der Welt
Die Bank für Internationalen Zahlungsausgleich BIZ weiß mehr über das Finanzsystem als irgendwer sonst. Jetzt warnt die Bank der Banken vor einem großen Crash. Doch niemand will auf sie hören.
Bistum Köln verfügt über Milliardenvermögen
Das Kölner Erzbistum hat erstmals sein Vermögen im Detail offengelegt. Das größte und reichste Bistum besitzt Wertpapiere und Immobilienanteile in Milliardenhöhe.
Das Erzbistum Köln verfügt über ein Vermögen von 3,35 Milliarden Euro und ist damit nicht nur das größte sondern auch das reichste Bistum in Deutschland. Allein die Finanzanlagen, die größtenteils Wertpapier- und Immobilienfonds umfassen, beliefen sich auf 2,4 Milliarden Euro, teilte das Erzbistum in der Vorlage des Jahresabschlusses 2013 mit.
Nicht erfasst sind in der Jahresbilanz unverkäufliche Kunstschätze wie der Dreikönigsschrein im Kölner Dom. Nach Angaben von Finanzdirektor Hermann Schon wies der Haushalt für das Jahr 2013 bei einem Volumen von 811 Millionen Euro einen Jahresüberschuss von gut 59 Millionen Euro aus. Die Bilanz zeige, dass das Erzbistum zwar über viel Vermögen verfüge, dies aber weitgehend zweckgebunden sei. So würden hohe Rücklagen etwa zur Erhaltung der 600 denkmalgeschützten Kirchen und für die Pensionen der Bistumsbeschäftigten ausgewiesen.
Seit dem Finanzskandal um den Limburger Bischof Franz-Peter Tebartz-van Elst legen immer mehr katholische Bistümer Rechenschaft über ihr Vermögen ab. Das Erzbistum Köln ist mit über zwei Millionen Katholiken das mitgliederstärkste Bistum Deutschlands und eines der bedeutendsten der katholischen Kirche überhaupt.

Big Data gegen das schwarze Loch in der Weltwirtschaft
Die Cook-Inseln, die Kaimaninseln, die Britischen Jungferninseln - etwa 50 Staaten weltweit gelten als Steueroasen.

Zu besichtigen ist der versteckte Reichtum dieser Welt, ein globales Gespinst von schwer durchschaubaren Arrangements. Steuerkommissare und Daten-Journalisten untersuchen immer öfter geheime Dokumente aus Steuerparadiesen. Kritiker sehen darin einen „Terror der Transparenz". Doch die Auswertung von Festplatten und Steuer-CDs ist ein Akt der Notwehr gegen parasitären Reichtum.
Beunruhigende ParallelgesellschaftKönigreich Deutschland
Sie zahlen keine Steuern und drucken ihr eigenes Geld: die sogenannten Reichsbürger. Bisher haben die Behörden das Phänomen belächelt – doch manche sehen die

nationalistisch angehauchten Esoteriker inzwischen als Gefahr.

Der König von Wittenberg ist ein Fan klarer Worte. «Steuern sind nur dafür da, Sie zu steuern», sagt Peter Fitzek und blickt selbstbewusst in die Runde. Sein Hemd ist mit einer Krone bestickt, am Revers klemmt ein Mikrofon. Es ist Tag der offenen Tür im «Königreich Deutschland», und wie immer lässt Fitzek seine Rede filmen. Niemandem soll entgehen, was er zu bieten hat: kostenlose Gesundheitsvorsorge, sichere Rente, keine Steuern. Der einzige Haken: Das Königreich Deutschland gibt es nicht, es existiert nur in Fitzeks Kopf.

Prominente Unterstützung

Vor zwei Jahren ließ sich der gelernte Koch zum Monarchen krönen. Die Zeremonie kann man im Internet anschauen: Fitzek trägt einen Pelzmantel, in der Hand hält er ein Schwert. Dann schwört er, Frieden in die Welt zu tragen und die «göttliche Ordnung» zu achten. Im Hintergrund liegt schon die Krone bereit. Mehrere Hundert Zuschauer verfolgten das Spektakel, das Fitzek auf einem leer stehenden Krankenhausgelände, dem heutigen «Staatsgebiet», inszenierte.

Anfangs werden Fitzek und seine Jünger für ihren Pseudo-Staat belächelt. Die Wittenberger schmunzeln über die «Königliche Reichsbank», die in der Altstadt liegt und DVDs mit dem Titel «Die Kraft der Gedanken» vertreibt. Wer diese anschaut, so das Versprechen, lernt, Krankheiten durch bloße Willenskraft zu besiegen. Doch dann macht der ehemalige Videotheken-Betreiber Ernst mit seinem Staat, beginnt eigene Ausweise, Nummernschilder und den «Engel» zu drucken, der fortan als Währung gelten soll – wofür Fitzeks Untertanen aber erst einmal ihre echten Euro in die Reichsbank tragen müssen. Dies ruft den Zoll und andere Behörden auf den Plan; die Bundesanstalt für Finanzdienstleistungsaufsicht (Bafin) verbietet den Betrieb der illegalen Bank.

Bedingungsloses Grundeinkommen in der Schweiz Sehnsucht nach einem Schlaraffenland

Womöglich können die Schweizer in ferner Zukunft die Füße hochlegen. Für immer. Zumindest, wenn sie Lust dazu haben. Denn wenn alles kommt wie geplant, dann entscheidet das Volk, ob es in dem Land ein Grundeinkommen für jeden gibt. Das soll dann nicht nur fürs Dasein reichen, sondern auch für die Teilnahme am öffentlichen Leben. Egal ob er arbeitet oder nicht.

Bankraub Haben Hacker eine Milliarde Dollar erbeutet

Es ist ein gigantischer Raubzug: Hacker sollen 100 Banken, darunter auch deutsche, um eine Milliarde Dollar bestohlen haben. Die Gangster haben auch die Kontrolle über Geldautomaten übernommen.

Bank of America vor Rekordvergleich mit US-Regierung

Die Großbank will bis zu 17 Milliarden Dollar zahlen. Faule Immobilienkredite hatten zum Ausbruch der Finanzkrise geführt.

Die Bank of America will zur Vermeidung eines Rechtsstreits mit der US-Regierung eine Rekordsumme von 16 bis 17 Milliarden Dollar zahlen. Darauf hätten sich die Bank und das Justizministerium verständigt, wie die Nachrichtenagentur Associated Press (AP) und die New York Times übereinstimmend berichten. Das wäre der höchste jemals bezahlte Betrag in einer zivilrechtlichen Auseinandersetzung zwischen der US-Regierung und einem Unternehmen.

Grund für den Streit war der Verkauf von hypothekengestützten Anlagen, die wesentlicher Auslöser für die Finanzkrise waren. Ähnliche Einigungen hatte die US-Regierung zuvor bereits mit den Großbanken Citigroup und JP Morgan Chase erzielt – allerdings zu deutlich niedrigeren Beträgen.

Die Einigung soll bereits vergangene Woche bei einem Gespräch zwischen Justizminister Eric Holder und Bank-Chef Brian Moynihan erzielt worden sein. Der Deal sei jedoch noch nicht in trockenen Tüchern, die Details müssten noch ausgearbeitet werden. Ein Banksprecher wollte sich zu der Angelegenheit nicht äußern.

Die US-Behörden haben zahlreiche Großbanken wegen Hypotheken-Deals zur Kasse gebeten. Die Bank of America selbst hatte sich nach langem Ringen im März dazu bereiterklärt, die beiden staatlichen Immobilienfinanzierer Fannie Mae und Freddie Mac mit 9,5 Milliarden Dollar zu entschädigen.

Ausblick auf den USStaatshaushalt Defizite so weit das Auge reicht

Auch die Demokratie bedarf der Rechtfertigung

Auch Volksherrschaft ist Herrschaft, darum muss die Demokratie sich argumentativ rechtfertigen können. Als verfasste – konstitutionelle – Demokratie kann sie dies leichter denn als ungebundene.

Armut in Deutschland auf Höchststand

Trotz guter Wirtschaftslage gelten mehr als zwölf Millionen Menschen in Deutschland als arm. Der Paritätische Wohlfahrtsverband macht eine regionale Zerrissenheit aus.

Arbeitslose gegen neue Formen der Sklaverei

In Tunesien, Algerien und Marokko finden insbesondere gut ausgebildete Arbeitskräfte kaum eine Stelle. Jetzt vernetzen sich Arbeitsloseninitiativen zu einer breiten sozialen Bewegung und fordern grundsätzliche Veränderungen.

Arbeitnehmer sind das Melkvieh der Nation

Die Belastung mit Steuern und Abgaben ist in Deutschland im europäischen Vergleich moderat. Jedoch werden Arbeitnehmer besonders stark zur Kasse gebeten - und Anleger vergleichsweise sanft angefasst.

Apple mehr wert als alle russischen Aktien zusammen

Apple ist an der Börse mittlerweile mehr wert als der russische Aktienmarkt. Das ermöglicht nicht nur den kompletten Leerkauf der russischen Börse – sondern auch ein Geschenk für jeden Russen.

Amerika als letzte Hoffnung der Weltwirtschaft

Kein Land ist nach der Finanzkrise stärker als die USA. Die Mächtigen in Davos sehen das Land gar als Retter der Weltwirtschaft. Tief gefallen in der Gunst der Eliten sind Europa – und Notenbanker.

Aktien von Roboterherstellern. Die Maschinenmenschen kommen

Die Aktien von Roboterherstellern zählen an den Börsen zu den Gewinnern. Trotz anspruchsvollen Bewertungen deutet vieles darauf hin, dass das erst einmal so bleiben wird.

AbwertungswettlaufNotenbanken stürzen sich in den globalen Finanzkrieg

Erst Japan, dann China und jetzt auch die Schweiz: Ein Staat nach dem anderen wirft die Notenpresse an und verbilligt seine Währung. Die EZB zaudert – noch. Der Sparer gerät dabei unter die Räder.

Heimliche Strippenzieher der Finanzwelt

Banken, Hedgefonds oder schillernde Anlage-Gurus stehen stets im Verdacht, den Lauf der Finanzmärkte zu lenken. Doch eine aktuelle Studie zeigt nun, wo die wirklich mächtigen Investoren sitzen.

Staatliche Institutionen in China haben das größte Anlagevermögen. Dahinter kommen schon die USA.

Die USA und Großbritannien, das sind natürlich die mächtigsten staatlichen Spieler in der Welt der Börsen und Banken. Sollte man meinen. Vielleicht auch noch Deutschland, immerhin das größte und wirtschaftlich stärkste Land Europas.

Doch dem ist mitnichten so. Ganz andere Länder sind in der Finanzwelt die wirklich mächtigen Spieler.

Das zeigt eine aktuelle Analyse des Official Monetary and Financial Institutions Forum (OMFIF), einer internationalen, unabhängigen Denkfabrik aus Wirtschafts- und Finanzexperten. Darin wurden die 400 größten öffentlichen Investoren aus 162 Ländern erfasst, darunter 157 Notenbanken, 156 staatliche Pensionsfonds sowie 87 Staatsfonds.

Diese Investoren agieren meist im Stillen, unterhalb der Wahrnehmungsschwelle. In der Öffentlichkeit stehen dagegen meist eher einzelne Hedgefonds, die mit spektakulären Aktionen von sich reden machen, die großen Investmentbanken wie Goldman Sachs oder bekannte Investment-Gurus wie Warren Buffet oder Bill Gross.

Mächtigster Spieler ist die chinesische Zentralbank

Erneuter Börsencrash im Golfstaat Dubai

Dabei verwalten die staatlichen Anleger weltweit rund 29,1 Billionen Dollar. Das entspricht rund 40 Prozent der Wirtschaftsleistung eines Jahres der gesamten Welt. Und es entspricht annähernd einem Viertel des gesamten Anlagevermögens auf der ganzen Welt. Diese Investoren haben also allemal das Zeug die Finanzwelt in ihrem Sinne zu lenken.

Die größten Möglichkeiten haben darunter wiederum aber die Institutionen aus dem Fernen und dem Nahen Osten. Denn von den zehn größten staatlichen Investoren kommen sieben aus diesen beiden Regionen. Aus Europa haben es in diese Top 10 nur Norwegen und die Schweiz sowie zudem Russland geschafft.

Mächtigster staatlicher Spieler am Finanzmarkt ist der Studie zufolge die chinesische Zentralbank, denn sie regierte zum Stichtag Ende 2013 über ein Anlagevermögen von rund 3,9 Billionen Dollar. Deutlich dahinter auf Rang 2 folgt die japanische Notenbank, die über knapp 1,26 Billionen herrscht.

Hierzu gesellen sich in Japan jedoch weitere 1,25 Billionen Dollar, die in einem öffentlichen Pensionsfonds lagern. Insgesamt kommen die beiden größten japanischen staatlichen Anleger also auf über 2,5 Billionen Dollar an Vermögen und liegen damit gar nicht so weit hinter China.

Notenbanken verfügen über 13,2 Billionen Dollar

Hinter diesen beiden mächtigsten staatlichen Finanzinvestoren rangieren dann schon mit erheblichem Abstand die Staatsfonds von Norwegen, Saudi-Arabien und den Vereinigten Arabischen Emiraten, die jeweils über Anlagevermögen zwischen 620 und 840 Milliarden Dollar verfügen. Ein chinesischer Staatsfonds fügt weitere 575 Milliarden Dollar zum chinesischen Investmentbesitz hinzu. Und schließlich gesellen sich auch die Zentralbanken von Saudi-Arabien, Russland und der Schweiz zur Liste der Top 10.

Insgesamt besitzen allein die Notenbanken rund 13,2 Billionen an Anlagevermögen, und damit rund 40 Prozent der Investments, über die staatliche Institutionen verfügen. Das mag zunächst beruhigen, denn diese Investoren gelten als relativ passiv und zurückhaltend.

Traditionell kaufen die Notenbanken nur Anleihen anderer Staaten, um auf diese Weise ihre Devisenüberschüsse anzulegen. Doch das ändert sich gerade.

So weist das OMFIF darauf hin, dass die chinesische Zentralbank inzwischen schon der weltweit größte staatliche Aktieninvestor geworden ist. Auch die Schweizer Nationalbank halte bereits 15 Prozent ihres ausländischen Anlagevermögens in Aktien. Ebenfalls zunehmend auf Aktien setzen beispielsweise auch die Nationalbanken Dänemarks oder Italiens.

Schwellenländer bilden riesige Devisenreserven

„Die Macht der staatlichen Investoren ist unbestreitbar", stellt David Marsh, Ökonom, Publizist und Mitgründer des OMFIF, fest. „Aber das gilt auch für die Risiken, denen diese Institutionen gegenüberstehen, teilweise aufgrund ihres eigenen Verhaltens."

Als Beispiele nennt er den Aufkauf von Staatsanleihen durch westliche Notenbanken, aber auch den Aufbau riesiger Devisenreserven durch viele Notenbanken der

Schwellenländer. Diese wollten sich damit gegen die Aufwertung ihrer Währungen absichern, haben in Form der gigantischen Dollar-Reserven aber nun eine neue Quelle für Risiken entstehen lassen.

Die größten deutschen staatlichen Investoren sind übrigens die Deutsche Bundesbank auf Rang 27 mit einem Anlagevermögen von rund 198,5 Milliarden Dollar, die Bayerische Versorgungskammer (Rang 76; 76 Mrd. Dollar) und die Versorgungsanstalt des Bundes und der Länder (Rang 166; 26,8 Mrd. Dollar). Insgesamt kommen die deutschen staatlichen Anleger damit auf ein Vermögen von etwas über 300 Milliarden Dollar. Das ist gerade mal ein Fünfzehntel der Summe, über die der chinesische Staat mit Hilfe seiner diversen Anlagevehikel regiert.

US-Pensionsfonds handeln weitgehend unabhängig

Fasst man die jeweiligen Finanzinstitutionen nach Ländern zusammen, so steht dann allerdings die USA auf Rang 2 mit einer Summe von knapp 3,2 Billionen Dollar. Allerdings verteilt sich diese auf 72 Anlagefirmen, vom Eisenbahner-Pensionsfonds über den Fonds für die Lehrer von Georgia bis hin zum Pensionsfonds der Universität von Kalifornien, der allein rund 79 Milliarden Dollar schwer ist.

Auch im Falle Kanadas, das immerhin über ein Vermögen von über einer Billion Dollar verfügt, verteilt sich dieses Geld auf 17 verschiedene Institutionen. Ganz anders dagegen ist es in Ländern wie den Vereinigten Arabischen Emiraten, Saudi-Arabien Russland oder China, wo das Vermögen in einigen wenigen Vehikeln zusammengefasst ist.

Hier ist ein Eingreifen des Staates wesentlich einfacher als beispielsweise bei den Dutzenden Pensionsfonds in den USA, die weitgehend unabhängig und voneinander unbeeinflusst agieren. Und auch die rechtlichen Möglichkeiten sind in den autoritär regierten Staaten wesentlich größer, um das Vermögen im Sinne des jeweiligen Regimes einzusetzen.

Ende der Zeitungsüberschriften Zitate

All diese Berichte diese Dilemma in dem die Menschheit steht und zwar auch wegen der Herrschaft weniger über das Geld, all das würde wegfallen ,diese Schande im Geiste im Denken der Menschen, sich mit solchen Primitivitäten, zu beschäftigen

Hier ist nochmal was Martinus zu dieser menschlichen Situation geschrieben hat aus www.martinus.dk

Martinus über Geld

Suchergebnis in Martinus' Werk: Das Dritte Testament

Wie soll ich seine Gerechtigkeit verstehen, wenn ich sehe, dass das eine Kind im strahlenden Palast des reichen Mannes zur Welt kommt, wo es von Luxus umgeben wird und eine Serie von Wünschen erfüllt bekommen kann, die von Geld abhängig sind, und das andere Kind bei armen und kranken Eltern zur Welt kommt, wo es schon im zarten Alter beginnt, Not zu leiden und in ärmliche und zerschlissene

Kleider oder in die abgelegten Kleider des reichen Kindes gekleidet wird, oder
wenn ich sehe, dass das eine Kind bei guten und liebevollen Eltern geboren wird,
die ein Meer von Bedingungen dafür schaffen, dass es ein glücklicher und guter
Mensch werden kann, der zur Freude und zum Nutzen für seine Mitwesen wird,
während das andere Kind bei Eltern geboren wird, die selbst Liebe nicht in einem
solchen Grad angetroffen zu haben scheinen, dass es ihnen möglich ist zu verstehen,
dass eine solche Liebe wirklich existiert, und die deshalb mehr oder weniger ihren
Mitwesen in die Quere kommen, ja sich zuweilen in einem Zustand befinden, der an
Hass gegen die Gesellschaft grenzt?
Livets Bog, Band 1, Ziff. 30.
Das Dasein der Erdenmenschen – ein Kampf ums Geld
Livets Bog, Band 1, Ziff. 73, Ziffernüberschrift.
Das Dasein der Erdenmenschen – ein Kampf ums Geld
73. Da aber die Macht für die Wesen der Zivilisation allmählich dazu überging,
identisch mit materiellen Werten zu sein, und diese wieder in Form von „Geld“
repräsentiert werden, wird das Streben nach Geld auf denjenigen Gebieten ein Ideal
für die Erdenmenschen, wo sie noch der Lebensbedingung des Tierreiches unterworfen sind. Der Erdenmenschen Kampf ums Dasein ist somit hauptsächlich ein
Kampf ums Geld. Und es ist in diesem ihrem Kampf um Werte oder Geld, wo jene
in den Wesen noch existierenden tierischen Triebe oder Tendenzen hervortreten, die
Macht zu Recht machen, den Starken den Schwachen ausnutzen und den Klugen
den weniger Klugen ausnutzen lassen usw. Und es ist also hier, wo die Staatsmacht
begonnen hat einzugreifen, angefangen hat, dieser Ausnutzung entgegenzuarbeiten,
also der größte Faktor geworden ist, um einige der schlimmsten und gröbsten tierischen Tendenzen im Zaum zu halten.

Da aber die Macht für die Wesen der Zivilisation allmählich dazu überging, identisch mit materiellen Werten zu sein, und diese wieder in Form von „Geld“ repräsentiert werden, wird das Streben nach Geld auf denjenigen Gebieten ein Ideal für
die Erdenmenschen, wo sie noch der Lebensbedingung des Tierreiches unterworfen
sind.
Livets Bog, Band 1, Ziff. 73.
Der Erdenmenschen Kampf ums Dasein ist somit hauptsächlich ein Kampf ums
Geld.
Livets Bog, Band 1, Ziff. 73.
Und es ist in diesem ihrem Kampf um Werte oder Geld, wo jene in den Wesen noch
existierenden tierischen Triebe oder Tendenzen hervortreten, die Macht zu Recht
machen, den Starken den Schwachen ausnutzen und den Klugen den weniger Klu-
gen ausnutzen lassen usw.
Livets Bog, Band 1, Ziff. 73.

Die kosmische Struktur des Geschäftsprinzips. Überpreis und Unterpreis. Privatvermögen und Beispiele ihrer Wirkungen. Das Hauptprinzip im erdenmenschlichen Selbsterhaltungsprinzip. Geldmacht und Staatsmacht
Livets Bog, Band 1, Ziff. 76, Ziffernüberschrift.

Die kosmische Struktur des Geschäftsprinzips. Überpreis und Unterpreis. Privatvermögen und Beispiele ihrer Wirkungen. Das Hauptprinzip im erdenmenschlichen Selbsterhaltungsprinzip. Geldmacht und Staatsmacht

76. Das „Geschäftsprinzip" ist somit das Fundamentale im ganzen erdenmenschlichen Selbsterhaltungstrieb geworden. Es beherrscht die ganze materielle Welt. Alles ist Geschäft. Die Nationen treiben Geschäfte, politische Parteien werden vom Geschäft geformt. Die Bürger sind gezwungen, Handel zu treiben, denn das Dasein selbst ist Handelsware geworden. Das Leben wird gekauft und verkauft. Da das ganze Dasein Kraft der kosmischen Gesetze nur auf der Basis dessen aufrechterhalten werden kann, dass jeder Wert mit einem entsprechenden Wert bezahlt wird, ist das Geschäftsprinzip seiner tiefsten Analyse nach edler und kosmischer Natur. Es wird nur dort unedel oder gesellschaftsschädlich, wo es dergestalt ausartet, dass große Gruppen von gesunden und kräftigen Wesen der Gesellschaft davon ausgeschlossen werden, Werte mit Werten bezahlen zu können, oder wo große Gruppen von Wesen imstande sind, sich von dieser göttlichen Realität „freizukaufen". Solche Verhältnisse finden sich stets dort, wo etwas mit einem Preis bezahlt wird, der sich nicht mit seinem wirklichen Wert in Harmonie befindet. So kann von einem „Überpreis" und von einem „Unterpreis" die Rede sein. In beiden Fällen entsteht ein Überschuss, aber im ersten Fall fällt dieser dem Verkäufer zu, während er im zweiten Fall an den Käufer übergeht. Ein solcher Überschuss ist eine unbezahlte Ware oder ein „Etwas", für das ein „Etwas" nicht geleistet wurde, und muss daher, wo dies in das „Privateigentum" des Käufers oder des Verkäufers übergeht, wie wir im Folgenden sehen werden, einen entsprechenden Mangel in der gesamten Weltwirtschaft schaffen. Und je häufiger diese Art von Verkleinerungen der Weltökonomie stattfindet, desto mehr Rückstände gibt es und um so mehr Anhäufungen unbezahlter Werte entstehen. Diese Anhäufungen sind wieder identisch mit allem, was unter den Begriff „Privatvermögen" fällt. Hier ist nicht der Besitz des täglichen Lebensbedarfs mitgerechnet, wie Nahrung, Kleidung und Behausung, denn diese Realitäten können nicht als Vermögen bezeichnet werden, bevor sie nicht die Grenze des Notwendigen überschreiten und damit den Charakter von Überfluss bekommen. Wenn ein Wesen z.B. in seiner Garderobe 40 Anzüge hat, aber die notwendige Anzahl 4 ist, dann sind die 36 Anzüge ein Vermögen. Da aber diese 36 Anzüge in Wirklichkeit für das betreffende Wesen unnötig sind, repräsentieren sie eine wertlose Realität, da sie als „Privatvermögen" für die übrige Gesellschaft nicht greifbar sind. Dasselbe macht sich geltend, wenn ein Wesen z.B. 100.000 Kronen im Jahr einnimmt, während die notwendige

Einnahme für seinen gesunden und kosmisch gesehen normalen Lebensbedarf in derselben Zeit nur 5.000 Kronen ist. Die restlichen 95.000 Kronen sind dann für das betreffende Wesen, kosmisch gesehen, ein unnötiges Kapital, und ebenso sind sie als Privatvermögen ein entsprechendes Minus in der Haushaltskasse der übrigen Gesellschaft. Nun wird man hier Einwendungen machen können und anmerken, dass das Privatvermögen eines solchen Wesens doch der Gesellschaft nützlich ist, indem das Wesen damit eventuell mehreren seiner Mitmenschen Brot und Arbeit gibt, und wir müssen hierauf antworten, dass alles, was der Gesellschaft auf diese Weise nützlich ist, natürlich vom Privatvermögen abgezogen werden muss. Dieses besteht ja nur aus dem, was direkt als unnützer Überschuss existiert.

Übrigens ist es ganz richtig, dass ein Wesen mit einem großen Privatvermögen vielen seiner Mitmenschen Brot und Arbeit geben kann. Da es aber noch nicht allgemein der Fall ist, dass dies die Absicht des Vermögensbesitzers ist, sondern da es vielmehr allgemein gilt, dass die Arbeitshilfe von den Repräsentanten des Kapitals mehr oder weniger als „ein notwendiges Übel" betrachtet wird oder als ein unvermeidliches Mittel zur Aufrechterhaltung und Vermehrung des Privatvermögens – also als eine „Ausgabe", die wie andere Ausgaben so niedrig wie irgend möglich gehalten werden muss -, wird der Teil des Privatvermögens, welcher der Gesellschaft in Form von Brot und Arbeit nützlich ist, nur ein geringer Bruchteil sein. Wir wollen hierzu ein Beispiel geben. Ein Mann hat zehn Mitmenschen in seinem Dienst. Mit Hilfe ihrer Fähigkeiten und Arbeitskraft wurde ein Stück Arbeit ausgeführt, die ihm in einem Jahr eine Einnahme von 150.000 Kronen gab. Hiervon bekam jeder der Arbeiter als Arbeitslohn 5.000 Kronen. Für Steuern, Abgaben und übrige Betriebsausgaben bezahlte er 30.000 Kronen. Zu seinem eigenen gesunden und natürlichen Lebensbedarf waren nur 5.000 Kronen nötig (natürlich kosmisch gesehen). Die gesamten Ausgaben betrugen somit im Ganzen 85.000 Kronen. Von der Einnahme abgezogen verbleibt ein Überschuss von 65.000 Kronen, der als „Privatvermögen" des Arbeitgebers für die Gesellschaft verloren ist. Dies besagt also, dass er mit Hilfe von zehn Mitmenschen imstande war, das Gesellschaftskapital um 65.000 Kronen zu verringern oder die übrigen Mitglieder der Gesellschaft um diesen Betrag ärmer zu machen. Um Brot und Arbeit für zehn ihrer Mitmenschen zu bekommen, musste die Gesellschaft also dem Arbeitgeber eine Gratifikation von 65.000 Kronen leisten. Des Vermögensbesitzers „Geben von Brot und Arbeit an andere Menschen" ist somit nicht gratis, sondern kostet die Gesellschaft enorme Summen, so große Summen, dass die Gesellschaft sie zuweilen nicht bezahlen kann. Und das Resultat ist, wie wir später sehen werden, „Armut". Alles, was wie im Beispiel gezeigt, als „Überschuss" hereinkommt und als „Privatvermögen" existiert, ist somit mit „Gratifikationen" identisch, welche die Gesellschaft dem Vermögensbesitzer leisten musste, damit ihre Mitglieder einige der wichtigsten lebensnotwendigen Güter zur Aufrechterhaltung des Lebens verdienen dürfen. Das

Produkt, das dem Arbeitgeber im obigen Beispiel den angegebenen Überschuss ver-
schaffte, hätte also der Gesellschaft 65.000 Kronen billiger geliefert werden können.
Jeder solcher Überschuss, ob groß oder klein, wird nun ein weiterer Nachteil für die
Gesellschaft. Als identisch mit Macht setzt er nämlich den Unternehmer instand,
seine pflichtschuldigen Abgaben an die Gesellschaft, wie „Arbeitslohn" und „Steuern" um das Möglichste herabzudrücken und sich dadurch noch mehr zu bereichern
– und so weiter. Und da dies das Hauptprinzip in der gegenwärtigen Geschäftswelt
und damit das Hauptprinzip des erdenmenschlichen Selbsterhaltungstriebs ist, ist
es nicht so schwierig zu verstehen, dass die Erdenmenschen sich in zwei einander
scharf gegenüberstehenden Lagern befinden, von denen das eine von denen gebildet
wird, die sich die Werte als „Privateigentum" oder „Privatvermögen" angeeignet
haben, und das andere Lager aus denen, die nichts besitzen.

Da die Werte dasselbe sind wie Macht, repräsentiert das Lager, das sich die
Werte angeeignet hat, die größte materielle Macht und tritt im Dasein unter dem
Begriff „Geldmacht" hervor. Da das Lager, das nichts besitzt, aus der großen Menge
besteht, ist sie in Wirklichkeit die eigentliche Gesellschaft. Kraft ihrer Mehrzahl ist
dieses Lager auch eine Macht, wenn auch der „Geldmacht" bei weitem unterlegen.
Diese Macht repräsentiert die keimende Gesellschafts- oder „Staatsmacht".
Da die Werte dasselbe sind wie Macht, repräsentiert das Lager, das sich die Werte
angeeignet hat, die größte materielle Macht und tritt im Dasein unter dem Begriff
„Geldmacht" hervor.
Livets Bog, Band 1, Ziff. 76.
Kraft ihrer Mehrzahl ist dieses Lager auch eine Macht, wenn auch der „Geldmacht"
bei weitem unterlegen.
Livets Bog, Band 1, Ziff. 76.
Die Wirkungen der Geldmacht. Die Erdenmenschengesellschaft untergräbt sich
selbst
Livets Bog, Band 1, Ziff. 77, Ziffernüberschrift.
Da die Werte dasselbe sind wie Macht, repräsentiert das Lager, das sich die Werte
angeeignet hat, die größte materielle Macht und tritt im Dasein unter dem Begriff
„Geldmacht" hervor.
Livets Bog, Band 1, Ziff. 76.
Kraft ihrer Mehrzahl ist dieses Lager auch eine Macht, wenn auch der „Geldmacht"
bei weitem unterlegen.
Livets Bog, Band 1, Ziff. 76.
Die Wirkungen der Geldmacht. Die Erdenmenschengesellschaft untergräbt sich
selbst
Livets Bog, Band 1, Ziff. 77, Ziffernüberschrift.
Die Wirkungen der Geldmacht. Die Erdenmenschengesellschaft untergräbt sich
selbst

77. Da somit die Wesen der Geldmacht die Werte besitzen, d.h. die Lebenserfordernisse, sind die übrigen Wesen der Gesellschaft gezwungen, ihre lebensnotwendigen Güter bei ihnen zu kaufen. Aber an diesem Geschäft sind die Wesen der Geldmacht nicht interessiert, außer wenn sie sich dadurch neue Werte aneignen können, was, wie das Beispiel zeigt, nur durch Überpreise geschehen kann. Da diese übrigen Wesen in erster Linie nur ihre Arbeitsfähigkeit oder Arbeitskraft haben, um die Bezahlung für ihren Lebensbedarf zu leisten, und da die anderen Wesen als Bezahlung einen „Überpreis" haben wollen, ist das Resultat also, dass jede ausgeführte Arbeit von der Geldmacht zum „Unterpreis" gekauft werden kann und jeder Lebensbedarf, gemäß dem Voranstehenden, von dieser Macht zum „Überpreis" verkauft werden kann. Das Resultat hiervon ist unvermeidlich, dass sich die Werte oder die Bedarfsgüter in dem einen der zwei Lager anhäufen und dass sie gleichzeitig aus dem anderen verschwinden, was wieder Überfluss, Schlemmerei und Müßiggang im ersten Lager und Armut, Unterernährung und Sklaverei in dem zuletzt genannten Lager bewirkt. Da aber Armut, Unterernährung und Sklaverei dasselbe wie Untergang sind, bedeuten die hier genannten Fakten, dass der eine Teil der Gesellschaft dabei ist, den anderen zu unterminieren. Die gesamte erdenmenschliche Gesellschaft untergräbt sich selbst. Alles, was zu den Begriffen Reichtum, Schlemmerei und Müßiggang gehört, ist also ein Glück, das ausschließlich auf der Grundlage des Untergangs der Gesellschaft aufrechterhalten werden kann.

Da somit die Wesen der Geldmacht die Werte besitzen, d.h. die Lebenserfordernisse, sind die übrigen Wesen der Gesellschaft gezwungen, ihre lebensnotwendigen Güter bei ihnen zu kaufen.
Livets Bog, Band 1, Ziff. 77.
Aber an diesem Geschäft sind die Wesen der Geldmacht nicht interessiert, außer wenn sie sich dadurch neue Werte aneignen können, was, wie das Beispiel zeigt, nur durch Überpreise geschehen kann.
Livets Bog, Band 1, Ziff. 77.
Da diese übrigen Wesen in erster Linie nur ihre Arbeitsfähigkeit oder Arbeitskraft haben, um die Bezahlung für ihren Lebensbedarf zu leisten, und da die anderen Wesen als Bezahlung einen „Überpreis" haben wollen, ist das Resultat also, dass jede ausgeführte Arbeit von der Geldmacht zum „Unterpreis" gekauft werden kann und jeder Lebensbedarf, gemäß dem Voranstehenden, von dieser Macht zum „Überpreis" verkauft werden kann.
Livets Bog, Band 1, Ziff. 77.
Dies ist desto mehr sichtbar, als das Hauptprinzip in der gegenwärtigen Gesellschaftsordnung ja eben bedingt, dass jeder Erdenmensch, der ohne Erbe eines Vermögens zur Welt kommt, ein unterdrücktes Wesen ist oder ein Wesen, das in Wirklichkeit ein Untertan der Geldmacht und als solches gezwungen ist, in Form

von Sklaverei einen „Überpreis“ für seine Existenz oder für seinen täglichen Lebensbedarf zu bezahlen.

Livets Bog, Band 1, Ziff. 78.

Vermögenserwerb als Lebensbedingung. Die Gesellschaftsordnung kann niemandem zur Last gelegt werden. Die Gesellschaftsordnung und der Begriff „alles ist sehr gut“. Die Erdenmenschen sind dabei, sich zu „verbrennen“

78. Da aber das Leben in seiner göttlichen Natur über Untergang erhaben ist, kann die Gesellschaft nicht sterben, sondern es kann nur ein System sterben. Das gegenwärtige Gesellschaftssystem ist also „im Sterben“, sich selbst vernichtend. Dies ist desto mehr sichtbar, als das Hauptprinzip in der gegenwärtigen Gesellschaftsordnung ja eben bedingt, dass jeder Erdenmensch, der ohne Erbe eines Vermögens zur Welt kommt, ein unterdrücktes Wesen ist oder ein Wesen, das in Wirklichkeit ein Untertan der Geldmacht und als solches gezwungen ist, in Form von Sklaverei einen „Überpreis“ für seine Existenz oder für seinen täglichen Lebensbedarf zu bezahlen. Da aber alles Leben nach Freiheit und Licht strebt, wird jede Form von Unterdrückung zur Bekämpfung des Joches reizen. Und zur Bekämpfung der materiellen Unterdrückung der Erdenmenschen ist das Mittel zunächst das Geld. Für Geld kann man sich aus der Sklaverei oder Unterdrückung durch die Geldmacht freikaufen. Deshalb ist das Wichtigste oder Zentrale im Bewusstsein der erdenmenschlichen Gesellschaft „Geld“. Hat man Geld, ist man frei, befindet sich höher und höher auf der materiellen Rangstufenleiter, und man wird bewundert, geehrt und hat Ansehen. Vermögensbesitzer zu sein, ist somit ein Ideal für die Erdenmenschen. Und als Folge hiervon ist jede Erziehung, jeder Unterricht auch darauf gegründet, das Wesen so qualifiziert wie möglich im Kampf um den materiellen Gewinn zu machen. Qualifiziert zu sein, Geld zu erwerben, ist somit eine Lebensbedingung im erdenmenschlichen Selbsterhaltungstrieb, da dies ja faktisch das einzige Mittel ist, mit dem sich der Erdenmensch zeitweilig von Unterdrückung und Armut befreien kann. Wenn es aber das allgemeingeltende Ziel ist, Kapitalist zu werden, das Ziel, zu welchem jeder Erdenmensch erzogen wird, dann kann denen, die dieses Ziel schon erreicht haben, ja nichts zum Vorwurf gemacht werden, insonderheit nicht, weil es in der Regel absolut nur an erzwungenen Umständen liegt, dass die Wesen, die heute Gegner der Kapitalisten sind, nicht freiwillig den Werten entsagt haben und nicht selbst als Kapitalisten hervortreten. Wenn diese Wesen dieselben Bedingungen gehabt hätten wie die Kapitalisten, würden sie nun in ebenso hohem Grad wie diese als Vermögensbesitzer hervortreten. Wenn also aber diese Fakten an der Erziehung und in der Lebensbedingung liegen, bedeutet das, dass sie im religiösen und moralischen Standard der Wesen wurzeln und somit ein Entwicklungsproblem sind, d.h. ein Problem, das sich nur im Verhältnis zur gradweisen Entwicklung der ganzen Erdenmenschengesellschaft ändern lässt. Es würde deshalb nicht einmal etwas nutzen, wenn

die Wesen der Geldmacht die Werte an den übrigen Teil der Gesellschaft abgäben oder wenn die Werte plötzlich gleichmäßig unter den Wesen der Gesellschaft verteilt werden würden. Bevor ein Tag vergangen wäre, würden die Verhältnisse genau dieselben sein wie vor der Verteilung, da dann viele Wesen ruiniert und andere reich und wohlhabend sein würden. Die wirkliche Ursache wurzelt also darin, dass die gesamte Erdenmenschheit dem Tierreich noch nicht ganz entwachsen ist. Und im selben Grad, in dem sie dem Tierreich noch nicht entwachsen ist, muss sie auch die Tendenzen, Manifestationen und Lebensbedingungen des Tierreiches befolgen. Man kann deshalb der gegenwärtigen Gesellschaftsordnung nichts zur Last legen, weder der Geldmacht noch der Staatsmacht, weder den Reichen noch den Armen, weder dem Verbrecher noch dem Pfarrer, denn diese Gesellschaftsordnung ist dazu gezwungen, ausschließlich Ausdruck für die Entwicklung zu sein, zu der das erdenmenschliche Durchschnittsbewusstsein gekommen ist. Ebenso wie man nicht verlangen kann, dass ein vierjähriges Kind mehr manifestieren kann als die Handlungen eines vierjährigen Kindes und ein achtzigjähriger Mensch keine anderen Handlungen manifestieren kann als ein Achtzigjähriger, kann man auch nicht verlangen, dass die gesamte Menschheit eine höhere Entwicklungsstufe manifestiert als die, auf die sie gekommen ist und für welche ihre gegenwärtige Lebensbedingung und Gesellschaftsordnung eben ein fundamentaler Ausdruck ist. Dass diese Gesellschaftsordnung und diese Lebensbedingungen von unbehaglicher und schmerzlicher Natur sein können, bedeutet nicht, dass sie im Widerstreit mit dem göttlichen Weltplan oder mit dem Begriff „alles ist sehr gut" stehen, denn es ist ebenso natürlich, dass die Erdenmenschheit, die in der Entwicklung auf dem Wege vom Tierreich ins Menschenreich ist, alle die dazwischenliegenden Grade von Erfahrungszonen durchmachen muss, um damit im wahren menschlichen Dasein erwachsen zu werden, wie es natürlich ist, dass jedes Kind, das geboren wird, durch alle Stadien der Kindheit und deren Erfahrungszonen hindurch muss, um im täglichen Dasein erwachsen zu werden. Wie das kleine Kind, das noch nicht weiß, dass ein stark geheizter Ofen nicht mit den bloßen Händen berührt werden kann, ohne dass man sich verbrennt, ihn anfasst und sich verbrennt, ist es auch mit der Erdenmenschheit selbst. Ihre Gesellschaftsordnung und Lebensbedingungen sind ein Ausdruck dessen, dass sie sich in einer Zone befindet, in der sie auf vielen Gebieten dabei ist, sich zu „verbrennen", d.h. dass sie in entsprechendem Grad dabei ist zu erleben, dass sie auf diesen Gebieten anders gehandelt haben sollte. Wenn also die Erdenmenschengemeinschaft dabei ist, zu dieser Erkenntnis zu kommen, dann liegt das eben an den Schmerzen und Leiden, die ihre falsche Handlungsweise verursacht hat, und die eben ausschließlich auf das tierische Lebensprinzip konzentriert ist, d.h. „jeder ist sich selbst am nächsten" oder „lieber nehmen als geben", was wir ja gerade als das Hauptprinzip im erdenmenschlichen Selbsterhaltungstrieb sahen.
Und zur Bekämpfung der materiellen Unterdrückung der Erdenmenschen ist das

Mittel zunächst das Geld.
Livets Bog, Band 1, Ziff. 78.
Für Geld kann man sich aus der Sklaverei oder Unterdrückung durch die Geldmacht
freikaufen.
Livets Bog, Band 1, Ziff. 78.
Deshalb ist das Wichtigste oder Zentrale im Bewusstsein der erdenmenschlichen
Gesellschaft „Geld".
Livets Bog, Band 1, Ziff. 78.
Hat man Geld, ist man frei, befindet sich höher und höher auf der materiellen Rang-
stufenleiter, und man wird bewundert, geehrt und hat Ansehen.
Livets Bog, Band 1, Ziff. 78.
Qualifiziert zu sein, Geld zu erwerben, ist somit eine Lebensbedingung im erden-
menschlichen Selbsterhaltungstrieb, da dies ja faktisch das einzige Mittel ist, mit
dem sich der Erdenmensch zeitweilig von Unterdrückung und Armut befreien kann.
Livets Bog, Band 1, Ziff. 78.
Es würde deshalb nicht einmal etwas nutzen, wenn die Wesen der Geldmacht die
Werte an den übrigen Teil der Gesellschaft abgäben oder wenn die Werte plötzlich
gleichmäßig unter den Wesen der Gesellschaft verteilt werden würden.
Livets Bog, Band 1, Ziff. 78.
Man kann deshalb der gegenwärtigen Gesellschaftsordnung nichts zur Last legen,
weder der Geldmacht noch der Staatsmacht, weder den Reichen noch den Armen,
weder dem Verbrecher noch dem Pfarrer, denn diese Gesellschaftsordnung ist dazu
gezwungen, ausschließlich Ausdruck für die Entwicklung zu sein, zu der das erden-
menschliche Durchschnittsbewusstsein gekommen ist.
Livets Bog, Band 1, Ziff. 78.
Das „Privatinteresse" und das „Gemeinschaftsinteresse". Die „Geldmacht". Das
„Böse" und das „Gute" in der Erdenmenschengesellschaft. Die Repräsentanten der
Geldmacht. Philanthropie. Die Repräsentanten der Staatsgewalt. „Blinde" Politiker.
Das Fundamentale in der Entwicklung der Welt
Livets Bog, Band 1, Ziff. 95, Ziffernüberschrift.
Das „Privatinteresse" und das „Gemeinschaftsinteresse". Die „Geldmacht". Das
„Böse" und das „Gute" in der Erdenmenschengesellschaft. Die Repräsentanten der
Geldmacht. Philanthropie. Die Repräsentanten der Staatsgewalt. „Blinde" Politiker.
Das Fundamentale in der Entwicklung der Welt
95. Nach höheren Zielen zu streben, bedeutet stets dasselbe wie Hindernisse zu
überwinden, und so haben die Erdenmenschen denn auch verschiedene Hindernisse
zu überwinden, bevor ihr Gesetzes- und Rechtswesen zu einer höheren Form kommen wird als der, die wir nun als Staatsgewalt kennen. Diese Hindernisse sind also
die Resultate des in den Erdenmenschen noch vorkommenden tierischen Selbsterhaltungstriebs, der eben auf Selbstsucht oder Eigenliebe beruht, was ja das Ent-

gegengesetzte der Basis der Staatsgewalt, der Alliebe oder Selbstlosigkeit ist. Von diesen zwei Formen von Energie, der Selbstlosigkeit und der Selbstsucht, macht die letztere den bei weitem überwiegenden Teil des Bewusstseinsmaterials der Wesen aus. Im täglichen Dasein wirkt sich dies in allem aus, was unter den Begriff „Privatinteresse" fällt, während die Selbstlosigkeit sich in allem zeigt, was unter „Gemeinschaftsinteresse" gehört. Das Privatinteresse repräsentiert also die Reste des tierischen Selbsterhaltungstriebs oder des Begriffs „jeder ist sich selbst am nächsten", während dagegen das Gemeinschaftsinteresse das beginnende menschliche Bewusstsein in den Wesen ausmacht, oder dies: „lieber zu geben als zu nehmen". Um diese zwei Faktoren dreht sich das ganze erdenmenschliche Bewusstsein. Da das Privatinteresse noch als der größte Faktor im Bewusstsein des einzelnen Erdenmenschen hervortritt, ist dieser Faktor auch der größte und nach außen hin am meisten hervortretende. Und wir finden ihn deshalb als die tragende Grundlage der Realität wieder, die wir früher unter dem Begriff der „Geldmacht" behandelt haben, welche die größte materielle Macht innerhalb der erdenmenschlichen Gesellschaft ausmacht. So wie diese zwei Faktoren, Selbstsucht und Selbstlosigkeit, im Bewusstsein des einzelnen Erdenmenschen als das sogenannte „Böse" und das sogenannte „Gute" zu bezeichnen sind, so sind auch diese zwei Faktoren die Grundlage für eine ähnliche Spaltung im gesamten Bewusstseinsleben der erdenmenschlichen Gesellschaft selbst. Und hier sind die Resultate der Selbstsucht oder der Geldmacht das „Böse" und die der Selbstlosigkeit oder der Staatsgewalt das „Gute". Wenn wir sehen, was diese zwei Realitäten für die gesamte Erdenmenschheit bedeuten, bekommen wir auch diese Analyse mühelos bestätigt. Die Selbstsucht in Form der Geldmacht bedeutet somit für die Gesellschaft: Truste, Überpreise für alle Bedarfsgüter, Armut, Not und Elend, die wieder, wie schon genannt, Hass, Revolution, Krieg, Verletzung und Krankheiten nach sich ziehen. Selbstlosigkeit in Form der Staatsgewalt bedeutet dagegen für die Gesellschaft: Entwicklung von Gesetz und Recht für jeden Bürger, kostenlosen Unterricht, Schulen, Krankenhäuser, Hilfe für unbemittelte, kranke und alte Menschen, Entwicklung des Schutzes gegen Räuberei, Plünderung und unverschämte Gewinne auf Waren, Errichtung des Polizeiwesens, Verkehrsanlagen, Parkanlagen, Museen usw. Und die gemeinnützigen Maßnahmen seitens der Staatsgewalt nehmen ständig zu.

Das hier Genannte bedeutet natürlich nicht, dass alle Repräsentanten der Geldmacht als „Verbrecher" zu stempeln sind und dass alle Repräsentanten der Staatgewalt „Heilige" sind, im Gegenteil. Es gibt ja viele edle Menschen unter den Vermögensbesitzern, wie auch viele Wesen unter den Ausübenden der Staatsgewalt sein können, die unedel sind. Aber das ändert nicht die eingeschlagene Entwicklungsrichtung des Gesellschaftssystems, in der die Staatsgewalt in der Entwicklung ist und die Geldmacht degeneriert. Dass es innerhalb der Geldmacht Wesen mit beginnenden edlen Tendenzen gibt, Wesen, die deshalb Philanthropen werden und hier und da Gaben schenken, ist natürlich etwas sehr Gutes für die Gesellschaft und kann viel Not und viel Elend lindern. Dies ändert jedoch nicht das System. Es löst nicht die Ursache des Entstehens dieser Realitäten und kann somit nicht verhindern, dass diese an tausenden anderen Orten entstehen. Es wirkt nur als ein zeitweiliges Betäubungsmittel auf der lokalen oder kranken Stelle im Gesellschaftskörper. Es ist, wie schon früher gesagt, ein Flicken auf einem der vielen Löcher des Gesellschaftssystems. Da nun aber dieses System auf diese Weise so voller Flicken, überstopft und brüchig ist, dass jeder neue Flicken zuweilen Ursache von großen Löchern daneben wird, und da es auch so große Löcher gibt, dass sie gar nicht mehr mit Flicken geschlossen werden können, muss es zugrunde gehen. Das ewige Leben hinter dem System erzwingt die Schöpfung eines neuen Systems.

Dass es Wesen unter den Repräsentanten der Staatsgewalt gibt, die unedel sind, kann auch nicht verhindert werden, solange die neue geistige Basis nicht fertig ist und die Menschen noch nicht die Moral, die Wege und die Bedingungen deutlich sehen, unter denen das neue Gesellschaftssystem geboren wird. Innerhalb der Geldmacht wie auch innerhalb der Staatsgewalt werden jedoch allmählich solche Wesen, die aufgrund überlegener Selbstsucht in ihrem eigenen Bewusstsein die gehorsamen Vorkämpfer des Egoismus, des Besitztums, der Ausbeutung und des Krieges sind, verhältnismäßig schnell als nicht-gemeinnützig entschleiert werden. Sie sind blinde Politiker. Sie kämpfen für Zersplitterung statt für Zusammenschluss. Sie kämpfen für den Weg zum Glück, sehen ihn jedoch nicht und laufen wie verwirrte Haustiere bei einem Brand ins Feuer, statt sich retten zu lassen. Sie gehen gegen die Natur, sie hadern mit den Weltenergien und ihr Ziel wird deshalb im Großen und Ganzen hoffnungslos unerreichbar. So geht dann die Entwicklung ihren Gang, und die große Schöpfung des Weltfriedens wird zur Vollendung gebracht.

Es ist also das Fundamentale in der Weltentwicklung, dass die Staatsgewalt in Form des Gesetzes- und Rechtswesens dabei ist, vollkommen zu werden, während die Geldmacht sich in der Degeneration befindet. Die Staatsgewalt ist somit in Wirklichkeit dasselbe wie „das Recht in seinem Werden".

Und wir finden ihn deshalb als die tragende Grundlage der Realität wieder, die wir früher unter dem Begriff der „Geldmacht" behandelt haben, welche die größte materielle Macht innerhalb der erdenmenschlichen Gesellschaft ausmacht.
Livets Bog, Band 1, Ziff. 95.
Und hier sind die Resultate der Selbstsucht oder der Geldmacht das „Böse" und die der Selbstlosigkeit oder der Staatsgewalt das „Gute".
Livets Bog, Band 1, Ziff. 95.
Die Selbstsucht in Form der Geldmacht bedeutet somit für die Gesellschaft: Truste, Überpreise für alle Bedarfsgüter, Armut, Not und Elend, die wieder, wie schon genannt, Hass, Revolution, Krieg, Verletzung und Krankheiten nach sich ziehen.

Livets Bog, Band 1, Ziff. 95.

Das hier Genannte bedeutet natürlich nicht, dass alle Repräsentanten der Geldmacht als „Verbrecher" zu stempeln sind und dass alle Repräsentanten der Staatgewalt „Heilige" sind, im Gegenteil.

Livets Bog, Band 1, Ziff. 95.

Aber das ändert nicht die eingeschlagene Entwicklungsrichtung des Gesellschaftssystems, in der die Staatsgewalt in der Entwicklung ist und die Geldmacht degeneriert.

Livets Bog, Band 1, Ziff. 95.

Dass es innerhalb der Geldmacht Wesen mit beginnenden edlen Tendenzen gibt, Wesen, die deshalb Philanthropen werden und hier und da Gaben schenken, ist natürlich etwas sehr Gutes für die Gesellschaft und kann viel Not und viel Elend lindern.

Livets Bog, Band 1, Ziff. 95.

Innerhalb der Geldmacht wie auch innerhalb der Staatsgewalt werden jedoch allmählich solche Wesen, die aufgrund überlegener Selbstsucht in ihrem eigenen Bewusstsein die gehorsamen Vorkämpfer des Egoismus, des Besitztums, der Ausbeutung und des Krieges sind, verhältnismäßig schnell als nicht-gemeinnützig entschleiert werden.

Livets Bog, Band 1, Ziff. 95.

Es ist also das Fundamentale in der Weltentwicklung, dass die Staatsgewalt in Form des Gesetzes- und Rechtswesens dabei ist, vollkommen zu werden, während die Geldmacht sich in der Degeneration befindet.

Livets Bog, Band 1, Ziff. 95.

Da aber das Recht innerhalb der erdenmenschlichen Gesellschaft dasselbe ist wie die Staatsgewalt und da die Macht innerhalb derselben Gesellschaft dasselbe ist wie die Geldmacht, wird die Vereinigung des Rechts mit der Macht bedeuten, dass die Staatsgewalt in den Besitz der Geldmacht kommen muss.

Livets Bog, Band 1, Ziff. 96.

Der Weg zur Entfernung des erdenmenschlichen Leidenszustands. Die Vereinigung der Macht und des Rechts. Die Selbstlosigkeit übernimmt die Werte

96. Allmählich werden jetzt die Energien des neuen Weltimpulses die Intelligenz der Wesen entwickeln, und der Mehrzahl der Erdenmenschen werden immer mehr die Augen aufgehen für die Gesellschaftsübel, die zu überwinden der Staatsgewalt vorbehalten ist, damit der große Frieden über der Erde herrschen wird. Die Erdenmenschen werden somit zur Erkenntnis dessen kommen, dass alle in ihrem Bewusstsein noch existierenden Reste des tierischen Lebensprinzips entfernt werden müssen, bevor der Friede eine Tatsache werden kann. Sie müssen lernen einzusehen, dass diese Reste die „verbotenen Früchte" sind, d.h. die Früchte, deren Genuss sie heute vom „Garten Eden" oder vom totalen Glückszustand ausgeschlossen hält. Diese

Früchte sind wieder identisch mit allem, was unter den Begriff der „Bekämpfung der Vereinigung der Macht mit dem Recht" fällt. Alle Erfahrungen der Erdenmenschen oder des Lebens direkte Sprache in Verbindung mit dem lichten Weltimpuls des „göttlichen Schöpfungsprinzips", für den dieses Buch Ausdruck ist, zeigen dieses als den einzigen Weg zur Entfernung des erdenmenschlichen Leidenszustands. Die gesamten jetzigen Erfahrungen der Erdenmenschen werden sich somit allmählich auf dieses Eine konzentrieren, die Macht mit dem Recht zu vereinen. Da aber das Recht innerhalb der erdenmenschlichen Gesellschaft dasselbe ist wie die Staatsgewalt und da die Macht innerhalb derselben Gesellschaft dasselbe ist wie die Geldmacht, wird die Vereinigung des Rechts mit der Macht bedeuten, dass die Staatsgewalt in den Besitz der Geldmacht kommen muss. Nur das Recht allein kann die Werte besitzen. Da das Recht von der Staatsgewalt repräsentiert wird und da diese wieder der Ausdruck für das „Gemeinschaftsinteresse" oder für die Selbstlosigkeit ist, während die Geldmacht Ausdruck für das „Privatinteresse" oder für die Selbstsucht ist, ist die Konsequenz hiervon, dass die Selbstlosigkeit sich die Macht oder die Werte aneignet. Nur wenn der Geist der Selbstlosigkeit die Werte besitzt und dabei die Macht hat, kann der Friede herrschen. Wenn die Selbstsucht die Macht so besitzt, wie es noch innerhalb der erdenmenschlichen Gesellschaft der Fall ist, wird dadurch nur ein Geist geschaffen, der den Krieg oder den Unfrieden zu einer Tatsache macht. Der Geist des Rechts muss also in der Welt zum Machtinhaber gemacht werden. Das Recht, das jetzt in seiner höchsten Form durch die Staatsgewalt hervortritt, macht nur eine Realität aus, die der Macht unterworfen ist. Das Recht muss eine Realität werden, der die Macht unterworfen ist.

Da das Recht von der Staatsgewalt repräsentiert wird und da diese wieder der Ausdruck für das „Gemeinschaftsinteresse" oder für die Selbstlosigkeit ist, während die Geldmacht Ausdruck für das „Privatinteresse" oder für die Selbstsucht ist, ist die Konsequenz hiervon, dass die Selbstlosigkeit sich die Macht oder die Werte aneignet.
Livets Bog, Band 1, Ziff. 96.
Er ist wie auch die Staatsmacht in sehr großem Ausmaß der „Geldmacht" unterworfen und ist damit ihr „Untertan" statt ihr „Herr".
Livets Bog, Band 1, Ziff. 101.
Der „Völkerbund" als ein Gesetzes- und Rechtswesen ohne Polizei unter bewaffneten „Steinzeitwesen". Selbstlosigkeit als Grundwahl des Weltreiches
101. Wir werden ja auch Zeuge dessen, das die Entwicklung schon begonnen hat, schwache Tendenzen zu einer Weltobrigkeit zu schaffen. Diese Tendenzen erscheinen heute unter dem Begriff „Völkerbund". Aber dieser Bund ist bis jetzt allerhöchstens als ein „Embryo" eines Weltrechts zu betrachten. Er besitzt nicht die Werte und hat deshalb keine wirkliche Macht hinter sich. Er ist wie auch die Staatsmacht in

sehr großem Ausmaß der „Geldmacht" unterworfen und ist damit ihr „Untertan" statt ihr „Herr". Unter den Individuen (Nationen), für die er das „Rechtswesen" sein soll, ist er jedoch bislang nur ein schöner „Gedanke", ein „Papierabkommen", das nur innerhalb eines Gebietes respektiert werden kann, wo er nicht in das vermeintliche Eigentumsrecht der Individuen (Nationen) eingreift. Bis jetzt ist er nur ein Gesetzes- und Rechtswesen ohne Polizei unter bewaffneten „Steinzeitindividuen" (Nationen) und kann also das Gesetz und das Recht nicht weiter praktizieren als innerhalb eines Gebietes, das nicht mit dieser Bewaffnung kollidiert. Aber dies ist nur ganz natürlich. Nichts wird erwachsen geboren. Und eine so mächtige Realität wie eine Weltobrigkeit kann nur durch eine gradweise, steigende Entwicklung entstehen. Es würde nichts weniger als eine Katastrophe für Tausende von Menschen bedeuten, wenn eine solche Realität an einem Tag entstünde. Aber dies befreit natürlich keinen einzigen Erdenmenschen von der Pflicht, an einer möglichst schnellen Erschaffung eines solchen Weltgerichtshofs mitzuarbeiten.

Der obengenannte Bund oder solche Tendenzen, für die er Ausdruck ist, ist also der Anfang zu einer Weltobrigkeit und damit der Anfang dazu, alle Staaten der Welt zu einem Reich zu vereinen. Damit aber das Resultat der vorhin genannten Tendenzen oder ein solcher Bund wirklich ein Weltgerichtshof oder ein Weltrecht werden kann, müssen die Nationen, die ja die „Individuen" sind, für die er zum Gerichtshof werden soll, ihre Waffen an diesen Gerichtshof übergeben. Solange sie selbst eine bewaffnete Macht sind und ihre Obrigkeit oder ihr Gerichtshof eine unbewaffnete Macht ist, kann dieses Recht oder diese Obrigkeit ebenso wenig Garantie dafür leisten, dass dem Gesetz und dem Recht Genüge geschehen kann, wie das allgemeine Gesetzes- und Rechtswesen innerhalb eines einzelnen Staates Sicherheit und Gerechtigkeit garantieren kann, wenn es ohne Polizei wäre und die Bürger bewaffnet wären. Aber so wie es hier den Bürgern verboten ist, Waffen zu tragen, werden die „Individuen" (Nationen) im Weltstaat auch daran gehindert werden, Waffen zu tragen. Nur die Selbstlosigkeit, repräsentiert in Form der Weltobrigkeit, des Gesetzes und Rechts, kann rechtmäßiger Herr über die Mordinstrumente sein. Damit dies jedoch geschehen kann, müssen sich die Einwohner in allen Ländern in Kontakt mit der Selbstlosigkeit begeben, d.h. mit dem „Internationalismus". Alle Entwicklung innerhalb der Erdenmenschheit wird sich also in Richtung des Internationalismus oder der Selbstlosigkeit formen, die allein die Grundlage bilden kann, auf der ein alles umfassendes göttliches Weltreich ruhen kann.

Da das „Privatinteresse" in Form der „Geldmacht" oder der „Privatmacht" die Werte in der Welt besitzt, wird es über alle Arbeit bestimmen und damit über die Verwaltung.
Livets Bog, Band 1, Ziff. 109.
Die richtige Anwendung der Maschinen gemäß dem göttlichen Weltplan. Die

Ausnutzung der Maschinen durch die Privatmacht und die Mittellosigkeit. Gewerkschaften, politische Organisationen und Vereine

109. Ein anderer und außerordentlich großer und mächtiger Faktor, der auch unter
der Weltobrigkeit geändert werden wird, ist das Ausnutzen der Vorteile der modernen Maschinen. Unter Maschinen versteht man ja eine Realität, mit deren Hilfe man
imstande ist, „Arbeit" zu produzieren, d.h. eine Realität, die den Erdenmenschen
einen Teil der täglichen groben Arbeit erleichtert oder sie davon befreit. Da eine
Maschine nur unter der Bedingung akzeptiert wird und Erfolg hat, dass sie auf dem
einen oder anderen besonderen Gebiet mehr und bessere Arbeit als ein Erdenmensch
leisten kann, wird das Resultat sein, dass eine Maschine zuweilen dazu gebaut ist,
mehr als die zehnfache oder hundertfache Arbeit dessen zu leisten, was ein Erdenmensch im selben Zeitraum leisten kann. Damit die gesamte Erdenmenschheit auf
der ganzen Welt existieren kann, muss sie jeden Tag eine gewisse Summe von
Arbeit leisten. Mit Hilfe einer Maschine kann diese Arbeit um die Arbeit so vieler
Menschen verkürzt werden, wie sie imstande ist zu ersetzen. Wenn eine Maschine
z.B. die Arbeit von hundert Erdenmenschen ersetzt, bedeutet das also, dass diese
hundert Wesen der übrigen Erdenmenschheit zur Verfügung stehen, deren gesamte
Arbeitszeit dabei um die täglichen Arbeitsstunden dieser hundert Erdenmenschen
verkürzt werden kann. Da über die ganze Welt Millionen von Maschinen angewendet werden und da dauernd neue erfunden werden, ist das gleichbedeutend damit,
dass die Existenzbedingung der gesamten Erdenmenschheit um Millionen und aber
Millionen von Arbeitsstunden verkürzt wird und fortwährend weiter verkürzt werden wird. Die Erdenmenschheit hat also aufgrund der Maschinen eine außerordentliche Menge von „Freizeit" erhalten, die dauernd anwächst. Das bedeutet wiederum,
dass ihre tägliche Arbeitszeit nicht allein verkürzt wird, sondern dass aus dem
wöchentlichen „Ruhetag" für jeden einzelnen Erdenmenschen mehrere „Freitage"
entstehen können. Da aber Müßiggang nicht in Harmonie mit dem Gesetz fürs
Dasein steht, wird es auch weiterhin in der Welt heißen: „Sechs Tage sollst du
arbeiten, aber am siebenten sollst du deinen Ruhetag halten". Das bedeutet also,
dass der Überschuss an „Freitagen", der für die Wesen entsteht, nicht rechtmäßiger-
weise zum Müßiggang angewendet werden kann. Da aber keine materielle Arbeit an
diesen Tagen vorhanden ist, muss die Arbeit geistiger Natur sein, d.h. dass diese
materiellen Freitage Studientage für die Wesen werden. Die kommende Weltobrigkeit wird somit Schulen und Lehranstalten errichten, in denen die Erdenmenschen
an diesen Tagen gesetzlich befohlenen Unterricht in Kunst, Wissenschaft, Sprachen,
Gemeinschaftsökonomie, Handwerk usw. nehmen müssen, und sie werden auf diese
Weise gratis in den besonderen Fächern und Feldern ausgebildet, die von den
einzelnen Wesen selbst in Harmonie mit ihrer besonderen Lust, mit ihren Interessen
und Anlagen ausgewählt werden. Dadurch kommen sie in Kontakt mit dem Gesetz

fürs Dasein und entwickeln in sich die Empfänglichkeit für die „kommende große Geburt". So wird dem Gesetz fürs Dasein in der kommenden Weltverwaltung Genüge geschehen. Aber in unseren Tagen, wo es eine solche Verwaltung überhaupt noch nicht gibt, sind die Verhältnisse gezwungenermaßen natürlich das Entgegengesetzte. In Bezug auf die Maschinen werden wir ganz gewiss Zeuge ihrer Erfindung und ihrer Anwendung, und wir sehen auch die „Freizeit", die sie den Erdenmenschen schaffen. Hier jedoch beginnt der Gegensatz. Wir werden nämlich Zeuge dessen, dass diese „Freiheit" geradezu ein unterminierender „Krebsschaden" für die Erdenmenschheit ist, da sie mit dem im täglichen Dasein nun bis zum Überdruss entstehenden „Müßiggang" identisch ist, der mit dem Ausdruck „Arbeitslosigkeit" bezeichnet wird, die sich jetzt in großem Ausmaß in allen Weltteilen ausbreitet. Da „Arbeitslosigkeit" hier dasselbe wie „Mittellosigkeit" bedeutet, werden wir in unseren Tagen Zeuge dessen, dass die Maschinen Mittellosigkeit schaffen und gegen den göttlichen Weltplan gehen, der, wie wir eben gesehen haben, darauf zielt, durch die Maschinen eine Befreiung von einem Teil des materiellen Drucks schaffen zu lassen, der in Form von grober physischer Arbeit noch an der Existenz der Erdenmenschheit haftet. Eine Befreiung, die also den Erdenmenschen den Zugang zu den Regionen des Geistes oder des göttlichen Wissens erleichtern soll. Wenn wir die Ursache zu dem Umstand finden sollen, dass die Verwendung von Maschinen also noch nicht in Harmonie mit dem Weltplan ist, müssen wir wieder zurückgehen zu den Umständen, die noch bedingen, dass das Recht nicht mit der Macht vereint ist und dass die Erdenmenschheit oder ihre Gemeinschaftsökonomie noch einen Koloss bildet, der zeigt, dass „jeder sich selbst am nächsten ist", konzentriert in der Form des „Privatinteresses", und also nicht in hinreichendem Maß das „Blut" in sich entwickelt hat, das in Form des „Gemeinschaftsinteresses" die Gemeinschaft zu einem vereinten Körper des Rechts in Reinkultur verbinden soll. Da das „Privatinteresse" in Form der „Geldmacht" oder der „Privatmacht" die Werte in der Welt besitzt, wird es über alle Arbeit bestimmen und damit über die Verwaltung. Da die Privatmacht nicht daran interessiert sein kann, dass die Gemeinschaftsmacht oder das Gemeinschaftsinteresse Macht entwickelt oder sich aneignet, weil dies ja ihren eigenen Untergang bedeuten würde, wird sie nur solche Bereiche anregen, die ihren Besitz vergrößern können und ihr größere Macht verleihen. Um aber ihre Macht und Existenz aufrechtzuerhalten, muss sie sich eines Heeres von Arbeitern bedienen. Da diese Lebewesen sind, ist die Privatmacht gezwungen, ihren Arbeitern in Form eines mehr oder weniger niedrigen Arbeitslohns Nahrung und Unterkunft zu geben, um sie ausbeuten zu können, und zwar auf genau dieselbe Weise, wie der Landwirt seinen Haustieren Nahrung und Unterkunft geben muss, wenn er sich die Hoffnung machen will, aus ihnen einen Gewinn zu erzielen. Wenn deshalb eine Maschine erfunden wird, hat die Privatmacht einen großen Vorteil davon, sie sich anzueignen, da sie dadurch imstande ist, genau so vielen Arbeitern zu kündigen, wie der Bau der Maschine ersetzen kann, und sie kann somit selbst ihr „Privatvermögen" um den Betrag vergrößern, der in Form von Arbeitslohn die Existenzbedingung der betreffenden Arbeiter war. Also ein Umstand, der nicht gerade schmeichelhaft für die Harmonie der Privatmacht mit dem Gesetz fürs Dasein oder für das große Gebot „du sollst deinen Nächsten lieben wie dich selbst" ist, da dies in viel zu hohem Grad an die Erfüllung der Realitäten erinnert, auf denen „wahres Heidentum" oder die finstere Weltmoral aufgebaut sind. Dass der genannte Umstand nichtsdestoweniger eine Tatsache ist, davon zeugt die über die ganze Welt wachsende Arbeitslosigkeit, die unvermeidlich die Konsequenz werden musste. Da Arbeitslosigkeit wieder Mittellosigkeit bedeutet, resultiert diese Konsequenz darin, dass Tausende und wieder Tausende von Erdenmenschen jedes natürlichen Weges beraubt sind, sich durch ehrliche Arbeit ihren täglichen Lebensunterhalt aneignen zu können. Und die unvermeidlichen Folgen hiervon müssen dann wieder Armut, Bettelei, Hochstapelei, Prostitution, Verbrechen, Faulheit, Vagabundieren, Stumpfsinn und Selbstmord werden, welche Realitäten zusammen absolut nur als Unnatur, als eine verzehrende Krankheit oder als offene Wunde im erdenmenschlichen Gemeinschaftskörper zu identifizieren sind. Und diese Wunde breitet sich nun mit einem so raschen Wachstum aus, dass die Massen in der ganzen Welt beginnen, ihre Existenz bedroht zu sehen, und in Form von Gewerkschaften, politischen Organisationen und Vereinigungen vieler Art anfangen, eine Gegenwehr zu bilden. Diese Gegenwehr wird nicht aufhören, bevor die gesamten Werte der Welt unter eine, für alle fünf Weltteile, für die gesamte Menschheit gemeinschaftliche Finanzverwaltung gebracht sind, die, von einer Weltobrigkeit beschützt und von einer Weltregierung verwaltet, eine Garantie für eine natürliche Existenzbedingung, für Gesetz und Recht, Humanität und Alliebe für ein jedes Lebewesen werden kann.

Die Welt als Geschenk an die ganze Menschheit. Arbeitsleistung als einziges Bezahlungsmittel. Das Geld verschwindet aus der Welt
Livets Bog, Band 1, Ziff. 110, Ziffernüberschrift.
Die Welt als Geschenk an die ganze Menschheit. Arbeitsleistung als einziges Bezahlungsmittel. Das Geld verschwindet aus der Welt
110. Da aller Privatbesitz allmählich, nachdem die Entwicklung voranschreitet, Eigentum des Weltstaates werden wird, wird zuletzt nur ein einziger Vermögensbesitzer oder Kapitalist auf Erden existieren, nämlich die gesamte Erdenmenschheit. Ihr wurde ja einmal die ganze Welt geschenkt, um „sie sich untertan zu machen". Als sie aber dieses „Geschenk" empfing, befand sie sich auf dem Stadium des Tierreiches, und sie empfing die Welt daher auch, wie aus dem Voranstehenden hervorgeht, „auf tierische Weise", d.h. die stärksten und listigsten Wesen eigneten sich nicht allein ihren berechtigten Teil des „Geschenks" an, sondern auch einen ganzen Teil dessen, was berechtigterweise anderen Wesen angehören sollte, Wesen, die also den

ersteren an Stärke und Gier unterlegen waren. Die Erdenmenschheit hat also die Erde auf dieselbe Weise empfangen, wie die Raubtiere ein Stück Fleisch entgegennehmen. Die stärksten Tiere bemächtigen sich des Ganzen ganz unberührt davon, ob ihre weniger kräftigen Stammesgenossen dabei verhungern. Da das Entgegennehmen der Welt seitens der Erdenmenschheit noch nicht zu Ende geführt ist, sondern in unseren Tagen in Form des Kampfes um die Werte weitergeht, d.h. in „privaten Besitztümern", in Kapital und Vermögen für die einen, und in Armut, Not und Elend für die anderen Wesen resultiert, haben wir hier einen Beweis dafür, dass sich die Menschheit noch innerhalb des Gebiets des Tierreiches befindet und es noch nicht erreicht hat, sich die Erde untertan zu machen. Sie ist also noch nicht Herr über die Verteilung. Sie hat noch nicht garantieren oder in Szene setzen können, dass jedes einzelne Wesen seinen berechtigten Erbteil dieser göttlichen Gabe bekam. Wenn deshalb alle privaten Werte oder Besitzungen dazu übergehen, Eigentum des Weltstaates zu werden, ist das nur ein Ausdruck dafür, dass diese Verteilung kultiviert worden ist. Wenn die Welt also ein Geschenk an die gesamte Menschheit ist, bedeutet das natürlich nicht, dass einige einzelne Privatpersonen die Kohlenlager, andere die Ölquellen und wieder andere die Gold- und Diamantenminen und übrigen Minerallager als „Privateigentum" geschenkt bekommen haben und sich damit rechtmäßig zu „Geschäftskönigen" oder „Magnaten" in diesen Gebieten machen können, diese monopolisieren und damit den Zugang der übrigen Menschheit zu dem betreffenden Lebensbedarf erschweren können. Wenn die lebensnotwendigen Bedarfsgüter nichtsdestoweniger trotzdem von solchen „Börsenkönigen" in Beschlag genommen sind, die ausschließlich daran interessiert sein können, einen Valutakurs oder eine Preisnotierung zu halten, die dauernd nur mit dem Allerhöchsten stehen und fallen, was die übrige Gemeinschaft zu zahlen gezwungen werden kann, werden wir hier wieder Zeuge dessen, dass die Macht nicht mit dem Recht vereint ist. Die Macht und nicht das Recht bestimmt den Preis für die Bedarfsgüter. Dass es Wesen gibt, welche die Initiative gehabt haben, Bergwerke und Fabriken in Gang zu setzen, ist ja göttlich, und die Disharmonie beginnt ja auch erst dort, wo die betreffenden Wesen gleichzeitig „maskierten Raub" begehen oder beginnen, sich den „Überschuss" in Form von Werten anzueignen, für die sie nichts leisten. Da die Minerallager der Erde entstanden, ohne dass es die Erdenmenschheit einen einzigen Pfennig oder Schweißtropfen gekostet hat, hat sie diese auf dieselbe Weise geschenkt bekommen, wie sie die Luft, die sie atmet, als Geschenk bekam. Kein Erdenmensch hat deshalb irgend ein kosmisches Recht, Bezahlung für Mineralien oder Rohstoffe zu nehmen, da er in diesem Fall Werte erhalten wird, für die er nichts geleistet hat. Erst wenn der Mensch den Rohstoff auf eine solche Weise bearbeitet hat, die ihn zu einem Plus für die Menschheit gemacht hat, kann ihm Bezahlung zukommen. Diese Bezahlung kann aber keine Bezahlung für die Rohstoffe selbst sein, sondern nur Bezahlung für die Arbeit, die nötig war, um den Rohstoff nützlich zu machen. Diese

Arbeit wird hier somit als der einzig wirkliche Wert sichtbar, den die Erdenmenschheit für ihren Lebensunterhalt bezahlen soll. Da aber kein Erdenmensch für das Vorhandensein der Rohstoffe auf Erden Arbeit geleistet hat, sondern diese an sich aller Erdenmenschen Eigentum sind, kann hier rechtmäßig auch keine Rede von Bezahlung für geleistete Arbeit sein. Der einzig wirkliche Bezahlungswert in der Welt wird somit ausschließlich eines Wesens nützliche Arbeit oder Schöpfung sein. Jeder normale Erdenmensch, der zur Welt kommt, hat somit eine natürlich angeborene Bezahlungsfähigkeit. Im Weltstaat wird diese angeborene Bezahlungsfähigkeit zu ihrem vollen Recht kommen, wird durch das Gesetz geschützt werden, und jede Möglichkeit für Missbrauch oder Ausbeutung wird somit, wie aus dem Folgenden hervorgehen wird, ganz ausgeschlossen sein. Im Weltstaat wird die persönliche und nützliche Arbeitsleistung eines Wesens eben das absolut einzig existierende Bezahlungsmittel sein. Das Geld wird allmählich, nachdem der Weltstaat in den Besitz der Werte gelangt, aus der Welt verschwinden.

Das Geld wird allmählich, nachdem der Weltstaat in den Besitz der Werte gelangt, aus der Welt verschwinden.
Livets Bog, Band 1, Ziff. 110.
Da unter der kommenden Weltverwaltung somit keinerlei Finanzkrisen, keine Teuerung, kein Kampf um Geld oder Werte, keine gegenseitige Ausbeutung der Wesen, kein „Gratisdasein“, keine Gemeinschaftsschmarotzer, keine Arbeitslosigkeit, kein Gebrauch von Armenhilfe oder Unterstützungen, kein Überfluss und keine Armut, sondern für jedes Wesen ein gesunder Wohlstand und ein natürlicher Zugang zu allen materiellen und geistigen Gütern existieren wird, wird es im Weltreich nicht unangenehm sein, es wird kein Leben in Sklaverei und Knechtschaft und kein Leben mit Macht- und Reichtumsidealen geben, sondern ein Leben, dessen Ideale sich absolut nur auf das höchste Streben nach der größten Leistung von Nutzen, der schönsten Arbeit, der vollkommensten Schöpfung und der größten Liebe konzentrieren können.
Livets Bog, Band 1, Ziff. 114.
Das Leben im Weltreich
114. Da unter der kommenden Weltverwaltung somit keinerlei Finanzkrisen, keine Teuerung, kein Kampf um Geld oder Werte, keine gegenseitige Ausbeutung der Wesen, kein „Gratisdasein“, keine Gemeinschaftsschmarotzer, keine Arbeitslosigkeit, kein Gebrauch von Armenhilfe oder Unterstützungen, kein Überfluss und keine Armut, sondern für jedes Wesen ein gesunder Wohlstand und ein natürlicher Zugang zu allen materiellen und geistigen Gütern existieren wird, wird es im Weltreich nicht unangenehm sein, es wird kein Leben in Sklaverei und Knechtschaft und kein Leben mit Macht- und Reichtumsidealen geben, sondern ein Leben, dessen Ideale sich absolut nur auf das höchste Streben nach der größten Leistung von Nutzen, der

schönsten Arbeit, der vollkommensten Schöpfung und der größten Liebe konzentrieren können. Das Leben im Planetarreich kann somit nur ein Leben in höchster Freiheit und Kultur werden, ein Leben in größter Harmonie, in Glück und Freude.

Abschaffung des Geldes zum Vorteil der Einführung persönlich geleisteter Arbeit eines jeden Wesens als einzigen Zahlungswert und Quittungen hierfür als einziges Zahlungsmittel dieser Person.
Livets Bog, Band 1, Ziff. 117.
Ein Auszug aus der kosmischen Analyse der Erdenmenschheit. Die Erfüllung des großen Liebesgebots in Form von zwölf entscheidenden Punkten
117. Wir haben nun alle wichtigen Entwicklungsfaktoren beleuchtet, die zur Zeit die Erdenmenschengemeinschaft beherrschen. Wir wurden Zeuge des unglücklichen Zustands und der Ursache dieses Zustands, und gleichzeitig wurde uns auch der Weg für dessen Entfernung gezeigt. Damit dieser Weg dem ernsten Wahrheitssucher noch klarer und zugänglicher werden kann, wollen wir in Übereinstimmung mit diesem Kapitel und den übrigen Kapiteln im Livets Bog einen Auszug aus der kosmischen Analyse der Erdenmenschengemeinschaft in folgendem kleinen Resümee machen.

Die Erdenmenschengemeinschaft bildet eine kosmische Realität, die sich in der Entwicklung befindet. In dieser Entwicklung repräsentiert sie ein Stadium, das wieder als ein Übergangszustand vom „Tierreich" zum „Menschenreich" zu bezeichnen ist. Dieser Zustand wird sich als Kampf zwischen den führenden Energien dieser zwei Reiche formen, die wieder als „Selbstsucht" bzw. als „Selbstlosigkeit" zu bezeichnen sind. Da die Energien der Selbstsucht ihrer kosmischen Natur nach explosiv oder zersplitternd und die Energien der Selbstlosigkeit zusammenziehend oder vereinend sind, wird die Entwicklung der Erdenmenschengemeinschaft identisch mit einer Verwandlung von einem nebelhaft zersplitterten Zustand zu einer zusammenhaltenden oder verdichteten Einheit sein. Mit anderen Worten, die genannte Gemeinschaft ist mit einem Sternennebel zu vergleichen, der auf dem Wege ist, sich zu einer leuchtenden Sonne zu verdichten. In diesem Verdichtungsprozess ist die Erdenmenschengesellschaft so weit gekommen, dass sie einen ganzen Teil einzelner bereits zusammengeschmolzener oder verdichteter leuchtender Punkte repräsentiert. Diese leuchtenden Punkte zeigen sich in unserem Dasein als „Nationen" oder „Staatsmächte". Aber der Verdichtungsprozess greift immer weiter um sich. In Form einer Reihe von internationalen Bereichen sind die Staatsmächte schon so weit zusammengeschmolzen, so sehr voneinander abhängig, dass der Zusammenbruch oder der Ausschluss auch nur einer einzigen Staatsmacht von dieser Zusammenschmelzung in vielen Fällen ein „Bruch", eine Katastrophe ist. Der hervorragendsten Intelligenz der Menschheit ist diese Tatsache schon so offenbar geworden, dass sie große internationale Antikriegs- und Friedensbewegungen sowie den „Völkerbund" entstehen ließ, welche alle in steigender Entwicklung sind und Kräfte darstellen, die sich mehr und mehr auf die Erschaffung einer gemeinschaftlichen Weltverwaltung und Weltregierung konzentrieren und damit die Verheißung der Weltreligionen von „einer Herde und einem Hirten" zur Tatsache machen werden. Diese Realitäten werden als wirkliche und absolute Tatsachen um so sichtbarer, als die Leiden und Beschwerden, welche die Erdenmenschen zur Zeit erleben, alle zusammen ihre Ursache in der tierischen Energie, der „Selbstsucht", haben, die in dieser Hinsicht dasselbe ist wie „Nationalismus". Natürlich bedeutet das nicht, dass die ursprüngliche Eigenart der Nationen, was Geist und Kultur betrifft, unterdrückt werden soll. Hier ist selbstverständlich nur die Rede von den Teilen derselben, die zum Schaden des Bestehens und des Wohlergehens der gesamten Erdenmenschheit sind oder damit kollidieren. Da die Förderung der Selbstlosigkeit in Form des „Internationalismus" außerdem auf geistigem Weg stimuliert wird oder von dem früher beschriebenen Weltimpuls des „göttlichen Schöpfungsprinzips" getragen wird, ist der Sieg des Internationalismus in Form eines göttlichen internationalen Weltreiches mit einem gemeinschaftlichen, geistigen, absoluten Wissen als religiöse Basis und einer auf dieser Basis aufgebauten vollkommenen oder gerechten Weltverwaltung in keiner Weise als eine Utopie oder als ein in unübersehbarer Zukunft fernliegendes Problem zu betrachten, sondern eine realistische Tatsache, von deren Schöpfung jeden Tag ein kleiner Bruchteil vor unseren Augen stattfindet und der kein Erdenmensch deshalb verantwortungslos entgegenarbeiten kann oder es unterlassen kann, sie zu stimulieren. Dies wird um so mehr zu einer Tatsache, als die genannten Realitäten oder das hier in diesem Kapitel geschilderte Weltreich mit seinen vollkommenen Konsequenzen in Wirklichkeit nur das Aufheben aller der Fakten ausmacht, die die Erdenmenschen eben heute als Unvollkommenheiten und Mängel erleben. Da die Erdenmenschheit hauptsächlich aus normalen Wesen besteht und normale Wesen sich nur normaler Handlungen bedienen können und die normalen Handlungen identisch sind mit denen, welche die Erfahrung als logisch bestätigt hat, wird somit die Allgemeinheit, nachdem sie eben das Unlogische und Fehlerhafte in der gegenwärtigen Existenz erlebt hat, so weit kommen, dass sie mit Rücksicht auf die Erhaltung der Erdenmenschengemeinschaft logisch handelt. Im entgegengesetzten Fall würde sie ja als unnormal zu stempeln sein. Da aber alle Erfahrungen zeigen, dass an der Mentalität der Erdenmenschengemeinschaft nichts abwegig ist, da sie sich Tag um Tag mehr entwickelt und Lehren aus allem zieht, alles ausnutzt und ihre Entwicklung, kosmisch gesehen, sich in normalem Zuwachs befindet, wird das Weltreich, zu dessen Schöpfung jeder Erdenmensch schon heute entweder beschleunigend oder verzögernd beiträgt, in verhältnismäßig naher Zukunft eine Wirklichkeit sein. Die große Frage ist deshalb für die einzelnen Erdenmenschen: „Was sollen wir tun, um im Einklang mit der Schöpfung dieses göttlichen Friedensreiches oder mit der Auslösung der absoluten Harmonie und des absoluten Glücks auf Erden zu sein?" Und die Antwort ist hier wie an allen anderen Stellen in der göttlichen Weisheit das große Gebot: „liebet einander!"

Da die Energien oder die Vibrationen der lichten Ausstrahlung des Schöpfungsprinzips im Laufe der Zeit durch die Ereignisse die Erfüllung dieses göttlichen Gebots derart geformt haben, dass sie eigene, bestimmte Realitäten bilden, die in das tägliche Leben und Treiben der Erdenmenschen eingreifen, und da diese Realitäten durch die Einwirkung des neuen Weltimpulses nun weiter in ihrer Identität mit dem Weg zum Licht verstärkt werden, wollen wir hier einen Überblick über sämtliche diese Realitäten geben. Diese oder die gesamte Energieentfaltung, durch welche die göttliche Vorsehung also sucht, die Erdenmenschheit zur Erfüllung des großen Liebesgebots hin zur Vollkommenheit zu bringen, kann mit folgenden zwölf Punkten ausgedrückt werden:

1.   Alle Formen des Sieges der Selbstlosigkeit über die Selbstsucht. (Sieg des Gemeinschaftsinteresses über das Privatinteresse).

2.   Erschaffung einer internationalen demokratischen Weltregierung.

3.   Abrüstung aller Länder zum Vorteil für die Errichtung einer internationalen unparteiischen Weltpolizei.

4.   Entwicklung eines internationalen, klar zutage tretenden – nicht geheimen – höchsten Gesetzes- und Rechtswesens, zusammengesetzt aus den besten Repräsentanten der Wissenschaft auf geistigen wie auch materiellen Gebieten, die qualifiziert sind, den Unterschied zwischen „abnormen Handlungen" und „Verbrechen" zu kennen, die den Gang und die ewigen Gesetze des Daseins kennen und die damit eine Garantie für absolutes Recht und absolute Gerechtigkeit für alles und alle sind.

5.   Abschaffung des Privatbesitzes von Werten zum Vorteil ihrer Aneignung durch den Weltstaat.

6.   Abschaffung des Geldes zum Vorteil der Einführung persönlich geleisteter Arbeit eines jeden Wesens als einzigen Zahlungswert und Quittungen hierfür als einziges Zahlungsmittel dieser Person.

7.   Errichtung einer für den gesamten Weltstaat gemeinschaftlichen Kindheits-, Alters- und Krankenfürsorge auf Basis des Abzugs von den Arbeitsquittungen.

8.   Ausnutzung der Maschinen zur Verkürzung der materiellen Arbeitszeit zum Vorteil von Studientagen und Geistesforschung.

9.   Abschaffung aller Gewaltpolitik und allen Blutvergießens.

10.   Abschaffung von Tortur-, Prügel- und Todesstrafen zum Vorteil von qualifizierten Internierungs- und Erziehungsvorkehrungen.

11.   Entwicklung von vegetarischen Nahrungsmitteln, von Gesundheit und von Körperpflege sowie von gesunden und hellen Wohnverhältnissen.

12.   Entwicklung von Geistesfreiheit, Toleranz, Humanität und Liebe zu allen Lebewesen, zu Menschen und Tieren, zu Pflanzen und Mineralien.

Diese zwölf Punkte sind also identisch mit den Realitäten, auf die sich die gesamte erdenmenschliche Entwicklungsenergie konzentriert und unter welchen jetzt die Erfüllung des höchsten Liebesgebots „liebet einander" im täglichen Dasein des Erdenmenschen aufgrund des neuen kosmischen Weltimpulses ihrer vollkommenen Auswirkung entgegengeht. Die genannten Punkte sind somit keine entwickelten Hirngespinste oder aufgesetzte Hypothesen, sondern Ausdruck der Analyse einer wirklichen Tatsache, die im Gedankenleben nur aufgrund vorausgehender realistischer Erlebnisse zum Ausdruck gekommen ist. Kein Erdenmensch wird deshalb existieren können, ohne mit diesen Realitäten in Berührung zu kommen oder von diesen Energien umgeben zu sein.

Dies ist wieder damit gleichbedeutend, dass die täglichen materiellen Erscheinungen, wie soziale Stellung, Geld, Stand, Ehre und die Meinung anderer Leute in noch stärkerem Grad die Hauptbedingung im Bewusstseinsleben dieser Wesen ist, als es der Fall mit den Wesen der Gefühlskategorie ist, innerhalb deren Gebiet es viele Wesen gibt, für welche die genannten materiellen Erscheinungen nur eine Nebensache sind, während alle geistigen und religiösen Probleme eine Hauptsache geworden sind.
Livets Bog, Band 1, Ziff. 134.
Die dritte Kategorie der Gruppe A. Zu stark entwickelte Intelligenz im Verhältnis zum Gefühl. Die Heimat für die Entwicklung der „Bourgeoisie" oder der „gehobenen Klasse"
134. Die dritte Kategorie der Gruppe A. Seite an Seite mit der zweiten Kategorie finden wir in der Entwicklung die dritte Kategorie, deren Wesen also aus denen bestehen, deren Entwicklung sich so geformt hat, dass ihr Gefühl im Verhältnis zu ihrer Intelligenz zu klein ist. Diese Wesen werden dabei wie die der zweiten Kategorie verschiedene Grade von Unausgewogenheit in ihrem Bewusstsein repräsentieren. Aber während die Kulmination der Unausgewogenheit bei den Wesen der Gefühlskategorie sich in Überreligiosität auswirkt, in Fanatismus, Ausschweifun-

gen, Perversität und Selbstmord, sind die äußersten Konsequenzen der Unausgewogenheit bei den Wesen der Intelligenzkategorie dagegen Antireligiosiät, Religionsverfolgung, Materialismus, Verbrechertum und Hinrichtungen. Da die Natur des Gefühlslebens eine geistige Einstellung des Bewusstseins bewirkt, während das Intelligenzleben, wenn es bei den Wesen der Erdzone überwiegt, eine materielle Einstellung bewirkt, ist das Bewusstsein der Wesen in der dritten Kategorie aufgrund ihres unterlegenen Gefühlslebens im Verhältnis zur Intelligenz mehr materiell als geistig eingestellt. Dies ist wieder damit gleichbedeutend, dass die täglichen materiellen Erscheinungen, wie soziale Stellung, Geld, Stand, Ehre und die Meinung anderer Leute in noch stärkerem Grad die Hauptbedingung im Bewusstseinsleben dieser Wesen ist, als es der Fall mit den Wesen der Gefühlskategorie ist, innerhalb deren Gebiet es viele Wesen gibt, für welche die genannten materiellen Erscheinungen nur eine Nebensache sind, während alle geistigen und religiösen Probleme eine Hauptsache geworden sind. Da die Wesen der Intelligenzkategorie also materiell oder irdisch eingestellt sind, materielle Begehren und Interessen haben, finden wir sie auch mehr in Kontakt mit materiellen irdischen Verhältnissen, im Besitz von mehr materiellen Gütern als die Wesen der Gefühlskategorie. Wir finden also hier die hervorragendsten Wesen der Welt, was Kapital und Reichtum angeht, und als Folge dessen die Heimstätte für den Hauptteil der Wesen, die zusammen das bilden, was wir in der materiellen Welt unter dem Begriff „Bourgeoisie" oder die „gehobene Klasse" kennen. Innerhalb des Gebietes der dritten Kategorie treffen wir auch auf Degeneration, wenn auch in etwas geringerem Grad als in der Gefühlskategorie. Außerdem kann bemerkt werden, dass wir unter den Wesen der dritten Kategorie, auch wenn sie mehr erdgebunden oder materialistisch eingestellt sind als irgend ein Wesen der zweiten Kategorie, doch solche antreffen, die außerordentlich bedeutungsvolle Werkzeuge im Dienste der Kultur und der Gesellschaft sind, hervorragend entwickelt sind und religiöses Interesse haben. Wir wollen nun dazu übergehen, auffallende Charakterzüge der Intelligenzkategorie in Form von fünf Abteilungen aufzuzeigen.

Von seinem erhabenen, unantastbaren, kosmischen Standpunkt aus erlebt es in goldenen Materien des „Seligkeitsreichs" lebende „Kopien" seines eigenen früheren „Dschungeldaseins", seiner „Raubtierzustände" wie auch seines sanftmütigeren Daseins als „pflanzenfressendes Wesen".
Livets Bog, Band 2, Ziff. 401.
Die „Seligkeitswesen" sehen zurück auf frühere Leben in der Spirale
401. Aufgrund der großen Sättigung von der Lichtregion werden die Wesen mit unwiderstehlicher Macht zu den Kontrasten dieser Region hingezogen. Die „Seligkeitswesen" finden diesen Kontrast ausschließlich in ihren Erinnerungen an ihr Erleben der finsteren Zone ihrer Spirale. Diese Zone der Finsternis ist somit für

diese Wesen gewissermaßen eine angenehmere Sphäre des Zurückdenkens als die hohe Welt, die sie eben verlassen haben. Die Finsternis hat für diese Wesen angefangen, zu Licht zu werden. Ihr ganzes Interesse richten sie daher nun in zunehmendem Maße auf ihre vergangenen Erlebnisse in der Finsternis. Und wie prachtvoll und eigentümlich ist doch das Wiedererleben ihrer vergangenen Erlebnisse! Das „Seligkeitswesen" sieht nun sein vergangenes Schicksal in seinem ganzen sich fortsetzenden Aufbau der Details – nicht in einem einzelnen lokalen physischen Leben, sondern durch viele Leben hindurch. Es sieht somit dessen wahre Ursachen und Wirkungen; es überzeugt sich aufs neue von der alles beherrschenden Liebestechnik, womit das Hervortreten des Alls und der Lebewesen offenbart wird. Jede kleinste Einzelheit des früheren Daseins des Wesens in der Spirale existiert in realistischen, strahlenden „Goldkopien". Und auf den geringsten Wunsch, das geringste Gebot des Wesens hin kommt ein Panorama nach dem anderen aus seinem früheren Dasein in lebendigen plastischen Formen mit Ton- und Farbwirkungen im ewigen „Jetzt" des bewundernden Gottessohnes zum Vorschein. Man bedenke, was dies bedeutet! Das „Seligkeitswesen" kann also heute, jetzt in diesem Augenblick, da der Leser diese Zeilen liest, in vergangene Jahrzehnte, Jahrhunderte, Jahrtausende, ja Jahrmillionen „zurückwandern" und in strahlenden lebendigen „Goldkopien" sein eigenes ununterbrochenes Handeln während dieser unermesslichen „Zeiträume" oder „Zeitkontinente" sehen. Von seinem erhabenen, unantastbaren, kosmischen Standpunkt aus erlebt es in goldenen Materien des „Seligkeitsreichs" lebende „Kopien" seines eigenen früheren „Dschungeldaseins", seiner „Raubtierzustände" wie auch seines sanftmütigeren Daseins als „pflanzenfressendes Wesen". Es sieht seine eigenen mörderischen Verfolgungen anderer Wesen wie auch seine eigene Situation als Opfer der entsprechend mörderischen Überfälle durch andere Wesen. Es erlebt die „Kopien" seiner eigenen Manifestation der Kulmination dieses tierischen Prinzips in seinem früheren Dasein als „Erdenmensch", was in diesem Falle heißt, als „embryonaler Mensch". Nicht alle „Seligkeitswesen" sind ja „Erdenmenschen" gewesen, aber alle haben sie die primitiven Stadien durchmachen müssen, die zur Zeit bedingen, dass der Erdenmensch nur ein „Embryo" des „wahren Menschen" ist.

Wie schon gesagt, sieht das „Seligkeitswesen" in seinem früheren Panorama seine entsprechenden Daseinsperioden in tötenden tierischen und kriegerischen Tendenzen kulminieren. Es sieht, wie es einen Organismus nach dem anderen als Opfer der Verfolgung und des Hasses der Mitwesen verloren hat, und wie dieser Hass als ursachengebundene Antwort auf seine eigene viel zu große Lust und Bereitwilligkeit zurückkam, mit dazu beizutragen, Tod, Krieg und Verstümmelung über die Mitwesen zu bringen. Ferner erlebt es wieder sein ganzes sexuelles Leben in all seinen Phasen durch alle Zeiten der gegenwärtigen Spirale hindurch. Es sieht seine eigenen Ausschweifungen und deren Wirkungen in den darauffolgenden Leben. Es sieht, dass es mit seinen Lastern einen physischen Körper nach dem anderen

zerstört und damit seine Talentkerne im Überbewusstsein geschädigt hat, wodurch
es ganze Perioden hindurch die Fähigkeit verloren hat, neue physische Körper in
normaler Form aufzubauen. Weiterhin sieht es hier, ebenfalls in „Goldkopien“,
dass es ganze Perioden lang in defekten und unnormalen Körpern leben musste und
seinen Mitwesen gegenüber in entsprechend unnormalen oder defekten Zuständen
erschien, die wir „Geisteskrankheit“, „Geistesschwäche“ nennen, sowie in anderen
Formen seelischer und physischer Schwächen. Es sieht auch, wie diese Schwächen
in seinem Überbewusstsein wieder eine gewisse Immunität schufen gegenüber den
Lastern und Ausschweifungen, die die wahren Ursachen der Defekte waren, so dass
es nach der Heilung oder nach dem Erreichen normaler Fähigkeiten dann wieder in
einer veredelten Gestalt hervortreten konnte, ja zuweilen als Vorbild oder Idealwe-
sen für die Mitwesen.

Der strahlende Palast des reichen Mannes, sein überwältigender Luxus, seine vielen
Autos und sein großer Dienerstab, seine Kunstschätze, Schmucksachen, sein Geld
und seine übertriebene Garderobe verdanken ihre Existenz oder ihr Entstehen eben-
falls großenteils dem „Egoismus“ oder einem übertriebenen Selbsterhaltungstrieb.
Livets Bog, Band 2, Ziff. 519.
Wir haben der „Selbstsucht“ viel zu verdanken

519. Für das werdende physische Wesen ist „Selbstsucht“ eine absolut unentbehr-
liche Lebensfunktion. Durch diese Denkungsart oder dieses Denkprinzip erschafft
das Wesen seine physische Manifestationsfähigkeit. Ohne diese Denkungsart wäre
das Wesen niemals imstande gewesen, sein himmlisches Hervortreten zu verlassen,
hätte niemals ein physisches Wesen werden können. Und wir hätten niemals Zeugen der göttlichen Offenbarung von Mannigfaltigkeit in physischen Wesensnaturen,
Pflanzenarten, Tierarten, Erdenmenschen und in all den sonstigen Dingen, die wir
mit unseren physischen Augen sehen, werden können. Vor unseren Blicken wären
niemals physische Wälder und Urwälder mit ihren ungeheuren Welten von Tieren,
Pflanzen und Farben entstanden, ja wir hätten niemals irgendwelche der physischen
Realitäten kennengelernt, die wir heute kennen und schätzen, und die für die Erdenmenschen geradezu eine Lebensbedingung sind. Ohne „Selbstsucht“ gäbe es überhaupt keine Form von Paarungstrieb, Verliebtheit, Liebesakt und Ehe. All die Vielfalt an Freuden, die die Erdenmenschen in Gestalt von Hochzeitsfesten, allgemeinen
Formen von Vergnügungen, Theater und Kino erlebt haben, kurz alles, was im
erdenmenschlichen und tierischen Bewusstseinszustand Bedeutung hat, wird vom
Gedankenprinzip der „Selbstsucht“ getragen, wie auch alles, was da Krieg, Milita-
rismus, Nationen und Landesgrenzen, Geschäfte, Warenhäuser, Lebensstellungen,
Gewerkschaften sowie sonstige Vereinigungen und Zusammenschlüsse usw. heißt.
All solche Erscheinungen haben die „Selbstsucht“ als Fundament. Die „Selbst-

sucht" ist die Domäne des „Tierreichs" und eines großen Teils der königlichen Atmosphäre der erdenmenschlichen Bewusstseinszone. Ohne „Selbstsucht" gäbe es kein dominierendes physisches Wesen, keine physische Vollkommenheit, keine Maschinen, keine Fabriken, kein Telefon und keinen Telegrafen, keine Eisenbahn, keine Autos und Flugzeuge, kein Radio oder sonst etwas von all diesen vollkommenen technischen Werten, mit denen die Erdenmenschheit nach und nach versehen wurde und die noch in großem Ausmaß durch Egoismus beherrscht sind. Diese herrlichen Erfindungen oder technischen Wunder sind nichts geringeres als die reifen Früchte vom umfassenden mentalen Baum des „Egoismus" oder der „Selbstsucht", obwohl sie dazu bestimmt sind, mit der Zeit das Eigentum aller Menschen zu werden. Der strahlende Palast des reichen Mannes, sein überwältigender Luxus, seine vielen Autos und sein großer Dienerstab, seine Kunstschätze, Schmucksachen, sein Geld und seine übertriebene Garderobe verdanken ihre Existenz oder ihr Entstehen ebenfalls großenteils dem „Egoismus" oder einem übertriebenen Selbsterhaltungstrieb.

Wenn dies hier erwähnt wird, dann geschieht das nicht, um Vorwürfe zu machen oder kritisch zu sein – im Gegenteil. Diese Erscheinungen haben auch im großen Welthaushalt ihre hervorragende Bedeutung gehabt. Sie standen Modell für die Lust und Sehnsucht der Menschen nach Kultur oder Vervollkommnung ihres physischen Daseins. Sie haben mit dazu beigetragen, die Massen aus den Reminiszenzen des Höhlenbewohnerdaseins herauszuführen. Jedes gewöhnliche gepflegte Heim trägt in der Regel deutliche Spuren vom Stil des Palastes. Die kleinen Gärten sind zuweilen Parkanlagen in Miniaturformat. Die kleinen Wohnzimmer können manchmal die Atmosphäre eines Schlosses in ihrem Inneren tragen. So haben wir der „Selbstsucht" viel zu verdanken.

Dieses Begehren wird wiederum als Anziehung zwischen dem Ich und jenen Stoffen oder Materien empfunden, die in seiner Manifestation aktuell sind, wie z.B. Essen und Trinken, Kleidung, Haus und Heim, Geld usw.
Livets Bog, Band 2, Ziff. 604.

Einige sind stark auf dem Weg hinein in diese „Sättigung", haben ein außerordentliches Begehren nach physischer Materie (Geld, Gütern und physischer Macht), sind kulminierende „Materialisten".
Livets Bog, Band 2, Ziff. 605.
Dass einige dieser Wesen versuchen, diesen ihren Zustand zu vertuschen, indem sie sich selbst und anderen vorgaukeln, dass sie sich ausschließlich des Geldes wegen auf das sexuelle Gebiet des anderen Mannes begeben, bestätigt dem entwickelten Forscher doch nur nochmals, dass sie längst die ultramaskuline Poleinstellung verlassen haben.
Livets Bog, Band 3, Ziff. 647.

Wenn es nur auf dem hundertprozentigen Drang nach Geld oder dem Begehren danach, andere Formen von materiellen wie auch von mentalen Gütern zu erlangen, beruht, dass man sich auf sexuelle Akte und Befriedigungen einlässt, die absolut nichts mit dem eigenen wirklichen sexuellen Drang zu tun haben, ist man im Begriff, den höchsten Lebensfaktor im eigenen Inneren zu zerstören.
Livets Bog, Band 3, Ziff. 841.

Der Umstand, dass man sich auf die neuen sexuellen Akte einließ, die anfangs in Wirklichkeit nur ein Mittel waren, an Geld oder andere Güter zu kommen, hat unmerklich die eigene Fähigkeit unterminiert, durch den für die eigene mentale Stufe natürlichen Geschlechtsakt zur Befriedigung zu kommen.
Livets Bog, Band 3, Ziff. 841.

Dass die beiden in einer solchen Verbindung in vielen Fällen ihre „Kunden" geradezu überfallen und ausplündern oder Geld erpressen, ist eine Sache für sich.
Livets Bog, Band 3, Ziff. 842.

Der Grund dafür, dass man sexuelle Befriedigung sucht, muss der sein, dass man sie braucht, und nicht, dass man Geld braucht
Livets Bog, Band 3, Ziff. 847, Ziffernüberschrift.

Wenn ein Mann z.B. Geld verdienen könnte, indem er isst, und sich dazu verleiten ließe, vollkommen unabhängig von Appetit oder Hunger zu essen und das Essen damit direkt zu einem Handwerk zu machen, glaubt man dann nicht, dass seine Konstitution leiden würde?
Livets Bog, Band 3, Ziff. 847.

Nein, man muss essen, weil man Nahrung braucht, und nicht, weil man Geld braucht.
Livets Bog, Band 3, Ziff. 847.

Der Grund für die Befriedigung dieses sexuellen Lebens muss ausschließlich der sein, dass man es zur Aufrechterhaltung seines normalen und gesunden Wohlbefindens braucht, sowohl im physischen wie auch im mentalen Bereich, und nicht, weil man Geld braucht.
Livets Bog, Band 3, Ziff. 847.

Was nützt es, wenn man seinen Bedarf an Geld befriedigen kann, wenn man damit etwas von seiner Gesundheit verkauft?
Livets Bog, Band 3, Ziff. 847.

Waren nicht die Neuigkeiten von unglücklichen Geldangelegenheiten oder Widerwärtigkeiten in der Ehe dieses oder jenes Bürgers, sein Bankrott oder seine Scheidung völlig abgedroschene Klischees gegen eine so allesübertrumpfende Neuigkeit?
Livets Bog, Band 3, Ziff. 858.

Falls die Vorsehung diese „ewige Hölle" als Schreckbild benutzt, wäre dies der Methode nach vollkommen analog zum Räuber, der mit seinem geladenen Revolver

seinem Opfer befiehlt „Geld oder Leben" – jedoch mit dem Unterschied, dass die Drohung des Räubers in Wirklichkeit die pure Liebkosung gegenüber der „ewigen" oder niemals endenden „Feuersbrunst" der Vorsehung ist.
Livets Bog, Band 3, Ziff. 893.
Der Verbrecher hat doch in der Regel den vorübergehenden Triumph, dass sein Wille in Bezug auf den begehrten materiellen Gewinn, das Geld oder andere Werte, mittels seiner Drohung und seines Terrors befriedigt wird; was aber erreicht die Vorsehung mit der Androhung ihres Terrors oder der „Hölle"?
Livets Bog, Band 3, Ziff. 893.
Es muss nicht mit soundso viel Geld oder Tauschwaren daherkommen.
Livets Bog, Band 3, Ziff. 1044.
Ein solches Wesen ist in allem unerhört begabt, was sich auf Methoden bezieht, mittels welcher man mit Hilfe von Geld, Geld zum Hecken bringt.
Livets Bog, Band 5, Ziff. 1745.
Wenn man die Anwesenheit dieser hier geschilderten neuen sympathischen Veranlagung in Reinkultur im hoch entwickelten Menschen erkennt, dann versteht man Jesus besser, als er sich auf die Nächstenliebe in der Form des großartigen Gebots berief: „Du sollst deinen Nächsten lieben, wie dich selbst", und dass er in gleicher Weise seine Auffassung von sich selber mit den Worten ausdrücken musste: „Denn auch der Menschensohn ist nicht gekommen, um sich dienen zu lassen, sondern um zu dienen und sein Leben hinzugeben als Lösegeld für viele".
Livets Bog, Band 5, Ziff. 1749.
Alles, was den Verehrer oder Freier in ein vorteilhaftes Licht stellen kann, wie z. B. Macht, Reichtum oder Geld und Gut, und ihn in den Augen des sexuellen Partners begehrenswert macht, wird im schlimmsten Fall sogar mit Todesverachtung begehrt.
Livets Bog, Band 5, Ziff. 1759.
Wahre Liebe und der darauf basierende absolute Frieden und die humane Kultur sind also ihrer tiefsten Analyse nach keine Frage des Geldes, der Strafe oder des Lebenswegs.
Livets Bog, Band 5, Ziff. 1812.
Denn auch der Menschensohn ist nicht gekommen, um sich dienen zu lassen, sondern um zu dienen und sein Leben hinzugeben als Lösegeld für viele".
Livets Bog, Band 5, Ziff. 1902.
Das Gleiche gilt auch für viele jener Wesen, die sich nur für Geld oder Gewinn auf den zweipoligen Akt einlassen.
Livets Bog, Band 5, Ziff. 1910.
In Wirklichkeit gründet sich die moderne Kultur noch auf das Prinzip des Räubers, „Geld oder das Leben".
Das Ewige Weltbild, Buch 2, Ziff. 24.5.
Geld ist ein Hindernis für eine wirkliche Weltmoral geworden

Das Ewige Weltbild, Buch 2, Ziff. 26.9, Ziffernüberschrift.
Das vollkommene Menschenreich ist in seinem fertigen Zustand völlig bar dessen, was wir heute „Geld" nennen. –
Das Ewige Weltbild, Buch 2, Ziff. 26.9.
Geld ist, dem rein kosmischen Prinzip nach, ein großartiges Tauschmittel und sollte nichts anderes sein.
Das Ewige Weltbild, Buch 2, Ziff. 26.9.
Aber nach und nach ist Geld zu einer Erscheinung geworden, die eine Flut von ökonomischen Leiden, Depressionen und Selbstmorden hervorruft.
Das Ewige Weltbild, Buch 2, Ziff. 26.9.
Das Geld ist ein Hindernis für eine wirkliche Weltmoral geworden.
Das Ewige Weltbild, Buch 2, Ziff. 26.9.
Durch Spekulation und Massensuggestion ist der Geldschein ein falsches Wertmaß geworden.
Das Ewige Weltbild, Buch 2, Ziff. 26.9.
Ein Geldschein ist ein Garantiebeweis für das Vorhandensein eines angeführten bestimmten Werts.
Das Ewige Weltbild, Buch 2, Ziff. 26.9.
Ein solcher Geldschein kann z.B. den Betrag von 10 Euro ausmachen.
Das Ewige Weltbild, Buch 2, Ziff. 26.9.
Ihr Geldwert erhöht sich entsprechend, ohne dass die Ware irgendwie verbessert wird.
Das Ewige Weltbild, Buch 2, Ziff. 26.9.
Dieser Warenmangel lässt den Geldkurs steigen.
Das Ewige Weltbild, Buch 2, Ziff. 26.9.
Warenpreise und die davon abhängigen Geldkurse steigen und fallen also völlig unabhängig vom eigentlichen Wert der Ware als Gebrauchsgegenstand.
Das Ewige Weltbild, Buch 2, Ziff. 26.9.
Sich selbst kraft der Not und Verlegenheit anderer Menschen zu bereichern, ist mit Gelderpressung verwandt. –
Das Ewige Weltbild, Buch 2, Ziff. 26.9.
Was das Geld zu einem Übel macht
Das Ewige Weltbild, Buch 2, Ziff. 26.13, Ziffernüberschrift.
 Geld ist an sich nur ein Tauschmittel und nichts anderes.
Das Ewige Weltbild, Buch 2, Ziff. 26.13.
Man kann also rechtmäßig das Geld nur als Mittel dazu gebrauchen, die gleiche Werteinheit für die gleiche Werteinheit zu geben.
Das Ewige Weltbild, Buch 2, Ziff. 26.13.
Jeder andere Gebrauch des Geldes ist von Übel.
Das Ewige Weltbild, Buch 2, Ziff. 26.13.

Wenn man sich durch dieses Tauschmittel eine größere Werteinheit für eine geringere Werteinheit aneignet, dann ist das Geld kein Tauschmittel mehr.
Das Ewige Weltbild, Buch 2, Ziff. 26.13.
Nichtsdestoweniger leben Millionen Menschen auf der ganzen Welt von der Arbeit anderer, ohne dass sie selbst, aufgrund des Missbrauchs des Geldes, irgendetwas dafür geleistet haben.
Das Ewige Weltbild, Buch 2, Ziff. 26.13.
Der Geldwert und der reale Wert einer Werteinheit oder Handelsware
Das Ewige Weltbild, Buch 2, Ziff. 26.14, Ziffernüberschrift.
Das scheint mit Gelderpressung verwandt zu sein.
Das Ewige Weltbild, Buch 2, Ziff. 26.14.
Wie sollen diese Wesen zur Nahrung auf Gottes Esstisch kommen, wenn sie kein Geld haben und deshalb die Nahrung nicht kaufen können? –
Das Ewige Weltbild, Buch 2, Ziff. 26.15.
Die Stoffe, aus denen sie erschaffen sind, sind ja das Eigentum aller Menschen und haben keinerlei Geldwert.
Das Ewige Weltbild, Buch 2, Ziff. 26.16.
Dass ein solcher erschaffener Nutzgegenstand oder ein Lebensprodukt heute einen Geldwert darstellt, daran ist die Fehlstruktur der Weltökonomie schuld, der die Menschen aufgrund ihrer totalen kosmischen Unwissenheit und ihres unfertigen Zustandes unterliegen.
Das Ewige Weltbild, Buch 2, Ziff. 26.16.
Die lebenswichtigen Rohstoffe sind fälschlich zu einer Handelsware gemacht worden, der ein künstlicher Wert, also ein Geldbetrag, auferlegt worden ist
Das Ewige Weltbild, Buch 2, Ziff. 26.18, Ziffernüberschrift.
Die menschliche Schöpfungsfähigkeit ist der einzige absolute Wert und wird das Geldsystem ablösen
Das Ewige Weltbild, Buch 2, Ziff. 26.20, Ziffernüberschrift.
Deshalb wird er auch das Geldsystem ablösen.
Das Ewige Weltbild, Buch 2, Ziff. 26.20.
Was das Abschaffen des Geldes im Weltstaat bedeutet
Das Ewige Weltbild, Buch 2, Ziff. 26.22, Ziffernüberschrift.
Dieser Lebens-Pass hat also im Weltstaat das Geldsystem völlig abgelöst.
Das Ewige Weltbild, Buch 2, Ziff. 26.22.
Keinerlei Waren oder erschaffene Dinge haben einen Geldwert und können deshalb auch keine Handelsware werden, weshalb auch jeglicher Handel aufgehört hat.
Das Ewige Weltbild, Buch 2, Ziff. 26.22.
Im Weltstaat benötigt auch niemand mehr Geld.
Das Ewige Weltbild, Buch 2, Ziff. 26.22.
Alle sind ausgebildete und intellektuelle Wesen, die keine Armut und keine finanzi-

ellen Schwierigkeiten kennen, da das Geldsystem nicht mehr existiert.
Das Ewige Weltbild, Buch 2, Ziff. 26.31.
Hier braucht niemand Geld für andere zu verdienen.
Das Ewige Weltbild, Buch 2, Ziff. 26.31.
Abschaffung des Geldes zugunsten der Einführung persönlich geleisteter Arbeit
eines jeden Wesens als einzigen Zahlungswert und Quittungen hierfür als einziges
Zahlungsmittel dieser Person.
Das Ewige Weltbild, Buch 2, Ziff. 26.31.
Da Geld ja noch in großem Ausmaß die Welt regiert und den Zugang zu allen le-
bensnotwendigen Gütern verschafft, sowohl zu denen, die das Gemüt erheitern, als
auch zu denen, die den Körper erhalten und ernähren sollen, muss ein Mensch, der
sozusagen keinen Zugang zu Geld hat, das Leben, die Moral und das Dasein ganz
anders auffassen als derjenige, der Geld im Überfluss besitzt.
Logik, Kap. 2.
Ist man in einer solchen Lage nicht gezwungen, dauernd aktiv und erfinderisch zu
sein, um Auswege zu finden und um zu Geld zu kommen? –
Logik, Kap. 2.
Solange eine Gesellschaft Bedingungen dafür schafft, dass einige ihrer Mitglieder in
Armut, Ausbeutung und Entwürdigung geboren werden können, solange sie Bedingungen dafür schafft, dass andere Mitglieder in Luxus, Verschwendung und Müßig-
gang geboren werden können, solange sie Bedingungen dafür schafft, dass die Ehre,
die Macht und Würde einer Person nur eine Frage des Geldes oder des Bankkontos
ist, so lange entbehrt die Geisteshaltung dieser Gesellschaft der Logik, so lange sind
ihre Lebensäußerungen Missgriffe und ihr Schicksal Leiden.
Logik, Kap. 4.
Das Leben ist also an sich ein Kampf, ein Schlachtfeld, ist ein Dschungeldickicht,
das mit Wesen bevölkert ist, die töten, morden und zerstören.
Logik, Kap. 22.
Und dies ist der Grund dafür, dass die Welt heute vom Geld regiert wird und dass
sich dies wieder in Kriegen, in Mord, Totschlag, Verletzungen, Raub und Betrug
auswirkt.
Logik, Kap. 32.
Das ist es, was die Menschen selbst dazu verleitet, die unermesslichen Reichtümer
des Erdballs, die dazu bestimmt sind, eine viel größere Menschheit als die jetzige
zu ernähren, mit solcher Primitivität zu verwalten, dass einige Menschen kolossale
Berge Reichtümer, Geld, Nahrungsmittel und Güter, ja tausendfach mehr besitzen
als ihr eigenes, jetziges irdisches Leben in durchschnittlichem Luxus und wirtschaftlicher Wohlhabenheit überhaupt kosten würde.
Logik, Kap. 32.
Aber in Zonen, wo die Empfindung zweier Wesen, „eins miteinander" zu sein, eine

Frage der wirtschaftlichen Verhältnisse ist, d.h., eine Frage von Stand, Geld, Ansehen, Beruf, Sitten und Gebräuchen ist, kann diese göttliche Empfindung nicht mehr zu ihrem vollen Recht kommen.
Logik, Kap. 40.
Sie haben keine Geldsorgen, keine Arbeitslosigkeitsqualen, keine Scheidungsdepressionen und Abtreibungsaffären.
Logik, Kap. 47.
Und die Sache wird nicht besser in den Fällen, wo die Einwände von geldlichen Interessen diktiert werden, d.h. in den Fällen, wo das Individuum aufgrund einer gewissen Geldverlegenheit schon über das Schicksal seiner Leiche bei einer Feuerbestattungsgesellschaft entschieden hat.
Beisetzung, Kap. 12.
In der „modernen" Gesellschaft, in der jeder Staat noch mit anderen Staaten konkurriert, in der jeder Staat noch vom Geld wie in einem Spinnengewebe eingesponnen ist und wo die Produktion deshalb nicht so sehr vom Verbrauch als vom Profit „reguliert" wird und wo dieser Profit, der seiner kosmischen Analyse nach gar keinen Wert hat und eine Illusion ist, an die Stelle des einzigen existierenden absoluten Wertes im Dasein, nämlich der Arbeitsfähigkeit, gesetzt wird, dreht sich alles selbstverständlich um die Geldfrage, nämlich darum, was sich „lohnt".
Beisetzung, Kap. 201.
Das Geld verliert die Basis für seine Existenz und wird ganz überflüssig.
Beisetzung, Kap. 202.
Deshalb werden in diesem Staat überhaupt keine Transaktionen dieser Art stattfinden können, da man nämlich schon längst alles, was „Geld" heißt, abgeschafft hat.
Beisetzung, Kap. 202.
Mit Hilfe von Geld können sich die Menschen heutzutage davon freikaufen, die „Arbeit" zu leisten, die es kostet, die Materialien für die Erhaltung ihres eigenen Lebens brauchbar zu machen.
Beisetzung, Kap. 202.
Das hat zur Folge, dass diejenigen, die kein Geld haben, nicht nur die Arbeit für ihre eigene Existenz leisten müssen, sondern auch die Arbeit, die das Leben oder die Existenz der besitzenden Klasse kostet.
Beisetzung, Kap. 202.
Aber im Großen und Ganzen sind die Resultate des Geldes die hier angeführten.
Beisetzung, Kap. 202.
Alles kostet „Arbeit", aber kein „Geld".
Beisetzung, Kap. 202.
Dieser ungesunde Müßiggang, dem Millionen von Menschen heutzutage preisgegeben sind, kann unmöglich in einer Welt existieren, in der es kein „Geld" gibt und deren einziges Zahlungsmittel die „Arbeit" ist.

Beisetzung, Kap. 202.
Ende Zitate aus Martinus Schriften.

Dienstag, 21. April 2015 Die Aufteilung der Rationalität des Denkens derjenigen, die in der Gesellschaft die Deutungshoheit haben wollen, oder haben, und die dann Menschen bloß noch als-Verlierer-Linke-Grüne-Dritte Welt-Psychos-politisch inkorrekt-Demokraten-Franzosen-Russen-Arbeiter-Arbeitslose-das Volk-der König-Kanzler-Soldat-Ingenieur-Wissenschaftler-Rechte-Neoliberale-und alle anderen auf Menschen bezogene Begriffs Bezeichnungen, die zur Ausgrenzung-Abgrenzung-Zerteilung dienen, und letztendlich zur Gewaltexplosion, so wie die Atombombe, die auch auf das zerkleinern-ausgrenzen, beruht und dann seine Sprengkraft ent-wickelt, diese Aufteilung ist das falsche, weil sie auf Feindschaft, Angst und ober-flächlicher Deutungsfalschheit beruht.
Auch die Römer haben von sich gedacht sie seien die besten was es gibt, und was ist von ihnen übrig? Auch die Briten das Empire haben von sich gedacht sie seien die besten und was ist von ihnen übrig. Auch die Nazis haben von sich gedacht sie seien die besten und was ist von ihnen übrig. Auch die Hunnen haben von sich gedacht sie seien die besten und was ist von ihnen übrig? Auch die Sowjets haben von sich gedacht sie seien die besten und was ist von ihnen übrig? Auch die Amis denken von sich sie seien die besten und was ist von ihnen übrig? Auch die Chine-sen denken von sich sie seien die besten und was wird von ihnen übrig bleiben.
All diese Römer, Empire, Nazis, Hunnen, Sowjets, Amis, Chinesen, zeigten sich im nachhinein als sehr primitiv, sehr mörderisch, sehr ausbeuterisch und menschen-feindlich , rassistisch, und Meister der Lügen und des Betrügens gegenüber der Menschheit und alle ermordeten mit ihren Kriegen sehr , sehr, sehr viele Menschen. Und alles wegen Expansion, wegen Ignoranz Unwissenheit Dummheit und wegen entwicklungsmäßigem Supermanko.
Und heute das russische-Klan-System-Putin-katastrophal primitive Menschen wer-den dort angezüchtet. Oder das USAsystem Totalverblödungsmenschen werden dort in der sogenannten Freiheit gezüchtet durch den Klan der Bankster von WallStreet und der primitiven Rockefeller Rothschild Morgan Bankstersystemen. Oder das Chinaklansystem der Millionäre und Milliardäre der sogenannten kommunistischen Partei die monströse Farce der totalen Selbstverblödung der Chinesen und aber auch der Parteikader die in Umnachtung und die Erde auffressen mutiert sind. Oder das Verbrecherkartell des Pharmasystems das alles mit Geld infiltriert hat und gar keine Gesundheit bringt sondern Betrug Gifte und Totalverblödung an Universitäten und in der Politik.
Und was alles von diesen heutigen und zu vorigen Besitzenden und Systemkontrol-lierenden Familienklans und Banksterklans in Wirtschaft und Gesundheit unterrückt wird und wurde und was ausschließlich wegen geldprofite durchgesetzt wird das

aber falsch und schädlich für die Erde und die Menschheit ist, das ist monströs. Teslas Erfindungen die hätten alleine schon die Menschheit von allen Energiemängeln befreit oder in der Medizin die Einsichten das Tiere keinen Krebs bekommen wenn sie keine von Menschen verzüchteten Nahrungsmittel bekommen und ihre ursprüngliche naturgemäße Pflanzennahrung essen können- oder viele der Erfindungen die Michael Tellinger in seinem Buch beschreibt ein besonderes Mikroskop, und viele andere Erfindungen, die aber verhindern würden das die Menschen etablierte industrielle Systeme unbrauchbar machen würden die von den Bankstern die ja eine Erde und eine Politik und eine Menschheit als Firma als unternehmen für sich registriert haben.

Alleine die Erfindung von Tesla hätte mit der Energieübertragung sämtliche Verbrennungsprobleme nie entstehen lassen, wir hätten längst Elektroautos keinen Smog, keine Vergiftung, wir brauchten keine Gelder für Energie zu zahlen-wir hätten keine Atomkraftwerke keine Atombomben keine Verstrahlung. Denn freie Energie ist eine natürliches Menschenrecht und keine Kauflizenz internationaler Firmen die von Bankstern kontrolliert werden, und dann diese Lizenz und Rechte Orgien als Kosten auf die Menschheit abwälzen obwohl Frequenzen und Energie total kostenlos sind. Kurzum das geldsystem ist ein Verbrechersystem und muss aus der Menschheit verschwinden. Die gesamte Forschung ist von Geld abhängig und damit total unfrei und diese sogenannten Wissenschaftler sind heute zu GeldGenomen mutierte Vollidioten mit Nobelpreisen im Arschloch und den verblödeten Gehirnwindungen. Die Universitäten sind infiltrierte Zuchtanstalten der Totalhörigkeit und Totalverblödung durch die Zuschüsse der Bankster und internationalen Konzerne. Das sind alles ausschließlich Interessengebiete der geldorientierten Richtungen die den Geldgebern von nutzen sind. Und wirkliche befreiende Entdeckungen gibt es gar nicht mehr es ist der TTIP Heuchelzustand in Institutionen mit geldhörigen dumpfen Professoren und Doktortitelträger der Totalverblödung die mit der Rhetorik ihres versifften Denkens die Menschheit vergiften und ausbeuten im Sinne der Geldgeber der Bankster Rothschild Rockefellers Mangas verbreitend. Und alles was in der Medizin und Forschung zu Krebs gefaselt wird ist Betrug denn Krebs soll immer bestehen und wird ja durch die Gifte dieser sogenannten Zivilisation gezüchtet dieser Falschfraß der synthetischen Vergiftungen und damit wird Kohle bis zum abwinken gemacht –mit eurer Dummheit und Unwissenheit also auch mit eurer eigenen Bösartigkeit. Es wird die Flamme der Hoffnung für die unwissenden dummen beschränkten gezüchteten Bürger aufrechterhalten, die aber brauchen Aufklärung und keine unwirksamen medizinischen Apparate oder pharmazeutischen Giftpharmaka. Der Profit der Gewinn das ist das wichtigste und alles gesundmachende wird bekämpft man sehe ja was es in der Landwirtschaft und der damit verbundenen Politikstrategie gibt ,wo weiterhin versucht wird bis auszugrenzen und wie in der Medizin nie darauf hingewiesen wird das du dich als Mensch vegetarische und Biovegetarisch zu ernähren, das wird weiterhin versucht wegzudenken auszugrenzen und schlecht zu machen- Aber so wie die Solarenergie und die Windenergie den Energie Riesen ans Bein gepisst hat mit der vergifteten Pisse dieser Giftfraßzivilisation-die dann nicht glaubten das sich das durchsetzen würde in der Bevölkerung, so wird auch letztendlich die Landwirtschaft klein bei geben müssen und auf den Chemiedreck verzichten müssen und auf Totalbio umsatteln und weg von dem müde machenden Gaul der konventionellen Gäule die Schlappheit anstatt Energie erwirtschaften.

Aber da wir heute geldorientierte geldbesessene Institutionen und Staatssysteme haben mit dummen gläubigen überforderten Politikern und Wissenschaftlern und Beamten die alle in dem Sumpf der Geldmacht unter gegangen sind, und die ein System aufgebaut haben das nur den wissenschaftlichen Apparat dient von denen die euch vergiften und ausbeuten den Bankster und deren blinden tauben dumpfen gläubigen Politiker Apparate und dumpfen Staatsapparaten-muss sich zumindest wissenschaftliche Qualität neu erfinden und überhaupt etwas befreienden bahnbrechendes zu erfinden.

Hier ist nochmal etwas zu Tesla und Skalarwellen aus https://derhonigmannsagt. wordpress.com/2012/06/14/skalarwellen-der-schlussel-zu-mindcontrol/

„Eigentlich wurde das Skalarpotential bereits in der ursprünglichen Theorie des Elektromagnetismus von Maxwell berücksichtigt, (die Originalgleichungen wurden in Quaternionen geschrieben), aber nach Maxwells Tod wurde die Theorie willkürlich von Heaviside und Gibbs vereinfacht, die nur noch ihre vektoriellen Aspekte zuließen. Somit wurden die Voraussetzungen für die Vereinigung des Elektromagnetismus mit der Gravitation ausgeschlossen. Jahre danach entdeckte Nikola Tesla die Skalarwellen und deren Effekte wieder und entwarf Geräte die u.a. alle Energieprobleme der Menschheit hätten lösen können, aber auch energetische Waffen und Abwehrsysteme die gegenwärtig von verschiedenen Staaten unter Geheimhaltung betrieben werden".

Nikola Teslas berühmter Versuch von Colorado Springs 1899 beinhaltete diese Entdeckung der Skalarwellen. Er konnte Strom über 42 km drahtlos übertragen werden. Am Ende kam mehr Energie an, als ausgesendet wurde. Außerdem konnte Tesla nachweisen, dass die Skalarwellen teilweise schneller als Licht waren. Plötzlich wendete sich der Finanzoligarch J.P. Morgan gegen Tesla und versuchte ihm den Garaus zu machen.

Warum? Weil die Skalarwellen ein Aspekt der freien Energie sind, die von den Menschen systematisch ferngehalten wird, damit sie Öl und Strom kaufen. Deshalb erhielt Tesla auch keinen Nobelpreis, sondern nur Albert Einstein, der uns brutal belogen hat mit seiner Behauptung, dass nichts schneller als Licht sei. Diese Frage hängt auch mit der sog. Äthertheorie zusammen, denn eine Welle braucht ein Ausbreitungsmedium. Der berühmte Michelson-Morley Versuch sollte den Äther nachweisen, was auch gelang, aber von den kosmischen Verschwörern verfälscht wurde. Aus den gleichen Gründen wurde der Siegmund Freud-Schüler Wilhelm Reich überall verfolgt und von der CIA 1957 ermordet, weil die Entdeckung seiner Orgonenergie, als freie Energie, den Bedarf nach Öl und Strom überflüssig gemacht hätte. Die Skalarwellen als Aspekt zur freien Energie führen auch zu Erkenntnissen über die vierte Dimension, über die wir Erdlinge nichts wissen sollen, weil genau aus diesem Bereich die kosmische Verschwörung einer kleinen Klicke kommt, die die Mind Control Technologie dringend braucht, um 7 Milliarden an die Leine legen zu können.

In Deutschland gibt es einen bahnbrechenden und genialen Forscher, der eine Reinkarnation von Tesla sein könnte, den Professor Konstantin Meyl aus Villingen-Schwenningen. Er hat an die Skalarwellenforschung von Tesla als Wirbelexperte anknüpfen und diesen sogar weiterführen können. Prompt wurde er 2003/2004 schwer verfolgt und belästigt, so dass er seine Skalarwellenforschung einstellen musste (Artikel von Dagmar Neubronner in Raum und Zeit 2004). Zum Glück ist er noch nicht ermordet worden. Einen wohlverdienten Nobelpreis wird er natürlich auch nicht erhalten.

Prof. Meyl hat nachgewiesen, dass die Skalarwellen außerdem ein Aspekt der Neutrinos sind und deshalb durch alles durchgehen, selbst den gesamten Erdball. Das passt zu der Erkenntnis, dass Mind Control Opfer nirgends geschützt sind, weil sie mit Skalarwellen gefoltert werden. Deshalb hat Prof. Meyl ein Gerät gebaut, das Skalarwellen erzeugt und damit Opfern von Mind Control geholfen hat. Weil er so schwer verfolgt wird, kommt man an das Gerät offenbar nur über seine Frau heran, die Psychiaterin ist.

Andere Skalarwellen-Geräte sind einfacher zu erlangen. Wir haben in Schweden und den USA vor allem den sog. Defender der Firma QuWave aus den USA bei einigen, (nicht bei allen!) Mind Control Opfern positiv testen können: wenn man den Rabattkod az1kg bei der Internetzahlung angibt, reduziert sich der Preis um ca. 100 USD.

Ich fordere hiermit alle target individuals (TI), Betroffenen, auf, sich zusammenzutun, Geld zu sammeln und verschiedene andere Skalarwellen-Geräte auszuprobieren. Mir wurde berichtet, dass der Dr. Reinhard Munzert kürzlich, Anfang 2012, einem Betroffenen gesagt haben soll, es gäbe keine Skalarwellen. Das ist eine alarmierende Falschinformation die den Verdacht nahelegt, dass auch er TI ist, denn er ist offenbar 2003 gegen seine Willen in die Erlangener Psychiatrie eingeliefert worden.

Zahlreiche Psychiatrische Kliniken werden in der ganzen Welt dazu missbraucht, die Mind Control Frage zu vertuschen (die TI's seien krank, anstatt sich einmal zu erkundigen, wie weit die Technologie heute schon ist) und Opfer mit Chips zu versehen, um sie an "die Angel hängen" zu können.

Ich würde als erstes das Gerät von Karma Singh austesten, seine theoretische Beschreibung ist vielversprechend: Harmony Evolution
Danach könnten die Produkte von Graviflight ausprobiert werden, Skalarfeld-Spalter.
Die Produktpalette der dänischen Firma RayGuard ist ebenfalls sehr interessant.
Da Skalarwellen ein Aspekt der Orgonenergie sind, sollten Geräte, die mit Orgonenergie arbeiten, ebenfalls getestet werden.
http://www.goede-stiftung.org/experimente/Abschlussbericht-Meyl-Experimentier-set-Kurz.pdf
Hier ein weiterer Bericht aus einer Zeitung der den Giftschrank der Geldgier und der damit verbundenen Bösartigkeit zeigt:

Blackstone und Jacob Rothschild Nutznießer des Verschwindens des Malaysia Airlines Fluges

von Alfredo Jalife-Rahme
http://www.voltairenet.org/article183543.html
Die internationale Suche nach dem verschwundenen Flugzeug MH 370 zeigte, dass Washington in der Lage war den Flug zu verfolgen, und zwar wesentlich mehr als es bisher eingestanden hatte und dass es eine Woche brauchte um zu zeigen, was es wusste. Sie zeigte auch, dass China keine Versorgerhäfen hat, um seine Marine in einem so weiten Bereich zu entfalten. Doch jenseits der Lokalnachricht und dem, was es von den strategischen Fähigkeiten von beiden offenbart, muss man feststellen, dass dieses rätselhafte Verschwinden auch manche glücklich macht: Blackstone und Jacob Rothschild.
Voltaire Netzwerk | Mexiko-Stadt (Mexiko) | 30. April 2014

In der geostrategischen, dreipoligen Ära der Nach-Krim-Welt zwischen den Vereinigten Staaten, Russland und China ist es unerlässlich, die überwältigenden Fehlinformationen des Westens durch einen Blick auf das unumgängliche russische Multimedia Portal Russia Today auszugleichen.
Wie oft in mysteriösen Unfällen hat das ungewöhnliche Verschwinden des Fluges MH 370 von Malaysia Airlines – dessen Erklärung niemanden zufrieden stellt, und noch weniger die Mehrzahl der betroffenen Chinesen - zu unzähligen Interpretationen geführt, manche verrückte und andere, die zu denken geben.
Während der Sanktion-Krieg von Seiten der Vereinigten Staaten und der Europäischen Union gegen Wladimir Putin tobt, veröffentlichte Russia Today in aller Eile, nur vier Tage nachdem der Flug MH 370 verschwunden war, dass ein Halbleiter-Patent durch das Patentamt der Vereinigten Staaten genehmigt wurde. Ist denn der Patent-Krieg ausgebrochen?
Laut Russia Today ist der Nutznießer des Halbleiter-Patents Jacob Rothschild, von der umstrittenen und so legendären Banker Dynastie.

Das Patent war zwischen den fünf Lizenznehmern mit 20 % für jeden aufgeteilt: der Firma Freescale Semiconductor, mit Sitz in Austin, Texas, und vier anderen aus der Stadt Suzhou (China) stammenden Mitarbeitern der Texanischen Firma, die an Bord des verschwundenen Flugzeugs waren.

Dem russischen Portal zufolge werden, falls ein Patentinhaber stirbt, die anderen Lizenznehmer die Dividenden des Verstorbenen zu gleichen Teilen bekommen, solange dies in seinem Testament nicht anders vorgesehen ist. Da die vier chinesischen Miteigentümer des Patents verschollen (oder tot) sind, wird derjenige, der noch am Leben ist, daher die Gesamtheit des Patents erhalten. Das ist, was der Texanischen Firma Freescale Semiconductor passiert, die der umstrittenen und unsichtbaren Firma Blackstone gehört, deren Besitzer der britisch-israelische Bankier Jacob Rothschild ist [1].

Die Erfinder und Anmelder waren die vier verschwundenen Chinesen und der Nutznießer ist niemand anderer als Freescale Semiconductor. Was für ein Glück!

Die unsichtbare Identität von Blackstone, ihre Verbindung mit BlackRock und ihre Partnerschaft mit Evercore Partnership, die zufällig hinter der Privatisierung der Pemex (mexikanische Petroleum Company) stehen, ist erschreckend [2].

Es scheint, dass Blackstone BlackRock verwaltet, der von dem Israelisch-US-amerikanischen Larry Fink [3] geleitet wird. Jenseits der Vernetzung von den führenden Schichten zwischen Blackstone, BlackRock, Rothschild, George Soros, Scotiabank, Evercore Partnership, Protego, mit Kissinger Associates und der umstrittenen Versicherung AIG, deren Präsident der Israelisch-US-amerikanische Maurice Hank Greenberg ist, sollte man die Identität der Firma Freescale Semiconductor genauer erforschen.

Es ist merkwürdig, dass unter den 239 Passagieren, 20 Mitarbeiter des Pentagons waren, abgesehen von den 4 Passagieren, die mit gestohlenen Pässen reisten.

Über die unvermeidlichen Spekulationen hinaus liegt das relevante Faktum in dem Elektroniker-Beruf der 20 Mitarbeiter des Pentagons, alle hochqualifizierte Leute in der Kunst der elektronischen Kampfführung, um militärische Radarsysteme zu vermeiden [4].

Komisch: von den 20 verschwundenen Mitarbeitern von Freescale Semiconductor, sind 12 aus Malaysia und 8 aus China.

Freescale Semiconductor rühmt sich, dass seine Produkte Anwendung in der Kommunikation auf dem Schlachtfeld fänden; Aviatik; Marschflugkörperleitung; elektronische Kampfführung und Aufklärung über Freund oder Feind. Das umstrittene Texanische Unternehmen war eines der ersten Halbleiter-Unternehmen der Welt.

Es begann als Abteilung von Motorola, von der es sich dann getrennt hatte, um von Blackstone (von Rothschild), dem allmächtigen Carlyle Group und TPG Capital im Jahr 2006 aufgekauft zu werden.

Die Carlyle Gruppe zeigt die dynastische Vetternwirtschaft der Bush, von Frank

Carlucci (ehemaliger Staatssicherheit Berater und ehemaliger Verteidigungsminister), des ehemaligen britischen Premierminister John Major und dessen Vertreter in Mexiko, der umstrittene Luis Téllez Küenzler, der heute für die Börse zuständig ist, wo mehrere seltsame Kurs-Unterbrechungen eingetreten sind [5].

TPG Capital ist eine leistungsstarke Investment-Gesellschaft mit Sitz in Fort Worth, Texas, die der israelisch-US-amerikanische David Bonderman leitet, der sich Extravaganzen leistet, wie die Zahlung von $ 7 Millionen an die Rolling Stones für ihr 60. Jubiläum im Jahr 2002.

Freescale Semiconductor ist auf elektronische Kampfführung und (Stealth) Tarn-Technologie („cloak technology") spezialisiert und verwendet elektronische, Radar-basierte Gegenmaßnahmen- (ECM) Strategien: 1) Radar Störung; 2) Änderungen der Ziele und 3) Änderung der elektrischen Eigenschaften der Luft.

Laut The Daily Beast würde ein israelischer Angriff auf den Iran noch weiter gehen als die bekannten Flugzeug-Bombardierungen und würde wahrscheinlich eine elektronische Kriegsführung gegen das ganze elektrische System des Landes entfalten, gegen seine Internetverbindung, sein Mobilfunknetz-System und seine Notstand Frequenzen für Feuerwehrleute und Polizisten.

The Daily Beast versichert, dass Israel eine Waffe entwickelt habe, die in der Lage sei, das Signal der Aufrechterhaltung der Handys zu imitieren, das die Übertragungen wirksam einstellt. In den letzten zehn Jahren hat Israel eine Vielzahl von High-tech-Waffen mit einem Wert von mehreren Millionen Dollar angesammelt, die ihm ermöglichen könnten die Abwehr von Teheran bei einem Luftangriff blind, stumm und taub zu machen.

Noch mehr: Es gibt eine neue Tarn-Technologie, die das Flugzeug für Radar und für das menschliche Auge unsichtbar macht, während die High-Tech-Tarnung Technologie elektromagnetische Felder herstellen kann, wie von military.com behauptet wird.

China wirft den USA eine Verschärfung des Angriffs über Internet vor während Peking und Washington das Wettrüsten für die Verheimlichung der unsichtbaren Flugzeug-Technologie beschleunigen.

Lee Hamilton, Präsident vom Wilson-Center. Dieser ehemalige demokratische Parlamentarier hat Ronald Reagan während des Iran-Contra-Skandals gerettet. Im Jahr 2000 nahm er an der Ausarbeitung des kolonialen Begriffs der „Verantwortung zum Schutz" [R2P] Teil. Er war Co-Präsident der Untersuchungskommission des Präsidenten über den 11. September, die die Aufmerksamkeit vom Putsch auf die Anschläge umleitete. Im Jahr 2006 war er Co-Präsident der Baker-Hamilton-Kommission, die die militärische Pause im Nahen Osten beschloss.

Das leistungsstarke britische Militär-Unternehmen BAE Systems - verbunden mit der NSA, dem Sekretariat der Homeland Security und dem finsteren Wilson-Center - war in den stinkenden Al-Yamamah-Skandal verwickelt, und hat ein anpassungsfähiges Programm, das darauf abzielt, Kraftfahrzeuge auszublenden und das auch für Boote und Hubschrauber erweitert werden kann.

Soll man hinter der schwarzen Schachtel des Fluges MH 370 das düstere finanzielle Duo Blackstone/BlackRock von den Rothschilds sehen?

Alfredo Jalife-Rahme

Zitat Ende

Zitat Anfang

Geistesgrößen haben sich schon immer den Geldmachern widersetzt

Seit Jahrtausenden haben sich Geistesgrößen immer gegen den Missbrauch der Menschheit durch das Geld Widersetzt. Das ist nichts Neues. Die Tatsache, dass wir in unserem Leben immer noch Geld verwenden, ist ein Hinweis darauf, wie mächtig die Banker seit Tausenden von Jahren sind.

Im Jahr 48 V. Chr. entzog Julius Caesar den Geldwechslern (Bankern) die Macht, Geldmünzen zu prägen, zum Vorteil aller Menschen im Römischen Reich. Mit dieser neuen und reichlichen Geldversorgung realisierte

Caesar Viele große Bauprojekte und öffentliche Bauarbeiten. Rom stand in seiner Blüte, Caesar wurde geliebt, und die Menschen gediehen. Aber das ist nicht das, was die Geldwechsler Wollten, sie wollten Kontrolle über den Geldfluss, und wir alle wissen, was mit Julius Caesar passierte - er wurde ermordet. Wir haben nur nie den Hauptgrund dafür verstanden - er stand den Bankern im Wege.

Genauso wie es bei JFK war, begann nach seiner Ermordung durch das im Überfluss Vorhandene Geld in Rom der Niedergang, die Steuern stiegen, und ebenso die Korruption. Irgendwann wurde die römische Geldversorgung um 90 Prozent reduziert, was zur Folge hatte, dass die einfachen Menschen ihr Land und ihre Häuser Verloren, während die Banker immer reicher wurden. Es scheint, die Geschichte wiederholt sich immer wieder, da auch heute Millionen von Menschen ihren Grundbesitz verlieren, während die Banken immer reicher werden, indem sie die neuen Käufer refinanzieren, indem sie die Grundstücke selbst bei den Auktionen für einen Bruchteil des Marktpreises Kaufen und langsam, aber sicher und direkt vor unserer Nase die Kontrolle über die ganze Welt übernehmen.

Anlässlich zweier Ereignisse in Frankreich - um 1710 und 70 Jahre später - wurde die Fiat-Papierwährung eingeführt. Beide scheiterten derart kläglich und erzeugten eine so massive Inflation, dass die Banker begannen, das Gold und Silber der Menschen zu konfiszieren, um sie daran zu hindern, zum Früheren zurückzukehren. Das funktionierte nicht, und viele Menschen verloren ihre Köpfe auf der Guillotine. Einmal versuchten sie sogar, den Geschäftsleuten eine Preisobergrenze vorzuschreiben, um die Inflation zu drosseln. Hört sich das vertraut an? Hier sind wir also, 300 Jahre später, wiederholen immer noch dieselben Dinge und erwarten ein anderes Ergebnis.

Etwa im Jahre 30 wandte Jesus/Jeshua physische Gewalt an, um die Geldwechsler
aus dem Tempel zu vertreiben. Dies war vermutlich das einzige Mal während seines
Lebens und Wirkens, dass Jesus gegen irgendjemanden physische Gewalt einsetzte.
Als die Juden nach Jerusalem kamen, um ihre Tempelsteuer zu bezalen, konnten
sie dies nur mit einer speziellen Münze tun, dem Halb-Schekel. Dies war eine halbe
Unze reinen Silbers und hatte etwa die Größe eines Vierteldollars der USA. Es war
damals die einzige Münze, die aus purem Silber bestand und ein sicheres Gewicht
hatte, ohne das Abbild eines heidnischen Kaisers darauf. Deshalb war dies die einzige für Gott akzeptable Münze.
Leider gab es einen Mangel an diesen Münzen, und die Geldwechsler hatten den
Markt aufgekauft. Sie hoben den Preis auf das höchste Niveau an, das die Menschen
ertragen konnten, und nutzten das Monopol, das sie auf diese Münzen hatten, um
exorbitante Profite zu machen, indem sie die Juden zwangen, alles zu zahlen, was
die Geldwechsler verlangten.
Jesus warf die Geldwechsler aus dem Tempel, da ihre Handlungen und ihr Monopol
auf diese Münzen die Heiligkeit von Gottes Haus verletzten. Offensichtlich verlang-
ten diese Geldwechsler Tage später nach seinem Tod.
Der Hl.. Thomas von Aquin wurde 1225 geboren und wurde zum führenden Theologen der katholischen Kirche. Er äußerte sich lautstark über den Missbrauch von
Geld und argumentierte, das Berechnen von Zinsen wäre falsch, denn es wäre eine
››Doppelberechnung‹‹ - sowohl für das Geld als auch für die Nutzung des Geldes.
Seine Ansichten folgten den Lehren von Aristoteles, welcher sagte, der Zweck des
Geldes wäre es, den Mitgliedern der Gesellschaft zu dienen und den Austausch der
benötigten Waren zu erleichtern, um ein rechtschaffenes Leben führen zu können.
Zinsen widersprächen jeglicher Vernunft und Gerechtigkeit, weil sie die Verwen-
dung von Geld mit einer unnötigen Belastung verbanden. Das wirklich Faszinieren-
de ist, dass das Kirchenrecht in Europa während des Mittelalters das Berechnen von
Zinsen für Darlehen untersagte und es sogar als ein Verbrechen namens ››Wucher‹‹
bezeichnete. Ref: Andrew Hitchcock - History of The Money Changers
Im Jahr 2000 gab es nur sieben Länder ohne eine Zentralbank. Afghanistan, Irak,
Sudan, Libyen, Kuba, Nordkorea und Iran. Muhammad Gaddafi plante tatsächlich
die Wiedereinführung des Gold-Dinars, welcher auch die Währung in Irak ist, als
neue Währung für die gesamte Region, und bestand darauf, dass afrikanische Länder für ihre Ölexporte nur in der neuen Gold-Dinar-Währung bezahlt werden sollten. Dies wäre ein großer psychologischer und finanzieller Sieg für Afrika gewesen,
da das meiste Gold der Welt von dort stammt. Es passte aber jenen nicht, die den
Fluss des Geldes kontrollieren, ihren Regierungen und ihrem Militär. Das Ergebnis
war ein Zunichtemachen von Gaddafis Plan und eine öffentliche Hinrichtung auf
allen Kanälen der Welt.
Die Tage der wirtschaftlichen Auftragskiller sind vorüber. Eine umfassende Militä-

rinvasion eines unabhängigen Landes ist weitaus profitabler.

Heute, im Jahr 2013, haben nur Kuba, Nordkorea und Iran keine Zentralbanken. Das kubanische Embargo existiert bis heute, und kein Schiff oder Flugzeug darf ohne Spezialerlaubnis von Kuba aus in die USA einreisen. Gegen Nordkorea wurden massive Sanktionen errichtet, und wir alle wissen, was mit dem Iran passiert - ihm drohen konstant Invasion und Krieg.

Das ernüchterndste Statement der jüngeren Zeit jedoch stammt von Thomas Jefferson, einem der Gründerväter der USA, der genau das vorhersagte, was heute geschieht. Privatbanken und Elite-Bankenfamilien haben die Kontrolle über die Welt übernommen, weil sie den Geldfluss kontrollieren.

››Ich glaube, dass die Banken für unsere Freiheit weitaus gefährlicher sind als stehende Armeen. Wenn das amerikanische Volk den Privatbanken erlaubt, die Ausgabe ihrer Währung zu kontrollieren - zunächst durch Inflation, dann durch Deflation - werden die Banken und Konzerne, die um die Banken heranwachsen, die Menschen all ihres Besitzes berauben, bis ihre Kinder obdachlos auf dem Kontinent erwachen, den ihre Väter erobert haben. Die Ausgabemacht sollte den Banken entzogen und den Menschen zurückgegeben werden, denen sie ordnungsgemäß gehört.<<Thomas Jefferson

Und an genau diesem Punkt befinden wir uns heute. Unsere Kinder werden heimatlos in die Sklaverei hineingeboren auf einem Planeten, der von den Bankern kontrolliert wird. Die Banker haben die Welt unseren Kindern weggenommen.

Jene, die die Schöpfung und den Fluss des Geldes kontrollieren, wissen genau, was dies für die Menschen bedeutet. Dies ist in Wirklichkeit die unheilbare Krankheit der Menschheit. Und weil wir nicht erkannt haben, dass es eine Krankheit ist, können wir uns nicht selbst heilen. Erst wenn wir es erkennen, werden wir imstande sein, auch das Heilmittel zu erkennen, das sich uns bisher scheinbar entzogen hat.

Am 27. April 1961 hielt John F. Kennedy, Präsident der Vereinigten Staaten, eine Rede, in der es um die geheimen Machenschaften der Gesellschaften und Konzerne ging, welche auch das Federal Reserve System und die Banken-Elite umfassten. Dies ist ein editierter Auszug dessen, was er zu sagen hatte:

››Allein das Wort „Geheimhaltung" steht im Gegensatz zu einer freien und offenen Gesellschaft; und wir als Volk, lehnen von Natur aus und aufgrund der Geschichte Geheimgesellschaften, Geheimschwüre und geheime Vorgehensweisen ab... Ihre Erarbeitung wird verschleiert und nicht offengelegt. Ihre Fehler werden kaschiert und nicht publiziert. Ihre Andersdenkenden werden zum Schweigen gebracht, nicht gelobt. Keine Ausgabe wird hinterfragt, kein Gerücht gedruckt, kein Geheimnis wird enthüllt« John Fitzgerald Kennedy

Viele Menschen sind der Meinung, dass diese Rede unausweichlich zu Kennedys Ermordung geführt habe. Im Wesentlichen fungierte er als Whistleblower dieser geheimen Gruppe von Bankern und Lenkern der Menschheit, als er erkannte, dass er nicht wirklich dafür zuständig war, das amerikanische Volk auf den Pfad des Gedeihens zu führen, sondern dass eine kleine Gruppe mächtiger Individuen die absolute Macht innehatte.

Berühmte & berüchtigte Zitate über Geld

Lord Acton: »Das Problem, das seit Jahrhunderten besteht und früher oder später bekämpft werden muss, ist das der Menschen gegen die Banken«

John Sherman (1863, Gebrüder Rothschild): ››Die Wenigen, die das System verstehen könnten, werden entweder so interessiert an .seinen Profiten oder von seinen Begünstigungen so abhängig sein, dass es für diese Klasse keine Opposition geben wird, während andererseits die große Masse der Menschen, die geistig unfähig sind, den gigantischen Vorteil zu begreifen, den Kapital aus dem System bezieht, ihre schwere Bürde tragen wird, ohne zu klagen.«

Sir Josiah Stamp: ››Bankgeschäfte wurden immer als ungerecht und sündhaft empfunden. Die Bankiers besitzen die Erde. Wenn Sie ihnen diese wegnehmen, ihnen aber die Macht zur Geldschöpfung lassen, dann werden sie mit einem Federstrich genug Geld schöpfen, um die Erde wieder zurückzukaufen. Wenn Sie ihnen diese große Macht nehmen, dann werden alle großen Vermögen, wie z.B. meines, verschwinden; und dann wäre dies eine bessere Welt, in der man glücklicher leben könnte. Aber wenn Sie weiterhin die Sklaven der Bankiers sein und die Kosten ihrer eigenen Sklaverei bezahlen wollen, dann lassen Sie zu, dass die Bankiers weiterhin Geld schöpfen und die Kreditvergabe kontrollieren. «

Ralph M. Hawtrey, Sekretär des britischen Fiskus: »Banken verleihen, indem sie Guthaben erschaffen (Kontoeintragsguthaben, ' monetisierte Schuld). Sie erschaffen die Zahlungsmittel aus dem Nichts«

British Lord John Maynard Keynes: ››Auf diese Weise kann die Regierung heimlich und unbeobachtet das Vermögen des Volkes einziehen, und nicht einer unter Millionen wird den Diebstahl entdecken. «

Woodrow Wilson: »Eine große Industrienation wird von ihrem Kreditsystem kontrolliert. Unser Kreditsystem liegt konzentriert in den Händen einiger Weniger. Wir sind zu einer der am schlechtesten regierten und am meisten kontrollierten und dominierten Regierungen der Welt geworden. Nicht länger eine Regierung der freien Meinung, der Überzeugung und Wahlen der Mehrheit, sondern eine Regierung der Meinung und unter dem Zwang einer kleinen Gruppe dominierender Menschen. «

Robert H. Hamphill, Atlanta Federal Reserve Bank: ››Wir sind vollständig abhängig von den öffentlichen Banken. Jemand muss jeden einzelnen Dollar, der im Umlauf ist, egal ob in bar oder elektronisch, leihen. Wenn die Banken ausreichend künstliches Geld herstellen, dann sind wir reich, wenn nicht, verhungern wir. Wir haben kein stabiles Geldsystem. Wenn man das Bild im Ganzen erfasst, ist die tragische Absurdität unserer hoffnungslosen Position regelrecht unglaublich, aber sie ist wahr. Das ist das allerwichtigste Thema, dem sich intelligente Menschen überhaupt widmen können. Es ist derartig wichtig, dass unsere ganze Zivilisation zusammenbrechen könnte, wenn die Wahrheit nicht allgemein bekannt wird und die Missstände nicht wirklich schnell angegangen werden«

Modern Money Mechanics Workbook, Federal Reserve Bank of Chicago, 1975: »Weder Papierwährung noch Einzahlungen haben einen Wert als Güter, eigentlich ist ein »Dollar«-Schein lediglich ein Stück Papier. Einzahlungen sind nichts‘ als Buchungseinträge«

Charles A. Lindbergh, Sr. - 1913: »Dies [Federal Reserve Act] erschafft den gigantischsten Trust auf Erden. Wenn der Präsident [Wilson] diesen Entwurf unterzeichnet, wird die unsichtbare Regierung der monetären Macht legalisiert... Das schlimmste legislative Verbrechen aller Jahrhunderte wird durch dieses Banken- und Währungsgesetz begangen«

Aus dem Civil Servants° Year Book, »The Organizer« Januar 1934: »Das Kapital muss sich selbst in jeder Weise .schätzen Schulden müssen so schnell wie möglich eingetrieben, Darlehen und Hypotheken zwangsvollstreckt werden. Wenn die normalen Menschen ihre Häuser durch ein gesetzliches Verfahren verloren haben, sind sie fügsamer und können durch den starken Arm des Gesetzes, angewandt durch die Zentralmacht der führenden Finanziers, leichter regiert werden. Menschen ohne Häuser werden mit ihren Führern nicht streiten. Dies ist unseren Führungsmännern wohl bekannt, welche nun daran beteiligt sind, einen Imperialismus des Kapitals zu formen, um die Welt zu regieren. Indem die Menschen entzweit werden, können wir sie dazu bringen, ihre Energien für Streitereien über Fragen aufzubrauchen, die für uns nur als Lehrer des gemeinen Volkes von Relevanz sind. «

James Madison: »Die Geschichte verzeichnet, dass die Geldwechsler jede mögliche Form von Missbrauch, Intrige, Täuschung und Gewalt angewandt haben, um ihre Kontrolle über die Regierungen aufrecht zu erhalten, indem sie das Geld und seine Herausgabe kontrollieren«

Sen. Barry Goldwater (Rep. AR): »Die meisten Amerikaner verstehen die Operationen der internationalen Geldverleiher nicht. Die Konten des Federal Reserve Systems sind niemals geprüft worden. Es operiert außerhalb der Kontrolle des Kongresses und manipuliert den Kredit der Vereinigten Staaten. «

Präsident John Adams: »Die ganze Ratlosigkeit, Verwirrung und Notlage in Amerika resultiert nicht aus Mängeln in der Konstitution oder Konföderation, nicht aus dem Streben nach Ehre oder Tugend, .sondern aus der absoluten Unkenntnis der Natur von Münze, Kredit und Zirkulation.«

Henry Ford Sr: »Die Jungen, die die Geldfrage lösen können, werden mehr für die Welt tun als alle Berufssoldaten der Geschichte«

Major L.B. Angus: »»Das moderne Bankensystem erschafft Geld aus dem Nichts. Dieser Prozess ist vielleicht der verblüffendste Taschenspielertrick, der jemals erfunden wurde. «

Mary Elizabeth Croft: »Im Austausch für die Verwendung von Banknoten, die den Bankern gehören, welche sie aus Nichts erschaffen haben - basierend auf deinem Kredit - werden wir gezwungen, mit Substanz zurückzuzahlen, mit unserem Eigentum an Arbeitskraft, der Fruchtbarkeit unseres Landes, unseren Geschäften und Ressourcen ~ in immer höheren Mengen. Wir wurden getäuscht zu glauben, uns würden die von anderen Einlegern eingezahlten Geldmittel geliehen Doch alles was du dir ausgeliehen hast, war monetisiertes Guthaben, das deine Unterschrift erschaffen hat.

 Wenn Mutter eine Geburtsurkunde beantragen, wird dieser Antrag registriert. Der Rechtstitel ihres Babys wird dann von der Mutter auf den Staat übertragen. Der Mutter wird ein Billigkeitsrecht auf* ihr Baby gelassen, welches sie gegen eine Gebühr benutzen kann ~ eine ››Gebrauchssteuer«. Und da dieser Besitz ihr nicht gehört, muss sie ihn so behandeln, wie der Eigentümer es will. «

Modern Money Mechanics (Federal Reserve Bank von Chicago): »Der tatsächliche Vorgang der Geldschöpfung findet hauptsächlich in Banken statt Die Banker fanden heraus, dass sie Darlehen allein dadurch vergeben können, dass sie Darlehensnehmern ein Zahlungsversprechen oder Banknoten geben. Auf diese Weise begannen die Banken Geld zu erschaffen. Transaktionsguthaben sind das moderne Gegenstück zu Banknoten. Es war nur ein kleiner Schritt vom Drucken der Noten bis zum Erstellen von Buchungseinträgen, die den Darlehensnehmern ein Guthaben gutschreiben, das die Darlehensnehmer dann durch die Ausstellung von Schecks ››ausgeben« können, wodurch sie wiederum ihr eigenes Geld »drucken«. Ein Guthaben, das durch Kreditvergabe erschaffen wird, ist eine Schuld, die auf Verlangen des Einlegers bezahlt werden muss, genauso wie die Schuld aus einer Kundeneinlage von Schecks oder Zahlungsmitteln in einer Bank. Natürlich zahlen sic Darlehen nicht wirklich von dem Geld aus, das sie als Einlagen erhalten. Wenn sie das täten, würde kein zusätzliches Geld erschaffen. Wenn sie Darlehen vergeben, akzeptieren sie Schuldscheine im Austausch gegen Guthaben auf den Transaktionskonten der Darlehensnehmer. «

Henry Louis Mencken: »Das Ziel der Realpolitik ist es, den Pöbel in einem kontinuierlichen Alarmzustand (und dadurch nach Sicherheit grölend) zu halten, indem man sie mit einer endlosen Reihe von Schreckgespenstern bedroht, die allesamt rein imaginärer Natur sind. «

Encyclopaedia Britannica (14th): »Banken erschaffen Guthaben. Es ist ein Irrtum zu glauben, das Bankguthaben würde durch die Einzahlung von Geld bei der Bank erschaffen. Ein von einer Bank vergebenes Darlehen ist eine klare Addition zu der Geldmenge in der Gemeinschaft. «

Richard McKenna: ››Ich fürchte, dass die gewöhnlichen Bürger es nicht gerne hören werden, dass die Banken Geld erschaffen und zerstören können und es auch tun. Und jene, die das Guthaben einer Nation kontrollieren, lenken die Politik der Regierungen und halten das Schicksal der Menschen in ihren Händen«

Sir Denison Miller: »Diese Wahrheit ist unseren Führern wohl bekannt, die nun einen Imperialismus des Kapitals erschaffen, um die Welt zu regieren. Indem wir die Wähler durch das politische Parteiensystem entzweien, können wir sie dazu bringen, ihre Energie in Streitereien ohne Relevanz zu vergeuden. Folglich können wir uns durch diskrete Aktion das sichern, was so gut geplant und so erfolgreich erzielt worden ist. «

George Bush: ›› Würden die Menschen jemals herausfinden, was wir getan haben, sie würden uns die Straßen hinunter jagen und lynchen. «

Ende Zitat aus dem Buch von Michael Tellinger „ Das UBUNTU Prinzip.

22.04.2015 07:54:17 Was wird nicht alles wegen Geld gemacht. Und was lasst ihr mit euch machen wegen Geld. Die ganzen Machtstrukturen im sogenannten Staatsapparat. Das Geld das keinen Wert hat und niemals einen hatte, weswegen aber euch eingeredet wird das dies und jenes nicht zu machen ist weil kein Geld vorhanden ist. Aber obwohl ihr ja hier seit. Ihr seid ja immer da ohne Geld so wie die Welt sich dreht ohne Geld und ihr hier seid, und alles gemacht habt und nichts hat jemals das Geld gemacht. Diese Gehirnwäsche und diese Gehirnwäsche ist im Finanzamt im Wirtschaftsministerium, dieser Glaubenswahnsinnnn. Und was die Finanzämter für versteckte und offene Kämpfe führen gegen Individuen oder Gruppen die nicht in die verblödete Gehirnwäsche mancher Finanzbeamten geht zum Beispiel die Gemeinnützigkeit und Steuerbefreiung von unterschiedlichen Gruppierungen, ich denke mal an die Konz Gruppe oder die Attac Gruppe denen so was wie Gemeinnützigkeit abgesprochen werden sollte und wurde. Und da wird dann gefragt ob diese Finanzbeamten dann überhaupt noch ein demokratisches verständnis haben oder jemals hatten. Nein, das können die gar nicht, denn etwas einzufordern das sowieso keinen Wert hat und es aber so mit Gewohnheitsgewalt verbinden wenn das Geld dann nicht kommt, das ist so wie im Mittelalter für den Kaiser einfach Geld reinholen weil der mal wieder Raubzüge bezahlen will oder weil er ein weiteres Domizil für die Jagd oder das abficken der Töchter braucht .Es sind immer diese blinden hörigen unreflektierenden Menschen die Robotniks sage ich mal die in Ämtern sitzen und eine sogenannte rückwärtsgewandte politische Wirrnisskraft anwenden mit der willkürlichen Auslegung einzelner Finanzämter in ihrer Region in der der Systemgegner sage ich mal seinen Wohnsitz hat. Und dann sind diese dortigen Geldeintreiber für die Banken denn es ist nichts anderes da ja die BRD eine Firma ein Unternehmen ist und das wird von Privatleuten mit Geld aus Luft auf seinem Irrweg gefüttert bis alles in der Totalverblödung eingesumpft wird und versauert und dann weiß keiner weswegen warum und wofür. Aber Gemeinnützigkeit ist ja bloß ein winziger Gegner im falschgeleiteten verständnis derer die in den Finanzämtern sitzen und das Geld für die Bankster eintreiben. Wenn es das bloß wäre, wäre es ja ein Kinderspiel in eine Geldlose Menschheit zu rutschen.

Das Finanzamt ist ja bloß eine Marionette im Glaubensverblödungskampf der Bankster gegen die Menschheit global. Aber das was mit TTIP passiert das ist wunderbar sichtbar was das für eine Ausbeutung sein soll und wenn das so weitergehen würde sein würde. Dann wären wir einen Schritt näher an die 666 was aber schon hier ist in vielen Systemen die die Bankster durchgezockt haben mit dummen überdummen Politikern. Wenn ich alleine an dies undemokratischen Schiedsgerichte denke die Industrielle und BanksterGangster schon in vielen Systemen eingebaut haben und nun als große Hoffnung anpreisen so wie die PharmaIndustrie ihre Giftprodukte als Hoffnung an die Kranken anpreist die Kranken die es versäumt haben an sich zu denken und sich gesund zu halten muss ich noch hinzufügen, denn es sind auch immer die anderen mitverantwortlich. Die Opfer die sogenannten sie sind mitverantwortlich. Es gehören immer zwei dazu aber den Dualismus gibt es nicht das ist eine bloße Gehirntäuschung eine Jonglierkunst von blinden Unwachen Philosophenmenschen.

Die Industrie die ihr eigenes Gericht etabliert unabhängig von demokratischen Illusionen. Wo die Unternehmen ihre Gewinnprognosen und Gewinnfantasien die dann nicht erfüllt werden einklagen können wenn es nicht so viel und solche Massen an Gewinne gibt oder geben wird. Solch einen primitivo Wahnsinn wollen die durchsetzen so wie Vattenfall der schwedische Staatskonzern es nun gegen die BRD versucht wegen des Atomaustiegs. Ich denke wir müssen den Schweden auf die Schuhe scheißen wenn die so was versuchen sie ankotzen. Das wär doch mal was anstatt immer bloß den Richtern den Geldhahn der Steuergelder zu überlassen die dann entscheiden die aber selber eine Firma sind und kapitalorientiert entscheiden weil ja die Firma Staat das Gericht bezahlt und deswegen sind ja hauptsächlich die Besitzenden in den Richtersprüchen geschützt weil es um den Erhalt der Gier der Habgier geht des sogenannten Besitzes .Aber wenn kein Geld da ist gibt es auch keine Besitz und nichts das besessen werden könnte weil alles frei ist so wie die Schöpfung.

Da ja die USA England BRD eine Firma ein Unternehmen ist , ist es doch klar weswegen die so mitmachen mit den BanksterGangster, und weswegen doch systematisch der sogenannte Sozialabbau gemacht wurde und Gemeinwohl ins private verkauft wurde, mit dieser neuen Wirtschaftsordnung, der BanksterGangster Wirtschaftsordnung, die versucht auch die letzten Reste der Gemeinschaft des Gemeinwohls oder der sogenannten sozialen Marktwirtschaft zu eliminieren, und da machen die Politiker diese blöden Laberkünstler und feigen wirren Gehaltsempfänger euer Steuergelder mit denen sie euch ausbeuten verblöden und klein halten und unmündig halten durch ein Bildungssystem das ausschließlich Industriekonform Vasallen als Diplomingenieure oder Landser als Doktoren und Vorkämpfer als Professoren ausbildet die aber reine Robotniks sind, Roboter für das Bankstersystem des tiefschwarzen Glaubens an das Geld , das es ohne Geld nicht geht und die Menschheit sozusagen verarmen würden. Aber Geld hat nie und wird nie etwas machen .alles wird immer ohne Geld gemacht.

Es gibt viele trojanische Pferde in den Institutionen der Länder und der EU und seiner ungewählten firmenkonformen Stinkminister die BanksterGangster Systeme erschaffen. Die BanksterGangster zerstören alles was es auf der Erde gibt mit der Gewissheit das es ihnen egal ist wenn alles den Bach runter geht sie haben ja das Geld und kontrollieren es und denken wenn die Menschheit abgefackelt wird die Erde dann werden wir danach alles genau so wieder aufbauen im Sinne der Geldmacht des wertlosen Irrglaubens an eine verdumpfte verblödete Menschheit so wie sie sich heute darstellt. verblödet. unfähig zu handeln und sich rundum zu erneuern in einer befreiten Menschheit ohne Geld wo alles weiter so gemacht wird wie bisher aber dann ausschließlich Qualität und Qualität gemacht wird und zwar für alle.

Und nun mit diesen verrückten durchgeknallten TTIP oder CETA SS-Truppen in den Verhandlungsräumen den versteckten, da wollen die sogar nicht nur ihre Investitionskosten schützen, sondern auch die Gewinnerwartungen der Globalplayer Unternehmen dieser BanksterGangster, und das auf Jahre hinaus hochgerechnet. Und alles was Allgemeinwohl ist, ist der Darth Vader der gegen die BanksterGangster Ideologien, aus dem Land wo die Pistole noch zu tragen ist einem durchgeknallten Amerika mit seinen durchgeknallten in die Wirrnis gehenden Menschheit . Und die USA ist jetzt schon im Irrgarten der Verwirrungen wie im Turmbau zu Babel. Aber wo bleibt die unwirre Zivilgesellschaft der USA oder der Russen oder der Chinesen oder der Engländer und der Franzosen und der Deutschen oder Holländer und der anderen Länder wo bleibt sie. Müssen es immer erst die reaktionären Nationalisten sein deren Horizont einfach so ist wie er ist. Obwohl der Udo doch damals denen sang hinterm Horizont geht's weiter.

Das ganze System eines Firmenstaats das sich dann Demokratie denkt oder bezeichnet, das ist doch so verwirrt und verlogen und unfrei und benebelt im GeldGlaube, dass die Unternehmen doch schon immer seit es Menschen gab und Machtstrukturen aufgebaut wurden, seit damals als die Familienklans ihr Leben machen mussten bis über die Königreiche oder Kaiserreiche und die Papstreiche, auch da waren immer die Besitzenden die ja alles durch ermorden und betrügen und Versklavung bis hin zu heute 2015 aufgebaut haben für sich selber und nie für das Gemeinwohl. Ein Gemeinwohl das wird es erst geben wenn es kein Geld mehr gibt und der Mensch global und frei von Geld zusammenarbeiten kann. Und dann kann alles gemacht werden was zu machen ist, die beste Bildung und die bereiteste Schulbildung die nicht mehr Industrieorientiert ist sondern Talentorientiert ist.

Und wie ich das Buch anfing da mit diesen Luxemburg Leaks wo diese gewählten Irrenanstaltenpolitiker die SS der BanksterGangster solche Konstrukte aufgebaut haben wie wir sie heute sehen aber nicht sehen sollten, die ausschließlich zur Steuervermeidung dienten für diese Google Amazone und Goldman Sachs verwirrten süchtigen totalverblödeten Raubmenschen der Mensch als primitives Raubtier mit seiner primitiven Habgierstrategie. Die ihre Habgier und damit verbunden tiefe schwarze Bösartigkeit ja hinter Strohmännersysteme verbergen um nicht als Nutznießer erkannt zu werden. So dumpf und primitive sind die im Universum. Die werden immer verlieren selbst ihr Sieg ist ein verlieren, das wissen die bloß nicht in ihrer tiefschwarzen Machtstreben und Kontrolle Dämonisierung der Steuersysteme und der Menschheit. Ikea oder Starbucks oder alle anderen Großunternehmen sie alle haben doch die Steuergesetze selber für sich geschrieben durch und mit ihren Lobbyisten und SS-Politikern also USA-SS- Lobbyisten oder England-SS-Politiker das ist egal, sie alle wollen nie Geld zahlen das keinen Wert hat und das nie etwas gemacht hat, so verblödet ist deren Verstand der aber auch bloß ein Werkzeug ist und auch die Vernunft ist bloß ein minderwertiges Werkzeug für bis auszuschließenden noch unentwickelte Menschen die zu Raubtierroboter von den BanksterGangster Industriellen gezüchtet werden. Denn vergesst nicht-auch wenn es nicht eure Entscheidungen sind, ihr werdet selber so wie das System das ihr erlebt und in dem ihr tätig seid. Ihr werdet selber zu Geldidioten und BetrugsBanksterGangster wegen und um des Geldes das nie etwas gemacht hat. Und wenn eine Totalillusion eine Menschheit so vernebelt dann wird sie im Turmbau zu Babelsberg in die Verwirrungen eingehen und nicht mehr wissen weswegen wozu und weshalb bis die zukünftige Leiche die ihr noch glaubt zu sein, euch im Sterben gezeigt wird und ihr erkennen könnt-ich war gar nicht die zukünftige Leiche die diese Ängste und Verwirrungen im Kopf und Körper gestiftet hat ja ich war nicht mal ein Gedanke meine Fantasien oder mein Geist-nein-das sind alles bloß Kleider für diese Welt. Mehr nicht.

Aber dann ist es zu spät. Der Ausverkauf der öffentlicher Güter an die BanksterGangster geht ohne euch weiter und es sind diejenigen heute die das verhindern müssen.

Aber Veränderung ist bereits im Gange. Das aufgebaute aufgeblähte Staatssystem der BanksterGangster und deren Vasallen Industriellen dieser Globaltaschenspieler Trickser Unternehmen die ausschließlich ausbeuten um höhere Gewinne zu machen die garkeinen geldwert haben da Geld ja kein Wert hat und ja gar nichts machen kann, also eine Verwirrung ist. Diese Ansammlung dieser GeldMacht mit Geld das gar nichts kann und von Menschen die da den Tiefschlaf noch mitmachen, das wird immer weniger beeindruckend und wirkt nun mehr abscheulich und Armselig. Diese ganzen versuche Menschheiten auszubeuten und zu verblöden durch die von ihnen aufgebauten System Strukturen von sogenannten Staaten die aber Unternehmen also BanksterZulieferer sind also die SS-des Geldes. Wie geschrieben das wird immer mehr durchschaut und als Totalverblödung erkannt und es werden Erfolge gezeigt wie dies Zivilbevölkerung Fortschritte macht in der Industrie und der Kunst und der

Freiheit in Einsicht und in Liebe.
Die ganzen Kriege auf der Erde die sozialen Ausbeutungen und Abzockungen die
durchgeknallten religionsbedingten Totalbeklopptheiten der Islamverwirrungen die
im innerlichen Mittelalter angekommen sind so wie die Europäer damals als sie
im 13-14-15 Jahrhundert nach ihrer Uhrzeitrechnug angekommen waren. Und die
Moslems heute erst angekommen sind. Und die Flüchtlinge die heute von Afrika
das sich nicht richtig gegen die Geldmacht verteidigen kann auch wegen der dummen Politiker die Afrika noch hat und der korrupten Armeen und blöden Religionen
im Kopf-da ist Evolution schwer machbar weil alleine das Leben und überleben
all deine Aufmerksamkeit verlangt und die Besitzenden National so wie International dort schalten und walten können wir sie wollen und Afrika als Totalausbeutung
benutzen. Also das sieht zuerst alles doch sehr schwerlich und zerstörerisch aus
und wirkt so als ob die Menschheit global auf der Erde am Arscho der Welt angekommen ist und tatsächlich ins Armageddon abgleiten wird weil die 666 das Tier
und die Geldseuche gewinnt und verseucht bis zur Unerkennbarkeit deiner wahren
Freiheit.
Aber es gibt sehr viele Veränderungen unter der Menschheit – Atomaustieg der
BRD-Windenergie gewinnt –Sonnenenergie gewinnt-obwohl die Verbrennungssau-
rier wie T-Rex mit Lobby-SS-T-Rex Vasallen dagegen an kämpfen und ihre bezahl-
ten und geistig verarmten Politiker weiterhin versuchen die seit der Cro-Magnum
Magnon Zeit seit der Neandertaler Zeit brennenden Lagerfeuerindustrien aufrecht
zu halten-so blöde tief verankert sind die noch in ihren verseuchten Altertumsgenen.
Es gibt sehr viele Gruppen wenn man im Netz recherchiert die zusammenarbeiten und Erfolge alleine in der Aufklärung der Zusammenhänge der Geldsysteme
und deren BanksterGangsterOrganisationen aufzeigen. Und daraus haben sich
viele Selbsthilfegruppen geformt die aufgeklärter sind und man sieht ja wie das
Internet zusammenarbeitet die Menschen die das benutzen können. Wenn etwas zu
organisieren ist und wenn es einen Schitstorm gibt gegen die TTIP oder Luxemburg Leaks gibt und andere Heimlichtuereien gegen die Bevölkerung und deren
absahnung Abzockungen. Und die Medien die berichten ja kaum fast gar nicht
davon und deswegen ist ja das Internet eine viel bessere Infoquelle als es die etab-
lierteren Medien je sein werden. Sie werden erst echte Medien sein wenn auch sie
von BanksterGangster System befreit sind Geldlos agieren können und dann echte
Nachrichten bringen können. Und keine auf das übelste das üble fixierte Sprüche
klopfen müssen.
Der ganze Klimamurks die Katastrophe Seuchen-Ölpest-Kriege und Wassermangel
oder andere Schlechtnachrichten zu den die sich hingezogen fühlen und zu den sie
aber gemacht wurden um so eine Bevölkerung die Menschheit immer auf das zerstörerische und nicht das Wachsen des Grase oder Waldes oder Meeres zu fixieren
.Allein die Verseuchung der ZDF oder Erste Programme mit tagtägliche Krimiserien

und Morden da geht einem schon der Hut hoch und zwar von alleine-das soll Bildungsauftrag sein nein das ist GeldGeil BanksterGangster Richtung.

Der ganze scheiß den wir als Menschen tagtäglich zu sehen und hören bekommen und dem ich mich aussetze indem ich mir das anschaue-das ist nicht die gesamte Menschheit das sind bloß Teile aber die gesamte Menschheit will was andere als diesen Blick auf das zerstörte das zerstörerische-weil der Mensch selbst kein Raubtier mehr sein will und sein soll. Und diese Verwandlung die passiert schon ist im vollen Gange-und unaufhaltsam-Und so wie die Saurier Platz machen mussten so werden auch die menschlichen Saurier Platz machen und Platz machen müssen weil eine bereitere schönere Menschheit zum Vorschein kommt, und schon da ist.

Veränderungen im politischen denken und wirtschaftlichen denken das geht langsam wenn man alleine in die Richtung schaut und denkt-es kann aber auch schneller gehen-indem Politiker zur Verantwortung gezogen werden-und Firmen ihre Raubzüge weggenommen werden müssen und die USA oder China oder Russland ihre ignoranten Politiker zur Saurierhölle schicken müssen-das muss die Zivilgesellschaft tuen und die Bankster Gangster in den Ganges zum reinigenden Kloakenbad schicken müssen und sie dann 10 Jahre in einem Himalaja Waschram leben müssen.

Veränderung ist bereits im Gange und zwar eine bessere Veränderung und wie lange das dauern wird bis eine Geldlose Zukunft für die Menschheit hier ist das weiß ich nicht-aber sie wird kommen-und hier sein-denn die Menschheit ist schon längst vereint –global-durch ihre Arbeit-und nicht durch die Religionen-die keinen großen Wert haben werden-in der Befreiung der Menschheit vom Joch der SS-BanksterGangsterSystems-wo Geld aus Luft gedruckt wird-bis zum abwinken-und damit die Menschheit und die Erde ausgeblutet wird.

Ja die Menschheit ist bereits vereint-weil sie kreativ ist-weil sie arbeitet und tätig sein kann-und nicht weil Geld da ist-nochmal: Hier ist nochmal ein Wachmacher Ich gebe euch alles Gold der Erde alles Geld der Erde alle Diamanten und dann sage ich zum Geld zum Gold: Reinige den Fußboden in den 20 Villen der Superreichen. Koche die Suppe. Erfinde Wohltaten für die Menschheit. Baue Hochhäuser. Putze die Schuhe. Baue die Straße. Fahre das Auto. Erdenke neue Technologien. Repariere die Straßen. Erneuere Kleidung. Und so weiter bis zum Ende aller Wörter und Gedanken und Fantasien. Da wirst du sehen das Geld aber überhaupt für Garnichts benötigt wird. Das Gold Garnichts kann. Die Diamanten überhaupt bloß da liegen. Und das alles gemacht wird ausschließlich vom Menschen und zwar ohne Geld. Das war schon immer so und wird auch für immer so bleiben. Denn für Innovation und Kultur und Wirtschaft und Bildung ist aber überhaupt niemals Geld benötigt worden. Es ist eine Fiktion erdacht von den 666 dem Tiermensch in seiner abgrundtiefen Ignoranz und Unwissenheit denn das Tier weiß ja überhaupt gar nicht was und wer es ist. Es ist unwissend und aus dieser Unwissenheit hat ES das Geldsystem aufgebaut. Das die übergierigen ja erkannt haben das man Geld kontrollieren kann und ansammeln kann da ja alle daran glauben und sich aber auch total unbewusst sind das alles immer bloß der Mensch macht und zwar ohne Geld auf ewig immer ohne Geld. Und das alles bloß rudimentäre Gesellschaftsstrukturen der noch abgrundtief primitiven Menschen sind.

Also alles wird und wurde schon immer ohne Geld gemacht. Es ist Lüge Glaube Religion das Geld für irgendetwas gebraucht wird weil Geld gar nichts kann. Das müsst ihr bis heute doch wohl durchschaut haben. Und eure eigene Selbstversklavung ablegen. Wie lange wollt ihr noch Sklaven eurer eigen Ängste Ignoranz und Dunkelheit sein. Denn das System Geld ist die Angst weil es ja von ängstlichen aufgebaut wurde. So kommen diese Ängste nun zum Vorschein und zeigen wie falsch das alles ist. Dass System Geld ist pure Existenzangst also Totalverblödung und daran glauben die 666 die Tiermenschen noch. So primitiv sind die Systeme an die ihr glauben sollt.

Es ist eure Entscheidung. Nach wie vor sage ich übernehmt das System selber und entfernt die Lügen aus dem System .Entlasst die Bankermanager die Religionsmanager im Vatikan oder Protestanten entlasst die Politiker die rückgratlosen ignoranten entlasst die Firmenbesitzer denn ihr alleine habt das aufgebaut es ist mittlerweile mehr als euer Eigentum aber lasst die Finger von Eigentum und Besitz denn etwas zu besitzen ist abgrundtief Dunkelheit und Bindung an diese Erde und das ist schwere und Tod. Übernehmt die globale Struktur und dann entfernt das Geld. Und dann wird automatisch ein Gleichgewicht entstehen weil auch jeder sofort Arbeit hat da die Nachfrage groß sein wird aber alles schädliche sofort nicht mehr unterstützt werden braucht und das saubere nicht das falsche arbeitsmäßig oder schöner kreativmäßig unterstützt werden wird. Macht das alles ohne Blutvergießen. Macht das alles ohne Blutvergießen. Macht das alles ohne Blutvergießen.

Also die Menschheit war schon immer vereint und hat zusammengearbeitet es sind bloß die zerstörerischen Menschen mit ihrer Besitzgier die unfreien und benebelten die dumpfen die eine Lüge den Satan wie Jesus es sagte-leben und als Wahrheit proklamiert haben-das ohne Geld Nix geht das ist Unwahrheit Betrug Lüge.

Und diese Erfolge die Menschen haben gegen den Wasserverkauf den Nestle Betrug den Wahnsinn von Unileverbesitz den Großkonzern Primitivismusmuus-all dieser privatisierungs-SS-Wahnsinn-dieser Totalbekloppotheits-Ratiorhetorik-Sumpf-dieser Lügenmaschinerie des Geldsystems-dieser Troika-Stasi-SS-FBI-Murks-der in Griechenland auch passiert wo die Troika die Privatisierung der Wasserbetriebe verlangte von Athen und Thessaloniki- aber eine aufgeklärte Menschheit Mut hatte dem sich gegenüberzustellen und abzuwinken und abzuwählen-dieser Troika-SS-Weltbank-SS-Wahnsinn von Wahnsinnigen-das wurde bezwungen so wie in Deutschland auch die Städte sich die Wasserversorgung zurückholten wie in Berlin-und dieser französische Konzern-der sicherlich ein Ableger der Rothschildseuche

ist-der Rothschildseuche die ja ihre Finger in fast alle Großunternehmen hat-SUEZ
–der sich schon als Eigentümer gesehen hatte der wurde abgewählt-angeblich hatte
der griechische Staat seine Gerichte sich darauf berufen-das die griechische Verfassung besagt das der Staat-den es gar nicht gibt weil es ja kein Lebewesen ist- also
die Menschen die von sich behaupten sie wären dann der Repräsentant des Staates.-jedenfalls-diese Staat ist für den Schutz der Gesundheit der Bevölkerung seiner
Bürger-Menschen-verantwortlich-was aber bloß Floskeln sind-denn man sieht ja
was in den Staaten passiert sie werden ausverkauft an Privatunternehmen weil sie
ja selber ein Privatunternehmen eine Firma sind mit den Geschäftsführer die ihr
noch Politiker nennt-fälschlicherweise-füge ich hier hinzu. Das sind mittlerweile
alles Geschäftsmanager und die kaufen und verkaufen nun mal-alles-und wenn ihr
ihnen euer Land übergebt und ihr euch zu juristischen Personen machen lasst –die
gar nicht eine existente menschliche Person ist- also alles bloß Klabautermann
Schwachsinn von schwachsinnigen Juristen erdacht-also wertlos-und ihr euch vom
wertlosen leiten und führen lasst dann rufe ich euch zu-führt euch selber ohne diese
Sorte von Politiker und Industriellen und aber auch total ohne BanksterGangster-
also die BanksterGangster die müssen ohne wenn und aber von der Entscheidungs-
bühne der Menschheit verschwinden-alle ohne Ausnahme-
Ihr habt euch von Familienklanscheffs befreit von Religionsdiktaturen und Verbrechern wie Päpste und deren Mörderbanden und ihr habt euch von Kaisern und
Königen befreit die aber immer noch so tun also ob sie für die Menschheit wichtig
und unerlässlich wären-dabei sind sie nur noch Schmarotzer und Vasallen für die
Industriellen die sie auf ihren Reisen vertreten und als Türöffner zu fungieren-ihr
habt euch also von all diesen Ausbeutern befreit.
Nun befreit euch von dem BanksterGangster.
Dann braucht ihr gar nicht mehr um die Wiederverstaatlichung der ehemals öffentlichen Unternehmen zu kämpfen- Energie- Wasser- Eisenbahnen-Post-Geld und
so weiter, all das noch auf Geld aufgebaute Verblödungswerkzeug und der damit
verbundene Benebelungsmechanismus fällt weg .Diese ganze globale menschliche
Entwürdigung eingeteilt in erste zweite und dritte Welt von dumpfen blöden Wissenschaftlern und Politiker und Strategen die ausschließlich eine atomare Zerteilung
also herrschen durch zerteilen das alte Macht-SS-System-all das fällt weg und die
globale Menschheit arbeitet automatisch zusammen mit einer Nachfrage und einer
Nachfrage Lieferung für jeden-und alles würde nur noch Qualität sein und nicht
bloß für die 1% der Besitzenden sein die sich alles machen lassen und selber nur
wenig können.
Veränderung ist bereits im Gange. Die TTIP Lüge die mehr Arbeitsplätze schafft ist
doch das Systemdenken dieser Besitzenden dieser BanksterGangster die weil sie
euch doch versklavt haben als Tagelöhner und Geldabhängige in einem perfekten
Betrugssystem der BanksterGangster die Geld aus Luft drucken bis ihr verfault-

diese TTIP Lüge die muss doch im Zusammenschluss weniger Arbeitsplätze schaffen das ist doch deren Ziel Wegrationalisierung doch Vereinheitlichung gewisser Standards. Es gibt ja Studien zu dem Sachverhalt von der Tuffts Universität in Massachusetts die besagt das im Gegenteil rund 600 000 mehr arbeitslos in Europa entstehen würden und Einkommensverluste haben-165-bis-5000 € pro Person und Jahr- und auch weniger Steuereinnahmen weil ja dadurch wegrationalisiert wird durch die Vereinheitlichung von Standard auch in Industrie darum geht es doch heute nur noch in der Industrie-alles mit Robotern zu machen-das ist das Ziel weil ihr doch schon gute Roboter seid.

Es ist höchste Zeit das umverteilen von reich nach arm anzufangen- das sind Forderungen-die bloß den Status quo aufrechterhalten aber nicht das Symptom behandeln-sozusagen wegen sozialer Gerechtigkeit wird immer gesagt-oder ökonomischer Vernunft-aber das sind alles Blendgranaten eines in der Verwirrung gelandeten Verstandes- denn es gibt keine ökonomische Vernunft-das ist doch schon die Turmbau zu Babel Verwirrung-dieser Glaube an die Wörter-und nicht an euch selber-es gibt ausschließlich Menschen und keine ökonomische Vernunft-es gibt nur Menschen die andere Menschen ausnutzen und ausbeuten mit Geld das keinen Wert hat und die Land haben wollen auf denen die Menschen leben und gehen und stehen und die sie dann als ihre Sklaven betrachten-so wie ihr heute Sklaven der geldorientierten Demokratien und deren Traumtanzvasallen geworden seid. Denn es gibt mehr als bloß Alternativen zu Sparzwang und Dauerrezessionen und Geldglaube- nämlich euch selber.

Die öffentliche –private-Partnerschaft-wie sie vor kurzen auch für den deutschen Straßenbau von der SPD proklamiert wurde und von Schäuble dem Geldkofferträger mit Schwarzgeldkonten-der ja die Banken und Wirtschaft aufrief sie sollen Verantwortung übernehmen-welch ein ungemein verblödeter Finanzminister-der noch an Geld glaubt-das nichts jemals gemacht hat-alles wird immer von ausgebeuteten Menschenmassen für die Besitzer gemacht-das muss aufhören-befreit euch von der Vollblutidiotie des GeldGlaubens der BanksterGangster und deren Vasallen der Finanzminister und alle die Geldeintreiber und das damit bis zur Ewigkeit aufrechthalten wollen-diese öffentlich-private-Partnerschaft-das sind alles Verbrecherunternehmen die Ausbeutverträge zum geldrucken und abzocken der Steuergelder mit diesen totalverblödeten Politikern egal welcher Partei fabrizieren-das sind alles undemokratische Verbrecherorganisationen mit den die arm in Geiste Politiker die oft Anwälte und andere verblendet verblödete Vasallen der Gedanken-SS-sind-und die den Macht Anspruch dieser undemokratischen Institution EZB die genau so agieren soll wie die USA FED weil sie genau in dem Sinne aufgebaut wurde sogar mit einem ehemaligen Goldmann Sachs Mitarbeiter der blinde Draghi der kafkasche Geldbettler und Tempel Anpisser den Jesus sofort zurück zur Hölle gepisst hätte. Denn die Pisse von Jesus ist ja das heilige Weihwasser das dem Teufel die Verätzungen seiner Gedankenversklavungen einbrennt.

Diese öffentlich rechtliche Austeritätspolitik und dann noch diese öffentlich-private-Partnerschaft-die nun auch die Straßen besser machen soll-als ob das die Bevölke-rung nicht selber kann-und es soll dann abgezockt werden-so wie die Troika-dieser Gangsterverein-mit diesem Europa aalglatten fliegenden Holländerjüngling mit Goldrandbrille weil seine Organe krank sind-diese EZB-europäische Kommission-Internationale Währungsfond- diese tödliche Seuche der BanksterGangster aus USA Rothschildseuche und wer auch noch immer mehr-das ist alles für die Menschheit global einfach tödlich und giftig-das ist Ausbeutung Versklavung und Verachtung-weil der Rest der Menschen bloße Arbeiter und Personalkosten geworden sind so primitiv sind diese Führer diese Privatmenschen von heute und damals geblieben-deswegen befreit euch nun von den Bankern und dem Geld.-

Das Wort unsozial ist für mich etwas sehr dumpfes etwas entmenschlichtes etwas unpersönliche unlesbares steriles leblose-aber es wird immer noch gebaut, unso-ziale Politik-das zeigt schon da kommt nirgendwo jemals ein Mensch vor-das ist alles Juristenfiktion die auch von der Weltbühne verschwinden müssen und werden weil-wenn kein Geld vorhanden ist-gibt es auch keine Besitzstreitereien mehr-und vieles mehr das wegfallen wird-weil kein Besitz mehr möglich ist-und keiner mehr zu besitzen braucht weil alles vorhanden ist und bloß die Arbeit als Nachweis für kreatives Verlangen und Schönheit vorhanden sein wird, und als Zahlungsmittel sozusagen gelten wird.

Die ganze Ausgrenzung die durch Geld und Besitz entstanden ist- hört damit dann sofort auf. Die ganze Krankheit die Kosten verursacht hört damit sofort auf. Die ganze Verzweiflung die durch Geld verursacht wird hört damit sofort auf. Der ganze soziale Zusammenhang der heute zerstört wird ist dann sofort vorbei. Die ganzen zerstörten Lebensperspektiven und Lebenserwartungen die von Geld abhängig gemacht werden weil die Geldkontrolleure es zu brutal aufgebaut haben.-hört damit sofort auf, wenn das Geld weg ist. Die ganzen Proteste Lohnkämpfe und %te die ganzen Straßen die von Unternehmen nun mit Geheimverträgen instand gehalten werden sollen-all das ist kein Thema mehr weil sie in Topform gehalten werden al-les ohne Geld. Weil es schon immer so war, denn Geld hat nie eine Arbeit gemacht. Befreit euch von der Selbstverblödungsstruktur der BanksterGangster und deren Besitzervasallen den Vasallen der Angst-oder wie Jesus sagen würde befreit euch von den Toten, denn lasst die Toten die Toten begraben.

Jetzt spricht man noch vom möglichen bedingungslosen Grundeinkommen-aber auch das hält euch noch in den giftarmen derjenigen die Geld aus Luft drucke-aber als Übergangsphase zu einer geldlosen Menschheit ist es noch akzeptabel und möglich. Und es gibt schon Menschen die ein Leben ohne Geld praktizieren wie der Raphael Fellmer und einige andere Menschen. Bettelmönche find ich toll Synd-rome-aber selbst Bettelmönche sind ein Resultat einer geldgeilen Menschheit oder

Besitzerstruktur selbst Bettelmönche würden wegfallen in einer Menschheit ohne
Geld das noch nie etwas gemacht hat da Geld ja bloß da liegt und die Täuschung
seiner Bewegung es in den Kreislauf bringen eine weiter Täuschung ist nämlich die
der Bewegung-aber wer sieht die Bewegung-du- und wer bist du-wer bist du der das
die Bewegung sehen kann-ist das der Tote den Jesus nicht beachtete –lass die Toten
die Toten begraben-diejenigen die noch nicht mal erkannt haben das sie nicht der
Körper sind-wer sieht diese Bewegung des Geldes die dann proklamiert wird-eine
weiter Täuschung im Drama Menschheiten verblöden und ausbeuten weil sie noch
die Toten geblieben sind in ihrer Wahrnehmung und Nichtselbsterkenntnis-
Wie eine Frau 13 Jahre ohne Geld leben kann
Manche halten sie für eine Heilige, andere für eine Heuchlerin – Heidemarie
Schwermer lebt seit 13 Jahren ohne Geld. WELT ONLINE sagt die 67 Jahre alte
Psychotherapeutin und Buchautorin aus Dortmund, wie sie es schafft, doch die Haa-
re geschnitten zu bekommen. Und dem Tod ins Auge zu blicken. Zitat Ende.
All das wäre nicht mehr nötig dieser Aufwand den diese Frau macht .und um den
Wirbel gemacht wird wie das überhaupt geht. Oder diese versuche die man dann
als Erinnerung an ein Leben ohne Geld bezeichnen kann in einer geldverseuchten
Umgebung: http://de.forwardtherevolution.net/p/ohne-geld-leben.html all das wäre
nicht notwendig weil die Menschheit doch schon immer alles ohne Geld gemacht
hat. Und all das was hier auf der Web-Seite zu lesen ist entsteht ja bloß weil es Geld
gibt das falsche das versklavende hier ist mal ein Auszug aus deren Webseite: Was
man braucht um ohne Geld zu leben

Zunächst braucht man die Überzeugung, dass es einem ohne oder weniger Geld
besser geht. Vielleicht ist das ein wenig schwer am Anfang. Deshalb haben viele Menschen, die heute ohne Geld leben, auch erst einmal für eine befristete Zeit
begonnen das Leben ohne Moneten zu genießen. Wir wollten ursprünglich auch nur
für ein paar Monate ohne Geld reisen und dann später wieder ins „normale" Leben
zurückkehren.

Doch mit jedem Monat „Probezeit" draußen in der Welt ohne Geld war unsere
Überzeugung so groß, dass wir uns entschlossen haben auch nach der Reise der
Menschheit weiter ohne Geld zu leben.
Man kann also anfangen für eine Woche, einen Monat, ein Jahr oder eine Reise
ohne Knete auszukommen und - da wir ja grundsätzlich frei in unseren Entschei-
dungen sind - auch jederzeit wieder aufhören.
Vertrauen in einen selbst, in die Welt und in die Mitmenschen ist sehr wichtig. Ohne
dieses Vertrauen geht gar nichts.
Auch wenn wir in einer Geldwelt aufgewachsen sind und das kapitalistische Sprich-
wort „Nichts ist umsonst im Leben" in unseren Ohren klingt, können wir doch sehr

gut ohne das Geld leben, dem viele Menschen so viel Wert geben.

Nur wenn wir daran glauben, dass etwas möglich ist, können wir es auch er-leben! Nur wenn wir die Augen für eine gerechtere Welt öffnen und aktiv an ihrer Gestaltung teilnehmen, ist sie auch möglich. Das bestehende System „funktioniert" nur, weil wir Menschen es ernähren, daran glauben und mit unserem Handeln stärken. Wir sind alle Teile dieser Welt, deswegen können wir sie auch verändern!

Du bist der Wandel, den Du in der Welt sehen möchtest und bezweifle nie, dass eine kleine Gruppe aufmerksamer, engagierter Menschen die Welt verändern kann - in der Tat ist es nie jemand anders gewesen.

Wenn man einmal angefangen hat, sich vom Geld frei zu machen, beginnt die Kreativität unheimliche Sprünge zu machen und man entdeckt Wege und Möglichkeiten, die einem vorher offenbar verwehrt waren. Für alles gibt es Lösungen, wir müssen sie nur finden und wenn man erst mal im Fluss des Lebens eingetaucht ist, beginnt man zu verstehen, dass alles, was passiert und zu einem kommt, Geschenke des Universums sind.

Menschen sind von Grund auf gut, sie lieben es zu helfen, nützlich zu sein und zu teilen. Nur in unserer heutigen individualistischen, isolierten Welt haben wir uns weit von der Solidarität, von der Nächstenliebe entfernt. Wir leben oft einsam und wohnen allein, fahren unbegleitet Auto, arbeiten ohne echten menschlichen Kontakt und alles, was wir brauchen können, wir uns kaufen ohne auch nur ein Wort zu wechseln. In einer Welt ohne Geld ist jedoch Kommunikation und Zusammenspiel gefragt; helfen ist menschlich und geben schöner als nehmen. Wir können tauschen und teilen, aber noch schöner ist es zu geben ohne etwas zu verlangen, zu teilen ohne Gegenleistung, einfach so, weil es gut tut, weil es Nahrung für Seele und Herz ist, wie ein Lächeln, eine Umarmung, ein Kuss!

Ende Zitat.

Und genau das letztere Wenn man einmal angefangen hat, sich vom Geld frei zu machen, beginnt die Kreativität unheimliche Sprünge zu machen und man entdeckt Wege und Möglichkeiten, die einem vorher offenbar verwehrt waren. Mit anderen Worten wenn wir uns vom Geld befreien wird es eine ganz andere viel bessere Menschheit geben, die ein Segen für die Erde und das Universum ist.

Aber ich bin nun fast am Ende dieses Schriebs. Und es werden bestimmt Menschen dabei sein, die kein Vertrauen mehr in dieses menschliche Geldsystem haben und auch nicht mehr warten wollen für eine Verbesserung irgendwann mal oder wann auch immer. Die von Politiker Politik überhaupt nichts halten und den blöden Parteien also den Zerteilern der Menschheit global erst recht nicht wollen-die also ihre innere Arbeit machen und sehen das sie es sind denen sie gegenüber Verantwortung haben und sich auf den spirituellen Weg gemacht haben oder machen wollen-Die

keine Blödheit mehr hören wollen von den Kirchen egal welcher blöden Kirche und
deren Traumtänzervasallen den Päpsten -Bischöfen -Priestern und anderen sogenannten Seelsorgern -dieses ganze dumme Gelaber der Besitzenden der Kirchen
die ans Geld glauben und Geld gemacht haben bis zum umfallen und euch besteuern weil sie selber die Vasallen der Lüge sind der Unwahrheiten die dort vorgelebt
werden in der Kriminalgeschichte des Christentums oder des Moslemtums –denn
Religionen sind keine Retter weil eine Religion kein Lebewesen ist-was sagte der
Säufer Bukowski nochmal-alle Menschen werden als Genie geboren doch die meisten sterben als Idioten. Willst du als Idiot sterben.
Und für all diejenige die der spirituellen Selbsterkenntnis und mehr Erkenntnis den
Weg bereiten und selber wissen wollen was sie wirklich sind-eben nicht die zukünftige Leiche dieser Körper –für all diejenigen hier zum Ende noch einiges aus
dem Bereich der Meditation und spirituellen Arbeit. Und das beschreibe Ich morgen
oder übermorgen. Ich muss mal Pause machen mein Auto braucht einen neuen ABS
Sensor am linken Hinterrad.

Freitag, 24. April 2015 Und was lese ich gestern- Der BND ein gefährlicher Staat
im Staat
Der Bundesnachrichtendienst hat einen Pakt mit dem Teufel geschlossen. Er muss
reformiert werden, und seine Aufsichtsbehörde, das Kanzleramt, gleich mit.
Bislang hatte es immer geheißen, das Abschnorcheln von Internetleitungen am
Netzknoten in Frankfurt habe nicht die erhofften Ergebnisse gebracht. Das aber
ist offensichtlich nicht einmal ein Viertel der Wahrheit. Endlich wurde der letzte
Puzzlestein bekannt, der das Bild vollständig macht: Die NSA wollte dort nicht nur
Terroristen ausspähen, sie wollte gleichzeitig auch mehr über Europas Wirtschaft
und Europas Politiker erfahren – und der BND wusste und tolerierte das.
Die NSA fragte den BND, ob er ihr hilft, an europäische Internetdaten zu kommen.
Der BND machte mit. Denn er hoffte, dadurch an die Überwachungstechnik der
Amerikaner zu kommen und mehr darüber zu lernen, wie man IP-Daten und das
Internet ausspäht. So machte man sich zum Büttel, sammelte für die NSA Daten
und suchte darin mit von der NSA gelieferten Stichworten nach Informationen, die
man den Amerikanern liefern konnte.
Der Fall zeigt, wie krank das Geschäft der Geheimdienste ist. Er zeigt, wie ver-
schoben deren moralische und rechtliche Maßstäbe sind. Sehenden Auges nahm der
BND hin, dass ihn die NSA dazu missbraucht, Unternehmen, Behörden und Politiker in Europa auszuspähen. Ein Pakt mit dem Teufel, dem zugestimmt wurde, weil
man glaubte, ihn kontrollieren und vor allem davon profitieren zu können.
Aber wenn jeder jeden betrügt und austrickst, wo bleiben dann Recht und Gesetz?
Richtig, auf der Strecke. Keiner der Beteiligten scherte sich darum, niemand inte-
ressierte sich für Grundrechte der Bürger, auch das wurde in den Befragungen im

Untersuchungsausschuss klar.

Demokratien dürfen unkontrollierbare Geheimdienste nicht dulden

Und was lese ich gestern noch. Deutsche Bank zahlt Rekordstrafe im Liborskandal 2,5 Milliarden Dollar muss das Finanzinstitut an Regulierungsbehörden in Großbritannien und den USA zahlen. Der Vorwurf: Zinsmanipulationen im großen Stil

In den Zinsskandal sind Banken rund um den Globus verstrickt. Nach Erkenntnissen von Regulierern hatten sich einzelne Händler bei wichtigen Referenzzinsen wie Libor und Euribor abgesprochen, um Handelsgewinne einzustreichen. An solchen Zinssätzen hängen weltweit Geschäfte in einem Volumen von vielen hundert Billionen Dollar.

Etliche Institute haben in den vergangenen Jahren Vergleiche mit verschiedenen Instanzen geschlossen. Von der EU-Kommission war die Deutsche Bank bereits Ende 2013 zu einer Strafe von 725 Millionen Euro verurteilt worden.

Und: . Deutschland/Europa ebenso ein Paar US Firmen verklagen unter anderem die Firma die Griechenland über dubiose Scheinfirmen in London in den Euro gedrängt hat. Das wär z.B. EZB-Draghi's ehemaliger Arbeitgeber. Sein Sohn hat wiederrum auch gut an Wetten gegen den Euro verdient bei Morgan Stanley http://www.handelsblatt.c...

Man sollte nicht vergessen, dass das mit unser aller Geld bezahlt wird - oder glaubt jemand, die Bank druckt einfach frische Banknoten?

Das ist das Geld der Steuerzahler - wurden nicht die Banken gerettet, weil das alternativlos war? Und es ist das Geld, das die Kunden der DB dort angelegt haben.

Die Summen sind schwindelerregend - aber noch schwindelerregender ist es, wenn man erfährt, wie skrupellos die DB die Zinsen manipuliert hat; offensichtlich hat der gesunde Menschenverstand völlig ausgesetzt - in den Augen der Beteiligten standen vermutlich nur Dollarzeichen.

Die Banker sollten sich schon mal vorsichtshalber in ihre gated communities zurückziehen - irgendwann machen das die Menschen nicht mehr mit.

Ende Zitate

Und was habe ich dazu zu schreiben, folgendes, ich habe die Schnauze voll und meinen Kopf leer. Hier kann wunderbar gesehen werden wie die BanksterGangster sich dieses System wunderbar aufgebaut haben und alle Regierungsstellen arbeiten nämlich für diese Geldorgien diese Totalverblödungen global. Das gebetsmühlenartige Senilmantra von der Demokratie zum einschläfern der Bürger die ja keine Menschen sind sondern Bürger, das geht gewohnheitsmäßig im laber, laber, laber Foxtrott. Diese amerikanischen Verhältnisse sind schon längst überall dort angekommen wo Staaten keine Staaten sind sondern Unternehmen. Und auch als sie noch Staaten waren, waren sie auch dieser Verein von durchgeknallten unterentwickelten, unver-

antwortlichen Markschreiern im Comicdesign für Walt Disney Produktion.
Die Staaten die es nicht gibt ,es gibt bloß Landesgrenzen, und Menschen, diese
Menschen die auf diesen Flächen leben und ein Raubtiersystem aufgebaut haben
sind zur Zeit einfach zu dumm zu schlecht zu senil und zu unverantwortlich und
zwar in allen Positionen die zum Staat gehören und allem was den Staat finanziert
und ein Monopol haben will durch seine Lobby SS aus den USA dem Land der
Lüge der Spionage der Folter , Todesstrafen-der Kriege dem Land der Alkoholiker
dem Land der Waffensenilität und dem Land der verlogenen Religionen und verlogenen Priester und dem Land der Weltmachtkontrolle mit einem Potential zum
Lügenprediger.
Und wer nun sich an diesem Land dieser blöden dummen bösartigen Menschen
ein Vorbild nimmt-der wird auch so und der Staat wird auch so-man müsste alle
Amerikaner ausweisen und alle Russen ausweisen und alle Chinesen ausweisen und
alle Türken ausweisen alle Deutschen ausweisen. Und dann nur noch fromme und
blöde Afrikaner im unterentwickelten inneren Evolutionsmodus rein lassen. Aber
der deutsche das deutsch sein-das ist und war schon immer am Arsch der Welt-
.Oleeeeeeee
Gleißend helle Blitze durchbrechen die dichte Aschewolke, dazwischen rot glü-
hendes Gestein: In Chile ist der Vulkan Calbuco nach mehr als 40 Jahren wieder
ausgebrochen. Ja, vielleicht müssen auf der Erde wohl erst mal wieder 10-15 solcher VulkanGiganten ausbrechen und alles vernebeln und veraschen und das Licht
wegnehmen. Denn anscheinend sind die Menschen zu groggy zu fix und fertig um
mit all den Gigakorruptionen-GigaLügen-Giga Ausbeutungen- Gigazerstörungen-
GigaFlüchtlingsOrgien-klar zu kommen. Denn Geld ist ihnen ja heilig den Halbaffen dieses Planeten.
BanksterGangster egal von welchem Land können machen was sie wollen-obwohl
Geld aus Luft drucken nun wirklich nicht sehr viel Intelligenz braucht und sie können ja nur Lügen und betrügen-denn sie produzieren ja keine wirklichen Produkte
sie erfantasieren ja bloß Strategien wie sie anderen Menschen abzocken können und
nichts verkaufen für viel Geld und diese Gier die in allen Bankern der Erde ist-die
ununterbrochen Leid schafft denn auch Glaube an etwas zu schaffen das Nichts ist
und nie etwas gemacht hat und machen wird-das ist Leid erschaffen-so alle Bank-
häuser sind systematische Leiderschaffer genau so wie vom Vatikan bloß übles
kam und das im Namen von Gott und Jesus-denn damit sind sie ja selber aus dem
Schussfeld-und wurden nicht verbrannt oder gehängt oder ertränkt oder gefoltert.
Also hier kann gesehen werden das eine Demokratie eine Farce ist ein Wirrniss-
haufen für den Wirrniszustand der Menschen in dieser Zeit-ich hoffe diese Zeit mit
diesen blöden Führungspersonen global geht nicht mehr all zuuuu laaaange. Wenn
ja dann bitte mehr Vulkanausbrüche des Vulkan Calbuco und das sieht sogar interessant aus-man kann dann in einem wunderbaren Blick auf diesen explodierenden

Vulkane eingeäschert werden und dabei noch schreien ohhhhh wie schöööön.
Und diese Geheim Dienste-ja das hat die Demokratie die es nicht gibt davon-Faschisten und Nationalisten wahnsinnige dumpfe sogar Geheimdienste oder diese
Verfassungsschützer aus der Irrenanstalt. Eine Verfassung schützen wer hat sich den
Schwachsinn bloß ausgedacht. Die Verfassung ist doch ein geschriebenes Formular
mit einigen Sprüchen derjenigen die glauben etwas Wichtiges für das Gemeinwohl
zu schreiben zu haben. Und dann Verfassungsschützer ein typisches Merkmal von
Irrenastaltlogik. Jamoi, die Raubsäugetierlogik der Politikmenschen, mehr hat die
nicht drauf.
Und der Bevölkerung soll schwarz gemacht werden das es weiß ist sich davon
verblöden und auszuspionieren zu lassen. Und diese staatlichen Systeme und Organisationen egal in welchem Unternehmensstaat der Firma für Bankangelegenheiten und Geldorgien und Deutschland gehört da mächtig zu-zu den besten-die
besten Vollblutmaterialisten die besten deutschen Orgien der theoretischen Physik
Gelaber wirren-die Philosophen der Dunkelkammergehirne-ja Deutschland-die
deutschen diese Gruppen die für den nichtexistenten Staat Lügenorgien leben und
Deutsche Bank Betrügereien glätten damit der Glaube an das Geld und die Industrie und den Staat und die dazugehörigen dumpfen Religionswichser zu abwichsen
der Kinderpornigraficktief Systeme mit Hauptsitz Vatikan ,ja, moi, anständige
Steuergelder bekommen zu leben diese armen im Geiste aber reichen im lügen
und betrügen und heuchel. Aber wie lange wird das noch gut gehen-die Saurier
wurden weggepustet-wann wird der Mensch weggepustet-aber den Rothschild
Bankster Gangstern der Deutsche Bank Gangstern den Lloyds of London wirren
den WallStreet Ducks den Bank of Chinafuzzys ,denen ist das mehr als Blutwurscht egal-denn die denken und glauben doch-egal was mit der Erde dem Rest
dcr Menschheit passiert-wenn's vorbei ist und der Neuaufbau kommt-machen wir
wieder Geld aus Luft und predigen das Weihwasser des Teufels die Lüge und den
Glauben an das Geld denn ohne dem Geld wächst ja kein Gras und keine Arbeit
kann gemacht werden-Oleeee.
Ich mach Schluss für Heute, bald geht's weiter mit Wege der Meditation und Selbsterkenntnis.

27.04.2015 08:37:29 Es geht noch nicht weiter mit der Meditation und Selbsterkenntnis-das, was für jeden einzelnen Menschen näher liegt als all das was diese
Menschheit heute zu bieten hat. Formuliere ich mal lapidar und lappodar oder
knallodar. Die Politiker verramschen ihre Bevölkerungen im Traum der 1% Demokratie, sie verschachern alles für Arbeitsplätze die im Sinne der Industriellen
BanksterGangster geformt werden damit die Profite stimmen. Der Reichtum an
Geld und Besitz ist heute gigantisch in den Händen von wenigen mithilfe der dummen, dummen, dummen, Politiker die keine Visionen oder Utopien in ihren dum-

men, dummen, dummen Parteipolitiken aus ihren Arschlöchern anzubieten haben. Aber ich schreiben euch hier heute Morgen wo es endlich wieder mal im April regnet und grau ist draußen-ihr habt euch von den Wittelsbachern kollektiv Ausbeutungen befreit und ihr habt euch von den Kaisern und anderen sogenannten Königen befreit nun befreit euch von der dummen Parteipolitik den Parteien und befreit euch von den Rothschildorgien –wobei Rothschild als Metapher für alle Oligarchen global steht-befreit euch von den BanksterGangster-denn die haben euch zu dem geformt die Politik zu dem geformt wie sie sich heute unfähig darstellt-denn ohne Ursache gibt es keine Wirkung.

In Griechenland sind die armen Griechen die Arschlöcher-in Afrika die Politiker und andere Syphilisgehirne, die bloß Kotze produzieren und weswegen die Flüchtlinge flüchten-weil die afrikanischen Menschen die dort das Macht und Politikmonopol haben einfache innere armselige Geister geblieben sind auf der Stufe der inneren Entwicklung von Gorillas was aber bloß als Metapher steht denn ein Gorilla ist friedliebend und ein Afrogorillapolitiker ist ein korrupter unfähiger Führer seiner Landsleute die nun nach Jahrhunderten und Jahrzehnten vor dem Bildung und Arbeitschaos stehen Flüchtlinge.

Zitat Anfang Kein Hilfsgeld für korrupte Kleptokraten. Weit schwieriger jedoch wird es werden, die Fluchtursachen in den Herkunftsländern zu beseitigen. Die Flüchtlinge kommen aus Ländern, in denen Bürgerkrieg herrscht: Syrien, Somalia, Nigeria – gescheiterten oder scheiternden Staaten. Sie setzen sich ab aus Diktaturen wie Eritrea oder aus autoritär regierten Staaten wie Gambia. Auch die alles durchdringende Korruption in manchen Landstrichen treibt sie aus der Heimat, ebenso die Machenschaften der regierenden Kleptokraten, die sich mit Zähnen und Klauen – um Herbert Wehners Bundestagszwischenruf zu zitieren: „Vor allem mit Klauen!" – an der Macht halten. Wie soll oder kann man mit denen Abmachungen treffen? Und sollte man ihnen wirklich auch noch zusätzliche Entwicklungsgelder in den Rachen werfen? In den vergangenen 60 Jahren hat Afrika über eine Billion Dollar an Official Development Aid (ODA) erhalten; eine Reihe von Staaten bestritten damit 70 Prozent ihrer Staatsausgaben. Der Erfolg ist sehr gemischt – so gemischt, dass viele Ökonomen, darunter auch prominente Afrikaner, ein Ende der Entwicklungshilfe fordern. Ihre Begründung: Sie machen abhängig, töte die Eigeninitiative, anstatt Anreize zum selbständigen Handeln zu liefern, und speise nur die Korruption. In der Diskussion darüber taucht immer wieder der Hinweis auf, dass Ghana und Südkorea 1960 das gleiche Prokopfeinkommen erwirtschafteten, um 480 Dollar. Heute liegt es in Ghana, weit abgeschlagen, bei 1730 Dollar, Südkorea hingegen hat längst 25.000 Dollar erreicht. Warum hat Afrika so wenig aus seiner Billion an Entwicklungshilfegeldern gemacht – jedes Jahr noch immer rund 50 Milliarden Dollar? Ich bin keineswegs gegen die Erhöhung unseres Entwicklungshilfe-Etats von den gegenwärtigen 0,38 Prozent – 2012 waren das 6.330 Milliarden Euro an bilateraler

und multilateraler Hilfsleistung – auf 0,7 Prozent unseres Bruttoinlandsprodukts.
Aber wir sollten in jedem Fall sehr genau überlegen, wen wir da bedenken.
Gebt nicht mehr! „Es bringt nichts.“
Nehmen wir das Beispiel Mali – ein Land, das nach einem Militärputsch und einem
Aufstand der Islamisten im Chaos zu versinken drohte. Die internationale Expe-
ditionstruppe Minusma stellte unter französischer Führung die Ordnung halbwegs
wieder her; die Bundeswehr ist seit 2013 an dieser Mission und der European Trai-
ning Mission Mali (EUTM Mali) mit maximal 250, neuerdings 350 Ausbildern und
Sanitätspersonal beteiligt. Im Jahre 2012 erhielt Mali 59 Millionen, 2013 sogar 184
Millionen an Entwicklungshilfe.
Gebt nicht mehr, warnt jetzt Alex Duval Smith, die in Mali lebt: „Es bringt nichts.“
Ihre Begründung schockiert. Ich fasse sie hier zusammen; der Volltext ist im Guar-
dian nachzulesen:
Korruption und Vetternwirtschaft sind endemisch, schreibt Smith. Eine Wartenum-
mer im Krankenhaus kostet. Für den Bachelor-Titel reichen nicht gute Leistungen,
man muss etwa 570 Euro dafür hinlegen. Die Paragrafen, die den Verkehr regeln,
betrachten die Polizisten als eine Art Preisliste für das Bestechungsgeld, das sie verlangen, um die Sünder laufen zu lassen. Präsident Ibrahim Boubacar Keïta aber hat
sich, kaum gewählt, für 37,5 Millionen Euro –ein Drittel des jährlichen deutschen
Entwicklungszuschusses – ein prunkvolles Präsidialflugzeug angeschafft, obwohl er
bereits eines hat. Bei jährlich rund 850 Millionen Euro Hilfszahlungen aus ausländischen Quellen glaubt er wohl, sich das leisten zu können. Deutschland hat in den
Jahren 1960 bis 2010 insgesamt 1,1 Milliarden Euro an Hilfe geleistet.
Ich habe die Angaben nicht kontrollieren können. Doch ist zu hoffen, dass Bundes-
entwicklungsminister Gerd Müller, der einen Kurswechsel in unserer Afrikapolitik
angekündigt hat, sie sehr genau unter die Lupe nimmt, ehe er die nächste Überweisung unterschreibt.
Jeder dritte Flüchtling, der letzthin aus dem Mittelmeer gefischt worden ist, stammt
aus Mali. Sie flohen ein korruptes Regime, das wir nicht mit unseren Hilfsgeldern
stützen sollten. **Zitat Ende**

 Natürlich auch weil die globalen reichen industriellen politischen Systeme also
Menschen Afrika ausgebeutet haben und Afrika alles wegfischen und überfrachten
mit Schrott und Schrotte der schrottindustriellen Produkte. Aber die afrikanischen
Politiker, sie haben die afrikanische Flüchtlingswelle erschaffen weil in deren Länder für die Menschen Nix los ist und alles an Korruption Krieg und Schwachsinn
gebunden ist. Bildung fehlt dort. Wie lange kann das noch gut gehen-in Afrika mit
diesen üblen Politikern und diesen ungebildeten Horden von Habenichtsmenschen
die mit ihren Machetendemokratien loslegen werden.
Global ihr Menschen, befreit euch von den Wittelsbacherverhältnissen der jetzigen

BanksterGangster den Rothschildverhältnissen des Geldes das euch total verblödet hat denn von blödem kann nur blödes kommen und es macht blöde. Der Glaube an das Geld macht aber totalblöde was ja nun die Rothschildsysteme global sind-man sieht ja wie sie sich global freikaufen in ihren Gangstergehirnkonstruktionen mit ihren Gangsterpapierprodukten die ihr gekauft habt – aber schlimmer noch-das färbt auf euch ab-ihr übernehmt diese energetischen Systematiken und werdet auch so im Geiste in der Phantasie und handeln-denn so geht das hier auf der Erde-wenn ihr solche stupiden Parteipolitiker habt die an Geld glauben-und euch und das Land verkauft haben und verkaufen-Personal-Ausweis-Bürger für die Partei-politischen-Bankster-Gangster-Demokratien des Schwachsinnnnnnns. Oleeeeeeehhhhhhh.

Hier ist nochmal etwas zur menschlichen Situation von Martinus: „Antichrist"

Wo aber gelangen die Menschen zu dem Wissen, das die Macht ausschließlich zum Beschützer des Rechtes macht und damit der Menschheit bis zum Einzelwesen die unbedingte intellektuelle Freiheit und den Schutz gegen jeden Egoismus oder gegen den geistigen Dschungel gewährleistet, der immer noch seine Herrschaft in der erdenmenschlichen Psyche und Auffassungsgabe ausübt und der unter vielen Tarnungsformen „die Macht" als den höchsten Moralbegriff und die hierauf beruhende Sklaverei und Unterdrückung anderer Menschen als höchstes politisches und religiöses Ziel aufstellt? Wie können die Menschen ein Wissen entwickeln oder ihren intellektuellen Horizont derart erweitern, dass sie sich von dieser Anbetung der Macht, von dieser suggerierten Verehrung des „Antichrist" der Bibel frei machen können? – Denn man will doch nicht behaupten, dass „Antichrist" etwas anderes sein kann als das Gegenteil von „Christentum"? Und so wie „Christentum" keine Person, sondern eine Lehre von der „Nächstenliebe" ist, ist „Antichrist" auch keine Person, sondern eine organisch aufgebaute Terminologie, die Widerstand gegen wahres „Christentum" und damit gegen die Humanität selbst oder gegen die Nächstenliebe leistet. Dass dieser Widerstand von seinen Erzeugern getarnt wird und als einzige berechtigte Religion oder Politik ausgeschrien wird, ist verständlich. Wie sollten sie sonst ihre Herrschsucht rechtfertigen und dabei sich der so stark begehrten totalen Herrschaft über alle Mitmenschen und deren Denkweise und Eigentum bemächtigen? Wie sollten auf andere Weise ihre egoistischen Wünsche erfüllt werden, sich als die Herren der Welt zu sehen? Wenn sie nicht in ihrer Herrschsucht mit Hilfe gewaltiger Organisationen und Stäben von „Spitzeln" und „Verrätern", samt Konzentrationslagern, Tortur und Hinrichtungen, Sklavenarbeit usw. die Zivilisation von der demokratischen Kultur und ihrem Gedankengang „säuberten", wie sollten sie sich sonst Hoffnung machen können, alle Völker, Rassen und Ideologien zum Vorteil für ihren diktatorischen Größenwahn und ihre egoistischen Macht-gelüste „gleichrichten" zu können? – Glaubt wirklich jemand, dieses Kultur- und gesellschaftszerstörende Hasten danach, den Menschen alle geistige Freiheit und die Fähigkeit dazu zu nehmen, mit Gehirn und Herz Wahrheit und Wirklichkeit zu offenbaren, könne eine Grundlage für einen wirklichen Dauerfrieden bilden? Kann es natürlich sein, der Lerche das Singen, dem Kuckuck das Rufen, dem Löwen das Brüllen, dem Fisch das Schwimmen und der Pflanze das Keimen zu verbieten? Wäre das nicht ein Sabotieren des Lebens der Natur? Wie soll ein solches Prinzip die Grundlage für Geist, Kultur und Frieden bilden können? Wie soll eine Politik, die ausschließlich eine Sabotage des Lebens ist, eine Plombierung von Herz und Gehirn oder eine Zwangsjacke jeder individuellen Intelligenz und jeden Gefühls, die über die Beschränktheit der Diktatoren hinausgehen, organische Demokratie oder Kommunismus sein? – Dies ist seiner Natur nach nur eine Gangster- und Gewaltherrschaft, in welcher es den Tod für jeden bedeutet, der nicht seine natürlichen, freiheitsliebenden Mitwesen unter ihm „bespitzeln" oder „verraten" will und den macht- und herrschsüchtigen Mitwesen auf der Rangstufenleiter aufwärts bis zu den Machthabern oder dem Diktator nicht den gehörigen Respekt durch sklavisches Kriechen und Ja-Nicken erweist.

Glaubt jemand wirklich, dass solche machthungrigen, diktatorisch eingestellten Wesen, die derart mit tierischen, todbringenden Tendenzen angefüllt sind, dass sie neben ihrer erdenmenschlichen Begabung – kosmisch gesehen – im wesentlichen als brutale Tiere zu betrachten sind, die Menschheit erretten und ihr wirkliche intellektuelle Freiheit, Geist und Kultur geben können? Ist es nicht schon längst für jeden unparteiischen intellektuellen Forscher offenbar, dass sie mit ihrer unintellektuellen oder inhumanen Macht nur anstreben, die Menschen zu stummen Haustieren zu machen, zu einer Art Vieh, mit deren Leben sie schalten und walten können, je nachdem wie es zur Befriedigung ihrer krankhaften Machtbegierden dienlich ist? Glaubt jemand wirklich, dass dies der Sinn der Millionen von Jahren währenden Entwicklungsepochen war? Glaubt jemand, die Erde machte millionenjährige Epochen in leuchtenden Gasnebeln durch, millionenjährige Epochen in glühenden und flüssigen Feuermassen oder Sonnenzuständen, millionenjährige Epochen in unermesslichen vulkanischen Abkühlungsprozessen und Erdkrustebildungen, die Entwicklung der Atmosphäre, Trennung von Meer und Land, millionenjährige Entwicklungsepochen von vegetabilischen Lebensformen, millionenjährige Entwicklungsepochen von animalischem Leben, endlich die millionenjährige Epoche, die den Menschen im Tier zum Vorschein kommen ließ, nur um ihn ein stummes Stück Vieh in der geistigen und physischen Stacheldrahtabsperrung eines gottlosen Diktators werden zu lassen?

Und hier ist nochmal: **Hier ist nochmal ein Wachmacher**
Ich gebe euch alles Gold der Erde alles Geld der Erde alle Diamanten und dann sage ich zum Geld zum Gold: Reinige den Fußboden in den 20 Villen der Superreichen. Koche die Suppe. Erfinde Wohltaten für die Menschheit. Baue Hochhäuser. Putze die Schuhe. Baue die Straße. Fahre das Auto. Erdenke neue Technologien. Repariere die Straßen. Erneuere Kleidung. Und so weiter bis zum Ende aller Wörter und

Gedanken und Fantasien. Da wirst du sehen das Geld aber überhaupt für Garnichts benötigt wird. Das Gold Garnichts kann. Dass Diamanten überhaupt bloß da liegen. Und das alles gemacht wird ausschließlich vom Menschen und zwar ohne Geld. Das war schon immer so und wird auch für immer so bleiben. Denn für Innovation und Kultur und Wirtschaft und Bildung ist aber überhaupt niemals Geld benötigt worden. Es ist eine Fiktion erdacht von den 666 dem Tiermensch in seiner abgrundtiefen Ignoranz und Unwissenheit denn das Tier weiß ja überhaupt gar nicht was und wer es ist. Es ist unwissend und aus dieser Unwissenheit hat ES das Geldsystem aufgebaut. Das die übergierigen ja erkannt haben das man Geld kontrollieren kann und ansammeln kann da ja alle daran glauben und sich aber auch total unbewusst sind das alles immer bloß der Mensch macht und zwar ohne Geld auf ewig immer ohne Geld. Und, das alles bloß, rudimentäre Gesellschaftsstrukturen, der noch abgrundtief primitiven Menschen sind.

Also alles wird und wurde schon immer ohne Geld gemacht. Es ist Lüge Glaube Religion das Geld für irgendetwas gebraucht wird weil Geld gar nichts kann. Das müsst ihr bis heute doch wohl durchschaut haben. Und eure eigene Selbstversklavung ablegen. Wie lange wollt ihr noch Sklaven eurer eigenen Ängste Ignoranz und Dunkelheit sein. Denn das System Geld ist die Angst weil es ja von ängstlichen aufgebaut wurde. So kommen diese Ängste nun zum Vorschein und zeigen wie falsch das alles ist. Dass System Geld ist pure Existenzangst also Totalverblödung und daran glauben die 666 die Tiermenschen noch. So primitiv sind die Systeme an die ihr glauben sollt.

Es ist eure Entscheidung. Nach wie vor sage ich übernehmt das System selber und entfernt die Lügen aus dem System .Entlasst die Bankermanager die Religionsmanager im Vatikan oder Protestanten entlasst die Politiker die rückgratlosen ignoranten entlasst die Firmenbesitzer denn ihr alleine habt das aufgebaut es ist mittlerweile mehr als euer Eigentum aber lasst die Finger von Eigentum und Besitz denn etwas zu besitzen ist abgrundtief Dunkelheit und Bindung an diese Erde und das ist schwere und Tod. Übernehmt die globale Struktur und dann entfernt das Geld. Und dann wird automatisch ein Gleichgewicht entstehen weil auch jeder sofort Arbeit hat da die Nachfrage groß sein wird aber alles schädliche sofort nicht mehr unterstützt werden braucht und das saubere nicht das falsche arbeitsmäßig oder schöner kreativmäßig unterstützt werden wird. Macht das alles ohne Blutvergießen. Macht das alles ohne Blutvergießen. Macht das alles ohne Blutvergießen.

Dienstag, 28. April 2015 Nun doch der versucht-von dem ganzen Materialismus des Gelddenkens wegzukommen und darauf hinzuweisen das du als Mensch weit, weit,, weit mehr bist als alles was man von dir bezeichnet hat oder in welche Richtung man dich auch manipulieren will du manipuliert hat weil es diese Art von unterentwickelten Menschen eben auf der Erde gibt die andere kontrollieren und ausbeuten wollen. Also hier der Versuch zu zeigen das du mehr als die zukünftige

Leiche oder die Toten die die Toten begraben-bist und bleiben wirst.
Emotionaler Roboter auf dem Vormarsch oder Künstliche IntelligenzSchwarzen-
egger hatte Unrecht oder Was unterscheidet uns noch von Maschinen? Der Mensch
wird nicht mehr gebraucht
Wir werden ersetzbar
Die Welt besteht nicht nur aus Zahlen
5. Irrglaube einer „Seele" bzw. „menschlicher" Eigenschaften..
„Die Jünger der Künstlichen Intelligenz (KI) übersehen etwas Entscheidendes: Die
menschliche Intelligenz, erst recht das menschliche Bewusstsein, sind eine ganze
Menge mehr als bloße Rechnerei. Menschen komponieren Symphonien, haben Got-
teserfahrungen, Eingebungen im Traum (Einstein hat die Grundlage der Relativitäts-
theorie im Traum erkannt), Gefühle und Standpunkte."
Nein. Sie erkennen etwas ganz Entscheidendes: Nämlich, dass all diese Gefühle und
Emotionen nichts anderes sind, als biologische Prozesse. Und diese sind wiederum
nichts anderes als einfache Physik.
Daher wird auch eine KI, die fortgeschritten genug ist, um zur Gefahr zu werden, in
der Lage sein Symphonien zu komponieren oder gar Gefühle zu entwickeln. So sie
denn diese „Schwachstellen" zulässt.
Mehr natürliche Intelligenz wäre schon toll.
Die sentimentale Sehnsucht nach einer entmenschlichten und von Robotern be-
völkerten Welt findet sich typischerweise nur bei Menschen, die mit sich und ihrer
Umwelt hadern; die sich eine definierte Stellung in der Gesellschaft wünschen, aber
keine finden; die Emotionalität mit Schmerz verbinden, aber nicht mit Freude. Wer
sich nicht scheut, ein Mensch zu sein, scheut sich auch nicht, Maschinen zu benutzen, wenn sie gebraucht werden, und sie abzuschalten, wenn sie nicht gebraucht
werden. Das Gerede um künstliche Intelligenz ist harmlos, schließlich gibt es keine
wirklich belastbare Definition von „Intelligenz". Da der Autor Bach erwähnt: Kürzlich hörte ich eine großartige Aufführung der Matthäuspassion Bachs. Sie enthielt
viele kleine Fehler und Unsicherheiten, aber die Solisten, der Chor und das Orches-
ter gingen in der Musik auf und machten sie so lebendig und zu einem Erlebnis. Ein
Computer ist nicht fähig, die Musik zu interpretieren, er dudelt deterministisch die
Töne runter. Er kann Differentialgleichungen numerisch lösen, aber keine Ironie
verstehen; NMR-Daten in Bilder verwandeln, aber nicht mal triviale Synatxfehler
aus einem Quellcode eliminieren (die Gründe dafür sprengen das 1500-Zeichen-
Limit für Kommentare). Ich erlaube mir, das beruhigend zu finden. Fühlen wir uns
doch nicht bedroht von Geräten, die wir nutzen, und deren Stecker wir jederzeit
ziehen können.
Ein Gegengewicht zu schaffen in einer Gesellschaft in der einseitiger Intellektualismus und das Wertesystem des Materialismus die Ursachen schwerwiegender Krisen
geworden sind.

I-Ging und der Genetische Code. Die Natur sucht immer den einfachsten Weg und nicht den schwierigsten. Aus meiner Sicht zeigt die Kongruenz mit dem I-Ging, dass sich die Struktur der DNS grundsätzlich im Einklang mit den höheren Schöpfungsebenen befindet.

In einer Vorlesung mit den Thema musikalische Harmonie innerhalb parametischer Systeme des genetischen Codes in Verbindung mit dem I-Ging-fand man enge Verknüpfungen zwischen den pythagoreischen Tonleitern dem genetischen Code System und einem neuen, neuen hierarchischen System genetischer Tonleitern. Buddha sagte in dem Surangama Sutra- die Meditation auf den transzendentalen Ton und das transzendentale Licht ist die höchste Form der Meditation. Alle Buddhas vor mir und nach mir werden nur über diese Methode Buddhaschaft erreichen.

Über die Meditation durch die Meditation wurden die Meridiane im chinesischen Akupunkturbereich erkannt.

Spirituelle Erfahrung als Grundlage wissenschaftlicher Erkenntnis. Hugo de Balma der mittelalterliche Kartäusermönch, Freigeist, hatte den Weg zur mystischen Erfahrung, obwohl diese Bezeichnung irreführend ist-denn mystisch ist etwas was nicht konkret klar definiert werden kann und der Logik unzugänglich ist. Jedenfalls beschrieb er schon damals die Erfahrung mit Gott. Und ich denke mir dass ihn dann wohl seine Kollegen und die Päpste und Kardinäle und Priester verfluchten. Der Text aus „Cloud of unknowing" ist wohl ausschließlich von Hugo de Balma. Ich selbst bezeichne mich auch manchmal in meiner Freigeistphase als „Die Wolke der Unwissenheit" nun gut. Bei ihm geht es darum das es keine Autorität mehr geben muss, denn alles würde vom Heiligen Geist inspiriert sein. Gesetze seien auch überflüssig, und kirchliche Autorität sowieso. Das muss also für die Firma Vatikan Kirche Religion äußerst gefährlich sein-und die meisten wurden ja auch exkommuniziert oder vernichtet und schlecht gemacht. Wie immer wenn es um Macht geht und nicht um Wahrheit im philosophischen oder meditativen. Hugo de Balma lehrte man könne Gott durch Gedanken sowieso nicht erreichen. Also müsse man alles denken, alle geistige Aktivität zurücklassen-um ins dunkle der Gottheit einzutauchen.*(erinnert mich an meine eigene Arbeit und Tätigkeit aber auch an andere Meditationsmeister)*

Man benötige keine geistige und theologische Schulung, um die innere Vereinigung der Seele mit Gott zu erreichen. Jeder kann das. Ein Schafhirte genau so wie ein altes Weiblein schreibt er. Gelehrte und Theologen-die ja schon den Begriff logen also Lüge in der Vergangenheitsform in ihrer Berufsbezeichnung haben-das besagt schon sehr viel-weil es ausschließlich Phantasien und Gedanken sind mit der sie andere aborgien und verdummen. Ja die haben es sogar schwerer. Denn der Weg dahin führt über das Seinlassen und weglassen aller kognitiven Akte –also aller denk und Fantasiesachen und Vorstellungen, aller Imaginationen, alles dessen, was man so gerne zur Andacht und zum Beten verwendet. Alles sein lassen, sagt Hugo de Balma, und in die reine geistige Leere eintauchen-erinnert mich an die Leere des Buddhas-von der er spricht-Dort wo die Seele und ihre innere Betriebsamkeit zur Ruhe kommt, dort kann sie schließlich auf den flammenden flügeln des Affekts zu Gott aufsteigen und wird mit ihm vereint. Denn Gott tut nichts lieber, als sich mit ihr vereinen, wenn die Seele ihm die Gelegenheit dazu gibt. Damit diese Gelegenheit entsteht, muss sich die Spitze des Affekts, dort wo alles denken aufgehört hat, sammeln. Dann geschieht die Vereinigung gewissermaßen natürlich. Das liest sich für mich wie wenn du mit dem Denken aufhören kannst bleibt nur das göttliche übrig als natürliche Folge-auf jeden Fall gab es damals schon Menschen die das Selbst das göttliche verwirklicht hatten oder zumindest kurzweilig erreichten und dann wieder zurückkamen und das tote der Körper wurden oder zumindest nun den Unterschied zu sich und dem sterblichen erkannt hatten. Er wetterte auch gegen alle Theologen die ja sowieso logen –Philosophen-und Wissenschaftler seiner Zeit-die allesamt diese Weisheit missachteten, und sogar bekämpften.

Alles sein lassen, sagte Hugo damals schon-und in die reine geistige Leere eintauchen. Das ist genau das was Shakyamuni Buddha der ehemalige Sidharta damals vor ca. 2500 Jahren machte und beschrieb. Und was hatte Jesus eigentlich dazu zu sagen.

Jesus sprach vom Finde das Himmelreich Gottes in dir und Gott lebt in dir und dein Körper ist der Tempel Gottes- Schöne Metapher. Ebenso das Christentum nach der christlichen Lehre zu leben-Aber das Himmelreich Gottes was ist das wohl und was war Gott wohl?

Ramana Maharsi sagte über das Selbst Der höchste Samadhi-Zustand muss erreicht werden, indem man zur Seligkeit wird oder eins mit der Wirklichkeit.

A: Es gibt keinen anderen Weg, als den Geist zurückzuholen, wenn er nach außen strebt, und ihn im Selbst ruhen zu lassen. Es besteht keine Notwendigkeit für Meditation oder Mantra oder Japa, weil diese unser wahres Wesen sind. Alles, was not tut, ist das Aufhören von Denken an Objekte, die nicht das Selbst sind. Meditation ist nicht so sehr Denken an das Selbst, als vielmehr ein Aufhören des Denkens an das Nicht-Selbst. Wenn Sie aufhören, an äußere Objekte zu denken, und ihren Geist daran hindern, nach außen zu gehen, indem Sie ihn nach innen auf das Selbst richten, dann bleibt nur das Selbst zurück.

Ist das Bewusstsein eine Funktion des Gehirns –fragen sich heute viele Wissenschaftler und Professoren und Doktoren, und sie haben Begriffsbezeichnungen wie, empirische und erkenntnistheoretische Indizien für die Existenz einer immateriellen Sphäre-Ohhh jehhmine-Ja die etablierten Wissenschaftler haben es schwer sich damit anzufreunden das es mehr gibt als das bloße materielle-also die Verdichtung der energetischen Möglichkeiten aus Licht und Ton-und unsere Welt hier ist die Verdichtung von energetischen Abläufen-das was als Materie bezeichnet wird- Aber weswegen die keinen weiteren Denksprung machen können-obwohl doch auch klar

ist das-Masse gleich Energie ist und Energie ist gleich Schwingung und Schwingung ist Licht und Ton und Licht und Ton ist der Heilige Geist Gottes .
Also das alles ist auch alleine schon deswegen kein wie Philosophen denken Dualismus bloß weil sie noch grobe Objekte sehen und nicht anders als in Dualismen denken können-denn um den Dualismus der Philosophen zu überwinden ist es einfacher über den Weg des schon bekannten also das Materie Energie und so weiter ist zu erkennen-und damit wird dann auch keine Grenze überhaupt irgendwo mehr sichtbar sein-weil das alles Täuschungen des Geistes des Mentals des Denkens der Einsicht sind.Denn wenn ich ein materialistisches Objekt vor mir sehe weiß ich aber auch das es eben nicht diese sichtbare Materie ist denn sie besteht ja wiederum aus etwas anderem bis hin zur Einheit Gottes oder des Selbstes je nach Landesbezeichnung. Aus http://de.wikipedia.org/wiki/Selbst lese ich: Selbst ist ein uneinheitlich verwendeter Begriff mit psychologischen, soziologischen, philosophischen und theologischen Bedeutungsvarianten. Im Sinn der Selbstbeobachtung, also in Bezug auf die Empfindung, ein einheitliches, konsistent fühlendes, denkendes und handelndes Wesen zu sein, dient er zur Reflexion, Verstärkung und Betonung des Begriffs Ich. Das selbst wird ja in vielen Gruppen unterschiedlich für die jeweilige Gruppe also Psychologie oder Sozialwissenschaft und so weiter beschrieben-Auch im Hinduismus wird es beschrieben oder sogar bei den Buddhisten: Der Buddhismus verneint die Existenz einer beständigen, unwandelbaren Identität, die im Allgemeinen mit dem Begriff des „Selbst" verbunden wird. Stattdessen gilt die Anatta-Lehre – die Lehre vom Nicht-Selbst – in allen Schulen des Buddhismus als unverzichtbare Grundlage und wird als eines der drei Daseinsmerkmale bezeichnet.[20] „Der Begriff Selbst bezeichnet eine beständige, unwandelbare Identität, doch da es, wie der Buddhismus sagt, nichts gibt, das beständig ist, und da das, was wir üblicherweise als Selbst bezeichnen, vollkommen aus Nicht-Selbst-Elementen besteht, gibt es in Wirklichkeit keine Entität, die Selbst genannt werden könnte."[21] Ziel der buddhistischen Praxis ist auf dieser Grundlage die „Selbst-Wesens-Schau".
Oder das was in der Zeitung heute zu lesen ist: Philosoph Thomas Metzinger „Das Selbst ist nur ein Modell"
In jeder Ausgabe spricht ZEIT CAMPUS mit einer Koryphäe ihres Fachs. Diesmal mit dem Bewusstseinsphilosophen Thomas Metzinger von Christian Heinrich
ZEIT CAMPUS: Professor Metzinger, Sie sagen, mein Selbst existiere nicht. Das kann gar nicht sein: Ich sitze Ihnen hier gegenüber. Ich atme, und ich spüre meinen Körper, habe meine eigene Lebensauffassung und meine eigenen Gedanken...
Thomas Metzinger: Sie haben natürlich das Gefühl eines Selbst, aber das gehört nur zu einem vom Gehirn erzeugten Modell. Und das fühlt sich in etwa so an, als würden wir wie ein kleines Männchen hinter den Augen sitzen und in die Welt hinausschauen. Zu uns gehört der Körper, ein Volumen im Raum und eine Abgrenzung nach außen. Das ist das Grundgefühl, das uns das Gehirn manchmal vermittelt:

jemand zu sein.

ZEIT CAMPUS: Manchmal? Ich fühle mich eigentlich die ganze Zeit selbst...

Thomas Metzinger 52, lehrt Philosophie an der Universität Mainz und ist ein weltweit anerkannter Bewusstseinsforscher. Er tritt ein für eine stärkere Vernetzung von Philosophie und Hirnforschung

Metzinger: Wirklich? Da ist aber nichts Dauerhaftes, keine Seele oder Ähnliches , wie wir es uns immer vorstellen. Es ist eher eine Art vorübergehende Simulation. Im traumlosen Tiefschlaf zum Beispiel gibt es das nicht. Und im Traum wird oft ein ganz anderes Selbstmodell aktiviert, in dem man zum Beispiel fliegen kann, gleichzeitig aber schwere Gedächtnislücken hat und seine Aufmerksamkeit nicht steuern kann.

ZEIT CAMPUS: Wenn man sich das eigene Selbst so sehr einbildet, warum kamen Sie dann darauf, dass es vielleicht gar nicht existieren könnte?

Metzinger: Es gibt Hinweise, dass Teile unseres körperlichen Selbst angeboren sein könnten. Dieses Körperbild wäre dann genetisch festgelegt und könnte auch aktiv sein, wenn der Körper unvollständig ist. Viele Kinder, die ohne Arme und Beine geboren werden, erleben zum Beispiel sogenannte Phantomglieder: Sie spüren Hände, als würden sie zu ihnen gehören, obwohl sie keine haben und nie welche hatten. Unser Selbstbewusstsein steht offenbar nicht direkt mit unserem Körper in Kontakt. Der Neuropsychologe Peter Brugger hat eine Patientin ohne Gliedmaßen in den Scanner geschoben und sie gebeten, nacheinander mit ihren Phantomfingern den Daumen zu berühren, den sie eigentlich gar nicht hat. Und plötzlich wurden da Zonen im Gehirn aktiv: das Selbstmodell. Wurden diese Areale dann mit magnetischen Reizen von außen stimuliert, entstanden für die Frau Bewegungsempfindungen und Schmerzen in ihren nicht vorhandenen Fingern.

ZEIT CAMPUS: Das ist aber nur die körperliche Ebene. Was ist mit dem Ich-Gefühl?

Metzinger: Es gibt zum Beispiel eine sehr seltene Krankheit, bei der die Patienten fest überzeugt sind, dass sie selbst nicht existieren. Abgesehen davon können sie völlig klar denken. Man kann mit ihnen darüber ganz sachlich diskutieren, ihnen erklären, dass sie doch gerade zuhören und reden und deshalb ja eigentlich existieren müssen, aber sie sind für solche Argumente unzugänglich. Bei diesen Patienten ist anscheinend ein Teil des Selbstmodells ausgefallen, die „emotionale Selbstvertrautheit".

ZEIT CAMPUS: Das alles beschreiben Sie auch in Ihrem Buch „Der Ego-Tunnel" .

Metzinger: Ja, da geht es auch um meine Theorie des Selbstmodells. Ich habe zum ersten Mal in meinem Leben versucht, ein allgemein verständliches Buch zu schreiben, eine völlig neue Erfahrung!

Es geht mir nicht darum das Selbstgefühl zu entwerten"

ZEIT CAMPUS: Wie kam es an?

Metzinger: Die meisten Leser haben es überraschend gut aufgenommen. Heute, also drei Jahre nach Erscheinen des Buches, bekomme ich immer noch täglich Post aus aller Welt. Haben Sie es gelesen?

ZEIT CAMPUS: Ja, und es war schockierend. Sie verlangen schließlich, dass ich mich damit abfinde, dass ich immer wieder von meinem Gehirn getäuscht werde.

Metzinger: Nicht getäuscht. Es geht mir nicht darum, den Personenstatus zu zerstören oder das Selbstgefühl zu entwerten. Im Gegenteil: Das Selbstmodell ist ein faszinierendes und hochkomplexes Gebilde. Es macht so etwas wie Ich-Gefühl, subjektives Erleben und kritische Rationalität überhaupt erst möglich.

ZEIT CAMPUS: Welche Konsequenzen hat das für den Einzelnen?

Metzinger: Erst einmal geht es um den Erkenntnisfortschritt: Das Selbst existiert nicht als Ding, wie die meisten Menschen außerhalb der Wissenschaft immer annahmen. Es ist nur der Inhalt eines Vorgangs, der sich im Laufe von Jahrmillionen der Evolution ständig weiterentwickelt hat: vom einfachen Organismus, der sich durch seinen Körper von der Umwelt abgrenzte, hin zum Menschen, etwa mit rationalem Denken.

ZEIT CAMPUS: Beeinflussen auch andere Menschen und die Umwelt mein Selbstmodell, oder ist alles schon in den Genen angelegt?

Metzinger: Sogar sehr viele wichtige Schichten des menschlichen Selbstmodells werden von außen erst erzeugt, von der Kultur etwa. Unsere Ich-Erfahrung wird auch beeinflusst von der Gesellschaft, in der wir leben, wir nehmen etwa Einflüsse von außen in unsere Persönlichkeit auf. Längst haben übrigens auch ganze Gesellschaften Selbstmodelle: Deutschland, zum Beispiel, mit dem Bundestag als zentralem Entscheidungsorgan, das im Idealfall die Bürger „repräsentiert". Um das näher zu untersuchen, sind Soziologen gefragt. Gerade bei einer komplexen Theorie wie dem Selbstmodell ist der interdisziplinäre Austausch wichtig. Ich als Philosoph habe empirische Ergebnisse der Neurowissenschaften kritisch unter die Lupe genommen. Das Buch soll den Austausch erleichtern und auch als Informationsbasis dienen für die Diskussionen künftiger ethischer Probleme.

ZEIT CAMPUS: Woran denken Sie da?

Metzinger: In Zukunft wird deutlicher werden, wo und wie im Gehirn welche Komponenten des Selbstmodells dargestellt werden. Da stellt sich die Frage, ob man mit Medikamenten oder anderen Neurotechnologien eingreifen darf. Ein anderer Bereich ist die Künstliche Intelligenz .

ZEIT CAMPUS: Ließe sich das im Gehirn erzeugte Selbstmodell aus dem Körper rausholen und woanders einsetzen?

Metzinger: Das komplette Herauskopieren eines Selbstmodells ist pure Science-Fiction und grundsätzlich unmöglich, glaube ich. Andererseits sind die Fortschritte atemberaubend: Es gibt mittlerweile Roboter mit Kameraaugen, die sich drahtlos mit dem Gehirn steuern lassen – einfach durch Bewegungsvorstellungen. Dabei stellt man sich vor, vorwärts zu laufen, und der Roboter läuft tatsächlich vorwärts. Der Forscher steuert also direkt mit dem Selbstmodell in seinem Gehirn einen Roboter, ein Computer übersetzt. Mit einer Brille kann man dabei auch durch die Kameraaugen des Roboters sehen. Wenn man nun vorwärts läuft, sich umdreht und sich selbst dann von außen mit den Augen des Roboters ansieht, da fragt man sich schon mal: Wo ist es denn nun, das Selbstmodel

Ende ZeitungsZitat

Thesen vs. Fakten

Die Hirnforschung ist von einem wirklichen Verständnis des Gehirns noch weit entfernt. Sie jetzt schon auszuschlachten und damit philosophische Weltbilder zu begründen empfinde ich als reichlich unseriös! Alleine schon die Unmöglichkeit einer naturwissenschaftlichen Definition von „Seele" oder „Bewusstsein" führt den Versuch ad absurdum.

Ich bin ein bisschen enttäuscht keine philosophische Begründung von Herr Metzinger zu erfahren. Ich lese nur ein „nicht nötig" was meiner Intuition aber stark widerspricht.

Nichts Neues

Schon Nietzsche hat das Selbst als Konstrukt betrachtet und das Ich als vielstimmigen Chor. Und Precht hat das Ganze populär gemacht. Wo also soll hier das Neue sein?

Erkenntnisfortschritt?

Welche Menschen außerhalb der Wissenschaft gingen/gehen davon aus, dass das „Ich" ein Ding ist?

Fast alle Religionen und Philosophien bestehen doch geradezu darauf, dass dem nicht so ist.

Denkanstoß

Das Ganze kommt dem Physikalismus doch sehr nahe, was einfach den philosophisch sehr begründeten Aspekt des Dualismus in den Schatten stellt. Man wird keine angemessene Auffassung von Wirklichkeit haben, solange man nicht erklären kann, wie das Zusammenspiel von physikalischen Elementen nicht nur einen biologischen Organismus bildet, sondern ein bewusstes Wesen. Das Ding ist nämlich: Man kann das Bewusstsein nicht einem physikalischen Zustand zuschreiben, denn dann hätte man ja eine Vereinheitlichung von Geist und Körper, und damit liegt eine physikalische Einheit vom Universum nahe. Doch philosophische Argumente gegen eine rein physikalische Theorie verdeutlichen, dass diese physikalische Theorie nicht auf die gesamte Wirklichkeit übertragbar ist.

Es gibt mehr im Menschen und in der Welt, als man mit Mitteln der Naturwissenschaft erklären kann! Spannend, oder?

Da irren Sie sich aber!

Belegen Sie doch auch ein paar gute Vorlesungen in Neuro- und Kognitionspsychologie, dann bekommen Sie eine Vorstellung davon, wie die Physik, oder vielmehr die Physiologie Emotionen, Kognitionen und auch (das übrigens meist weit überschätzte) Bewusstsein generieren. Und: Selbstverständlich kann man Bewusstsein einem physiologischen Zustand zuschreiben; lesen Sie den Artikel noch einmal, besonders die Stellen, in denen es um Schlaf und Bewusstsein geht. Und noch ein einfaches Beispiel: Wenn ich, z.B. mit Hilfe einer Keule Ihre Hirnphysiologie verändere, dann verändere ich auch unmittelbar Ihren Bewusstseinszustand. Und: Die Feststellung, dass es zwischen Himmel und Erde Dinge gibt, die die Naturwissenschaft nicht erklären kann, ist alt und immer noch zutreffend. Nur wird der unerklärte Rest immer kleiner. Das ist doch spannend, oder?

Aber was gibt es zu entdecken wenn ich mich als praktizierender meditierender sehe und was sagen andere verwirklichte dazu ganz ohne wissenschaftliche Apparaturen.

Der indische Gelehrte Ramana Maharshi hat kurz und knapp den Weg beschrieben, wie man über das wahre Selbst in Berührung mit dem ewigen Jetzt kommen kann:

„Zuerst sieht man das Selbst als die Dinge,

Dann sieht man das Selbst als Leere,

Dann wiederum sieht man das Selbst als das Selbst;

Nur im letzten Fall gibt es kein Sehen,

Denn Sehen ist Werden."

Ramana Maharshi: In: Große Meister Indiens, Jyotishman Dam (Hrsg.), 1. Aufl. Darmstadt: Schirner, 2006, S. 214

Die Wissenschaft, wie Wissenschaftler fälschlicherweise oft reden und denken-denn die Wissenschaft die gibt es gar nicht-also alleine deswegen schon ist der Denkapparat eines Wissenschaftlers der das noch denkt schon unklar und verwirrt denn die Wissenschaft ist kein Lebewesen und das wirst du nirgendwo finden. Bloß die spinnerte Bezeichnung für eine Tätigkeit mehr ist das doch nicht. Und diese wirren Professoren und Doktoren die wollen wissen was das Selbst oder Bewusstsein wärelächerlich verwirrt ist ihr Denken ihre Einsicht.

Kann dann also so ein Mensch der bloß sein Leben an der Uni und in Labors und Firmen tätig war dir etwas erzählen was du bist was Bewusstsein ist. Nein. Denn die wissen gar nicht was die Trennlinie die es gar nicht gibt zwischen Geist und Körper oder Materie ist .Da stoßen die auf Grenzen weil sie ja die Dichte mit Grenze verwechseln. Die Härte mit Grenze .den Körper mit Grenze. Aber die Menschen also die sich Wissenschaftler nennen-die gehen aber davon aus in ihrer jetzigen Forschung-das sie in der Lage sind-alle Ausdrucksformen des menschlichen Bewusstseins, alle Phänomene wie Gedanken, Gefühl, Wille, Wut, Liebe-Hass-und so weiter-vollständig als physikalische chemische Prozesse zu erklären unter dem Motto es gibt keinen Geist ohne materiellen Träger-und das kann sogar stimmen-wenn der Wissenschaftlergeist das Denken sein soll das Mental-das Gemüt-. Aber das gibt es weil das Ich das Selbst all diese Prozesse energetisch unterstützt also Lebensenergie dafür abgibt in unbeschreiblich feinster Schwingung. Und so was kannst du nur wissen und sehen und erkennen und erleben wenn du dich als das Selbst das Ich mit deinem Körper erlebst. Und dafür hat ein Mensch der sich wissenschaftlich politisch korrekt betätig nicht die geringste Einsicht von. Und wenn er sie hätte könnte er nicht mehr das physikalische Weltbild denken aufrechthalten.

Der Vollblut-Wissenschaft-Materialismus aus den USA-der Wissenschaftswahnsinn-der besagt mit dem Nobelpreisträger wohlbemerkt-Nobelpreisträger wohlbemerkt-Edelmann *(wieder so ein Deutscher Name ho, ho, ho)* Jede angemessene Theorie (also Theologie sage Ich hier W.Schorat) der Gehirnfunktion muss ein wissenschaftliches Model des Bewusstseins enthalten, aber um wissenschaftlich akzeptabel zu sein, muss sie uneingeschränkt physikalische sein. Also da kann ich als Nicht-Wissenschaftler aber JahrzehnteMeditierer bloß sehr, sehr, sehr müde drüber lächeln, wenn ich sehe in welche Abgründe der Theorie also Theologie dieser Spinner dort spinnt. Völlig unwissend spinnt er dort wie die Theologen sein Gewebe aus LuftNummern-so wie die BanksterGangster Geld aus Luft drucken für das die Menschheit mit ihrem Leben arbeiten und Leiden muss. Außerdem ist ein Gehirn kein Objekt das alleine funktioniert es ist immer der ganze Körper der insgesamt ein Gehirn ist, mal so gesehen. Ein Gehirn alleine wäre Nix Garnix TotalNix DoppelNix könnte gar nicht Leben. Weil ja der ganze Körper eine Einheit ist und das Gehirn ist bloß ein Haufen Scheiße wert wenn der Mensch damit nicht richtig sehen erkennen und wahrnehmen kann. Was ist schon ein Gehirn wenn die Habgier wütet und wenn die Bösartigkeit läuft oder die Lüge und der Verkauf ganzer Menschheiten an Gehirnaktivitäten die sich sogenannte BanksterGangster ausgedacht haben aus Völkern Unternehmen zu machen-um sie dann mit diesem Unternehmen auszubeuten und zu versklaven an das LuftGeld den Glaube an das Geld. Was für ein scheißgehirn ist das wohl. Nämlich eines das überhaupt gar kein Bewusstsein hat sondern bloße tierische Eigenschaften der Raubtiermachtgelüste und des Ausbeutens anderer Völker und der Tötung Andersgläubiger und Andersdenkender oder der Aufrechterhaltung der jeweiligen politischen Korrektheiten im Sinne von Realität der Meinungsmacher. Was für ein Gehirn ist das eine Nullnummer der Ignoranz also in anderen Worten Denken ist etwas Unabhängiges von der Komplexität eines Gehirnes. Und dumme Raubsäuger-Wissenschaftler die also den Totalmaterialismus Vertreter wie dieser dumme unwissende Nobelpreisträger Edelmann-denen nützt ein komplexes Gehirn garnichts wenn solche materialistischen Schlüsse erscheinen.das ist einfache Gehirn-Ignoranz-um es mal auf das Gehirn zu beziehen-was aber unabhängig vom Gehirn ist-denn das Gehirn kann nichts dafür das er uneingeschränkt physikalische Resultate bevorzugt.

Aber eine Forschung also ein Mensch der herum sucht weil er unwissend ist ignorant dumm und verloren ist-diese Forschung also Suche, die das Leben , lebende

Substanzen mit den Mitteln der Physiker und Chemiker untersucht und der Mathematik, die führt unweigerlich tiefer in das Teufelsbewusstsein also in die Ignoranz Unwissenheit, und führt letztendlich in die Totalzerstörung. Denn die Welt des Messens und Zählen was ja Martinus wunderbar aufgezeigt hat in seinen Büchern, die führt genau in die Unkorrektheit, obwohl diese Menschen also die sich Wissenschaftler nennen-und die von den BanksterGangster total unterstützt werden da sie ja auch das Geldsystem unterstützen weil ja Geld sichtbar ist-mathematisch nachvollziehbar ist –was also nachvollziehbar ist und deswegen als die wahre Wirklichkeit angesehen wird-was ja auch stimmt-bloß das diese wahre Wirklichkeit ein Fitzelchen im Ozean der Schöpfung Gottes ist-ein Nicht mal Staubkörnchen-das nicht im echten Zusammenhang erkannt wird-aber diese Theorien sind zum Scheitern verurteil- so wie die Dinosaurier-die auch keine weitere Entwicklung machten da sie alles beherrschend auf der Erde waren – so wie die Geldseuche heute auf der Erde. Aber wie Martinus schrieb-kann das alles gewesen sein-all die millionen Jahre erdlicher Evolution. Natürlich nicht. Sage ich hier.

Martinus erwähne ich hier auch deswegen weil er nämlich die dementsprechenden spirituellen Erfahrungen gemacht hatte. Er wurde hinaufgehoben, weit, weit, weit, hinauf in die höchsten Bereiche der Schöpfung Gottes und ihm wurde gezeigt wie das System die Schöpfung Gottes aufgebaut ist. Und als er wieder zurückkam , blieb die Fähigkeit all das was er gesehen hatte die unterschiedliche Welten Systeme Universen zu sehen und sie grafisch und schriftlich aufzuzeichnen und somit ist Martinus der einzige Mensch auf der Erde meines wissen der diese Totalität der komplexen Einsichten und Beschreibungen erreicht hat. Und für mich ist es wichtig nur noch solche Menschen zu lesen die tatsächlich wie ich selber auch-die dementsprechenden echten Erfahrungen im Zusammenhang mit dem sie arbeiten oder das was sie beschreiben gemacht haben – also wissen wovon sie reden denken und schreiben. Die Wissenschaftler das sind Theoretiker Denker Fantasierer und Zusammenbauer von künstlichen Stoffen chemischen die alle ohne Ausnahme Gift sind für die Erde alle chemischen Verbindungen die der Mensch gebaut hat, sind alle ohne Ausnahme giftig für die Menschen Tiere Erde Universum.

Manche Wissenschaftler also unwissende Menschen die im Bereich Neurologie und Gehirn forschen die bezeichnen Bewusstsein als globaler makroskopischer Ordnungszustand von neuralen Verschaltungsmustern, die durch lokale mikroskopische Wechselwirkungen in komplexen Neuronennetzen des Gehirns entstehen. Die sehen sogar noch die Welt der unbelebten Materie. Also Mineralien seien kein Leben kein Lebewesen. Dabei sind Mineralien Seelenwesen die unmittelbar aus dem Himmelreich zurückgekommen sind und deswegen auch diese hohe feine Schwingung haben die heilsame Wirkungen hat-weil sie noch nicht mit dem Bereich des Tötens zu tun hatten-das gleiche gilt für Pflanzen deswegen ihre Heilwirkung Gesundheitswirkung. Und wenn ich alleine an meine Selbsterkenntnis wohlbemerkt als Selbst-

erfahrung zurückdenke-was für eine gigantische, gigantische, gigantische, Glückseligkeit Erfahrung als Endlosigkeit und als endlose Angstlosigkeit und als endlose Ruhe und wie ich selber diesen Körper energetisch im feinsten mit seliger Energie aufrechthalte speise und sehe wie das was im Gehirn abläuft ein Eigenleben ist mit all seinen Phantasien Gedanken und was alles dazu gehört und Ich selber damit , mit den Leiden Schmerzen Freuden und allem menschlich allzu menschlichen garnichts zu tun habe und auf ewig frei davon bin-ja sogar weiß und erkannt habe-das ich nie geboren bin und nie sterbe und ewig bin-nur so mal im vorbeigehen hier erwähnt. Beschreibung und Erklärung sind unterschiedlich-und die materialistischen Wissenschaftler die politisch korrekten die das Machtsystem des Geldes des Besitzes der Besitzer vertreten sie Theologisieren also theoretisieren in einem tiefen, tiefen, Tiefschlaf und deswegen sind die Menschen auch so ausgebeutet und dem Geld hörig und der Freiheit unhörig- weil sie nämlich bis hier heute 2015 so gezüchtet wurden von den herrschen Klassen den Besitzern der Strukturen des Geldes das aus Luftikus aus Luft gedruckt wird und ihr habt dafür Personal-Ausweise-befreit euch von der Unwissenheit-schnell-sehr schnell-denn die Geldmenschen die das Geld drucken die VollMacht sich dafür gegeben haben, die sind skrupellos und würden die halbe bis fast ganze Menschheit verheizen-durch Kriege Hunger Armut falsche Bildung durch Schulsysteme die ausschließlich der industriellen Weiterführung als Lohnsklaven dient und durch Kontrolle aller Mediensysteme und auch der Kontrolle über die Zerteiler der Menschheit der Religion und den politischen Parteien. Oleeeee.
Aber ein anderer Nobelpreisträger der australische gehirnforscher Sir John Eccles schrieb mal: Ich bleibe dabei, dass das Mysterium des Menschen vom wissenschaftlichen Reduktionismus in unglaublicher Weise herabgewürdigt wird, wenn er beansprucht und verspricht, die gesamte spirituelle Welt letzten Endes auf materialistische Weise mit Mustern neuronaler Aktivität erklären zu können. Dieser Glaube muss als ein Aberglaube betrachtet werden. Wir müssen erkennen, dass wir sowohl spirituelle Wesen sind, die mit einer Seele in einer spirituellen Welt existieren, als auch materielle Wesen sind, die mit ihrem Körper und ihrem Gehirn in einer materiellen Welt existieren. (Eccles,1993. S.389)
So hier sieht man gut ein Wissenschaftler sagt das ein andere das. Und solange diese Menschen die von sich behaupten Wissenschaftler zu sein-nicht wirklich mehr Wissen schaffen-sind sie leider Träger von Leid, Leiden für die Menschheit. Und die Resultate sind ja heute sehr gut sichtbar- die Resultate der Verbrennungstechnologien der chemischen Kunstprodukte also der Vergiftungen-aber glücklicherweise gibt es auch neue verbesserte qualitativ schönere Richtungen in Nahrung-Kultur-Politik-Wissenschaft und Bildung-aber solange das alles vom Geld abhängig gemacht wird- geglaubt wird-wird auch das nicht reichen und bei wenigen Besitzenden bleiben die weiterhin die Erde die Menschheit ausbeuten und versklaven-kein Mensch

auf der Erde darf Miete zahlen-nochmal zur Erinnerung-das ist schlimmer als jedes Tier auf der Erde. Geld muss weg und um diese Einsicht zu unterstützen sowohl als Erkenntnis das Geld noch nie etwas gemacht hat-bringe ich hier das noch wichtigere nämlich Du-Dich-selber-erkenne was wer Du bist-denn was hat Jesus gesagt-Dein Körper ist der Tempel Gottes und er sagte auch Wisst ihr denn nicht ihr seid Götter *(und was würde das in der Einzahl bedeuten von Götter zu Gott)* und er sagte auch Gott wohnt in eurem Körper-das sagte er natürlich zu den Menschen dort in Israel damals mit den wissenschaftlichen politischen Erkenntnissen und der damaligen Bildung und musste das dementsprechend metaphorisch in Worte fassen. Und deswegen bringe ich hier nochmals etwas zum Selbst zur Selbsterkenntnis- das was Du wirklich bist. Und zwar könnte ich meine eigene Geschichte hier erzählen aber das habe ich in der Erfahrung schon geschrieben als Buch nämlich: Das Mantra Mich Selbst Erkennen: Aber hier sind Auszüge von Ramana Maharsi: **Zitat Anfang**: Aus dem Buch Ramana Maharshi Seine Lehren.

Aber bevor ich das einfüge möchte ich nochmal darauf hinweisen, das sowohl bei Buddha als auch bei Jesus als auch bei allen anderen Meistern und wohl vielen Menschen bekannt ist das wie Buddha schon sagte man schon im Nirvana ist und immer war-oder Jesus ja sagte du bist das göttliche-oder Ramana Maharshi sagte entweder du weiß das du das Selbst also die Seele bis oder nicht. Also praktisch alle auch Laotse sagten das. Bloß wenn du denkst glaubst das nicht zu wissen oder zu sein-gehst du durch das Dilemma das wir heute auf der Erde sehen-Zerstörung Ausbeutung Lügen-Teufelsbewusstsein-Fanatismus-Lieblosigkeit und so weiter und haben solche Systeme wie sie die Bankster Gangster bis heute aufgebaut haben-also du bist schon immer das göttliche und wirst es auch immer bleiben mal in der christliche Wortwahl geschrieben bei den Buddhisten ist es das du immer im Nirvana bist und warst und es nichts zu erkennen gibt-bloß sein und leben. Oder nochmal anders formuliert: Aus Gott kann nur Gott kommen.

SELBSTERFORSCHUNG Ramana Maharshi

Obwohl sich Bhagavan aus Gründen, die im vorigen Kapitel angegeben wurden, enthielt, sich selbst einen Guru zu nennen, handelte er tatsächlich ständig als solcher. Wenn irgendein Besucher mit Fragen kam, dann lenkte er die Richtung der Fragen von der Theorie zur Praxis, und im Erklären und Empfehlen von Methoden spirituellen Trainings war er entgegenkommend, wohingegen er sich dagegen sträubte, bloße Theorie darzulegen. Er sagte oft, dass das wahre Lehren in der Stille geschehe, aber das bedeutete nicht, dass nicht auch verbale Auslegungen gegeben wurden. Sie zeigten dem Suchenden an, in welcher Weise er eine Bemühung machen sollte, während der stille Einfluss auf sein Herz ihm half, diese zu machen. Wie im nächsten Kapitel gezeigt werden wird, hieß Bhagavan viele verschiedene Methoden gut, dennoch legte er den größten Nachdruck auf die Selbsterforschung. Und da er sie mit Nachdruck lehrte, werden wir zuerst diese Methode behandeln.

Dies ist keine neue Methode. Weil sie tatsächlich die unmittelbarste Methode von allen ist, muss sie die älteste sein. Es war aber in früheren Zeiten ein Pfad, der für die wenigen Mutigen vorbehalten war, die in der Einsamkeit, von der Welt in ständiger Meditation zurückgezogen, streben konnten. In unserer Zeit ist das immer seltener geworden, was zu erwarten ist. Bhagavan setzte diese Methode in einer neuen Form, verbunden mit karma marga, Wieder in solch einer Weise ein, dass sie unter den Bedingungen der modernen Welt benutzt werden konnte. Und da sie kein Ritual oder eine äußere Form braucht, ist sie wirklich die ideale Methode für die Bedürfnisse unserer Zeit. Dennoch ist sie nicht durch die Anpassung an moderne Lebensbedingungen geschwächt worden, sondern sie bleibt zentral und unmittelbar. Für das Absinken des Geistes gibt es kein anderes, wirksameres Mittel als die Selbsterforschung. Selbst wenn die Aktivität des Geistes durch andere Mittel absinkt, dann ist das nur scheinbar so, und sie wird wieder auftauchen. (W., 35.) Dieses ist die direkte Methode. Alle anderen Methoden werden praktiziert, während das Ego bewahrt wird, und deshalb tauchen viele Zweifel auf, und die endgültige Frage bleibt am Ende immer noch zu lösen. In dieser Methode aber ist die endgültige Frage die einzige, und sie wird ganz von Anfang an gestellt. (T., 146.)

1 Die Selbsterforschung führt direkt zur Selbstverwirklichung, indem die Hindernisse, die dich denken lassen, dass das Selbst nicht bereits verwirklicht ist, weggeschafft werden. (T., 298). Die Meditation bedarf eines Gegenstandes, über den meditiert werden kann, wohingegen es in der Selbsterforschung nur das Subjekt und kein Objekt gibt. Das ist der Unterschied zwischen Meditation und Selbsterforschung. (T., 390.)

F: Warum sollte die Selbsterforschung allein als der direkte Pfad zur Selbstverwirklichung betrachtet werden?

B: Weil jede Art des Pfades außer der der Selbsterforschung die Beibehaltung des Geistes als Instrument, um dem Pfad zu folgen, voraussetzt. Das Ego mag verschiedene und subtilere Formen den verschiedenen Stufen des Praktizierens gemäß annehmen, aber es wird niemals vernichtet. Der Versuch, das Ego oder den Geist durch andere Methoden als die der Selbsterforschung zu zerstören, gleicht einem Dieb, der sich in einen Polizisten verwandelt, um den Dieb zu fangen, der er selbst ist. Nur die Selbsterforschung kann die Wahrheit offenbaren, dass weder das Ego noch der Geist wirklich existieren, und sie kann einen dazu befähigen, das reine, unveränderliche Wesen des Selbst oder das Absolute zu verwirklichen. (M.G., S.48.) Diese Aussage, dass der Geist (mind* bei der Methode der Selbsterforschung nicht benutzt wird, wurde nicht immer verstanden, und deshalb erklärte Bhagavan, wenn er danach gefragt wurde, dass es bedeutet, dass der Geist nicht selbstverständlicherweise als wirkliche Wesenheit angesehen wird, sondern dass seine bloße Existenz in Frage gestellt wird, und dass das der einfachste Weg ist, um die Illusion seiner Existenz zu zerstreuen.

B: Vom Geist zu verlangen, dass er den Geist tötet, ist, wie wenn man den Dieb zum Polizisten macht. Er wird mit dir gehen und vorgeben, den Dieb zu fangen, aber nichts Wird erreicht werden. Also musst du dich also nach innen wenden und herausfinden, von wo der Geist auftaucht, und dann wird er aufhören zu existieren. (In Bezug auf diese Antwort fragte mich Sri Thambi Thorai von Jaffna, der über ein Jahr als Sadhu in Pelakothu gelebt hatte, ob man nicht, wenn man dem Geist sagt, sich nach innen zu wenden und seinen Ursprung herauszufinden, auch den Geist beschäftigt. Ich brachte diesen Zweifel vor Bhagavan.) -

B: Natürlich beschäftigen wir den Geist. Es ist wohlbekannt und akzeptiert, dass der Geist nur mit Hilfe des Geistes getötet werden kann. Aber anstatt so an die Sache heranzugehen, dass man sagt: Da ist der Geist und ich will ihn töten, fängst du an, seinen Ursprung zu suchen, und du stellst fest, dass er überhaupt nicht existiert. Der nach außen gerichtete Geist engagiert sich in Gedanken und Dingen. Nach innen, gerichtet wird er zum selbst. (D.D., 11., s.4o.) ` „

Man kann sagen, dass der Geist aufhört zu existieren oder dass er in das Selbst verwandelt wird, die Bedeutung ist immer die gleiche. Es heißt nicht, dass eine Person geistlos wie ein Stein wird, sondern dass das reine Bewusstsein des Selbst nicht mehr innerhalb der engen Begrenzungen eines individualisierten Geistes eingesperrt ist und dass wir nicht mehr durch ein dunkles Glas schauen, sondern Klarheit und strahlende Vision entwickeln.

Durch beständige und fortlaufende Nachforschung in die Natur des Geistes wird der Geist in Das verwandelt, worauf sich das ›Ich‹ bezieht, und das ist in Wirklichkeit das Selbst. Der Geist Muss notwendigerweise für seine Existenz von etwas Grobstofflichem abhängig sein; er besteht niemals in sich selbst. An anderer Stelle wird der Geist der feinstoffliche Körper, das Ego, Jiva, oder Seele genannt.

Was im physischen Körper als ›Ich‹ auftaucht, das ist der Geist. Wenn man nachforscht, wo im Körper der ›Ich-Gedanke« zum ersten Mal auftaucht, wird man heraus-finden, dass er vom hrdayam oder dem Herzen kommt. Das sind der Ursprung und der Platz des Geistes. Oder auch, wenn man nur fortwährend im Inneren zu sich selbst sagend ›Ich-Ich‹ wiederholt, mit dem ganzen Geist darauf ausgerichtet, dann führt das auch zum gleichen Ursprung.

Der erste und vorderste aller Gedanken, die im Geist auftauchen, ist der ursprüngliche ›Ich-Gedanken Erst nach dem Auftauchen oder dem Ursprung des ›Ich-Gedanken tauchen unzählige andere Gedanken auf. Mit anderen Worten, erst nachdem das erste persönliche Fürwort ›Ich‹ aufgetaucht ist, taucht die zweite und dritte Person (du, er, sie, es usw.) im Geist auf, und sie können ohne den Geist nicht bestehen. Weil jeder weitere Gedanke nur nach dem Auftauchen des ›Ich‹Gedanken‹ kommen kann und weil der Geist nichts als ein Bündel von Gedanken ist, geschieht es nur durch die Frage: ›Wer bin ich? dass der Geist zurücktritt. Darüber hinaus wird der integrale ›Ich-Gedanke=,der in solch einer Nachforschung beinhaltet ist, wenn er alle anderen Gedanken zerstört hat, schließlich selbst zerstört oder verzehrt, genauso wie ein Stecken, der benutzt wird, um den brennenden Scheiterhaufen zu schüren, mit verbrennt.

Von diesen Andeutungen her Muss es bereits offensichtlich geworden sein, dass die Selbsterforschung, so wie Bhagavan sie lehrt, sehr verschieden von der Introversion der Psychologen ist. Tatsächlich ist es überhaupt kein mentaler Vorgang. Introversion bedeutet das wohingegen die Selbsterforschung ein Versuch ist, hinter den Geist (Studium der Zusammensetzung und der Bestandteile des Geistes, zum Selbst, von dem er herkommt, zu gelangen.

Wenn der Geist oder das Ego ohnehin abgelegt werden muss, warum dann Zeit verschwenden, um ihn zu analysieren? Zu fragen: › Wer bin ich, der in Fesseln liegt? ‹ und somit das eigene wahre Wesen kennenzulernen, ist die einzige Befreiung. Den Geist beständig nach innen gerichtet zu halten und somit im Selbst zu verweilen, ist die einzige Selbsterforschung. Geradeso wie es nutzlos ist, den Abfall, der nur zusammengefegt werden muss, um weggeworfen zu werden, zu untersuchen, so ist es auch sinnlos für den, der das Selbst zu kennen sucht, anzufangen, die tattvas, die das Selbst umhüllen, zu zählen und sie zu untersuchen, anstatt sie wegzuwerfen. Der Suchende sollte die phänomenale Welt in Beziehung zu sich selbst als nichts anderes als einen Traum betrachten. (W.,5.41.)

In ähnlicher Weise unterscheidet sich die Selbsterforschung grundsätzlich von der Psychoanalyse oder jeder anderen Form psychiatrischer Behandlung. Solch eine Behandlung kann nur das Hervorbringen eines normalen, gesunden, integrierten menschlichen Wesens zum Ziel haben; aber nicht das Überschreiten der Grenzen des individuellen menschlichen Zustandes, weil die, welche diese Behandlung leiten, diesen Weg nicht gegangen sind und somit nicht eine Straße freilegen können, die sie selbst nicht kennen. Etwas jedoch hat die Selbsterforschung in ihren Anfangsstufen mit der psychiatrischen Behandlung gemeinsam, sie dient dazu, versteckte Gedanken und Unreinheiten aus den Tiefen des Geistes hervorzubringen.

F: Wenn man versucht zu meditieren, dann tauchen andere Gedanken eindringlicher auf.

B: Ja, alle möglichen Gedanken tauchen in der Meditation auf. Das ist nur recht, denn was in dir versteckt liegt, wird hervorgebracht. Wie kann es zerstört werden, solange es nicht zum Vorschein kommt? › Gedanken entstehen unwillkürlich, aber nur, um zur rechten Zeit ausgelöscht zu werden und um so den Geist zu stärken. (M.G., I., S. 19.)

F: Wenn ich mich konzentriere, tauchen alle möglichen Gedanken auf und stören mich. Je mehr ich mich bemühe, desto mehr Gedanken kommen. Was soll ich tun?

B: Ja, das passiert. Alles, was in dir ist, wird versuchen herauszukommen. Es gibt keinen anderen Weg als den, den Geist jedes Mal, wenn er abwandern will, zu packen und ihn auf das Selbst zu konzentrieren. (D. D., II., S. 44.)

F: Bhagavan hat oftmals gesagt, dass man andere Gedanken zurückweisen muss, wenn man die Suche beginnt; aber die Gedanken sind endlos. Wenn man einen Gedanken zurückweist, kommt ein anderer auf, und es scheint überhaupt kein Ende zu geben.

B: Ich sage nicht, dass du fortfahren sollst, die Gedanken zurückzuweisen. Wenn du dich an dich selbst hältst, an den ›Ich-Gedanken‹, und dein Interesse bleibt bei diesem einen Gedanken, dann werden die anderen Gedanken zurückgewiesen werden, und sie werden von selbst verschwinden. (S.D.B., IV.) -

Genauso wie die Selbsterforschung nicht Selbstbetrachtung ist, wie sie von den Psychologen verstanden wird, so ist sie auch nicht Argument oder Spekulation, wie die Philosophen sie verstehen.

F: Wenn ich denke ›Wer bin ich‹, dann kommt die Antwort: Ich bin nicht dieser sterbliche Körper, sondern Bewusstsein oder das Selbst. Und dann taucht plötzlich ein anderer Gedanke auf; Warum ist das Selbst in die Manifestation eingetreten? « Mit anderen Worten, ›warum hat Gott die Welt geschaffen? ‹

B: Die Frage: ›Wer bin ich? bedeutet wirklich den Versuch, den Ursprung des Ego oder des ›Ich-Gedanken« herauszufinden. Du darfst den Geist nicht mit anderen Gedanken wie etwa, ›Ich bin nicht der Körper« beschäftigen. Den Ursprung des ›Ich‹ zu suchen, dient als Mittel, um alle anderen Gedanken loszuwerden. Du solltest keinen Spielraum für andere Gedanken erlauben, wie du sie erwähnst, sondern du solltest die Aufmerksamkeit auf das Finden des Ursprungs des ›Ich-Gedanken‹ gerichtet halten, indem du, wenn irgendein anderer Gedanke auftaucht, fragst, wem er auftaucht, und wenn die Antwort ist ›mir«, dann nimmst du wieder den Gedanken: ›Wer ist dieses Ich und was ist sein Ursprung« auf. (D.D., II., S.87.)

Bhagavan erlaubte oder benutzte sogar manchmal ein mentales Argument, aber das war, um den Anfänger von der Unwirklichkeit des individuellen Selbst oder Ego zu überzeugen und ihn so dazu zu bringen, die Selbsterforschung aufzunehmen. Das Argument selbst war nicht die Selbsterforschung.

F: Wer bin ich? Wie kann die Antwort darauf gefunden werden?

B: Stelle dir selbst die Frage. Der Körper (annamayakosa) und seine Funktionen sind nicht ›Ich‹. Tiefergehend, der Geist (manomayakosa) und seine Funktionen sind nicht ›Ich«. Der nächste Schritt bringt einen zu der Frage: ›Woher tauchen diese Gedanken auf? ‹ Die Gedanken mögen spontan, oberflächlich oder analytisch sein. Sie arbeiten im Geist. Wer dann ist sich der Gedanken bewusst? Die Existenz von Gedanken, ihr klares Empfangen und Arbeiten werden für das Individuum offensichtlich. Diese Analyse führt zu der Folgerung, dass die Individualität als Erkenner der Existenz von Gedanken und ihrer Aufeinanderfolge operiert. Diese Individualität ist das Ego oder, wie die Leute sagen, das ›Ich‹. Vijnanamayakosa (der Intellekt) ist nur die Hülle des ›Ich« und nicht das ›Ich« selbst. Wenn man weiter nachforscht, tauchen die Fragen auf: Wer ist dieses ›Ich‹? Woher kommt es?

›Ich‹ war nicht bewusst im Schlaf. Gleichzeitig mit seinem Auftauchen verwandelt sich der Schlaf zum Traum und zur Wachsamkeit. Aber ich befasse mich im Augenblick nicht mit dem Traumzustand. Wer bin ich jetzt im Wachzustand? Wenn ich beim Aufwachen aus dem Schlaf entstanden bin, dann war das ›Ich‹ mit Unwissen überdeckt. Solch ein unwissendes ›Ich« kann nicht das sein, worauf sich die Schriften beziehen, oder was die Weisen bestätigen. ›Ich‹. Bin sogar jenseits von Schlaf, ›Ich‹ Muss hier und jetzt sein und Muss auch sein, was ich die ganze Zeit im Schlaf und Traum war; unberührt von den Eigenschaften dieser Zustände. ›Ich‹ Muss deshalb die eigenschaftslose Substanz sein, die diesen drei Zuständen zugrunde liegt, nachdem anandamayakosa überschritten ist. (T., 25.)

Zwei Parsidamen kamen aus Ahmedabad und sprachen mit Bhagavan.

F: Bhagavan, seit unserer Kindheit haben wir spirituelle Neigungen. Wir haben mehrere Bücher über Philosophie gelesen und fühlen uns vom Vedanta angezogen. So haben wir die Upanishaden, Yoga Vasishta, die Bhagavad Gita usw. gelesen. Wir versuchen zu meditieren, aber wir finden, dass wir in unserer Meditation nicht vorankommen. Wir verstehen nicht, wie man verwirklicht. Kannst du uns bitte zur Verwirklichung helfen?

B: Wie meditiert ihr?

F: Ich fange mit der Frage an mich selbst ›Wer bin ich« an und schließe den Körper als nicht ›Ich‹, den Atem als nicht ›Ich‹, den Geist als nicht ›Ich« aus, aber dann ist es mir nicht möglich, weiter zu gehen.

B: Das ist in Ordnung, soweit es den Geist betrifft. Dein Vorgehen ist nur mental. Die Schriften erwähnen diesen Vorgang nur, um den Suchenden zur Wahrheit zu leiten. Die Wahrheit kann nicht direkt angedeutet werden, deshalb wird dieser mentale Vorgang benutzt. Verstehst du, der, welcher all die ›Nicht-Ichs‹ ausschließt, kann das ›Ich« nicht ausschließen. Um sagen zu können, ›Ich bin nicht dies‹, oder ›Ich bin Das‹, muss es das ›Ich« geben, das es sagt. Dieses ›Ich‹ ist nur das Ego oder der ›Ich-Gedanke‹ Nachdem dieser ›Ich-Gedanke« entstanden ist, entstehen alle anderen Gedanken. Der ›Ich-Gedanke‹ ist deshalb der Wurzelgedanke. Wenn die Wurzel herausgezogen ist, dann wird alles Übrige zur gleichen Zeit herausgezogen. Suche deshalb die Wurzel ›Ich‹, frage dich selbst: ›Wer bin ich? ‹, finde den Ursprung des ›Ich«. Dann werden alle diese Probleme verschwinden, und das reine Selbst wird bleiben.

F: Aber wie soll ich es tun?

B: Das ›Ich‹ ist immer da, gleich ob im Tiefschlaf, im Traum oder im Wachzustand. Der, der schläft, ist der gleiche wie der, der jetzt spricht. Die Empfindung von ›Ich‹ ist immer da. Wenn dem nicht so wäre, müsstest du deine Existenz verneinen. Aber das tust du nicht. Du sagst: ›Ich bin‹. Finde heraus, wer ist.

F: Ich verstehe immer noch nicht. Du sagst, dass das› Ich‹ jetzt das falsche ›Ich« ist. Wie kann ich dieses falsche ›Ich‹ loswerden?

B: Du brauchst kein falsches ›Ich‹ auszumerzen. Wie kann das ›Ich‹ sich selbst ausmerzen? Du brauchst nur seinen Ursprung herauszufinden und dort zu bleiben. Deine Bemühung kann nur soweit gehen. Dann wird das Jenseits sich um sich selbst sorgen. Dort bist du hilflos. Keine Bemühung kann es erreichen.

F: Wenn ›Ich‹ immer da bin - hier und jetzt -, warum empfinde ich nicht so?

B: Wer sagt, dass du nicht so empfindest? Sagt es das wirkliche oder das falsche ›Ich‹? Frage dich selbst, und du wirst herausfinden, dass es das falsche ›Ich‹ ist, Das falsche ›Ich‹ ist das Hindernis, das beseitigt werden muss, damit das ›Ich‹ aufhören kann, versteckt zu sein. Das Gefühl ›Ich habe es nicht verwirklicht‹ ist das Hindernis für die Verwirklichung. Tatsächlich ist es bereits verwirklicht. Es gibt nichts mehr zu verwirklichen. Wenn es noch etwas gäbe, dann wäre die Verwirklichung etwas Neues, das es bis jetzt noch nicht gab, sondern das in der Zukunft wäre; was aber geboren wird, wird auch sterben. Wenn die Verwirklichung nicht ewig ist, dann ist es nicht wert sie zu haben. Deshalb ist das, was wir suchen, nicht etwas, das anfangen muss zu existieren, sondern etwas, das ewig, aber vor uns durch Hindernisse verborgen ist. Alles, was wir zu tun haben, ist, das Hindernis zu beseitigen. Was ewig ist, wird der Unwissenheit wegen nicht als ewig erkannt. Unwissenheit ist das Hindernis. Wirf sie ab, und alles wird gut sein. Diese Unwissenheit ist mit dem ›Ich-Gedanken‹ identisch. Suche seinen Ursprung, und er wird verschwinden. Der ›Ich-Gedanke‹ ist wie ein Geistwesen, das, obwohl es nicht greifbar ist, mit dem Körper entsteht, mit ihm erblüht und mit ihm vergeht. Das Körperbewusstsein ist das falsche ›Ich‹. Gib es auf. Du kannst es tun, indem du den Ursprung des ›Ich‹ suchst. Der Körper sagt nicht: ›Ich bin‹. Du sagst, ›Ich‹ bin der Körper. Finde heraus, wer dieses ›Ich‹ ist? Suche seinen Ursprung und es wird verschwinden.

F: Wird dann Seligkeit sein?

B: Seligkeit kommt gleichzeitig mit Sein - Bewusstsein. Alle Argumente, die sich auf das ewige Wesen beziehen, richten sich auch auf Seligkeit. Deine Natur ist Seligkeit. Das Unwissen versteckt jetzt die Seligkeit, aber du brauchst nur das Unwissen zu entfernen, damit die Seligkeit befreit wird.

F: Sollten wir nicht die höchste Wirklichkeit der Welt als Einzelperson und als Gott herausfinden?

B: Das sind Konzeptionen des ›Ich‹. Sie tauchen nur nach dem Entstehen des ›Ich-Gedankens‹ auf. Hast du über sie im Tiefschlaf nachgedacht? Dennoch hast du im Schlaf existiert, und das gleiche ›Du‹ spricht jetzt. Wenn diese Konzeptionen wahr wären, würden sie nicht auch in deinem Schlaf existieren? Sie hängen vom ›Ich-Gedanken‹ ab. Und wiederum sagt die Welt zu dir: ›Ich bin die Welt‹ Sagt der Körper: ›Ich bin der Körper‹? Du sagst: ›Dies ist die Welt, dies ist der Körper‹ und so weiter. So sind das nur deine Konzeptionen. Finde her- aus wer du bist und alle Zweifel werden ein Ende haben.

F: Was wird nach der Verwirklichung aus dem Körper? Bleibt er weiterhin bestehen oder nicht? Wir sehen, dass verwirklichte Menschen Handlungen wie andere Leute ausführen.

B: Diese Frage braucht dich jetzt nicht zu kümmern. Du kannst sie nach der Verwirklichung stellen, wenn dir danach ist. Was die realisierten Wesen anbetrifft, lass sie sich um sich selbst sorgen. Warum sorgst du dich um sie? Tatsächlich wird nach der Verwirklichung weder der Körper noch irgendetwas sonst als vom Selbst verschieden erscheinen.

F: Wenn wir immer Sein - Bewusstsein – Seligkeit sind, warum bringt Gott uns in Schwierigkeiten? Warum hat Er uns geschaffen?

B: Kommt Gott und sagt dir, dass Er dich in Schwierigkeiten gebracht hat? Du sagst das. Wieder ist es das falsche ›Ich‹. Wenn das verschwindet, dann wird niemand da sein, um zu sagen, dass Gott dieses oder jenes erschuf. Das, was ist, sagt nicht einmal ›Ich bin‹. Gibt es denn irgendeinen Zweifel, dass ›Ich nicht bin‹? Nur wenn der Zweifel aufkäme, ob man nicht eine Kuh oder ein Büffel sei, müsste man sich erinnern, dass man nicht das, sondern ein Mensch ist, aber dieser Zweifel kommt nie auf. Ebenso verhält es sich mit der eigenen Existenz und Verwirklichung. (T., 197.)

Dieses letzte Zitat bringt uns von dem, was Selbsterforschung nicht ist, zurück zu dem, was sie ist. Wenn der Geist unaufhörlich seine eigene Natur erforscht, dann kommt die Erkenntnis, dass es keinen Geist gibt. Das ist der unmittelbare Weg für alle. Der Geist ist nur Gedanken. Von allen Gedanken ist der Gedanke ›Ich‹ die Wurzel. Deshalb ist der Geist nur der Gedanke ›Ich‹. Woher kommt dieser Gedanke ›Ich‹? Suche im Inneren danach, dann verschwindet er. Das ist das Streben nach Weisheit. Wo das ›Ich‹ verschwunden ist, dort erscheint das ›Ich-ich‹ von selbst. Das ist das Unendliche (Purnam). (S.I., 17-20.)

Wenn es das Ego gibt, dann gibt es auch alles andere. Wenn das Ego nicht ist, dann gibt es nichts anderes. Das Ego ist tatsächlich alles. Deshalb ist die Nachforschung nach dem, was dieses Ego ist, der einzige Weg, alles aufzugeben.

Der Zustand, in dem das ›Ich‹ nicht auftaucht, ist der Zustand, in dem man DAS ist. Ohne nach diesem Zustand, in dem das ›Ich‹ nicht auftaucht, zu fragen und ihn zu erlangen, wie kann man die eigene Auslöschung erreichen, aus der das ›Ich‹ nicht wiederauflebt? Wie kann man, ohne dies erreicht zu haben, im wahren Zustand verweilen, in dem man DAS ist?

Genauso wie einer, dem etwas ins Wasser gefallen ist, danach tauchen wird, um es wiederzufinden, so sollte man in sich selbst hinein tauchen, mit einem kühnen zielgerichteten Geist, in Kontrolle von Sprechen und Atem, und den Ort finden, von wo das ›Ich‹ herkommt.

Die einzige Nachforschung, die zur Selbstverwirklichung führt, ist die Suche nach dem Ursprung des Wortes ›Ich‹. Die Meditation über ›Ich bin nicht dies, ich bin das‹, kann eine Hilfe in der Nachforschung sein, aber sie kann nicht die Forschung

selbst sein. Wenn man innerhalb des Geistes nachforscht, ›Wer bin ich? «, dann fällt das individuelle ›Ich< verschämt ab, sowie man auf das Herz trifft, und sofort manifestiert sich Wirklichkeit als ›Ich-ich<. Obwohl sie sich als ›Ich< offenbart, ist sie nicht das Ego, sondern das vollkommene Sein, das Absolute Selbst. (F.V., 26-80.) _
B: Die Vorstellungen von Gebundensein und Befreiung sind nur Einschränkungen des Geistes. Sie haben keine Wirklichkeit in sich selbst und können deshalb nicht eigenständig funktionieren. Weil sie Einschränkungen von etwas anderem sind, muss es eine von ihnen unabhängige Wesenheit geben, die ihr gemeinsamer Ursprung und ihre Stütze ist. Wenn man deshalb in diesen Ursprung hinein forscht, um zu lernen, auf wen das Gebundensein oder die Befreiung zutreffen, dann wird man herausfinden, dass sie auf ›mich<, das heißt, einen selbst zutreffen. Wenn man dann aufrichtig nachforscht, ›Wer bin ich? <, wird man finden, dass es so etwas wie ›Ich« oder ›mich< nicht gibt. Was bleibt, wenn man erkennt, dass das ›Ich< nicht existiert, wird lebendig und unverkennbar als aus sich selbst leuchtend und in sich selbst allein bestehend verwirklicht. Diese lebendige Verwirklichung kommt ganz natürlich, mit nichts Ungewöhnlichem behaftet, als unmittelbare und augenblickliche Erfahrung der höchsten Wahrheit zu jedem, der, indem er so bleibt, wie er ist, nach innen forscht, ohne dem Geist auch nur für einen Augenblick zu erlauben, sich nach außen zu wenden oder Zeit mit bloßem Reden, zu vergeuden. Es gibt deshalb nicht den geringsten Zweifel, dass es für die, welche die Verwirklichung erlangt haben und somit völlig identisch mit dem Selbst verweilen, weder Gebundensein noch Befreiung gibt. (S.I., S.33.)
B: Das Selbst ist reines Bewusstsein. Dennoch identifiziert sich der Mensch mit dem Körper, der empfindungslos ist und nicht selbst sagt: ›Ich bin der Körper<. jemand anderer sagt das. Das unbegrenzte Selbst sagt es nicht. Wer sagt es? Ein unechtes ›Ich< entsteht zwischen deinem Bewusstsein und dem empfindungslosen Körper und glaubt, durch den Körper begrenzt zu sein. Suche danach, und es wird wie ein Phantom verschwinden. Das Phantom ist das Ego oder der Geist oder die Individualität. Alle sastras beruhen auf dem Auftauchen dieses Phantoms, dessen Auslöschung sie bezwecken. Der gegenwärtige Zustand ist bloße Illusion. Ihre Auflösung und nichts anderes ist das Ziel. [T., 427.)
Bhagavan bezieht sich hier auf das Ego als ein Phantom oder ein ›unechtes Ich<. In der Erklärung an die zwei Parsidamen, die zuvor aufgeführt wurde, sprach er von einem ›falschen Ich« und einem ›wahren Ich«. Aus praktischen Gründen sprach er manchmal vom Aufgeben des falschen auf der Suche nach dem wahren ›Ich<, aber das sollte nicht als Andeutung, dass es zwei Selbste in einem Menschen gibt, aufgefasst werden. Er meinte wirklich einfach, dass man die falsche Identifikation des ›Ich« als individuelles Wesen aufgeben sollte, um seine wahre Identität als das universelle Selbst zu verwirklichen. Er bestand wiederholt darauf, dass es nicht zwei ›Ichs- gibt, von denen man das andere suchen und kennen kann. Der Wahrheit der

Nicht-Dualität entsprechend, bedeutet das Selbst zu erkennen, das Selbst zu sein, andernfalls gäbe es die Dualität eines Subjektes und eines Objektes und die Dreiheit von Sehendem, Sehen und Gesehenem.

F: Wie soll man das Selbst verwirklichen?

B: Wessen Selbst? Finde es heraus.

P: Meines, aber wer bin ich?

B: Du musst es herausfinden.

F: Angenommen, ich habe den Gedanken ›Pferd‹, und versuche seinen Ursprung zu finden. Ich stelle fest, dass er aus der Erinnerung kommt, und die Erinnerung ihrerseits rührt von einem früheren Wahrnehmen des Objektes ›Pferd‹ her, aber das ist alles.

B: Wer hat von dir verlangt, über all das nachzudenken? All das sind auch Gedanken. Was wird es dir helfen, wenn du weiterhin über Erinnerung und Wahrnehmung nachdenkst? Es wird ohne Ende sein, wie die alte Streitfrage, ob der Baum oder der Same zuerst war.

Frage, wer diese Wahrnehmung und diese Erinnerung hat. Dieses ›Ich‹, das die Wahrnehmung und die Erinnerung hat, woher kommt es? Finde das heraus! Weil die Wahrnehmung oder die Erinnerung nur zu diesem ›Ich« kommt. Du hast solche Erfahrungen nicht, Während du schläfst; und dennoch sagst du, dass du im Schlaf existiert hast. Und du existierst auch jetzt. Das zeigt, dass das ›Ich‹ fortbesteht, Während andere Dinge kommen und gehen.

P: Ich soll den Ursprung des ›Ich« finden, und ich will es auch wirklich herausfinden, wie aber kann ich? Was ist der Ursprung, aus dem ich kam?

B: Du bist aus dem gleichen Ursprung gekommen, in dem du im Schlaf gewesen bist. Nur konntest du im Schlaf nicht wissen, wie du hineingekommen bist. Deshalb musst du nachforschen, wenn du im Wachbewusstsein bist.

Einige von uns rieten dem Besucher, Wer bin ich? Und die Ramana Gita zu lesen, und auch Bhagavan riet ihm dazu. Den Tag über las er darin, und am Abend sagte er zu Bhagavan: »Diese Bücher beschreiben die Selbsterforschung, wie aber soll man sie ausführen? «

B: Das muss in diesen Büchern auch beschrieben sein.

F: Soll ich mich auf den Gedanken: › Wer bin ich? « konzentrieren?

B: Es bedeutet, dass du dich konzentrieren sollst, um zu erkennen, wo der ›Ich-Gedanke« auftaucht. Anstatt nach außen zu schauen, schaue nach innen und erkenne, wo der ›Ich-Gedanke« auftaucht.

F: Und Bhagavan sagt, wenn ich das erkenne, werde ich das Selbst verwirklichen?

B: Es gibt nicht so etwas, wie das Selbst verwirklichen. .Wie kann ich das, was wirklich ist, verwirklichen, oder wirklich machen. Alle Menschen verwirklichen oder wirklich machen? Alle Menschen verwirklichen oder betrachten das als wirklich, was unwirklich ist, und sie brauchen nur aufzuhören, das zu tun. Wenn du das tust, wirst du bleiben, wie du immer bist, und das Wirkliche wird wirklich sein. Nur um den Menschen zu helfen, dass sie aufgeben, das Unwirkliche als wirklich zu betrachten, sind all die Religionen und die Übungen, die sie lehren, entstanden. (Lass die Toten die Toten begraben-Jesus. W. Schorat)

F: Woher kommt die Geburt?

B: Wessen Geburt?

P: Die Upanishaden sagen Er der Brahman kennt, wird Brahman

B: Es ist nicht eine Frage von Werden, sondern von Sein (D D S 58)

Es gibt nicht so etwas, wie das Selbst verwirklichen - Bhagavan hat das oft gesagt, um die Fragenden daran zu erinnern, dass einzig das Selbst ist,]jetzt und ewig, und dass es nicht etwas Neues ist, das entdeckt werden muss Dieses Paradoxon ist dem Wesen nach nicht dual

Als Antwort auf die Frage was der beste Weg zum Ziel sei sagte Bhagavan: Es gibt kein Ziel zu erreichen. Nichts ist zu erlangen. Du bist das Selbst Du bist immer. Man kann nicht mehr über das Selbst aussagen, als dass es existiert. Gott oder das Selbst zu erkennen, bedeutet nur, das Selbst zu sein, das du selbst bist. Erkennen ist Sein. Du, der du das Selbst bist, willst wissen, wie man das Selbst erreicht. Das ist, wie wenn einer, der im Ramanasramam ist, fragt, wie viele Wege es gibt, die zum Ramanasramam führen, und welches der beste Weg für ihn ist. Alles, was von dir verlangt wird, ist, den Gedanken, dass du dieser Körper bist, und alle Gedanken von äußerlichen Dingen oder dem Nicht-Selbst aufzugeben. So oft der Geist sich nach außen auf Objekte hin richtet, halte ihn an und richte ihn auf das Selbst oder ›Ich‹. Das ist die ganze Bemühung, die auf deiner Seite erforderlich ist. ‹ (D.D., II., S.291.)

Trotz dieses Paradoxons legte Bhagavan aber auch Nachdruck auf die Notwendigkeit der Bemühung, wie es im zweiten Kapitel dieses Buches erklärt wurde. Unaufhörliche Praxis ist wesentlich, bis man ohne Anstrengung diesen natürlichen und ursprünglichen Zustand des Geistes, der frei ist von Gedanken, erlangt; mit anderen Worten, bis das ›Ich~, ›Mich‹ und ›Mein‹ völlig ausgelöscht und zerstört sind. (S.I., S.21.)-

Um den Standpunkt, dass es nichts Neues zu entdecken gibt, zu stützen, erklärt Advaita, dass es nur eine Angelegenheit der Entfernung des Schleiers der Unwissenheit ist ; genauso wie man durch das Entfernen der Wasserpflanzen das Wasser, das bereits unter ihnen war, sichtbar macht, oder wie das Abziehen der Wolken den blauen Himmel zum Vorschein bringt, der auch zuvor da war, aber von den Wolken verdeckt wurde.

F: Wie kann man das Selbst kennen?

B: Das Selbst ist immer. Es gibt kein ›es kennen‹ Es ist kein neues Wissen, das erlangt werden muss. Was neu und nicht hier und jetzt ist, kann nicht beständig sein. Das Selbst ist immer, aber das Wissen darum ist versperrt, und das Hindernis wird Unwissen genannt. Entferne das Unwissen, und das Wissen wird erstrahlen. Tatsächlich ist es nicht das Selbst, das dieses Unwissen oder auch das Wissen hat. Sie sind nur Zusätze, die weggeräumt werden müssen. Deshalb sagt man, dass das Selbst jenseits von Wissen und Unwissen ist. Es bleibt, wie es natürlicherweise ist - das ist alles. (T., 49.)

Diese Konzentration auf das Selbst erfordert natürlich eine intensive Kontrolle des Geistes, und viele klagten, dass es nicht leicht sei.

Am Abend fragte ein Besucher Bhagavan, wie man den umherwandernden Geist kontrollieren sollte. Er sagte, dass das eine Frage sei, die ihn besonders beunruhigte. Bhagavan antwortete lachend: Das ist nicht nur dein Problem. Das fragt jeder, und alle Schriften behandeln es, wie die Gita zum Beispiel. Welch anderen Weg gibt es, als den Geist, jedes Mal wenn er abirrt oder sich nach außen richtet, zurückzuziehen, wie es in der Gita empfohlen wird? Natürlich ist es nicht leicht, das zu tun. Es wird nur durch Übung gelingen. Der Besucher sagte, dass der Geist ausschweift nach dem, was er wünscht, und nicht auf das Objekt, das ihn vorgegeben ist, konzentriert bleiben will.

Wenn diese Art der Klage auftauchte, antwortete Bhagavan manchmal, dass die Selbsterforschung dem Geist kein Objekt vorgibt, sondern ihn einfach auf ihn selbst richtet und seinen Ursprung sucht. Bei dieser Gelegenheit jedoch antwortete er vom Standpunkt des Wunsches oder des Glücklichseins aus.

Jedermann sucht nur nach dem, was ihm Glücksempfinden bringt. Dein Geist beschäftigt sich mit den verschiedensten Gegenständen, weil du glaubst, dass von ihnen Glück kommen wird; finde jedoch heraus, woher alles Glück kommt, einschließlich dem, was du als von Sinnesobjekten kommend betrachtest. Du wirst herausfinden, dass alles einzig vom Selbst kommt, und dann wirst du fähig sein, im Selbst zu verweilen. (D.D., 11., sass.)

Manchmal klagten die Leute über die Schwierigkeit, Gedanken zu unterdrücken. Bhagavan brachte sie wieder zurück zur Selbsterforschung, indem er sie daran erinnerte, dass es der Denkende, oder im Falle von Zweifel, der Zweifelnde ist, den man prüfen muss. Es mag tausend Zweifel geben, aber man bezweifelt nicht die Existenz des Zweifelnden. Wer ist er?

Alle Zweifel werden nur dann verschwinden, wenn der Zweifelnde und sein Ursprung gefunden worden sind. Es hilft nichts, endlos Zweifel zu entfernen. Wenn wir einen Zweifel aufklären, wird ein anderer auftauchen, und das wird ohne Ende sein. Wenn man aber herausfindet, dass der Zweifler selbst, indem man seinen Ursprung sucht, in Wirklichkeit nicht existiert, dann werden alle Zweifel vergehen. (D.D., II., S.28)

Das Kontrollieren des Geistes bedeutet natürlich Konzentration, aber mit Konzentration meinte Bhagavan nicht das Sich-konzentrieren auf einen Gedanken, obwohl er das nicht immer abwies, sondern das Sich-konzentrieren auf das Gefühl des

Seins, das Gefühl von ›Ich‹`bin« und das Ausschließen aller Gedanken.

B: Konzentration bedeutet nicht das Denken über eine Sache. Im Gegenteil, sie schließt alle Gedanken aus, da alle Gedanken das Empfinden des eigenen wahren Wesens verhindern. Alle Bemühungen müssen darauf ausgerichtet sein, einfach den Schleier des Unwissens zu entfernen. (T., 398.)

In einer Reihe von Aufzeichnungen, die bereits erwähnt wurden, fordert Bhagavan den Fragenden nicht nur auf, den ›Ich-Gedanken« zu erforschen, sondern herauszufinden, wo er entsteht. Das verbindet die Selbsterforschung mit der Konzentration auf das Herz in der rechten Seite (im ersten Kapitel erwähnt) und zeigt sogar noch deutlicher, dass dies kein mentaler Vorgang ist. Tatsächlich entsteht eine physisch spürbare Befreiung in diesem Zentrum während der Selbsterforschung.

Den Geist ausschließlich auf das Selbst zu konzentrieren, wird zu Glücklichempfinden und Seligkeit führen. Wenn man die Gedanken nach innen wendet, sie zurückhält und sie daran hindert, nach außen abzuirren, dann wird die Loslösung (vairagya) genannt. Sie auf das Selbst zu konzentrieren, bezeichnet man als spirituelle Praxis (sadhana). Sich auf das Herz zu konzentrieren, ist das gleiche, wie sich auf das Selbst zu konzentrieren. . Herz ist ein anderer Name für Selbst. (D.D., II., S.249.)

G. V. Subbramaiah: Wird in irgendwelchen Büchern gesagt, dass man, um die höchste und endgültige Verwirklichung zu erlangen, letztendlich zum Herzen kommen muss, sogar nachdem man zum sahasrara (dem tausendblättrigen Lotus, dem Chakra ganz oben auf dem Kopf) gelangt ist, und dass das Herz auf der rechten Seite ist?

B: Nein, ich habe das in keinem Buch gefunden, aber im Malayalam Buch über Medizin stieß ich auf eine Strophe, in der das Herz auf die rechte Seite gelegt wird, und ich habe diese Buch ins Tamil, im Zustand zu den >Vierzig Versen< übersetzt. Wir wissen nichts über die anderen Zentren. Wir können nicht sicher sein, wohin wir gelangen, wenn wir uns auf sie konzentrieren und sie verwirklichen. Aber da das ›Ich« vom Herzen aus entsteht, muss es dorthin zurückgehen und dort auch zugunsten der Selbstverwirklichung aufgehen. Jedenfalls war das meine Erfahrung. (D.D., I., s.41.)*(Es gibt natürlich Licht-Ton-Sat Nam- mit 12 Chakren-Meditation. W.Schorat)*

Wisse, dass das reine und unveränderliche Selbstbewusstsein im Herzen das Wissen ist, das durch die Zerstörung des Egos Befreiung schenkt Der Körper ist träge wie ein Tontopf Da er kein Ich Bewusstsein hat, und weil wir im Tiefschlaf, wenn wir körperlos sind, unser natürliches Wesen erfahren, kann der Körper nicht das Ich sein Wer verursacht dann das Ich Sein? Wo ist er? In der Herzkammer derer, die so fragen und die wissen und im Selbst verweilen, erstrahlt Lord Arunachala Shiva als Er selbst, als das Das bin ich Bewusstsein (F V S 9 10)

F: Bhagavan sagte, dass das Herz das Zentrum des Selbst ist

B: Ja es ist das eine und höchste Zentrum des Selbst. Das brauchst du nicht zu bezweifeln. Das wahre Selbst ist dort, im Herzen hinter dem Ego-Selbst.

F: Kann mir Bhagavan bitte sagen, wo das im Körper ist?

B: Du kannst es nicht mit deinem Geist kennen oder in deiner Vorstellung ausmalen, obwohl ich dir sage, dass es dort ist (er zeigt auf die rechte Seite der Brust). Die einzig unmittelbare Art, es zu verwirklichen, ist, aufzuhören mit der Vorstellung und zu versuchen, du selbst zu sein. Es ist das Zentrum, von dem in den Schriften als der Kammer des Herzens gesprochen wird.

F: Kann ich sicher sein, dass unsere Vorvater mit der Bezeichnung ›Herz‹ dieses Zentrum meinten?

B: Ja, du kannst, aber wichtiger ist, die Erfahrung zu haben als ihren Ort festzulegen. Der Mensch muss nicht anfangen herauszufinden, wo seine Augen sind, um zu sehen. Das Herz ist da, immer offen für dich, wenn du in es eintreten willst; es unterstützt immer deine Bewegungen, obgleich du dir dessen vielleicht nicht bewusst bist. Vielleicht ist es klarer zu sagen, dass das Selbst das Herz ist. Wirklich, das Herz ist das Zentrum und ist sich überall seiner selbst als das Herz oder das Selbstbewusstsein bewusst.

F: Wenn Bhagavan sagt, dass das Herz das höchste Zentrum des Geistes (Spirit) oder Selbst ist, bedeutet das, dass es nicht eines der sechs yogischen Zentren (Chakras)ist?

B: Die yogischen Zentren, die von unten nach oben gezählt werden, sind eine Reihe von Zentren im Nervensystem. Sie stellen verschiedene Stufen dar, ,wobei jede Stufe ihre eigene Kraft oder ihr Wissen hat, und sie führen zum Sahasrara, dem tausendblättrigen Lotus im Gehirn, wo die Höchste Shakti (Kraft) sitzt. Aber das Selbst, das die ganze Bewegung der Shakti unterhält, ist nicht dort [im Sahasrara), sondern unterstützt sie vom Herzzentrum aus.

F: Dann ist das von der Manifestation der Shakti verschieden?

B: Wirklich, es gibt keine Manifestation der Shakti ,außerhalb des Selbst. Das Selbst wurde all diese Shaktis. Wenn der, Yogi den höchsten Zustand spirituellen Bewusstseins (samadhi) erlangt, dann ist es das Selbst im Herzen, das ihn in diesem Zustand unterstützt, gleich ob er sich dessen gewahr ist oder nicht. Wenn aber sein Bewusstsein im Herzen zentriert ist, dann realisiert er, dass, in welchen Zentren oder Zuständen er auch sein mag, er immer die gleiche Wahrheit ist, das gleiche Herz, das eine Selbst, der Geist (Spirit), der durch alles gegenwärtig ist, ewig und unveränderlich. Das Tantra Shastra nennt das Herz das Surya Mandala oder den Sonnenball und das sahasrara das Chandra Mandala oder den Mondball. Das zeigt die relative Bedeutung der beiden. (S.D.B., XVII.)

Geradeso wie diese Konzentration auf das Herz einen Kontaktpunkt mit dem Yoga herstellt, so wies Bhagavan manchmal auf die Verwandtschaft mit Bhakti, den Pfad der Hingabe, hin und sagte, »dass die beiden Wege zum gleichen Ziel führen. Völlige Hingabe bedeutet vollständige Übergabe des Egos an Gott oder den Guru, als getrennt von einem Selbst; während die Selbsterforschung zur Auflösung des Egos führt. Mehr über Bhakti marga wird im nächsten Kapitel gesagt werden, aber die folgende Erklärung zeigt, wie die beiden Pfade zusammenlaufen.

F: Wenn das ›Ich‹ eine Illusion ist, wer wirft die Illusion ab?

B: Das ›Ich‹ wirft die Illusion des ›Ich‹ ab und bleibt dennoch das ›Ich‹. Das ist das Paradoxon der Selbstverwirklichung. Die Verwirklichten sehen kein Paradoxon darin. Denke an den Fall des Anbeters. Er nähert sich Gott und betet, in Ihm absorbiert zu sein. Dann übergibt er sich im Glauben und durch Konzentration. Und was bleibt danach übrig? Anstelle des ursprünglichen ›Ichs‹ hinterlässt das Aufgehen in Gott ein Bewusstsein, in dem sich das ›Ich= verliert. Das ist die höchste Form der Hingabe und der Gipfel des Sich-Loslösens.

Du magst dies und jenes des ›Mir‹-Gehörens aufgeben, wenn du aber statt dessen ›Ich‹ und ›Mein‹ aufgibst, dann ist alles auf einmal aufgegeben, und selbst der Same des Besitztums ist zerstört. So wird das Übel im Keim erstickt oder im Samen vernichtet. Aber die Loslösung Muss sehr stark sein, um das zu tun. Das Verlangen, es zu tun, muss dem Verlangen eines Menschen, der unter Wasser gehalten wird und an die Oberfläche kommen will, um zu atmen, gleich sein.

Wenn ablenkende Gedanken auf der einen Seite eine Gefahr sind, dann ist Schlaf es auf der anderen. Tatsächlich kann es sein, dass Leute, die einen spirituellen Pfad beginnen, sich von einer überwältigenden Welle der Schläfrigkeit befallen finden, wann immer sie anfangen zu meditieren. Und wenn sie aufhören zu meditieren, vergeht das, und sie sind gar nicht mehr schläfrig. Das ist einfach eine Widerstandsform des Egos, und sie Muss gebrochen werden.

Herr Bhargava sagte auch etwas über Schlaf, und das veranlasste Bhagavan, über Schlaf zu sprechen:

Es ist notwendig, immer im Selbst gefestigt zu bleiben. Die Hindernisse dafür sind Ablenkungen durch weltliche Dinge (einschließlich der Sinnesobjekte, Wünsche und Neigungen) auf der einen Seite und Schlaf auf der anderen. Schlaf wird in den Büchern immer als das erste Hindernis zum samadhi erwähnt; und verschiedene Methoden wurden verschrieben, um ihn der Entwicklungsstufe der jeweiligen Person entsprechend zu überkommen. Zuerst wird man angewiesen, alle weltlichen Ablenkungen aufzugeben und den Schlaf einzuschränken. Aber dann wird zum Beispiel in der Gita gesagt, dass es nicht nötig ist, den Schlaf völlig aufzugeben. Man sollte überhaupt nicht während des Tages schlafen, und sogar während der Nacht den Schlaf auf den mittleren Teil, von etwa 10 - 2 Uhr, einschränken. Eine andere Methode jedoch, die empfohlen wird, ist, sich um den Schlaf überhaupt nicht zu sorgen. Wann immer er dich überkommt, kannst du nichts dagegen tun, also bleibe einfach jeden Augenblick deines Wachzustandes im Selbst oder der Meditation gefestigt und nimmt die Meditation im gleichen Moment, in dem du aufwachst, wieder auf, das wird ausreichen. Dann wird selbst während des Schlafes der gleiche Strom von Gedanken oder der Meditation weiterarbeiten. Das ist offensichtlich, denn wenn ein Mensch mit einem starken Gedanken im Geist einschläft, dann findet er den gleichen Gedanken vor, wenn er aufwacht. Von dem, der das mit der Meditation tut, wird gesagt, dass sogar sein Schlaf samadhi ist. (D.D., I., S. 73.)

Es ist wichtig, sich daran zu erinnern, weil der Maharshi oft über den Schlaf als ein Beispiel des egolosen Zustandes sprach. Wie der obenerwähnte Abschnitt zeigt, meinte er nicht, dass der physische Schlaf ermutigt werden sollte. Das ist nur ein dunkles, unbewusstes Gegenstück zum wahren egolosen Zustand, der reines Bewusstsein ist.

Eine andere Quelle von Fragen unter jenen, die mit der Meditation weitermachten, war, dass sie manchmal gegen eine Leere oder ein Gefühl der Furcht stießen ; aber es wurde ihnen gesagt, weiterzumachen - sich fest an das zu halten, was die Leere oder die Furcht erfährt. Die gleiche Antwort wurde auch jenen gegeben, die einen Zustand der Wonne erfuhren. Es kann weder Furcht noch Freude geben, weder Vision noch Leere, ohne jemanden, der diese Zustände erfährt.

F: Wenn ich den gedankenfreien Zustand in meiner sadhana erreiche, dann genieße ich eine gewisse Freude, aber manchmal auch eine vage Furcht, die ich nicht recht beschreiben kann.

B: Was immer du erfährst, du solltest niemals zufrieden damit sein. Gleich ob du Freude oder Furcht fühlst, frage dich, wer sie fühlt, und fahre fort in deinem Bemühen, bis Freude und Furcht beide überstiegen sind und alle Dualität verschwindet und nur die Wirklichkeit alleine bleibt. Nichts ist falsch im Erfahren solcher Dinge, aber du darfst niemals dort aufhören. Zum Beispiel darfst du niemals mit der Freude von laya, die erfahren wird, wenn das Denken unterdrückt wird, zufrieden sein, sondern musst weiterdrängen, bis alle Dualität vergeht. (D.D., I., S.7.)

Am Nachmittag wurden die folgende Fragen von Herrn Bhargava, einem älteren Besucher aus Ihansi in U.P.*, gestellt: *) U.P. = Uttar Pradesh (indischer Bundesstaat). `

1. Wie soll ich nach dem ›Ich‹ suchen, vom Anfangspunkt bis zum Ende?

2. Wenn ich meditiere, komme ich zu einer Stufe, wo Vakuum oder Leere ist. Wie soll ich von dort weitermachen?

B: Mache dir nichts daraus, ob es Visionen oder Töne oder sonst etwas gibt oder ob da eine Leere ist. Du bist während all dieser Geschehnisse anwesend, oder nicht? Du musst während der Leere dagewesen sein, um sagen zu können, dass du eine Leere erfahren hast. In diesem ›Du« gefestigt zu sein, ist die Aufgabe von Anfang bis Ende. In allen Büchern über Vedanta wirst du diese Frage einer Leere oder des Nichts-mehr-übrig-sein vom Schüler gestellt und vom Guru beantwortet finden. Der Geist sieht Gegenstände und hat Erfahrungen und findet eine Leere, wenn er aufhört zu sehen und zu erfahren, aber das bist nicht ›Du‹. Du bist das immerwährende Licht, das beides, Erfahrung und Leere, erhellt. Es ist wie das Theaterlicht, das es dir ermöglicht, das Theater, die Darsteller und das Stück zu sehen, solange das Stück läuft - das aber auch angeschaltet bleibt und es dir ermöglicht zu sagen, dass es kein Stück gibt, wenn alles zu Ende ist. Es gibt noch eine andere Darstellung. Wir sehen rings um uns Gegenstände, aber in völliger Dunkelheit sehen wir sie nicht, und wir sagen: Ich sehe nichts. In gleicher Weise bist du auch in der Leere, die du erwähnt hast, existent. . Du bist der Zeuge von den drei Körpern - dem grobstofflichen, dem feinstofflichen und dem kausalen. Und du bist der Zeuge von den drei Zeiten: Vergangenheit, Gegenwart und Zukunft und auch von dieser Leere. In der Geschichte vorn zehnten Mann, als jeder gezählt hatte und dachte, dass sie nur neun waren, weil jeder vergessen hatte, sich selbst zu zählen, gibt es einen Punkt, an dem sie glauben, dass einer fehlt, und sie wissen nicht, wer es ist ; das korrespondiert zur Leere. Wir sind so sehr mit der Vorstellung vertraut, dass alles, was wir um uns sehen, beständig ist und dass wir dieser Körper sind, dass wenn all das aufhört zu existieren, wir uns Vorstellen und fürchten, dass auch wir nicht mehr sind. Bhagavan zitierte auch die Verse 212 und 213 vom Vivekachudamani, in denen der Schüler sagt: Nachdem ich die fünf Hüllen des Nicht-Selbst abgelegt habe, finde ich, dass überhaupt nichts übrig bleibt; und der Guru antwortet, dass das Selbst oder Das, durch das alle Modifikationen, einschließlich des Ego, all seinen Geschöpfen und ihrer Abwesenheit (das ist die Leere), erfahren werden, immer da ist. Bhagavan fuhr fort und sagte: Die Natur des Selbst oder ›Ich‹ Muss Erleuchtung sein. Du erfährst alle Modifikationen und ihre Abwesenheit. Wie? Zu sagen, dass du die Erleuchtung von jemand anderem bekommst, würde die Frage aufbringen, wie er sie bekam, und die Kette der Beweisführung wäre ohne Ende. So bist du also selbst die Erleuchtung. Die übliche Darstellung davon ist folgende: Du bereitest alle möglichen Sorten von Süßigkeiten mit verschiedenen Zutaten und in verschiedenen Formen zu, und alle schmecken süß, weil in allen Zucker und Süße die Natur von Zucker ist. In der gleichen Weise enthalten alle Erfahrungen und ihre Abwesenheit die Erleuchtung, die die Natur des Selbst ist. Ohne das Selbst können sie nicht erfahren werden, genauso wie ohne Zucker nichts von den Dingen, die du bereitest, süß schmecken kann. (Später fuhr er fort): Zuerst sieht man das Selbst als Gegenstände, dann sieht man das Selbst als Leere, dann sieht man das Selbst als das Selbst, nur im letzten Fall ist es nicht Sehen, weil Sehen Sein ist.

Bevor wir dieses Kapitel abschließen, ist es vielleicht gut, einige etwas speziellere Regeln zu geben oder vielmehr anzudeuten, dass es sie gibt, aber dass sie nicht wesentlich sind. Es ist üblich, das was ›Meditation‹ genannt wird, zu regelmäßigen Zeiten zu praktizieren, am Morgen und am Abend, während man mit geradem Rücken und geschlossenen Augen sitzt. Ich sage ›was Meditation genannt wird‹, weil dieser Begriff üblicherweise für Selbsterforschung und Konzentration auf das ›Ich‹ oder das Herz, wie es in diesem Kapitel beschrieben ist, benutzt wird. Das ist natürlich weit entfernt von der mentalen Reflexion, die allgemein unter diesem Begriff läuft. In Indien ist es üblich, mit gekreuzten Beinen auf dem Boden zu sitzen. Jedoch sind alle diese Regeln der Technik in der Selbsterforschung weniger wichtig als in anderen weniger direkten Methoden. Das wird ganz offensichtlich an der Tatsache, dass die Selbsterforschung langsam von festgelegten Meditationsstunden ausgedehnt werden muss, bis sie die Unterströmung aller Gedanken und Handlungen wird.

Herr Evans-Wentz stellte einige Fragen. Sie bezogen sich auf Yoga. Er wollte wissen, ob es richtig sei, Tiere, wie zum Beispiel Tiger, Hirsche usw. zu töten und ihr Fell als Sitzfläche für die Yogahaltung (asana) zu benutzen.

B: Der Geist ist der Tiger oder der Hirsch.

F: Wenn alles Illusion ist, kann man dann töten?

B: Wer hat diese Illusion? Das musst du herausfinden. Tatsächlich tötet jeder in jedem Augenblick seines Lebens das Selbst (atmahan).

F: Welche Haltung ist die beste?

B: Jede Haltung, wenn möglich sukhasana (die leichte oder halb-Buddha-Haltung). Aber das ist für jnana (den Weg des Wissens) unwesentlich.

F: Zeigt die Haltung das Temperament an?

B: Ja.

F: Was sind die Eigenschaften und Auswirkungen eines Tiger- oder Hirschfelles, wenn als Sitzfläche verwendet?

B: Einige Leute haben es herausgefunden und es in Büchern über Yoga beschrieben. Es hat mit dem Leiten und Nichtleiten von Magnetismus usw. zu tun. Aber all das ist für das Pfad des Wissens (jnana marga) ohne Bedeutung. Haltung bedeutet in Wirklichkeit Festigkeit im Selbst, und sie ist im Inneren.

F: Was ist die bestgeeignete Zeit für die Meditation?

B: Was ist Zeit?

F: Sage mir, was sie ist.

B: Zeit ist nur eine Idee. Es gibt nur Wirklichkeit. Was immer du denkst, dass sie ist, das scheint sie zu sein. Wenn du sie Zeit nennst, dann ist sie Zeit. Wenn du sie Dasein nennst, dann ist sie Dasein und so weiter. Wenn du sie Zeit genannt hast, dann teilst du sie in Tage und Nächte, Monate, Jahre, Stunden, Minuten usw. auf. Zeit ist für den Pfad des Wissens unwesentlich. Aber einige dieser Disziplinen sind für Anfänger gut.

F: Empfiehlt Bhagavan irgendeine besondere Haltung für Europäer?

B: Das hängt von dem mentalen Zustand des einzelnen ab. Es gibt keine harten und festgesetzten Regeln.

F: Soll man mit offenen oder- geschlossenen Augen meditieren?

B: Es kann auf beide Weise getan werden. Wichtig ist, dass der Geist nach innen gerichtet ist und aktiv in seiner Suche gehalten wird. Manchmal geschieht es, dass, wenn die Augen geschlossen sind, latente Gedanken mit starkem Druck hervorbre-

chen; auf der anderen Seite jedoch mag es schwierig sein, den Geist nach innen zu
richten, wenn die Augen offen sind. Es erfordert Stärke des Geistes. Von Natur aus
ist der Geist rein, aber durch das Aufnehmen von Objekten ist er verunreinigt. Das
wirklich Wichtige ist, ihn aktiv in seiner Suche zu halten ohne äußere Eindrücke
oder das Denken über andere Dinge aufzunehmen. (T., 17.)
Obwohl der Maharshi, wie es im nächsten Kapitel gezeigt werden wird, verschiedene Methoden anerkannte und gut hieß, wenn sie den Ausübenden zusagten, war er
dennoch darauf bedacht, dass sie nicht mit der unmittelbaren Methode der Selbsterforschung durcheinander gebracht werden sollten. Es gibt zum Beispiel indirekte
Wege, die emsig die verschiedenen Tugenden kultivieren; als er aber darüber gefragt
wurde, antwortete er einfach, dass auf dem direkten Weg der Selbsterforschung
keine solche Technik nötig ist.
F: In einigen Büchern wird gesagt, dass man alle guten oder göttlichen Eigenschaften pflegen sollte, um sich für die Selbstverwirklichung vorzubereiten.
B: Alle guten oder göttlichen Eigenschaften sind im spirituellen Wissen beinhaltet,
und alle schlechten oder dämonischen Eigenschaften sind im Unwissen beinhaltet.
Wenn Wissen einzieht, verschwindet die Ignoranz und all die göttlichen Eigenschaften erscheinen von selbst. Wenn ein Mensch die Selbstverwirklichung erlangt hat,
kann er nicht lügen oder sündigen er oder irgendetwas Falsches tun. Zweifellos
wird in einigen Büchern gesagt, dass man eine Tugend nach der anderen kultivieren
und sich so für die höchste Verwirklichung vorbereiten soll; aber für jene, die dem
inana marga (Weg des Wissens) folgen, ist die Selbsterforschung völlig ausreichend
um all die göttlichen Eigenschaften zu erlangen; sie brauchen nichts anderes zu tun.
(D.D., I., S. 64.)
Im Allgemeinen hieß er den Gebrauch von Anrufungen Gottes gut für die, die sie
hilfreich fanden; aber er bestand darauf, dass die Selbsterforschung nicht eine Anrufung werden sollte.
F: Sage mir bitte, wie ich das Selbst verwirklichen soll. Soll ich aus ›Wer bin ich«
eine Anrufung Gottes machen?
B: Nein. Es ist nicht bestimmt, als Anrufung Gottes benutzt zu werden. (T., 486.)
Die Methode jedoch, die am besten geeignet ist, mit der Selbsterforschung durch-
einander gebracht zu werden, ist die Meditation ›Ich bin Er« und deshalb warnte er
wiederholt vor dieser Verwirrung.
Die Selbsterforschung ist eine andere Methode als die der Meditation ›Ich bin
Shiva« oder ›Ich bin Er‹. Ich lege viel mehr Nachdruck auf Selbstkennen, weil
du zuerst mit dir selbst zu tun hast, bevor du weitergehst, um die Welt und ihren
Herrn zu kennen. Die ›Ich bin Er‹ oder ›Ich bin Brahman‹ Meditation ist mehr
oder weniger mental, aber die Suche nach dem Selbst, von der ich spreche, ist eine
unmittelbare Methode und der anderen überlegen. Denn sowie du die Suche unter-
nimmst und' anfängst tiefer zu gehen, wartet das wirkliche Selbst dort, um dich zu

empfangen, und dann wird, was auch immer getan wird, von etwas anderem getan, und du hast keinen Einfluss darauf. In diesem Vorgang werden alle Zweifel von selbst aufgegeben, genau wie einer, der schläft, all seine Sorgen während dieser Zeit vergisst. (s.D.B.,vi1.)

Obwohl die Schriften erklären, ›Du bist Das‹, ist es nur ein Zeichen der Schwäche zu meditieren ›ich bin Das und nicht dies«, weil du ewig Das bist. Was zu tun ist, ist herauszufinden, was man wirklich ist, und Das zu bleiben. (1=.v. ssz.)

Nur wenn der Gedanke ›Ich bin ein Körper« auftaucht, wird die Meditation ›Ich bin nicht dies, ich bin Das« einem helfen, als das zu verweilen. Warum sollte man immer und ewig denken ›Ich bin Das‹? Ist es für einen Menschen nötig, immerfort zu denken ›Ich bin ein Mensch‹? Sind wir nicht immer Das? (F.V., S.36.)

Ein Mann aus dem Punjab stellte sich dem Maharshi vor als von Sri Sankaracharya von Kamakoti Peeta aus Ialesvar in der Nähe von Purilaganath gesandt. Er war ein Weltreisender und hatte Hatha-Yoga und Kontemplationen über ›Ich bin Brahman« praktiziert. Nach kurzer Zeit gewann die Leere überhand, sein Gehirn erhitzt sich, und er fürchtet sich vor dem Tod. Er fragte um Maharshis Führung.

B: Wer sieht die Leere?

F: Ich weiß, dass ich sie sehe.

B: Das Bewusstsein, das die Leere überblickt, ist das Selbst.

F: Das befriedigt mich nicht. Ich kann es nicht verwirklichen.

B; Die Furcht vor dem Tod entsteht nur, nachdem der >ich Gedanke<AUFTAUCHTE: Wessen Tod fürchtest du? Zu wem kommt die Furcht? Solange es die Identifikation des Selbst mit dem Körper gibt, wird es Furcht geben.

F: Aber ich bin mir meines Körpers nicht bewusst.

B: Wer sagt, dass er nicht bewusst ist?

F: Ich verstehe nicht.

Dann wurde er nach der genauen Methode seiner Meditation gefragt. Er sagte: Aham Brahmasmi (ich bin Brahman). ,

B: ›Ich bin Brahman« ist nur ein Gedanke. Wer sagt es? Brahman selbst sagt es nicht. Warum sollte er es sagen? Noch kann das wahre ›Ich< es sagen. ›Ich< verweilt immer als Brahman. So ist es nur ein Gedanke. Wessen Gedanke ist es? Alle Gedanken kommen vom unwirklichen ›Ich<, das ist der ›Ich-Gedanke« Bleibe ohne Denken. Solange es Denken gibt, solange/ gibt ES Furcht:

F: Wenn ich auf dieser Linie weiterdenke, dann folgt Vergessen. Das Gehirn erhitzt sich, und ich bekomme Angst. ,,

B: Ja, der Geist ist im Gehirn konzentriert, und daher taucht dort eine heiße Empfindung auf. Das ist wegen des Ich-Gedankens. Solange es Denken gibt, solange wird es vergessen geben. Da ist der Gedanke ›Ich bin Brahman, dann kommt Vergessen, dann taucht der ›Ich-Gedanke« auf und gleichzeitig auch die Furcht vor dem Tod. Vergessen und Denken existieren nur für den ›Ich-Gedanken« Erforsche das, und es

wird wie ein Phantom verschwinden. Was dann übrigbleibt, ist das wirkliche ›Ich‹
Das ist das Selbst. Der Gedanke ›Ich bin Brahman« mag insofern eine Hilfe bei der
Konzentration sein, als er andere Gedanken fernhält und alleine bestehen bleibt.
Aber dann musst du fragen, wessen Gedanke es ist. Du wirst herausfinden, dass er
vom ›Ich« kommt. Von wo aber kommt der ›Ich-Gedanke‹? Tauche in ihn hinein,
und er wird verschwinden. Das höchste Selbst wird aus sich selbst erstrahlen. Keine
weitere Bemühung ist nötig. Wenn nur das eine wahre ›Ich‹ bleibt, wird es nicht zu
sagen brauchen, ›Ich bin Brahman« Sagt ein Mensch andauernd ›Ich ein Mensch«?
Warum sollte er sich als Mensch erklären, solange er nicht dazu herausgefordert
wird? Hält sich irgendjemand für ein Tier, dass er sagen müsste, ›Nein, ich bin kein
Tier, ich bin ein Mensch«? Ähnlicherweise, weil Brahman oder das ›Ich‹ alleine ist,
gibt es keinen, der es herausfordert, und deshalb ist es nicht nötig zu wiederholen
›Ich bin Brahman«.

Durch dieses ganze Kapitel hindurch wurde über die Selbsterforschung hauptsächlich als spirituelle Übung oder Meditation gesprochen, die zu bestimmten, festgelegten Zeiten durchgeführt wird. Tatsächlich fängt es so an, und, solange die Bemühung notwendig ist, bleiben solche Zeiten intensiver Meditation hilfreich, aber das
ist nicht genug. Das Selbstbewusstsein, das man während solch einer Meditation zu
erfahren beginnt, muss auch zu anderen Zeiten kultiviert werden und fängt wirklich
an, spontan zu erwachen und eine Unterströmung in den Aktivitäten zu schaffen.
Das Ziel ist, das mehr und mehr kontinuierlich zu machen. Man wird sehen, dass
das Bhagavans ausdrückliche Anweisung erklärt, wie im dritten Kapitel angeführt,
seine spirituelle Suche in der Welt zu vollziehen und sich nicht in eine Einsiedelei
zurückzuziehen.

P: Ist eine festgesetzte Meditation nötig, um den Geist zu stärken?

B: Nicht wenn du immer die Idee vor dir behältst dass es nicht deine Arbeit ist. Zu
Anfang bedarf es der Bemühung, aber später wird es natürlich und kontinuierlich.
Die Arbeit wird von selbst weitergehen, und dein Friede wird ungestört bleiben.
Meditation ist deine wahre Natur. Im Augenblick nennst du es Meditation, weil andere Gedanken dich ablenken. Wenn diese Gedanken vertrieben sind, bleibst einzig
du - das heißt, du bleibst im Zustand der Meditation, frei von Gedanken, ,und das
ist deine wirkliche Natur, die du jetzt durch das Fernhalten anderer Gedanken zu
verwirklichen suchst. Solch ein Fernhalten anderer Gedanken wird jetzt Meditation
genannt. Wenn aber die Praxis gefestigt ist, dann zeigt sich die wirkliche Natur als
wahre Meditation. (M.G., I., S.19.)

Aus Gründen, die im vorhergehenden Kapitel angegeben wurden, hält ein Guru
oftmals die Technik der spirituellen Praxis als Geheimnis zurück, um es nur denen
zu offenbaren, die er für bereit hält; und er weiht sie selbst in sie ein. Bei der Selbsterforschung jedoch wie sie von Bhagavan gelehrt wurde, ist keine solche Vorsorge
nötig. Es ist das Verstehen der Person selbst, das ihr diese Methode eröffnet, oder

ihr Mangel an Verständnis, das sie ihr verschließt.

F: Kann ich darin bestätigt werden, dass es nichts weiteres, soweit es die Technik spiritueller Praxis betrifft, zu lernen gibt, als was in Bhagavans Büchern geschrieben steht? Ich frage das, weil der Guru in allen anderen Systemen eine geheime Technik zurückhält, um sie seinem Schüler zur Zeit der Einweihung zu offenbaren.

B: Es gibt nichts mehr zu wissen, als was du in den Büchern vorfindest. Keine geheime Technik. Alles ist ein offenes Geheimnis in diesem System

DAS ZIEL

F: Was ist der Zweck der Selbstverwirklichung?

B: Selbstverwirklichung ist das endgültige Ziel und ist auch der Zweck.

F: Ich meine, wofür nützt sie?

B: Warum fragst du nach Selbstverwirklichung?

Warum bist du nicht mit deinem gegenwärtigen Zustand zufrieden? Es ist offensichtlich, dass du unzufrieden bist, und deine Unzufriedenheit wird zu Ende sein, wenn du dich selbst verwirklichst. (T., 487.)

Die oben erwähnte Frage wurde selten gestellt, weil die, welche zum Maharshi kamen, gewöhnlich zumindest verstanden, dass der Zustand der spirituellen Unwissenheit (oder wie das Christentum es nennt ›des gefallenen Menschen‹) unerfreulich und dass die Selbstverwirklichung das höchste Ziel ist. Im folgenden Dialog wird mit mehr Verständnis nach dem Zweck gefragt, und deshalb durchleuchtet die Antwort die Problematik auch tiefer.

P: Was ist das Ziel dieses Prozesses?

B: Das Wirkliche zu verwirklichen.

F: Was ist die Natur der Wirklichkeit?

B: a) Dasein ohne Anfang und Ende - ewig

b) Dasein überall, endlos - unendlich

c) Dasein, das allen Formen, allen Veränderungen, allen Kräften, aller Materie und allem Geist (Sprit) zugrunde liegt. Die Vielfalt verändert sich und vergeht, wohingegen das Eine immer bleibt.

d) Das Eine ersetzt die Dreiheiten des Wissenden, des Wissens und des Gewussten. Die Dreiheiten sind nur Erscheinungsformen in Zeit und Raum, wohingegen die Wirklichkeit über und hinter ihnen liegt. Sie sind gleich einer Luftspiegelung über der Wirklichkeit. Sie sind das Resultat von Täuschung.

F: Wenn ›Ich‹ auch eine Illusion bin, wer wirft dann die Illusion ab?

B: Das ›Ich‹ wirft die Illusion des ›Ich‹ ab und bleibt dennoch das ›Ich‹. Das ist das Paradoxon der Selbstverwirklichung. Die Verwirklichten sehen keinen Widerspruch darin. (T., 28.)

Es ist erstaunlich, wie viele Philosophen und Theologen nicht verstanden haben, was die Selbstverwirklichung beinhaltet, und sie haben sie falsch dargestellt und sogar angegriffen oder belächelt. Alles, was sie bedeutet, ist, so wie Bhagavan es in dem vorhergehenden Abschnitt erklärte, die Wirklichkeit zu verwirklichen, zu verwirklichen, was ist. Und die Wirklichkeit bleibt die gleiche, ewig und unveränderlich, gleich ob man sie erkennt oder nicht. Man kann natürlich den Ärger und die Frustration der Philosophen verstehen, die alle mit dem Geist verstehen möchten, wenn ihnen gesagt wird , dass die Wirklichkeit über und hinter der Dreiheit von Wissendem, Wissen und Gewusstem liegt, die gleich einer Luftspiegelung über der Wirklichkeit ist, denn die Luftspiegelung kann offensichtlich nicht zu dem vordringen, was ihr zugrunde liegt. Deswegen kann man ihnen keine einfache Antwort geben. Und wirklich, Bhagavan hat im allgemeinen Fragen über die Bedeutung und Natur der Verwirklichung nicht gebilligt, denn sein Ziel war, dem Fragenden zu helfen und nicht mentale Neugier zu befriedigen. Gewöhnlicherweise erinnerte er die Leute daran, dass es der Bemühung bedarf, um die Selbsterkenntnis zu erlangen, und wenn das erreicht ist, dann werden die Fragen nicht auftauchen.

(Ich füge hier einen Text ein der aus dem Buddha Texten ist über das Thema Boddhisattvas und es um die Philosophen geht: W. Schorat) **Zitat Anfang**: Und so von den Fesseln der Gewohnheitsenergie befreit, fähig zu werden die Realität des edlen Wissens, welche in euch selbst verwirklichbar ist, zu erlangen. Dies kommt daher das die unwissenden an Namen, Merkmalen und Ideen hängen. Da sich der Geist diesen Wegen entlang bewegt, nährt er sich von einer Menge von Begriffen Objekten und verfällt dem Begriff einer Ich Seele und was dazugehört, sie machen Unterscheidungen von Gut und Böse unter den Erscheinungen und halten sich an das angenehme •

Ichsubstanz.

Sie erkennen nicht dass die Dinge nichts zu tuen haben mit Benennungen und Eigenschaften, noch auch mit dem Lauf von Geburt, verweilen und Zerstörung, dagegen behaupten sie von einem Schöpfer, von Zeit, Atomen, und einem himmlischen Geist erzeugt worden zu sein. Der Irrtum der in diesen falschen Lehren, die gewöhnlich von Philosophen vorgebracht werden, liegt darin, sie erkennen nicht, dass die objektive Welt aus dem Geiste selbst entspringt, sie verstehen nicht, dass das ganze Geistsystem ebenfalls aus dem Geiste entsteht, aber diese Manifestationen des Geistes als real annehmen, untersuchen sie dieselben wie einfältige Leute, die sie sind, und hängen am Dualismus von diesem und jenem, von Sein und Nichtsein, indem sie nicht erkennen das es nur eine Allgemeinessenz gibt. Ihre Ansichten beruhen auf falschen Unterscheidungen, und nicht auf der richtigen Auffassung. Solange eine Welt von Beziehungen angenommen wird, so gibt es eine fortlaufende Kausalkette, die aus keinem Grunde verneint werden kann, daher können wir nicht von etwas sprechen, das zu Ende geht oder aufhört. Solange diese Gelehrten auf ihrem philosophischen Boden bleiben, müssen sich ihre Schlüsse auf Logik und auf ihren Textbüchern gründen und die Erinnerungsgewohnheit irrtümlicher Intellektualisierung wird ihnen immer anhaften. Um die Sache noch zu verschlimmern, werden die Unwissenden, vergiftet durch diese falsche Ansicht, noch diesen von den Nicht-wissenden gelehrten, fehlerhaften Weg des Denkens als den gleichen bezeichnen, wie den vom Allerkennenden gezeigten.

Aber der Weg der Belehrung, wie er von den Tathagatas gezeigt wird, ist nicht auf Behauptungen und Widerlegungen mit Worten und Logik aufgebaut. **ENDE ZITAT**
Einige Leute, die hierher kommen, fragen mich nicht über sich selbst, sondern über den Jivanmutka, den, der befreit ist, noch während er im Körper ist. Sieht er die Welt? Ist er dem Schicksal unterworfen? Kann man befreit werden, erst nachdem man den Körper verlassen hat oder auch während man noch lebt? Sollte der Körper eines Weisen im Licht aufgehen oder auf wundersame Weise aus dem Bereich der Sichtbarkeit verschwinden? Kann einer, der nach dem Tod eine Leiche zurücklässt, befreit werden? Ihre Fragen sind ohne Ende. Warum sorgst du dich um all diese Dinge? Besteht die Befreiung darin, die Antwort auf diese Fragen zu kennen? So sage ich ihnen:"Sorge dich nicht um Befreiung. Finde zuerst heraus, ob es so etwas wie Gebundensein gibt. Untersuche zuerst dich selbst. < (T., 578.)
Manchmal wies er darauf hin, dass sogar von der Selbstverwirklichung zu sprechen, eine Verblendung ist - ein illusorisches Entfliehen aus einem illusorischen Gefängnis.
B: In einem gewissen Sinn ist das Sprechen über Selbstverwirklichung eine Täu-schung. Nur weil die Menschen in der Täuschung leben, dass das Nichtselbst das Selbst ist, müssen sie davon durch die andere Täuschung, die Selbstverwirklichung genannt wird, entwöhnt werden, denn in Wirklichkeit ist das Selbst immer das Selbst, und es gibt nicht so etwas wie es zu verwirklichen. Wer muss was und wie verwirklichen, wenn alles, was existiert, das Selbst und nichts als das Selbst ist. (D.D., 1., s.61.)
Ein Problem, das besonders das Verständnis des Theologen verhindert, ist der Kon-trast zwischen Selbstverwirklichung und Heiligkeit und die fälschliche Annahme, dass dieser Kontrast eine Differenz zwischen verschiedenen religiösen Traditionen darstellen könnte, von denen eine nach Heiligkeit und die andere nach Verwirkli-chung strebt. Diese Annahme ist völlig unbegründet. Es hat in jeder Religion Hei-lige gegeben, im Hinduismus ebenso wie in anderen Religionen. Diese Heiligen unterscheiden sich sehr stark untereinander, sowohl ihre individuellen Charakteristi-ken betreffend, vom Leidenschaftlichen zum Ruhigen, vom Strengen zum Gütigen, vom verfeinerten Philosophen zum Naiven, wie auch von der Ebene ihrer Vervoll-kommnung. Einige besitzen übernatürliche Kräfte, andere werden in ekstatischer Wonne hinweg getragen, wieder andere opfern sich im liebenden Dienst an der Menschheit; alle haben eine Reinheit die größer ist als die gewöhnlicher Menschen. Ihr Zustand kann himmlisch genannt werden, sogar zu ihren Lebezeiten auf Erden. Und dennoch ist all das noch nicht die Selbstverwirklichung. All das bewegt sich

auf der Stufe der Dualität, wo Gott oder das Selbst das Andere ist, wo Gebet nötig und Offenbarung möglich ist. Nach strenger Auslegung sind sie so weit von der Selbstverwirklichung entfernt, wie der gewöhnliche Mensch, weil es kein gemeinsames Maß zwischen dem Absoluten und dem Bedingten gibt, dem Unendlichen und dem begrenzten. Eine Million ist dem Unendlichen nicht näher als hundert. Diese totale Kluft wird von jeher in der buddhistischen Geschichte aufgezeigt, wo ein Mann über die Erde wandert auf der Suche nach einem verlorenen Juwel, das die ganze Zeit über auf seiner Stirn ist. Wenn er zu guter Letzt darauf hingewiesen wird, haben all die Jahre des Suchens und Wanderns nichts geholfen, um ihn näher zu ihm zu bringen. Und dennoch hätte er es nicht gefunden, wenn er sich nicht auf die Suche gemacht hätte. Tatsächlich kann man den Heiligen als der Verwirklichung näher betrachten als den gewöhnlichen Menschen, geradeso wie es für einen gewöhnlichen Menschen einfacher ist als für einen Hund, die Verwirklichung zu erlangen, obwohl beide gleichermaßen in der Illusion, ein individuelles Wesen zu sein, leben. Es gibt Stufen der Vervollkommnung bei den Heiligen, geradeso wie es eine Hierarchie der Himmel gibt, und beides korrespondiert mit den Graden der Einweihung bei indirekten spirituellen Wegen. Bhagavan antwortete auf Fragen diesbezüglich, wenn er speziell darum gebeten wurde, aber Gewöhnlicherweise sprach er nicht darüber, weil es nicht sein Ziel war, seine Jünger Stufe um Stufe einer scheinbaren Wirklichkeit emporzuheben, sondern sie auf die eine ewige und universelle Wirklichkeit hinzulenken.

F: Kommen wir in den Svarga (Himmel) als Resultat unseres Handelns hier?

B: Der Himmel ist so wirklich wie dein gegenwärtiges Leben. Wenn wir aber fragen, wer wir sind, und das Selbst entdecken, wozu ist es dann nötig, über den Himmel nachzudenken? (T., 31.)

P: Ist Vaikunta (Himmel) im höchsten Selbst? ,

B: Wo ist das höchste Selbst oder der Himmel, wenn nicht in dir?

P: Aber der Himmel mag einem unwillkürlicher weise erscheinen.

B: Erscheint diese Welt auf willkürliche Weise? (T.385)

In ähnlicher Weise bestätigte er kurz die individuellen Entwicklungsgrade, verweilte aber nicht bei ihnen.

Die yogischen Zentren, von unten nach oben gezählt, sind eine Serie von Zentren im Nervensystem, wobei jedes seine ihm eigene Art von Macht oder Wissen beheimatet. (S.D.B.,Xv111.)

Als ihm jemand von einem derzeit lebenden Heiligen erzählte, von dem gesagt wurde, dass er ständig von einer Inkarnation Gottes inspiriert war und nur sprach, wenn er göttlich inspiriert war, und Bhagavan gefragt wurde, ob das wahr sei oder nicht, antwortete er: So wahr wie all das, was du um dich herum siehst.

Denn wenn man sie mit dem Selbst vergleicht, ist weder diese physische noch irgendeine höhere Welt aus sich heraus wirklich, genauso wie mit der Unendlichkeit verglichen eine große Zahl nicht mehr Bedeutung als eine kleine hat.

Ein Heiliger kann einen hohen Grad der Vervollkommnung erlangen, ohne jemals die endgültige Wirklichkeit des Einsseins zu realisieren, oder er mag nur kurze, ekstatische Eindrücke von ihr haben. Aber das macht nichts, die Macht seiner Reinheit und Aspiration wird ihn schließlich vorantreiben, entweder in diesem Leben oder im Jenseits. ›

Für einen, der das endgültige Ziel sieht und auf es zustrebt, gibt es keine Stufen, er ist entweder verwirklicht oder nicht. Darüber sprach Bhagavan freiwillig und ausführlich, denn das war der Pfad, den er gut hieß.

Es gibt keine Stufen in der Verwirklichung oder Mukti. Es gibt nicht Grade der Befreiung (D.D., II. S. 1 10.)

F: Es muss Stufen des Fortschrittes geben, bevor man das Absolute erreicht. Gibt es verschiedene Ebenen der Wirklichkeit?

B: Es gibt keine Ebenen der Wirklichkeit, es gibt nur Erfahrungsebenen für das Individuum, aber nicht Ebenen von Wirklichkeit. Wenn irgendetwas gewonnen werden kann, das nicht zuvor da war, dann kann es auch verloren werden, wohingegen das Absolute ewig ist, hier und jetzt. (T., 132.)

Obwohl es keine Stufen der Selbstverwirklichung gibt, gibt es was man eine Vorschau oder flüchtige Einblicke nennen könnte, die noch nicht gefestigt oder dauerhaft gemacht sind. Diese werden manchmal Menschen zuteil, die in diesem Leben überhaupt kein spirituelles Training hatten. So wie die Dichte des Egos des Aspiranten durch Schulung des Nichtanerkennens geringer wird, so wird er diesen flüchtigen Einblicken gegenüber aufnahmefähiger. Sogar große mystische Philosophen wie Plotinus oder Meister Eckhart waren, wie sie selbst eingestanden, von ihnen abhängig, weil sie nicht den dauerhaften Zustand der Identität, von dem aus Bhagavan lehrte, erreicht hatten.

Kann man ein hoher Beamter werden, einfach, indem man einen sieht? Man kann einer werden, wenn man darauf hin strebt und sich selbst für die Position vorbereitet. Ebenso: Kann das Ego, das in Fesseln ist wie der Geist, das göttliche Selbst werden, einfach weil es einmal den Schimmer hatte, dass es das Selbst ist? Ist das nicht ohne die Zerstörung des Geistes unmöglich? Kann ein Bettler, nur indem er einen König besucht und sich selbst für einen König erklärt, ein König werden? (S.E., S.M.)

F: Kann die Selbstverwirklichung wieder verloren gehen, nachdem sie einmal erreicht wurde?

B: Verwirklichung braucht Zeit, um sich selbst zu festigen. Das Selbst ist sicherlich innerhalb der unmittelbaren Erfahrung eines jeden, aber nicht in der Art, wie die Leute es sich vorstellen. Man kann nur sagen, es ist so, wie es ist. Genauso wie Anrufungen Gottes oder andere Kunstgriffe Feuer daran hindern können, einen Menschen zu verbrennen, wenn es das andernfalls tun würde, so können Vasanas (angeborene Neigungen, die einen dazu veranlassen, eine Sache zu wollen und eine andere zu vermeiden) das Selbst verschleiern, wenn es andernfalls augenscheinlich wäre. Den Schwankungen der Vasanas zufolge braucht die Verwirklichung Zeit, um sich zu festigen. Eine temporäre Verwirklichung ist nicht ausreichend, um die Wiedergeburt zu verhindern, und sie kann nicht andauernd werden, solange es Vasanas gibt. In der Gegenwart eines großen Meisters hören die Vasanas auf aktiv zu sein, und der Geist wird still, so dass samadhi (das Vertieftsein in der Verwirklichung) die Folge ist, ebenso wie durch verschiedene Kunstgriffe das Feuer den Menschen nicht verbrennt. So gewinnt der Schüler wahres Wissen und rechte Erfahrung in der Gegenwart eines Meisters. Wenn das aber gefestigt werden soll, dann sind weitere Bemühungen notwendig. Dann wird er es als sein wirkliches Wesen erkennen und befreit sein, noch während er lebt. (T., 141.)

Einige Lehnstuhlkritiker behaupten, dass die Suche nach Selbstverwirklichung arrogant oder vermessen sei oder nicht die Demut und Selbstauslöschung der Heiligkeit beinhalte. Wenn sie, anstatt theoretisieren die Auslöschung der Vasanas aufnehmen würden, welche die Wurzeln des Egos sind dann würde ihnen bald ein Licht aufgehen. Tatsächlich ist die Selbstverwirklichung jenseits Arroganz und Demut, jenseits aller Gegensätze, sie ist einfach, was sie ist. Sie beinhaltet nicht nur ein demutsvolles Ego, sondern seine völlige Auflösung.

Du bist sogar jetzt das Selbst, aber du verwechselst dein gegenwärtiges Bewusstsein oder Ego mit dem absoluten Bewusstsein oder Selbst. Diese falsche Identifikation rührt von der Unwissenheit her, und Unwissenheit verschwindet mit dem Ego. Das Ego zu töten, ist alles, was zu tun ist. Die Verwirklichung existiert bereits, es bedarf keines Versuches, sie zu erlangen. Denn sie ist nichts Äußerliches oder Neues, das erreicht werden muss. Sie ist immer und überall- auch hier und jetzt. (T.,174.)

F: Diese Methode scheint schneller zu wirken als die übliche der Kultivierung von Tugenden, die angeblich für die Verwirklichung notwendig sind.

B: Ja, alle Laster zentrieren sich um das Ego. Wenn das Ego nicht mehr ist, dann ergibt sich die Verwirklichung natürlicherweise. (T., 146.)

Nachdem über den Heiligen und den mystischen Philosophen gesprochen wurde, sollte auch der Okkultist erwähnt werden, das ist der, welcher der übernatürlichen Kräfte wegen, die die Verwirklichung mit sich bringen kann, nach Verwirklichung sucht. Davon riet Bhagavan immer ab. Die Verwirklichung mag Kräfte mit sich bringen, so wie das Höhere das Niedere einschließt, aber das Verlangen nach Macht wird die Verwirklichung verhindern, so wie die Suche nach dem Niederen das Höhere negiert. Wenn das Ziel ist, das Ego mit neuen Kräften auszustatten, wie kann es gleichzeitig die Liquidierung des Egos sein. So ein Mensch hat nicht verstanden, was Verwirklichung bedeutet.

F: Welche Kräfte besitzen Übermenschen?

B: Gleich, ob die Kräfte groß oder gering sind, ob sie vom Geist oder von dem, was der Übergeist (supermind) genannt wird, kommen, sie existieren nur in Beziehung zu dem, der sie besitzt. Finde heraus, wer das ist. (D.D.I., S. 60.)

B: Er, der im Selbst verweilt nicht von seiner klar ausgerichteten Aufmerksamkeit auf das Selbst oder das reine Wesen, das Er ist, abweichen. Wenn er von diesem Zustand abweicht, mögen verschiedene Arten von Visionen, die vom Geist heraufbeschworen sind, gesehen werden, aber man sollte von solchen Visionen nicht irregeführt werden - es können Licht- oder Raumvisíonen sein - noch von Nada oder den feinstofflichen Klängen, die man vielleicht hören mag, noch von den Visionen eines personifizierten Gottes, den man entweder in sich oder außerhalb sieht, als ob sie irgendeine objektive Wirklichkeit hätten. Man sollte keines dieser Dinge fälschlicherweise für die Wirklichkeit halten. Wenn das Prinzip des Intellekts, von dem diese Visionen erkannt oder wahrgenommen werden, selbst falsch oder illusorisch ist, wie können dann die Gegenstände, die so erkannt werden, und noch weniger die Visionen, die so wahrgenommen werden, wirklich sein? (S.I., S.2O.)

Es gibt ein paar Dummköpfe, die, nicht erkennend, dass sie selbst von der göttlichen Kraft bewegt Werden, versuchen, alle nur denkbaren übernatürlichen Kräfte zu erlangen. Sie sind dem Lahmen gleich, der sagte: Ich kann den Feind erledigen, wenn mich nur jemand auf den Beinen hält.

Weil der Frieden des Geistes in der Befreiung andauernd ist, wie können jene, die ihren Geist an Kräfte binden, die nur durch die Aktivität des Geistes erreichbar sind, in die Wonne der Befreiung eintauchen, welche das permanente Treiben des Geistes bezwingt. (F.V.,s.1s-164

F: Kann ein Yogi seine früheren Leben kennen?

B: Kennst du das gegenwärtige Leben, dass du das vorherige kennen möchtest? Finde das gegenwärtige, und der Rest wird folgen. Sogar mit deinem gegenwärtigen bcgrenzten Wissen leidest du viel. Warum solltest du dich mit mehr Wissen belasten? Ist es, um mehr zu leiden?

F: Benutzt Bhagavan okkulte Kräfte, um andere das Selbst verwirklichen zu lassen, oder ist die einfache Tatsache von Bhagavans Verwirklichungen genug dafür?

B: Die spirituelle Kraft der Verwirklichung ist viel mächtiger als der Gebrauch aller okkulten Kräfte. In dem Maße, in dem kein Ego für den Weisen existiert, gibt es auch keine ›anderen‹ für ihn. Was ist die größte Wohltat, die dir erwiesen werden kann? Ist es Glücklichsein und Glücklichsein entsteht aus Frieden. Frieden kann nur dort regieren, wo keine Störung ist, und Störung kommt von Gedanken her, die im Geist auftauchen. Wenn der Geist selbst abwesend ist, dann wird es vollkommenen Frieden geben. Solange einer nicht den Geist vernichtet hat, kann er nicht Frieden gewinnen und glücklich sein. Und solange er selbst nicht glücklich ist, kann er ›anderen‹ nicht Glücklichsein schenken. Weil es jedoch keine ›anderen‹ für den Weisen, der keinen Geist hat, gibt, ist die bloße Tatsache seiner Selbstverwirklichung ausreichend, um ›andere‑ auch glücklich zu machen. [M.G., I.,S.4O.)

Als er gefragt wurde, ob okkulte Kräfte (siddhis) mit dem göttlichen Zustand (Isvaratva), wie im letzten Vers des Dakshinamurhti Stotra erwähnt, erlangt werden können, sagte der Maharshi: ›Zuerst soll der göttliche Zustand erlangt werden, und dann können die anderen Fragen gestellt werden« (T.,7.)

Kräfte können sich nicht auf die Selbstverwirklichung erstrecken, wie können sie sich dann darüber hinaus ausdehnen? Leute, die Kräfte erlangen wollen, sind nicht mit ihrer Vorstellung von reinem Bewusstsein zufrieden. Sie neigen dazu, das höchste Glücklichsein der Verwirklichung um der Kräfte willen zu vernachlässigen. Auf der Suche nach diesen Kräften folgen sie Nebenpfaden anstelle der großen Straße und riskieren so, den Weg zu verlieren. Um sie richtig zu führen und auf der großen Straße zu halten, sagt man ihnen, dass Kräfte die Verwirklichung begleiten. Tatsächlich umschließt die Verwirklichung alles, und der Verwirklichte wird keine Gedanken über Kräfte vergeuden. Man soll zuerst die Verwirklichung erlangen und dann nach Kräften suchen, wenn man dann noch danach verlangt. (T., 57.)

Kräfte können vor oder nach der Verwirklichung erwachsen, oder sie können auch ausbleiben, der Natur des einzelnen entsprechend, aber man sollte sie nicht überschätzen oder nach ihnen suchen, und auch ihre Abwesenheit oder die Abwesenheit von Visionen oder anderen solchen Erfahrungen sollte nicht als Grund für eine Entmutigung auf dem Weg genommen werden.

P: Ist es nicht nötig oder zumindest vorteilhaft, den Körper bei spirituellem Fortschritt unsichtbar zu machen?

B: Warum denkst du darüber nach? Bist du der Körper?

F: Nein, aber fortgeschrittene Spiritualität muss eine Veränderung im Körper bewirken, ist es nicht so?

B: Welche Veränderung möchtest du im Körper und warum?

F: Ist Unsichtbarkeit nicht ein augenscheinliches Zeichen für fortgeschrittene Weisheit (jnana)? _

B: In diesem Fall müssten all jene, welche sprachen, geschrieben und lebten und von anderen gesehen wurden, als unwissend (ajnanis) betrachtet werden.

P: Aber die Weisen Vasishta und Valmiki besaßen solche Kräfte.

B: Es war wahrscheinlich ihre Bestimmung (prarabdha), solche Kräfte (siddhis) neben ihrer Weisheit (jnana) zu entwickeln. Warum solltest du nach dem streben, was unwesentlich ist und ein Hindernis für die Weisheit darstellt? Fühlt der Weise (jnani) sich durch die Sichtbarkeit seines Körpers bedrängt?

F: Nein.

B: Sichtbarkeit und Unsichtbarkeit beziehen sich auf den, der sieht. Wer ist das? Löse zuerst diese Frage. Andere Fragen sind unwichtig. (T., 30.)

Ein Besucher aus Amerika war entmutigt, dass er keine okkulten Kräfte erlangt hatte.

F: Ich habe mich über 20 Jahre mit Metaphysik beschäftigt, habe aber keinerlei neue

Erfahrungen, wie sie so viele andere zu haben behaupten, erworben. Ich kann weder Hellsehen noch hellhören etc. Ich fühle mich in diesem Körper eingesperrt und sonst nichts.

B: Das ist in Ordnung. Die Wirklichkeit ist nur eine, und das ist das Selbst. Alles andere sind nur Phänomene in ihr, von ihr und durch sie. Der Sehende, das Sehen und das Gesehene sind alle nur das Selbst. Kann irgendjemand ohne das Selbst sehen oder hören? Was macht es für einen Unterschied, ob du jemanden siehst oder hörst, der in der Nähe oder weit entfernt ist? Die Seh- und Hörorgane werden in beiden Fällen gebraucht und so auch der Geist. Auf nichts davon kann verzichtet werden. Du bist in jedem Fall von ihnen abhängig. Warum dann all der Zauber über Hellsichtigkeit und Hellhörigkeit? Außerdem geht, was erworben wird, auch im Laufe derzeit verloren. Es kann niemals beständig sein. Die einzig beständige Sache ist Wirklichkeit, und das ist das Selbst. Du sagst ›Ich bin‹, ›Ich gehe‹, ›Ich spreche‹, ›Ich arbeite« usw. Setze einen Bindestrich ›Ich-bin‹ bei allen. So heißt es ›ICH-BIN‹. Das ist die bleibende und fundamentale Wirklichkeit. Diese Wahrheit wurde von Gott an Moses gegeben. ›ICH-BIN, der ICH-BIN‹, ›Sei ruhig und wisse, dass ›ICH-BIN GOTT‹, so ist ›ICH-BIN‹ Gott. (T., 503.)

Dem bisher Gesagten folgend, kann man erkennen, dass die Selbstverwirklichung die einfachste und natürlichste Sache ist, tatsächlich die einzige einfache und natürliche Sache, die einfach ist, was sie ist, und dennoch äußerst selten - den Heiligen unbekannt und von den Mystikern in kurzen Schimmern erhascht. ›Unter Tausenden gibt es vielleicht einen, der danach strebt, vollkommen zu sein. Unter Tausenden, die danach streben, vollkommen zu sein, gibt es vielleicht einen, der Mich kennt, so wie Ich bin. ‹ (Bhagavad Gita, VII-3.] Unglücklicherweise ist es ein Zeichen unserer Zeit, dass die Errungenschaft dieses Zustandes von vielen beansprucht wird. Der Aspirant muss unterscheiden können. Wenn er einmal erlangt ist, muss der Höchste Zustand der gleiche sein, durch welchen Pfad und welche Religion auch immer er angestrebt wurde, denn er ist, einfach durch seine Natur bestimmt, jenseits von Differenzierung.

Einmal erreicht, ist der Zustand der Selbstverwirklichung der gleiche, auf welchem Pfad und durch welche Religion auch immer er verwirklicht wurde. Es gibt drei Aspekte Gottes, entsprechend der Art, wie man sich der Verwirklichung nähert. Sat (Sein), Chit (Bewusstsein), Ananda (Seligkeit).

Der Aspekt des Seins wird von den jnanis betont, von denen man sagt, dass sie nach unaufhörlicher Suche in der Essenz des Seins ruhen und ihre Individualität im Höchsten verloren haben.

Der Bewusstseinsaspekt wird von Yogis angegangen, die sich bemühen, ihren Atem zu kontrollieren, um den Geist zu festigen, und von denen gesagt wird, dass sie den Ruhm Gottes (das Bewusstsein des Seins) als das eine Licht sehen, das in alle Richtungen ausstrahlt.

Der Seligkeitsaspekt wird von den Verehrern angegangen, die von dem Nektar der Liebe Gottes berauscht werden und sich in seliger Erfahrung verlieren. Unwillig, das zu verlassen, bleiben sie für immer in Gott.

Die vier Margas, Karma, Bhakti, Yoga und Inana, schließen sich gegenseitig nicht aus. Sie werden in klassischen Werken nur deshalb getrennt beschrieben, um eine Idee des entsprechenden Aspektes Gottes zu vermitteln und um den Aspiranten bereitwillig seiner Geneigtheit gemäß anzusprechen. (F., H., S.70.)

Die Erfahrung der Verwirklichung ist als samadhi bekannt. Es wird oftmals angenommen, dass samadhi Trance einschließt, aber das ist nicht notwendigerweise so. Es ist auch möglich in einem Zustand von samadhi' zu sein, während man seine normalen menschliche Fähigkeiten beibehält. Tatsächlich ist ein selbstverwirklichter Weiser, wie der Maharshi, ständig in solch einem Zustand. Selbst die Schimmer der Verwirklichung, von denen vorhin die Rede war, schließen nicht notwendigerweise Trance ein.

Der Sannyasi-Besucher, Swami Lokesananda, fragte über samadhi: „

B: 1. Sich an die Wirklichkeit halten ist samadhi.

2. Sich unter Mühen an die Wirklichkeit halten ist savikalpa samadhi.

3. In der Wirklichkeit aufgehen und der Welt nicht gewahr sein ist nirvikalpa samadhi.

4. In der Unwissenheit aufgehen und der Welt nicht gewahr sein ist Schlaf.

5. Im ursprünglichen reinen natürlichen Zustand ohne Anstrengung verweilen ist sahaja nirvi kalpa samadhi. (T., 391.)

Der alte Herr fragte Bhagavan, ob es nicht nötig sei, zuerst durch nirvikalpa samadhi zu gehen, bevor man sahaja samadhi erlangt.

 Bhagavan antwortete: Wenn wir Neigungen haben, die wir versuchen aufzugeben, das heißt, wenn wir noch unvollkommen sind und bewusste Anstrengungen machen müssen, um den Geist auf einen Punkt ausgerichtet oder frei von Gedanken zu halten, dann ist der gedankenfreie Zustand, den wir so erlangen, nirvikalpa samadhi. Wenn wir durch Übung immer in diesem Zustand sind und nicht in den samadhi eintreten und dann wieder aus ihm herauskommen, dann ist das der sahaja Zustand. Im sahaja sieht man nur das Selbst, und man sieht die Welt als eine Form, die vom Selbst angenommen wurde. (D.D., II., S.61.)

Die Frage nach der Natur des samadhi bringt das Problem der Aktivität mit sich. Es ist sinnlos zu versuchen, sich vorzustellen, was sarnadhi ist oder was Verwirklichung beinhaltet, anstatt sich zu bemühen, sie zu erlangen. Die Leute stellen Theorien auf, ob der verwirklichte Mensch aktiv sein kann oder nicht.

F: Kann einer, der die Verwirklichung erlangt hat, umhergehen und handeln und sprechen?

B: Warum nicht? Stellst du dir vor, dass Verwirklichung bedeutet, träge wie ein Stein zu sein oder zu

Nichts zu werden?

F: Ich weiß es nicht, aber man sagt, dass der höchste Zustand das Sichzurückziehen von allen Sinnesaktivitäten, vom Denken und von Erfahrungen ist - tatsächlich ein Einstellen aller Aktivität.

B: Wie würde er sich dann vom Tiefschlaf unterscheiden? Außerdem würde es ein Zustand sein, der, wie erhaben auch immer er sein mag, kommt und geht, und er wäre deshalb nicht der natürliche Zustand; wie also könnte er die ewige Gegenwart des Höchsten Selbst repräsentieren, das durch alle Zustände besteht und sie überlebt? Es ist wahr, dass es solch einen Zustand gibt, und dass es für einige notwendig sein mag, ihn zu erfahren. Er mag eine zeitweilige Phase der Suche sein, oder er kann auch bis zum Ende des Lebens eines Menschen andauern, wenn es der göttliche Wille oder des Menschen Bestimmung ist, aber in keinem Fall kannst du ihn den höchsten Zustand nennen. Wenn er das wäre, dann müsstest du sagen, dass nicht nur die Weisen, sondern auch Gott selbst den höchsten Zustand nicht erlangt hat, denn nicht nur die verwirklichten Weisen sind sehr aktiv, sondern auch der personifizierte Gott (Iswara) ist offensichtlich nicht in diesem höchst inaktiven Zustand, da Er die Welt regiert und ihre Aktivitäten lenkt. (S.D.B., IX.)

F: Was ist Samadhi?

B: Im Yoga wird der Begriff gebraucht, um eine Art der Trance zu bezeichnen, und es gibt verschiedene Arten von samadhi. Aber der samadhi, über den ich zu dir spreche, ist anders Er ist sahaja samadhi. In die Zustand bleibst, du ruhig und gesammelt während der Aktivität. Du stellst fest, dass du vom tieferen wahren Selbst in dir bewegt wirst, und was du tust, sagst oder denkst berührt dich nicht, Du hast keine Kümmernisse, Ängste oder Sorgen denn du erkennst, dass es nichts gibt, das dir als Ego gehört, und dass alles von etwas getan wird, mit dem du in bewusster Einheit stehst. (S.D.B., X1.)

Ein Mensch kann nach der Verwirklichung ein Leben mit oder ohne weltliche Aktivität weiterführen, es verändert seinen Zustand nicht.

Ein Besucher sagte: Verwirklichte Menschen ziehen sich im Allgemeinen vom aktiven Leben zurück und enthalten sich weltlichen Tuns.

B: Es mag so sein oder auch nicht. Einige machen mit Handel und Geschäft oder dem Regieren eines Königreiches sogar nach der Verwirklichung weiter. Einige ziehen sich in einsame Gegenden zurück und enthalten sich aller Aktivität außer der absolut notwendigen, um das Leben im Körper aufrechtzuerhalten. Wir können keine generelle Regel darüber aufstellen.

Die Unfähigkeit, die scheinbare Untätigkeit des Weisen zu verstehen, ist eine der Schwierigkeiten vieler westlicher Schriftsteller. Absolut überzeugt, dass Christus unrecht hatte, als er sagte, dass María den besseren Teil gewählt hatte, neigen moderne Christen dazu, Martha, die äußerlich aktiv war, als überlegen darzustellen, und den Weisen für das, was sie Untätigkeit nennen, zu kritisieren.

Auf die Frage eines Aspiranten, ob seine Verwirklichung, wenn sie erlangt sei, anderen helfen würde, ist Bhagavans Antwort bekannt:
Ja, und es ist die beste Hilfe, die du ihnen geben kannst. Dann aber fügte er hinzu:
›In der Tat jedoch gibt es keine anderen, denen zu helfen ist. =
Das gleiche Paradoxon wurde im Buddhismus erklärt, wo zum Beispiel im Diamant-Sutra der Buddha, nachdem er über Mitleid gesprochen hatte, erklärte, dass es in Wirklichkeit keine anderen gibt, mit denen man Mitleid haben kann. Der Lord Buddha fuhr fort: ›› Glaube nicht Subhuti, dass der Táthagata für sich erwägen würde: Ich werde menschliche Wesen befreien. Das wäre ein erniedrigender Gedanke. Warum? Weil es tatsächlich keine empfindenden Wesen gibt, die vom Tathagata zu befreien sind. Wenn es empfindende Wesen gäbe, die der Tathagata zu befreien hätte, würde das bedeuten, dass der Tathagata in seinem Geist willkürliche Vorstellungen von Phänomenen wie dem eigenen Selbst, anderen Selbst, lebenden Wesen und einem universellen Selbst pflegt. Selbst wenn der Tathagata sich auf sich selbst bezieht, hegt er in seinem Geist keinen solch willkürlichen Gedanken. Nur menschliche Erdenwesen denken über das Selbstsein als persönlichen Besitz. Subhuti, selbst der Ausdruck ›Wesen der Erde<, wie er vom Tathagata gebraucht wurde, heißt nicht, dass es solche Wesen gibt. Der Ausdruck wird nur als Sprachform benutzt. « (*) Aus A Buddhist Bible von Dwight Goddard, angeführt in ›Buddhismus und Christentum im Lichte des Hinduismus« von Arthur Osborne, S. 114.)
Die Menschen sagen oft, dass ein Verwirklichter umhergehen und seine Botschaft verkünden solle. Sie fragen, wie einer in der Verwirklichung still bleiben kann, wenn es so viel Übel gibt. Was aber ist ein Verwirklichter Mensch? Sieht er Übel außerhalb seiner selbst? Sie wollen seinen Zustand bestimmen, ohne ihn selbst zu verwirklichen. Von seinem Standpunkt aus bedeutet ihre Behauptung folgendes: Jemand hat einen Traum, in dem er eine Anzahl von Personen sieht. .Wenn er aufwacht, fragt er: ›Sind die Leute im Traum auch aufgewacht? « Das ist lächerlich! Und dann sagt ein anderer guter Mann: ›Es macht nichts, selbst wenn ich die Verwirklichung nicht erlange. Oder ich will der letzte in der Welt sein, der sie erreicht, damit ich allen anderen helfen kann, Verwirklichte zu werden, bevor ich es werde.< Das ist genauso, wie wenn der Träumende sagt: ›All diese Leute im Traum sollen vor mir aufwachen» Das wäre nicht absurder als die Äußerung dieses liebenswerten Philosophen. (T., 498.)
Und dennoch ist der Weise paradoxerweise äußerst aktiv, obgleich er nicht aktiv zu sein scheint.
Ein Ausspruch Laotses aus dem Tao Te King wurde in der Halle laut vorgelesen: ›Durch sein Nichttun regiert der Weise alle. < Sri Bhagavan bemerkte: ›Nichttun ist unaufhörliche Aktivität. Der Weise zeichnet sich durch ewige und unaufhörliche Aktivität aus. Sein Stillhalten ist gleich dem scheinbaren Stillhalten eines schnell rotierenden Kreisels. Er bewegt sich zu schnell, als dass es das Auge sehen könnte,

und so scheint er still zu stehen. Dennoch dreht er sich. So verhält es sich mit der scheinbaren Inaktivität des Weisen. Das muss erklärt werden, weil die Leute im Allgemeinen sein Stillhalten fälschlicherweise für Trägheit halten. Dem ist nicht so. (T.,599.)

Ähnlich diesem Vorurteil über Aktivität war die Frage, ob der Verwirklichte Mensch durch sein Schicksal gebunden sei. Die Frage hat in Wirklichkeit keine Bedeutung. Sein Körper ist durch das Schicksal gebunden, aber da er sich selbst nicht mit dem Körper identifiziert, kann sein Schicksal ihn nicht binden. Im Einssein mit dem ewigen Selbst, in dem sein Körper, sein Leben, diese Welt gleich einer Erscheinung auftauchen, kann er durch nichts gebunden sein.

Heute Morgen sagte ein Besucher zu Bhagavan: ›Der Verwirklichte Mensch hat kein Karma; er ist nicht durch das Schicksal gebunden, warum sollte er dann noch einen Körper aufrechterhalten? ‹

B: Wer stellt die Frage- ein Verwirklichter oder ein Nichtverwirklichter? Warum sorgst du dich darum, was der Verwirklichte Mensch tut, oder ob er überhaupt etwas tut? Denke besser über dich selbst nach.

Danach schwieg er. Nach einer Weile jedoch erklärte er weiter: Du bist unter dem Eindruck, dass du der Körper bist, und so glaubst du, dass auch der Verwirklichte einen Körper hat. Sagt er, dass er einen hat? Es mag dir so erscheinen, dass er einen hat und Dinge damit tut, so wie andere es tun. Die verkohlte Asche einer Schnur sieht wie eine Schnur aus, ist aber nutzlos, um etwas damit zusammenzubinden. Solange man sich selbst mit dem Körper identifiziert, ist all das schwer verständlich. Deshalb sagt man manchmal als Antwort auf solche Fragen, dass der Körper des verwirklichten Menschen weiterhin existiert, bis sein Schicksal sich ausgewirkt hat, und dann fällt der Körper ab. Ein Beispiel dafür, das manchmal gegeben wird, ist, dass cin Pfeil, der vom Bogen geschossen wurde (das Schicksal) seinem Lauf folgen und sein Ziel treffen muss, selbst wenn das Tier, das da stand, weglief und ein anderes an seine Stelle getreten ist (die Verwirklichung ist erreicht worden). Die Wahrheit aber ist, dass der Verwirklichte Mensch alles Schicksal überstiegen hat und weder vom Körper noch von seinem Schicksal gebunden ist. (D.D., II., S.31.)

Gleichermaßen unsinnig ist die Frage, ob der Verwirklichte Schmerz oder Freude empfinden kann (wenn Freude, dann auch Schmerz, weil die beiden zusammen gehören, sie sind zueinander komplementär).

Die Empfindung ist dem Verwirklichten und dem Unverwirklichten gemein. Der Unterschied liegt darin, dass der unverwirklichte Mensch sich mit dem Körper identifiziert, der die Empfindung fühlt, wohingegen der verwirklichte Mensch weiß, dass all das das Selbst ist, alles ist Brahman. Wenn es Schmerz gibt, lass den Schmerz sein, auch er ist ein Teil des Selbst, und das Selbst ist vollkommen. (T., 383.)

Oder es wird gefragt, ob der Verwirklichte sündigen kann. Allein das Aufkommen dieser Frage beinhaltet die Unfähigkeit zu verstehen, was mit Selbstverwirklichung gemeint ist. Sünde ist eine Handlung des Egos oder des individuellen Wesens in seinem eigenen Interesse gegen' die universelle Harmonie oder den Willen Gottes. Wo es aber kein Ego gibt, wo nur das universelle Selbst ist, Wer kann da gegen wen handeln?

Ein nichtverwirklichter Mensch sieht einen, der verwirklicht ist, und identifiziert ihn mit dem Körper. Weil er das Selbst nicht kennt und diesen Körper fälschlicherweise für das Selbst hält, macht er den gleichen Fehler bezüglich des Körpers des Verwirklichten. Der Verwirklichte wird deshalb als die physische Form gesehen. Wiederum stellt sich der nichtverwirklichte Mensch, obwohl er tatsächlich nicht der Urheber seiner Taten ist, vor, es zu sein und hält die Handlungen seines Körpers für seine eigenen und denkt deshalb, dass der Verwirklichte handelt, wenn der Körper handelt. Aber der letztere kennt die Wahrheit und lässt sich nicht täuschen. Sein Zustand kann vom Nichtverwirklichten nicht verstanden werden, und deshalb beunruhigt ihn die Frage seiner Handlungen, obwohl sie für ihn selbst nicht auftaucht. (T., 499.)

Alle guten und göttlichen Eigenschaften sind in [nana (spiritueller Erleuchtung) beinhaltet, und alle schlechten oder teuflischen Eigenschaften sind in a jnana (spiritueller Dunkelheit) beinhaltet. Wenn jnana kommt, dann vergeht alles ajnana, so dass alle göttlichen Qualitäten von alleine kommen. Wenn einer ein [nani ist, kann er weder lügen noch sündigen. (D.D., I., S.69.)

Die Feststellung, dass es kein Ego gibt oder dass der Geist tot ist, führt manchmal zu Missverständnissen. Was gemeint ist, ist einfach, dass der Geist oder das Ego als scheinbarer Schöpfer oder Urheber von Politik, Plänen und Ideen tot ist. Das Verstehen bleibt erhalten und das reine strahlende Bewusstsein.

F: Können wir ohne den Geist denken?

B: . Gedanken können wie andere Aktivitäten weitergehen. Sie stören das höchste Bewusstsein nicht. (T., 43.)

B: Die Menschen nehmen an, dass der reine Geist im Jivanmutka und dem persönlichen Gott existiert. Sie fragen, wie er andernfalls leben und handeln könnte. Aber das ist nur ein Zugeständnis an das Verständnis. Der reine Geist ist tatsächlich das Absolute Bewusstsein. Der Gegenstand „der erlebt wird, und der Erlebende verschmelzen schließlich, und nur das Absolute Bewusstsein bleibt. Es ist nicht ein Zustand der Leere oder des Unwissens, sondern das höchste Selbst. (T., 68.)

Der Geist des Verwirklichten wird manchmal mit dem Mond am Tage verglichen. Der Mond scheint, indem er das Licht der Sonne reflektiert. Wenn die Sonne untergegangen ist, ist der Mond nützlich, um Gegenstände sichtbar zu machen. Wenn die Sonne aufgegangen ist, braucht niemand mehr den Mond, obwohl sein Körper am Himmel zu sehen ist. So verhält es -sich auch mit dem Geist und dem Herzen. Der Geist wird durch sein reflektiertes Licht nützlich gemacht. Er wird zum Erkennen von Gegenständen gebraucht. Wenn er nach innen gelenkt wird, geht er im Ursprung des Lichtes auf, das aus sich selbst erstrahlt, und der Geist ist dann wie der Mond am Tage. (M. G., I.,S. 1 7.)

Manchmal äußerten die Leute Furcht beim Gedanken an das Aufgeben des Egos, aber Bhagavan erinnerte sie daran, dass das jedes Mal, wenn sie schlafen gehen, getan wird.

Die Menschen fürchten, dass, wenn das Ego oder der Geist getötet ist, das Resultat eine bloße Leere und nicht Glückempfindung sein könnte. Was wirklich geschieht, ist, dass der Denkende, der Gegenstand des Denkens und das Denken alle in einem Ursprung aufgehen, der selbst Bewusstsein und Wonne ist, und somit ist der Zustand weder träge noch leer. Ich verstehe nicht, warum die Menschen vor einem Zustand, in dem alle Gedanken aufhören zu existieren und der Geist getötet ist, Angst haben sollten. Sie erfahren ihn täglich im Schlaf. Und dennoch sagt man, wenn man aufwacht, ich habe gut geschlafen« (D.D., II., S88.)

Außerdem übergeben sie das Ego im Schlaf, um in eine bloße Leere zu fallen, während die Verwirklichung das Eingehen in reines Bewusstsein, welches höchste Wonne ist, bedeutet.

In der Antwort an einen Besucher machte Bhagavan folgende Bemerkung: Du kannst die höchste vorstellbare Art des Glücklichseins haben, oder du wirst sie vielmehr sein.

Alle anderen Arten des Glücklichseins, von denen du als Vergnügen, Freude, Glück, Wonne gesprochen hast, sind' nur Reflexionen von dem Ananda, das du in deiner wahren Natur bist. (D.D., I., S. 15.)

Es ist unmöglich, samadhi' zu beschreiben, weil er den Geist übersteigt. Er kann nur erfahren Werden.

Eine Dame aus Amerika fragte Bhagavan, was seine Erfahrungen von samadhi seien. Als ihr vorgeschlagen wurde, ihre Erfahrungen mitzuteilen und zu fragen, ob sie richtig seien, antwortete sie, dass Sri Bhagavans Erfahrungen die richtigen sein müssten und bekannt sein sollten, wohingegen ihre eigenen unwichtig seien. Sie wollte wissen, ob Sri Bhagavan seinen Körper heiß oder kalt im samadhi fühlte und ob er die ersten dreieinhalb Jahre seines Aufenthaltes in Tiruvannamalai im Gebet verbracht hatte usw.

B: Samadhi übersteigt Geist und Sprache und kann nicht beschrieben werden. Nicht einmal der Zustand des Tiefschlafes kann beschrieben werden und der Zustand von Samadhi noch viel weniger.

F: Ich weiß aber, dass ich im Tiefschlaf unbewusst war.

B: Bewusstsein und Unbewusstsein sind Formen des Geistes. Samadhi übersteigt den Geist.

F: Dennoch kannst du sagen, wie es ist.

B: Du wirst es nur wissen, wenn du im samadhi bist. (T., 110.)

Manchmal bezog sich Maharshi auf eine Filmleinwand, um etwas zu verdeutlichen.

P: Wenn der Verwirklichte und der Unverwirklichte die Welt gleichermaßen erfahren, worin unterscheiden sie sich dann?

Wenn der Verwirklichte die Welt sieht, dann sieht er das Selbst, das allem, zugrunde liegt, .das gesehen wird. Gleich, ob der Unverwirklichte die Welt sieht oder nicht, er kennt nicht sein wahres Wesen, das Selbst. Nimm das Beispiel eines Filmes auf einer Filmleinwand. Was ist da vor dir, bevor der Film beginnt? Nur die Leinwand. Auf dieser Leinwand siehst du die gesamte Vorstellung, und allem Anschein nach sind die Bilder wirklich. Aber gehe hin und versuche sie festzuhalten, was hältst du fest? Die Leinwand, auf der die Bilder so wirklich erscheinen. Nach der Vorstellung, wenn die Bilder verschwinden, was bleibt dann übrig? Wiederum die Leinwand. So ist es auch mit dem Selbst. Das alleine existiert; die Bilder kommen und gehen. Wenn du dich an dem Selbst festhältst, dann wirst du vom Erscheinen der Bilder nicht getäuscht werden. Noch spielt es irgendeine Rolle, ob die Bilder auftauchen oder verschwinden. (M.G., S.58.}

Wenn das einmal beständig ist, dann ist der unerschütterliche sahaja samadhi erreicht, das ist der Zustand von Mukti' oder Befreiung. Die Leute sprechen von jivanmukti' und videhamuktí, das ist die Befreiung zu Lebzeiten und nach dem Tod, aber Bhagavan erklärte, dass der Unterschied nur vom Standpunkt des Beobachters aus besteht, für den Verwirklichten ist es gleich, ob er einen Körper hat oder nicht. Mr. Bannerjee fragte Bhagavan nach dem Unterschied zwischen jivanmukti und videhamuktí.

B: Es gibt keinen Unterschied. Denen, die fragen, wird gesagt, dass der Verwirklichte mit einem Körper ein Jivanmutka ist und dass er videhamuktí erlangt, wenn er den Körper ablegt, aber dieser Unterschied besteht nur für den Beobachter, nicht für den Verwirklichten. Sein Zustand ist der gleiche, bevor er den Körper ablegt und nachher. Wir denken von ihm als einer menschlichen Form oder als Wesen in dieser Form, er aber weiß, dass er das Selbst, die eine Wirklichkeit ist, innen und außen, die nicht durch irgendeine Form gebunden ist.

Es gibt eine Strophe im Bhagavatha (Bhagavan rezitierte die Strophe in Tamil), die besagt, dass genau so wie ein Betrunkener nicht bemerkt, ob er seinen Schal um hat oder ob er heruntergefallen ist, ein Verwirklichter sich seines Körpers kaum gewahr ist und es keine Rolle für ihn spielt, ob er am Leben bleibt oder abfällt. (D.D., II.,s. 109).

Es gibt keine Stufen in der Verwirklichung oder Mukti. Es gibt keine Stufen der Befreiung. So kann es nicht eine Stufe der Befreiung mit dem Körper geben und eine andere, wenn der Körper abgelegt wurde. Der Verwirklichte weiß, dass er das Selbst ist und dass nichts, weder sein Körper noch irgendetwas anderes, außer dem Selbst existiert. Welchen Unterschied kann die Gegenwart oder Abwesenheit eines Körpers für so jemanden machen? (D.D.,S.11O.)

Manchmal wird die Verwirklichung Turiya, der ›Vierte Zustand‹ genannt, weil er den drei Zuständen von Wachsein, Traum und Tiefschlaf zugrunde liegt.

Als ich die Halle betrat, beantwortete Bhagavan einige Fragen und Sagte: Es gibt keinen Unterschied zwischen dem Traum und Wachzustand, außer dass der erstere Kurz der zweite lang ist. Beide sind Produkte des Geistes. Weil der, Wachzustand länger andauert, glauben Wir, dass es .unser wirklicher Zustand ist, aber tatsächlich ist unser wirklicher Zustand, was manchmal der ›Vierte Zustand« genannt wird, der immer ist, wie er ist, unberührt von Wachsein, Traum oder Schlaf. Weil wir diese drei ›Zustände‹ kennen, nennen wir das auch einen Zustand, obwohl es wirklich einfach der natürliche Zustand des Selbst ist. Ein Vierter Zustand würde etwas Relatives bedeuten, während dieser transzendierend ist.

In Wirklichkeit gibt es keine Bindung.

Unsere wirkliche Natur ist es frei zu sein, aber wir stellen uns vor, dass wir gebunden sind und machen große Anstrengungen, um frei zu werden, obwohl wir die ganze Zeit frei sind. Das verstehen wir nur, wenn wir diesen Zustand erreichen. Dann werden wir überrascht sein herauszufinden, dass wir uns verzweifelt bemüht haben, etwas zu erlangen, das wir immer waren und sind.

Eine bildhafte Darstellung wird das klarmachen. Jemand schläft in dieser Halle ein. Er träumt, dass er auf eine Weltreise gegangen ist und über Berg und Tal, Wald, Ebene, Wüste und Meer reist, durch verschiedene Erdteile; und nach vielen Jahren mühsamer und anstrengender Reise kehrt er zu seinem Land zurück, kommt nach Tiruvannamalai, betritt den Asramam und geht in die Halle. In diesem Augenblick wacht er auf und findet, dass er sich überhaupt nicht bewegt, sondern geschlafen hat, wo er sich hingelegt hatte. Er ist nicht nach großen Anstrengungen zu dieser Halle zurückgekommen, sondern war die ganze Zeit über da. Genauso ist es mit der Befreiung. Wenn gefragt wird, warum wir uns vorstellen, gebunden zu sein, wenn wir eigentlich frei sind, dann antworte ich: Warum hast du dir, während du in der Halle warst, vorgestellt, auf einer Weltreise zu sein und über Berg und Tal, Wüste und Meer zu reisen? All das ist Geist oder Maya. (D.D., II.,s.101.)

8. Unter welchem Namen und welcher Form auch immer man die Absolute Wirklichkeit anbeten mag, es ist immer nur ein Mittel, um sie ohne Namen und Form zu verwirklichen. Einzig das ist die wahre Verwirklichung, in der man sich selbst in Beziehung zu dieser Wirklichkeit kennt, Frieden erlangt und seine Identität demineralisiert.

9. Die Dualität von Subjekt und Objekt, die Dreiheit von Sehendem, Sehen und Gesehenem können nur existieren, wenn sie von dem Einen unterhalten werden. Wenn man sich nach innen wendet, auf der Suche nach dieser einen Wirklichkeit, fallen sie ab. Die, die das sehen, sind die, die Weisheit sehen. Sie sind niemals im Zweifel.

21. Was ist die Wahrheit in den Schriften, die sagen, dass, wenn man das Selbst sieht, man Gott sieht? Wie kann man sein Selbst sehen? Wenn man, weil man ein Wesen ist, nicht das eigene Selbst sehen kann, wie kann man dann Gott sehen? Nur

indem man Seine Beute wird.

22. Das Göttliche gibt dem Geist Licht und scheint in ihm. Es gibt keinen anderen Weg, Ihn durch den Geist zu kennen, als den Geist nach innen zu wenden und ihn im Göttlichen festzuhalten.

30. Wenn man im Geist nachforscht, ›Wer bin ich? ‹, dann fällt das individuelle ›Ich« verschämt ab, sobald man das Herz erreicht, und die Wirklichkeit manifestiert sich spontan als ›Ich-Ich‹. Obwohl sie sich als das ›Ich« offenbart, ist sie nicht das Ego, sondern das vollkommene Wesen, das absolute Selbst.

31. Für ihn, der in die Wonne des Selbst vertieft ist, die aus der Auslöschung des Ego entsteht, was bleibt für ihn noch zu erlangen? Er ist keines anderen als des Selbst bewusst. Wer kann seinen Zustand verstehen?

32. Obwohl die Schriften behaupten, ›Du bist Das-‹. So ist es nur ein Zeichen geistiger Schwäche, zu meditieren: ›Ich bin Das, nicht dies<, weil du ewig Das bist. Was zu tun ist, ist zu erforschen was man wirklich ist, und   „Das zu bleiben.

33. Es ist lächerlich zu sagen, ›Ich habe das Selbst nicht verwirklicht- oder ›Ich habe das Selbst verwirklicht«; gibt es zwei Selbst, damit das eine der Gegenstand der Verwirklichung des anderen sein kann? Es ist die Wahrheit der Erfahrung jedes einzelnen, dass es nur ein Selbst gibt. `

34. Der Illusion, die aus der Unwissenheit geboren wird, ist es zuzuschreiben, dass die Menschen Das nicht erkennen können, das immer und für alle die innewohnende Wirklichkeit ist, die in ihrem natürlichen Herzzentrum wohnt, und dass sie nicht darin verweilen können, dass sie statt dessen darüber argumentieren, ob sie existiert oder nicht, ob sie Form hat oder nicht, ob sie nicht-dual oder dual ist.

35. Die Wirklichkeit, die immer besteht, zu suchen und in ihr zu verweilen, ist die einzige Errungenschaft. Alle anderen Errungenschaften (siddhis) sind von der Art, wie sie in Träumen erlangt werden. Können die, welche in der Wirklichkeit gefestigt und frei von Maya sind, von ihnen getäuscht werden?

38. Solange ein Mensch der Handelnde ist, solange erntet er auch die Früchte seiner Taten; sobald er aber das Selbst durch die Forschung nach dem, der der Handelnde ist, verwirklicht, fällt sein Gefühl, der Handelnde zu sein, ab, und das dreifache karma ist beendet. Das ist der Zustand der ewigen Befreiung.

39. Nur solange man sich selbst als gebunden sieht, gehen die Gedanken von Gebundensein und Befreiung weiter. Wenn man nachforscht, wer gebunden ist, wird das Selbst verwirklicht, auf ewig erlangt, ewig frei. Wenn der Gedanke des Gebundenseins aufhört, kann der Gedanke der Befreiung überleben?

40. „Wenn gesagt wird, das es drei verschiedene Arten von Befreiung gibt, mit Form oder ohne Form oder mit und ohne Form, dann lass dir sagen, dass die Auslöschung des Ego, das fragt, welche Form der Befreiung wahr ist, die einzige wahre Befreiung ist.

VERSUNKENHEIT (SAMADHI) Aus Sei was du bist ab Seite 188

Das Wort Samadhi wird in der spirituellen Literatur des Ostens häufig gebraucht; es steht für einen fortgeschrittenen Zustand der Meditation, in dem das Selbst bewusst erfahren wird, oder eine tiefe, ungebrochene Versunkenheit in das Objekt der Meditation. Viele Stufen und Unterkategorien des Samadhi sind beschrieben worden, wobei die verschiedenen Schulen und Religionen dazu neigen, ihre eigene Terminologie zu entwickeln.

Gewöhnlich hat Ramana die verschiedenen Samadhis in folgende drei Gruppen eingeteilt:

I. Sahaja-Nirvikalpa-Samadhi. Dies ist der Zustand des Jnani, der endgültig und unwiderruflich sein Ego ausgelöscht hat. Sahaja bedeutet «natürlich», Nirvikalpa «ohne Unterschied». Ein jnani benimmt sich in diesem Zustand ganz natürlich, wie gewöhnliche Menschen auch. Da er weiß, dass er das Selbst ist, sieht er keinen Unterschied zwischen sich und den anderen und auch nicht zwischen sich und der Welt. Für einen solchen Menschen ist alles eine Manifestation des unteilbaren Selbst.

2.. Kevala-Nirvikalpa-Samadhi . Dies ist die Stufe, die der Selbstverwirklichung vorausgeht. Es ist ein vorübergehendes, anstrengungsloses Selbst-Gewahrsein, aber das Ego ist noch nicht vollständig ausgelöscht. Dieser Samadhi ist gekennzeichnet durch eine Abwesenheit des Körperbewusstseins. Obgleich es in diesem Zustand zu einem vorübergehenden Gewahrsein des Selbst kommt, ist man in diesem Zustand nicht in der Lage, Sinneseindrücke aufzunehmen und sich in der Welt zu betätigen. Kehrt das Körperbewusstsein zurück, so stellt sich auch das Ego wieder ein.

3. Savíkalpa-Samadhi. In diesem Zustand wird Selbst-Gewahr-sein durch ständige Anstrengung aufrechterhalten. Die Dauer des Samadhi ist völlig abhängig von der Anstrengung, ihn zu erhalten. Wenn die Aufmerksamkeit nachlässt, beginnt das Selbst-Gewahrsein zu verschwinden.

Die folgenden Kurzdefinitionen von Ramana sollten ausreichen, den Uneingeweihten durch den Dschungel der Samadhi-Terminologie zu führen:

1. Bei der Wirklichkeit verweilen ist Samadhi.

2. Mit Anstrengung bei der Wirklichkeit verweilen ist Savikalpa-Samadhi.

3. In der Wirklichkeit aufgehen und der Welt nicht gewahr sein, ist Nirvikalpa-Samadhi.

4. In Nichterkenntnis aufgehen und der Welt nicht gewahr sein, ist Tiefschlaf.

5. Ohne Anstrengung im ursprünglichen, reinen, natürlichen Zustand verweilen, ist Sahaja-Nirvikalpa-Samadhi. (I)

F: Was ist Samadhi?

A: Nur der Zustand, in dem der stille Geist die ungebrochene Erfahrung von Sein-Bewusstsein erlangt, ist Samadhi. Der stille Geist, der geschmückt ist durch die Verwirklichung des unbegrenzten, höchsten Selbst, ist allein die Wirklichkeit Gottes. (2)

Wenn der Geist in Dunkelheit mit dem Selbst vereint ist, nennt man das Tiefschlaf. Das ist das Versinken des Geistes in Nichterkenntnis. Versunkenheit in einem bewussten, wachen Zustand wird Samadhi genannt. Samadhi ist das ständige Verweilen des Selbst im Wachzustand. Schlaf ist auch ein Verweilen im Selbst, aber in einem unbewussten Zustand. Im Sahaja-Samadhi ist die Vereinigung dauernd.

F: Was ist Kevala-Nirvikalpa-Samadhi und Sahaja-Nirvikalpa-Samadhi?

A: Die Versunkenheit des Geistes im Selbst, aber ohne seine Auflösung, ist Kevala-Nirvikalpa-Samadhi. In diesem Zustand ist man nicht frei von Vasanas (Geistige Neigungen) und erlangt deshalb auch keine Befreiung (Mukti). Nur wenn die Vasanas ausgelöscht werden, kann man Befreiung erlangen.

F: Wann kann man Sahaja-Samadhi üben?

A: Von Anfang an. Selbst wenn man jahrelang Kevala-Nirvikalpa-Samadhi übt, aber die Vasanas nicht ausgerottet sind, kann man keine Befreiung erlangen. (3)

F: Geben Sie mir bitte eine klare Vorstellung vom Unterschied zwischen Savikalpa und Nirvikalpa.

A: Im höchsten Zustand verweilen ist Samadhi. Wird das, weil der Geist noch aufgewühlt ist, durch Anstrengung erreicht, ist es Savikalpa, fehlen diese Störungen, ist es Nirvikalpa. Anstrengungslos im höchsten Zustand verweilen ist Sahaja- (4)

F: Ist Nirvikalpa-Samadhi absolut notwendig, bevor man Sahaja erlangen kann?

A: Ständig in Savikalpa- oder Nirvikalpa-Samadhi verbleiben ist Sahaja (der natürliche Zustand). Was ist Körperbewusstsein? Es ist der leblose Körper plus Bewusstsein. Beide sind eingebettet in ein anderes Bewusstsein, das absolut und unberührt ist und bleibt, was es immer ist, mit oder ohne Körperbewusstsein. Was macht es, ob das Körperbewusstsein verlorengeht oder erhalten bleibt, solange man sich an das reine Bewusstsein hält? Völlige Abwesenheit des Körperbewusstseins macht den Samadhi intensiver, obwohl es keinen Unterschied macht in Hinsicht auf die Erkenntnis des Höchsten. (5)

F: Ist Samadhi dasselbe wie Turiya, der vierte Zustand?

A: Samadhi, Turiya und Nirvikalpa - allen ist das Gewahrsein des Selbst gemein. Turiya bedeutet wörtlich «der vierte Zustand», das höchste Bewusstsein im Unterschied zu den drei Zuständen Wachen, Träumen und Tiefschlaf. Der vierte ist ewig, die anderen drei kommen und gehen in ihm. In Turiya ist man gewahr, dass der Geist in seine Quelle, das Herz, eingegangen ist, auch wenn einige Gedanken und die Sinne noch aktiv sind. In Nirvikalpa sind die Sinne nicht mehr aktiv, und Gedanken sind völlig abwesend. Darum ist die Erfahrung des reinen Bewusstseins in diesem Zustand intensiv und voller Seligkeit. Turiya ist in Savikalpa-Samadhi erlangbar. (6)

F: Worin besteht der Unterschied zwischen der Seligkeit im Tiefschlaf und der Seligkeit in Turiya?

A: Es gibt keine verschiedenen Seligkeiten. Es gibt nur eine Seligkeit, die die Seligkeit im Wachzustand und die Seligkeit aller Wesen vom niedrigsten Tier bis zum höchsten Brahma einschließt. Dies ist die Seligkeit des Selbst. Die Seligkeit die im Schlaf unbewusst genossen wird, wird in Turiya bewusst genossen. Das ist der einzige Unterschied. Die Seligkeit des Wachzustandes ist aus zweiter Hand, sie ist ein Abglanz der wirklichen Seligkeit (Upadhi-Ãnanda). (7)

F: Ist Samadhi als achte Stufe des Raja-Yoga derselbe wie der Samadhi, von dem Sie sprechen?

A: Im Yoga meint der Begriff Samadhi eine Art Trance, und es gibt verschiedene Arten von Samadhi. Aber der Samadhi, von dem ich spreche, ist anders. Es ist Sahaja-Samadhi. Er gibt Beständigkeit, man bleibt ruhig und gesammelt, selbst wenn man beschäftigt ist. Man weiß, dass man vom tieferen, wirklichen Selbst angetrieben wird. Man hat keine Sorgen, Ängste und Kümmernisse, denn man hat erkannt, dass einem nichts gehört Man weiß dass alles geschieht durch etwas mit dem man bewusst vereinigt ist.

F: Wenn dieser Sahaja-Samadhi der wünschenswerteste Zustand ist, ist der Nirvikalpa-Samadhi dann unnütz?

A: Der Nirvikalpa-Samadhi des Raja-Yoga mag seinen Nutzen haben, aber im Jnana-Yoga ist der natürliche Stand (Sahaja-Sthiti) oder das Verweilen im natürlichen Zustand (Sahaja-Nishta) selbst Nirvikalpa. In diesem Zustand gibt es keine Zweifel. Man wird nicht zwischen Alternativen hin- und her-gerissen. Man sieht keine Unterschiede (Víkalpa) mehr. Man ist sich der Wahrheit sicher, weil man sich in Gegenwart der Wirklichkeit weiß. Selbst wenn man handelt, weiß man, dass man im Selbst, dem höchsten Wesen, tätig ist. (8)

F: Worin besteht der Unterschied zwischen Tiefschlaf, Laya (ein Trancezustand, in dem der Geist vorübergehend außer Funktion ist) und Samadhi?

A: Im Tiefschlaf ist der Geist versunken, aber nicht zerstört. Was versunken ist, taucht Wieder auf das kann auch in der Meditation geschehen. Ein vernichteter Geist kann nicht wieder auftauchen. Das Ziel des Yogis muss sein, ihn zu vernichten, statt in Laya zu versinken. Im Frieden der Meditation kann sich manchmal Lava einstellen, aber das genügt nicht. Es muss ergänzt werden durch Übungen, die den Geist auflösen. Einige Menschen sind mit einem läppischen Gedanken in den Yoga-Samadhi eingegangen und nach langer Zeit - und mögen auch Jahrzehnte vergangen sein - mit demselben Gedanken daraus aufgetaucht. Ein solcher Yogi hat seinen Geist nicht ausgelöscht. Die echte Auflösung des Geistes geschieht dadurch, dass man ihn nicht als vom Selbst getrennt erfährt. Selbst jetzt ist kein Geist da. Erkennen Sie das. Wie sollen Sie das tun, wenn nicht bei den Alltagsaktivitäten, die automatisch erfolgen. Erkennen Sie, dass der Geist, der diese auszuführen meint, nicht Wirklich ist, sondern nur ein Phantom, das aus dem Selbst entsteht. Nur so kann der Geist zerstört werden. (9)

F: Kann der Meditierende durch äußere Störungen im Nirvikalpa-Samadhi gestört werden? Mein Freund und ich sind uns über diesen Punkt nicht einig.

A: Sie haben beide recht. Einer bezieht sich auf Kevala- und der andere auf Sahaja-Samadhi. In beiden Fällen ist der Geist in der Seligkeit des Selbst versunken. Beim ersteren können äußere Störungen den Meditierenden beeinflussen, weil der Geist noch nicht völlig abgestorben ist. Er ist noch vorhanden und kann, wie nach dem Tiefschlaf, jederzeit Wieder aktiv werden. Es ist wie bei einem Eimer, der im Wasser versunken ist, aber an einem Seil herausgezogen werden kann, das noch an ihm befestigt ist. Im Sahaja ist der Geist völlig im Selbst versunken wie ein Eimer, der mitsamt dem Seil in der Tiefe des Brunnens ruht. Im Sahaja ist nichts zurückgeblieben, das gestört oder in die Welt zurückgerufen werden kann. Die Aktivitäten geschehen dann wie bei einem Kind, das im Schlaf die Muttermilch trinkt und nichts davon weiß. (10)

F: Wie kann man in einem solchen Zustand in der Welt tätig sein?

A: Wer sich an Meditation gewöhnt hat und die Seligkeit der Meditation genießt, wird den Samadhi-Zustand auch bei äußerer Tätigkeit nicht verlieren, gleich welche Gedanken sich einstellen, Das ist Sahaja-Nirvikalpa. (1 1)

Sahaja-Nirvikalpa ist Nasa (völlige Auslöschung des (Geistes), während Kevala-Nirvikalpa Lava ist. Lava ist ein vorübergehendes Aussetzen des Geistes. In diesem Zustand muss der Geist von Zeit zu Zeit wieder unter Kontrolle gebracht werden. Wird der Geist jedoch ausgelöscht, wie beim Sahaja-Samadhi, wird er sich nie wieder erheben. Was von solchen Menschen getan wird, ist völlig absichtslos, sie fallen nie wieder von dieser hohen Stufe herab.

Wer sich in Kevala-Nirvikalpa-Zustand befindet, ist noch nicht verwirklicht, er ist noch Suchender. Wer sich im Sahaja-Nirvikalpa-Zustand befindet, ist wie ein Licht an einem windstillen Ort oder wie der Ozean ohne Wellen, es ist keine Bewegung in ihm. So jemand kann nichts finden, was von ihm verschieden wäre. Wer diesen Zustand nicht erreicht hat, alles für von ihm selbst verschieden. (I2)

F: Ist die Erfahrung im Kevala-Nirvikalpa dieselbe wie im Sahaja, obwohl man von dort wieder in die relative Welt herabkommt?

A: Es gibt weder ein Herabkommen noch ein Hinaufgehen- derjenige, der hinaufsteigt oder herunterfällt, ist nicht wirklich. In Kevala-Nirvikalpa gibt es noch den geistigen Eimer unter Wasser, der jeden Augenblick heraufgezogen werden kann. Sahaja ist wie ein Fluss, der in den Ozean eingemündet ist, aus dem er nicht wiederkehrt. Warum stellen Sie all diese Fragen? Üben Sie weiter, bis Sie selbst die Erfahrung machen. (13)

F: Welchen Nutzen hat man von Samadhi, und hört das Denken dann auf?

A: Nur Samadhi kann die Wahrheit enthüllen. Denken deckt einen Schleier über die Wirklichkeit, und sie kann in anderen Zuständen als Samadhi nicht verwirklicht werden. Im Samadhi existiert nur das Gefühl «Ich bin» und keine Gedanken. Die Erfahrung «lch bin» ist Stillsein.

F: Wie kann ich die Erfahrung von Samadhi oder Stille, die ich in Ihrer Gegenwart mache, wiederholen?

A: Ihre gegenwärtige Erfahrung beruht auf dem Einfluss der Atmosphäre, in der Sie sich befinden. Diese Erfahrung stellt sich in unregelmäßigen Abständen ein. Bis sie bleibend geworden ist, müssen Sie üben. (14)

F: Ist Samadhi eine Erfahrung von Stille oder Frieden?

A: Nur die ruhige Klarheit, die keine mentale Aufregung kennt, ist ein Samadhi, der die Basis für die Befreiung ist. Durch den ernsthaften Versuch, die geistigen Aufregungen zu überwinden, erfahrt man, dass Samadhi das friedvolle Bewusstsein und die innere Klarheit ist. (15)

F: Worin besteht der Unterschied zwischen innerem und äußerem Samadhi?

A: Äußerer Samadhi ist das Festhalten an der Wirklichkeit, während man der Welt zuschaut, ohne innerlich auf sie zu reagieren. Es ist die Stille eines wellenlosen Ozeans. Der innere Samadhi bedeutet Verlust des Körperbewusstseins.

F: Mein Geist versinkt auch nicht für eine Sekunde in diesem Zustand.

A: Eine starke Überzeugung, das Selbst zu sein, das über den Geist und die Erscheinungswelt hinausgeht, ist notwendig.

F: Trotzdem erweist sich der Geist als ein unüberwindliches Hindernis bei dem Versuch, im Selbst zu versinken.

A: Was macht es, ob der Geist aktiv ist? Er ist nur ein Ableger des Selbst. Halten Sie sich an das Selbst, auch während Ihr Geist aktiv ist. (16)

F: In einem Buch von Romain Rolland über Ramakrishna habe ich gelesen, Nirvikalpa-Samadhi sei eine schreckliche Erfahrung. Ist Nirvikalpa Wirklich so schrecklich? Unterwerfen wir uns dieser mühsamen Übung der Meditation, Läuterung und Selbstdisziplinierung nur, um in einem Zustand des Schreckens zu enden? Werden wir dann zu lebenden Leichnamen?

A: Die Menschen haben alle möglichen Vorstellungen von Nirvikalpa. Warum von Romain Rolland sprechen? Wenn schon diejenigen, denen die ganze Tradition der Upanischaden und des Vedanta zur Verfügung steht, phantastische Vorstellungen von Nirvikalpa haben, braucht man sich nicht zu wundern, wenn westliche Menschen ähnliche Vorstellungen haben. Einige Yogis fallen durch Atemübungen in einen Trancezustand, noch tiefer als traumloser Schlaf, in dem sie nichts mehr wahrnehmen, und sie verherrlichen das als Nirvikalpa. Andere glauben, dass sie ein völlig anderes Wesen werden, wenn sie einmal in Nirvikalpa eintauchen. Noch andere glauben, dass Nirvikalpa nur in einer Trance erreichbar ist, in der das Bewusstsein der Welt völlig ausgelöscht ist, wie in einem Anfall von Bewusstlosigkeit. All das entsteht durch ihre intellektuelle Betrachtung.

Nirvikalpa ist Chit - formloses, absolutes Bewusstsein. Wie entsteht der Schrecken, und was ist geheimnisvoll daran, man selbst zu sein? Für einige Menschen, deren Geist durch langes Üben in der Vergangenheit geläutert wurde, kommt Nirvikalpa plötzlich wie eine Flut. Andere erlangen es im Verlauf ihrer spirituellen Übungen-Übungen, die langsam die hinderlichen Gedanken abbauen und die Leinwand des reinen Gewahrseins, des «Ich, Ich», enthüllen. Weitere Übungen machen die Leinwand bleibend sichtbar. Das ist Selbstverwirklichung, Mukti oder Sahaja-Samadhi, der natürliche, anstrengungslose Zustand. (17) Bloßes Nichtwahrnehmen der äußeren Unterschiede (Víkalpa) ist nicht wirkliches Nirvikalpa. Das Nichtentstehen von Unterschieden im toten Geist ist echtes Nirvikalpa.

F: Wenn der Geist sich im Selbst aufzulösen beginnt, entsteht häufig ein Gefühl von Furcht.

A: Die Furcht und das Zittern des Körpers, wenn man in Samadhi geht, sind auf das schwache Egobewusstsein Zurückzuführen, das noch verblieben ist. Wenn dies völlig verschwunden ist, ohne eine Spur zu hinterlassen, bleibt man in der Weite des reinen Bewusstseins, wo nur Seligkeit herrscht, und das Zittern hört auf. (18)

F: Ist Samadhi ein seliger oder ekstatischer Zustand?

A: Im Samadhi ist nur vollkommener Friede. Ekstase stellt sich ein, wenn am Ende des Samadhi der Geist wieder zum Leben erwacht und man sich an den Frieden des Samadhi erinnert. Bei der Gottesverehrung kommt die Ekstase zuerst. Sie manifestiert sich in Tränen der Freude, Zu-Berge-Stehen der Haare und Stammeln. Wenn das Ego schließlich stirbt und Sahaja erreicht wird, verschwinden diese Symptome und Ekstasen. (I9)

F: Erlangt man im Samadhi nicht auch übernatürliche Kräfte (Siddhi`s)?

A: Wenn man übernatürliche Kräfte zur Schau stellen will, müssen andere da sein, die sie Wahrnehmen. Das bedeutet, dass derjenige, der sie zur Schau stellt, kein Jnani ist. Diese Kräfte sind nicht wert, einen Gedanken daran zu verschwenden. Es geht einzig darum, Jnana zu suchen und zu erlangen. (2o)

F: In der Mandukya-Upanishad heißt es, dass es ohne Samadhi, die letzte Stufe des Yoga, erreicht zu haben, keine Befreiung (Moksha) geben kann, soviel man auch Meditation (Dhyana) und Askese (Tapas) üben mag. Stimmt das?

A: Richtig verstanden, ist das alles dasselbe. Es besteht kein Unterschied, ob man es Meditation, Askese, Versenkung oder anders nennt. Das, was gleichmäßig ist, ohne Unterbrechung fließend wie ein Faden Öl, ist Askese, Meditation und Versenkung. Das eigene Selbst sein ist Samadhi.

F: Aber die Mandukya-Upanishad sagt, Samadhi müsse erst erfahren werden, bevor Befreiung erlangt werden kann.

A: Und wer sagt, dass das nicht stimmt? Nicht nur die Mandukya, sondern alle alten Schriften sagen das. Aber es ist nur dann echter Samadhi, wenn man sein Selbst erkennt. Was nützt es, nur stillzusitzen wie ein lebloses Objekt? Angenommen, man hat eine Geschwulst an der Hand, die unter Betäubung operiert wird. Dabei spürt man keinen Schmerz, aber heißt das, dass man in Samadhi war? Man muss wissen, was Samadhi ist, und wie kann man das Wissen, ohne das eigene Selbst zu kennen?

Ist das Selbst erkannt, wird automatisch auch Samadhi erkannt. (21)

Samadhi ist der eigene, natürliche Zustand. Er ist der Unterstrom im Wachen, Träumen und Tiefschlaf. Das Selbst ist nicht in diesem Zustand, aber diese Zustände sind im Selbst. Wenn wir im Wachen Samadhi erreichen, wird er auch im Tiefschlaf andauern. Der Unterschied zwischen Bewusstsein und Bewusstlosigkeit gehört in den Bereich des Geistes, der überwunden wird im Stand des wahren Selbst. (22)

F: Man sollte also immer versuchen, Samadhi zu erreichen?

A: Die Weisen sagen, dass der Zustand der Ausgeglichenheit, der frei ist vom Ego, allein Mouna Samadhi (Samadhi des Schweigens) ist und somit der Gipfel der Erkenntnis. Bis man Mouna-Samadhi erreicht hat, den Zustand, in dem man die egolose Wirklichkeit ist, sollte man allein die Auslöschung des Ego suchen. (23)

15. VISIONEN UND ÜBERNATÜRLICHE KRÄFTE

Meditation bringt manchmal ungewöhnliche Nebenwirkungen mit sich. Visionen von Göttern können auftauchen, und manchmal entwickeln sich übernatürliche Kräfte wie Hellsehen und Gedankenlesen. Beide können vorsätzlich erzeugt werden. Konzentration auf ein geistiges Bild kann Visionen erzeugen, besonders wenn die Konzentration von Verehrung begleitet ist oder ein starkes Verlangen nach Visionen besteht. Okkulte Kräfte (Siddhis) lassen sich ebenfalls durch besondere Yoga-Übungen erlangen. In Patañjalis Yoga-Sutra werden verschiedene Übungen aufgeführt, mit denen acht okkulte Kräfte entwickelt werden können, angefangen vom Unsichtbarwerden bis zur Fähigkeit, auf dem Wasser zu gehen.

Ramana hat seine Schüler stets davor gewarnt, Visionen oder Siddhi's zu suchen, weil sie Produkte des Geistes seien und die Selbstverwirklichung eher hinderten als förderten. Wenn Visionen sich spontan einstellten, bestätigte er manchmal, dass sie ein Zeichen von Fortschritt seien, pflegte aber hinzuzufügen, sie seien nur vorübergehende Erfahrungen des Geistes und «unterhalb der Stufe der Selbstverwirklichung». (1)

Wenn Siddhis spontan auftauchten, zeigte er die Gefahr auf, ihnen verhaftet zu sein und erklärte, dass solche Kräfte eher das Ego aufblasen als auslöschen. Er wies darauf hin, dass das Streben nach Siddhis und das Streben nach Selbstverwirklichung einander ausschließen

Das Selbst ist das vertraute, innere Wesen, während die Siddhis etwas Fremdes sind. Siddhis werden durch Anstrengungen erlangt, das Selbst nicht. Die Kräfte werden vom Geist gesucht, der angespannt bleiben muss, während das Selbst nur verwirklicht wird, wenn der Geist verschwunden ist. Die Kräfte manifestieren sich nur wenn es auch ein Ego` gibt. Das Selbst ist jenseits des Egos und wird nur erkannt, wenn das Ego ausgelöscht ist. (2)

F: Ich habe Bhagavan bereits erzählt, dass ich eine Vision von Shiva hatte, als ich

zum Hinduismus übertrat. Eine gleiche Erfahrung machte ich noch einmal. Diese Visionen sind vorübergehend, aber voller Seligkeit. Wie kann man sie dauernd machen? Ohne Shiva ist alles leblos für mich. Ich bin so glücklich, wenn ich an ihn denke. Bitte sagen Sie mir, wie diese Vision für mich dauernd werden kann.
A: Sie sprechen über eine Vision von Shiva. Eine Vision bezieht sich stets auf ein Objekt. Das impliziert die Existenz eines Subjekts. Der Wert der Vision ist derselbe wie der des Sehers, das heißt das Wesen der Vision liegt auf derselben Ebene, auf der sich der Seher befindet. Erscheinen schließt Verschwinden ein. Was immer erscheint, muss auch verschwinden.

Eine Vision kann nie ewig sein, aber Shiva ist ewig. Damit es eine Vision gibt, muss es jemanden geben, der sie sieht. Der Sehende kann die Existenz des Selbst nicht leugnen. Es gibt keinen Augenblick, in dem das Selbst als Bewusstsein nicht existiert; auch kann der Sehende nie ohne Bewusstsein sein. Dieses Bewusstsein ist das ewige und einzige Sein. Der Sehende kam sich selbst nicht sehen. Kann er seine Existenz leugnen, weil er sich mit den Augen nicht selbst sehen kann wie in einer Vision? Nein. Die direkte Erfahrung (Pratyaksha) ist also kein Sehen, sondern Sein, Sein ist Verwirklichen; darum «Ich bin, der ich bin››. «Ich bin» ist Shiva. Nichts kann ohne Shiva sein. Alles hat sein Sein in und durch Shiva.
Fragen Sie sich deshalb «Wer bin ich? ›› Sinken Sie tief nach innen, und verweilen Sie als das Selbst. Das ist Shiva als Sein. Erwarten Sie keine weiteren Visionen von ihm. Worin besteht der Unterschied zwischen den Objekten, die Sie sehen, und Shiva? Er ist sowohl das Subjekt als auch das Objekt. Sie können ohne Shiva nicht sein, weil er immer hier und jetzt verwirklicht ist. Es stimmt nicht, wenn Sie glauben, ihn nicht verwirklicht zu haben. Das ist das Hindernis für die Verwirklichung Shivas. Geben sie diesen Gedanken auf, und Verwirklichung stellt sich ein.
F. Ja Aber wie kann ich das so schnell wie möglich herbeiführen?
A. Dieser Wunsch von Ihnen ist gerade das, was Verwirklichung verhindert. Gibt es ein Individuum ohne Shiva? Selbst jetzt ist er Sie. Das ist keine Zeitfrage. Die Frage nach Verwirklichung kann sich nur in einem Augenblick der Nichtverwirklichung erheben. Aber wie auch immer: Sie können gar nicht ohne ihn sein. Er ist schon verwirklicht, ist stets verwirklicht und war nie nicht-verwirklicht. (3)
F: Ich erstrebe eine direkte Verwirklichung (Sakshatkara) von Krishna. Was muss ich tun, um sie zu erlangen?
A: Welche Vorstellungen haben Sie von Krishna, und was meinen Sie mit direkter Verwirklichung?
F: Ich meine den Krishna, der in Brindavan lebte, und ich möchte ihn sehen, wie die Gopís (seine Verehrerinnen) ihn gesehen haben.
A: Sie glauben, dass er ein menschliches Wesen oder eins mit menschlicher Form ist, der Sohn von Soundso, während er selbst gesagt hat: «Ich bin im Herzen aller Wesen. Ich bin der Anfang, die Mitte und das Ende aller Lebensformen. ›› Er muss

in Ihnen sein, wie er in allem ist. Er ist Ihr Selbst oder das Selbst Ihres Selbst. Wenn Sie also dieses Selbst verwirklichen, haben Sie die direkte Verwirklichung Krishnas. Die Verwirklichung des Selbst und die von Krishna können nicht etwas Verschiedenes sein. Damit Sie aber Ihren eigenen Weg gehen können, geben Sie sich ganz Krishna hin und überlassen Sie es ihm, die Verwirklichung zu gewähren, die Sie suchen. (4)

F: Ist es möglich, mit Gott (lshvara) zu sprechen, wie Ramakrishna es getan hat?

A: Wenn wir miteinander reden können, warum sollten wir nicht genauso mit Gott reden können?

F: Warum geschieht das nicht mit uns?

A: Es verlangt Läuterung und Stärke des Geistes und Übung in der Meditation.

F: Wird Gott unter diesen Bedingungen offenbar?

A: Solche Manifestationen sind so wirklich wie Ihre eigene Wirklichkeit. Wenn Sie sich also mit dem Körper identifizieren, wie im Wachzustand, sehen Sie die grob materiellen Objekte. Im feinstofflichen Körper des Traumes oder auf der mentalen Ebene sehen Sie entsprechend feinstoffliche Objekte. Wenn keine Identifizierung vorhanden ist, wie im Tiefschlaf, sehen Sie gar nichts. Die wahrgenommenen Objekte stehen in Beziehung zum Zustand des Sehenden. Dasselbe trifft auf die Visionen von Gott zu.

Durch lange Übung erscheint die Gestalt Gottes, über die Sie meditiert haben, im Traum und kann später auch im Wachzustand erscheinen. (5)

F: Viele Besucher erzählen mir, dass sie von Ihnen Visionen oder Gedankenwellen erhalten. Ich bin eineinhalb Monate hier und habe noch keine Erfahrungen dieser Art gemacht. Kommt das, weil ich Ihrer Gnade nicht würdig bin?

A: Visionen und Gedankenwellen sind abhängig vom Geisteszustand. Sie hängen vom Individuum ab und nicht von der universalen Gegenwart. Außerdem sind sie unwichtig. Was zählt, ist innerer Friede. (6)

Was ist Verwirklichung? Ist sie, einen Gott mit vier Händen zu sehen, der eine Muschel, ein Rad und eine Keule trägt? Selbst wenn Gott in dieser Form erscheinen würde, würde dadurch die Nichterkenntnis des Schülers ausgelöscht? Die Wahrheit muss dauernde Verwirklichung sein. Die direkte Wahrnehmung ist immer gegenwärtige Erfahrung. Gott wird erkannt, wenn er direkt wahrgenommen wird. Das bedeutet nicht, dass er in einer besonderen Form vor dem Verehrer er-scheint. Wenn die Verwirklichung nicht dauernd ist, ist sie zu nichts nütze. Kann eine Erscheinung Gottes mit vier Händen Verwirklichung sein? Es ist doch bloße Erscheinung und Täuschung. Es muss ein Sehender vorhanden sein, und dieser allein ist wirklich und ewig. Und wenn Gott als das Licht von tausend Sonnen erschiene, wäre das direkte Erfahrung? Um eine Vision von Gott haben zu können, sind Augen und der Geist erforderlich. Das ist indirekte Erkenntnis, während der Sehende direkte Erfahrung ist. Der Sehende allein ist Prabyaksha. (7)

F: Die Menschen sprechen von Vaikuntha, Kaílása, Indraloka, Chandraloka [ver-
schiedene «Himmel›› der Hindu-Kosmologie. Existieren sie wirklich?
A: Gewiss, Sie können sicher sein, dass sie alle existieren. Auch dort sitzt ein
Swami wie ich auf der Couch, und Schüler sitzen um ihn herum. Sie werden etwas
fragen, und er wird etwas antworten. Alles wird mehr oder weniger so wie hier sein.
Was bedeutet das? Wenn man Chandraloka sieht, wird man nach Indraloka verlangen, dann nach Vaikuntha und Kaílása, und der Geist wird immer weiterwandern.
Wo ist da Frieden? Wenn man Frieden (Shánti) sucht dann ist Selbstergründung die
einzig richtige Methode. Durch Selbstergründung ist Selbstverwirklichung möglich.
Wenn man das Selbst verwirklicht, kann man all diese Welten im eigenen Selbst
sehen. Die Quelle von allem ist das eigene Selbst, und wenn man es verwirklicht,
findet man nichts, was vom Selbst verschieden wäre. Dann stellen sich diese Fragen
nicht mehr. Es mag Vaikuntha oder Kaílása geben oder nicht, aber es ist eine Tatsache, dass Sie hier sind. Stimmt das nicht? Warum sind Sie hier? Wo sind Sie? Wenn
Sie alles über sich selbst wissen, dann können Sie an all diese Welten denken. (8)
F: Sind die Siddhis, die in Patañjalis Sutra erwähnt werden, echt oder nur Träume
von ihm?
A: Wer Brahman oder das Selbst ist, für den haben Siddhis keine Bedeutung. Pa-
tañjali selbst sagt, dass sie vom Geist angewendet werden und der Selbstverwirkli-
chung im Wege stehen.
F: Was ist mit den Kräften der sogenannten Übermenschen?
A: Ob Kräfte groß oder klein sind, ob im Geist oder im Überbewusstsein - sie exis-
tieren nur in Relation zum Besitzer der Kräfte. Finden Sie heraus, wer das ist. (9)
F: Sollte man auf spirituellem Weg Siddhis erlangen, oder stehen sie der Befreiung
entgegen?
A: Die höchste Siddhi ist die Selbstverwirklichung, denn wenn man einmal die
Wahrheit erfahren hat, wird man vom Weg der Nichterkenntnis nicht mehr angezo-
gen.
F: Welchen Nutzen haben dann die Siddhis?
A: Es gibt zwei Arten von Siddhis, und eine Art ist ein Stolperstein auf dem Weg
zur Verwirklichung. Man sagt, dass durch ein Mantra, durch Drogen, die okkulte
Kräfte besitzen, durch harte Askese oder durch eine gewisse Samadhi-Art Kräfte
erworben werden können. Diese sind aber kein Mittel zur Selbsterkenntnis, denn
selbst wenn man sie erlangt hat, kann man in Unwissenheit verbleiben.
F: Was ist die andere Art?
A: Es sind Manifestationen von Kraft und Erkenntnis, die ganz natürlich sind, wenn
man das Selbst verwirklicht hat. Es sind Siddhis, die sich durch die normale und
natürliche spirituelle Praxis des Menschen einstellen, der das Selbst erreicht hat. Sie
kommen von selbst, sie sind von Gott gegeben. Ob sie kommen oder nicht, lässt den
Jñåni, der im höchsten Frieden lebt, unberührt. Denn er kennt das Selbst, und das ist

die unerschütterliche Siddhi. Aber diese Siddhis stellen sich nicht ein, wenn man sie sucht. Wenn Sie sich im Zustand der Verwirklichung befinden, werden Sie wissen, was diese Kräfte sind. (10)

F: Benutzt der Heilige okkulte Kräfte, um andere das Selbst erkennen zu lassen, oder genügt dazu die Tatsache seiner Selbstverwirklichung?

A: Die Kraft seiner Selbstverwirklichung ist viel stärker als alle anderen Kräfte. (11)

Auch wenn es viele und unterschiedliche Siddhis gibt, ist Jñåna die höchste unter ihnen, weil diejenigen, die andere Siddhis erlangt haben, noch nach Jñåna verlangen. Wer aber Jñåna erreicht hat, verlangt nicht mehr nach anderen Siddhis. Streben Sie deshalb nur nach Jnana. (12)

Obgleich die Kräfte für diejenigen, die sie nicht besitzen, wunderbar erscheinen, sind sie doch nur vergänglich. Es ist nutzlos, nach etwas zu streben, was vergänglich ist. All diese Wunder sind in dem einen, wandellosen Selbst enthalten. (13)

Gott, der bereit ist, sich selbst zu geben, gierig um wertlose okkulte Kräfte zu bitten, ist, als wollte man von einem freigebigen Philanthropen, der bereit ist, alles zu geben, abgestandenen, wertlosen Haferbrei erbitten.

Im Herzen, das Feuer gefangen hat durch die Flammen höchster Gottesverehrung, finden sich alle okkulten Kräfte zusammen. Aber der Verehrer, dessen Herz Gott vollkommen zu Füßen liegt, hat kein Verlangen mehr nach solchen Siddhis. Wenn Strebende, die Anstrengungen auf dem Weg zur Befreiung machen, sich nach okkulten Kräften sehnen, wird ihre Verhaftung nur noch größer, und ihr Ego wird immer mehr aufgeputzt.

Die Erlangung (Siddhi) des Selbst, das das vollkommene Eine, die Befreiung ist, ist die einzig wahre Erkenntnis, während alle anderen Arten von Siddhis Täuschungen der Vorstellungskraft eines törichten Geistes sind. (14)

Menschen sehen viele Dinge, die wesentlich geheimnisvoller sind als die sogenannten Siddhis, aber sie wundern sich nicht darüber, weil sie täglich vorkommen. Wenn ein Mensch geboren wird, ist er ein winziges Wesen, aber dann wächst er heran und wird ein Ringkämpfer, ein Weltberühmter Künstler, ein Politiker oder ein Weiser. Die Menschen betrachten das nicht als Wunder, sind aber überwältigt, wenn man eine Leiche zum Sprechen bringt. (15)

F: Ich beschäftige mich seit über zwanzig Jahren mit Metaphysik, habe aber keinerlei neuartige Erfahrungen gemacht, wie viele andere von sich behaupten. Ich habe weder Hellsichtigkeit noch andere übersinnliche Fähigkeiten erlangt. Ich fühle mich in diesem Körper eingeschlossen, und das ist alles.

A: Das stimmt. Es gibt nur eine Wirklichkeit, und die ist das Selbst. Der ganze Rest ist nur eine Erscheinung im Selbst, vom Selbst und durch das Selbst. Der Sehende die Objekte und das Sehende sind alle nur das Selbst. Kann irgendjemand sehen oder hören ohne das Selbst? Worin besteht der Unterschied, ob man jemanden von

nahem oder über große Entfernungen sieht oder hört? In beiden Fällen sind die
Seh- und Hörorgane und der Geist notwendig. Auf beide kann man nicht verzichten.
Warum also so viel Aufheben von Hellsichtigkeit und dergleichen machen?
Was erlangt werden kann, kann außerdem auch wieder verlorengehen. Es kann nicht
von Dauer sein. (I6)
F: Ist es nicht gut, Kräfte wie Telepathie zu erlangen?
A: Telepathie oder Radio lässt uns etwas aus der Ferne hören und sehen. Es bleibt
beim hören und Sehen. Oh es aus der Nähe oder Ferne kommt, macht für den hören-
den keinen Unterschied. Der wesentliche Faktor ist der Hörende, das Subjekt. Ohne
ihn gibt es kein Hören oder Sehen; diese sind Funktionen des Geistes. Die okkulten
Kräfte sind also nur im Geist vorhanden. Sie gehören nicht natürlich zum Selbst.
Was nicht natürlich, sondern erworben ist, hat keine Dauer, und es lohnt nicht, danach zu streben.
Diese Siddhis sind gesteigerte Kräfte. Ein Mensch besitzt begrenzte Kräfte und
leidet darunter. Deshalb versucht er, seine Kräfte zu steigern, um glücklich zu sein.
Aber wird er das dadurch? Wenn man schon bei begrenzter Wahrnehmungsfähigkeit unglücklich ist, muss das Leid mit zunehmender Wahrnehmungsfähigkeit wachsen. Okkulte Kräfte machen niemanden glücklich, sondern werden uns nur unglücklicher machen.
Außerdem, was nützen Kräfte? Der Okkultist will seine Siddhis zur Schau stellen,
damit andere ihn bewundern. Er sucht Anerkennung, und wenn er die nicht findet,
ist er unglücklich. Er braucht andere, die ihn bewundern. Vielleicht trifft er ja auch
auf einen anderen, der ebensolche Kräfte besitzt. Das verursacht Neid und Unzufriedenheit.
Was ist wahre Kraft? Besteht sie in der Vermehrung von Wohlstand oder von Frieden? Was Frieden bringt, ist die vollkommenste Kraft. (17)

16. PROBLEME UND MEDITATIONSERFAHRUNGEN

Körperlicher Schmerz und Unbehagen, geistige Verwirrung, Gefühlsschwankungen
und gelegentliche Zwischenspiele seligen Friedens werden häufig als Nebenprodukt
spiritueller Übungen erfahren. Solche Manifestationen mögen nicht so dramatisch
sein wie die in den vorherigen beiden Kapiteln erwähnten, aber sie erscheinen von
großem Interesse für die Menschen, die sie erleben. Sie werden gewöhnlich als
Meilensteine oder Hindernisse auf dem Weg zum Selbst betrachtet, und je nach der
gewählten Interpretation werden große Anstrengungen gemacht, sie zu verlängern
oder auszumerzen.
Ramana neigte dazu, die Bedeutung der meisten spirituellen Erfahrungen herun-
terzuspielen, und wenn sie ihm berichtet wurden, betonte er, dass es wichtiger sei,
des Erfahrenden gewahr zu sein als in den Erfahrungen, zu schwelgen oder sie zu
analysieren Er gab manchmal Erklärungen über die Ursache solcher Erfahrungen

und bewertete sie gelegentlich als nützlich oder hinderlich für die Verwirklichung von Selbst-Gewahrsein, aber im allgemeinen warnte er davor, sich für sie zu interessieren.

Er kam seinen Schülern stärker entgegen, wenn sie seinen Rat erbaten zu Problemen, die während ihrer Meditation auftraten. Er lauschte geduldig ihren Beschwerden, gab konstruktive Lösungsvorschläge für ihre Probleme, und wenn er es für angebracht hielt, versuchte er zu zeigen, dass vom Standpunkt des Selbst die Probleme alle nicht existieren.

F: Man erlebt gelegentlich das Aufblitzen eines Bewusstseins, dessen Zentrum außerhalb des normalen Selbst liegt und allumfassend zu sein scheint. Ich bitte Bhagavan um Rat, wie ich dieses seltene Aufblitzen wiedererlangen, erhalten und ausdehnen kann. Erfordern die spirituellen Übungen, die nötig sind, um solche Erfahrung zu machen, dass man sich aus der Welt zurückzieht?

A: Sie sagen «außerhalb». Für wen gibt es Innen oder Außen? Sie existieren nur so lange, wie es Subjekt und Objekt gibt. Für wen existieren diese beiden wiederum? Wenn Sie nachforschen, wird sich herausstellen, dass das Objekt sich im Subjekt auflöst. Finden Sie heraus, wer das Subjekt ist, und diese Ergründung führt Sie zum reinen Bewusstsein jenseits des Subjekts.

Sie sagen «normales Selbst» das ist der Geist. Der Geist hat Grenzen. Aber reines Bewusstsein liegt jenseits von Begrenzungen und wird erreicht durch Ergründung des «Ich».

Sie sagen «erlangen»; das Selbst ist immer da. Sie brauchen nur den Schleier zu beseitigen, der die Offenbarung des Selbst verhindert.

Sie sagen «erhalten»; wenn das Selbst einmal verwirklicht wird, ist es Ihre direkte und unmittelbare Erfahrung. Sie geht nie mehr verloren.

Sie sagen «ausdehnen»; es gibt keine Ausdehnung des Selbst, denn es ist immer, was es ist, ohne Zusammenziehung oder Ausdehnung.

Sie sprechen vom «Zurückziehen»; im Selbst verweilen ist Einsamkeit, denn nichts ist außerhalb des Selbst. Zurückziehen heißt, dass man sich von einem Ort oder Zustand zu einem anderen zurückzieht. Es gibt weder das eine noch das andere getrennt vom Selbst. Da alles das Selbst ist, ist es unmöglich, sich zurückzuziehen.

Sie sprechen von «spirituellen Übungen» (Abhyasa); Abhyasa besteht nur darin, das zu verhindern, was den innewohnenden Frieden stört. Sie befinden sich stets in Ihrem natürlichen Zustand, ob Sie spirituelle Übungen machen oder nicht. Zu bleiben, was Sie sind, ohne Fragen oder Zweifel, ist Ihr natürlicher Zustand.

F: Es gibt Zeiten, in denen Menschen und Dinge eine fast durchsichtige Form annehmen, wie in einem Traum. Man hört auf, sie von außen zu beobachten, und ist sich ohne ein aktives Selbstbewusstsein passiv ihrer Existenz bewusst. Es herrscht eine tiefe Stille im Geist. Ist der Geist zu solchen Zeiten reif, in das Selbst einzutauchen? Oder ist das ein ungesunder Zustand, das Resultat einer Selbsthypnose? Ist so etwas als Mittel zur Erlangung von vorübergehendem Frieden zu begrüßen?

A: Da ist also Bewusstheit bei gleichzeitiger Stille des Geistes. Dies ist genau der Zustand, den man erreichen soll. Dass die Frage sich auf diesen Punkt bezieht, ohne zu erkennen, dass dies das Selbst ist, zeigt, dass dieser Zustand instabil ist und nicht andauert.

Das Wort «eintauchen›› ist nur angebracht, wenn man den Geist nach innen lenken muss, um die Ablenkungen durch nach außen gehende Neigungen zu verhindern. Zu solchen Zeiten muss man unter die Oberfläche der äußeren Erscheinungen hinabtauchen. Wenn aber tiefe Stille herrscht, die die Bewusstheit nicht beeinträchtigt, besteht keine Notwendigkeit zum Tauchen. (2)

F: Wenn ich meditiere, spüre ich manchmal eine gewisse Seligkeit. Sollte ich mich dann fragen «Wer erfährt diese Seligkeit? ››

A: Wenn die wirkliche Seligkeit des Selbst erfahren wird, wenn also der Geist wirklich im Selbst aufgegangen ist, wird sich ein solcher Zweifel nicht einstellen. Die Frage zeigt, dass wirkliche Seligkeit nicht erlangt wurde. Alle Zweifel verschwinden, wenn der Zweifelnde und seine Quelle gefunden sind. Es nützt nichts, einen Zweifel nach dem anderen zu beseitigen. Haben wir einen beseitigt, taucht schon der nächste auf, und die Zweifel nehmen kein Ende. Wenn man aber die Quelle des Zweifelnden sucht, findet man, dass er gar nicht existiert, und dann sind alle Zweifel verschwunden.

F: Manchmal höre ich innere Klänge. Was soll ich tun, wenn das geschieht?

A: Was immer geschieht, bleiben Sie bei der Ergründung des Selbst und fragen Sie, wer diese Klänge hört, bis die Wirklichkeit erreicht ist. (3)

F: Manchmal fühle ich Seligkeit bei der Meditation, und mir kommen die Tränen, manchmal aber auch nicht. Warum?

A: Seligkeit ist immer vorhanden und nichts, was kommt und geht. Was kommt und geht, ist eine Schöpfung des Geistes, und Sie sollten sich nicht darum kümmern.

F: Die Seligkeit verursacht eine physische Erregung im Körper, wenn sie aber verschwindet, fühle ich mich niedergeschlagen und wünsche mir wieder eine solche Erfahrung. Warum?

A: Sie geben zu, dass Sie da Waren, sowohl als der selige Zustand erfahren wurde, als auch, als er nicht erfahren wurde. Wenn Sie dieses «Sie›› richtig erkennen, haben diese Erfahrungen keine Bedeutung.

F: Um diese Seligkeit erfahren zu können, muss doch etwas da sein, das man erfassen kann.

A: Wenn Sie etwas anderes erfassen wollen, muss eine Dualität vorhanden sein; aber was vorhanden ist, ist nur das Selbst und keine Dualität. Darum: Wer soll was erfassen? Und was ist es, das erfasst werden soll? (4)

F: Wenn ich bei meiner Übung (Sadhana) den gedankenfreien Zustand erreiche, spüre ich eine gewisse Freude, aber manchmal auch eine Furcht, die ich nicht genau beschreiben kann.

A: Sie mögen vieles erfahren, sollten sich aber nie damit zufriedengeben. Ob Sie Freude oder Angst verspüren. Sie müssen mit ihrer Übung fortfahren, bis Freude und Angst überwunden sind, bis alle Dualität aufhört und nur die Wirklichkeit zurückbleibt.

Es ist nichts falsch daran, dass Dinge geschehen oder Sie so etwas erfahren, aber Sie dürfen nicht dabei verweilen. Sie dürfen zum Beispiel nie damit zufrieden sein, wenn Sie die Freude von Laya (zeitweiliges Aussetzen des Geistes) erfahren, sondern müssen fortfahren, bis alle Dualität aufhört. (5)

F: Wie wird man die Angst los?

A: Was ist Angst? Angst ist nur ein Gedanke. Gäbe es etwas neben dem Selbst, dann bestände Grund zur Angst. Wer sieht die Dinge vom Selbst getrennt? Zuerst entsteht das Ego und sieht Objekte als etwas Äußerliches an. Wenn kein Ego entsteht, existiert nur das Selbst, und es gibt nichts Äußeres. Damit es etwas außerhalb von uns geben kann, muss es den Sehenden im Inneren geben. Suchen wir jenen dort, verschwinden Zweifel und Angst. Nicht nur die Angst verschwindet dann, sondern alle anderen Gedanken, die sich um das Ego drehen, verschwinden mit ihr. (6)

F: Wie kann man die schreckliche Todesangst überwinden?

A: Wann ergreift Sie die Angst? Kommt sie, wenn Sie Ihren Körper nicht sehen wie im Tiefschlaf? Sie überfällt Sie nur, wenn Sie «wach» sind und die Welt einschließlich Ihres Körpers wahrnehmen. Wenn Sie diese nicht sehen und als reines Selbst verweilen wie im Tiefschlaf, kann keine Angst Sie berühren. Wenn Sie die Angst auf das Objekt zurückfuhren, dessen drohender Verlust sie ausgelöst hat, werden Sie finden, dass das Objekt nicht der Körper ist, sondern der Geist, der in ihm tätig ist. Viele Menschen wären froh, wenn sie ihren kranken Körper mit all dem Ungemach, das er ihnen bereitet, aufgeben könnten, wenn ihnen nur das Fortbestehen des Gewahrseins garantiert würde. Sie fürchten nicht den Verlust des Körpers, sondern den Verlust des Bewusstseins. Der Mensch liebt die Existenz, weil sie ewiges Gewahrsein ist, sein eigenes Selbst. Warum nicht schon jetzt im Körper an diesem reinen Gewahrsein festhalten und frei sein von aller Furcht? (7)

F: Wenn ich versuche, ohne Gedanken zu sein, schlafe ich ein. Was kann ich dagegen tun?

A: Wenn Sie einmal eingeschlafen sind, können Sie nichts mehr dagegen tun. Aber versuchen Sie, alle Gedanken fernzuhalten, solange Sie wach sind. Warum an Schlaf denken? Auch das ist ein Gedanke. Wenn Sie in der Lage sind, beim Wachsein ohne Gedanken zu bleiben, genügt das. Wenn Sie diesen Zustand vor dem Einschlafen erreichen, wird er auch andauern, wenn Sie aufwachen. Sie werden dort weitermachen, wo Sie eingeschlafen sind. Solange es Gedanken an Aktivität gibt, gibt es auch Schlaf. Gedanken und Schlafsind die zwei Seiten ein und derselben Sache.

Wir sollten weder zu viel noch zu wenig schlafen, sondern mäßig. Um zu viel Schlaf zu vermeiden, müssen wir das Denken oder Chalana (Bewegung des Geistes) reduzieren, nur sattvische Nahrung zu uns nehmen, und zwar in Maßen, und nicht zu viel körperliche Aktivität entwickeln. Je mehr wir Denken Aktivität und Nahrungsaufnahme beherrschen, um so mehr können wir den Schlaf beherrschen. Aber, wie die Gita sagt, Mäßigkeit muss für den Strebenden die Regel sein. Schlaf ist, wie die Schriften sagen, das erste Hindernis für den Übenden (Sadhak). Das zweite Hindernis sind die Sinnesobjekte (Vikshepa), die uns ablenken. Das dritte sind Gedanken an frühere Erfahrungen mit Sinnesobjekten (Kashaya). Das vierte ist Seligkeit (Ananda); sie kann ebenfalls ein Hindernis genannt werden, weil in dem Zustand ein Gefühl des Getrenntseins von der Quelle der Seligkeit besteht, weshalb der Genießende sagen kann «Ich genieße Seligkeit»>. Auch das muss überwunden werden. Der höchste Samadhi-Zustand muss erreicht werden, indem man zur Seligkeit wird oder eins mit der Wirklichkeit. In diesem Zustand verschwindet die Dualität von Genießer und Genuss im Ozean von Sat-Chit-Ananda. (8)

F: Man sollte also nicht versuchen, selige oder ekstatische Zustände zu verlängern?

A: Das letzte Hindernis bei der Meditation ist Ekstase. Man empfindet Seligkeit und Glück und möchte darin verbleiben. Verfallen sie dem nicht, sondern gelangen sie zur nächsten Stufe der großen Stille. Diese ist höher als Ekstase und geht in Samadhi über. Erreichen Sie echten Samadhi, dann herrscht ein Zustand wachen Schlafs vor. In diesem 7.ustand wissen Sie, dass Sie immer Bewusstsein sind, denn Bewusstsein ist Ihre Natur. Tatsächlich ist man stets im Samadhi, aber man weiß es nicht. (Auch Buddha hatte mehrmals gesagt das Wir-Du-Ich-schon immer im Nirvana sind-oder er sagte auch-Alles was ich durch Meditation erreicht hatte, verwirklicht hatte, das war ich schon immer. W.Schorat) Um es zu erkennen, braucht man nur die Hindernisse wegzuräumen. (9)

F: Durch Gedichte, Musik, Japa, Bhajana (Hymnen der Gottesverehrung), den Anblick schöner Landschaften und spirituelle Schriften erlebt man manchmal einen Hauch der all-durchdringenden Einheit. Ist jenes Gefühl tiefer, seliger Stille, in dem das persönliche Ich keinen Platz hat, dasselbe wie das Eintreten ins Herz, von dem Bhagavan spricht? Werden diese Dinge zu einem tieferen Samadhi fuhren und schließlich zur vollen Schau der Wirklichkeit?

A: Es macht glücklich, wenn dem Geist angenehme Dinge dargeboten Werden. Es ist das dem Selbst innewohnende Glück, und es gibt kein anderes Glück. Es ist nicht fremd und weit entfernt. Sie tauchen bei solchen Gelegenheiten ein in das Selbst und erleben die dort vorhandene Seligkeit. Aber die Verbindung mit Vorstellungen überträgt die Seligkeit auf andere Dinge und Ereignisse, während in Wirklichkeit diese Seligkeit in Ihnen ist. Bei diesen Gelegenheiten tauchen Sie, wenn auch unbewusst, in das Selbst ein. Wenn Sie das bewusst tun, mit der Überzeugung, die aus der Erfahrung stammt, dass Sie identisch sind mit dem Glück, das das wahre Selbst, die eine Wirklichkeit ist, nennen Sie es Verwirklichung. Ich möchte, dass sie bewusst in das Selbst, das das Herz ist, eintauchen. (10)

F: Ich habe fast zwanzig Jahre Sadhana gewidmet und sehe keinen Fortschritt. Was soll ich tun? Von fünf Uhr morgens an konzentriere ich mich auf den Gedanken, dass nur das Selbst Wirklich ist und alles andere unwirklich. Obgleich ich das zwanzig Jahre lang getan habe, kann ich mich nur für zwei oder drei Minuten konzentrieren, ohne dass meine Gedanken wandern.

A: Es gibt keinen anderen Weg, als den Geist zurückzuholen, wenn er nach außen strebt, und ihn im Selbst ruhen zu lassen. Es besteht keine Notwendigkeit für Meditation oder Mantra oder Japa, weil diese unser wahres Wesen sind. Alles, was not tut, ist das Aufhören von Denken an Objekte, die nicht das Selbst sind. Meditation ist nicht so sehr Denken an das Selbst, als vielmehr ein Aufhören des Denkens an das Nicht-Selbst. Wenn Sie aufhören, an äußere Objekte zu denken, und ihren Geist daran hindern, nach außen zu gehen, indem Sie ihn nach innen auf das Selbst richten, dann bleibt nur das Selbst zurück.

F: Was soll ich tun, um die Anziehung dieser Gedanken und Wünsche zu überwinden? Wie soll ich mein Leben disziplinieren, um Kontrolle über meine Gedanken zu erlangen?

A: je mehr Sie sich auf das Selbst konzentrieren, um so mehr verschwinden die anderen Gedanken. Der Geist ist nichts als ein Bündel von Gedanken, und der Ich-Gedanke ist die Wurzel von ihnen. Wenn Sie dieses «Ich> erfassen und herausfinden, woher es kommt, lösen sich alle Gedanken im Selbst auf.

Disziplinierung des Alltags wie das Aufstehen zu einer bestimmten Zeit, baden, Japa üben und Rituale sind für Menschen, die sich nicht zur Selbstergründung hingezogen fühlen oder dazu nicht in der Lage sind. Wer aber diese Methode Selbstergründung anwenden kann, für den sind alle Regeln und Übungen Überflüssig

F: Warum kann der Geist trotz wiederholter Versuche nicht nach innen gerichtet werden?

A: Es geschieht durch Übung und Leidenschaftslosigkeit und gelingt nur allmählich. Der Geist, der gleich einer Kuh so lange gewöhnt war, auf fremdem Gebiet zu grasen, ist nicht so leicht im Stall zu halten. So sehr auch der Besitzer der Kuh sie mit frischem Gras und feinem Futter lockt, so weigert sie sich doch beim ersten Mal. Dann nimmt sie ein bisschen davon, aber die Neigung, herumzustrolchen, überwiegt, und sie läuft wieder davon. Von ihrem Besitzer immer wieder mit Futter angelockt, gewöhnt sie sich schließlich an ihren Stall, und selbst wenn sie losgelassen wird, läuft sie nicht mehr davon. Genauso ist es mit dem Geist. Wenn er einmal das innere Glück gefunden hat, wandert er nicht mehr nach außen.

F: Gibt es nicht bei der Kontemplation durch gewisse Umstände Veränderungen?

A: ja, gewiss. Manchmal ist Kontemplation leicht, zu anderen Zeiten trotz wiederholter Versuche unmöglich. Dies ist auf die drei Gunas (Sattva, Rajas und

Tamas) zurückzuführen.

F: Wird die Kontemplation durch eigene Aktivitäten und Umstände beeinflusst?

A: Die können sie nicht beeinflussen. Es ist die Vorstellung, der Handelnde zu sein (Kartríva-Buddhi), die das Hindernis darstellt. (I2)

F: Mein Geist ist zwei oder drei Tage lang klar und wird dann für drei Tage dumpf, und so wechselt es ab. Worauf ist das zurückzuführen?

A: Das ist ganz natürlich. Es ist das Wechselspiel der drei Gunas, von Reinheit (Sattva), Aktivität (Rajas) und Trägheit (Tamas). Kümmern sie sich nicht um die Trägheit, aber wenn Sattva einsetzt, halten Sie daran fest und machen Sie das Beste daraus. (13)

F: Man findet manchmal, dass der Körper es nicht zulässt, ständig in Meditation zu verweilen. Sollte man Yoga üben, um den Körper für diesen Zweck vorzubereiten?

A: Das ist auf die eigenen Samskaras (Veranlagungen) zurückzuführen. Einer wird Hatha-Yoga üben, um die Schwächen seines Körpers zu behandeln, ein anderer vertraut darauf, dass Gott sie beseitigt, ein dritter nutzt dafür seine Willenskräfte und ein vierter macht sich überhaupt nichts daraus. Aber alle werden mit der Meditation weitermachen. Das Wesentliche ist die Suche nach dem Selbst, der Rest ist nur Zubehör. (14)

F: Meine Konzentrationsversuche werden vereitelt durch heftiges Herzklopfen und Atemnot. Dann sprudeln meine Gedanken hervor und werden unkontrollierbar. lm gesunden Zustand bin ich erfolgreicher, und bei tiefer Konzentration kommt mein Atem zum Stillstand. Ich war begierig, mir Bhagavans Gegenwart zunutze zu machen, um ans Ziel meiner Meditation zu gelangen und kam nach vielen Anstrengungen hierher. Ich wurde hier krank. Ich konnte nicht meditieren und fühlte mich deprimiert. Obgleich ich unter Atemnot litt, versuchte ich, mich zu konzentrieren. Obgleich teilweise erfolgreich, bin ich nicht befriedigt. Die Zeit meiner Abreise rückt näher, und ich fühle mich darüber mehr und mehr bedrückt. Ich sehe, dass Menschen in dieser Halle durch Meditation Frieden finden, während ich nicht mit solchem Frieden gesegnet bin. Dies hat eine deprimierende Wirkung auf mich.

A: Dieser Gedanke «Ich kann mich nicht konzentrieren» ist selbst ein Hindernis. Warum sollte der Gedanke entstehen?

F: Kann man vierundzwanzig Stunden am Tag ohne Gedanken bleiben? Sollte ich ohne Meditation auskommen?

A: Und was soll «Stunden›› heißen? Das ist wieder nur eine Vorstellung. Jede Ihrer Fragen ist von einem Gedanken ausgelöst. Lassen Sie sich nicht davon fortreißen, wenn ein Gedanke aufsteigt. Sie werden sich des Körpers bewusst, wenn Sie das Selbst vergessen. Aber können Sie das Selbst vergessen? Da Sie das Selbst sind, wie könnten Sie es vergessen? Es müsste zwei Selbste geben, damit eins das andere vergessen kann. Das ist absurd. Das Selbst ist nicht deprimiert und nicht unvollkommen. Es ist stets glücklich. Das gegenteilige Gefühl ist ein bloßer Gedanke, der

keine wirkliche Kraft hat. Werden Sie die Gedanken los. Warum sollte man meditieren? Da man das Selbst ist, bleibt man stets verwirklicht. Seien Sie nur frei von
Gedanken.

Sie glauben, dass Ihre schwache Gesundheit Ihre Meditation vereitelt. Diese De-
pression muss auf ihren Ursprung zurückgeführt werden, und dieser ist die falsche
Identifizierung des Körpers mit dem Selbst. Nicht das Selbst ist krank, sondern der
Körper. Aber der Körper kommt nicht daher und sagt, dass er von einer Krankheit
befallen ist. Sie sagen das. Warum? Weil Sie sich irrtümlich mit dein Körper identifiziert haben. Der Körper selbst ist ein Gedanke. Seien Sie, was Sie Wirklich sind.
Es besteht kein Grund, deprimiert zu sein.

F.: Angenommen, man wird bei der Meditation durch Mückenstiche gestört. Sollte
man mit der Meditation fortfahren, die Stiche ertragen und die Störung ignorieren,
oder die Mücken vertreiben und dann die Meditation fortsetzen?

A: Was Ihnen am angenehmsten ist. Sie werden nicht deshalb Befreiung erlangen,
weil Sie sie vertrieben haben. Es geht darum, dass der Geist gesammelt und schließlich aufgelöst wird. Ob Sie das durch Ertragen der Mückenstiche erreichen oder
durch Vertreiben der Mücken, bleibt Ihnen überlassen. Wenn Sie völlig in Ihrer Meditation versunken sind, merken Sie nichts von den Mückenstichen. Warum sollten
Sie sie nicht vertreiben, bis Sie diesen Zustand erreicht haben? (16)

F: Man sagt, dass Menschen, die meditieren, neue Krankheiten bekommen. jedenfalls spüre ich Schmerzen im Rücken und auf der Brust. Man sagt, dies sei eine
Prüfung Gottes. Werden Sie das erklären und sagen, ob es stimmt?

A: Es gibt keinen Bhagavan (Gott) außerhalb von Ihnen, und deshalb wird keine
Prüfung auferlegt. Was Sie für eine Prüfung oder eine neue Krankheit halten, die
durch spirituelle Übungen entsteht, sind bloße Spannungen, die sich jetzt auf Ihre
Nerven und die fünf Sinne auswirken. Der Geist, der bislang auf die äußeren Sinnesobjekte ausgerichtet war und eine Verbindung herstellte zwischen sich und den
Wahrnehmungsorganen, ist jetzt gezwungen, diese Verbindung aufzugeben, und
das verursacht natürlich eine Belastung, eine Spannung oder ein Losreißen, das mit
Schmerzen verbunden ist. Einige nennen es eine Krankheit, andere eine Prüfung
Gottes. All diese Schmerzen verschwinden, wenn Sie mit der Meditation fortfahren
und Ihre Gedanken nur auf das Selbst oder die Selbstverwirklichung richten. Es gibt
kein besseres Heilmittel als diesen fortgesetzten Yoga oder die Vereinigung mit Gott
oder dem Atman. Schmerz ist unvermeidbar als Begleiterscheinung beim Aufgeben
langgehegter Denkgewohnheiten (Vasanas). (17)

F: Was ist das beste Mittel, um Wünsche und Denkgewohnheiten loszuwerden - sie
zu befriedigen oder sie zu unterdrücken?

A: Wenn ein Wunsch durch Befriedigung loszuwerden ist, dann schadet es nichts,
ihn zu befriedigen. Aber Wünsche werden gewöhnlich dadurch nicht überwunden.
Der Versuch, sie auf diese Weise auszurotten, ist, als wollte man Feuer mit Benzin

löschen. Gleichzeitig ist aber gewaltsame Unterdrückung auch kein Heilmittel, da solche Unterdrückung früher oder später ein heftiges Aufwallen der Wünsche mit unerwünschten Konsequenzen bewirkt. Der richtige Weg, Wünsche loszuwerden, ist herauszufinden, wer die Wünsche hegt und woher sie stammen. Wenn das herausgefunden ist, sind die Wünsche ausgerottet und tauchen nie Wieder auf. Kleine Wünsche wie Essen, Trinken, Schlafen und sonstige natürliche Bedürfnisse dürfen, obgleich sie als Wünsche bezeichnet werden können, befriedigt werden, da sie keine neuen Neigungen (Vasanas) im Denken schaffen, die eine weitere Geburt notwendig machen. Diese Aktivitäten sind für die Lehenserhaltung notwendig und lassen keine Eindrücke zurück. Als allgemeine Regel kann man sagen, dass es nicht schadet, einen Wunsch zu befriedigen, sofern das nicht durch die Schaffung von Vasanas zu weiteren Wünschen führt. (18)

F:Gibt es bei den Meditationsübungen in der subjektiven Erfahrung irgendwelche Anhaltspunkte dafür, ob der Strebende Fortschritte auf dem Weg zur Selbstverwirklichung macht?

A: Das Maß an Freisein von unerwünschten Gedanken und die Fähigkeit der Konzentration auf einen einzigen Gedanken sind der Maßstab für den Fortschritt. (19)

Zitat Ende

Sonntag, 3. Mai 2015 Hier nun zum Ende nochmal was Peter Fitzek erarbeitet hat und in einem Artikel und Buch veröffentlicht hat. Zitat Anfang :

PETER FITZEK

In den letzten Ausgaben der NEUZEIT habe ich versucht zu erläutern, was der Mensch ist, was sein Daseinszweck und -Ziel ist und wie die absoluten Gesetze der Entwicklung, des Rhythmus und des Zyklus in dieser gegenwärtigen Zeit in dieser Welt der physischen Realität wirken. Es sollte klar geworden sein, dass der Mensch vielmehr Seele ist, die über ihre Persönlichkeitsableger (von persona – Maske) auch hier in dieser Ebene versucht, zu ihrer SELBST-Bewusstheit zu gelangen.

Ich riss das Gesetz der Entsprechung an. Es ist ebenso ein absolutes (ursächliches) Gesetz. Ich versuchte zu erklären, dass das, was im Kleinen existiert, auch im Großen zu finden ist und umgekehrt. Es geht aber weiter.

Gesetz der Entsprechung

Das Gesetz der Entsprechung wirkt nicht nur im vorgestellten Vertikalen, also dem Verhältnis von „oben und unten" / „Seele-Persönlichkeit", sondern zeigt sich auch in den verschiedenen Bereichen des Daseins in seiner

„Breite", im Horizontalen. Zum Beispiel entspricht das Verhältnis der spirituellen Daseinsbewusstheit und dem ausgerichteten tatsächlichen Handeln an dieser Bewusstheit dem Verhältnis der Freiheitsrechte und der Ausübung von tatsächlicher mit Liebe verbundener Gestaltungsmacht hier auf dieser Ebene.

Die Seelen üben sich so zu erweitern, mehr Verantwortung zu übernehmen und stellen sich entsprechend dem Gesetz der Entwicklung ihren Aufgaben entsprechend dem schon von ihnen zu bewältigenden Schwierigkeitsgrad.

All das Maskenverhalten der egobehafteten Persönlichkeiten, die nicht „sie selbst sind", findet seine Entsprechung so auch in anderen Bereichen des Lebens. Ich möchte dies im Bereich des Rechtes und das Eingebundensein der Persönlichkeiten in dieses als Beispiel näher erklären, obwohl sich dies auch in anderen Bereichen des Lebens darstellen ließe.

Das Gewissen hilft zu unterscheiden

Das Recht setzt die Rahmenbedingungen, zeigt den jeweiligen Entwicklungsstand der kollektiven und nationalen Bewusstheit und erlaubt den meisten Seelen mit ihren Persönlichkeiten innerhalb dieses Rahmens zu handeln. Jemand, der das Recht nicht kennt, kennt den Handlungsrahmen nicht genau. Wie wollte er/sie ihn dann ändern?

Bei einer alltäglichen Handlungsentscheidung jedoch kann auch das Gewissen helfen, denn der Mensch, der ein solches hat, fühlt aufgrund der Schwingung seines Emotionalkörpers, ob etwas „richtig" oder „falsch" ist, also dem Prinzip der Liebe entspricht oder eben nicht. Dieses Gefühl eines Gewissens ist eine Schwingung des Emotionalkörpers, die als Gefühlsregung durch eine Oktavreihenresonanz vom buddhischen Körper (einer der drei Körper der Seele) angeregt und so von diesem ausgelöst wird. Der buddhische Körper als Werkzeug der Seele verfügt über Unterscheidungsfähigkeit (sanskrit: viveka), direktes Wissen und über das Einheitsbewusstsein.

Durch eine Versenkung in ihn erfährt die meditierende und angeschlossene Persönlichkeit dieses Einheitsbewusstsein, weiß, dass sie ein Teil eines größeren Ganzen, eines Organismus, ist und sie erhält auf direkte Art Glückseligkeit (in der Seele bewusst sein), wahrhaftes Wissen und Unterscheidungsfähigkeit. Gleichzeitig erkennt sie genau, ob etwas dem Liebesprinzip entspricht oder nicht. Die schon voll entwickelte Seele, die sich ihrer SELBST dauerhaft voll bewusst ist und ihr Dasein hier konsequent lebt, ist in dieser Bewusstheit in dieser Ebene handelnd und verfügt über große Klarheit im Denken, Fühlen und Handeln im Bereich der Seelenbewusstheitsmöglichkeiten. Je weiter entwickelt die Seele hier in ihrer Persönlichkeit schon ist, desto weiter ist auch ihr Gewissen entwickelt, was bewirkt, dass man sich eines „Fehlers" bewusst wird, man also weiß, ob etwas der Liebe als dem bedingungslos gebenden Prinzip entspricht oder dem selbstsüchtigen Ego. Ihr Handeln ist schon viel weiter ausgerichtet auf das Ziel. Ein Einheitsbewusstsein erlaubt es nicht mehr (vorsätzlich) andere Seelen zu verletzen, ohne sich dessen auch bewusst zu sein.

Es erlaubt jedoch durchaus, den noch unbewussten Persönlichkeiten schmerzhafte

Lektionen durch die Bewusstmachung der Defizite mit großer ehrlicher Klarheit zu schenken. Diese Handlungsweise ist dabei von großer Liebe getragen, denn die schon weit entwickelte und bewusste Seele ist sich darüber im Klaren, dass viele Persönlichkeiten noch nicht so weit in ihrer Entwicklung sind um immer den edlen Weg des Nachdenkens zu gehen, um selbstbestimmt und freudig dem Gesetz der Entwicklung zu folgen. Sollte man jedoch selbstsüchtige oder egoistische Motivationen haben oder das Verletzen anderer nur mit „esoterischen Ausreden" rechtfertigen wollen, hat es Folgen für den Verletzenden entsprechend dem Gesetz des Ausgleichs und dem Ursache-Wirkungs-Prinzip.

Jeder hat die Wahl!•••
Peter Fitzek geht im Zuge seiner Reihe zu den Schöpfungsgesetzen auf konkrete Beispiele anhand des Deutschen Rechts ein und zeigt auf, welche Alternativen das Königreich Deutschland in hier schon bietet.
NEUZEIT 9 •••

Nichts ist „fertig"
Alles unterliegt dem Gesetz der Entwicklung, nichts ist „fertig", auch die Seelen nicht. Die Verhaltensweisen und Möglichkeiten einer bewussten Monade oder des dreieinigen Geistes und seine gestellten Aufgaben gehen über das gewöhnliche menschliche Denken, Fühlen und Handeln weit hinaus. An dieser Stelle möchte ich nicht näher darauf eingehen. Nur so viel: So erweitert sich auch der dreieinige Geist Gottes entsprechend dem Gesetz der Entwicklung. Hier greifen noch viel größere Zyklen als nur 25920 Jahre.
Schauen wir uns nun das Recht dieser menschlichen Gesellschaft und speziell das deutsche Recht näher an. Es gibt auch einen Eindruck von der fehlenden Ethik auf dieser Erde. Je mehr diese fehlt, desto mehr „niedergeschriebenes Recht" braucht es wohl. Der Schöpfer eines dauerhaft stabilen und für alle Menschen förderlichen Staatswesens muss sich darüber im Klaren sein, dass er das Recht im Staat so setzen muss, dass es für Persönlichkeiten aller Daseins- und Erkenntnisstufen bis hin zu SELBSTbewußten Seelen oder auch sich selten inkarnierenden Monaden Raum für Wachstum und Entwicklung entsprechend dem Schöpfungsgesetz gibt. Bei dementsprechender Ausgestaltung der rechtlichen Strukturen ist es auch gefahrlos für den Staat und seine Macher möglich, den Menschen ihren (noch) eingeschränkten jeweiligen rechtlichen Status sogar schon in der Schule bewusst zu machen. Schließlich streben die noch unbewussten Persönlichkeiten gemäß dem Schöpfungsgesetz der Entwicklung wie noch eingeschränkte Kinder (zwanghaft) nach Wachstum und sind bei Ehrlichkeit, Transparenz und entsprechenden Entwicklungsangeboten auch nicht verärgert über noch eingeschränkte Rechte. Sie haben ja die Möglichkeit sich diese zu erarbeiten, begreifen dies als Herausforderung und sind so motiviert an

sich zu arbeiten und auch mehr Verantwortung zu übernehmen. Das ideale Entwicklungsspielfeld für sich SELBST-entwickelnd wollende Seelen ist entstanden, wenn sich der Schöpfer eines Staates über all diese Zusammenhänge vollumfassend im Klaren ist.

Motivationen schaffen

Über das absolute Resonanzgesetz (auch ein Schöpfungsgesetz) erreichen die Persönlichkeiten ohnehin die schon vorhandenen und von Gott angebotenen angemessenen „Ein-Fälle" und Erfahrungen des Wachstums. Sie durch die Schaffung von den geeigneten Rahmenbedingungen zu motivieren ist die Aufgabe des weisen Schöpfers eines freiheitlichen Staates, der echtes Interesse an seinen Staatsangehörigen hat und mithilfe des Rechtes lassen sich viele Motivationen schaffen. Im Königreich Deutschland wird es diese reichlich geben. Betrachten wir zu Beginn erst einmal den tatsächlichen rechtlichen Status der allermeisten Menschen hier auf dem Gebiet in der Ordnung der Bundesrepublik in Deutschland. Dieser Status ist völlig korrekt, denn er widerspiegelt den Entwicklungsstand der egoistischen Persönlichkeiten gemäß dem Gesetz der Entsprechung.

Diese Menschen leben in Bezug auf ihren tatsächlichen rechtlichen Status in der Annahme, sie seien Bürger mit Rechten in einem Staat, in einer völligen Selbsttäuschung. Ihnen werden lediglich viele Scheinrechte eingeräumt, so lange sie als Lohnsklaven gut funktionieren. Zur Täuschung im Rechtsverkehr ist die deutsche Sprache sehr gut geeignet. **Sie wird jedoch von den meisten Personen kaum noch mit korrektem (juristischen) Ausdruck verwendet.**

Ein paar Fakten als eine kleine Einführung:

• *Gemäß Art.133 „Grundgesetz für die Bundesrepublik Deutschland" ist die Bundesrepublik ein Verwaltungsorgan einer Firma.* „Der Bund tritt in die Rechte und Pflichten der Verwaltung des Vereinigten Wirtschaftsgebietes ein." kann man dort lesen:

Die BRD ist kein souveräner Staat und war als solcher auch nie geplant, sondern sie erscheint als ein Besatzungskonstrukt der alliierten Siegermächte, geschaffen um entsprechend den Schöpfungsgesetzen ein veränderungsfähiges Entwicklungsspielfeld mit dem Potential, die Welt zu verändern, zu ermöglichen.

Hinter diesem stecken private Familienclans, die von eingeweihten Adepten gelenkt werden, hinter denen feinstoffliche Wesenheiten beider Polaritäten entsprechend der eigenen Ausrichtung stehen, die von den höchsten Wesenheiten des Kosmos durch göttliches Denken gelenkt werden. Sie setzen als Beauftragte des Schöpfers einen höheren Plan in diesem Zyklus um, um für jedes Individuum in dieser Zeit ein bestimmtes spannendes Lernereignis stattfinden zu lassen. Aus diesem Grunde haben Sie einen Personalausweis. Personal bezeichnet Firmenangestellte.

Aber es kann ja jeder alle eingegangenen Verträge auch wieder „kündigen".

• **Das Grundgesetz ist keine Verfassung (über die muss per Definition vom**

„Volk" abgestimmt werden), sondern als Besatzungsrecht der Siegermächte gem. Art. 43 der Haager Landkriegsordnung (höherrangiges Völkerrecht) eine gute Grundlagenidee für eine echte Verfassung.

Das GG kann auch keine Verfassung geworden sein, denn kein Deutscher stimmte darüber ab oder nahm sie mit Willensbekenntnis wissentlich und freiwillig an. Von der BRD als einen Staat mit einer Verfassung zu sprechen ist also Unsinn – und diesen Unfug zu glauben ist nur möglich, da die meisten Menschen den korrekten Gehalt der Begriffe und ihre rechtlichen Folgen nicht mehr kennen. Aus diesem Grund gibt es keine legitimierte hoheitliche Ordnung und Gewaltenausübung für Deutsche. Es muss immer alles beantragt werden und man erhält nur Scheinrechte. Nur Staaten können echte Rechte gewähren, ein Besatzungskonstrukt vergibt Rechte. Aber man kann ja die Ordnung wechseln– wenn man will. Es gibt ja die Verfassung des Königreiches Deutschland zu der man sich bekennen kann.

„Jemand, der das Recht nicht kennt, kennt den Handlungsrahmen nicht genau. Wie wollte er/sie ihn dann ändern?"

NEUZEIT 10 PETER FITZEK•••

Stimme in einer Urne „begraben"

Ein weiteres Beispiel dafür: **Nur echte Wähler legitimieren Bürgervertreter in einer Amtsstube mit Hilfe eines amtlichen Stimmzettels. Bundesbürger" geben in einem Wahllokal ihre Stimme in eine Wahlurne ab.**

Ein Lokal ist ein Ort der Belustigung. Eine Urne ein Gefäß für Überreste von etwas Ruhendem, etwas Totem. Seine Stimme abzugeben bedeutet sie zu verlieren.

Diese Wahl löst selbst für sogenannte Bundesbürger" keine echten Rechtsfolgen aus, schon weil das Wahlrecht gegen das GG verstößt, siehe BverfGE 2 BvF 3/11.

Es gibt somit keine tatsächlich gültigen bundesrepublikanischen Gesetze für Bürger und Souveräne, sondern nur Scheinrechte und Verordnungen in Ermangelung von etwas Besserem für das Personal der Firma im Status eines rechtlosen Untertanen, also den allermeisten Personen (Masken) als EUSklaven.

Jeder soll selbst einmal bei Wikipedia unter „Untertan" nachschauen. Selbst dort kann gelesen werden, dass die offizielle Bezeichnung für sogenannte EU-"Bürger" korrekt EU-Untertan lautet. Man sagt also ganz genau was Sache ist. BRD- "Bürger" ist somit ein euphemistisches Oxymoron, welches nur den wahren rechtlichen Status als Person ohne Bürgerrechte verschleiert, denn die Deutschen sind keine Bürger. Sie sind Sklaven. Dazu sollte auch einmal den Paland-Kommentar zum BGB im §1 gelesen werden. Zitat: „**Soweit ausländisches Recht völkerrechtswidrig natürlichen Personen (Sklaven) die Rechtsfähigkeit vorenthält, ist es gemäß 6 EGBGB nicht zu beachten." Man sollte sich also auch nicht darüber wundern, dass man das Wort „Sklaven" in einem „modernen" Gesetzeswerk findet.**

Person kommt von persona und das bedeutet „Maske". Die übergestülpte unbewusste Persönlichkeit (Ego-Maske), die die freie SELBST-bewusste Seele überlagert. Ausländisches Recht ist zum Beispiel EU- oder Besatzungsrecht. Im Einführungs-Gesetz zum Bürgerlichen GesetzBuch findet sich auch das internationale Privatrecht geregelt. **Wenn die Versklavung also völkerrechtskonform geschieht ist sievöllig in Ordnung.** Vor Jahren war das Wort „völkerrechtskonform" noch nicht in diesem Paragraphen enthalten. (Siehe ältere Versionen des BGB!) Wollt ihr mitten in Europa aus der EU-Sklaverei heraus? Die gegenwärtig einzige Antwort ist das Königreich Deutschland. Aber auch als Staat oder Besatzungskonstrukt kann man die EU-Mitgliedschaft wieder aufkündigen. Das entscheidet jedoch nicht der EU-Untertan, sondern dessen Regierung und die Zeit dafür ist noch lange nicht reif, haben wir es doch noch nicht geschafft, eine neue und viel bessere alternative Ordnung flächendeckend zu organisieren. Wie lange das wohl noch dauern wird?

Der freie Wille ist zu gewähren

Was tut die deutsche „Regierung". Die arbeitet für beide Seiten der Dualität. Die, welche die Lichtseite vertreten, schützen die höher entwickelten Seelen in ihrem Ausdruck und so ist das Recht so auszugestalten, dass es Freiheit und Handlungsspielraum zu bieten hat. Das Dunkle darf diese Handlungsspielräume nicht schließen. Der freie Wille ist zu gewähren. Diese Gestaltungsspielräume gilt es zu nutzen um umfassend tätig zu werden. Und genau das tue ich seit langem.

Die Aufgabe der Dunkelseite ist es zu lügen, zu täuschen, zu betrügen, zu verführen, einzuschränken, zu verstecken und zu verschleiern. Ihre Tätigkeit bietet den Seelen die Möglichkeit Unterscheidungsfähigkeit zu erlernen, stärker zu werden, sich wirklich ganzheitlich mit Allem auseinanderzusetzen und sie spornt die inkarnierten Persönlichkeiten der noch nicht vollständig SELBSTbewußten und sich egoistisch verhaltenden Seelen an, sich davon weiter zu reinigen. Beide Seiten haben sich an SEINE Gesetze zu halten und das Licht setzt durch, dass der freie Wille immer geachtet wird. Darum kann man sich auch einfach umdrehen und es ab dem Zeitpunkt der eigenen Entscheidung wirklich sofort anders machen. Angst kann gänzlich aufgegeben werden, denn das Licht schützt den Weg und das Dunkle hat diese Entscheidung zu respektieren. Wenn es sie nicht achtet, wird es in seine Schranken gewiesen.

Sollten sie wiederholt die göttlichen Gesetze missachten, werden sie aufgelöst. Der freie Wille ist zu respektieren. Es muss nur darauf geachtet werden, dass das Handeln an der Liebe ausgerichtet ist, der Weg kein kräftezehrender Kampf gegen etwas ist, immer selbstreflektiertes Verhalten geübt wird und man sich beständig an IHM und an der Liebe ausrichtet. Ihr seid in Sicherheit, wenn euer Herz und Handeln tatsächlich beständig rein und angstfrei ist, ihr an alten Mustern auflösend arbeitet und in dienender Haltung lebt!

Doch schauen wir uns wieder das Recht an. Es gibt immer mehrere Stufen der Erkenntnis. Je genauer man forscht, desto tiefer blickt man in den Sumpf von Täuschung, Lüge und Betrug. Man sollte beim Forschen darauf achten, dass man nicht darin versinkt. Man sollte sich dabei nicht damit aufhalten, ihn durch Bekämpfen trocken legen zu wollen oder all die Lügen oder Lügner zu enttarnen. Tretet einfach konsequent für die Wahrheit ein, lebt diese und gestaltet vor allem neue positive Dinge für alle Menschen. Die Wahrheit kann für sich allein stehen, nur die Lüge muss dauernd wiederholt und beschützt werden.

Grundgesetz als Besatzungswerkzeug

Das Grundgesetz ist juristisch betrachtet ein Besatzungswerkzeug. **Es ist jedoch nicht das einzige juristische Werkzeug zur Unterdrückung und Täuschung des deutschen Volkes.** Betrachten werden sollen aus der „Sammlung der Gesetze, Verordnungen, Anweisungen und Anordnungen der Militärregierung – Deutschland" einige interessante Auszüge, die für die Untertanen immer noch Gültigkeit haben. Um es nicht zu umfangreich anzuführen, werden nur einige wichtige Tatsachen aufgezeigt:

Militärregierung – Deutschland Kontrollgebiet des Obersten Befehlshabers
Gesetz Nr. 52 Sperre und Beaufsichtigung von Vermögen

Artikel I – Arten von Vermögen

1. Vermögen, das direkt oder indirekt, ganz oder teilweise im Eigentum oder unter Kontrolle der folgenden Personen steht, unterliegt hinsichtlich Besitz und Eigentumsrecht der Beschlagnahme sowie Weisung, Verwaltung und Aufsicht oder sonstiger Kontrolle der Militärregierung:

a) Das Deutsche Reich oder eines seiner Länder ... Behörde oder Verwaltung ... Unternehmungen, öffentliche Körperschaften oder Monopole, die durch das Reich oder Behörden der vorgenannten Art kontrolliert werden.

d) Alle Personen, die von der Militärregierung in Haft genommen sind oder sonst wie in Verwahrung gehalten werden ... Abwesende Personen einschließlich die Regierungen der Vereinigten Nationen und deren Staatsangehörige.

Artikel II – Verbotenen Handlungen

3. Niemand darf im Widerspruch mit den Bestimmungen dieses Gesetzes oder ohne Erlaubnis oder Anweisung der Militärregierung Vermögen der nach bezeichneten Art einführen, erwerben, in Empfang nehmen, verkaufen, vermieten, verpachten, übertragen, ausführen, verpfänden, belasten oder sonst wie darüber verfügen oder zerstören oder den Besitz **oder die Kontrolle über derartiges Vermögen aufgeben:**

a) Vermögen der in Artikel I bezeichneten Art;
b) Vermögen im Eigentum oder unter Kontrolle eines Kreises, einer Gemeinde oder einer sonstigen gleichartigen politischen Unterabteilung,
c) Vermögen im Eigentum oder unter Kontrolle einer Institution, die der religiösen Verehrung, der Wohlfahrt, der Erziehung, der Kunst oder der Wissenschaften gewidmet ist.

Artikel V – Nichtige Übertragungen
7. Nichtig und unwirksam ist jedes verbotene Rechtsgeschäft, das ohne
ordnungsgemäß erteilte Erlaubnis oder Genehmigung der Militärregierung
abgeschlossen wird, sowie jede Übertragung von Vermögen ... die mit
der Absicht vorgenommen war oder wird, ... die Rückgabe von Vermögen
an den berechtigten Eigentümer zu vereiteln oder zu umgehen. (Ja, wer ist das
wohl?)
Artikel VI Gesetzeswidersprüche
Im Falle eines Widerspruchs zwischen diesen Gesetzen ... und den deutschen
Gesetzen sind diese Gesetze sowie die auf Grund von diesen erlassenen Anordnungen anwendbar.
Artikel VII – Begriffsbestimmungen
9. Für die Zwecke dieses Gesetzes gelten die folgenden Begriffsbestimmungen:
a) „Personen" bedeutet jede natürliche Person, jede Gesamthandsgemeinschaft
und jede juristische Person des öffentlichen oder privaten Rechts, die gesetzlich
fähig ist, Vermögen oder Vermögensrechte zu erwerben, zu benutzen, in Kontrolle
zu nehmen oder darüber zu verfügen.
b) „Geschäftliches Unternehmen" bedeutet jede Einzelperson, offene Handels-
gesellschaft, Vereinigung, Körperschaft oder sonstige Organisation, die ein Han-
delsgeschäft **oder ein sonstiges Geschäft betreiben** (z.B: ein privates Rechtsgeschäft) oder...
c) „Vermögen" bedeutet jedes bewegliche und unbewegliche **Vermögen** sowie
alle ... Eigentumsrechte und Interessen oder gegenwärtige oder zukünftige Ansprüche auf Überlassung von Vermögen und schließt insbesondere die folgenden
Gegenstände ein, **ohne dass diese Aufzählung erschöpfend ist**: Grund und Boden,
Gebäude, Geld, Aktien...sonstige Eigentumsurkunden, ... Bankguthaben, Ansprüche
**d) Ein „Staatsangehöriger" eines Staates oder einer Regierung bedeutet, ein
Untertan (ein Leibeigener) oder Staatsbürger**, sowie ... eine Körperschaft oder
sonstige juristische Person, die auf Grund der Gesetze eines derartigen Staates oder
einer derartigen Regierung besteht oder in dem Gebiet eines derartigen Staates oder
einer derartigen Regierung eine Hauptniederlassung hat.
e) „Deutschland" bedeutet das Deutsche Reich wie es am 31. Dezember 1937 be-
standen hat.
Nun wird hoffentlich verstanden, warum Deutsche deshalb auch kein nennenswertes
echtes Eigentum innehaben. Ihr seid immer nur Besitzer einer Sache und verkauft
Besitzrechte weiter, ohne jemals tatsächlicher Eigentümer zu sein. Für die notarielle
Dienstleistung zahlt der Untertan eine „Gebühr" und ihr schenkt zudem dafür dem
Finanz"amt" eine „Steuer", die ihr freiwillig zu entrichten (ein gutes Wort dafür!)
bereit seid, aufgrund eines Antrages handeln zu dürfen (zum Beispiel ein Kaufver-
trag, ein Gewerbeantrag usw.).

Dazu ein Beispiel aus einem notariellen Grundstückskaufvertrag:

„Vor mir, dem Notar ... erschienen heute in meinen Amtsräumen in ...

1. Herr Max Mustermann, geb. am 1.1.1987 **wohn-haft** in...

2. Herr Udo Unsinn ... **wohn-haft** in...

Auf Ersuchen und bei gleichzeitiger Anwesenheit der Erschienenen beurkunde ich deren Erklärungen gemäß folgenden Grundstückskaufvertrag mit Auflassung.

I. Vorbemerkung und Grundbuchstand

Der Herr Mustermann ist auf Grund der Auflassung vom ... im Grundbuch als Eigentümer eingetragen für den in der Gemarkung.. gelegenen Grundbesitz.

Der Verkäufer versichert, zwischenzeitlich keine weiteren Eintragungen am vorgenannten Grundbesitz in das Grundbuch bewilligt zu haben...

Nach Angaben des Verkäufers ist der Grundbesitzbebaut mit ... usw.“

Schaut man sich nun noch einmal das Militärgesetz genauer an, dann sieht man, dass der BRD-"Bürger" immer eine Person ist, die von der Militärregierung „sonst wie in Verwahrung gehalten“ wird. Aus diesem Grunde die Formulierung wohn-haft in: ... Das Bürgerliche Gesetz Buch nutzt das korrekte Wort Wohnsitz, aber der Deutsche ist in der BRD eben kein echter Bürger. Er ist gemäß der Begriffsbestimmungen ein bewegliches Vermögen, ein Untertan einer sonstigen Regierung, ein geschäftliches Unternehmen (ein Subunternehmer in der Verwaltung des Vereinigten Wirtschaftsgebietes) und der Körper unterliegt als Untertan und Leibeigener der Beschlagnahme und Kontrolle der Militärregierung, die die Bundesrepublik und auch das Grundgesetz für die Bundesrepublik Deutschland schuf. Auch die offizielle Bezeichnung EUUntertan gibt das zu verstehen.

„Dieser Status ist völlig korrekt, denn er spiegelt den Entwicklungsstand der egoistischen Persönlichkeiten gemäß dem Gesetz der Entsprechung wider.“11••• NEUZEIT 12••• PETER FITZEK

Unterschied zwischen Eigentum und Besitz

Gem. § 903 BGB kann ein Eigentümer mit einer Sache nach Belieben verfahren. Der Besitzer einer Sache hat diese so lange pfleglich zu behandeln, wie der Eigentümer sie dem Besitzer für den zeitlich begrenzten Gebrauch überlässt. Der Eigentümer kann sie jederzeit zurückfordern und das tut er, sollte der Besitzer nicht nach den Regeln des Eigentümers spielen oder es an der Zeit sein, endlich das wahre Gesicht zeigen zu können und die kollektive Ent"eig"nung ganz offiziell entschädigungslos erreichen zu können.

Man bezahlt als Untertan zwar den „eigenen“ Reisepass, man ist jedoch nicht der Eigentümer des Passes. Dies kann man selbst nachlesen Man bezahlt zwar das genutzte Auto selbst, aber mit einer KFZ-Anmeldung bei der BRD kann man das

Eigentum daran nicht beweisen und der Deutsche gibt es für die Zeit der Anmeldung auf. Das kann man auf den Zulassungsbescheinigungen Teil I und II selbst nachlesen. Man bemerkt es auch schnell, wenn man im Falle des Abschleppens und der Nichtbezahlung des Bußgeldes das vermeintliche uneingeschränkte Eigentumsrecht nicht mehr durchsetzen kann. Auch so kann einem bewusst werden, dass man eben keine uneingeschränkte Verfügungsgewalt über „sein" KFZ hat.

Ihr bezahlt zwar die Übertragung von Nutzungsrechten an einem Grundstück, ihr seid jedoch nicht der Eigentümer. Schaut selbst einen eigenen Kaufvertrag an „eurem" Grundbesitz näher an. So kann man euch ganz legal ohne Einverständnis Zwangshypotheken eintragen und später auch entschädigungslos ent„eignen".

Ein Kunstgegenstand mit Copyright

Ihr meint reich zu sein und Geld zu haben? Da kann ich nur schmunzeln. Der Euro ist keine Banknote und nicht euer Eigentum. Er ist ein Kunstgegenstand mit einem Copyright versehen, befindet sich eben als solcher nicht in eurem Eigentum, auch nicht, wenn ihr für ihn gearbeitet habt. Man hat euch den Kunstgegenstand nur zur Verwendung als Zahlungsmittel zeitlich begrenzt geliehen und euch damit schon in Schuld gebracht. Ihr habt somit auch keinen tatsächlichen Rechtsanspruch auf eine Gegenleistung für eure zuvor erbrachte Leistung mehr. Euch wurde schon eine Leistung geboten! Ihr habt einen Kunstgegenstand als Zahlungsmittel in der Hand.

Es gibt für dieses private Zahlungsmittel auch keinen Gewährsgeber.

Man wird euch so demnächst ungestraft und entschädigungslos ent"eignen" und eure Guthaben einfach auflösen können – siehe Zypern und das ganze rechtlich völlig sauber! Es geschieht doch direkt vor eurer Nase! Wie lange wollt ihr denn noch schlafen? Schaut Euch einmal die AGB´s „eurer" Bank an. Da habt ihr der Bank schon längst ein unbestimmtes Pfandrecht auf alle Werte eingeräumt und das ist bei JEDER Systembank so. Ihr verhaltet euch, wie Gefangene in einem Konzentrationslager die vor dem Ofen stehen und nicht glauben wollen, dass ihr Fleisch demnächst dort hineingeschoben wird. Ihr verhaltet euch wie Schweine, die an einen liebevollen Metzger glauben und die nicht glauben wollen, bald zur Schlachtbank geführt werden.

§ 241 (1) BGB: *__Kraft des Schuldverhältnisses ist der Gläubiger berechtigt, von dem Schuldner eine Leistung zu fordern__*

Aber es gibt ja einen Ausweg. Lasst uns die Neue Deutsche Mark schaffen und mit dem Staat Königreich Deutschland als Gewährsgeber wieder dafür sorgen, dass es echtes Eigentum und echte Ansprüche gibt und ihr alle nicht noch uniformierte Sklaven werdet. Bin ich zu hart und ehrlich? Ich weiß, dass das weh tut, aber die Vogelstraußverhaltensweise bringt euch doch nicht wirklich weiter. Die einzig freie Währung ist die Neue Deutsche Mark. Die einzig freie „Bank" in Europa ist gegenwärtig die „DeutschlandBank", die Kooperationskasse. Wer sein Geld nicht dort oder bei einer gleichgearteten freien Kasse lagert, wird es verlieren. Je später der Umtausch in Neue Deutsche Mark stattfindet oder je später die Einlagen in der „Deutschland- Bank" getätigt werden, desto weniger werde ich dem Anleger für seine immer wertloser werdenden Euros geben können. Wie immer im Leben werden die ersten die Erfolgreichen sein und die Schläfer werden verlieren.

Ausweg soll geboten werden

Man kann also sehen: das ganze bestehende System ist ganzheitlich völlig rund, ist auf Eigenverantwortung und Selbstermächtigung ausgerichtet und es ist gemäß dem Gesetz der Entsprechung als Entwicklungshilfe in jedem Bereich des Lebens zu finden. Und so erkennt ihr nun auch die Zusammenhänge der verschiedenen Schöpfungsgesetze immer besser. Ist das Leben nicht wunderbar? Ich habe ehrliches Interesse daran, Euch einen Ausweg anzubieten. Ihr könnt Euren EU-Masken- und Untertanenstatus ändern, wenn auch ihr ehrliches Interesse daran habt. Ihr solltet nur bereit sein, euch als Seele zu begreifen und auch tatsächlich als solche zu handeln. Tut dies nicht erst, wenn eure Entscheidungsfreiheit in Bezug auf euren Besitz nicht mehr gegeben ist. Nur dann werde ich euren Besitz erhalten helfen.

Wenn ihr zu lange mit den Wölfen heult, werdet ihr auch „entbesitzt" werden. Enteignet seid ihr schon lange. Ihr könnt euch jetzt noch freiwillig entscheiden zu handeln, könnt mit euren Ressourcen etwas Sinnvolles schaffen um gemeinsam eine neue Welt aufzubauen oder ihr werdet viele Besitztümer verlieren. Solltet ihr euren Besitz für den Aufbau von etwas Neuem einsetzen, werde ich eure Besitzrechte weiterhin achten. Je eher sich viele Menschen dazu entscheiden, desto angenehmer wird der Übergang für viele sein. Erfahrungsgemäß trennen sich die wohlhabenden Egomanen erst spät freiwillig von ihrem materiellen „Vermögen". Dadurch werden aber diejenigen, die eine für alle Menschen bessere Welt aufbauen wollen und können, aufgrund fehlender materieller Ressourcen nicht viel gestalten können und so wird es folglich für (fast) alle härter werden. Die Menschheit ist ein Organismus.

Kein Betrug und Egoismus zugelassen

Diese Trennung von Weizen und Spreu werde ich nach besten Kräften fördern und ich erwarte für dieses scheidende Spiel mit dem Schwert auch von der mitspielenden Dunkelseite alle Zuarbeiten.

Warum ist all das jetzt so? Ich sprach es schon an, es ist eine besondere Zeit und interessante Ereignisse stehen bevor. Es wird in und ehrlich handelnden Familien – oder die es sein wollen – vor den Kopf stoßen. Ich werde viele „alte Rechte" wieder einführen und werde mich nach besten Kräften bemühen, SEINE Ordnung herzustellen. Werde den edlen Menschen viel Verantwortung und Gestaltungsmöglichkeiten geben und jedem die Konsequenzen aufzeigen, der sich nicht an die Verfassung, die geschriebenen Gesetze und die Ordnung hält. Mein Verhalten wird für ehrliche Menschen immer klar, konsequent und berechenbar sein.

„Seine Stimme abzugeben bedeutet, sie zu verlieren." 13 ••• NEUZEIT 14 •••
Keine Verwässerung zulassen

Ich werde nicht von diesem Kurs abweichen, nicht inkonsequent werden oder die Idee verwässern lassen. Ob es für diese Klarheit schon an der Zeit ist? Manchmal schon überlegte ich, ob ich nicht lieber aufhören sollte zu handeln und lieber warten sollte, bis meine Hilfe wirklich von vielen Menschen gewünscht ist? Was werde ich wohl tun, wenn es so weit kommen sollte, dass die Menschen sich wieder die Köpfe einschlagen.

Euch auch dabei helfen? Mal sehen, ob die Menschheit zukünftig sinnvolles und friedliches Handeln wählt. Im Königreich Deutschland spiegeln die verschiedenen Stände die SELBST-Bewusstheit der Seele in einer Persönlichkeit wider. Das Königreich ist eigentlich eine Theokratie, eine Gottesherrschaft, denn seine Gesetze sind die einzigen denen ich zu folgen bereit bin und seine Ordnung wird manifestiert werden, egal was da komme. Die Frage ist nur, wer es wählen wird an einer freiheitlichen selbstverantwortlichen Gesellschaft Teil zu haben und wer sich freiwillig in die Sklaverei begibt. Wählen wird jeder müssen. Im Königreich kann sich jeder Staatsangehörige echte Bürgerrechte erarbeiten. Bis es so weit ist, gibt es noch viel aufzubauen. Wie schnell es soweit sein wird, bestimmt ihr selbst. seinen Plan strikt umsetzen, werde im Königreich Deutschland keinen dekadenten Egoismus, keinen Betrug, keine ungerechtfertigte Vorteilsnahme und andere Fehltritte ohne Konsequenzen geschehen lassen. Ich werde nicht den Frieden bringen, sondern erst einmal das scheidende Schwert und einen Menge zu tun. Ich werde nicht alle gleich machen, werde nicht rauben was Menschen in vielen Jahren aufbauten. Ich werde nicht die in langen Zeiträumen denkenden, verantwortungsvoll Zukunft ganz offiziell kein Eigentum mehr an Grund und Boden und anderen größeren Sachwerten geben. Das Bargeld wird abgeschafft werden, Guthaben und Schulden werden ausgeglichen und alle Sklaven werden ein sie verschuldendes Überziehungskonto von der dunklen Seite als bedingungsloses Grundeinkommen erhalten.

Der Schöpfer wird Niemandem, der aus seinem beständig anhaltenden Egoismus heraus handelt, seine Scheinwerte und -rechte behalten lassen.

Und das ist gut so. So trennt sich die Spreu vom Weizen und niemand wird entkommen. Alle Egoisten werden entschädigungslos ent"eignet" werden. Sein Wille geschehe. Ich bin nur eines seiner Werkzeug und werde Wie dieses Pflänzchen brechen Alternativen wie das Königreich Deutschland aus dem System heraus und schaffen Neues.

„Tretet einfach konsequent für die Wahrheit ein, lebt diese und gestaltet vor allem neue positive Dinge für alle Menschen.Die Wahrheit kann für sich allein stehen, nur die Lüge muss dauernd wiederholt und beschützt werden."
Für 29 Euro im NEUZEIT-Shop auf
www.die-neuzeit.org erhältlich!
ENDE ZITAT

Sooo, alles was ich hier über die Probleme-Kämpfe-Morde-Betrügereien-Sorgen-der Menschen geschrieben habe-und zusammengetragen habe-Zeitungsberichte-alles wegen Geld-Gier-Macht-würde nie passiert sein-ohne Geld-deswegen eine Gesellschaft-Menschheit-ohne Geld. Wir hätten auch nicht diese dummen Konkurrenzkämpfe diese durchgeknallten Werbespots die VW mal mit seinem Touran oder Tuareg SUV gezeigt hatte-wo der SUV dann durch einen klaren Bergbach fuhr-gegen die Strömung-was als Spaß dargestellt wurde-der ganze Wahnsinn der sich entwickelt hat-alles wegen macht und der Totalverblödung des Glaubens an das Geld -das ohne Geld Nix und garnix und rohnix geht-all das verschwindet in einer Gesellschaft ohne Geld-in einer natürlichen Gesellschaft-Menschheit-des freiwilligen Zusammenarbeitens. Und was Peter Fitzek mit seinem Königreich da zusammenwuselt-das braucht auch nicht zu sein-denn auch unter der Fuchtel eines liebevollen Königs-wird gefuchtelt-aber jeder Mensch steht unter der Führung seines Selbstes seines göttlichen Wesens. Und das braucht keinen König. Hier ist noch mal was mir gezeigt wurde damals als ich in Berlin lebte und so 28 Jahre jung war auf meine Frage wer und was und wo bin ich.
Tschau und Tschüssss und Adeeee. Grafik und Text sind aus dem Buch :
Das Mantra Mich selbst Erkennen.

Wolfgang Schorat

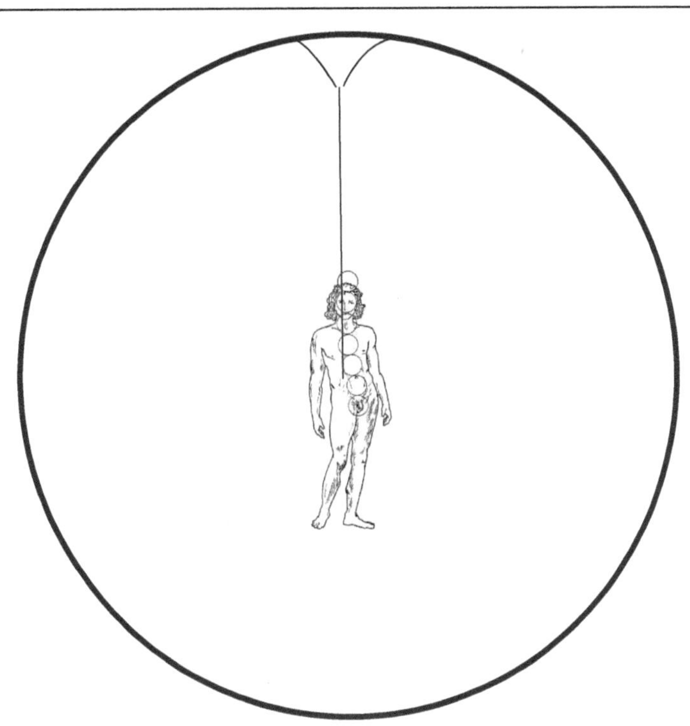

Dieses Bild bekam ich im Mai- Juni 1976 als ich für die Amerikanische Armee Mc Nair Bks., in der Saargemünder Strasse 25 in Berlin 33 als Technischer Zeichner tätig war für 1.648 DM im Monat. Ich beschäftigte mich mit den Fragen : Wer Bin Ich. Was ist Unendlichkeit. Wo Bin Ich.

Zuerst könnte dieses Bild seltsam sein. Aber wer genau hinschaut sieht, das Ich Alles bin und die Person der Körper von mir selber erschaffen ist. Ich bin sowohl das Ganze als auch das sogenannte Teil, die Person die ja später wieder zerfällt. Die Mittellinie geht bis zum ersten Chakra dem Wurzelchakra und alle anderen Evolutionen oder Chakras gehen dann jeweils nach oben bis zum völligen Ein-Sein. Jeder Mensch ist das ohne Wenn und Aber. Und jeder macht als Person diese Evolution durch zu immer Höheren Seinszuständen in Immer Höheren Welten Universen.

Jeder Mensch, jedes Lebewesen, also Pflanze, Atom, Mineral, ist in Wahrheit das Göttliche, Gott, das Höchste und Total Perfekt.

Vom Wurzelchakra bis zum Sechsten Chakra sind die sogenannten sterblichen Welten . Ab dem Stirn Chakra fängt der Unsterbliche Teil deines Wesens an das Dritte Auge. Darüber hinaus gibt es noch 5 weitere Chakren , die alle Verbindungsglieder zu den Höheren Welten und Seinszuständen sind durch die, die Evolutionsreise geht. Bis jetzt sind mir bekannt das nur die Licht und Ton Meister die Sat-Gurus die den Göttlichen Ton und das Göttliche Licht Initiieren können und einiges mehr zu den Höchsten Seinszuständen gekommen sind, die über dem Seinszustand von Brahma Universalbewusstsein oder Advaita liegen. Denn jede Höhere Welt oder Seinszustand präsentiert sich immer als der Endgültige Seinszustand als das Einzige so wie hier auf der Erde das Physische Universum für diejenigen die nie darüber hinausgehen konnten das Einzige also Ganze also Advaita von denen

„geglaubt" wird. Aber damals, als 28 jährige Person wusste ich davon nichts. Da war nur Ich so wie in dem Diagram Links. Das zwischen Mir und dem Einssein noch weitere Höhere Welten und Universen sind war mir damals Unbekannt.
Aber Evolution ist so. Spannend. Entspannend.
Soo, das wars erstmal.
Bis später.
Wolfgang Eckhardt Schorat
14.5.2006
30 Jahre nach dieser Bildmitteilung.
(Dieser GrafikText ist aus meinem Buch" Das Mantra Mich Selbst Erkennen"
W.Schorat 25.5.15)

26.5.2015
Der Künstler Tucké Royale hat den „ Zentralrat der Asozialen in Deutschland" gegründet. Gefällt mir, denn mein Thema Gesellschaft ohne Geld, ist sicherlich für die BanksterGangster und Besitzenden auch „Asozial" aus subproletarischer Schicht, politisch Verfolgte, Obdachlose, Alkoholiker, Arbeitslose und Prostituierte sind auch heute nicht gerade angesehen. Wirkt die Stigmatisierung fort? Städte werden umgebaut, privatisiert, die untere Schicht soll unsichtbar gemacht werden. Auch, dass Hartz-IV-Empfängerinnen im Jobcenter schon Sanktionen angedroht bekommen, bevor überhaupt etwas passiert ist, passt nicht zu meiner Vorstellung eines Rechtsstaates. Die Vorstellung, Menschen durch Strafen und Drohen zu „bessern" hat schon eine lange Geschichte. (Die Besitzenden die das Land den anderen ja weggenommen haben durch Mord, Kriege, Intrigen, Lügen, haben ja dann entschieden diese Besitzgier so, nämlich, durch Drohungen und selbstgemachte Gesetze die ihren geraubten Besitz schützen sollen und was es da noch solch ein Betrugsdenken von denen gibt. Wo du als Mensch total vom Geld und Besitz der Banditen zuvor nun abhängig bist. Das muss aufhören schreibe ich als 100% Asozialer denn dieser Begriff stinkt sowieso und der Mensch der das erdacht hat)

27.5.2015 Mittwoch
Ein Professor und ein Student stehen zufällig nebeneinander auf der Toilette. Sagt der Student:"Es ist aber schön, dass wir hier mal nicht als Professor und Student, sondern als 2 Männer stehen."Antwortet der Professor:"Ja, aber wie ich sehe, haben Sie diesmal wieder den Kürzeren gezogen."

Wütend erscheint die Frau des Direktors im Büro."Ich habe Ihnen doch schon oft gesagt, dass Sie mit meinem Mann nichts anfangen sollen!", schreit sie die Sekretärin an. Die Sekretärin bleibt kühl. „Ich habe Ihrem Mann bereits vor acht Tagen erklärt, dass mit uns Schluss ist", erwidert sie. „Und warum machen Sie es trotzdem?", will die Frau des Direktors wissen. „Weil er auf einer Kündigungsfrist von sechs Wochen zum Quartalsende besteht."

Mama kann ich durch Analverkehr schwanger werden Natürlich-wo kämen sonst die vielen Arschlöcher her.

Ein Geschäftsmann reißt in einer japanischen Disco eine hübsche Japanerin auf.Später in seinem Hotel, sie sind gerade „voll dabei", schreit sie immer „hai to! hai to!".Er denkt sich, boah, die ist ja gut drauf und lobt mich ganz prima...Am nächsten Tag spielt er mit seinem japanischen Geschäftspartner Golf. Dem Japaner gelingt ein ausgezeichneter Schlag. Um ihn zu beeindrucken, versucht der Geschäftsmann sein frisch erworbenes Japanisch an den Mann zu bringen und ruft begeistert: „Hai to!" Darauf der Japaner: „Hä? Was heißt denn hier ‚falsches Loch'?"

Fritzchen kommt ins Schlafzimmer und sieht wie Mami stöhnend auf Papa reitet.Was macht ihr denn da..?"Mama antwortet: „Ich massiere Papa gerade den Bauch weg!"Meint Fritzchen: „Das bringt doch nichts..!Jeden Donnerstag kommt die Nachbarin und bläst ihn wieder auf!"

Sitzt ein Patient beim Zahnarzt im Stuhl. Sagt der Zahnarzt:"Ich habe das Gefühl als hätten Sie einen Hoden von mir in der Hand"."Ja" sagt der Patient „wir wollen uns ja nicht gegenseitig weh tun oder ... ?"

Die blutjunge Resi beichtet beim Dorfpfarrer: Hochwürden, i hob an Freind, den Wastl !
Resi, mahnt der Pfarrer, den musst du lassen !
Verschämt antwortet Resi: Lassen daht i‚n scho, oba dera Depp traut si net !

Am Ufer des Sees Genezareth fragt ein Tourist einen Schiffer, was eine Überfahrt kostet.
„Fünfzig Dollar!" „Was? Das ist ja Wahnsinn!", entrüstet sich der Tourist. „Ja wissen Sie", belehrt ihn der Schiffer, „Jesus ging über den See zu Fuß."
„Kein Wunder", meint der Fremde, „bei diesen Preisen!"

Ein KFZ-Mechaniker ist soeben bei Petrus angekommen."Hey Petrus, warum bin ich denn schon hier, ich bin doch erst 45?!" Petrus schaut in seine Unterlagen: „Nach den Stunden, die Du Deinen Kunden berechnet hast, musst Du schon 400 sein!"
Gebet vom kleinen Rudi an den Himmelvater:
Betet der kleine Rudi zu Gott:
„Lieber Gott, bitte schenk dieses Jahr all den armen Frauen auf Papas Computer was zum anziehen, Amen."
Nach einiger Zeit bleibt ein LKW-Fahrer stehen und nimmt sie mit. Unterwegs versucht er etwas Smalltalk: „Wie heißen Sie?"

Nonne: „Schwester Katharina, und Sie?" LKW-Fahrer: „Ich heiße so, wie das, was sie am liebsten zwischen den Fingern haben!" Die Nonne hüllt sich bis zum Aussteigen in Schweigen...Beim Aussteigen sagt sie dann: „Auf Wiedersehen, Herr Kitzler..."Der Fahrer: „Mein Name ist aber ROSENKRANZ."

Einige Männer plaudern gelassen in der Sauna als plötzlich ein Handy klingelt..."Hallo Schatz, ich bin gerade vor einer Boutique. Die haben hier einen Pelzmantel zu einem unglaublichen Preis! Was meinst du, soll ich ihn kaufen? Der Mann überlegt kurz: „OK, kauf ihn ruhig!""Oh danke, Liebster. Übrigens, auf dem Weg hierher habe ich beim Mercedes-Autohaus das neueste Coupé gesehen. Weißt du, Lederinterieur, metallisierter Lack, full optional... Nur 150.000 Euro. Ich will ja nicht von deiner Güte profitieren aber was meinst du dazu?""Na ja, wenn es so ist, kauf es!""Vielen Dank. Apropos, weißt du noch als wir Südfrankreich im Urlaub waren, das Haus auf dem Hügel mit Schwimmbad und Tennisplatz? Die verkaufen es für nur 2 Millionen Euro. Ein echtes Schnäppchen!""Na gut, kauf auch das Haus...""Liebster, du bist ja so einen Schatz! Das ist der schönste Tag meines Lebens. Ich liebe dich. Bis heute Abend.""Bis heute Abend, Schatz."Der Mann legt auf, schaut aufs Handy, lächelt vergnügt, hebt seine Hand, beginnt mit dem Handy rumzuwinken und schreit: „WEM GEHÖRT DIESES HANDY?"

Ein Kreuzfahrschiff mit Passagieren aus verschiedenen Nationalitäten kollidiert auf dem Atlantik mit einem Eisberg - und ist im Begriff zu sinken. Da alle Rettungsboote klemmen und nicht zu Wasser gelassen werden können, bittet der Kapitän seinen ersten Offizier, die internationalen Passagiere zu veranlassen, Schwimmwesten anzulegen und über Bord zu springen. Diese weigern sich natürlich. Der Kapitän nimmt die Sache selbst in die Hand - und nach 10 Minuten sind alle von Bord. Der erste Offizier fragt erstaunt, wie der Kapitän dies denn angestellt habe. Darauf sagte der Kapitän:
Den Engländern habe ich gesagt, es sei unsportlich, nicht zu springen,
    den Franzosen, zu springen sei chic,
    den Amerikanern, sie seien versichert,
    den Deutschen, es sei ein Befehl,
    den Japanern, es sei gut für die Potenz
    und den Italienern, es sei verboten.

Soooo, endlich Schluss mit diesem Schrieb,Thema,"DIE ZUKUNFT DER MENSCH-HEIT OHNE GELD". Für die Germanen war ein Wutanfall „ERLEUCHTUNG", das kann ich gut nachvollziehen, denn das ist die Entladung der immensen Energie die zum Leuchten gebracht wird. Der Wutanfall der Menschen die nun sehen was auf der Erde abgeht, passiert, gemacht wird, und was aber nicht gemacht wird, wegen Geld, wird enorm sein-politische Verschleierung und Unwahrheitsbekundungen im Sinne von nach bestem Wissen und Gewissen Ausredetaktiken werden zur Standartphrase in allen sogenannten Demokratien-in den Nichtdemokratien sind Ausreden ja nicht notwendig, da wird gleich Brutalität praktiziert.

Wenn die Menschen nicht erkennen das Geld noch nie etwas geleistet hat und nun zu einem Unterdrückungswerkzeug gemacht wurde , wo aus der menschlichen 100% Kreativität bloß 1% Kreativität , nämlich für die Besitzenden der 1% die alles Besitzen und kontrollieren-also nur 1% Kreativität erlaubt ist-wegen der Kontrolle des Geldes dieser Besitzenden die sogar das Geld für sich selber drucken-das noch nie einen Wert hatte- denn Wert hat ausschließlich der Mensch-die Menschheit-also wenn nun 100% der Kreativität der gesamten Menschheit zum Vorschein kommen könnte-also ohne Geld-ohne die Geldkontrolle-dann würde die Menschheit die Erde das Universum etwas ganz anderes sehen und erleben als das was jetzt die 99% der Menschheit erle-ben-nämlich die Total Verblödung für die Besitzenden und Gelddruckervasallen der Ausbeutungen-Denn eine Demokratie gibt es nicht und wird es auch nie geben-weil das kein Lebewesen ist-aber ihr seid Lebewesen und mehr als Lebewesen ihr seid das Göttliche das Unsterbliche Ich.

Wenn ihr aber bloß das Tote die Toten sein wollt von denen Jesus redete die ihre Toten begraben-dann werdet ihr auch weiterhin GeldGötzen und Totalverblödete bleiben.

In diesem Sinne Adios-ich werde Joe Bonamassa auflegen und ein Glas Rotwein trin-ken-aber mit roten Traubensaft alles in Naturqualität oder in Moderndeutsch Bio. Und danach Mozart –Beethoven und Bach-und lächeln.

webseiten von schorat

www.www.ararat-foto-ansichten.de
www.meditative-transformation-der-industrie.de
www.olhos-de-aguas-1974.de
www.nilgans-im-schwalm-eder-kreis.de
www.anleitung-zum-verhalten-in-finanzkrisen.de
www.shizzo-berlin1980.de

Erste Auflage 2015
TonStrom Verlag
Heinrich-Heine-Straße 17
34596 Bad Zwesten
Tel/Fax 05626 -1414
Herstellung: BoD GmbH
Umschlag: Schorat
Layout : Schorat
© by Wolfgang Schorat
Printed in Germany

ISBN 978 - 3 - 932209 - 52 - 9